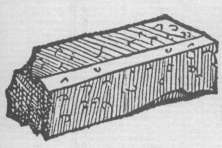 Ain Mercklich stugk des stains von der Sewln daran Christus gegaiselt ist worden.

 Ain wolgeziert gross plenari darinn die wintl mit den Christus eingewickelt ist gewesen in der krippen.

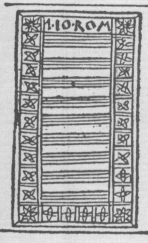 Ain wolgezierts vergults plenari darinn des Tisch tuchs auf dē der herr Jhesus mit seinē Jungeren das lesst abentessen hat geessen.

 Ain silbrein vgult monstrantz darin des tuchs in dem der herr Christus geopfert ist in den Tempel.

 Ain paten gesprengt wunderlich mit plut

 Ain lantzen so ain Jud in ain crucifix gestochen hat gesprengt wundlich mit pluet

 Ain silbrein v gulte mösträtz geschigkt als ain straussen ay darauff sannd Barbara pild darin von dem grab xp̄i mit anderm beyltumb.

 Ain monsträtz darin des mirren vn des weirachs aus dem grab Christi.

 Ain silbrein v gulte mösträtz darin des heyligen Crewtz. Auch heyligtumb vō sand Georgen vnd von sannd Augustin.

 Ain Plenari mit ainer mayestat:darinn vil partigkell mit beiltumb

 Ain cristalline monsträtz darin des ertrich mit dem Christus bestrichñ hat die augen des plintgeboren menschen.

ERZBISCHÖFLICHES DOM- UND DIÖZESANMUSEUM · WIEN

DOM- UND DIÖZESAN MUSEUM WIEN

IMPRESSUM

Herausgeber: Erzbischöfliches Dom- und Diözesanmuseum, Wien, Stephansplatz 6, A-1010 Wien, Austria.
Druck: Universitäts-Buchdruckerei Styria, Graz.
Katalogtexte: Waltraut Kuba-Hauk, Arthur Saliger.
Fotos und graphische Gestaltung: Karl Johannes Kuba — Atelier Währing.
Vor- und Nachsatz: Ausschnitt aus dem „Heilthumbuch", 1502 (Kat.-Nr. 4).
Umschlagbild: Evangelist Matthäus, karolingisches Evangeliar, spätes 9. Jh. (Kat.-Nr. 13).
Alle Rechte beim Herausgeber. Abdruck, auch auszugsweise, nur mit Genehmigung des Herausgebers.
I S B N 3 - 9 0 0 7 8 1 - 0 0 - 1

CIP-Kurztitelaufnahme der Deutschen Bibliothek

Saliger, Arthur:
Dom- und Diözesanmuseum Wien / [Katalogtexte: Arthur Saliger; Waltraut Kuba-Hauk. Fotos: Karl Johannes Kuba. Hrsg.: Erzbischöfl. Dom- u. Diözesanmuseum, Wien]. – Wien : Erzbischöfl. Dom- u. Diözesanmuseum, 1987.
(Schriftenreihe des Erzbischöflichen Dom- und Diözesanmuseums Wien; N.F., Bd. 10)
ISBN 3-900781-00-1
NE: Kuba-Hauk, Waltraut:; Kuba, Karl Johannes:; Erzbischöfliches Dom- und Diözesanmuseum ‹Wien›: Schriftenreihe des Erzbischöflichen . . .; HST

INHALTSVERZEICHNIS

BEITRÄGE

INHALTSVERZEICHNIS

KATALOG

BEITRÄGE

Ein Museum sakraler Kunst

Die Gründung eines Wiener Dom- und Diözesanmuseums wurde bereits unter Kardinal Josef Othmar von Rauscher (1853–1875) angeregt, von Kardinal Friedrich G. Piffl 1929 gefördert, jedoch erst drei Jahre später, 1932, von Kardinal Dr. Theodor Innitzer durchgeführt. Die Eröffnung erfolgte am 3. Juni 1933.

Wenn wir dieses Ereignis zunächst im Rahmen der österreichischen Museumsgeschichte betrachten, dann fällt die große zeitliche Verspätung dieser Gründung auf. Schon zur Zeit Maria Theresias kam es in Österreich zu systematischen musealen Ordnungen, und im 19. Jahrhundert war das Museum sogar ein wesentlicher Bestandteil kultureller Repräsentation, auch Vorbildersammlung für neue künstlerische Leistungen, wegbereitend für die Kunstindustrie. Diese Aufwertung von Kunstsammlungen führte nicht nur in Wien, sondern auch in den Hauptstädten der Bundesländer sowie in den Ländern selbst zu zahlreichen musealen Neugründungen. Bedenkt man, wie stark der Historismus die Sakralbauten und ihre Einrichtungen veränderte, wie sehr zugleich der Sinn für historische Kunstwerke geweckt wurde, wundert es eigentlich, daß die Kirche selbst von dieser Strömung so wenig erfaßt wurde. In Wien hat man zum Beispiel unter Dombaumeister Friedrich Schmidt zahlreiche Originale durch Kopien ersetzt, doch diese Originale – man denke an die Fürstenstatuen des Domes – kamen zunächst auf einen Bauhof, um schließlich in den Besitz des Historischen Museums der Stadt Wien überzugehen, wo sie allerdings erst 1959 eine entsprechende Aufstellung erfuhren. Der Wiener Dom und die Diözese hatten im Zeitalter der Museen keinerlei museale Ambitionen, anders Brixen, Linz, St. Pölten, Klagenfurt und Graz. Diese Tatsache wirft die Frage nach dem Grund zu dieser Haltung auf und zugleich auch eine weitere Frage, wieso es gerade 1932 zu einer Gründung kam. Was waren damals die bewegenden Faktoren?

Daß die Domkirche in Wien keinerlei museale Absichten hatte und die Ambitionen gerne anderen überließ, spricht für sie. Mitten im Leben, in der jeweiligen Gegenwart stehend, hatte sie den rein ästhetischen Werten weniger Bedeutung beigemessen. Die Auffassung der Kirche war klar und deutlich: Das Kunstwerk war Teil der Liturgie und hatte zu dienen. Funktionslos gewordene Kunst, losgelöst vom Kirchenraum und der ehemaligen Bestimmung, war nicht ihr Anliegen, „ästhetische Kirchen" hatten mit dem Gottesraum nichts zu schaffen. Was führte dennoch zur Gründung eines Museums in Wien? Die Anregungen waren, wie schon erwähnt, vor Jahrzehnten ausgesprochen worden, so daß Kardinal Innitzer eigentlich nur einen Wunsch seines Vorgängers erfüllte. Doch es waren auch aktuelle Anlässe gegeben, gleich drei Jubiläen, die im Jahre 1933 zusammenfielen: das fünfhundertjährige Bestehen des Stephansturmes, die 250ste Wiederkehr des Türkenjahres 1683 und der Allgemeine Deutsche Katholikentag, der in Wien abgehalten wurde. Das neue Diözesanmuseum sollte dabei repräsentativ und demonstrativ in Erscheinung treten. Freilich sind solche Anlässe vordergründiger Natur. Die bewegenden Kräfte liegen tiefer. Wir wollen dazu einige Überlegungen anstellen.

Die Gründung des Wiener Dom- und Diözesanmuseums erfolgte im Rahmen der Kirche und nicht außerhalb von ihr, wie etwa des Schnütgen-Museums in Köln, um nur das bedeutendste Beispiel im deutschen Raum zu nennen. Wie war nun die Situation in Österreich? Die historischen Formen hatten, ebenso wie das Vorbild der mittelalterlichen Kirchen, ihre Überzeugungskraft längst eingebüßt. Um 1930 hatte der Klosterneuburger Chorherr und Leiter des volksliturgischen Apostolates, Pius Parsch, zu einer Reform aufgerufen, die sich nicht nur auf die Liturgie, sondern auch auf den Kirchenbau bezog. Die Architekten Clemens Holzmeister, Robert Kramreiter und der Dombaumeister Karl Holey realisierten den neuen Gemeinschaftsraum mit seinem hochgelegenen, hellen Presbyterium, das die gottesdienstliche Handlung jedermann sichtbar machen wollte. Die Kirche konnte in ihrer schlichten, einfachen Art, die sich auf frühchristliche Vorbilder berief, dem Profanbau sogar untergeordnet sein. Die äußeren, aufwendigen Mittel wurden von dieser Auffassung geringgeachtet. Umso stärker war die Ambition auf inhaltlichem Gebiet. Das einzelne Werk sollte die christliche Botschaft in sich tragen und nicht nur von ihr erzählen.

Es ist daher bezeichnend, daß im Jahre 1929, in der ersten Nummer der „Kirchenkunst" – eine Zeitschrift, die zur Pflege religiöser Kunst diente –, Dagobert Frey auch die Errichtung eines Diözesanmuseums forderte. Historische und gegenwärtige Interessen waren – wie es die Zeitschrift zeigt – eng miteinander verbunden. So wurde das neue Dom- und Diözesanmuseum, das im wesentlichen Kunstwerke aus dem Dom und den Kirchen Wiens zur Schau stellen sollte, als ein Zentrum geistiger Aktivität geplant. Im Katalog der ersten Ausstellung sind einige der Leitgedanken ausgesprochen. Kardinal Innitzer schreibt nach einem Hinweis auf die denkmalpflegerische Bedeutung im Vorwort: „Nach bewährten Vorbildern und unter besonderer Berücksichtigung der Kunst- und Kulturgeschichte des Stephansdomes und unserer Erzdiözese soll nicht nur eine Sammlung kirchlicher Kunstwerke aus mehr als einem Jahrtausend, sondern auch ein Institut geschaffen werden, das dem kirchenkunstgeschichtlichen Unterricht wertvolles Anschauungsmaterial aus der Vergangenheit und Gegenwart bietet. Was seit Jahrhunderten im Gottesdienst der Kirche und im religiösen Leben unseres christlichen Volkes verwendet wurde, als Kleid und Ausdruck übersinnlicher Ideen und geweihten Kults im Heiligtum des Glaubens, das soll im Dom- und Diözesanmuseum erhalten und zur Schau gestellt werden."

Die Objekte des ersten Museums umfaßten – wie auch heute noch – Tafelbilder, Gemälde, Skulpturen, liturgische Geräte, Meßgewänder, Bücher und Gebrauchsgegenstände verschiedener Art. Die Gliederung in den barocken Repräsentationsräumen des Erzbischöflichen Palais wurde nach Stilperioden vorgenommen; sie reichte von der Gegenwart über das Barock bis zum frühen Mittelalter. Nach dem ersten Direktor, Domkurat Johann Popp, der mit Hilfe von Wissenschaftlern aus den staatlichen Museen Wiens, unterstützt durch Leihgaben der Dekanate, die Neuaufstellung besorgte, übernahm ab 1940 Univ.-Prof. Dr. Anselm Weissenhofer die Leitung. Er war auch Herausgeber der „Kirchenkunst" und den verschiedenen Funktionen des Museums schon seit jeher eng verbunden. Ihm sind zahlreiche Leihgaben und Erwerbungen, die das Museum bereicherten, zu danken. Professor Dr. Rudolf Bachleitner setzte als sein Assistent und späterer Direktor diese Tätigkeit fort, ohne daß die Grundkonzeption dadurch eine Änderung erfuhr. Unter den Aktivitäten, die vom Museum nach 1945 ausgingen, wäre in erster Linie die große Stephansdom-Ausstellung (Geschichte, Denkmäler, Wiederaufbau) im Herbst 1948 zu nennen. Eine kleinere Schau war die von Dr. Bachleitner bearbeitete Ausstellung „Der Heiltumschatz zu St. Stephan in Wien" (1960), deren Ergebnisse auch in einem Katalog festgehalten wurden. Die Verdienste lagen nach dem Krieg vor allem bei der Restaurierungstätigkeit, zu der die großen Epochenausstellungen in Krems, Linz und St. Florian beigetragen haben. Die Tätigkeit wurde auch auf die religiöse Kunst des 20. Jahrhunderts ausgedehnt. 1965 gab man Anton Lehmden Gelegenheit, sein für die St.-Georg-Kapelle in Istanbul bestimmtes Kreuzigungsbild im Rahmen des Museums auszustellen.

Es ist verständlich, daß ein Museum nach 40jährigem Bestand einer Erneuerung bedarf. Dies betrifft sowohl die Restaurierung der historischen Räumlichkeiten, in denen es untergebracht ist, als auch die Art der Präsentation. Die Unmöglichkeit einer Erweiterung des Museums – das inzwischen sogar Räumlichkeiten abtreten mußte – hatte hier eine Situation geschaffen, die den Anforderungen, die man an ein modernes Museum stellt, nicht mehr entsprechen konnte.

Als Kardinal Erzbischof Dr. Franz König im Jahre 1971 eine Neuordnung anregte, wurde zunächst ein Konzept ausgearbeitet, das mit den Herren des wissenschaftlichen Beirates besprochen wurde und auch deren Zustimmung fand. Die größte Hilfe war es dabei, daß der Herr Kardinal, der Dompropst in der Person von Erzbischof-Koadjutor Dr. Franz Jachym und das Domkapitel die inzwischen frei gewordene Wohnung des Dompropstes im sogenannten Zwettlhof am Stephansplatz dem Museum als Ergänzung und Erweiterungsmöglichkeit zur Verfügung stellte. Somit konnte die erste Stufe des Generalkonzeptes, das eine Restaurierung und Adaptierung sämtlicher Räumlichkeiten, eine Neuaufstellung der Objekte sowie deren wissenschaftliche Bearbeitung vorsah, verwirklicht werden. Die Präsentation eines Teiles der bedeutendsten Kunstwerke in modern ausgestatteten Räumlichkeiten war möglich geworden. Die Auswahl der Objekte sollte auf die enge Nachbarschaft zum Dom Rücksicht nehmen und aus diesem neuen Teil des Museums eine Art „Dom-Opera" machen. Die Konzeption sah eine Vereinigung des wertvollsten kirchlichen Gerätes, der Bücher und der Erinnerungsgegenstände an Rudolf den Stifter in einer eigenen Schatzkammer vor. Mittelalterliche Plastiken und Tafelbilder sollten hierauf zu den Werken des Barock überleiten, während die Gemälde der Nazarener – die als Andachts- und Historienbilder eine andere Funktion hatten – in der ehemaligen Hauskapelle der Dompropstei untergebracht wurden. Fotos von Kunstwerken des Domes, Aufnahmen aus der mittelalterlichen Plankammer betonten die Beziehung zur Stephanskirche. Das Museum sollte in dieser optischen und geistigen Nachbarschaft seine isolierte Position verlieren, aber auch in seiner Funktion eine größere Bewegungsfreiheit erhalten. Diesem Ziel dienen eine wissenschaftliche Dokumentation und die Handbibliothek, die in einem eigenen Raum für Interessenten offensteht.

Die neue Anordnung der Kunstwerke im Dom- und Diözesanmuseum sollte dem Wesen dieser Werke entsprechen. Der Verzicht auf eine Mischung mit Vitrinen und anderen Behelfen sichert ihnen ihre dreidimensionale Wirkung. Die bewußt sachlich gehaltenen

Räume sollten die Historie im Heute darstellen. Die Darbietung durfte jedoch nicht vordergründig bleiben, sondern ihr Fundament in einem wissenschaftlichen Katalog erhalten, den Herr Dr. Arthur Saliger aufgrund des neuesten Standes der Forschungen erarbeitet hat. Die verhältnismäßig geringe Zahl der Objekte gab dabei die Möglichkeit, ausführlicher als üblich zu sein, was auch durch die hohe Qualität der Kunstwerke gerechtfertigt war. So präsentiert sich das neue Museum, das Herr Dombaumeister Dipl.-Ing. Kurt Stögerer mit allen modernen Einrichtungen und Sicherheitsmaßnahmen versah, in einer von ihm mitbestimmten dezenten ästhetischen Note, die dem Kunstwerk ein Maximum seiner Wirkung gibt.

Nach all den Erläuterungen bleibt noch die entscheidende Frage offen, warum das alles geschah und welche Berechtigung ein Museum sakraler Kunst in unserer Zeit überhaupt besitzt.

Im wesentlichen gelten natürlich jene Grundsätze, die anläßlich der Gründung des Diözesanmuseums festgelegt wurden. Die Statuten sprechen von Kunstgegenständen, die nicht in Verwendung stehen, die in ihrem Aufstellungsort gefährdet sind oder nicht zur Geltung kommen; sie sollen den Bestand des Museums bilden. In dieser Absicht liegt eine denkmalpflegerische Gesinnung, aber auch ein geistiger Auftrag, der die ideellen Werte und die Botschaft der Kunstwerke betrifft. Und doch sehen wir heute den Auftrag des Museums etwas anders; die Situation hat sich geändert. Zunächst sei darauf verwiesen, daß sich die Aufgaben der Museen überhaupt gewandelt haben. Eine Vereinigung von Werken, die in chronologischer Ordnung dem Besucher vorgeführt werden, genügt heute nicht mehr. Das Museum befaßt sich mit dem einzelnen Werk nun in viel differenzierter Weise, das Kunstwerk ist auch mehr in den Mittelpunkt des Interesses gerückt. Dies zeigt sich schon in den modernen Aufstellungsmethoden, die es in seiner Dreidimensionalität für sich wirken lassen wollen und ihm in Stellung und Beleuchtung die beste Wirkung geben. Durch dieses Herausheben einerseits und durch den optisch geistigen Bezug zu den anderen Werken des Raumes andererseits werden an dem Kunstwerk neue Dimensionen sichtbar, es erhält neue Wirkungen und durch den Vergleich neue Bezüge, die sich aus einem Dialog der Werke ergeben. Die Präsentation kann sogar so weit gehen, daß sie Ergebnisse wissenschaftlicher Forschung vermittelt. Der Verlust historischer Zusammenhänge kann damit teilweise aufgewogen werden.

Da sich das moderne Museum weitgehend über den Bereich eines ästhetischen Schauverlangens erhoben hat, ist es aufschlußreich, damit die Situation der Kunst in der Kirche zu vergleichen. Einst war ihr Raum von kultischen, sakralen und rein geistigen Vorstellungen getragen und bestimmt, dies galt auch für die Einrichtung. Der Kunstwert war eben nicht genug, es zählten die Funktion und die Stärke des Ausdrucks, der damit verbunden war. Jener tiefe innere Bezug hatte sich jedoch seit dem späten Mittelalter mehr und mehr veräußerlicht und schließlich so weit gelöst, daß es schon im Josephinismus, vor allem im 19. Jahrhundert, zu einer Umkehr der Verhältnisse kam. Das Kunstwerk entstand nicht mehr für einen bestimmten Sakralbau, es wurde später in ihn hineingetragen und war auch auswechselbar. Die gewachsenen Einheiten wurden durch das ,,Kunstverständnis'' gleichsam zerlegt, Kirchen wurden zu Museen. Natürlich war davon die gottesdienstliche Handlung selbst nicht berührt, aber außerhalb der Messen und Andachten wurde diese Tendenz immer stärker. Der Baedeker wurde zum Wegweiser im Sakralraum. Ästhetische Ansprüche bemächtigten sich der Kirche, die in ihr oft nicht mehr als einen kunsthistorisch interessanten Ausstellungsraum sahen. Dieser Haltung haben manche modernistische Strömungen Vorschub geleistet. Sie stellen den historischen Kirchenraum überhaupt in Frage, sie predigen Einfachheit und Nüchternheit, wie dies schon Martin Luther vor ihnen tat. Gerade in dieser Situation erlebt man etwas Merkwürdiges: Der nüchterne Versammlungsraum genügt auf einmal nicht, die Skepsis gegen die sogenannte moderne Kunst schafft ein weiteres Dilemma. In diesem Zwiespalt greift man wieder auf die historische Kunst zurück, nun aber wegen ihrer spirituellen Werte. Man borgt Ikonen, gotische Plastiken oder barocke Andachtsbilder, sie dürfen dann auf den neuen Altären stehen. Und damit schließt sich der Kreis unserer Betrachtung.

Das Museum kann in unseren Tagen eine wichtige Aufgabe erfüllen: es ist Wegbereiter, kann längst verlorene Bezüge wieder anbahnen, den Betrachter anrufen, ihm die Augen öffnen und damit zu eigener Stellungnahme herausfordern. Das Museum sakraler Kunst – ansonsten ein Widerspruch in sich selbst – bahnt eine Auseinandersetzung auf einer höheren Ebene an. Es führt über die Ästhetik zur Botschaft der Kunstwerke, wobei es der musealen Aufstellung und ihrer Erläuterung gelingen muß, auch die Funktion bewußt werden zu lassen. Die Frage nach dem Wofür wird durch das Erkennen jener Kräfte, die zur Existenz des Werkes gehören und es bedingen, vertieft. Damit steht der aufgeschlossene Besucher im Museum vor den sakralen Kunstwerken zweifach berührt: Durch die

XIII

Konfrontation mit dem Werk, wie es gegenwärtig vor ihm steht, und durch die Konfrontation mit seiner Geschichtlichkeit. Die Summe dieser Fragen berührt das eigene Ich und fordert es zum Bekenntnis auf. Gewiß, Kunst ist nicht Religion, aber – so sagte schon Führich – sie führt zu ihr hin. Eine Ausstellung sakraler Kunstwerke trägt an sich nicht zu deren Verweltlichung bei, sondern präsentiert die Botschaft der Kirche in einem anderen Forum.

Mehr als zehn Jahre sind seit der Eröffnung des neuen Museums inzwischen verstrichen; es hat viele Freunde gewonnen. Zahlreiche Sonderausstellungen, Kongresse und die Rettungsaktion „Friaul lebt" geben Zeugnis von seinen Aktivitäten; auch der Kunstbesitz konnte um bedeutende Werke vermehrt werden. Ein Teil der Sammlung hat in den Repräsentationsräumen des Erzbischöflichen Palais eine neue Funktion erhalten. Entscheidend aber ist wohl die schon lange vorgesehene Erweiterung des Museums, die der Fürsprache Seiner Eminenz Kardinal Dr. Franz Königs zu danken ist. Neue Möglichkeiten tun sich auf.

Rupert Feuchtmüller

Die Bibliothek des Erzbischöflichen Dom- und Diözesanmuseums

Das Erzbischöfliche Dom- und Diözesanmuseum wurde im Jahre 1932 gegründet und im Jahre 1933 eröffnet. Der Beginn der Büchersammlung war zufällig und bestand wohl hauptsächlich aus Schenkungen und fallweisen Ergänzungen für wissenschaftliche Arbeiten der Museumsbeamten. In den Jahren 1972/73 erfolgte die Übersiedlung und Neuaufstellung des Museums, gleichzeitig bekam die Bibliothek einen eigenen Raum. Inzwischen war der Bücherbestand zu einer Handbibliothek mit ca. 3000 Bänden angewachsen. Seither wird versucht, die Sammlung systematisch zu ergänzen mit gewissen Schwerpunkten, die sich durch die Beziehung zur Domkirche, Bistumsgeschichte, Diözese und Diözesangeschichte ergeben. Ein weiterer wichtiger Aspekt ist die sakrale Kunst.

Der Bestand der Bibliothek ist derzeit ca. 4000 Bände, 9 laufende Zeitschriften, vorwiegend Kunstgeschichte, kirchliche Kunst. Besonderes Interesse gilt Nachschlagewerken, so besitzt die Bibliothek das Lexikon für Theologie und Kirche und ikonographische Lexika. Die Bibliothek ist Präsenzbibliothek, die Bücher und Zeitschriften können daher nur in den Räumen des Museums eingesehen werden. Die Bücher sind systematisch aufgestellt. Es stehen ein Autoren- und ein Schlagwortkatalog zur Verfügung.

Da das Museum der Arbeitsgemeinschaft kirchlicher Museen und Schatzkammern angehört, ergeben sich wichtige Anknüpfungspunkte, auch ein eventueller Tauschverkehr von Neuerscheinungen.

Wichtig erscheint der Kontakt mit der Restaurierwerkstätte für Metallarbeiten an der Hochschule für angewandte Kunst. Die Studenten können Unterlagen und Anregung für ihre Arbeit finden. Ebenso zählen besonders die Studenten des kunsthistorischen Instituts zu den Besuchern.

Zu den Aktivitäten der Bibliothek gehören die Anlegung und der Ausbau eines Zentral-Dia- und Bildarchivs für sakrale Kunst. Die Sammlung soll den gesamten Bereich der Bundesrepublik Österreich umfassen und dem Studium und der Information über sakrale Kunst dienen.

Eleonore Nischer-Falkenhof

Quellen zur Geschichte der Reliquienschatzkammer des Wiener Stephansdomes

Unter den Objekten des Erzbischöflichen Dom- und Diözesanmuseums nehmen die verschiedenen Leihgaben aus der Reliquienschatzkammer des Stephansdomes sicherlich eine besondere Stellung ein. Die Geschichte dieser Institution ist bekanntlich eng mit Herzog Rudolf IV. verbunden: Noch zu Lebzeiten seines Vaters Albrecht II. war dieser Herzog bemüht, möglichst viele Reliquien zu erwerben. Die bis 1357 gesammelten Reliquien übergab Rudolf an die eben gestiftete Kapelle im Widmerturm der herzoglichen Burg, die passend das Patrozinium Allerheiligen erhielt. Hier plante der Herzog auch die Errichtung eines Kollegiatskapitels, zu dessen Aufgaben es auch gehören sollte, für die Verehrung und Verwahrung der Reliquien Sorge zu tragen. Die vom Herzog geplante Stiftung kam 1365 tatsächlich zustande: mit dem großen Stiftsbrief vom 16. März dieses Jahres errichtete Herzog Rudolf IV. das Kollegiatskapitel zu Allen Heiligen an der Wiener Stephanskirche, die nunmehr als Sitz des neuen Kapitels bestimmt wurde. Zuvor hatte der Herzog schon in wiederholten Schenkungen seinen nach Vorbild und in Konkurrenz zu Kaiser Karl IV. vergrößerten Reliquienschatz der Stephanskirche übergeben. Im genannten Stiftsbrief traf der Herzog auch Vorsorge für dessen Verwaltung: sie sollte durch einen Custos oder Thesaurarius erfolgen, der in seiner Würde unmittelbar auf den Propst folgen sollte. Diese dem Custos – nach dem Vorbild der königlichen Saintes-Chapelles in Frankreich – gewährte Ehrenstellung erfuhr durch die vom Konzil von Basel 1435 erlassenen Kapitelstatuten eine Schmälerung: damals wurde die auch heute noch gültige Rangfolge Propst – Dechant – Custos – Cantor festgelegt.

Der von Herzog Rudolf IV. erworbene Reliquienschatz, der auch heute noch den wichtigsten Teil der Reliquienschatzkammer bildet, läßt sich aus verschiedenen Quellen rekonstruieren. In erster Linie ist hier das älteste Inventar der Reliquienschatzkammer zu nennen, dessen Abfassung noch in die letzten Jahrzehnte des 14. Jahrhunderts (vor 1393) fällt. Es verzeichnet ausdrücklich die „Reliquie sancti Stephani Vienne date et collecte per serenissimum principem dominum Rudolffum, ducem Austrie" und soll im Anhang erstmals veröffentlicht werden.

Auf das eben genannte Inventar, das in drei verschiedenen Fassungen vorliegt, folgen drei inhaltlich weitgehend übereinstimmende Inventare aus der Mitte des 15. Jahrhunderts. Auf Pergament geschrieben, verzeichnen sie den gesamten Reliquienschatz, wie er von Custos Nikolaus Holnprunner (1435–1467) am 12. Dezember 1448 inventarisiert wurde. Zusätzlich nennen die verschiedenen Fassungen die unter demselben Custos bis 1467 neu erworbenen Reliquien; ähnliche Nachträge liegen auch für die Custoden Nikolaus Pehem (1468–1474), Conrad Zentgraf (1474–1494) und Hieronymus Holnprunner (1494–1505) vor. Dabei wird etwa auch Wilhelm Rollinger, der Schöpfer des alten Chorgestühles der Stephanskirche, als Wohltäter der Reliquienschatzkammer erwähnt.

Als Reliquieninventar im weiteren Sinn darf auch das gedruckte Heiltumbuch von 1502 (mit einem Nachtrag aus dem Jahr 1514) gelten. Die beigegebenen Darstellungen der einzelnen Reliquiare führen den Reichtum der Reliquienschatzkammer auch bildlich vor Augen. Ebenso gibt das am 11. Mai 1515 anläßlich der Amtsniederlegung des Custos Wolfgang Goppinger (1507–1515) verfaßte Inventar noch einmal eine Vorstellung vom Reliquienschatz von St. Stephan, wie er von Herzog Rudolf IV. begründet und unter den Custoden des 15. Jahrhunderts vermehrt worden war.

Die zur Abwehr der Türken angeordneten Silberablieferungen trafen auch die Reliquienschatzkammer schwer. Entsprechend verzeichnet das beim Amtsantritt des Custos Heinrich Aininger (1585–1596) verfaßte Inventar eine große Zahl nunmehr ungefaßter Reliquien. Ein in älteren Quellen noch erwähntes Reliquieninventar des Custos Tobias Schwab (1613–1631), der eine besondere Stiftung zur Neufassung von Reliquien errichtete, fehlt heute. So folgt jenes des Custos Johann Prugger (1666–1671), das in Konzept und Reinschrift erhalten ist. Es verzeichnet nicht nur die Reliquien, sondern bietet auch eine Custodenreihe seit dem Jahr 1378 und berichtet über die Aufwendungen Bischof Breuners für die Barockisierung der Stephanskirche, vor allem für den Bau des neuen Hochaltars. Gleichzeitig nennt es die unter Kardinal Klesl und Bischof Breuner neuerworbenen Reliquien.

Die aus dem 18. Jahrhundert stammenden Inventare der Custoden Jacob von Summerau (1723), Joseph Anton von Haack (1750), Rudolf Johann Graf von Coppola (1779) – am letztgenannten Inventar arbeitete auch der Vizecustos Joseph Ogesser mit – und Joseph Christian von Hillmayer (1798) sind recht knapp gehalten. Das von Custos Joseph Salzbacher (1847–1866), der sich auch um die Restaurierung der Reliquienschatzkammer verdient machte, im Jahr 1849 verfaßte Inventar bietet dagegen mit einem Umfang von mehr als 600 Seiten nicht nur ein genaues Verzeichnis der zu diesem Zeitpunkt noch vorhandenen Reliquien – wobei jeweils auch auf das Vorkommen oder Fehlen in den älteren Inventaren verwiesen wird und allfällige urkundliche Zeugnisse mitgeteilt werden –, sondern stellt geradezu eine umfassende Geschichte der Reliquienschatzkammer von St. Stephan dar. Das bislang jüngste Inventar wurde 1903/1904 von Domcustos Hermann Zschokke verfaßt; ein Auszug daraus erschien 1904 auch im Druck.

Die Auswertung der genannten Inventare erlaubt in vielen Fällen eine recht genaue Datierung der Erwerbung einzelner Reliquien und vor allem auch der Anfertigung verschiedener Reliquiare. Eine wesentliche Ergänzung bieten in dieser Hinsicht zusätzlich die sogenannten Custosraittungen: Die Kapitelstatuten von 1435 schrieben dem Custos zwingend eine jährliche Rechnungslegung über seine Einnahmen und Ausgaben vor. Tatsächlich haben sich für den Zeitraum 1435 bis 1522 nicht weniger als 21 Rechnungshefte erhalten. Mit ihren genauen Angaben über Zahlungen an verschiedene – meist namentlich genannte – Wiener Goldschmiede und andere Künstler stellen sie eine ungemein wertvolle, bis jetzt kaum beachtete Quelle zur Geschichte der Wiener Goldschmiedekunst zur Zeit der Spätgotik dar; sie sollten daher Gegenstand der kunsthistorischen Forschung werden. Die neuen Erkenntnisse, die bei der Durchsicht der genannten Inventare und Rechnungen zu den im Diözesanmuseum gezeigten Reliquiaren gewonnen werden konnten, wurden bei der Beschreibung der einzelnen Objekte bereits berücksichtigt.

Anhang: Das älteste Inventar der Reliquienschatzkammer bei St. Stephan

Überlieferung: Diözesanarchiv Wien, Bestand Domkapitel, Reliquieninventar Nr. I (alte Signatur: Hs. 45). Papierhandschrift, gotische Buchschrift, zweite Hälfte des 14. Jahrhunderts (vor 1393), 22 S. Ganzseitige, kolorierte Initialen und Kapitelzeichen als Zierelemente. Die Zusätze der beiden jüngeren Fassungen sowie der schon von Gottlieb veröffentlichte Bücherkatalog wurden nicht berücksichtigt

Hec sunt Reliquie sancti Stephani Vienne date et collecte per serenissimum principem dominum Rudolffum, ducem Austrie, Stirie, Karinthie ac Carniole, comitem Tirolensem etc.:
Primo crux domini lignea magna deaurata cum preciosis lapidibus et margaritis aliquibus, cum baculo cupreo deaurato.
Item crux parva domini cum decem et octo lapidibus preciosis.
Item monstrantia aurea cum septem lapidibus preciosis, in qua continetur pannus, quo precinctus fuit Christus in cruce.
Item alia monstrantia aurea cum tribus spinis continens novem lapides preciosos et quasdam perlas, in qua una floratura parva in auro deficit.
Item monstrantia aurea cum spongia domini continens quinque lapides preciosos et quasdam perlas.
Item monstrantia cristallina cum sputo domini.
Item alia monstrantia magna cum clavo domini cum duobus clippeis argenteis et cum viginti lapidibus preciosis.
Item unum plenarium aureum cum quindecim lapidibus preciosis et quibusdam perlis.
Item duo plenaria aurea cum sudore domini cum decem lapidibus preciosis, quibusdam perlis et cum duobus topasiis.
Item sudarium domini de panno.
Item mensale domini.
Item lyntheolus domini, cui fuit involutus in presepio.
Item plenarium argenteum de tunica inconsutili.
Item una patena argentea sanguine Christi miraculose sparsa.
Item unus magnus lapis de statua domini.
Item lapis de sepulchro domini.
Item plenarium argenteum de reliquiis sanctorum plenum.
Item monstrancia argentea cum tunica purpurea.
Sequitur de Reliquiis domine nostre Marie:

XVI

Primo una monstrancia aurea cum crinibus Marie et cum quatuor lapidibus preciosis.

Item una monstrantia argentea cum peplo virginis Marie et cum cruce argentea superposita.

Item unum plenarium argenteum et ligneum cum lapidibus preciosis quam plurimis.

Item unum plenarium ligneum cum reliquiis.

Item unum plenarium argenteum plenum diversis reliquiis, a tergo continens peplum Marie.

Item una monstrantia parva argentea cum lacte Marie.

Item cingulus Marie cum quadam littera in quadam longa trucula.

Item una monstrantia argentea de pallio et cingulo Marie.

Item unum plenarium cum reliquiis Marie cum perlis et preciosis lapidibus.

Item caput magnum argenteum sancti Andree continens duodecim lapides preciosos cum corona de lapidibus preciosis.

Item caput sancti Ipoliti cum corona argentea et quibusdam lapidibus preciosis, in cuius pectore deficiunt tres lapides preciosi.

Item caput sancte Regine cum corona argentea, in cuius pectore continentur aliqui lapides preciosi.

Item caput sancte Barbare cum corona lapidibus et perlis insertis.

Item monstrancia argentea cum capite sancte Agnetis continens aquilam desuper et cum pluribus aliis reliquiis.

Item monstrancia argentea cum matre perlinna continens caput sancte Ursule.

Item brachium sancti Vincencii cum tribus anulis.

Item una monstrancia de cornu.

Item brachium sancti Nicolai cum quinque anulis lapidibus preciosis insertis.

Item brachium sancti Laurencii cum uno anulo lapide precioso inserto, monstranciam sustentantes quatuor leones.

Item una monstrancia argentea et cristallina cum manu sancti Paterniani continens quinque anulos.

Item una monstrancia argentea et cristallina continens brachium sancti Stephani et cultellum sancti Bartholomaei, quo se excoriavit.

Item monstrancia argentea parva cum berillo, nichil habens desuper, retro habens crucem.

Item monstrancia argentea et cristallina continens superius reliquias sancti Erhardi.

Item unum capitellulum argenteum.

Item una monstrancia argentea et cristallina continens brachia Fabiani pape, Benedicti abbatis, Georgii martiris.

Item una monstrancia cristallina continens duos digitos sancte Margarete.

Item monstrancia aurea cum pede argenteo continens reliquias sancti Marci.

Item monstrancia argentea cum matre perlinna, in pede habens quosdam lapides preciosos.

Item calix argenteus sancti Ruperti cum patena argentea.

Item una cistula argentea cum reliquiis plena.

Item unus ciffulus cristallinus cum reliquiis.

Item una monstrancia argentea parva cum angelo superposito.

Item una monstrancia argentea plena reliquiis continens pannum sancte Katherine, quo fuit circumdata ea decollata, nichil habens superius vel desuper.

Item una monstrancia argentea cum nola superius vel desuper.

Item una monstrancia argentea cum duobus angelis tenentibus Jacobum maiorem.

Item unum capitellum argenteum Jacobi minoris.

Item una monstrancia argentea et matre perlinna, cum sex clippeis Austrie, continens superius ymaginem quandam argenteam.

Item monstrancia argentea cum berillo continens tunicam sancti Marcelli pape.

Item aquila argentea cum quibusdam lapidibus preciosis, habens vel continens anulum in ore.

Item ymago sancti Stephani argentea parva.

Item duo ova strutionum plena reliquiis.

Item monstrancia argentea cum diversis lapidibus continens superius misericordiam domini viridem, ex utraque parte angelus existens.

Item monstrancia argentea cum triformi matre perlinna.

Item crux argentea de Habspurch cum pluribus lapidibus preciosis.

Item angelus argenteus cum panno beati Stephani, quo utebatur tempore lapidacionis.

Item una parva ymago argentea beate Katherine cum rota.

Item una parva ymago argentea cuiusdam regis.

Item una antiqua monstrancia sancti Stephani.

Item unus ciffus argenteus et cristallinus cum reliquiis.

Item una monstrancia argentea et cristallina partim fracta, continens brachium sancte Cordule virginis.

Item monstrancia argentea et cristallina continens reliquias sancti Florencii confessoris.

Item una monstrancia argentea cum ymagine sancti Johannis Baptiste de pilis camelorum.

Item ymago beate virginis argentea antiqua cum tribus pedibus.

Item duplex crux aurea et argentea cum quibusdam perlis suprapositis.

Item tabula argentea deaurata satis magna et preciosa.

Item picarium sancti Udalrici argenteum et ligneum.

Item plenarium argenteum reliquiis plenum, quod fecit dominus Rapoto, canonicus dicte ecclesie sancti Stephani.

Item monstrancia aurea et argentea cum oleo sancte Katherine.

Item crux aurea cum pede argenteo et lapidibus preciosis et quibusdam perlis.

Item monstrancia argentea et cristallina, quas fecit dictus dominus Rapoto, continens peplum Marie.

Item ymago sancti Nicolai argentea.

Item crux argentea satis antiqua cum pede argenteo.

Item una trucula lapidea cum corpore sancti Deicoli.

Item trucula cristallina cum corporibus Innocentum.

Item pallium et humerale de lapidibus preciosis et perlis magnis et optimis.

Item capisterium argenteum.

Item una canula cum clippeo Austrie.
Item due magne cruces argentee.
Item due arche argentee cum reliquiis sanctorum.
Item unus clippeus cum perlis et tribus lapidibus preciosis.
Item duo angeli cum perlis iacentes in una trucula clippeata.
Nota corpora:
Primo Patricii et Matelli.
Item sancti Fridolini.
Item sancti Marci Ewangeliste.
Item sancte Otilie.
Item sancti Aspiris martiris.
Item Columbini abbatis.
Item sancti Pymerii martiris.
Item Januarii episcopi, Festi dyaconi et Desiderii martirum simul.
Item Candidi martiris.
Item sancte Elizabeth virginis unius undecim milium virginum.
Item reliquie sancti Valentini.
Item sudarium Trophini et sancte Sophie.
Item corpus sancti Maximiani.
Item corpora sanctorum sancte Fortunate virginis, Carponii et Prisciani.
Item corpus sancte Verene virginis.
Item corpora sanctorum Constantis, Legencii, Allexandri, Paulini.
Item corpus sancti Victoris martiris.
Item corpus sancte Irmengardis.
Item corpus sancte Wilmoldis.
Item corpus sancte Kunigundis.
Item sancti Morandi.
Item sancti Antonii majoris.
Item corpora sanctorum Primi et Feliciani.
Item quatuor corpora decem milium martirum.
Item alique reliquie seu corpora in lintheamine quodam.
Item de sudario Fridelini.
Item tres trucule sericee parve cum perlis et margaritis et eciam cum reliquiis.
Item unum klenodium ad osculum cum berillo habens signum regis Ungarie.
Item una parva cistula argentea vacua.
Item magnus anulus aureus pontificalis cum sex lapidibus preciosis et cum sex perlis et eciam una magna perla.
Item tabellula argentea continens in medio ymaginem Marie cum quibusdam perlis et lapidibus preciosis.
Item quinque cruces argentee parve.
Item una crux argentea, quam gessit Maria in pectore.
Item una parva crux aurea cum lapidibus preciosis.
Item una parva monstrancia argentea cum cruce superposita et duobus lapidibus preciosis.
Item duo pectoralia argentea.
Item osculum argenteum continens lignum crucis.
Item pixis aurea plena reliquiis.
Item tres anuli aurei, quorum unus est cum duobus lapidibus preciosis, reliqui duo sine lapidibus.
Item parva monstrancia continens reliquias sancti Adalberti.

XIX

Item una trucula aurea parvula continens tres spinas.

Item agnus dei argenteum cum signo comitis de Goricia.

Item pixis argentea cum oleo sancte Waltpurgis.

Item camisia sancti Georgii.

Item in una trucula lignea sexaginta frustra seu partes reliquiarum.

Item una pelvis de jaspide.

Item in una parva trucula eburnea sex frusticula argentea reliquiarum.

Item crux sancti Andree lignea.

Item duo gladii.

Item cuspis beati Georgii ferrea.

Item unus rubeus saccus plenus reliquiis.

Nota capita:

Primo caput sancti Leontini nudum.

Item caput sancti Sixti.

Item sancti Cosme.

Item sancti Damiani.

Item sancte Justine.

Item caput sancti Georii.

Item sancti Pangracii.

Item sancti Leodegarii.

Item sancti Gregorii Nazanzeni.

Item caput sancti Zenopii.

Item caput sancti Andree, de septuagintaduobus discipulis unius.

Item caput sancti Bachi.

Item caput sancti Urbani.

Item de capite sancti Petri, qui fecit Salve Regina.

Item de capite sancti Sebastiani.

Item de capite s. Carpofori presbyteri.

Item de capite s. Agnetis.

Item de capite s. Concordie.

Item de capite s. Margarete.

Item reliquie s. Gundaline.

Item de capite Hainrici imperatoris.

Item de capite Kristine virginis.

Item Cordule virginis.

Item mandibula sancti Antipe patriarche.

Item mandibula s. Wilhelmi presbyteri.

Brachia nuda notantur:

Primo brachium Theodosii martiris.

Item brachium Vincencie virginis.

Item brachium et scapula Irmengardis.

Item brachium s. Mauricii.

Item brachium s. Maximiliani.

Item brachium Eufemie.

Item brachium Pauli episcopi.

Item brachium sancti Gelasii.

Item brachium s. Duringi.

Item brachium s. Kristofori.

Item brachium s. Kolomanni.

Item brachium s. Wilhelmi.

Item brachium s. Cordule.

Item pes s. Marine.

Item brachia duo simul Valeriani et Tiburtii.

Item brachium s. Georgii.

Item brachium s. Bartholomaei et costa ipsius.

Item brachium sancti Ingenuini episcopi Brixinensis.

Item brachium s. Gebhardi abbatis.

Item de brachio sancti Philippi apostoli.
Item de brachio sancti Viti.
Item de brachio s. Sebastiani.
Item brachium Regine virginis.
Item brachium unius undecim milium virginum.
Item brachium Longini.
Item brachium Justine virginis.
Item brachium Procopii.
Item reliquie sancti Mauricii.
Item brachium Symeonis.
Item de reliquiis Canciani et Cancionelli.
Item de brachio sancti Benedicti.
Item de brachio sancti Hermetis.
Item de brachio sancte Felicitatis.
Item de brachio sancte Ursule.
Item mandibula s. Wilhelmi.
Item reliquie s. Emerhilde.
Item brachium s. Vessessiani.
Item costa sancti Albuini episcopi Brixinensis.
Item de costa sancti Valentini.
Item reliquie undecim milium virginum.
Item reliquie s. Wilhelmi confessoris.
Item oleum Moysi.
Item oleum sancte Barbare.
Item de lacte Marie.
Item oleum sancte Katherine.
Item de sanguine miraculoso.
Item oleum sancte Katherine.
Item oleum sancte Katherine.
Item monstranciola cristallina parvula vacua.
Item una pixis eburnea cum reliquiis.
Item balsamus.
Item oleum sancti Nicolai.
Item oleum sancte Katherine.
Item forma speculi eburnei.
Item duo viatica pro altaribus.
Item due tabule lignee cum reliquiis.
Item viginti particule reliquiarum in una trucula
lignea cum maiestate desuper.
Item tabernaculum argenteum pro corpore Christi
deferendum et spectat ad altare corporis Christi.
Item unum rastrum argenteum cum clippeo Austrie.
Item octo baculi argentei.
Item duo picaria vitrea cum pictura paganica.
Item unus flasco vitreus de Damasco cum reliquiis
multis.
Item una amphora vitrea de Damasco eciam cum
reliquiis.
Item tres tabule lignee cum reliquiis.

Quellen und Literatur:
Diözesanarchiv Wien, Bestand Domkapitel: Reliquieninventare 14.–20. Jahrhundert; Custosraittungen 1435–1522. – Joseph Ogesser, Beschreibung der Metropolitankirche zu St. Stephan in Wien (Wien 1779). – Hermann Zschokke, Geschichte des Metropolitan-Capitels zum heiligen Stephan in Wien (Wien 1895). – Ders., Die Reliquienschatzkammer der Metropolitankirche zu St. Stephan in Wien (Wien 1904). – Mittelal- terliche Bibliothekskataloge Österreichs, hrsg. von der Österreichischen Akademie der Wissenschaften. I. Band: Niederösterreich, bearbeitet von Theodor Gottlieb (Wien 1915), 274 ff. – Hermann Göhler, Die Schaustellung von Schriftdenkmälern im Erzbischöflichen Dom- und Diözesanmuseum in Wien. Kirchen- kunst 6 (1934), VIII–X, XIII f., XVII–XIX. – Der Heiltumschatz der Allerheiligen Domkirche zu St. Stephan in Wien. Sonderausstellung anläßlich der Wiener Festwochen 1960, gestaltet von Rudolf Bachleitner (Wien 1960). – Viktor Flieder, Stephansdom und Wiener Bistumsgründung. Veröffentlichungen des Kirchenhisto- rischen Instituts der Katholisch-theologischen Fakultät der Universität Wien, 6 (Wien 1968).

Johann Weissensteiner

Die Otto-Mauer-Sammlung

Seit dem Jahre 1980 ist die Kunstsammlung des 1973 verstorbenen Msgr. Otto Mauer dem Erzbischöflichen Dom- und Diözesanmuseum integriert; der Übergabe gingen jahrelange Verhandlungen mit dem Verwalter des Nachlasses von Msgr. Mauer, Prälat Dr. Karl Strobl, voraus.

Msgr. Otto Mauer (1907–1973) war einer der führenden Geister des österreichischen Katholizismus in diesem Jahrhundert. Er war 1931 zum Priester geweiht worden und zuletzt als Domprediger von St. Stephan tätig. Zu seinen zusätzlichen Tätigkeiten, die er durch seine Persönlichkeit prägte, gehörten die Verantwortung für den Katholischen Akademikerverband und die Leitung der Galerie St. Stephan, deren Name später aus internen Gründen auf „Galerie nächst St. Stephan" geändert werden mußte. Die Galerie, deren Räumlichkeiten von der von Otto Kallir 1923 gegründeten „Neuen Galerie", die damals eine Ausstellung bedeutender Gemälde Egon Schieles vorstellte, übernommen wurden, wurde am 6. November 1954 mit einer Ausstellung von Zeichnungen und Aquarellen Herbert Boeckls eröffnet. Mit dieser Galerie und Msgr. Mauers Engagement zur Förderung junger Künstler wurde der Grundstein für eine umfangreiche Sammlung von Original- und Druckgraphiken, Ölbildern, Bleistiftzeichnungen, Aquarellen gelegt, die bis zum Zeitpunkt des Todes von Msgr. Mauer eine Anzahl von beinahe 2000 (1985) Objekten, vor allem Frühwerke von heute anerkannten österreichischen Künstlern, erreicht hatte. Msgr. Mauer leitete diese Avantgardegalerie, die innerhalb kurzer Zeit zu den ersten der europäischen Institutionen dieser Art zählte, annähernd 20 Jahre hindurch. Die Galerie St. Stephan war über zehn Jahre eng mit den Namen von vier österreichischen Malern verknüpft, die maßgebende Positionen bezüglich der damaligen Kunstentwicklung einnahmen, regelmäßig in der Galerie ausstellten und von Msgr. Otto Mauer auch außerhalb Österreichs international gefördert wurden: Josef Mikl, Arnulf Rainer, Markus Prachensky, Wolfgang Hollegha. Von diesen Malerpersönlichkeiten befinden sich zahlreiche Werke in der Sammlung. Naturgemäß erhielt Msgr. Otto Mauer – als Freund der Kunst und Wegbegleiter der Künstler, gleichsam als Dank für Ausstellungen, Vorworte und Reden – viel von dem Bestand der Sammlung geschenkt; häufig war er jedoch auch der einzige Käufer, wenn es um das Bekenntnis zur Sache in schwer verständlichen Dingen oder um rasche Hilfe im Existenzkampf ging. So kam eine Sammlung von einmaligem Charakter zustande: Zu Beginn war Mauers Aufbauwerk – in einer Zeit des Aufbaues nach dem Zweiten Weltkrieg, in der noch kein Museum moderner Kunst in Wien existierte – vor allem den Expressionisten und den um die Erneuerung christlicher Kunst bemühten Franzosen gewidmet (Kubin, Kollwitz, Ensor, Corinth; Chagall, Manessier, Rouault); in der Sammlung ist vor allem Alfred Kubin durch eine besonders große Fülle von Bleistiftzeichnungen, Tuschzeichnungen und Lithographien vertreten. Später wurde der Schwerpunkt des Interesses in der Galerie auf die künstlerischen Manifestationen der zwischen 1955 und 1963 vorwiegend abstrakt malenden jüngeren Generationen verlagert, wie sie auch ihren Niederschlag auf den Bestand der Sammlung Msgr. Otto Mauers gefunden hat: Peter Bischof, Kiki Kogelnik, Andreas Urteil, Roland Goeschl, Erwin Reiter, Maria Lassnig, Franziska Wibmer, Hans Hollein und Walter Pichler standen eng mit der Galerie St. Stephan in Verbindung. Entscheidende und vieldiskutierte Künstler wie Georges Mathieu (1959) und Josef Beuys (1966 und 1967) wurden von Msgr. Mauer nach Wien geholt; in der Sammlung sind ebenfalls einige Werke von ihnen zu finden. – Als erste österreichische Galerie stellte die Galerie St. Stephan „Zustandsgebundene Kunst" (1970 und 1972) mit Werken von Patienten aus dem Niederösterreichischen Landeskrankenhaus aus, wie sie auch in der Sammlung Msgr. Otto Mauers durch eine umfangreiche Mappe vertreten sind.

Die Sammlung Msgr. Otto Mauers dokumentiert die Entwicklung moderner Kunst in Österreich im 20. Jahrhundert, wie sie möglicherweise – dank des persönlichen Engagements eines zu verantwortungsbewußtem Einsatz bereiten, von Sachkenntnis geprägten Priesters – in Österreich in derart gewachsenem Zustand einmalig ist.

Literatur:
Katalog Sammlung Otto Mauer, Zum zehnten Todestag, Wien, Albertina 1983, S. 53 ff.

Bestände der Otto-Mauer-Sammlung

(Künstler-Verzeichnis)

Graphiken, Aquarelle und Bilder, die in einem von Prälat Dr. Karl Strobl verfaßten Verzeichnis einzeln angeführt sind.

Abkürzungen nach der jeweiligen Stückzahl:

A = Aquarelle und Mischtechnik   D = Druckgraphik   P = Plakat
C = Collage   Ö = Ölmalerei   Z = Zeichnung

Adam, Henri-Georges, 1904 Paris / 1 D
Adrian, Marc, 1930 Wien / 1 C
Archipenko, Alexander, 1887 Kiew – 1964 New York / 1 D
Arnold, Rudi, 1945 Luzern / 1 Z
Arp, Hans, 1887 Straßburg – 1966 Basel / 2 D
Arrigo, Wittler, 1918 Westfalen / 1 Z
Attersee, Christian Ludwig, 1942 Wien / 1 D
Augustiner, Theodor Werner, 1886 Jettenbong – 1969 München / 1 A, 1 Z, 12 D
Avramidis, Joannis, 1922 Patum/Rußland / 6 Z
Barlach, Ernst, 1870 Wedel/Holstein – 1938 Güstrow i. Mecklenburg / 15 D
Baumeister, Willi, 1889 Stuttgart – 1955 Stuttgart / 2 A, 1 Z, 18 D
Bazaine, Jean René, 1904 Paris / 1 D, 1 P
Beck, Gustav Karl, 1902 Wien / 1 D
Beckmann, Max, 1884 Leipzig – 1950 Brooklyn, N. Y. / 18 D
Beeh, René, 1888 Straßburg – 1922 Straßburg / 1 D
Bella, Stefano della, 1610 Florenz – 1664 Florenz / 2 D
Benrath, Frédéric, 1930 Chatou, Frankreich / 1 A
Beuys, Joseph, 1921 Krefeld – 1986 Düsseldorf / 1 A, 2 Z
Bilger, Margret, 1904 Graz – 1971 Schärding / 3 A, 4 Z, 108 D
Birstinger, Leopold, 1903 Wien / 5 A, 10 Z, 23 D
Bischof, Peter, 1934 Wien / 3 Z, 4 D
Bodmer, Walter, 1903 Basel – 1973 Basel / 1 Z
Boeckl, Herbert, 1894 Klagenfurt – 1966 Wien / 6 A, 13 Z
Bonnard, Pierre, 1867 Fontanay aux Roses – 1947 Le Cannet bei Cannes / 7 D
Brand, Friedrich, 1735 Wien – 1806 Wien / 2 Z
Braque, Georges, 1882 Argenteuil sur Seine – 1963 Paris / 3 D, 1 P
Braun, Theo, 1922 Karbitz (ČSSR) / 1 D
Brauner, Viktor, 1903 Piatra / 1 P
Brüning, Peter, 1929 Düsseldorf – 1970 Ratingen / 1 D
Buffet, Bernard, 1928 Paris / 1 D
Callot, Jacques, 1592 Nancy – 1635 Nancy / 3 D
Campendonck, Heinrich, 1889 Krefeld – 1957 Amsterdam / 4 D
Chagall, Marc, 1889 Liosny, Gouv. Witebsk – 1986 St. Paul de Vence / 15 D
Christanell, Linda, 1939 Wien / 2 Z
Corinth, Lovis, 1858 Topian – 1925 Zandvoort (Niederlande) / 76 D
Dahmen, Karl Fred, 1917 Stolberg bei Aachen / 1 D
Daumier, Honoré, 1808 Marseille – 1879 Valurondois / 2 D
Decleve, Mario, 1930 Lusingrande (Istrien) – 1979 Wien / 1 D
Degas, Edgar, 1834 Paris – 1917 Paris / 1 D
Delacroix, Eugène, 1798 Charenton-Saint-Maurice – 1863 Paris / 2 D
Delâtre, Auguste, 1822 Paris – 1907 Paris / 1 D
Delaunay-Terk, Sonja, 1885 Gradiesk (Ukraine), lebt in Paris / 1 D
Denis, Maurice, 1870 Granville – 1945 Saint-Germain-en-Laye / 1 D
Dix, Otto, 1891 Untermhaus bei Gera – 1969 Hemmenhofen (Bodensee) / 6 D
Dubuffet, Jean, 1901 Le Havre / 2 D
Eder, Otto, 1924 Seeboden (Kärnten) / 1 D
Egger-Lienz, Albin, 1868 Stribach b. Lienz – 1925 Reutsch b. Bozen / 1 D
Ehrlich, Georg, 1897 Wien – 1966 London / 1 D
Eisler, Georg, 1928 Wien / 3 Z, 1 D
Ensor, James, 1860 Oostende – 1949 Oostende / 9 D
Ernst, Max, 1891 Brühl b. Köln – 1976 Paris / 3 D
Esteve, Maurice, 1904 Culan (Cher) / 1 D
Faistauer, Anton, 1887 St. Martin b. Lofer – 1930 Wien / 3 Z, 6 D
Feininger, Lyonel, 1871 New York – 1956 New York / 2 D
Feuerstein, Günther, 1925 Wien / 3 Z
Fiori, Ernesto de, 1884 Rom – 1945 São Paulo / 1 D
Fischer, Klaus Jürgen, 1930 Krefeld / 2 D
Fischer, Walter, 1901 Gschwend (Württemberg) / 3 Z
Francis, Sam, 1923 San Mateo, Kalifornien / 1 D
Frohner, Adolf, 1934 Groß Enzersdorf / 15 D, 1 Z
Fronius, Hans, 1903 Sarajevo / 1 Ö, 106 Z, 37 D
Frühtrunk, Günter, 1923 München / 2 D
Fuchs, Ernst, 1930 Wien / 2 Z, 37 D
Gappmayr, Heinz, 1925 Innsbruck / 1 Z
Gaul, Winfried, 1928 Düsseldorf / 1 Z
Geiger, Rupprecht, 1908 München / 8 A, 1 D
Germain, Jacques, 1915 Paris / 1 D
Giacometti, Alberto, 1901 Stampa im Bergell – 1933 Glion bei Montreux / 2 D, 1 P

Gironcoli, Bruno, 1936 Villach / *45 Z, 4 D, 1 C*
Göschl, Roland, 1932 Salzburg / *1 A, 6 Z, 3 D*
Goya, Francisco de, 1746 Fuendetodos (Aragon) – 1828 Bordeaux / *8 D*
Graham, Robert, 1938 Mexico City / *1 D*
Grieshaber, Helmut Andreas Paul, 1909 Rot a. d. Rot, Oberschwaben / *1 D*
Grosz, George, 1893 Berlin – 1959 Berlin / *2 D*
Gsteu, Johann Georg, 1927 Hall in Tirol / *2 Z*
Gütersloh, Paris, 1887 Wien – 1973 Baden bei Wien / *1 Z*
Hackl, Herbert, 1945 Bad Hall, OÖ. / *1 Z*
Hanak, Anton, 1875 Brünn – 1934 Wien / *2 Z*
Hartlauer, Fritz, 1919 Kumberg bei Graz / *8 Z, 2 D*
Hartung, Hans, 1904 Leipzig / *1 D*
Hatz, Felix, 1904 / *1 D*
Haubenstock-Ramati, Roman, 1919 Krakau / *1 D*
Haug, P. O. / *1 A, 2 D*
Hauser, Erich, 1930 Tietheim, Kreis Tuttlingen / *2 D*
Hayter, Stanley William, 1901 London / *1 D*
Heckel, Erich, 1883 Döbeln in Sachsen – 1970 Randolfzell / *4 D*
Hikade, Karl, 1942 Wien / *1 Z*
Hofer, Karl, 1878 Karlsruhe – 1955 Berlin / *11 D*
Hoflehner, Rudolf, 1916 Linz / *1 Z, 2 P*
Hogarth, William, 1697 London – 1764 London / *3 D*
Hollar, Wenzel, 1607 Prag – 1677 London / *1 D*
Hollegha, Wolfgang, 1929 Frohnleiten / *6 A, 7 Z, 22 D*
Hollein, Hans, 1934 Wien / *2 Z, 1 C*
Hrdlicka, Alfred, 1928 Wien / *5 D*
Hundertwasser, Friedensreich, 1928 Wien / *1 D, 2 P*
Hutter, Wolfgang, 1928 Wien / *3 D*
Imai, Toshimitzu, 1928 Kyoto / *4 A*
Itten, Johannes, 1888 Schwarzenegg (Thun) – 1967 Zürich / *1 Z*
Janssen, Horst, 1929 Hamburg / *3 D*
Jawlensky, Alexej, 1864 Torschok, Gouv. Twer – 1941 Wiesbaden / *8 D*
Jorn, Asger Olaf, 1914 Vejrum (Dänemark) – 1973 Aarhus / *1 D*
Kandinsky, Wassily, 1866 Moskau – 1944 Neuilly-sur-Seine / *1 D*
Kassak, Lajos, 1887 Ersekujvàr – 1967 Budapest / *1 Ö*
Kelly, Ellsworth, 1923 Newburgh, USA / *2 D*
Klee, Paul, 1879 München – 1940 Murlato-Locarno / *3 D*
Klein, Yves, 1928 Nizza – 1962 Paris / *1 D*
Klimt, Gustav, 1862 Wien, Baumgarten – 1918 Wien / *8 Z*
Kogelnik, Kiki, 1935 Bleiburg, lebt in New York / *2 Ö, 3 A, 8 Z, 1 D*
Kokoschka, Oskar, 1886 Pöchlarn – 1980 Villeneuve, Schweiz / *8 D*
Kolig, Anton, 1886 Neutitschein – 1950 Nötsch i. Gailtal / *1 Z*
Kolig, Cornelius, 1942 Vordernberg/Kärnten / *4 Z*
Kollwitz, Käthe, 1867 Königsberg i. Pr. – 1945 Schloß Moritzburg b. Dresden / *4 D*
Kubin, Alfred, 1877 Leitmeritz – 1959 Zwickledt / *2 A, 324 Z, 64 D*
Laske, Oskar, 1874 Czernowitz – 1951 Wien / *8 D*
Lassnig, Maria, 1919 Kappel (Kärnten) / *2 A, 1 Z, 2 D, 1 P*
Laurens, Henry, 1885 Paris – 1954 Paris / *1 D*
Léger, Fernand, 1881 Argentin (Orne) – 1955 in Gif-sur-Yette / *1 D, 1 P*
Lehmbruck, Wilhelm, 1881 Duisburg-Meiderich – 1919 Berlin / *4 D*
Lehmden, Anton, 1929 Neutra (ČSSR) / *27 D*
Leuk, Kaspar Thomas, 1933 Berlin / *1 D*
Liebermann, Max, 1847 Berlin – 1935 Berlin / *9 D*
Lindner, Richard, 1901 Hamburg – 1978 New York / *1 Ö*
Logothetis, Anestis, 1921 Burgaz am Schwarzen Meer / *3 Z*
Luginbühl, Bernhard, 1929 Moosseedorf, Schweiz / *1 D*
Magnelli, Alberto, 1888 Florenz – 1971 Meudon b. Paris / *2 D*
Magrinter / *1 A*
Manessier, Alfred, 1911 St. Quentin (Somme) / *4 D*
Marc, Franz, 1880 München – 1916 gefallen vor Verdun / *1 D*
Marcks, Gerhard, 1889 Berlin / *3 Z, 2 D*
Marichal / *2 D*
Marini, Marino, 1901 Pistoia – 1980 Viareggio / *2 D*
Masson, André, 1896 Balagny (Oise) / *1 P*
Masumovsky, Gregory, 1929 Bronx, New York / *1 D*
Mataré, Ewald, 1887 Aachen – 1967 Büderich b. Düsseldorf / *1 D*
Mathieu, Georges, 1921 Boulogne-sur-Mer / *1 Z, 2 D*
Meryon, Charles, 1821 Paris – 1868 Paris / *5 D*
Mikl, Josef, 1929 Wien / *4 A, 19 Z, 23 D, 1 P*
Mikl-Wibmer, Franziska, 1925 Wien / *3 Z, 1 D*
Millet, Jean François, 1814 Gruchy b. Gréville – 1875 Barbizon / *1 D*
Minnigerode, Christl L.
Mircovic, Tomislav, 1936 Jugoslawien – 1968 Wien / *3 A, 3 Z*
Miró, Joan, 1893 Montroig b. Tarragona – 1983 Palma de Mallorca / *7 D*
Mistra (Bilka), Frantiŝka / *1 D*
Moal, Jean de, 1909 Authon du Perche (Eure et Loire) / *1 D*
Mogadin / *1 D*
Mollet / *1 C*
Moldovan, Kurt, 1918 Wien – 1977 Wien / *11 Z, 11 D*

Molles, Andrew, 1907 Middletown, Kalifornien – 1975 Wien / *1 D*
Morallet, François, 1926 Cholet, Frankreich / *1 D*
Morisot, Berthe, 1841 Bourges – 1895 Paris / *1 D*
Muche, Georg, 1895 Querfurt / *36 D*
Mueller, Otto, 1905 Thalwil / *1 D*
Munch, Edvard, 1863 Loiten – 1944 auf Ekely bei Oslo / *1 D*
Nay, Ernst Wilhelm, 1902 Berlin – 1968 Köln / *1 D*
Neuffer, Johann, 1936 Wien – 1973 Wien / *2 D*
Neusühs, Floris Michael, 1937 Lennep (Rheinland) / *1 D*
Nicholson, Ben, 1894 Denham (Buckinghamshire) / *1 D*
Oberhuber, Oswald, 1931 Meran / *1 Ö, 22 A, 16 Z, 3 D, 3 C*
Okunev, Helga, siehe Phillip
Paar, Ernst, 1906 Graz / *1 Z*
Painitz, Hermann, 1938 Wien / *1 Z*
Pastra, Nausica, Griechenland
Pechstein, Hermann Max, 1881 Zwickau – 1955 Berlin / *9 D*
Peichl, Gustav, 1928 Wien / *1 Z*
Perilli, Achille, 1927 Rom / *2 D*
Phillip-Okunev, Helga, 1939 Wien / *1 Z, 8 D*
Picasso, Pablo, 1881 Malaga – 1973 Mougins / *3 D, 1 P*
Pichler, Walter, 1936 Deutschnofen, Südtirol / *11 Z*
Piene, Otto, 1928 Lassphe (Westfalen) / *1 D*
Pijuan, Hernandez / *1 Ö*
Pillhofer, Josef, 1921 Wien / *4 Z, 1 C*
Piranesi, Giovanni Bapt., 1720 Mogliano b. Mestre – 1778 Rom / *12 D*
Pluhar, Ingeborg, 1944 Wien / *6 Z*
Pomodoro, Arnoldo, 1926 Morciano / *1 D*
Pongratz, Peter, 1940 Eisenstadt / *4 Z, 3 D*
Prachensky, Markus, 1932 Innsbruck / *2 Ö, 8 A, 1 Z, 17 D*
Pral, Stephan, 1928 Steyr / *3 Z, 3 C*
Prelog, Drago, 1939 Cilli (Celje) / *2 A, 7 Z, 2 C*
Puvis de Chavanne, Pierre, 1824 Lyon – 1898 Paris / *1 D*
Quinte, Lothar, 1923 Neisse / *1 D, 2 P*
Rainer, Arnulf, 1929 Baden b. Wien / *1 A, 8 Z, 10 D*
Redon, Odilon, 1840 Bordeaux – 1916 Paris / *3 D*
Reichel, Karl Anton, 1945 Frohnleiten / *7 D*
Reiter, Erwin, 1933 Julbach, Mühlviertel / *10 Z, 7 D*
Renoir, Auguste, 1841 Limoges – 1919 Cagnes b. Nizza / *2 D*
Riedl, Fritz, 1923 Wien / *1 P*
Rohlfs, Christian, 1849 Niendorf b. Leezen (Holstein) – 1938 Hagen i. W. / *1 Z, 2 D*
Rops, Felician, 1833 Namur – 1898 Essonnes b. Paris / *1 D*
Rotterdam, Paul, 1939 Wr. Neustadt / *1 Z*
Rouault, Georges, 1871 Paris – 1958 Paris / *7 D*
Saloschnigg, Steffi / *1 A*
Schiele, Egon, 1890 Tulln – 1918 Wien / *3 D*
Schlemmer, Oskar, 1888 Stuttgart – 1943 Sehringen b. Badenweiler / *1 Ö, 3 D*
Schmidt-Rottluff, Karl, 1884 Rottluff b. Chemnitz – 1976 Berlin / *3 D*
Schnabl, W. / *2 Z*
Schnorr v. Carolsfeld, Ludwig, 1794 Leipzig – 1872 Dresden / *1 Z*
Schönwald, Rudolf, 1928 Hamburg / *2 D*
Schröder-Sonnenstern, Friedrich, 1892 Tilsit – 1982 Berlin / *1 Z*
Schumacher, Emil, 1912 i. Westfalen / *7 D*
Seewald, Richard, 1889 Arnswalde – 1976 München / *33 D*
Seuphor, Michael, 1901 Antwerpen / *1 Z*
Signac, Paul, 1863 Paris – 1935 Paris / *1 D, 1 P*
Slevogt, Max, 1868 Landshut – 1932 Neukastel (Pfalz) / *1 D*
Soldati, Atanasio, 1896 Parma – 1953 Mailand / *1 D*
Sonderborg, Kurt Rudolf Hoffmann, genannt Sonderborg, 1923 Sonderborg, Dänemark / *1 D*
Soulages, Pierre, 1919 Rodez (Aveyron) / *1 D*
Spindel, Ferdinand, 1913 Essen – 1980 Essen / *2 Objekte*
Stark, Karl 1921, Glojach (Steiermark) / *1 A*
Steininger, Hermann, 1915 Felling / *2 Ö*
Steinwender, Kurt, 1920 Wien / *1 Z*
Stimm, Oswald, 1923 Wien / *3 Z*
Stöhrer, Walter, 1937 Stuttgart / *2 D*
Stuck, Franz v., 1863 Tettenweis (Niederbayern) – 1928 Tetschen / *1 D*
Szyszkowitz, Rudolf, 1905 Villach – 1976 Graz / *2 A, 72 Z, 23 D*
Tasquil, Herbert, 1923 Wien / *1 Z*
Taeuber-Arp, Sophie, 1889 Davos – 1943 Zürich / *9 D*
Terzić, Mario, 1945 Feldkirch / *1 Z*
Toulouse-Lautrec, Henri de, 1864 Albi – 1901 Schloß Mairomé / *3 D*
Trökes, Heinz, 1913 Hamborn/Rhein / *3 D, 1 P*
Twombly, Cy, 1929 Virginia, ansässig in Rom / *1 P*

Ubac, Raoul, 1911 Malmedy (Belgien) / *2 D*
Unger, Carl, 1915 Wolframitzkirchen b. Znaim / *1 A, 1 Z, 2 D*
Urteil, Andreas, 1933 Gabovo (Jugoslawien) – 1963 Wien / *11 Z, 3 D*
Vallotton, Felix, 1865 Lausanne – 1925 Paris / *2 D*
Vasarely, Viktor, 1908 Pécs / *4 D*
Villon, Jacques, 1875 Damville/Eure – 1953 Puteaux / *4 D*

Vlaminck, Maurice de, 1876 Paris – 1958 Rucil la Gadelière (Euret et Loire) / *1 D*
Völkle, Bernd, 1940 Müllheim (Baden) / *1 D*
Vuillard, Edouard, 1868 Cuiseaux (Saone-et-Loire) – 1940 La Baule / *1 D*
Warhol, Andy, 1928 Pittsburgh – 1987 New York / *1 D*
Warminski, Eckhard / *5 D*
Weiler, Max, 1910 Absam (Tirol) / *4 Z*
Weiser, Emil, 1909 Jauernigg (Schlesien) / *1 Z, 1 D*
Wessel, Wilhelm, 1904 Iserlohn – 1971 Iserlohn / *4 D*
Wibmer, Franziska, siehe Mikl
Wiederen / *1 D*
Wittnagel, Herbert / *1 Z*
Wochinz, Karl, 1920 Villach / *5 A*
Wols, Wolfgang Schulze, genannt Wolf, 1913 Berlin – 1951 Paris / *2 Reproduktionen*
Wotruba, Fritz, 1907 Wien – 1975 Wien / *4 Z, 3 D*
Wunderlich, Paul, 1927 Berlin / *2 D*
Zechyr, Othmar, 1938 Linz / *1 D*
Zorn, Anders, 1860 Ulmeland b. Mora – 1920 Wien / *3 D*

Die Ferdinand-Klostermann-Sammlung

Nach dem Tod von Prälat Dr. Karl Strobl wurde die Kunstsammlung des Msgr. Prof. Dr. Ferdinand Klostermann, die sich im Nachlaß befand, aufgrund der testamentarischen Bestimmungen Prälat Strobls dem Dom- und Diözesanmuseum integriert. Die Sammlung wurde dem Museum im April 1985 übergeben. Die Sammlung ist ein Bestandteil der Otto-Mauer-Stiftung und beinhaltet Ölbilder, Holzrisse, Graphiken, Zeichnungen und Plastiken sowie einige nicht in diesen Gruppen unterzubringende Objekte, die von Msgr. Klostermann – 1947 Mitarbeiter Otto Mauers beim Aufbau der Katholischen Aktion Österreichs, später Ordinarius der Wiener Theologischen Fakultät – in seiner Wiener Wohnung (W) sowie in seiner Wohnung in Hellmonsödt (H) deponiert waren.

Unter den Beständen ragen vor allem die Holzrisse Margret Bilgers sowohl durch Qualität als auch durch Quantität heraus, wie auch eine Skizze von Fritz Wotruba (Druckgraphik), eine Plastik von Erwin Reiter, Werke von Josef Mikl und eine Plastik von Andreas Urteil gesondert zu erwähnen sind.

Einige von den 73 Objekten (46 in der Wiener Wohnung, 27 in der Hellmonsödter Wohnung) konnten bisher noch nicht identifiziert werden.

Zusammen mit der Msgr.-Klostermann-Sammlung wurden, analog den zusätzlichen Beständen an Ausstellungskatalogen aus der Otto-Mauer-Sammlung, dem Dom- und Diözesanmuseum weiters zahlreiche Bücher und Kunstmappen namhafter Künstler aus dem Nachlaß von Prälat Dr. Karl Strobl übergeben, die von ihm dem Museum für die Otto-Mauer-Sammlung gestiftet wurden (608 Bücher und Kunstmappen).

Bestände der Klostermann-Sammlung

Arp, Hans, 1887 Straßburg – 1966 Basel / *1 Ö (H)*
Augustiner, Werner Theodor, 1886 Jettenbong – 1969 München / *1 Ö (W)*
Bilger, Margret, 1904 Graz – 1971 Schärding / *2 Tempera (?) (W) / 26 Holzrisse (W) / 1 D (W) / 1 Sondermappe (W) / 4 Holzrisse (W)*
Corinth, Lovis, 1858 Topian – 1925 Zandvoort, Niederlande / *1 Werk (H)*
Ernst, Max, 1891 Brühl (Köln) – 1976 Paris / *1 Werk*
Gehr, Ferdinand, 1896 Niederglatt/Uzwil / *1 Ö (?) (W)*
Fischnaller / *1 Werk (Kreuzigungsgruppe) (W)*
Gironcoli, Bruno, 1936 Villach / *2 Werke (W)*
Grieshuber, HAP, 1909 Rot a. d. Rot/Oberschwaben – 1981 Achalm / *1 Ö (?) (H)*
Kubin, Alfred, 1877 Leitmeritz – 1959 Zwickledt / *1 Graphik (H)*
Kubovsky, Peter, 1930 Lundenburg / *1 Litho (W)*
Mikl, Josef, 1929 Wien / *2 Radierungen, 1 Aqu (?) (H)*
Oberhuber, Oswald, 1931 Meran / *1 Großgemälde (Farbe) (H)*
Rainer, Arnulf, 1929 Baden/Wien / *1 Ö (H)*
Reichhof / *1 Werk (H)*
Reiter, Erwin, 1933 Julbach/Mühlviertel / *1 Plastik (W)/1 Skizze für Plastik (H)*
Ritter, Walter, 1904 Graz / *1 Mappe/Kreuzweg (W)*
Sachsberger, Oskar / *1 Ö (H)*
Szyszkowitz, Rudolf, 1905 Villach – 1976 Graz / *2 Ö, 1 Holzschnitt (W)*
Urteil, Andreas, 1933 Gabovo/Jugoslawien – 1963 Wien / *1 P, 1 Skizze für Plastik (H)*
Wotruba, Fritz, 1907 Wien – 1975 Wien / *1 Druckgraphik (W)*

Weitere Objekte der Klostermann-Sammlung

1 Statuette: Madonna mit Kind (H)
1 Kruzifixus (Holz) (H)
1 Moscheeleuchter aus Jugoslawien (W)

1 Kruzifixus von Schülern der Linzer Kunstschule (W)
2 japanische Blätter (W)

Waltraut Kuba-Hauk

Vorwort zur Neuaufstellung
der Museumsbestände und zur
Neuauflage des Sammlungskataloges

Zu einem Zeitpunkt tiefgreifender Umwandlungen in vielen Bereichen des öffentlichen wie des privaten Lebens, in einer Periode des Umdenkens in der Auseinandersetzung mit gesellschaftspolitischen Fragen, in einer Phase des neuerlichen Besinnens hinsichtlich ethischer und geistiger Wertvorstellungen können kulturelle Institutionen hievon naturgemäß nicht unberührt bleiben. Wie sich die Kirche in ihren Institutionen dieser permanenten Konfrontation mit jeweils sich wandelnden Tendenzen nicht entziehen kann, so werden auch an andere kulturelle Institutionen wie die – in ihren Sammlungen inhaltlich unterschiedlichen – Museen im Vergleich zu früheren Epochen erweiterte, vielgestaltige Anforderungen gestellt. Speziell einem kirchlichen Museum, wie es beim Erzbischöflichen Dom- und Diözesanmuseum in Wien der Fall ist, kommt nicht nur die Bedeutung des Sammelns und Sicherstellens, des Restaurierens und des wissenschaftlichen Bearbeitens zu, sondern es gilt freilich auch, die den Exponaten immanenten inhaltlichen Aussagewerte zu verdeutlichen. Wie selbst in umfangreicheren Sammlungen eine konsequent verfolgte chronologische Präsentation der Objekte ebensowenig als einziges Kriterium für alle Bestände gelten kann wie eine ausschließlich spezifisch ästhetische Gesichtspunkte befolgende, so können auch inhaltlich kontinuierliche Bezüge bestenfalls in Teilbereichen der herrschende Gestaltungsfaktor sein. So gesehen wäre eine – der literarischen Überlieferung in der Heiligen Schrift entsprechende – dem kontinuierlichen Inhalt der Erzählung kohärente bildliche Darstellungsfolge christologischer oder marianischer Szenen und der Viten der in der Erzdiözese besonders verehrten Heiligen ein Kriterium für den Aufbau eines Museums bzw. für die Sammlertätigkeit desselben. Da eine derartige zyklische Darstellungsfolge kaum im musealen Ambiente präsentiert werden kann, böte die Verschiedenartigkeit der bildlichen Fassung gängiger religiöser Themen durch die Epochen hindurch einen weiteren Aspekt für den Akzent des Sammelns in einem kirchlichen Museum. Diese genannten „Einfälle" sind nur zwei von vermutlich beliebig vielen Richtlinien einer Musealarbeit, die auch spezielle didaktische Nutzungsmöglichkeiten nach sich ziehen könnten. Nun galt es aber gelegentlich der Erweiterung des Dom- und Diözesanmuseums in erster Linie die erweiterten Bestände unter konservatorisch günstigen Bedingungen unterzubringen, weiters eine große Anzahl von bisher aus Platzmangel nicht gezeigter Objekte auszustellen, wobei die gelegentlich der 1972/73 erfolgten Neueinrichtung des Museums als gültig empfundenen Richtlinien in der Art und Gestaltung der Präsentation zu befolgen waren. Schließlich sind die bei der 1932/33 erfolgten Gründung dieses Museums geprägten Determinanten für die Art und Charakteristik der Sammeltätigkeit auch weiterhin verbindlich und gestatten daher nur geringe Abweichungsmöglichkeiten: Es wurde in verstärktem Ausmaß die Arbeit darauf konzentriert, nur solche Objekte der Sammlung als Leihgaben einzuverleiben, die den entsprechenden Rang hinsichtlich ihrer Bedeutung haben und aus konservatorischen wie auch aus Sicherheitsgründen an ihrem bisherigen Aufstellungsort gefährdet waren. Desgleichen wurden innerhalb dieser Objektgruppen solche vorrangig ausgewählt, deren Erhaltungszustand fragmentierte Gegenstände ausweist, die ihre ursprüngliche Funktion nicht mehr einnehmen können. Daß hiedurch in vielen Fällen die Sammlung in ihrer Wertigkeit entsprechend angehoben wurde, ist eine erfreuliche Folgeerscheinung, aber nicht primäre Absicht gewesen: Prinzipiell ist dem Belaß des in seiner kultischen Funktion „fähigen" Kunstwerkes in situ freilich der Vorrang einzuräumen. Einzelne Exponate werden demnach auch weiterhin für die kurze Zeit des Gebrauches in der Liturgie zur Verfügung stehen. Andererseits wurde eine Anzahl an Bildwerken größeren Formates – und durchaus solche von hoher Qualität – an die entsprechenden Kirchen zur Refunktionalisierung ebendort aus der Sammlung abgetreten. Auch eine große Anzahl – Prunkmöbel und sonstige bildkünstlerische Ausstattungsstücke – von Objekten gelangte in die 1977–1979 restaurierten Repräsentationsräume des Erzbischöflichen Palais.
Die heutzutage oftmals erhobenen Postulate infrastruktureller Natur sind nur so weit erfüllbar, als die spezifische Art der Sammlung einerseits und das räumliche Potential andererseits dies zulassen. Die 1985 gewährte Möglichkeit der räumlichen Erweiterung im Dom- und Diözesanmuseum gestattet die Anzahl hochrangiger, eine museale Präsentation absolut erfordernder Exponate. Dank der 1986/87 abermals erfolgten Erweiterungsmöglichkeit stehen zwei Räume für Wechselausstellungen und für spezifisch didaktische Veranstaltungen zur Verfügung. Eine nach vielschichtigen Gesichtspunkten medialer und

didaktischer Postulate befolgende Museumspräsentation wird in zeitgenössischer Manier nur bedingt erfolgen können, sofern Musealarbeit nicht a priori als einseitig konservierend empfunden wird. Wie auch immer die Aspekte in Musealfragen hinsichtlich der Standpunkte sein mögen, so kristallisieren sich in jeder praktischen Musealarbeit drei prinzipielle Faktoren als Keimzellen dieser Tätigkeit heraus: die spezifische Sammlungsbetreuung – wobei der aus den Objekten resultierende Charakter auch für die Erweiterung der Sammlung verbindlich ist; die Präsentation – wobei unabhängig von der Tendenz der Interpretation die Art der Aufstellung immer dominierend dem Exponat zu dienen hat; die wissenschaftliche Bearbeitung – die nicht ausschließlich im Katalog ihren Niederschlag finden muß. Diese drei genannten Kriterien bildeten auch die Basis für die 1985/86 erfolgten Erweiterungsarbeiten im Dom- und Diözesanmuseum, wobei die Gestaltungsprinzipien der Neuordnung des Museums von 1972/73 verbindlich blieben: Die gestalterische „Neutralität" der Räume begünstigte eine Aufstellung, die das Exponat in seiner jeweils spezifischen Eigenart voll zur Geltung kommen läßt. Das „Verdienst" des Gestalters liegt in seiner Unauffälligkeit und in seinem völligen „Zurücktreten" gegenüber dem Objekt.

In diesem Zusammenhang wurde auch dem seit der Neugestaltung 1972/73 erfolgten technischen Fortschritt insofern Rechnung getragen, als die Alarmanlage überholt und erweitert wurde, wie auch die klimatischen Bedingungen zugunsten einer höheren Stabilität verbessert wurden; ein völlig neues Beleuchtungssystem ermöglicht nicht nur ein besseres Betrachten der Exponate, sondern verursacht auch keine konservatorischen Probleme und ist zudem im Verbrauch billiger. Auch der Sammlungscharakter wurde in der Erweiterung der Sammlung gewahrt: gefährdete, hochrangige Objekte aus dem Dom und der Erzdiözese Wien gelangten in das Museum, eine größere Anzahl an Objekten kann aber nunmehr präsentiert werden. Auch die zeitgenössische Komponente kommt zum Tragen, als durch den Erwerb der Sammlung von Msgr. Otto Mauer und Ferdinand Klostermann – vorwiegend graphische – Bildwerke des künstlerischen Schaffens des 20. Jahrhunderts vertreten sind: Wenn der überwiegende Teil hievon auch nicht für kirchliche Zwecke bestimmt sein konnte, so sind in diesen Sammlungen zwei namhafte Priesterpersönlichkeiten aus der Erzdiözese vertreten. Wenn auch – wie es graphischen Sammlungen immanent ist – diese speziellen Bestände aus konservatorischen Gründen nicht ständig ausgestellt sein können, so ist doch bei Sonderausstellungen innerhalb und außerhalb des Museums die Möglichkeit gegeben, Teilbereiche dieser Sammlungen kennenzulernen. Unabhängig davon können die Sammlungsbestände auf Sonderanfragen hin jederzeit studiert werden. Die reichhaltigen Bestände der großen Msgr.-Otto-Mauer-Sammlung wie auch die wenigen der Sammlung Klostermann wurden im neuen Sammlungskatalog des Museums deshalb nicht objektweise berücksichtigt, da diese graphischen Sammlungen nicht ständig ausgestellt sein können und außerdem eine eigene Buchpublikation über das Wirken Msgr. Otto Mauers als Kunstsammler existiert. Hinsichtlich der wissenschaftlichen Aufarbeitung der Sammlung ist neben der Komplettierung der Notizen in den entsprechenden objektbezogenen Mappen unter Berücksichtigung des jeweils jüngsten Standes in der einschlägigen Forschung die Arbeit an der Neuauflage des Kataloges sicherlich das deutlichste Zeichen hiefür. Indem das Fachgebiet der Kunstgeschichte – und um diese geht es primär, da der Sammlungscharakter nahezu ausschließlich aus hochrangigen Kunstwerken besteht, und das Museum daher in das Genre der „Kunstmuseen" einzureihen ist – derartig mit publizistischen Arbeiten angereichert ist, daß schwerlich ein Überblick gewonnen werden kann, ist es nicht verwunderlich, daß der jeweils jüngste Stand der Forschung, der während der Ausarbeitung des Kataloges vermeintlich als solcher gelten konnte, zum Zeitpunkt von dessen Erscheinen bereits überholt ist. Dennoch kann seitens der beiden Verfasser der Texte zu den Katalog-Nummern die Hoffnung gehegt werden, daß – wenn schon nicht der tatsächlich neueste Stand der Forschung – die eine und die andere „eigene" Beobachtung der Fachwelt dienlich sein kann; auch solche Feststellungen, die bislang von der Forschung nicht – oder noch nicht – getätigt wurden. Gleichzeitig galt auch das Bemühen um die Absicht, dem interessierten Besucher den Zugang zum Exponat zu gewähren. Deshalb fanden auch Absätze, deren Inhalt für den Vertreter des Faches zur selbstverständlichen Voraussetzung gehören, für den zu informierenden interessierten Besucher in Form von Beschreibungen in die Katalog-Nummern Eingang. Der besseren Übersichtlichkeit wegen wurden die Texte innerhalb der einzelnen Katalog-Nummern durch inhaltsspezifische Zwischen-Überschriften aufgelockert: je nach probat erscheinender Gegebenheit wurden hiedurch gesonderte Kapitel über die Herkunft, den Erhaltungszustand, die Ikonographie und über die kunsthistorische Einordnung verfaßt. Auch bei Literaturangaben wurden die von Katalogen gesondert angeführt, jene vergleichende Literatur, in der das behandelte

Objekt selbst nicht vorkommt, ist nur im Katalogtext eingeflochten und im Literaturverzeichnis am Ende des jeweiligen Katalogtextes nicht angeführt. Wenn die meisten ausgestellten und im Katalog angeführten Kunstwerke auch heterogen sind – sowohl was ihre Thematik als auch ihre ursprüngliche Funktion und ihre stilistischen Einordnungskriterien betrifft –, so ließ die bisherige Bearbeitung der Objekte doch mehr Querverbindungen erkennen, als zunächst vermutet werden konnten. Gleichsam wie zufällig ergab sich die Möglichkeit, vergleichend auf andere, gleichfalls in diesem Museum ausgestellte Werke zu verweisen, um solcherart das jeweils betreffende Werk einer kunsthistorischen Einordnung unter besonderer Berücksichtigung der ikonographischen Gegebenheiten sowie der ursprünglichen Funktion des Bildwerkes etwas näherzubringen. Die verhältnismäßig – und aus der Sicht vieler Leser vermutlich ungewöhnlich – langen Texte zu den einzelnen Katalog-Nummern sollen nicht nur bei einem Studium fern vom Objekt letzteres besser in Erinnerung haften lassen, sondern hauptsächlich ein aufmerksameres, intensiveres Betrachten an Ort und Stelle fördern: dem interessierten Betrachter den Blick weiter öffnen, der einschlägigen Fachkraft den kritischen Geist schärfen und in der Auseinandersetzung mit dem bereits verfaßten Text und den in den Literaturangaben genannten Publikationen weitere – noch nicht artikulierte – Beobachtungen und Aussagewerte ermöglichen.

Indem bei der Aufstellung der Exponate auch die Räumlichkeiten ebenso naturgemäß berücksichtigt werden mußten, wie auch bei der Hängung der Bilder und der Stellung der Skulpturen sowie der Exponate aus dem Genre des Kunstgewerbes auf ihre möglichst günstigste Betrachtbarkeit und deren ästhetische Wirkung Bedacht genommen werden mußte, konnte eine chronologische Reihung der Objekte nur teilweise angestrebt, aber nicht konsequent durchgezogen werden. Somit war eine „Sprunghaftigkeit" hinsichtlich der Chronologie und der Thematik der Exponate ebenso unvermeidlich, wie es nur bedingt möglich war, optischen Schwerpunkten entsprechenden Freiraum zu geben.

Diese dargelegten Aspekte verstehen sich als Selbstverständlichkeiten und daher als Mindestvoraussetzungen für eine verwaltende Musealarbeit. An dieser sollten nicht nur die Verantwortlichen freudigen Anteil haben, sondern die Generationen an Besuchern und Fachkräften, für die diese Institution geschaffen wurde. Da ein derartiges Arbeitsgebiet kaum jemals das Wirken einer einzigen Kraft zur Voraussetzung haben kann, ist ein Vorwort der probate Ort und die willkommene Gelegenheit, allen jenen zu danken, die am Zustandekommen der Museumserweiterung und der Neuauflage des Kataloges großen verdienstvollen Anteil haben und deren Namen in diesem Zusammenhang viel zuwenig genannt werden. In erster Linie gilt der Dank Seiner Eminenz, Kardinal Dr. Franz König, in dessen Amtszeit als Erzbischof von Wien die Entscheidung zur Vergrößerung des Museums fiel: seine jederzeit erwiesene Unterstützung und sein von vitalem Interesse begleitetes Verständnis für sämtliche Anliegen hinsichtlich der Belange des Museums garantierten jene Voraussetzungen, die für eine gedeihliche Musealarbeit gute Ausgangspunkte schaffen. Auch seinem Nachfolger, Erzbischof Dr. Hans Hermann Groër, sei hiermit für die tatkräftige Unterstützung, besonders für die dritte Ausbaustufe, gedankt. Dem „Dom- und Metropolitankapitel zu St. Stephan und allen Heiligen" ist für die Bereitstellung der Räume in dem – kapiteleigenen – Gebäude des Zwettl-Hofes zu danken, wobei sich besonders Exzellenz Dr. Alfred Kostelecky und Herr Prälat Lothar Kodeischka in freundschaftlicher Weise bemühten und auch seitens der Hausverwaltung Dr. Testler Entgegenkommen gewährt wurde. Schließlich ist den Mitgliedern der Diözesanregierung für die ökonomische und juridische Ermöglichung der Umbauarbeiten von kircheninterner Seite ebenso zu danken wie den beamteten öffentlichen Stellen im Genehmigungsverfahren baurechtlicher Belange. Namentlich Herr Direktor Gerhard Schober in seiner Funktion als Leiter der Finanzkammer der Erzdiözese Wien ist hiebei ebenso zu nennen wie der mit den Umbauarbeiten planlich und bauaufsichtlich beauftragte Dombaumeister, Prof. Arch. Dipl.-Ing. Kurt Stögerer. Wie zu jedem dieser genannten Namen eine – mitunter große – Anzahl von Mitarbeiterinnen und Mitarbeitern gehört, so soll deren Einsatz und kooperative Haltung auch in diesem Vorwort mit dem gebührenden Dank quittiert werden. Auch die zahlreich tätigen Fachkräfte der Firmen haben sich als engagierte, fleißige, fachkundige und menschlich entgegenkommende Werktätige bestens bewährt – ihre Namen sind zumeist dem Verfasser nicht einmal bekannt, ihr Werk soll jedoch nicht als unbedankte Selbstverständlichkeit hingenommen sein.

Für die persönliche Mitarbeit ist Frau Ingeborg Möller für die Anfertigung des Großteils des Maschinskriptes der Katalogtexte zu danken sowie Frau Dr. Eleonore Nischer-Falkenhof für die Betreuung der Bibliothek. Die archivalischen Studien zu den Beständen des Domschatzes stellte Herr Dr. Johann Weissensteiner (Diözesanarchiv Wien) in dankenswerter Weise zur Verfügung.

Anregungen zu musealen Aspekten werden speziell Herrn Univ.-Prof. Dr. Rupert Feuchtmüller verdankt, für dessen persönlichen Einsatz und dessen ausdrückliche Empfehlung der Verfasser dieses Vorwortes für die Betrauung mit dieser interessanten Arbeit eines Konservators der Erzdiözese und der Betreuung des Museums nicht genug danken kann. Wertvollste Hinweise in spezifisch kunsthistorischen Aspekten sind Herrn Univ.-Prof. Dr. Otto Pächt in betont ehrfürchtiger Weise zu danken: für die Gunst, fachliche Anregungen von einer derartig hochbedeutenden Forscherpersönlichkeit authentisch zu erleben, können die beiden Verfasser der Katalogtexte wohl nicht genug dankbar sein.

Für die drucktechnische Anfertigung des Kataloges zeichneten sich die Fachkräfte der Universitätsbuchdruckerei Styria, Graz, unter der Leitung von Herrn Ing. Ernst Holasek äußerst kooperativ aus; die graphische Gestaltung sowie die Anfertigung und Bereitstellung der Abbildungen besorgte in sachkundigem, geduldigem Arbeitsaufwand Herr Karl Johannes Kuba (Atelier Währing).

Für die Aufstellung der Sammlung haben sich Mitglieder der Dombauhütte sowie solche der Domsakristei – allen voran Herr Dommesner Franz Weinwurm in betont freundschaftlicher Weise – ebenso zur Verfügung gestellt wie Mitarbeiter der Firma „Kunsttrans" (Wien I) sowie die beiden Elektriker Hans Neuwirth und Josef Lessiak von der Firma Haberhofer, vormals Trinkl (Wien II).

Um die Sammlung entsprechend durch weitere Leihgaben präsentieren zu können, war die empfehlende Unterstützung und die Genehmigung des Bundesdenkmalamtes notwendig, die beiden zuständigen Landeskonservatoren – Herr Hofrat Dr. Peter Pötschner für Wien und Herr Hofrat Dr. Werner Kitlitschka für Niederösterreich – erwiesen sich als äußerst kooperativ und mit Überzeugung unterstützend, wofür ein bescheidener Dank entschieden zuwenig ist. Auch seitens des Bundesministeriums für Wissenschaft und Forschung wurde – nach Maßgabe der Möglichkeiten – diese Erweiterung mittels einer Subvention unterstützt, wofür Herrn Ministerialrat Dr. Carl Blaha und Herrn Dr. Georg Freund für ihre Bemühungen hiemit gedankt sein soll. Herrn Doz. Dr. Manfred Koller, dem Leiter der Restaurierwerkstätten des Bundesdenkmalamtes in Wien, sind wertvolle Hinweise in konservatorischen Fragen sowie aktive Unterstützungen im Restaurierungsgeschehen zu danken.

Die im Katalogtext jeweils namentlich angeführten Restauratoren haben sich auch in der Vorbereitungszeit nicht nur als exzellente Fachkräfte bewiesen, sondern durch wertvolle Beratung aktiven Anteil an der Verbesserung der klimatischen Situation der gewiß empfindlichen Exponate genommen. In geradezu freundschaftlicher Weise erfolgte die Zusammenarbeit mit den Restauratoren. Bleibt in besonders herzlicher Form der Assistentin des Museums, Frau Dr. Waltraut Kuba-Hauk, für ihren – weit über die „amtliche" Dienstzeit hinausgehenden – Einsatz hinsichtlich aller im Museum anfallenden Arbeiten zu danken: neben den bürokratischen Erledigungen sei vor allem auch an die Übernahme der Ausarbeitung etwa eines Drittels des Katalogtextes dankbar gedacht.

Ein aus kulturgeschichtlicher Sicht wesentlicher Aspekt konnte – auch nicht einmal bei den einführenden Beiträgen des Kataloges – keine Berücksichtigung finden: nämlich der über die Bedeutung der Wiener Bischöfe als Sammlerpersönlichkeiten. Bedauerlicherweise fand sich von kompetenter Seite kein Interessent, diesbezüglich Nachschau zu halten. – Dies ist gewiß nicht der einzige Themenbereich im Zusammenhang mit dem Museum, über den zu forschen es sich noch lohnen wird.

Arthur Saliger

KATALOG

Abkürzungen:

ÖKT = Österreichische Kunsttopographie
ÖNB = Österreichische Nationalbibliothek, Wien
ÖZKD = Österreichische Zeitschrift für Kunst und Denkmalpflege

SCHATZKAMMER

Herzog Rudolf IV., „der Stifter" (aus dem Geschlecht der Habsburger), war der Sohn von Herzog Albrecht II. (dem Lahmen, dem Weisen) und von Johanna von Pfirt. Er war Herzog von Österreich und durch seine Heirat mit Katharina von Böhmen ein Schwiegersohn Kaiser Karls IV. (aus dem Geschlecht der Luxemburger, König von Böhmen, zum Kaiser des „Heiligen Römischen Reiches" gewählt, erließ 1356 die „Goldene Bulle" – in der die Kurfürsten das ausschließliche Wahlrecht zur Wahl des deutschen Königs erhielten, zugleich auch autonomes Herrscherrecht für ihr Gebiet –, gründete die Prager Universität, erhob das Prager Bistum zum Erzbistum, ließ den Veitsdom in Prag als gotischen Neubau entstehen und ließ das Schloß Karlstein erbauen). Da der Herzog von Österreich – und somit Rudolf IV. – nicht in den Kurfürstenstand aufgenommen wurde, fälschte der ehrgeizige Rudolf IV. das Privilegium Kaiser Friedrich Barbarossas von 1156, das die ursprüngliche Markgrafschaft Österreich zum Herzogtum erhob, zum „Privilegium minus", Rudolf IV. erstellte das – erst unter Kaiser Friedrich III. (dem ersten Habsburger, der die Kaiserwürde erhielt, zugleich der letzte Kaiser des Heiligen Römischen Reiches, der vom Papst in Rom gekrönt wurde) hundert Jahre später offiziell anerkannte – „Privilegium maius", in dem Österreich zu einem weitgehend reichsunabhängigen Pfalz-Erzherzogtum ernannt wird. Rudolf IV. war bestrebt, seinem Schwiegervater in den Stiftungen nicht nachzustehen: er stiftete die Wiener Universität, das Kapitel zu allen Heiligen nach St. Stephan (ein weiterer Schritt zu den schon zur Babenberger-Zeit angestrengten Bemühungen, ein Bistum für Wien, mit St. Stephan als Kathedrale zu bekommen), tätigte zahlreiche Stiftungen bei St. Stephan (Reliquien!), wie er auch den weiteren Ausbau des gotischen Domes betrieb, wenngleich das Werk erst unter seinen Nachfolgern entscheidend gedieh und vollendet wurde.

TYPAR DES SIEGELS FÜR DAS WIENER DOMKAPITEL, Mitte 3. Jahrhundert n. Chr. bzw. 1365	1

Prot.-Nr. L–1   *Abb. 1*

In Gold gefaßter tiefbrauner Onyx (Sardonyx), Gemme mit tief eingeschnittenem figuralen Motiv

Maße: Typar	Gemme:
Höhe: 5,2 cm	Höhe: 3,6 cm
Breite: 4 cm	Breite: 2,2 cm

Leihgabe des Dom- und Metropolitankapitels zu St. Stephan und allen Heiligen

PROVENIENZ

Nach den Bestimmungen des Zweiten Stiftsbriefes vom 16. März 1365 zur Gründung des Wiener Domkapitels unter Herzog Rudolf IV. sollte das Kapitel ein großes und ein kleines Siegel führen. Das Typar (der Siegel-Stempel) des großen Kapitelsiegels ist erhalten geblieben und wurde 1973 vom Domkapitel dem Museum geliehen. Der älteste nachweisbare Abdruck findet sich an einer Restitutionsurkunde der Kapitelgüter vom 4. Mai 1368, der jüngste an einem Geburtsbrief von 1672. Das Typar ist demnach seit über dreihundert Jahren nicht mehr in Gebrauch.

ERHALTUNGSZUSTAND

Die originale spätantike Gemme wurde zu einem späteren Zeitpunkt umgearbeitet, wobei der Kopf dieser männlichen Büste weitgehend unverändert blieb. Der Randbereich des Tiefschnittes läßt ein Abschleifen der Gemmen-Oberfläche vermuten. Der Schulterbereich der Büste wurde gleichfalls im Tiefschnitt-Verfahren formal gänzlich verändert, das Wappen hinzugefügt. Der zwischen dem Wappen und der Büste liegende kurvige vertiefte Verlauf ist möglicherweise ein Restbestand der ursprünglichen togaartigen Draperie. Die Fassung besteht aus einem feuervergoldeten Metallteil mit eingravierter Inschrift. Gelegentlich der Anfertigung eines Abdruckes dieses Siegels in Epoxyharz wurde das Typar von Frau Andrea Pacher in der Restaurierwerkstätte der Antiken-Sammlung des Kunsthistorischen Museums in Wien gereinigt.

BESCHREIBUNG

Das Typar hat hochelliptische Form. Die Gemme zeigt eine nach links blickende männliche Kopfbüste in Profilansicht mit einer Stola und dem Wappen der Propstei (österreichischer Bindenschild mit griechischem Kreuz über dem mittleren Streifen schwebend). Die goldene Fassung zeigt als Umrahmung des Steines einen Kranz stilisierter Blumen (fleurs-de-lys), dann eine von Perlenreihen eingefaßte Inschrift – „s. capitvli omnium sanctorum in wienna"... Diese ist an den Hauptachsen-Schnittpunkten von Dreiecksschilden mit dem österreichischen Bindenschild unterbrochen. Die Rückseite hat einen längs der Hauptachse verlaufenden Bügel, der von einem Dreipaßmaßwerk durchbrochen ist. Das Typar ist an dem Bügel befestigt. Der Bügel wird seitlich von dem österreichischen Bindenschild und dem Kapitelwappen flankiert.

Im neuen Kapitelsiegel, dessen Typar nicht erhalten ist, wurde die Inschrift geändert. Die geänderte Siegelumschrift (altes Siegel: Sigillum Capituli Omnium Sanctorum in Wienna; neues Siegel: Sigillum Exempti Capituli Viennensis) gibt Aufschluß über die Motive der Siegeländerung: das Domkapitel wollte schon im Siegel seine von ihm stets behauptete Exemtion von der Jurisdiktion des Wiener Bischofs dokumentieren.

STIL UND DATIERUNG

Sava und Arneth stellten als erste fest, daß die Gemme eine spätantike Arbeit ist, was vor allem von Eichler und von W. Oberleitner bestätigt wurde: Demnach ist sie eine Porträtgemme aus der Mitte des dritten nachchristlichen Jahrhunderts aus der Zeit des Kaisers Gallienus (260–268), in der H. Jucker jedoch jüngst eine Porträtbüste des „kurzlebigen" Senatskaisers Balbinus vermutete. Der Porträtkopf der Hochzeitsszene sowie der Kopf (heute im Museum in Cleveland) zum Relief an der Frontseite des um 240 n. Chr. angeschafften Sarkophages dieses Kaisers in den Praetextatkatakomben in Rom (s. Theodor Kraus, Das Römische Weltreich, Propyläen Kunstgeschichte, Bd. 2, Berlin 1967, Abb. 243) lassen aufgrund ihrer Ähnlichkeit mit dem Kopf in der Gemme diese Vermutung überzeugend erscheinen. Demnach wäre die Gemme nicht nur um beinahe ein Vierteljahrhundert älter, sondern wahrscheinlich auch die einzige erhaltene Darstellung des Balbinus in einer Gemme (überzeugender Hinweis von Hans Jucker, Bern). Diese wurde spätestens zur Zeit Rudolfs IV. an der Oberfläche überschliffen und durch Einschleifen der Stola mit Kreuz und des Kapitelwappens in ein priesterliches Bildnis umgewandelt. Aus der hohen künstlerischen Qualität, die sich unter anderem in der plastischen Auffassung des Kopfes bei minuziöser Beherrschung der Details äußert, ist auf eine stadtrömische Herkunft der Gemme zu schließen. Aufgrund des ausgezeichneten Erhaltungszustandes ist es wahrscheinlich, daß die Gemme nicht als Bodenfund, sondern aus einer Schatzkammer (da die Wiederverwendung auch heidnischer antiker Gemmen in Reliquiaren und liturgischen Geräten traditionell ist, kann auch diese Gemme aus einer kirchlichen Schatzkammer stammen) in den Besitz Rudolfs IV. gelangte. Von Rudolfs Vater, Herzog Albrecht II., ist bekannt, daß er antike Gemmen sammelte. Die Rillen links von der Büste könnten entweder von einer alten Beschädigung herstammen (sie sind bei den ältesten Abdrücken des 14. Jh.s bereits festzustellen) oder sie sind Reste von der antiken, durch Überschleifen der Oberfläche größtenteils verlorengegangenen Draperie. Da ein weiteres, gleichfalls von einer antiken Gemme geprägtes Siegel Rudolfs (an Urkunden vom 6. Dezember 1356 und vom 13. Mai 1357 für die Allerheiligenkapelle der Wiener Hofburg) einem des Grafen Thibaud de la Champagne (König von Navarra) nahezu gleicht (beide Typare sind allerdings nicht erhalten), deutet Flieder (S. 164) die Möglichkeit an, daß auch die Gemme des Typars zum Wiener Kapitelsiegel aus dem Pfirter Erbe von Herzog Rudolfs Mutter, Johanna von Pfirt, stammen könnte.

In der Abänderung einer spätantiken Gemme unter Wahrung des spezifisch antiken Kopftypus zeigt sich eine frühe Renaissance-Bewegung, wie sie, nur wenige Jahre früher, die sogenannten Carrara-Medaillen in Padua (die nur in Stichen in der österreichischen Nationalbibliothek in Wien überliefert sind) zeigen. Die Metallfassung ist wahrscheinlich eine Wiener Goldschmiedearbeit, da sowohl die Ornamentik als auch die Schrift mit dem Reitersiegel Rudolfs IV. übereinstimmen (Kosegarten).

Literatur:
Viktor Flieder, Stephansdom und Wiener Bistumsgründung, Wien 1968, 4. Siegel und Wappen, S. 162 ff. –
Karl von Sava, Mitteilungen der k. k. Centralcommission, 4, S. 128. – Antje Kosegarten, Zeitschrift des
Deutschen Vereins für Kunstwissenschaft, 20 (1966), S. 76, Anm. 72.

Kataloge:
Sammlungskatalog d. Eb. Dom- u. Diözesanmuseums, Wien 1973, Kat.-Nr. 1. – Die Parler und der schöne
Stil 1340–1400, Europäische Kunst unter den Luxemburgern, Köln 1978, Ikon und Porträt, S. 217 ff., S. 225.

Prot.-Nr. L–11 *Abb. 2*

Temperamalerei auf ungrundiertem, über Fichtenholz gespanntem Pergament, Prager Hofwerkstatt (?)

Maße: Hochformat:
  39 × 22 cm (Bildfläche)
  45 × 30 cm (Rahmen)

Leihgabe des Dom- und Metropolitankapitels zu St. Stephan und allen Heiligen

PROVENIENZ

Die früheste Nennung dieses Bildes findet sich im „Chronicon Austriae" des Thomas Ebendorfer von Haselbach, der 1427–1464 Chorherr von St. Stephan war. Er beschrieb das Bild und hielt fest, daß es „unweit des Grabmales Rudolfs" hing (Feuchtmüller, Rudolf d. Stifter, S. 24; Goehler, op. cit., S. 397). Das Bildnis befand sich bis ins 17. Jahrhundert im Presbyterium des Domes, gelangte dann in dessen Schatzkammer und hernach in das Metropolitanarchiv, von dort gelangte es 1933 in das Dom- und Diözesanmuseum. Damals wurde es im Kunsthistorischen Museum in Wien gereinigt (s. Bericht v. Wilde, in Kirchenkunst 1933). 1979 wurde die – bislang – letzte, dafür dank der entwickelteren Möglichkeiten unter Einbeziehung moderner naturwissenschaftlicher Untersuchungsmethoden gründlichere, Restaurierung eingeleitet. Die Untersuchungen wurden vom Institut für Farbenchemie (Leitung: Magn. Prof. Dr. Franz Mairinger) an der Akademie der bildenden Künste in Wien vorgenommen, die Restaurierung wurde vom akademischen Restaurator Peter Halbgebauer in der Restaurierwerkstätte der Akademie-Galerie (eberda) durchgeführt und kam 1981 zum Abschluß.

ERHALTUNGSZUSTAND

Vor der 1979–1981 durchgeführten Restaurierung gab das Bild durch seinen optisch verwirrenden Zustand nicht nur Anlaß zu divergierenden Interpretationen, sondern bot keine Klarheit über das Ausmaß und über die künstlerische Beschaffenheit der authentischen, originalen Substanz. Fototechnische Untersuchungen (Röntgen-, UV-Licht- und Infrarot-Aufnahmen) ließen den effektiven Erhaltungszustand der Original-Substanz erkennen.
Das Bild ist eine Tempera-Malerei auf ungrundiertem, über Fichtenholz gespanntem Pergament. Der Rahmen, von dem lediglich die Basisleiste eine jüngere Ergänzung aus Föhrenholz ist, bestand ursprünglich aus einem Stück Holz – die Tafel wie auch die rahmenden „Leisten". Durch einen bereits 1933 ausgekeilten Sprung in der Holztafel war auch das Pergament vertikal (etwa vom Kreuz der Krone über die Schläfe senkrecht nächst der Bildmitte links verlaufend) gerissen (Aufnahme im freigelegten, von sämtlichen – älteren – Retuschen befreiten Zustand s. R. Feuchtmüller, Rudolf d. Stifter, Abb. 3!). Die in der Infrarot-Aufnahme sichtbar gewordene Unterzeichnung zeigt eine detaillierte Durchführung nur bei den Haarlocken und beim Bart, die dem Gesicht eine begrenzende Form geben. Sonst fehlen weitere Unterzeichnungen im Gesichtsbereich, was über die Art der Entstehung des Bildnisses insofern Aufschluß gibt, als daß der Dargestellte nicht Modell saß. Aufgrund der röntgenologischen Untersuchung konnte anhand der Sichtbarmachung des Bleiweiß-Bestandes die Entscheidung zur Abnahme späterer Schichten erleichtert werden und hiedurch eine wesentliche Steigerung in der Erscheinungsform der Bildqualität erbracht werden. Gleichfalls wurde das pastose Pentiment der Krone besser sichtbar: die Krone war, wie sogar mit freiem Auge sichtbar ist, um drei Zentimeter größer und wurde, in Abstimmung auf das schmale Gesicht, an den Rändern in der dunklen Farbe des Hintergrundes in einer schmäleren Form konturiert – entgegen früheren Annahmen (Wilde, Kirchenkunst) ist dies eine Korrektur des Künstlers selbst und nicht Produkt einer späteren Übermalung. Gleichfalls konnte das Kreuz am Bügel der Krone – entgegen früheren Interpretationen älterer Röntgenaufnahmen (von 1933) – als aufrecht-stehend und nicht schräg gestellt erkannt werden. Auch die räumliche Valeurs evozierenden Lasuren an der Zackenkrone sowie an der Schulterpartie und die lasiert aufgetragenen Gewandfalten über dem stilisierten vegetabilischen Muster mit eingefügten Paraphrasen von Fabeltieren erwiesen sich als originale Bestandteile. Das Inkarnat ist in gelblicher Tempera gemalt, während Schatten und Konturen bei Mund, Nase und

Augen Öllasuren haben. Die Haarlocken und der Bügel der Krone sind nur gering lasiert. Im Kronen- und im Gewandbereich ist der Bildgrund (Pergament) erkennbar, das Ornament ist in Tempera pastos aufgetragen und mit Öllasuren getönt. Die an die Untersuchung anschließende Freilegung erbrachte die Klärung aller, auch 1933 aufgeworfener Fragen: Grauschwarzer Hintergrund, Krone und Schulter sind von diesem freigelassen, die Haare sind deckend gemalt, die schwarze Ränderung an den Kronenzacken ist offenbar einer der letzten Prozesse im Entstehen des Bildes gewesen, der aus Samt gedachte Kronenhut hat eine gegen den Grund verfließende Schattierung. Der mittels Glanzlichtern zustande kommende Lichtwert des Kronenbügels und der in die Bildebene projizierten Edelsteine mit den – entsprechend der Goldschmiedekunst der damaligen Zeit – charakteristischen Capuchon-Fassungen ist mit dem Helligkeitsgrad des Gesichtes gleichwertig: Die für das Gesicht wie für die Insignien gleichwertige technisch aufwendige Malweise läßt auf den hohen Stellenwert bezüglich des Attributes seitens des Auftraggebers schließen. Durch die Freilegung wurde die feine Qualität der malerischen Wiedergabe der Schläfen, der Wangen und der Kinnpartie ebenso wiedergewonnen wie die – trotz der vertikalen Kittung des alten Risses – Wölbung des Backenknochens zum Ohr hin. An einigen Stellen schimmerte die Maserung des Holzes durch das Pergament und die dünne Malschicht durch; dunkle und helle Linien verliefen durch Stirne, Auge und Wange, da die originalen Lasuren an den Kanten dieser Linien abgerieben waren. Gegenüber dem Zustand vor der Restaurierung ist die schmälere Form des Kinnbartes, die Aufhellung der Konturen an der Wölbung der Stirne und an den Wangen ein erkenntnisreicher Gewinn über die Beschaffenheit der Originalmalerei.

Der eminente kunsthistorische Stellenwert dieses Bildnisses hätte einen Belaß im freigelegten Zustand bei bestenfalls neutraler Retuschierung der Fehlstellen und der wohl zahlreichen, aber nur klein dimensionierten Farbabsplitterungen gerechtfertigt. Eine zweifelsfreiere kunsthistorische Beurteilung des authentischen Zustandes des Originals wäre für den Betrachter solcherart leichter möglich gewesen. Dennoch wurde die Entscheidung zu einer optischen Schließung der Fehlstellen mittels mikroskopisch feiner Retuschen und zur komplettierenden Wiederherstellung der fragmentierten Lasuren gefällt. Da diese ergänzenden Retuschen und Lasuren reversibel sind, könnte gegebenenfalls der auf das authentische Original reduzierte Zustand jederzeit hergestellt werden. Der Rahmen des Bildes war oftmals überfaßt worden. Die vergröbernde Weißeinfassung (18. Jahrhundert?) der Schrift wurde entfernt, die feine originale gotische Kalligraphie der freigelnschrift, deren zierliche Kanten und Schlingen verdeckt waren, sind auf der weißen Originalfläche voll sichtbar (neutrale weißliche Retuschen am rechten unteren Ende der Inschrift). Die jüngere Ölvergoldung der zum Bild führenden schrägen Zonen wurde entfernt und das stellenweise über die Pergamentkante des Bildes reichende originale Gelb wurde freigelegt. Die nur fragmentarisch erhaltenen braunen Lasuren wurden rekonstruiert; das anschließende Rot der Rahmenleisten war nur in Spuren erhalten und wurde gleichfalls rekonstruiert.

GESCHICHTLICHES

Die bekrönende Inschrift des Bildnisses „Rudolfus Archidux Austrie & cetii" wie auch die Tatsache, daß der Dargestellte eine ihm nicht zustehende Bügelkrone (die auf Königs- oder Kaiserwürde schließen läßt) als Insignie trägt, weist dieses Bild als Beleg der anmaßenden politischen Haltung Herzog Rudolfs IV. aus. Die Entstehung des Bildes hat demnach die Erstellung des „Privilegium maius" im Winter 1358/59 zur historischen Voraussetzung. Da am 22. Februar 1359 das Allerheiligen-Kapitel von der Burgkapelle zu Wien nach St. Stephan transferiert wurde (die Errichtung des Kollegiatsstiftes bei St. Stephan erfolgte allerdings erst am 16. März 1365) und ferner die Grundaushebung am 11. März 1359 für Erweiterungsarbeiten und am 7. April 1359 eine Grundsteinlegung für den Umbau der Wiener Stephanskirche überliefert sind, bieten sich einige aktuelle Anlässe zur Entstehung des Bildes unmittelbar nach der Privilegienfälschung an, was durch die Anmaßung der Inschrift und durch die Kronen-Insignien erhärtet wird.

PORTRÄT-CHARAKTER

Wiederholt wurde darauf verwiesen, daß dieses Bildnis das älteste erhaltene des spezifisch abendländischen, nachantiken Porträts, mit einem gegen den Betrachter gewendeten Antlitz, ist. Diesem Dreiviertelprofil im Rudolfs-Bild kommt umso größere Bedeutung zu, als das Typar des Siegels des von Rudolf IV. gestifteten Kapitels (s. Kat.-Nr.1) eine römische Porträt-Gemme in Profilansicht ist. Das Rudolfs-Bild ist somit das älteste erhaltene Beispiel jener Bildnis-Tradition, die die abendländische Porträtkunst der Folgezeit

auszeichnet (vgl. die unabhängig hievon entstandenen Werke, wie die Florentiner Tafel mit den Bildnissen der Erfinder der Perspektive, um 1420, im Louvre in Paris sowie die Porträts ab dem Wirken des Meisters von Flémalle und Jan van Eycks; s. Bauch, Bildnisse. S. 129). Es repräsentiert einen Bildnistyp, der sein Pendant im Porträt des französischen Königs Jean-le-Bon (oder einem Jugendbildnis König Karls V. von Frankreich?) im Louvre hat. In dem französischen Werk, dessen Datierung zwischen 1349 und 1364 schwankt (s. Ausstellungskatalog „Les Fastes du Gothique", Paris 1981, Nr. 323, S. 370 f.), wird die Tradition des Imperatoren-Bildnisses, wie es die römischen Münzen auszeichnet, revitalisiert. Im Rudolfs-Porträt hingegen ist das Gesicht in Dreiviertelansicht dem Betrachter zugewendet. Die Bevorzugung eines Dreiviertelporträts gewinnt allein deshalb gesonderte Beachtung, als die antike Tradition des Bildnisses in Profilansicht auch Rudolf bekannt gewesen sein muß, wie die für das Typar des Kapitelsiegels verwendete spätantike Gemme (s. Kat.-Nr. 1) beweist. Nicht die Schrägstellung des Antlitzes an sich ist das Neuartige, sondern daß dies in einem selbständigen Einzelbildnis vorkommt. Hierin liegt die kunstgeschichtliche Sonderstellung dieses Bildes. Das Bildnis im Dreiviertelprofil ist in der zweiten Hälfte des 14. Jahrhunderts nicht eine spätere oder entwickeltere Stufe in der Bildnisdarstellung, da der Profiltypus und das Dreiviertelporträt zeitlich nebeneinander existierten (vgl. die ehemalige Tafel in der Katharinenkapelle im alten „Palais Royal" in Paris – Nachzeichnungen hievon bei Gaiguières erhalten; weiters in Karlstein bei Prag: Kaiser im Profil, seine Gattin im Dreiviertelprofil dargestellt, analog trifft dies bei einer Urkunde König Karls V. von Frankreich, von 1371, zu; s. Bauch, op. cit., S. 125). Beiden Bildnissen, sowohl dem des Louvre als auch dem Rudolfs-Porträt, ist die Porträtbüste mit dem Akzent auf dem Kopf eigen. Beide wirken wie eine Profanierung von dem sakralen Typus des Kopfreliquiars (z. B. Kopfreliquiar des hl. Papstes Alexander aus Stavelot, s. Ausstellungskatalog „Staufer", Nr. 542, Abb. 333), die im ursprünglich als profanes Geschenk angefertigten Cappenberger Barbarossa-Kopf (s. Ausstellungskatalog „Staufer", Nr. 535, Abb. 324, 325) ein prominentes Vorbild hat. Da die Porträtmalerei als autonome Bildgattung sich erst im 15. Jahrhundert zu entwickeln beginnt, gewinnen diese isolierten Frühstufen erhöhte Bedeutung, zumal sie zu ihrer Entstehungszeit gewiß keine Unikate waren: Wiederholte Male finden sich in der Buchmalerei Darstellungen von sich selbst porträtierenden Damen in der Illustrationsfolge profaner Romane (Darstellungen wie Marcia malt ihr Selbstbildnis von 1401–1402 in einer französischen Handschrift in Paris, Bibliothèque Nationale, Fr. 12420, fol. 101 v., oder das gleiche Thema in einer französischen Handschrift von 1404, Paris, Bibliothèque Nationale, Fr. 598, fol. 100 v. – s. Anton Legner, Ikon und Porträt, im Ausstellungskatalog „Die Parler und der schöne Stil, 1350–1400", Bd. 3, Köln 1978, S. 220, 221 m. Abb.).
Außerdem befanden sich, der Überlieferung nach, Bildnisse der Professoren der Wiener Universität, die unter Herzog Albrecht III. in Auftrag gegeben wurden, im Apostelchor des Stephansdomes (s. Bauch, Bildnisse, S. 97, 121). Für die Entwicklung des Porträts im Sinne einer authentischen Wiedergabe des Aussehens der dargestellten historischen Persönlichkeit kam der Grabmalskulptur entscheidende Bedeutung zu. Auch in diesem Genre dominiert im 14. Jahrhundert die emblematische Darstellung; soweit sich individuelle Merkmale überhaupt in den figuralen Darstellungen finden, so wurden sie nur soweit berücksichtigt, als sie abnormal sind: Als markantes Beispiel seien die vier existierenden Grabbilder des Maréscal Bertram du Guesclin († 1380) genannt, wovon sich eines in der Abteikirche St-Denis bei Paris befindet; seine in der individuellen Wiedergabe seiner ganzen äußerlichen Häßlichkeit (dicker Kopf, kurze Beine) am signifikantesten getroffene skulpturale Darstellung ist die Liegefigur des Wandgrabmals in Le Puy, die von Thomas Privé und Robert Loisel um 1397 ausgeführt wurde (s. Bauch, Das mittelalterliche Grabbild, S. 268, Anm. 506). Zweifellos hat der Darstellungsvorwurf des Standbildes über dem Grab einen weiteren Schritt zur Entfaltung einer Porträtkunst im bildhauerischen Schaffen geleistet (Skulpturen des Naumburger Stifter-Chores aus den sechziger Jahren des 13. Jahrhunderts; Standbild des Enrico Scrovegni, dem Auftraggeber zu Giottos Fresken in der Arena-Kapelle in Padua, das Grabmal wurde 1336 bestellt, um 1360 wurde es durch das heutige ersetzt, und das ursprüngliche Standbild befindet sich seither in der Sakristei der Arena-Kapelle). Eingedenk der Überlieferung Thomas Ebendorfers, wonach das Rudolfs-Bild unweit des Rudolfs-Grabmals (das heute im Frauenchor steht) ursprünglich im Mittelchor des Stephansdomes stand, wies G. Künstler (op. cit.) auf den memorialen Charakter des Bildes hin. Im Vergleich mit der Liegefigur am Grab Rudolfs und den ganzfigurigen Bildnisskulpturen am Westwerk (heute im Historischen Museum der Stadt Wien) sowie den Stifterfiguren am Singer- und am Bischofstor des Domes (wie am Grabmal und am Westwerk ist auch an den Portalgewänden Rudolf mit seiner Gattin Katharina von Böhmen dargestellt) stellt Bauch (Das mittelalterliche Grabbild, S. 237 f.)

bei letzteren starke persönliche Charakterisierung mit entschieden bildnishafter Wirkung fest, wobei er in den Physiognomien der Liegefiguren des Grabmals bloß typenhafte Darstellungsformen empfindet. Gewiß sind die Skulpturen des Westwerkes und an den Langhaus-Seitenportalen (Bischofstor an der Nord-, Singertor an der Südseite) in der Wiedergabe der Gesichter persönlicher, individueller unterschieden; der schlanke Kopftypus, die Haar- und Barttracht zeugen jedoch auch bei den Liegefiguren von verwandten Vorlagen. Im übrigen ist bei den beiden Liegefiguren am Doppelgrabmal im Stephansdom – bei Herzog Rudolf IV. und bei Katharina von Böhmen – die trotz der Kissen unter den Häuptern betonte Standfiguren-Charakterisierung derartig gegeben, daß die beiden Statuen in den Wendungen ihrer Häupter wie auch in der ganzen Körperwiedergabe aufeinander bezogen sind. Diese Zuwendung erinnert an den Typus der Verlobungsbilder, in deren Tradition – wesentlich später (1434) – das Arnolfini-Doppelporträt des Jan van Eyck entstand. Den entwickeltsten Bildnischarakter weisen allerdings die vier Skulpturen vom Südturm des Domes (heute gleichfalls im Historischen Museum der Stadt Wien), die die Eltern Rudolfs IV. (Herzog Albrecht II. und Johanna von Pfirt) und Katharinas von Böhmen (Kaiser Karl IV. und Blanca von Valois) zeigen, auf, und da vor allem das Gesicht Albrechts II. Da diese Skulptur sicher erst nach dem Tod Albrechts II. († 1358) in den sechziger Jahren des 14. Jahrhunderts geschaffen wurde, muß sie ein möglichst individuelles Bildnis (Totenmaske, Effigies, skulpturales oder gemaltes Bildnis) zur Vorlage gehabt haben. Selbst in den erst ins letzte Viertel des 14. Jahrhunderts zu datierenden Fürstenfenstern der Bartholomäuskapelle des Stephansdomes (heute im Historischen Museum der Stadt Wien) findet sich Herzog Albrecht II. „authentischer" porträtiert als Herzog Rudolf IV.

Vor diesem Hintergrund nimmt sich das gemalte Rudolfs-Porträt als einem stilbedingten Kopftypus gehorchend mit angedeuteten individuellen Merkmalen verhaftet aus. Das Fehlen individueller Merkmale in der Unterzeichnung ist daher nicht überraschend. Wenn auch die genannten Bildnisse mit dem anläßlich der Graböffnung 1933 fotografierten Schädelskelett Rudolfs insofern nicht im Widerspruch stehen, als die ausgeprägte Stirne, die schmale Gesichtsform, die großen Augenhöhlen mit den hochliegenden Bögen der Augenbrauen und die Prognathie (der abnormale Überbiß des Unterkiefers) berücksichtigt wurden, so sind diese individuellen Eigenschaften im Gemälde kaum mehr betont als in den skulpturalen Bildwerken (s. Feuchtmüller, Rudolf der Stifter, S. 13 f.). Lediglich die feine Differenzierung in der Barttracht zwischen Schnurr-, Kinn- und Backenbart findet sich – durch das Medium der Malerei begünstigt – im Gemälde zusätzlich differenziert. Die konzentrierte Verbindung mit der Inschrift und in der Wiedergabe der Insignie der Krone – die folgedessen als Darstellung des Erzherzogshutes zu verstehen ist – läßt nicht nur vermuten, daß das Bild mit Kenntnis des Herzogs entstanden ist, sondern es läßt darauf schließen, daß es in seinem Auftrag angefertigt wurde. „Das Bild ist so als Postulat auf die Würde des Erzherzogs zu verstehen" (Fillitz, Zum Porträt Herzog Rudolfs von Österreich, aus „Von Angesicht zu Angesicht – Porträtstudien", Festschrift f. Michael Stettler, S. 99 ff., 102, 103). Somit gehört es zu einem Typus des mittelalterlichen Herrscherbildes, das politisch-dokumentarischen Charakter hat, und ordnet sich in eine Reihe von mittelalterlichen Bildwerken ähnlicher Aufgaben ein, wofür der Cappenberger Barbarossa-Kopf ein signifikantes Parallelbeispiel in seiner Funktion darstellt. Daß das Bildnis eine Stufe zum selbständigen Porträt markiert, ist in einer immanenten künstlerischen Entwicklung begründet und war nicht im Auftrag intendiert.

Die individuellen Züge im Rudolfs-Porträt wurden von keinem Autor gänzlich geleugnet. Ob der leicht auseinander gerichtete Blick ein individuelles Merkmal ist oder sich aus dem Versuch, dem Kopf die Illusion einer plötzlichen Wendung zu verleihen, erklärt, konnte nicht geklärt werden, zumal die Unterzeichnung hierüber keinen Aufschluß gibt, da diese im Gesichtsbereich unterblieb. Vor allem sind im Rudolfs-Porträt der leicht geöffnete Mund, ferner die Augen, die durch die stärker gesenkten Lider (die die Iris oben kappen) den Ausdruck des Blickes individualisieren, weiters in der Differenzierung von dem in pastosen Linien aufgetragenen Schnurrbart und dem leicht krausen Kinn- und Backenbart jene Elemente betont, die sowohl im Gesichtsausdruck als auch in den Details individuelle – porträtmäßige – Eigenschaften haben. Das Interesse am spezifisch Porträthaften am Hof Rudolfs IV. wurde auch in der Verwendung einer antiken Porträt-Gemme für das Kapitelsiegel (s. Kat.-Nr. 1) dokumentiert.

STIL

Im Vergleich zum Porträt des Jean-le-Bon im Louvre, wo gleichfalls nur Kopf und Büste ohne Andeutung von Armen oder Händen dargestellt sind, ist im Rudolfs-Porträt die

Andeutung der Gewandbüste in ihrer Dimension noch mehr reduziert und die Konzentration auf die Darstellung des Kopfes erheblich gesteigert. Findet sich im Bildnis des Jean-le-Bon ein punzierter Goldgrund, so wirkt im Rudolfs-Porträt durch die Kontrastierung des vor dunklem Grund modellierten Gesichtes zu der dekorativ-flächig wirkenden Wiedergabe des Brokates und der Zacken (,,pinnae'') der Krone das Gesicht zusätzlich hervorgehoben. Wenn auch ein unmittelbares Vorbild für das Rudolfs-Porträt bisher nicht zu entdecken war, so ist der allein schon in der Dimension dominierende Kopf motivisch von den Kopfreliquiaren abzuleiten und als Profanierung eines sakralen Themas entstanden. Einer ähnlichen Tendenz folgten etwa zwei Jahrzehnte später, um 1380, wenngleich in der porträthaften Individualität der Physiognomien erheblich weiter entwickelt, die steinernen Parler-Büsten im Triforium des Chores im Prager Veitsdom (dessen Chor 1385 vollendet wurde). Hinsichtlich des Zuwendens des Gesichtes gegen den Betrachter sind ganzfigurige Stifterdarstellungen in der italienischen Malerei des frühen 14. Jahrhunderts ebenso zu nennen wie die Heiligenbrustbilder der Prager Hofschule um die Mitte des 14. Jahrhunderts (s. Bauch, Bildnisse, S. 121). Ob oder wieweit für das Rudolfs-Porträt die nur mehr fragmentarisch erhaltenen Fresken der Apostelmedaillons im Chor des Wiener Stephansdomes – Frühformen der Tondi (Rundbilder) – vorbildlich gewesen sein konnten, bedarf einer eingehenden Analyse (wie bei den genannten Prager Heiligenbildern sind hier, abweichend vom Rudolfs-Porträt, auch die Arme und Hände dargestellt). Bei Ableitungsversuchen bezüglich des Rudolfs-Porträts (Wilde, Bauch, Künstler) wurde mehrfach auf die zeitlich nur unwesentlich vorangehende Prager Hofkunst und deren führenden Meister Theoderich verwiesen. In den erhaltenen Bildern dieser Hofkunst – namentlich bei Meister Theoderich – sind die von der Figurenauffassung Giottos abhängigen (vielleicht zum Teil auch von einem italienischen Künstler in der Unterzeichnung vorbereiteten), von schwerer Körperhaftigkeit charakterisierten Figuren in breite, durch das Spiel des Lichtes plastisch bewegt wirkende Farbflächen umgesetzt (Riehl). Die durch die Helligkeit vorgetäuschte Plastizität, die, zum Unterschied von Giottos Figuren, nicht zur klaren Konturierung der Figuren beiträgt, ferner die gleitenden Übergänge von Hell zu Dunkel durch Farbnuancen – letztere finden sich im Rudolfs-Porträt gleichfalls und sogar in noch stärkerem Maße – sind Neuerungen der böhmischen Malerei, die sich im weiteren Verlauf des 14. Jahrhunderts weiterentwickeln (Meister des Epitaphiums des Prager Erzbischofs Očko von Vlašim, Meister von Wittingau – beide heute in der Nationalgalerie im ehemaligen Georgs-Kloster auf der Prager Burg). In den erhaltenen Arbeiten der Prager Hofkunst sind die beschatteten Zonen in den Gesichtern von härterer Kontrastwirkung als im Rudolfs-Porträt, das eine spezifisch malerische, letztlich flächengebundene Bildauffassung zeigt (siehe die längs des Nasenrückens geringfügig stärker betonte Schattenzone in der linken – bildeinwärtigen – Gesichtshälfte, deren Wange beinahe so intensiv belichtet ist wie die dem Betrachter zugewendete rechte Wange Rudolfs). Das Ohr und der Mund des Dargestellten sind in En-face-Ansicht gegeben, ebenso die Brauen und die Iris der Augen, während sich die Wiedergabe der Nase – trotz der ,,Korrektur'' des Steges zwischen den Nasenlöchern – an einer Profilansicht orientiert. Dieses äquivalente Ausbreiten der gestaltprägenden Motive in flächenbezogener Weise ist ein Charakteristikum der Malerei des 14. Jahrhunderts: auch die Gleichartigkeit in der formalen Gestaltung der Wangen der dem Betrachter zugewendeten und der von dem Betrachter abgewendeten, bildeinwärts ,,gedachten'' Gesichtshälfte ist von dieser Tendenz geprägt. Lediglich die exzentrische Anordnung der vertikalen – tatsächlichen – Mittellinie des Gesichtes in ihrer Wiedergabe nach der linken Gesichtsflanke zu (wodurch die Brauenpartie direkt den rechten Stirnkontur berührt und in der Folge hievon die Augen, die Nase und der Mund nicht auf die Mitte des Konturs des Gesichtes in der malerischen Wiedergabe orientiert sind) schafft, verstärkt durch das Illusionsmittel der Lasuren und durch die Formulierung der Augenlider sowie durch die Differenzierung der Dimensionen der Haarmassen in ihrer Aufteilung von links und rechts, den Eindruck einer Seitwärts-Wendung. Dieses genuin mittelalterliche Anordnungsprinzip von Gesichtspartien, um eine Seitwärts-Wendung zu charakterisieren (vgl. Kat.-Nr. 5, 13), verliert im Rudolfs-Porträt an Dominanz, indem die malerische Differenzierung von aufgehellten Farbzonen und von nuancierten Dunkelzonen mittels Lasuren zur Erzielung räumlicher Vorstellungswerte und der ,,lebendigen Illusion'' verstärkt angewendet worden ist.

Die in den böhmischen Werken (Meister der Stammbaumfresken in Karlstein, Tafelbilder des Meisters Theoderich und seiner Werkstatt in Karlstein und in der Prager Nationalgalerie) auftretenden, stark schwellend-plastisch wirkenden Formen sind im Rudolfs-Porträt bei weitem nicht in diesem Maße zu finden. Auch der Kontrast zwischen dem modellierten Kopf und den kleinteiligen Brokat- und Kronenmusterungen ist in den erhaltenen Werken der Prager Hofkunst nicht im gleichen Verhältnis wie im Rudolfs-Porträt. Das Formenvokabular, mit dem das Gesicht gestaltet ist (schlanke Gesichtsform, hohe Stirne, lange steile Nase, deren Rückenkontur in die Braue des linken Auges übergeht, nach oben gekrümmter Mund), wie auch die Haltung des Gesichtes sind in den Karlsteiner Bildern Theoderichs und seiner Werkstatt wohl auch zu finden, aber sie gehen über das Typenhafte nicht hinaus und zeigen niemals eine Kopfbüste allein, wenigstens die Hände sind mit dargestellt.

Es wäre aber denkbar, in dem Maler des Rudolfs-Porträts einen Meister der Prager Hofschule zu erblicken, der sich vom spezifisch Italienischen in der malerischen Auffassung gelöst hat (da die Betonung der Plastizität stark gemildert ist) und sonst in den erhaltenen böhmischen Werken nicht faßbar ist. Jedenfalls hat der Meister des Rudolfs-Porträts in den gleitenden Übergängen vom belichteten und gegen einen unpräzisen Kontur sinkenden beschatteten Teil – vor allem bei der Modellierung des Gesichtes wie auch beim roten Teil des Kronenhutes – jene „claire-obscure"-Auffassung, die später die Kunst des Meisters von Wittingau auszeichnet, antizipiert. Auffallend ist die mittels eines hellen, gelben Linienzuges betonte Schmalkante des Kronenbügels, die eine perspektivische Gesetzmäßigkeit malerisch interpretiert. Weiters ist das Fehlen von Goldauflagen (weder matt belassenes noch poliertes Blattgold) auffallend; vergoldet gedachte Gegenstände (vor allem die Krone) werden in gelber Farbe wiedergegeben. Die Glanzlichter auf den spangenförmigen Halterungen bei den gemalten Edelsteinen am Kronenbügel sind als frühe Versuche, selbstleuchtende Materialien malerisch zu illusionieren, zu werten. Genaue vergleichende Untersuchungen zu den Rapporten der Muster auf der Gewandbüste und auf der Zackenkrone wurden bislang noch nicht angestellt, obgleich dadurch Aufschlüsse, die zur Frage nach der künstlerischen Herkunft wesentlich sind, erwartet werden können: Auf der Krone ist es ein kursives, vom Akanthus stilisierend abgeleitetes Wellenband mit linearen, genuin vegetabilischen Begleitmotiven; von diesem steigen ähnlich strukturierte Motive staudenartig in den Zacken auf, wobei sich diese von der „Basis-Welle" gabeln. In der Gewandbüste hingegen sind es zueinander symmetrisch angeordnete, botanomorphe Ornamentmotive von palmettartiger Wirkung (vgl. Büstenreliquiar von Pierre Boucaut, Toulouse, zwischen 1383 und 1422, aus Faujeaux; s. Les Fastes du Gothique, Nr. 226 – dort in weniger zierlich-linearer Form und in deutlicher Unterscheidung von Band- und Blattwerk), zwischen denen zierlich-lineare, zoomorphe Fabeltiere – gleichfalls in zueinander gerichteter symmetrischer Anordnung – dergestalt interpoliert sind, daß der Eindruck einer kontinuierlichen, flächenbetonenden Musterung entsteht. Die Insignie (der kronenartige Erzherzogshut) und das Gewandmuster sind im Rudolfs-Porträt zumindest nicht weniger „authentisch" wiedergegeben als das Antlitz und sind soweit wenigstens teilweise nach der Vorlage von kunstgewerblichen Arbeiten gemalt. Die Steinfassungen an der Krone erinnern an gleichzeitig entstandene böhmische Goldschmiedearbeiten, und tatsächlich hat Rudolf IV. einen Goldschmied namens Janko aus Prag berufen (s. Hermann Fillitz, Die Schatzkammer in Wien – Symbole abendländischen Kaisertums, Salzburg–Wien 1986, S. 190).

DATIERUNG

Das Bild enthält wohl eine Inschrift, aber keine Datierung und keine Signatur. Da Rudolf in der Inschrift als Erzherzog bezeichnet und im Bild mit einer Bügelkrone dargestellt ist, kann das Bild erst nach der Erstellung des „Privilegium maius" (1359) entstanden sein. Da eine Entstehung zu einem besonderen Anlaß archivalisch nicht überliefert ist und das Bild laut Th. Ebendorfers Chronik zumindest seit dem 15. Jahrhundert im Dom nächst der Grablege Rudolfs aufbewahrt wurde und Rudolf der Gründer des Kapitels zu St. Stephan war, lag es nahe, das Entstehungsdatum entweder mit der Kapitelgründung (16. März 1365) oder dem Tod Rudolfs (27. Juli 1365), jedenfalls mit dem Jahr 1365 in Beziehung zu bringen. G. Künstler nimmt unter Hinweis auf den memorialen Charakter sogar eine Entstehung knapp nach dem Tod des Herzogs an, was angesichts der Errichtung des Grabmonumentes für Rudolf IV. und Katharina von Böhmen mit den beiden Liegefiguren noch zu Lebzeiten des jung (26jährig) verstorbenen Herzogs (Kosegarten) nicht zwingend ist. R. Feuchtmüller op. cit. interpretiert, u. a. auf paläopathologische Auswertungen des 1933 fotografierten Schädel-Skeletts gestützt, das Bildnis als ein zu Lebzeiten des Herzogs gemaltes Werk und schlägt eine Datierung mit der 1364 erstellten habsburgischen Hausordnung vor (Feuchtmüller, Rudolf der Stifter, S. 24 f., besonders S. 29).

Eingedenk dessen, daß das Bildnis nur bedingt Porträtcharakter hat und nur in Detailbereichen individuelle Eigenschaften berücksichtigt und sonst nur im Kopftypus authentisch ist, kann eine aus der Physiognomie geschlossene Aussage zur Frage des Lebensalters des Dargestellten nicht verläßlich getroffen werden. Zum frühestmöglichen Entstehungszeitpunkt wäre Rudolf zwanzig, zum spätesten 26 Jahre alt gewesen. Aus der physiognomischen Formulierung im Bild wäre ein Mann reiferen Alters als die der genannten Altersangaben zu erschließen – ein weiteres Indiz dafür, den authentischen Porträtcharakter in diesem Bildnis nicht zu überschätzen und vermeintliche Differenzierungen von wenigen Jahren eines jugendlichen Mannesalters aus der gemalten Physiognomie herauslesen zu können.

Zuletzt hat Hermann Fillitz im Vergleich mit den Kronen der übrigen erhaltenen skulpturalen Standbilder und der Liegefigur am Grabmonument analysiert, daß alle anderen Wiedergaben der Kronen-Insignie als komplette Goldschmiedearbeiten aufgefaßt und dementsprechend gestaltend interpretiert worden sind, während im gemalten Bildnis die Verbindung des Kronenbügels mit dem – offensichtlich – textilisch aufgefaßten Zackenkranz unklar bleibt und solcherart noch kein fertiges Vorbild (die originale Insignie?) hatte. Dies wie auch die von der einschlägigen Forschung überwiegend in die erste Hälfte der sechziger Jahre des 14. Jahrhunderts datierten genannten Fürstenfiguren des Domes sprechen speziell hinsichtlich der Unklarheit des Insignes im Bild für eine Datierung des gemalten Porträts vor den steinernen Bildwerken. Im gemalten Bildnis dürfte „die erste Vorstellung von dem neu zu schaffenden Insigne" wiedergegeben sein, „ohne noch dessen konstruktive Bedingungen zu berücksichtigen" (Fillitz, op. cit., S. 101). Diese Beobachtung wie auch die gleichfalls von Fillitz (op. cit., S. 102, 103) betonte Eigenschaft des Bildes zur Dokumentation eines politischen Postulates legt eine Datierung mit den im Zusammenhang mit der Privilegien-Fälschung von 1359 erfolgten Dokumenten und Zeichen im Auftrag Herzog Rudolfs IV. nahe, was eine Entstehung des Bildes um 1359/60 ergäbe.

Literatur:
Hans Tietze, ÖKT, XXIII, S. 549/550, Abb. 698, Wien 1931. – J. Wilde, Ein zeitgenöss. Bildnis d. Kaisers Sigismund (Jb. d. kunsthist. Slg., 1930, S. 221). – J. Wilde, Das Bildnis Herzog Rudolfs IV. (Kirchenkunst, Wien 1933, S. 36). – Goehler, Zur Ikonographie Rudolfs IV. (Winter, Rudolf IV. v. Österreich I, Wien 1934, S. 386 ff.). – Karl Oettinger, Altdeut. Maler d. Ostmark, Wien 1942, S. 10, 25. – Karl Oettinger, Zeitschrift f. Kunstwissenschaft IV, 1952, S. 137 ff. – E. Buchner, Das deut. Bildnis d. Spätgotik und d. früheren Dürerzeit, Berlin 1935. – H. Riehl, österr. Malerei i. Hauptwerken, Wien 1957, S. 35. – Anselm Weissenhofer, Hundert Wunder aus Österreich, Wien 1961, S. 44. – Walter Buchowiecki, Gotik in Österreich, Wien 1961, S. 50. – Kurt Bauch, Bildnisse des Jan van Eyck, Sonderdruck aus Jahresheft der Heidelberger Akademie 1961/62, S. 96 ff. – Otto Pächt, Die Gotik der Zeit um 1400 als gesamteuropäische Kunstsprache, in Kat. Europäische Kunst um 1400, Wien 1962. – Antje Kosegarten, Parlerische Bildwerke am Wiener Stephansdom aus der Zeit Rudolfs des Stifters (Zeitschrift d. deut. Vereins f. Kunstwissenschaften, Bd. XX, Heft 1/2, Berlin 1966, S. 49, Abb. 1). – Gustav Künstler, Das Bildnis Rudolfs des Stifters, Herzog von Österreich, und seine Funktion, in Mitteilungen der Österreichischen Galerie, Jg. 16, Wien 1972, S. 5–15. – Kurt Bauch, Das mittelalterliche Grabbildnis, Berlin–New York 1976. – Rupert Feuchtmüller, Rudolf der Stifter und sein Bildnis (m. Restaurierbericht v. P. Halbgebauer), in Schriftenreihe des Erzbischöflichen Dom- und Diözesanmuseums Wien, Neue Folge Nr. 7, Wien 1981. – Hermann Fillitz, Zum Porträt Herzog Rudolfs IV. v. Österreich, aus „Von Angesicht zu Angesicht"-Porträtstudien, Festschrift für Michael Stettler, Bern 1983, S. 99 ff.

Kataloge:
Gotik in Österreich, Wien 1926, Nr. 2. – Österreichische Kunst vom Mittelalter bis zur Gegenwart, Wien 1946, Nr. 2. – Der Stephansdom, Geschichte, Denkmäler, Wiederaufbau, Wien 1948, Nr. 197. – Sonderausstellung im Staatsmuseum Luxemburg, 1961. – Europäische Kunst um 1400, Wien 1962, Nr. 80. – Führer durch das Eb. Dom- u. Diözesanmuseum, Wien 1934, 1941, 1946. – Sammlungskatalog des Erzbischöflichen Dom- u. Diözesanmuseums, Wien 1973, Kat.-Nr. 10.

GRABTUCH FÜR HERZOG RUDOLF IV., persisch, erstes Drittel 14. Jh.	3

Prot.-Nr. L–7   *Abb. 3–7*

Gold-Seiden-Brokat, teils roter, teils grüner Grund, Ornament aus feinen vergoldeten Silberfäden

Maße: linker Ärmel: 74 × 30 cm
       rechter Ärmel: 76 × 30,5 cm
       Hauptteil: 172 × 94 cm

Leihgabe des Dom- und Metropolitankapitels zu St. Stephan und allen Heiligen

PROVENIENZ

Dieser Seidenbrokat stammt aus dem Sarg Herzog Rudolfs IV., der sich in der Gruft des Wiener Stephansdomes befindet und erneuert wurde. Anläßlich der 1934 erfolgten Öffnung des Grabes wurde dieser Brokat aus dem Sarg entfernt, hernach eingehend untersucht und konserviert und schließlich dem Museum übergeben.

ERHALTUNGSZUSTAND

Der Brokat wurde seinerzeit, anläßlich der Umwidmung in ein Leichentuch, offenbar nur ungefähr nach den Körpermaßen des Toten zugeschnitten und dann einfach über die Leiche gelegt, da keine Naht zu erkennen ist; lediglich an der Taille ist beiderseits ein kurzes Stück geendelt. Von einzelnen im Gewebe locker gewordenen Metallfäden abgesehen ist der Brokat so weit erhalten, daß eine Beurteilung der Ornamentik und der Farbwerte mühelos möglich und bei entsprechend geduldiger Betrachtung das Dekorationsgefüge lesbar ist.
Das Gewebe ist nach Mitteilung von Anne E. Wardwell vom Cleveland Museum of Art (siehe Duda, op. cit., S. 44) ein broschierter Damast („Lampas"), der aus einem Satingrundgewebe mit einer Musterung in Köperbindung besteht.
Sowohl im Hauptteil des Grabtuches – jene Partie, die den Rumpf und die Beine bedeckte – als auch beim rechten Ärmel laufen die Tierdarstellungen im entsprechenden, die Schrift begleitenden Fries jeweils auf der äußeren Begrenzungslinie; in den begleitenden Tierfriesen der seitlichen Schriftfriese im Hauptteil wie auch im linken Ärmel laufen die Tiere parallel zur Lese-Richtung der Schrift. Im Ärmel ist der Webefehler deutlich sichtbar: im oberen Drittel läuft der Tierfries „auseinander" – sonst, in den übrigen Tierfriesen dieses gemusterten Tuches, laufen die Tiere in eine Richtung; die verfolgenden Löwen und die verfolgt werdenden Antilopen laufen alle in die gleiche Richtung; der Webefehler ist dadurch erkennbar, daß an der betreffenden Stelle die Tiere Rücken an Rücken angeordnet sind und die beiden Gruppen von Tierfriesen an dieser Stelle auseinander laufen; weiters zeigt sich an der gleichen Gewebestelle im benachbarten Schriftfries, daß die Buchstaben „auf den Kopf gestellt" sind.

GESCHICHTLICHES

Herzog Rudolf IV., seiner zahlreichen Stiftungen wegen mit dem Beinamen auch „der Stifter" genannt, starb am 27. Juli 1365 in Mailand. Nach seiner provisorischen Grablege in der (noch erhaltenen) romanischen Krypta der Mailänder Kirche San Giovanni in Conca wurde der Leichnam nach Wien überführt. Aus hygienischen Gründen wurde der Leichnam in eine Kuhhaut gehüllt. Um sowohl der Überführung als auch der Bestattung würdigeres Aussehen zu verleihen, wurde der Leichnam mit diesem Tuch bedeckt. Herzog Rudolf IV. wurde in der Gruft im Mittelchor des Stephansdomes wunschgemäß unter dem Hochaltar beigesetzt, sein Schwert und ein großes Metallkreuz mit Inschrift wurden ihm in den Sarg mitgegeben. Auch diese Beigaben wurden gelegentlich der Öffnung 1934 untersucht, fotografiert und wiederum in den Sarg gegeben. Das steinerne Grabmonument – dessen Deckplatte mit den Liegefiguren („gisants") Herzog Rudolfs IV. und seiner Gattin Katharina von Böhmen sowie dessen Sockelnischen noch erhalten sind und nunmehr sich im Frauen-(Nord-)Chor des Domes erheben – wurde im Mittelchor des Domes aufgestellt. 1754/55 wurden die alten, schadhaft gewordenen Särge durch neue von Balthasar Ferdinand Moll ersetzt. Das Grabtuch verrät in seiner Ornamentik wie auch in seiner Technik orientalische Herkunft. Ob Herzog Rudolf IV. selbst Beziehungen zum Orient pflegte, ist unbekannt. Der von ihm eingesetzte Landjägermeister Friedrich von Kreusbach hat fast ganz Europa und Nordafrika bereist und dreimal das Heilige Grab in Jerusalem besucht. Möglicherweise brachte er den Brokat mit. Da ähnliche Stoffe vom 13. bis zum 15. Jahrhundert beliebte Ausfuhrartikel vom Orient nach Spanien, Italien, Frankreich und dem Gebiet des sogenannten Heiligen Römischen Reiches waren, kann der Stoff auch in Italien besorgt worden sein (Demel). Die Verwendung eines derartigen orientalischen Textils findet sich auch im Kostüm des Amor in den Illustrationen des Romanes „Cœur d'amours d'épris" in der Österreichischen Nationalbibliothek in Wien, Cod. 2597, f. 2 r. (Otto Pächt, René d'Anjou Studien, 2 Bde., Wien 1973–1977, aus Jahrbuch d. kunsthistorischen Sammlungen 69, 73, Abb. 58).

DEKORATIONSSYSTEM, STIL UND DATIERUNG

In regelmäßiger Abfolge verschieden breiter Bänder finden sich Schrift-, Tier- und Ornamentfriese. An einen breiten Streifen mit geometrischen rautenförmig angeordneten Mustern, Blumenranken und die Zwischenzonen ausfüllenden stilisierten Pfauen in regelmäßiger Abfolge schließt sich ein sehr schmales, in dunklen Streifen eingefaßtes Band mit springenden, gehörnten Tieren, die von Hunden (?) oder Löwen (?) gejagt werden. Es folgt wieder ein breiterer Streifen mit einer Inschrift in arabischen Buchstaben.

Die differenzierte Wirkung der Ornamentik erfährt in der unterschiedlichen Struktur des Gewebes entsprechende Bereicherung: In den breiten Streifen ist der neutrale Grund ein engmaschiges Gewebe aus feinen ockerbraunen Fäden, während in den Medaillons in Gestalt von in sich geschlossenen Arabesken und innerhalb der Körperumrisse der Pfaue gröbere, in diagonaler Lage strukturierte Fäden Verwendung fanden. Der Schrift- und der, begleitende, Antilopenfries zeigen – nicht mehr vollends in der ursprünglichen Färbung erhalten, sondern, durch Ausbleichung verursacht, vielfach den Farbton wie bei den übrigen Fäden (ein Beweis, daß der gleiche Faden verwendet und für diesen Grund gefärbt wurde) – intensiv blaugrünen Grund.

Die Pfaue sind zwischen Arabesken und Rautenfeldern paarweise symmetrisch angeordnet; dazwischen rankt sich filigranes, gleichfalls paarweise symmetrisch angeordnetes Pflanzenwerk.

In dem, die Schrift begleitenden, Tierfries sind Löwen, die Antilopen verfolgen, in starker Stilisierung von ornamentaler Wirkung dargestellt.

Neben der Schrift ist die Streifenmusterung ein Charakteristikum des Orients (Vorderer Orient, ägyptisch-mamelukischer Kulturkreis, Persien, China). Springende gehörnte Tiere gehören dem buddhistischen Kulturkreis an. Sie rühren von den acht buddhistischen Glückzeichen her, während die stilisierten Pfaue sowie die lotosartigen vegetabilischen Ornamente aus China stammen. Chinesische, buddhistische und islamische Einflüsse fließen ineinander, wie es allenthalben vom 13. bis zum 15. Jahrhundert in Asien – speziell in Persien (was seit der weitreichenden Mongolenherrschaft nicht verwundern darf) – festzustellen ist (Demel). Seit dem 13. Jahrhundert gehen ostasiatische Textilerzeugnisse nach dem Westen, speziell die chinesische Seide; der vermittelnde Umschlagplatz war hiebei Persien, das selbst eine hochentwickelte Textilindustrie hatte. Durch die Mischung der stilistischen Einflüsse unter der Mongolenherrschaft kam es in Persien zu einer eigenen Stilisierung: eine solche findet sich im Pfau des Leichentuches. Der Grad der Stilisierung dieses chinesischen Motivs ist aus einem Vergleich mit einer originalen chinesischen Pfauendarstellung ersichtlich (Demel).

Vergleichbare Seidenstoffe, die sich in Europa erhalten haben, finden sich in einer Dalmatika des Regensburger Domschatzes (Falke, op. cit., Abb. 338), in einem Brokat aus dem Paramentenschatz der Marienkirche in Danzig, die wahrscheinlich persische Erzeugnisse sind (Falke, op. cit., Abb. 359; Demel), und ferner in dem Sarkophag des Cangrande della Scala, heute im Museo Civico in Verona. Im alten Inventar des Prager Domschatzes sind mehrere, nicht mehr erhaltene, Stücke als „pannus tataricus" bezeichnet (Führer durch das Eb. Dom- u. Diözesanmuseum, Wien 1934, S. 43). Derartige Textilien wurden allgemein als „panni tatarici" (tatarische Stoffe) bezeichnet, da unter „tatarisch" auch die von den Mongolen beherrschten und besetzten Gebiete verstanden wurden. Die Tatsache, daß auch Papst Benedikt IV. († 1304) in einem tatarischen Stoff bestattet wurde, beweist die Beliebtheit jener Stoffe als Grabtücher hochgestellter Persönlichkeiten zu jener Epoche im Abendland (Demel). Die einzelnen Erzeugnisstätten jener Werke sind heute nicht genau festzustellen, doch erwähnt Marco Polo (1295 nach Venedig zurückgekehrt) Kissen aus dem Königreich Gujarat (nordwestlich von Indien, in nächster Nachbarschaft zu Persien), die mit Vogel- und Tiergestalten aus Golddraht verziert sind, die offenbar in der gleichen Technik wie das Leichentuch gearbeitet waren (Demel).

Die Inschrift am Leichentuch Rudolfs gibt die endgültige Bestätigung, daß es eine persische Arbeit ist: Neben Epitheta ornantia des Herrschers, wie „großer Herrscher", die sich wiederholen, findet sich auch der Name „Abu Sacid Bahadur Chan". Der Herrschertitel Bahadur Chan weist auf Persien oder Nordindien, der Name Abu Sacid weist auf Ilhàn Abu Sacid von Persien (1316–1335) hin: Er war der letzte Herrscher der Ilhàne, unter dem Persien noch politisch und territorial unversehrt war (Demel).

Aufgrund der Inschrift ist, da Luxusstoffe dieser Art im Ilhàn-Reich nur den vornehmsten Persönlichkeiten und dem Herrscher selbst zustanden, dieses Gewebe für den Sultan in dessen Hofwerkstätte seiner Hauptstadt Tabriz erzeugt worden. Der von Hans Demel (siehe D. Duda, op. cit., S. 33–36) festgestellte chinesische Einfluß bei den Rauten, den Medaillons, den Pfauen, den einander verfolgenden Löwen und Gazellen bei den Floralmotiven zeigt sich stilistisch in persisch-islamischer Ausformung (siehe D. Duda, op. cit., S. 44). Auf dem Ärmelfragment springt die Inschrift plötzlich um und steht gleichsam auf dem Kopf; ebenso „laufen" die Tiere im rahmenden Fries nach der anderen Richtung. Da es keine Naht in diesem Fragment gibt, ist eine spätere Veränderung auszuschließen und diese Abweichung vermutlich auf einen Webfehler zurückzuführen. Deshalb dürfte dieser für den Ilhàn speziell erzeugte Stoff mit seiner Widmung bereits damals in den Handel und nach Europa gelangt sein, wo man den Fehler nicht bemerkt haben dürfte (siehe Duda, op. cit., S. 44). Dieser als Grabtuch zweitverwendete Stoff ist demnach ein für den Ilhàn entstandenes Gewerbe aus der Zeit von 1316–1335.

Literatur:
Hans Demel, Das Leichengewand Herzog Rudolfs IV. von Österreich (in: Kirchenkunst 1933, S. 33). –
O. Falke, Kunstgeschichte der Seidenweberei, Bd. II, Abb. 338 und 359, Berlin 1913. – Phyllis Ackerman,
Islamic Textiles, in: ,,A Surrey of Persian Art'', A. U. Pope – Ph. Ackerman, Hrsg., Bd. V, Tokyo 1967,
S. 2042 ff., besonders S. 2048–2050 und 2056; Bd. XII, Tafel 1003 (Lesung der Inschrift durch M. Minovi). –
Dorothea Duda, Islamische Kunst und der Westen am Beispiel Wien (14.–18. Jahrhundert), in: Sonderdruck
5 der Kongreßakten des XXV. Internationalen Kongresses für Kunstgeschichte, CIHA, Wien 1983. S. 43 ff.

Kataloge:
Führer durch das Erzbischöfliche Dom- und Diözesanmuseum, Wien 1934, 1941, 1946. – Österreich und
Tirol, Ausstellungskatalog, Innsbruck 1963, Nr. 32. – Sammlungskatalog des Eb. Dom- und Diözesan-
museums, Wien 1973, Kat.-Nr. 9.

BESTÄNDE AUS DER RELIQUIENSCHATZKAMMER DES STEPHANSDOMES

Die Bedeutung einer kirchlichen Schatzkammer lag im Mittelalter in den Reliquien. Da ein Teil der Ganzheit gleichgesetzt wurde, war mit dem Besitz einer Reliquie eine gewisse Macht über den jeweiligen Heiligen geglaubt worden, weshalb man sich der Hilfe des Heiligen in überirdischen und irdischen Dingen gewiß war. Das Verhältnis glich dem zwischen Lehensherrn und Lehensträger – Belohnung und Strafe waren daher damals auch dem Heiligenkult nicht fremd. Der Rang der Schatzkammer wurde vornehmlich vom Rang der Heiligen bestimmt, die begehrtesten Schätze waren die Passionsreliquien. Dem Schatz kam mitunter politische Bedeutung zu, was in der Hinterlegung von für den Landesherrn wichtigen Reliquien auch in anderen Ländern deutlich wird. Im Fall der österreichischen Kirchenschatzkammern von St. Stephan und Melk lassen die Bestrebungen Rudolfs IV. nach größtmöglicher Selbständigkeit auf eine Konkurrenzierung zu Kaiser Karl IV. auch im Kirchenschatz schließen.

Indem 1526 (wegen der Türkeneinfälle) und 1810 (als Folge der Besetzung durch Napoleon) seitens des Landesfürsten metallenes Kirchengerät, sofern es keinen Freistempel erhielt, eingeschmolzen wurde, präsentiert sich der einst reiche Domschatz vergleichsweise bescheiden. Wenn es den stiftlichen Schatzkammern auch nicht besser erging, so hat sich dort mitunter mehr erhalten als im Kathedralschatz zu St. Stephan. Die erhaltenen liturgischen Geräte repräsentieren dennoch höchsten Rang. Die Reliquien selbst wurden bei diesen genannten Einziehungen der metallenen Fassungen geschont und erhielten – meist etwas später – ,,neue'' Formen in der Fassung und in der Gestaltgebung der Reliquiare. Nur jene Reliquienbehälter, die diesen Einschmelzverordnungen entgingen und künstlerisch anspruchsvoll gestaltet sind, finden sich im Museum ausgestellt. Obwohl Spitzenwerke darunter zu finden sind, vermag die Auswahl der Exponate nicht im mindesten von dem einstigen formalen Reichtum des Wiener Domschatzes Aufschluß zu geben; das Wiener Heiltumbuch (Kat.-Nr. 4) berechtigt mit seinem illustrierten Verzeichnis zu dieser Behauptung.

An dieser Stelle verdient es vermerkt zu werden, daß es mehrere kirchliche Schatzkammern in Wien gibt: Außer der Geistlichen und Weltlichen (die auch vorwiegend liturgische Geräte enthält) Schatzkammer in der Hofburg sind die Schatzkammer des Deutschen Ritterordens (Singerstraße 7), die Schatzkammer des Mechitaristenordens (Mechitaristengasse 4, 1070 Wien) sowie die der Stifte Klosterneuburg und Heiligenkreuz ebenso gesondert zu erwähnen wie die (meist offiziell nicht zugänglichen) kleineren Kirchenschatzkammern nahezu jeder alten Kirche.

Prot.-Nr. L–83

Buch, gedruckt

Maße: Hochformat: 22 × 17 cm
Stärke: 1 cm

Leihgabe des Dom- und Metropolitankapitels zu St. Stephan und allen Heiligen

PROVENIENZ

Das Buch stammt aus der Dompropstei St. Stephan und befindet sich seit 1933 im Museum.

AUFBAU

Das „Wiener Heilthumbuch", das im Jahre 1502 in Wien erschienen ist, stellt ein Verzeichnis der damals im Domschatz von St. Stephan im südöstlichen, als Heiltumsakristei eingerichteten Pastophorium aufbewahrten Reliquien dar („Winterchor"). Die vorliegende Ausgabe ist ein seltener Frühdruck aus der Werkstatt des Wiener Buchdruckers Johann Winterburger und wurde vom Wiener Ratsherrn Matthäus Heuperger herausgegeben. – Das katalogartige Verzeichnis setzt sich aus 24 beiderseits bedruckten Blättern zusammen, ohne Angabe von Seitenzahlen; Signaturen in Buchstaben laufen von „aij" bis „ciiij". Der Ausgabe liegt auch der Nachdruck von 1514 bei, der 15 neu hinzugekommene Reliquiare anführt sowie sechs neue Fassungen von bereits vorhandenen Reliquiaren nennt.

Das „Heilthumbuch" ist reich mit Holzschnitten geziert. Der Titelholzschnitt zeigt einen geharnischten Ritter mit Stechfähnlein in der Hand, auf dem Boden das in zwei Schilde zerlegte Wappen der Stadt Wien (Doppeladler und Kreuz). Ein anderer Holzschnitt zeigt eine Ansicht des Stephansdomes von Nordwesten her, ein weiterer den Heiltumstuhl, wiederum ein anderer die Steinigung des hl. Stephanus, ferner zeigt ein anderer Holzschnitt „memento mori"-Embleme.

Die Pretiosen der Schatzkammer sind in Holzschnitten formgetreu mit erklärenden Beischriften abgebildet. Das System der Auflistung geht konform mit der jeweils am ersten Sonntag nach Ostern stattfindenden Vorzeigung der Heiltümer, von der urkundlich seit dem Jahre 1486 berichtet wird (Tagebucheintragung des Wiener Arztes Johann Tichtel vom 2. April 1486). Diese Vorzeigung der Reliquien fand am in den Jahren 1485/86 aus Quadersteinen errichteten, im Jahre 1699 wieder abgetragenen Heiltumstuhl statt, der sich in der Nähe des Domes von St. Stephan befand. Das Bauwerk war ausschließlich für die öffentlichen Schaustellungen der Heiltümer des Domes errichtet worden und das einzige in dieser Art, da man andernorts für den gleichen Zweck Galerien (Würzburg) und Türme (Aachen) verwendete. – Die Vorzeigung der Heiltümer am Heiltumstuhl in Wien vollzog sich in acht prozessionsartigen Umgängen, wobei die Reliquien nach Rang und Bedeutung geordnet waren. Jeder der acht Umgänge wurde durch das Singen von lateinischen Responsorien eingeleitet, welche sich auf die jeweils folgende Prozession bezogen; wie bereits erwähnt, wird im „Heilthumbuch" diese Reihung berücksichtigt. Die erste Prozession war den Kreuzespartikeln gewidmet, die zweite den Reliquien, die sich auf das Leiden Christi bezogen, der dritte Umgang war der Muttergottes, der vierte den Aposteln geweiht. Für die heiligen Märtyrer benötigte man zwei Umgänge, den fünften und den sechsten, der siebente Umgang war den Bekennerheiligen gewidmet; der achte Umgang war für die heiligen Frauen und Jungfrauen bestimmt.

Die Bedeutung des „Wiener Heilthumbuches" liegt vor allem auch darin, daß es eines der ersten Reliquienverzeichnisse in katalogartiger Reihung darstellt; allerdings gab es vorher bereits derartige Verzeichnisse, wobei das Wiener Werk an der achten Stelle liegt. Das erste war das Heiltumbuch vom Heiligen Berg zu Andechs in Bayern, das im Jahre 1473 in Augsburg gedruckt wurde.

Literatur:
Hedwig Gollob, Das Titelblatt des Wiener Heiltumbuches und seine kulturhistorische Bedeutung, in: Gutenberg-Jahrbuch 1972, S. 156 ff. – Hermann Zschokke, Die Reliquienschatzkammer der Metropolitankirche zu St. Stephan in Wien, Wien 1904.

Kataloge:
Rudolf Bachleitner, Der Heiltumschatz der Allerheiligen Domkirche zu St. Stephan in Wien, Wien 1960. – Der Heilige Leopold, Landesausstellung Stift Klosterneuburg 1985, Nö. Landesmuseum, N. F. Nr. 155, Wien 1985, S. 411/Kat.-Nr. 584.

Abb. 8–13

Überwiegend Gruben-, vereinzelt Zellenschmelztechnik

Maße: 2 dreieckige Tafeln   4 fünfeckige Tafeln
      Höhe: 7,5 cm   Hochformat: 13 × 9,5 cm
      Basis: 12 cm
      (geringfügige Abweichungen
      bei den einzelnen Tafeln)

Leihgaben des Dom- und Metropolitankapitels zu St. Stephan und allen Heiligen

PROVENIENZ

Die Emailplatten stammen aus der Reliquienschatzkammer des Domes zu St. Stephan in Wien. Die fraglichen Objekte werden in den Reliquieninventaren der Domkustodie erstmals im Inventar von 1750 (Kustos Joseph Anton von Hack) verzeichnet; bei den in der Literatur zitierten Inventaren von 1540 und 1554 bleibt noch zu klären, von welcher Provenienz die darin verzeichneten Stücke waren.
Der Inventareintrag 1750 lautet:
Inventar 1750, pag. 10: „Ein Bild von geschmelzter arbeit, quatuor virtutes Cardinales, Aquilonem et Austrum repraesentans; unter disen figuren seind vermutlich jene Reliquien verborgen, welche in alter Gothischer schrifft in der höhe beschriben seynd, als S. Leonhardi etc."
Unter Domkustos Joseph Salzbacher (1847–1866) erfuhren die genannten Objekte im Jahr 1847 eine nicht unbedeutende Umgestaltung:
Reliquieninventar 1849, pag. 403–407: „Ein elfenbeinernes Blättchen zwischen den Allegorien der Justicia und Pietas, oder Aquilo angebracht, enthält die Inschriften: ‚Leonhardi Conf. – XI Mill. Virg. – Comilitonis Mauricci mr. – Bartholomaei Ap.' – innerhalb derselben befanden sich wahrscheinlich die Reliquien der genannten Heiligen, welche aber, wie der leere Raum zeigt, in einer früheren Zeit herausgenommen wurden. Unter einem neueingesetzten Plättchen zwischen den Kopfstücken des Aquilo und Auster ist die Reliquie S. Pauli des Welterlösers, welche Domkustos Salzbacher im Jahre 1847 unter der Menge so vieler in der Schatzkammer aufbewahrt gewesen Reliquien mit Inschrift aufgefunden und bei dem Umstande, daß dieses Plätzchen offenstand, hieher zu versetzen für gut erachtet hat. Allem Anschein nach war hier gleichfalls eine Reliquie verschlossen gewesen, aber nachher daraus entnommen worden, nachdem auch die einzelnen Bilder ihrer werthvollen (wahrscheinlich silbernen oder goldenen) Einfassungen in irgendeiner Silberablieferungszeit entblößt wurden, wie die nakten Ränder es noch bezeugten . . ."
„Domkustos Salzbacher hat es, wie bereits beschrieben, ohne Einfassung der einzelnen Bildertheile, mit dem offenen mittleren Plätzchen und mit ein paar so sehr vermoderten und von Holzwürmern durchstochenen Seiten der Rahmen vorgefunden, daß er diese durch den Tischler gleich den beiden anderen wiederherstellen, insgesammt vergolden, und das Bild selbst mittels eines Untersazes zum Aufstellen einrichten ließ. Die Leisten, welche innerhalb des Bildes um die einzelnen symbolischen Darstellungen laufen, und vorhin aus gutem Metall, Gold oder Silber, bestanden, sind gegenwärtig durch gepreßtes Goldpapier ersezt. Die neueingelegte Reliqie S. Pauli ist rückwärts an dem schon früher vorhanden gewesenen Dekelchen versiegelt."
Die Beschreibung der Tafeln zum Zeitpunkt der Auffindung durch Kustos Salzbacher lautet:
ebd., S. 404:
„Ein emaillirtes antikes Bilderstück mit symbolischen Gemälden, Darstellungen und mehreren alten lateinischen Inschriften. In einer sehr schön geschnitzten oder vergoldeten Rahme von Holz.
Das ganze Tableau enthält 6 Haupttheile in Gemälden, zum Theil mit Darstellungen und Bildern aus dem A. T. Die 4 Hauptstücke an den Ecken stellen zweifelsohne in ihren Bildern die 4 Cardinaltugenden vor, welche auch in der Mitte eines jeden mit ihren Namen bezeichnet sind, als Justitia, Pietas, Prudentia, Temperantia . . ."
ebd., S. 405:
„Zwei Mittelstücke bezeichneten die beiden Weltgegenden Norden und Süden und haben die Aufschrift: Aquilo und Auster."

Ähnlich wie bei der Sonderausstellung über den Heiltumschatz 1960 wurden auch bei der Neugestaltung des Museums 1972/73 die Reihungen der Reliefs in der Abfolge belassen, wie sie auf der Tafel von 1847 montiert waren. Auch bei der Erweiterung des Museums 1985–1987 wurde in der Reihung der Tafeln keine Veränderung vorgenommen.

ERHALTUNGSZUSTAND

Die Platten wurden 1985 von Frau Prof. Hannelore Karl, Wien, gereinigt.
Absplitterungen sind im Email nächst des linken Armes Abrahams sowie kleinere zu Füßen des Altares und im Hintergrund bzw. Rahmenteil bei den Kundschaftern und bei der Platte mit dem T-Schreiber. Im übrigen sind die Emails sowohl im Metallteil als auch im gebrannten Glasfluß derartig erhalten, daß über die Intensität der Farben relevante Aussagen getätigt werden können.

KUNSTTECHNIK

Bei der Grubenschmelztechnik (champ levé) werden in eine Kupferplatte die Formen der bildlichen Darstellungen vertieft gearbeitet. In die so entstandenen Vertiefungen (Gruben) wird eine von Metallzusätzen begleitete Glasflußmasse gefüllt, die bei den folgenden Schmelzbränden – je nach dem Metallzusatz und der Brenntemperatur – verschiedene Farben bildet.
Durch den Brand wölben sich die Platten und bilden eine leicht bombierte Oberfläche. In den Rahmen sind die Vierpässe sowie auch die Binnenmodellierung bei dem Altartisch der Opferung Isaaks, dem Thron Jakobs wie auch im Turm bei der Platte mit dem T-Schreiber und im Saum des Pluviales von Auster in Zellenschmelztechnik (cloizonné) gearbeitet: Es werden schmale, zarte Metallstege auf die vertiefte Platte aufgelötet und dann Glasfluß vor dem Brand eingegossen. Bei der Platte mit den Kundschaftern ist beim neunten Vierpaß von oben der rahmende Steg abgeschliffen. Die Schließe von Auster sowie das Diadem desselben wie auch das Geäst bei der Traube der Kundschafter-Platte zeigen Vertiefungen im Metall, wo entweder das Ausgießen mit Glasfluß unterblieb oder absichtlich ein von der Emailtechnik differenzierter Effekt erzielt werden sollte. Der vertiefte punktierte Saum am Schultertuch Aquilos wie auch die ähnliche „Perlenreihe" am Piedestal Jakobs spricht für die letztere Annahme. Die Außenkanten der Platten enthalten plastische Perlenreihen, was für die Rekonstruktion des Aussehens des ursprünglichen Gegenstandes relevant ist. Innerhalb der äußeren Rahmenleiste sind die gerahmten Naben für die ursprüngliche Halterung original. Die technisch geglückten Übergänge von verschiedenen Farbwerten innerhalb einer „Grube" (Maskeronen und Flügel, Kostümpartien sowie die Windbahnen bei Aquilo und Auster, Nimben, Jakobs Thron, Quader- und Ziegelmuster sowie Plastizität illusionierende Bereiche am Turm, beim T-Schreiber, Trauben bei den Kundschaftern, „Marmorierung" am Altar bei der Opferung Isaaks) geben über das hohe Maß des technischen Könnens signifikant Aufschluß. Geringfügige Gußfehler in Form von Bläschenbildung zeigen sich im Kostüm Aquilos und beim Altar der Opferung Isaaks. Zuletzt wurden die Platten feuervergoldet.
Arbeiten in derart verfeinerter Grubenschmelztechnik gibt es vor dem sogenannten Verduner Altar (Stift Klosterneuburg, NÖ.) von 1181 nur noch bei den um 1165–1170 entstandenen Reichsarmillae (Armreifen für kaiserlichen Schmuck, Paris, Louvre), ferner bei einer Kreuzigung (Basel, Sammlung Hirsch) und auf einer Platte mit der Darstellung der drei Jünglinge im Feuerofen (Boston).

IKONOGRAPHIE

WINDALLEGORIEN
AQUILO (Nordwind), AUSTER (Südwind): Der Bildtyp der Winde leitet sich (lt. Buschhausen–Lenzen, op. cit.) von einer Kosmoskomposition ab, was zur Annahme verleitete, daß die zwei Platten zu einem Zyklus der vier Hauptwinde gehörten (wobei zwei davon verloren wären). Die beiden Winde Aquilo und Auster sind durch Nimben hervorgehoben: Solche Windgenien galten in der Antike als Boten des überirdischen Gottes und hatten die als Hauch gedachten Seelen der Verstorbenen zu tragen. Ähnliche Vorstellungen finden sich im Alten Testament, bei den Philosophen und Kirchenvätern der ersten fünf nachchristlichen Jahrhunderte, wo Winde sowie menschliche Gestalten als Erscheinungsformen für Engel aufgefaßt wurden (Buschhausen–Lenzen, op. cit., S. 28). In den vier übrigen Tafeln sind alttestamentliche Szenen mit Tugenden kombiniert dargestellt: Tugenden gehören zum Menschen (Mikrokosmos), die Winde zur Welt (Makrokosmos). Die Winde gehören auch zu den vier Elementen, aus denen, nach mittelalterlicher Auffassung, der

Mensch besteht, auf einem solchen Gedankengebäude basiert die Auffassung vom Kosmosmenschen (Adam vetus). Durch den Sündenfall verliert „Adam vetus" die Tugenden und entweiht die Elemente, die „Adam novus" (Christus) durch seinen Opfertod wieder gewinnt bzw. wieder heiligt.

OPFERUNG ISAAKS

Vorbild zum Kreuzesopfer Christi: Abraham ist wie Gott-Vater zur Opferung seines Sohnes bereit. Isaak steht für die unversehrte göttliche Natur Christi, der Widder (der auf Geheiß des von Gott gesandten Engels anstelle Isaaks tatsächlich geopfert wurde) steht für die geopferte menschliche Natur Christi, der Strauch davor verweist auf das Kreuz, die Dornen auf die Dornenkrone, der Opfertisch auf den Altar, das Messer (Schwert) Abrahams auf die Lanze, mit der Christus der Todesstoß gegeben wurde.

Die Beischrift lautet „PL.C(e)NA.MICANT.SIE(g)NIS ARIES. ABRAHA (Abraham) PUER IGNIS" (alle Zeichen leuchten in wunderbarer Bedeutung). Die Beziehung zur Iusticia erklärt sich aus dem Römerbrief, 4,2–3 (Buschhausen–Lenzen, op. cit., S. 29): „Wenn nämlich Abraham aufgrund von Werken gerechtfertigt wurde, dann hatte er Anlaß, sich zu rühmen, aber nicht vor Gott. Denn was sagt die Schrift? ‚Abraham glaubte Gott, und es wurde ihm zur Gerechtigkeit angerechnet.' "

KUNDSCHAFTER MIT DER TRAUBE

Traubenträger: Nach den Schriften der Kirchenväter ist die Traube ein Vorbild für den gekreuzigten Christus. Die Beischrift lautet „QUI CRUCE. PORTATUR BOTRUS. BOTROTYPICATUR" (die Traube – Christus – die vom – Kreuzesholz – getragen wird, wird durch die – historische – Traube vorgebildet).
Die Beziehung zur Darstellung der Temperancia (laut Johannes 19,34 im Zusammenhang mit alttestamentlichen Szenen durch Mischen von Wasser und Wein) erklärt sich aus dem Beimengen von Wasser bei der Eucharistiefeier (Buschhausen–Lenzen, op. cit., S. 32): (der Lanzenstich) „ . . . sondern einer von den Soldaten stieß ihm seine Lanze in die Seite, und sofort kam Blut und Wasser heraus."

JAKOBSSEGEN

Schon der Philosoph Hippolyt deutet die Armhaltung Jakobs typologisch zur Kreuzigung Christi und sieht in Ephraim das Christentum, in Manasse das Judentum. Die Beischrift lautet: „SIGNA.NOTANDA.MANUS.S-T(sunt).MUTA.T(mutat).QOD(quod) NETERANUS(veteranus)" (das zu beachtende Zeichen ist, daß der Alte die Hände kreuzt). Die Darstellung mit dem thronenden Jakob ist unter Einfluß des Maiestasbildes entstanden. Die Prudentia ist durch Thomas von Aquin nach Aristoteles als „recta ratio agibilium" bezeichnet worden, die (nach Hebräer 11,21) aus dem Glauben erwächst (Buschhausen–Lenzen, op. cit., S. 30): „Durch Glauben segnete Jakob sterbend jeden der Söhne Josephs und beugte sich anbetend tief über die Spitze seines Stabes."

T-SCHREIBER

Nach Exodus schreibt Moses auf Geheiß Gottes vor, die Türpfosten mit dem Blut des Paschalammes zu bestreichen. Das T ist, nach Ansicht der Kirchenväter, aufgrund der Ähnlichkeit des lateinischen „T" und des griechischen „τ" mit der „crux comissa" (Kreuz mit nicht durchgehendem Vertikalbalken) ein Bild für das Kreuz. Die Beischrift lautet: „SCRIBERE.QUI.CURAT.TAU.VIRSACRA FIGURAT" (der Mann, der das Tau schreibt, bedeutet etwas Heiliges – er ist ein Mysterium).
Pietas bezieht sich auf den erweiterten Begriff des Sakramentes (Buschhausen–Lenzen, op. cit., S. 34): (Tim 3,16) „Und ganz gewiß, groß ist das Geheimnis der Frömmigkeit: Es wurde geoffenbart im Fleische, gerechtfertigt im Geiste, geschaut von Engeln, verkündet den Heiden, geglaubt in der Welt, aufgenommen in Herrlichkeit."

ZUSAMMENFASSUNG DER IKONOGRAPHIE, REKONSTRUKTION DES URSPRÜNGLICHEN ZUSTANDES

Sicherlich waren die alttestamentlichen Szenen in der ursprünglichen Anordnung an dem zu rekonstruierenden Kultgerät neutestamentlichen Szenen gegenübergestellt: die alttestamentlichen Szenen wiesen typologisch auf die Erfüllung im Neuen Testament hin. Die beiden Dreiergruppen an Emails decken sich im Formalen wie im Ikonographischen: Opfertod durch Schlachtung einerseits, Opfertod durch Kreuzigung andererseits. Durch die Nachbarschaft der Tugenden und der Winde sind Beziehungen durch die Stellung des Kreuzes im Kosmos erklärt (Buschhausen–Lenzen, op. cit., S. 39 ff.). Indem in der ursprünglichen Anordnung auch die beiden fehlenden Windallegorien anzunehmen sind, ist in der ursprünglichen Struktur ein kreuzförmig angeordneter Gegenstand zu vermuten. Aufgrund der Zusammengehörigkeit von Pietas und Iusticia (den Herrschertugenden) ergibt sich die Annahme, daß das Kultgerät, zu dem die Emailplatten ursprünglich gehörten, in kaiserlichem Besitz war. Die szenischen Darstellungen beziehen sich auf die Eucharistie (Meßopfer). Aus den Rahmenformen und den Maßen der Platten ist am ursprünglichen Gerät eine Anordnung in Dachform naheliegend. Hieraus gelangen Buschhausen–Lenzen (op. cit., S. 69–72) bei ihrem Rekonstruktionsversuch zu einem Reiseportatile (einem Tragaltar für Reisen) in der Art des wesentlich älteren Arnulf-Ziboriums (9. Jh., Schatzkammer der Münchner Residenz), dessen Maße der getriebenen Tafeln annähernd den Wiener Emails entsprechen. Sollte dieses Resultat stimmen, so müßte das Gerät, aufgrund der Datierung, im Besitz Kaiser Friedrich Barbarossas gewesen sein.

Bei Rekonstruktionsversuchen für Kreuzreliquiare (in der Art des Kreuzes von St-Omer) oder kreuzförmig angeordneter, dachförmiger Reliquienschreine geht sich eine Aufteilung der erhaltenen Szenen nicht befriedigend aus, was dem Forschungsergebnis von Buschhausen–Lenzen größere Glaubwürdigkeit verleiht.

STILCHARAKTERISTIK

RAHMUNGEN

Die vier fünfeckigen Emails haben ein großes Einfassungsband, auf das auf allen Seiten außer bei der Schräge ein hellgraues und türkisfarbenes Band folgt, darauf wieder ein schmaler goldener Steg. Das folgende, von einem weiteren Goldsteg abgeschlossene, dunkelblaue Band ist in regelmäßigen Abständen von hellgrauen, goldgerahmten Kleeblattformen durchsetzt. Mit einem weiteren, in zwei wenig differenzierten Blautönen emaillierten schmalen Band zwischen zwei Goldstegen bildet dieses die Rahmung der Emails und befindet sich nur auf den beiden, durch die Perlenschnur eingefaßten Seiten, während ein goldenes Inschriftband mit Schriftzeichen in Email diese Borte auf den zwei anderen, anschließenden Seiten fortsetzt. Ein weiterer, zweifarbiger Rahmen (türkis, grün) begleitet die Einfassungen der figürlichen Emails, wird aber durch die Figurendarstellung teilweise überschnitten und ist im grünen Teil durch halbierte Vierblattformen geschmückt, die mit dem inneren Goldsteg abschließen. Die vierpaßförmigen, stilisierten Muster auf farbigem Grund finden sich – formal reich ausgebildet und in der Anordnung dichter – in dem großen emaillierten Vortragskreuz, das um 1160/70 im Maasgebiet entstanden ist (s. Ausstellungskatalog „Die Zeit der Staufer", Stuttgart 1977, Nr. 550, Abb. 343–349). Im, wahrscheinlich in der gleichen Werkstatt entstandenen, kleinen Vortragskreuz (Staufer, Nr. 551, Abb. 350, 351) finden sich an der einen Seite in der Mitteltafel der Jakobssegen in ähnlicher Haltung, wie auf den Emails des Museums dargestellt, desgleichen die Kundschafter (die Szene der Tau-Schreiber ist allerdings nur auf die Schreiberfigur und auf das geopferte Tier reduziert).

Die Schrägen sind nur durch zwei den Goldrand begleitende Bänder in grüner und türkiser Farbe gerahmt. Innerhalb der Rahmungen befinden sich die figuralen Darstellungen auf dunkelblauem Emailhintergrund.

Die Darstellungen der alttestamentlichen Szenen sind auf allen vier Emails in zwei Zonen geteilt, wobei sich im oberen Bereich die Szenen selbst befinden, im unteren, kleineren Teil jeweils eine Tugenddarstellung als Dreiviertelfigur Platz findet. Die Teilung der zwei Zonen innerhalb der Tafeln entsteht durch eine unregelmäßig wellenförmig verlaufende Terrainangabe, die aus einem Goldsteg mit begleitender hellgrauer Linie (Opferung Isaaks, Kundschafter) oder grüner Linie (T-Schreiber) besteht oder durch die Stufen des Thrones Jakobs gebildet wird. Derartige Bodenlinien als Figurengrund sowie auch zur Separierung von anderen Motiven finden sich ungezählte Male in der Buchmalerei (Admonter Riesenbibel, Lambeth Bible, Normannische Handschrift aus Jumièges, MS. Bodley 717, fol. V v., um 1070).

OPFERUNG ISAAKS

Vor einem in angedeuteter, perspektivisch wirkender Weise gegebenen Opferaltar steht Abraham in monumentaler Haltung, in der Rechten mit dem Schwert zum Streich ausholend, mit der Linken den auf dem Altar knienden, nach vorne gebeugten, die Arme flehend erhobenen Isaak an einer – nicht dargestellten – Haarlocke packend. Abraham ist annähernd frontal gegeben, in Spiel- und Standbein-Pose, in schlanker Gestalt. Er blickt gen Himmel, wo ihm ein halbfigurig dargestellter Engel in seinem Tun Einhalt gebietet. Das Schwert Abrahams sowie die Geste des Engels haben eine die Szene einrahmende

Wirkung, dadurch, daß der Engel in seiner Gestik der Arme vektorielle Momente beschreibt, die kohärent zu dem Verlauf der inneren rahmenden Bordüre sind; das Schwert in der Rechten Abrahams deckt sich ebenfalls annähernd mit dem Rahmen links. – Scheinbar echoartig zum Motiv des – ein erschrockenes Zurückfahren suggerierendes – ausgestreckten Armes Abrahams mit dem Schwert ist der linke Arm nach unten abgewinkelt und der Zeigefinger der Hand, der die nur suggestiv vorhandene Haarsträhne Isaaks festhält, gleichfalls nach unten ausgestreckt. Parallel zu dem linken Arm fällt ein Zipfel des Mantelumhanges des Engels herab. Im unteren Bereich befindet sich in hockender Stellung die Iusticia mit der Waage; diese Figur ist seitlich durch die Abschrägung der Tafel und unten durch den Rahmen abgeschnitten. Daneben ist der Widder dargestellt, der sich im Strauch verfangen hat und anstelle des Isaak geopfert wird. Dieses Motiv wirkt als vereinfachtes Derivat eines von Tieren und Pflanzen belebten Baumes aus einem mittelalterlichen Bestiar, wobei Tier und Pflanze wie in einem Geflecht ineinander verwoben sind, wie dies schon bei insularen Metallarbeiten des Mittelalters und auch in der Buchmalerei häufig zu beobachten ist (Admonter Riesenbibel, fol. 68 v., Lambeth Bible). Der abgewinkelte rechte Arm der Iusticia mit der Waage findet eine Entsprechung im linken Arm Abrahams. Diese abgewinkelte Armhaltung mit der darüber gespannten Draperie des Gewandes und ihre hiedurch begünstigte Dreiecksform findet sich in verwandter Form bei Engeln in der Illustration zu Jacobs Traum (Himmelsleiter) in einer Lütticher Handschrift (Berlin, Staatl. Museen, Kupferstichkabinett, MS. 78A6, fol. 4 v.; s. Dodwell, The Canterbury School of Illumination 1066–1200, Cambridge 1954, S. 91, Pl. 49 c), die vom Mosaik der gleichnamigen Darstellung der Capella Palatina in Palermo abhängig ist und ikonographisch die Lambeth Bible beeinflußt hat, wo diese Szene mit der Opferung Isaaks durch Abraham kombiniert ist (mit einem ähnlichen Bock im Gestrüpp wie in den Emails), wobei letztere ikonographisch mit der Darstellung in einem frühchristlichen Sarkophag erstaunliche Nähe zeigt (s. Dodwell, item, Pl. 49 b, d). Das Verhältnis vom Körper zum Gewand des Abraham im Email findet sich annähernd spiegelverkehrt in der Darstellung des himmelfahrenden Elias in einer byzantinischen Handschrift (Paris, Bibl. Nat., MS. grec. 510, fol. 264 v.; s. Dodwell, item, Pl. 54 b) und ähnelt einer byzantinischen Darstellung einer Illustration des Elisha aus dem Buch der Könige (Vatikanische Bibliothek, MS. Vat. gr. 333, fol. 109 v.). Figurenauffassung und Formulierung des Gewandes Abrahams in der Monumentalität der Wirkung und im feingliedrigen kalligraphischen Duktus der Drapierung finden Parallelen in den Mosaiken von Monreale (s. Dodwell, item, Pl. 62 b) und in der Darstellung des Propheten Daniel in einer hiemit in künstlerischer Beziehung stehenden Handschrift aus Canterbury (Cambridge, Corpus Christi College, MS. 3,3, fol. 245 v.; s. Dodwell, item, S. 93 f., Pl. 62 a) aus der Zeit von 1140 bis 1160. Der letztlich antikisch beeinflußt wirkende Abraham des Emails, dessen Formulierung offensichtlich durch die Beeinflussung byzantinischer Bildwerke auf Umwegen zustande kam, findet sich mit dem ganzen Szenarium beinahe wörtlich im Relief des um 1230 entstandenen Lettners von Wechselburg repliziert (s. Elisabeth Hütter - Heinrich Magirius, Der Wechselburger Lettner, Weimar 1983, S. 130, Abb. 243/244).

Durch die Zuwendung des Widders und der Iusticia mit der Waage entsteht annähernd ein Halbkreis, wobei eine austarierende Symmetrie entsteht und die Waage in der Bildkomposition einen balancehaltenden Faktor bedeutet, umso mehr, da die Waagschalen in die Intervalle der ornamentierten Bordüre hineinragen. Die Figur der Iusticia, als Dreiviertelfigur gegeben, ist durch den schrägen Rand der Emailtafel angeschnitten. Mit der linken Hand hält sie den durch die Haltung der anderen Hand bedingt entstehenden Gewandbausch.

KUNDSCHAFTER MIT DER TRAUBE

Von links nach rechts orientiert sind die beiden die Traube tragenden Männer, beide im Schreitmotiv dargestellt. Auf der horizontalen Stange hängt eine riesige, stilisierte Traube. Der nach rechts orientierte, vordere (rechte) Mann blickt zurück und weist mit der linken Hand in die Gehrichtung, mit der Rechten hält er die Stange, sein Körper ist jedoch im verlorenen Profil zu sehen. Der andere, bärtige Mann stützt sich auf einen Stock mit der rechten Hand und ist im Dreiviertelprofil zu sehen. Das Gewand des linken Trägers bildet im Unterleibsbereich Schüsselfalten, deren Verlauf der über die Schulter geworfenen Manteldraperie des rechten Mannes entspricht. Das Gewand dieses Trägers bildet im unteren Bereich einen durch das Schreitmotiv verursachten Gewandbausch. – In der unteren Zone ist, in der Art von Konsolfiguren, Temperancia hockend dargestellt. Sie hält in jeder Hand ein henkelloses, amphorenartiges Gefäß in weit ausholender, kurviger Geste, deren Verlauf sich – einer Draperie ähnlich – in der von einem in das andere Gefäß sich ergießenden Flüssigkeit wiederholt.

JAKOBSSEGEN

Auf einem thronartigen, durch Stufen erhöhten Aufbau sitzt Jakob mit gekreuzten Armen und segnet die beiden Söhne seines Sohnes Joseph, Ephraim und Manasse, die sich zu seiner Rechten und zu seiner Linken, in leicht gebeugter Stellung mit leicht erhobenen Armen, befinden. Bildkompositionell sind die beiden Gesegneten symmetrisch gegeben, wobei sich nur ihre Armhaltung insofern unterscheidet, als daß sie beim linken gleichsam von unten, beim rechten als von oben gesehen aufgefaßt sind — der Lozierung der entsprechenden segnenden Hände Jakobs entgegengesetzt. Diese Darstellung zeigt starke Anklänge an den Typus der Majestas. Das Verhältnis von Gewand und Körper wie auch die Kostümierung findet sich ähnlich in einer englischen Handschrift des 12. Jahrhunderts (Oxford, Bodleian Library, MS. Modl. 271, fol. 43 v.; s. Otto Pächt, Hugo Pictor, in The Bodleian Library Record, Vol. III, Nr. 30, Oxford, October 1950, Pl. 26 c). — In der unteren Zone befindet sich Prudentia in hockender Stellung. Wie Temperancia zeigt sie sich von Konsolfiguren beeinflußt und hält als Attribut eine Schlange mit Hundekopf in den weit ausgebreiteten Armen. Sie ist dem Beschauer frontal zugewendet; die Schlange zeigt durch die Verschlingung im mittleren Bereich eine stilisierte, ornamentale Form. Die Prudentia ist als Dreiviertelfigur gegeben und durch den Rahmen im unteren Bereich abgeschnitten.

TAU-SCHREIBER

Vor einem in „versuchter" perspektivischer Ansicht gegebenen Architekturprospekt mit Turm, aus dessen Toröffnung der Oberkörper eines bärtigen Mannes herausragt, der den Kopf eines geschlachteten Lammes über eine Schüssel hält (um das Blut aufzufangen), steht in nicht passendem Größenverhältnis der T-Schreiber, in der einen Hand ein Tintenfaß, in der anderen einen Federkiel haltend. Der Mann ist im Dreiviertelprofil dem Beschauer zugewendet, sein Haupt ist durch einen sehr langen schleierartigen Umhang bedeckt. Hinter ihm, im verlorenen Profil vom Beschauer abgewendet und in Rückenansicht, steht der Würgeengel mit erhobenen Armen in einem kurzen Gewand, die Locken in ornamentaler Form gebildet. Der Rückenkontur des T-Schreibers und der Kontur des Umhanges des Würgeengels sind identisch, wie auch die Formulierung der Rückenfalten ähnlich ist. Das Gebäude ist von der Seite zu sehen, die Toröffnung jedoch frontal, wobei die Abgrenzungslinie des Hauses hinter dem Herausblickenden nicht weitergeführt wird. — Pietas ist im unteren Bereich dargestellt, in der Art einer Konsolfigur, in der einen Hand ein Buch zeigend — mit ausgestrecktem Arm, mit der anderen eine Gewandschleife haltend, die durch den gestreckten Arm zu entstehen scheint.

AQUILO, AUSTER

Die beiden Winde — durch ihre Beischriften identifizierbar — sind halbfigurig dargestellt und frontal zu sehen, mit ausgebreiteten Armen, in denen sie jeweils eine Maske mit je einem Flügel im Profil halten. Sie haben flügelartige Gebilde an den Schultern. Die Halbfiguren sitzen auf einer Wellenlinie, die durch einen Goldsteg gebildet wird und durch lineares Bandwerk in Email begleitet wird. Aquilos linke Hand ist durch den Mantelumhang verdeckt, die einzelnen (vier) Finger sind jedoch differenziert; durch das Greifmotiv der vier „ummantelten" Finger entsteht eine Gewandschlaufe. Eine enge stilistische Parallele hiezu findet sich in der Darstellung eines Evangelisten in einer Handschrift aus Canterbury aus der Mitte des 12. Jahrhunderts (Cambridge, Corpus Christi College, MS. 4, fol. 261; s. Dodwell, item, Pl. 33 a).

FIGURENSTIL

Der Versuch einer räumlich wirkenden Darstellung wird dadurch begünstigt, daß bei den vier szenischen Emailtafeln die Rahmen teilweise durch die Figuren überschnitten werden — vor allem kommt dies durch die Überschneidung des Rahmens mit den halbierten Kleeblattformen zum Ausdruck — und daß die Beine und Füße der dargestellten Figuren auf verschiedenen Ebenen (auf der Terrainlinie und weiter oben im dunkelblauen Grund) gestellt werden. Die architektonisch gebildeten Objekte (Opferaltar, Thron, Gebäude mit Turm) zeigen zum Teil Anklänge an perspektivische Darstellungen, wobei nur der Thron ganz frontal gegeben wird, jedoch die Füße Jakobs auf einem, wiederum in geringfügiger perspektivischer Verkürzung gezeigten, Piedestal stehen. Der dunkelblaue Emailhintergrund suggeriert räumliche Weite, während der Goldgrund der Winde-Tafeln neutral wirkt; Aquilo und Auster zeigen keine räumlichen Werte angedeutet, jedoch nur durch die farbliche Differenzierung innerhalb der verschiedenen Farbflächen — Gesichter der Winde und Masken, Gewänder (wobei die technische Behandlung in den Masken wegen der verschiedenen Farben innerhalb der gleichen Emailflächen sehr hochstehend ist) – werden plastische Werte innerhalb der Figurendarstellung anzudeuten versucht.

Durch Überschneidungen verschiedener Körper- und Gewand-Teile, wie auch durch Schrägstellungen der Figuren ist innerhalb der Figurendarstellung der Versuch unternommen, den Gestalten die Wirkung von Körperhaftigkeit zu geben. Die Gewänder liegen teils eng am Körper an, wie beispielsweise bei Abraham (Opferung Isaaks), T-Schreiber, Tugenden (nur bei den Knien), während sie andererseits in großzügigen Bäuschen an anderen Stellen ein Eigenleben entwickeln, z. B. bei Umhängen (Kundschafter mit der Traube, rechter Träger; Umhang des T-Schreibers; Saumzipfel des Gewandes bei Abraham / Opferung Isaaks).

Licht- und Schattenzonen sind durch die Technik der Emailmalerei differenziert wiedergegeben, am Körper anliegende Falten sind durch das Gold des Metalles charakterisiert, Falten sind durch blaue Emailmalerei ausgedrückt, ebenso sind Schattenzonen – besonders auffallend bei dem auf dem Thron sitzenden Jakob und bei der Rückseite des Mantelumhanges der von ihm rechts stehenden Figur (Ephraim oder Manasse) – durch dunkelblaues Email wiedergegeben. Die Betonung der beschatteten Innenseite des Gewandumhanges findet sich in einer Szene der Parabel von den bösen Winzern eines ehemaligen, um 1150/60 entstandenen Tragaltares aus Stavelot (heute im Museo Nazionale del Bargello, Coll. Carrand No. 643–646, Florenz; s. Ausstellungskatalog Staufer, Nr. 545, Abb. 338, 339) und im 1181 vollendeten Verduner Altar im Stift Klosterneuburg, in der Szene der Segenssprüche Jakobs (s. Helmut Buschhausen, Verduner Altar, Wien 1978, I/13, Tf. 37).

Die Partien der Unterschenkel Jakobs vor dem Thron sind von unpräzis gerandeten blauen Zonen begleitet, die die ornamentale Gliederung des Thrones nicht überliefern: hiedurch erfolgt nicht nur andeutungsweise eine räumliche Differenzierung, sondern auch die atmosphärische Andeutung eines Schattens.

Die Motive der Mantelzipfel sind bei Pietas, bei Iusticia sowie bei Aquilo ganz ähnlich formuliert. Die Faltenbildung ist teils ornamental-stilisierend und unruhig-zackig formuliert, teils weich zu Boden fallend charakterisiert: Bei Abraham und dem T-Schreiber kann man die ornamental-stilisierende Tendenz gut beobachten, während bei den Tugenden und den Umhängen der Winde keine zackigen Formen, sondern weiche Faltenbildungen dominieren.

Die Falten sind bei den vier größeren Tafeln durch eng aneinanderliegende, schraffurenähnliche, annähernd parallel laufende Linien in blauem Email gebildet, die bündelweise auftreten und in beschatteten Zonen immer dichter werden. Bei den Untergewändern sind die Linien zarter und dichter, während die langen Obergewänder, die meist bis zum Boden fallen, in der stofflichen Struktur großformatiger erscheinen. Eine Ausnahme bildet die Platte mit der Darstellung des Jakobssegens.

Die Darstellung der Winde zeigt im Vergleich mit den vier großen Tafeln nur wenig Gemeinsamkeit: Lediglich die Bildung der Gesichter, die aus Gold mit blauer und zinnoberroter, emaillierter Binnenzeichnung bestehen, ist ähnlich. Die Falten sind mit blauem Email ausgegossen, und durch Verwendung von rotem Email zusätzlich bei den Gesichtern der Winde entsteht bei diesen – auch durch die Größe der Gesichter – der Eindruck größerer Plastizität als bei den kleineren Gesichtern der Figuren auf den größeren Tafeln.

Beide Kompositionen der Winde nehmen auf die Form der Tafeln Rücksicht und füllen das gesamte Dreieck aus. Die Gesichts- und Haarbildung ist unterschiedlich: Aquilos Gesicht ist länglicher, Austers Gesicht breiter gebildet. Durch die wechselweise Verwendung von rotem und blauem Email in den Gesichtsfalten entsteht der Eindruck von Tiefenwerten. Die Haarbildung ist bei Aquilo strähnig, das Haar fällt seitlich auf die Schultern, in der Mitte der Stirn fällt eine Strähne ins Gesicht; Austers Haare sind ornamental gestaltet: in stilisierten Wellenlinien sind sie kranzförmig um den Kopf gelegt, an der Stirne durch ein florales Motiv – das wie ein Mittelscheitel gebildet ist – verziert, von dem aus ein Band das Gesicht rahmenartig, einem Diadem ähnlich, einschließt; von diesem Band aus laufen beidseitig je zwei an den Enden eingerollte Goldstege – der eine in der Höhe der Stirne, der andere über den Ohren – bis zu den Haarenden. Ein paar Haare fallen vom Scheitel in die Stirne. Das Gewand ist bei Aquilo einem Mantelumhang ähnlich charakterisiert, der an den Schultern eng anliegt und den Aquilo mit den Armen dreiecksförmig – der Form der Tafel entsprechend – auseinanderbreitet. Er hält die Zipfel des einfärbigen, nur durch die Gewandfalten bedingten, in Farbunterschiede differenzierten Umhanges in den Händen: In seiner linken Hand hält er das Tuch, das locker über seine Hand fällt, wobei der Arm mit dem Untergewand sichtbar wird; in seiner Rechten ist das Tuch über die Hand gebreitet, wobei – wie bereits erwähnt – die vier Finger differenzierend mit dem

Tuch bedeckt sind und eine Gewandschlaufe entsteht. Der Umhang ist locker um den Hals geschlungen, wobei Schüsselfalten entstehen und am Halsausschnitt das Motiv des Klee-blattes – dem Motiv am Rahmen der vier fünfeckigen Emails entsprechend – wiederkehrt, das von weiteren, teils durch goldene Stege getrennten Streifen begleitet wird. Das Gewand fällt weich herab, der Schwung ist nach rechts orientiert; links (neben seinem rechten Arm) entsteht durch den Rechtsschwung ein Zipfel, der über die nach unten hin abgrenzende Wellenlinie fällt und somit deren Harmonie stört.

Das Gewand Austers ist einfacher formuliert: Der Umhang ist oben eng anliegend, fällt bis zu den Unterarmen in regelmäßigen Falten herab und wird durch eine plastisch gebildete Mantelschließe vorne zusammengehalten. Der Umhang ist mit einem hellen, mit dunklen Punkten besetzten Streifen gesäumt. Der Umhang selbst ist dunkel und hat helle Punkte. Das Untergewand wird sichtbar; es hat um die Taille einen breiten, mit Kleeblattformen besetzten Streifen, der wiederum oben und unten durch je einen hellen, goldgerahmten Streifen begleitet wird. Der Umhang wird an der Rückseite der Figur weitergeführt, wobei er gleichsam zwischen zwei Wellenlinien „eingeklemmt" wird, um einen größeren Ein-druck an Plastizität zu geben. Das Verhältnis vom Körper zum umhüllenden Pluviale ist strukturell dem Jakobs ähnlich, jedoch in der Haltung wesentlich stärker gelockert.

KUNSTHISTORISCHE EINORDNUNG UND DATIERUNG

In den Szenen sind die Figuren bewegt wiedergegeben, dieser Eindruck wird durch schwungvolle Faltenwürfe gesteigert. Durch verschieden schattierte parallele Linien er-hält das Gewand mehr Selbständigkeit und gibt mit der Binnenzeichnung Aufschluß über die Körperhaltungen.

Diese Formgebung ist konträr zu der im 1181 datierten Emailwerk des Nicolaus von Verdun in Klosterneuburg (NÖ.): Die dort dokumentierte Figurenauffassung im Verhältnis von Gewand und Körper erinnert an die klassische Antike und ist typisch für die Werke der sogenannten Protorenaissance im späten 12. und frühen 13. Jahrhundert in der westlichen Kunst. Die starke Bewegtheit der Figuren wie auch die Betonung einzelner Körperpartien durch die dekorativ wirkende Faltenzeichnung in den Emails des Museums finden sich in Werken, die denen des Nicolaus von Verdun unmittelbar vorangehen. Buschhausen–Lenzen (op. cit., S. 53–62) präzisieren folgende stilistische Vergleichsbei-spiele, die eine Datierung der Emails des Museums in die Zeit von 1160 bis 1170 rechtfer-tigen: Tugenden (Heribertschrein in Köln, Plastik an der Westfassade der Kathedrale von Angoulême vor 1136, Statuetten der Elemente im Bayerischen Nationalmuseum in Mün-chen), T-Schreiber (auf einem Kreuz im Londoner Victoria-and-Albert-Museum), Rück-ansicht des Würgeengels – percussor – in der gleichen Szene mit der Stirne im verlore-nen Profil (Heribertschrein in Köln). Die gleichen Stilmerkmale finden sich auf den Dach-reliefs des Servatiusschreines (Maastricht), obwohl dort Symmetrie und Blockhaftigkeit herrschen, während die Figuren auf den Platten des Museums zierlicher sind. Die Iusti-Szene im Servatiusschrein zeigt die gleichen Faltenmotive, Stofflichkeit und schwungvol-len Linien wie die Emails im Museum, weshalb eine Entstehungsmöglichkeit in Maastricht besteht (Buschhausen–Lenzen, op. cit., S. 58). Engste stilistische Analogien finden sich zu Darstellungen der Geburt und Darbringung Christi auf zwei Reichsarmillae einer Königin (1796 bei der Bergung der Reichskleinodien aus Nürnberg verlorengegangen), die in genauen Nachstichen von Johann Adam Delsenbach († 1765) überliefert sind und laut Buschhausen–Lenzen (op. cit., S. 60–62) vom gleichen Meister wie die Emails im Museum stammen könnten.

Wenn auch die angeführten stilistischen Vergleiche eine Entstehung der ausgestellten Emailtafeln im Maasgebiet vermuten lassen, so gibt es zu den erhaltenen Emailarbeiten, die nachweislich aus diesem Gebiet stammen, keine direkten stilistischen Analogien. Die engste stilistische Parallele findet sich in einem Autoren-Bildnis eines Arztes in einem Codex mit medizinischem Text (London, British Library, Harley 1585, fol. 12 v. / Abbildung s. Buschhausen–Lenzen, op. cit., Abb. 56) und in einer Bibel aus Mecheln (Brüssel, Bibliothèque Royale, MS. 9109–9110), die beide um 1160 entstanden sind. Hiedurch und indem die Auseinandersetzung mit letztlich antiken Formenvorlagen nicht von jenen Tendenzen wie die Arbeiten des Nicolaus von Verdun geprägt sind – von etwa 1170 an muß er am 1181 vollendeten Emailwerk in Klosterneuburg gearbeitet haben –, ergibt sich eine Datierung dieser ausgestellten Emails des Wiener Domschatzes in die Zeit um 1160/70.

Literatur:
Heide Lenzen–Helmut Buschhausen, Ein neues Reichsportatile des 12. Jh.s, Wiener Jahrbuch für Kunst-geschichte, Bd. XX (XXIV), Wien 1965, S. 21 ff., weitere Literaturangaben dort. – Hermann Fillitz–Martina

Pippal, Schatzkunst – Die Goldschmiede- und Elfenbeinarbeiten aus österreichischen Schatzkammern des Hochmittelalters, Salzburg–Wien 1987, Kat.-Nr. 469, S. 190 ff.

Kataloge:
Führer durch das Eb. Dom- und Diözesanmuseum, Wien 1934, 1941, 1946. – Sammlungskatalog d. Eb. Dom- u. Diözesanmuseums, Wien 1973, Kat.-Nr. 3. – Romanische Kunst in Österreich, Stein 1964, Nr. 126, Abb. 27. – Die Zeit der Staufer, Württembergisches Landesmuseum, Stuttgart 1977; Bd. I, Kat.-Nr. 553, Bd. II/Abb. 354. – Ornamenta Ecclesiae. Kunst und Künstler der Romanik, Köln 1985, S. 296/297, B 79–B 84. – Space in European Art, Tokyo 1987, Kat.-Nr. 27.

| 6 | SYRISCHE FLASCHEN, um 1280 bzw. 1310 |

Abb. 14–26   Prot.-Nr. L–5, L–6

Goldemailgläser
Leihgaben der Reliquienschatzkammer des Stephansdomes

Im 12. Jahrhundert erfuhr die Glaskunst – durch Vergoldung und Emaillierung – im Vorderen Orient eine neue Blüte und wurde systematisch ausgebildet, so daß die mohammedanischen Prunkgefäße des 13. Jahrhunderts den Höhepunkt in der Entwicklung der dekorativen Glaskunst nachchristlicher Zeit bedeuten. Aleppo und Damaskus waren hiefür die wichtigsten Zentren, wobei die hervorragendsten Werke in den Werkstätten von Aleppo entstanden, deren Ruf weit über die islamischen Gebiete hinaus – auch in das Abendland – gelangte. In gleicher Art wie diese beiden Flaschen, die als größere Trinkgefäße angefertigt wurden, waren Trinkpokale ausgestattet, die zum Zutrinken gedient haben (zumindest sind Fürsten mit solchen auf anderen Gefäßen aus dieser Zeit dargestellt) und symbolische Bedeutung gehabt haben könnten (s. E. Kühnel, op. cit.). Inschriften, die eine genauere Datierung ermöglichen, fehlen bei profanen Werken und sind nur auf (artverwandten) Moschee-Ampeln vorzufinden. Beide Flaschen haben, inmitten ihrer reichen Arabesken-Dekorationen, Medaillons mit figuralen Motiven, die sich dem optischen Erscheinungsbild der ornamentierten Oberfläche einbinden, da in der islamischen Kunst Figurenwiedergaben auch im profanen Bereich Ausnahmen sind.
Bei beiden Flaschen ist die Dekoration in der Aufteilung der Motive zur Flaschenform adäquat komponiert, wie auch beiden die Schichtung des Dekors gemeinsam ist. Diese erfolgt einerseits durch die Hervorhebung einzelner Motive ein und desselben Ornamentzuges durch farbiges Email, wodurch das jeweilige Ornament durch derartige Akzente uminterpretiert und im gesamten Dekorationsgefüge von den anderen Mustern unterschieden wird. Andererseits wird durch das Einfügen von Medaillons vor ornamentalem Grund eine weitere Schichtenillusion erzielt. Mittels durchgehender, ornamentalen Prinzipien gehorchender Linienzüge wird diese geschichtete Disposition der verschiedenen Schmuckmotive in ein flächig dekoratives Linienornament einbezogen. Ein ähnliches Phänomen zeigt sich bei der Wiedergabe der menschlichen Figuren, die nur schwer aus den flächenfüllenden, linearen Ornamenten herauszufinden sind. Auch die farbigen, emaillierten gegenständlichen Motive sind so angeordnet, daß sie sich in das Linienornament einordnen.

Literatur:
ÖKT, XXIII, S. 514/515, Abb. 641. – Ernst Kühnel, Islamische Kleinkunst, Berlin 1925, S. 108 ff., Abb. 152. – Carl Johann Lamm, Mittelalterliche Gläser und Steinschnittarbeiten aus dem Nahen Osten, Berlin 1930, S. 367 ff., Tf. 158/3. – Dorothea Duda, Islamische Kunst und der Westen: am Beispiel Wien (14.–18. Jahrhundert), Sonderdruck 5 der Kongreßakten des XXV. Internationalen Kongresses für Kunstgeschichte, CIHA, Wien 1983, S. 43 ff.

PROVENIENZ

Die beiden Glasgefäße rühren von Rudolf IV. her und wurden als Reliquiare, wahrscheinlich zur Aufbewahrung von Erde aus Bethlehem, verwendet, die mit Blut der unschuldigen Kinder getränkt gewesen sein soll (Hebron-Hakeldama bei Jerusalem und Bethlehem werden in den alten Inventaren als Örtlichkeiten genannt).

PILGERFLASCHENFÖRMIGES GEFÄSS, um 1280

Prot.-Nr. L–6 *Abb. 16–26*

Maße: Höhe: 36 cm
Breite: 27 cm
Tiefe: 14 cm

BESCHREIBUNG

Den Flaschenhals ziert ein Fries stehender Figuren auf Goldgrund, die in sackähnliche, zweifarbige Gewänder gehüllt und in gold- und rotkonturiertem Email wiedergegeben sind. Zwei schmale Bänder mit ornamental wirkenden arabischen Buchstaben in konturiertem Gold fassen den Figurenfries ein. Der Figurenfries am Flaschenhals zeigt annähernd gleichförmige Gestalten mit durchwegs nach links geneigten Mongolen-Häuptern und mit verschränkten Armhaltungen: Vermutlich spielt diese Gestik auf eine ostasiatische Grußform an und weist die Dargestellten möglicherweise als Höflinge oder Diener aus.

Vier große Kreismedaillons zieren den Flaschenkörper. Die beiden an den konvex vortretenden Schmalseiten haben Reiterdarstellungen (Falkenjäger, ähnliche Darstellungen auf der Ampel eines christlichen Klosters in Syrien; vgl. Lamm, op. cit., S. 367, Nr. 1, Tf. 158/1), die an den Breitseiten zeigen figurenreiche Szenen (unter einem Baum am Flußufer musizierende und zechende Figuren).

STIL UND DATIERUNG

Die Medaillons mit den Reitern haben einen zweifarbigen Blättergrund, während die beiden figurenreichen einen Goldrankengrund aufweisen, in den zwei Fruchtschalen eingefügt sind. Die menschlichen Figurenkörper und vor allem die Gesichter sind – wie der dekorative Grund – nur zeichnerisch linear behandelt, lediglich einzelne Draperiepartien, wie auch die bewegten (an den konvexen Teilen des Flaschenkörpers besonders wirkungsvollen) Pferde (eines weiß, das andere rot), sind in buntfarbigem Email ausgeführt. Die Medaillons werden von einem Fries mit goldkonturierter Inschrift (die das Wort „Der Sultan" mehrmals wiederholt – was vielleicht einen Segenswunsch bedeutet; s. ÖKT, Bd. XXIII, S. 514) eingefaßt. Zwischen den Medaillons ranken sich Goldarabesken mit emaillierten zweifarbigen Knospen und Dreiblattlappen. Ein horizontales, von den großen Medaillons unterbrochenes Goldband schließt die dekorative Zone nach unten ab. Ein blauer, emaillierter, durchgehender Linienzug umgibt die Medaillons, bildet Vierpässe über den Medaillons der Breitseite und Sechspässe um die Henkelansätze (auch diese mehrpässigen Felder enthalten goldenen Arabeskendekor) und umzieht ringförmig den Kropf des Flaschenhalses. Dieser Linienzug ohne Ende trägt einerseits zur Trennung der verschiedenen ornamentierten Zonen bei und hat somit eine gliedernde Funktion. Andererseits bildet er selbst ein Ornament und solcherart einen Bestandteil des dekorativen Gefüges. Der Figurenfries am Flaschenhals und die Medaillons am Flaschenkörper reflektieren im Dekor den wesentlichen Unterschied der Körperformen der beiden Gefäßteile (Hals und Behälter).

Die Reiter geben eine Bewegungsrichtung an, die zu der des Figurenfrieses am Flaschenhals gegenläufig ist – wodurch eine weitere Kontrastierung erfolgt. Die bewegt komponierten Reiter mit den konzentriert angeordneten Farbflächen in den konvexen Medaillons der Schmalseite schaffen einen Gegensatz zu den statisch wirkenden, dekorativen, mehrfigurigen Szenen in den Medaillons auf den glatten Breitseiten. Die Breitseiten erhalten – begünstigt durch die Gefäßform – im Medaillonschmuck die Funktion von Hauptansichten.

Die goldfarbene Dekoration ist – zur Differenzierung innerhalb des Duktus der Ornamentik – teilweise von zarten, roten Linien begleitet. Die Formulierung der runden Mongolengesichter in den figuralen Darstellungen sowie deren Umrißlinien, wie auch die Binnenmodellierung der Gewänder – sei es in der Musterung, sei es im Faltenwurf – erfolgt im gleichen linearen Ausdrucksmittel. Lediglich die Turbane, die Pelzkragen und die Gürtel der Gewänder sowie die Musikinstrumente (zwei Tamburine, eine Laute, eine Flöte) sind im buntfarbigen Email gearbeitet. Räumliche Verkürzungen, wie die abgewinkelten Armhaltungen bei den Falknern an der Schmalseite beispielsweise, erfolgen gleichfalls mittels der Formgebung der Linienführung. Der Baum in dem szenischen Medaillon läßt sich aus dem alten orientalischen Motiv des Lebensbaumes ableiten; ob die Darstellung

Selige im Paradies (s. Bachleitner, op. cit.) bedeutet, bedarf einer näheren Untersuchung mit weiteren Vergleichsbeispielen, erscheint aber, angesichts der von Kühnel für möglich gehaltenen Symbolhältigkeit solcher Gefäße, nicht abwegig.

Kühnel bezeichnet dieses Gefäß als im 13. Jahrhundert in Aleppo entstanden, während Lamm in seiner Systematik es zu den Goldemailgläsern der spärlich emaillierten, kleinfigurigen Damaskus-Gruppe von ca. 1250 bis 1310 zählt und um 1280 datiert. C. J. Lamm stellte nahe stilistische Verwandtschaften mit der undatierten Wiener Pseudo-Galen-Handschrift (ÖNB, Wien, Handschriftensammlung, Cod. A. F. 10) fest (Lamm, op. cit., S. 254; s. Duda, op. cit., S. 45), die heute zumeist mit „Mosul, um 1220–40" bestimmt wird.

Ausgrabungen in Italien, England, Bayern, Österreich und der Schweiz beweisen, daß syrisch-islamische Gläser in Europa schon viel früher bekannt und ein begehrtes Handelsgut waren (s. R. Schnyder, Islamic Ceramics: A Source of Inspirations for Medieval European Art, in: „Islam and the Medieval West", St. Ferber, Hrsg., New York 1975, S. 32).

AMPHORENARTIGES GLASGEFÄSS, um 1310

Abb. 14,15 Prot.-Nr. L–5

Maße: Höhe: 37 cm
Durchmesser: 20 cm

BESCHREIBUNG

Das Gefäß ist aus grün-weißem Glas angefertigt. Verschiedene dekorative Füllungen sind in horizontalen, unterschiedlich breiten Bändern aufgetragen. In der Reihenfolge von oben nach unten zeigen sie: am Flaschenhals großes, von Bändern mit islamischen Schriftzeichen eingefaßtes Rankenmotiv; am Flaschenkörper verläuft oben ein Weinrankenmotiv mit zwei Medaillons, die Fabeltiere in Gestalt von Doppeltieren haben und von einer Rankenbordüre eingefaßt sind; in der Mittelzone des Flaschenkörpers befinden sich vier rankengefüllte Scheiben zwischen horizontalen Schriftbändern, die auch die Scheiben umlaufen und die horizontalen Bänder durchkreuzen, in den dazwischenliegenden Feldern befinden sich Arabesken; darunter zieht sich ein versetzt angeordnetes Sternmuster hin; als unterster Abschluß fungiert ein Blütenfries.

STIL UND DATIERUNG

Dieses Gefäß zeigt nur kleine Medaillons bzw. Scheibenmotive, und diese nur an den ausgreifendsten Stellen des Flaschenkörpers bzw. in der aufsichtigen Zone um den Flaschenhals. Die Anordnung des dominierenden kleinteiligen Dekors in unterschiedlich gefüllten horizontalen Streifen setzt im Ornamentalen eine Gegenkomponente zur schlanken Flaschenform.

Hiedurch wird dem Gefäß optisch Gewicht verliehen, wobei die Konzentration – auch in der Dichte des Kolorits – an den breitesten Stellen der Flasche erfolgt. Dieses Gefäß wird allgemein um 1310 datiert und als in Syrien entstanden angegeben (Ausst.-Katalog Österr. Museum für angewandte Kunst, Wien 1935).

Kataloge:
Ausstellung islamischer Miniaturen, Textilien und Kleinkunst, Österreichisches Museum für angewandte Kunst, Wien 1935, S. 41, Nr. 245, 246. – Anselm Weissenhofer, Stephansdom-Ausstellung, Wien 1948, Nr. 215, 216, Abb. 30. – Rudolf Bachleitner, Der Heiltumschatz zu St. Stephan in Wien, Wien 1960, Nr. 12/13, Abb. 10/11. – Führer durch das Erzbischöfliche Dom- und Diözesanmuseum, Wien 1934, 1941, 1946. – Sammlungskatalog des Erzbischöflichen Dom- und Diözesanmuseums, Wien 1973, Kat.-Nr. 7.

Prot.-Nr. L–20   *Abb. 27*

Holzkassette, mit buntfarbig niellierten Elfenbeinplatten dekoriert

Maße: Höhe: 16 cm
      Länge: 17 cm
      Breite: 13 cm

Leihgabe aus der Reliquien-Schatzkammer des Stephansdomes

PROVENIENZ

Nach den Inventaren der Reliquien-Schatzkammer des Wiener Stephansdomes aus dem 14. Jahrhundert rührt das Kästchen von Herzog Rudolf IV. her. Es wird in diesen als „Parva truncula eburnea" bzw. „lignea" bezeichnet. Seit 1960 befindet sich das Objekt im Museum.

ERHALTUNGSZUSTAND

Bis auf ein Maßwerkdetail ist das Kästchen mit seinem Außendekor komplett erhalten. Die ornamentalen Gravierungen sind rot, grün und blau gefärbtes Niello. Die Messing-schlösser sind jüngeren Datums (19. Jahrhundert), wie auch die jetzige Adaptierung der Reliquien im Inneren des Kästchens aus dem 19. Jahrhundert stammt.

BESCHREIBUNG

Der Sockel des quaderförmigen Kästchens hat zwischen den Füßen an den Längsseiten stark gedrückte Kielbögen mit maßwerkartigem, stilisierten Liliendekor, an den Breitsei-ten Zinnenmuster.
Gegenüber diesem Sockel springt das eigentliche Kästchen geringfügig ein. Den ab-schließenden Deckel bildet eine walmdachähnliche Pyramide, deren Kanten mit nielier-tem, krabbenähnlichen Blattwerk geziert sind. Sowohl der Sockel als auch die dachför-mige Bekrönung haben architektonische Dekorationsmotive, während der eigentliche Behälter des Kästchens durch ornamental aufgefaßte Fabeltiere allseitig friesartig um-zogen ist. An den Längsseiten sind es an den Hälsen verschlungene „Doppeltiere", an den Schmalseiten zeigt sich jeweils nur ein Tier. An der Längsseite zeigt das linke schuppengepanzerte Tier Raubtierkrallen, während das rechte Schwimmhäute zwischen den Zehen hat und solcherart als Derivat eines Fabelwesens von der Gattung der See-ungeheuer ausgewiesen ist. Die Fabelwesen an der Schmalseite mit hundeartigen Köp-fen (kynokephale Monster) zeigen in den oberen Extremitäten den Einfluß von Vorstellun-gen geflügelter Fabeltiere. Ob diese zoomorphen Schmuckformen von personifizierten Darstellungen der vier Elemente – Erde, Wasser, Luft und Feuer – beeinflußt sind, ist zumindest a priori nicht auszuschließen.

STIL UND DATIERUNG

Das letztlich aus der asiatischen Kunst geläufige zoomorphe Formengebilde verschlun-gener Drachen ist – wesentlich später – in vielfachen Variationen in der hochmittelalterli-chen Kunst des Abendlandes vorzufinden: Beispiele aus dem Initialschmuck der Buch-malerei ließen sich ebenso zahllos anführen wie solche der Kapitell-Plastik (in Wien am Riesentor des Stephansdomes und in der nördlichen Arkadenreihe der Michaeler-Kir-che). Die Fabeltiere am Elfenbeinkästchen laufen in ihren Extremitäten teilweise in vege-tabilische Ranken aus, die, ähnlich den Krabben am Sockel und am Deckel, „fleischige" Voluminösität suggerieren, jedoch bizarre Konturen ausbilden, die mitunter durch eine begleitende, härchenartige Strichelung pointiert werden. Das „Nebeneinander" von letzt-lich maurischen Ornamentformen (Imitation von Stufenzinnen an der Schmalseite des Sockels) und spezifisch gotischen (gedrückter Eselsrücken mit Fleur-de-lys-Dekor an der Längsseite des Sockels) sowie „gotisch" feingliedrig strukturierten Schmuckformen bei angedeutetem Volumen weist auf die Ornamentik der süditalienischen Gotik in der ersten Hälfte des 14. Jahrhunderts. R. Bachleitner vermutet eine Entstehung in Sizilien. Die Schmuckformen lassen in diesem Kästchen ursprünglich eine profane Widmung vermu-ten, die erst später durch die Nutzung als Reliquienschrein einer sakralen zugeführt wurde.

Katalog:
R. Bachleitner, Der Heiltumschatz zu St. Stephan, Wien 1960, Nr. 14. – Gotik in Niederösterreich, Krems-Stein 1959, S. 101. – Sammlungskatalog des Erzbischöflichen Dom- und Diözesanmuseums, Wien 1973, Kat.-Nr. 4.

8	ANDREASKREUZ-RELIQUIAR, um 1440

Abb. 28, 29   Prot.-Nr. L–27

Reliquiar aus Holz, Einfassung in Silber mit Krabben in Treibarbeit, Andreasfigur mit vergoldeter Ziselierung

Maße: Reliquiar: Andreasfigur:
       Höhe: 79 cm   Höhe: 23,5 cm
       Breite: 42 cm   Breite: 12,7 cm
       Tiefe: 6 cm   Tiefe: 2,7 cm

Leihgabe aus der Reliquienschatzkammer des Stephansdomes

PROVENIENZ

Das Andreaskreuz-Reliquiar wird im Reliquieninventar vom 12. Dezember 1448 unter den Erwerbungen des Custos Nicolaus Holnprunner (1435–1467) angeführt: fol. 9 r. „Item Sandt Andreas Kreutz gezirt, wigt holcz und Silber XIII Marc minus III lot." In einem als Umschlag zu den Custosrechnungen 1448–1459 verwendeten Fragment einer Aufstellung der jährlich gezeigten Reliquien wird das Kreuz ebenfalls erwähnt: „Item von dem chrewtz sand Andre, pit umb Agnesen Füchslin, die es zirn hat lassen mit silber." Die Reliquie war also eine Gabe der Agnes Füchsl, auf die auch der Bau des Füchsl-Baldachins im Stephansdom zurückgeht. Die Reliquie dürfte zwischen 1445 und 1448 (vor dem 12. Dezember) an die Domcustodie gekommen sein. Auf jeden Fall ist damit eine Gleichsetzung mit dem Andreas-Reliquiar, das der erste Ritter des Toisonordens erhalten haben soll, auszuschließen.

Unverkennbar ist dieses Reliquienkreuz bereits im Wiener Heiltumbuch von 1502 – dem Katalog des Reliquienschatzes des Domes im Heiltumstuhl – abgebildet und beschrieben („Ain kreitz vonn dem holtz daran sand andre gekrewzigt ist worden"). Mindestens seit dieser Zeit (Heiltumbuch von 1502, s. Kat.-Nr. 4) befindet sich dieses Kreuz im Domschatz zu St. Stephan. Laut Überlieferung war es früher am Titularfest des Heiligen in der Hofburgkapelle ausgestellt (s. Bachleitner, op. cit.).

ERHALTUNGSZUSTAND

Im Rahmen einer Diplomarbeit für die Meisterklasse für Restaurierung und Konservierung an der Hochschule für angewandte Kunst wurde das Objekt unter der Aufsicht von Frau Prof. Hannelore Karl von Christl Zeman 1982/83 untersucht und restauriert. Das Holz wurde unter Anleitung von Herrn Prof. Josef Kimmel, dem damaligen Leiter der Holzrestaurierungswerkstätten des Kunsthistorischen Museums in Wien, gereinigt und entfettet, wobei alte Schellackspuren sichtbar wurden. In die porösen Stellen und Wurmlöcher wurde ein Tiefenhärter injiziert. Eine extrem poröse Stelle an der rechten Längskante der Vorderseite des Kreuzes wurde verkittet, um für die Metallspangen eine feste Auflage zu bieten. Diese Kittstellen wurden mit einer Holzbeize der Farbe des Originalholzes angeglichen.

Der untere Abschnitt der silbernen, ornamentalen Profilleisten wurde zu einem näher nicht feststellbaren Zeitpunkt getrennt, die beiden verbliebenen Teile wurden mittels zweier silberner Klammern durch vier Schrauben befestigt. Wie aus der Form der Klammern geschlossen werden kann, geschah dies im frühen 19. Jahrhundert. Sie bildeten gleichfalls optische Störfaktoren und wurden durch eine unauffälligere Lösung ersetzt: Vier unter den Profilen angeordnete und mit diesen verschraubte Silberschienen garantieren die Haltbarkeit.

Da die Metalloberfläche ölige Flecken aufwies, mußte das Silber komplett blank gemacht werden. Die vergoldete Figur wies Bläschen auf, die vermutlich auf ältere Lötungen zurückzuführen waren und bei der Restaurierung mit einem Holzstift vorsichtig geglättet wurden. Die Figur ist aus Silber, ziseliert und vergoldet.

GESCHICHTLICHES

Andreas war ein Bruder des Simon Petrus und einer der beiden ersten vom Herrn berufenen Jünger (Joh. 1,35 f.). Beide stammten aus Bethsaida in Galiläa und zogen später als Fischer nach Kapharnaum. Aus religiösem Eifer wirkte Andreas vorerst im Gefolge Johannes des Täufers. Er schloß sich dann als erster Jünger Jesu von Nazareth an (Joh. 1,35–43) und wurde Zeuge der Wunder Jesu (Joh. 6,8; Joh. 12,22). Als Apostel und Glaubensbote wirkte er nach der Himmelfahrt Christi und nach der Aussendung des Heiligen Geistes in Bithynien, Pontus, Skythien, Thrakien und Griechenland. Sein Leben wurde in Patras durch den Tod am Kreuz beendet. Das Jahr seines Martyriums ist unsicher.

Die Reliquien des Heiligen wurden 357 von Kaiser Konstantin nach Konstantinopel gebracht, von wo sie 1208 nach Amalfi gelangten. Sein Haupt wurde 1462 unter Papst Pius II. nach Rom übertragen.

Von einer Andreaskreuz-Reliquie ist erst im Mittelalter die Rede; sie wird im Kloster Beaune bei Marseille erwähnt, 1250 gelangt sie in die Abtei St-Victor in Marseille. 1438 überreicht Herzog Philipp der Gute von Burgund Teile dieses Kreuzes der Brüsseler Palastkapelle. Er hatte im Jahre 1429 den Orden vom Goldenen Vlies gegründet und Andreas, den Patron des burgundischen Herzogshauses, auch zum Schutzpatron des neuen Ordens eingesetzt. Das Andreaskreuz wurde zum Emblem von Burgund. Wann und auf welche Weise ein Kreuzreliquienteil nach Wien gelangt sein könnte, ist leider unbekannt (s. Gertrud Scheithauer, Das Andreaskreuz-Reliquiar, Aufnahmearbeit in das Kunsthistorische Institut der Universität Wien, Wien 1979).

Das Fest des hl. Andreas, des Patrons der Fischer, Schiffer und Bergleute, wird am 30. November gefeiert. Andreas wird meistens mit einem Buch oder einer Schriftrolle dargestellt. Er symbolisiert das Evangelium und es kennzeichnet ihn als den von Christus mit dessen Verkündigung beauftragten Glaubensboten. Als individuelles Attribut zeigen die Darstellungen des Apostels als Hinweis auf die Art seines Martertodes seit etwa der Wende des 12. Jahrhunderts ein Kreuz.

STIL UND DATIERUNG

Über wellig formiertem Grund ist Andreas auf dem steilen X-förmigen Kreuz genagelt dargestellt. Die Andreas-Figur ist realistisch wiedergegeben, wobei auf Detailrealismen (Maserung von Kreuzbalken, Differenzierung von der Außenseite und des Futters des Gewandes) Wert gelegt wurde. Die Andreas-Figur ist von blockhafter Körperlichkeit; durch die Betonung der gespannten Muskelpartien an den Händen und Füßen wie auch durch die Physiognomie (offener Blick, verzogene Brauen und nach unten gekrümmte Mundwinkel) ist der Ausdruck als schmerzverzerrt gekennzeichnet. Der kompakte Figurenkörper wird von einer Draperie mit schmalen Stegen in mehrfachen Knicken, Unterbrechungen und Stauungen umzogen. Diese Körperhaftigkeit erinnert an die franco-flämische Plastik des frühen 15. Jahrhunderts in der von Claus Sluter geprägten Art, die Draperie hingegen hat die für das vorgeschrittene 15. Jahrhundert charakteristische Form, die einen weniger spannungsreichen Reflex im Stundenbuch des Jean sans Peur (Paris, Bibliothèque Nationale, ms. lat. Nouv. Acq. 3055, s. Erwin Panofsky, Early Netherlandish Painting, Harvard 1953, Bd. 2, Pl. 80, Fig. 185) erfährt.

Aufgrund der knapp erwähnten stilistischen Eigenschaften und des Verhältnisses dieses Reliquiars zu den beiden in einer Wiener Goldschmiedewerkstätte entstandenen Monstranzen im Stift Klosterneuburg, Niederösterreich, kann das Andreaskreuz-Reliquiar ins zweite Viertel des 15. Jahrhunderts datiert und als in Wien entstanden angenommen werden.

Die Einfassung des Holzkreuzes mit maßwerkgefülltem Rundbogenfries und fleur-de-lys-artigen (dreiblättriges stilisiertes Pflanzenornament) Ausläufen gleicht genau den Friesen auf den beiden Klosterneuburger Monstranzen.

In diesem Zusammenhang ist hervorzuheben, daß die Flachreliefs am Fuß der Kreuzpartikelmonstranz in den Draperien enge Parallelen zum Gewandstil des Andreas-Altares (s. Kat.-Nr. 63) zeigen. Die Gruppe der sehr realistisch wiedergegebenen Figuren an der gleichen Monstranz verraten in ihrer, infolge vereinfachter Raumdarstellung, geförderten Monumentalität den Einfluß der gleichzeitigen burgundischen Kunst (s. Hermann Fillitz, Jb. Klosterneuburg, IV, S. 132/133, 177, Abb. 9 und 11). Dieser Kontakt zur westeuropäischen Kunst läßt sich in Wien bis ins frühe 14. Jahrhundert – damals vom Oberrhein beeinflußt – zurückverfolgen.

Da die Monumentalisierung im Andreas-Reliquiar bei der Andreas-Figur noch gesteigert ist, kann dieses Werk ebenfalls als ein unter burgundischen Einflüssen entstandenes angesehen werden. Charakteristische formale Elemente der ziselierten Figur des Reliquiars (wie gebrochene Falten und Knicke, stegartiger Faltenverlauf über dem Knie, Faltenstaffelung bei der Gürtelzone, Gesichtsausdruck, Nimbus, Gewandsaum) finden sich in Figuren im sogenannten Znaimer Altar der Österreichischen Galerie (um 1440), wodurch die angegebene Datierung gefestigt werden kann. Diese Stilmerkmale finden sich ferner in einer Andreas-Figur eines um 1470 entstandenen Tafelbildes (Elfriede Baum, Katalog des Museums mittelalterlicher österreichischer Kunst, Österreichische Galerie Wien, Katalog I, Wien–München 1971, Nr. 120, Abb. 120) reflektiert.

Literatur:
Hans Tietze, ÖKT, Bd. XXIII, Wien 1931, S. 515/516, Abb. 644. – Zschokke, Wiener Dombauvereinsblatt 1881 ff., XXIII, Nr. 17, S. 279. – Hermann Fillitz, Das Kunstgewerbe, Gotik in Niederösterreich, S. 197, Tf. 206 und 208. – Hermann Fillitz, Zwei gotische Monstranzen im Stift Klosterneuburg, im Jb. des Stiftes Klosterneuburg, N. F., Bd. IV, Klosterneuburg 1964, S. 129 ff. – Christl Zeman, Andreaskreuz-Reliquiar, Restaurierung und Konservierung, Diplomarbeit an der Meisterklasse für Restaurierung und Konservierung, Hochschule für angewandte Kunst, Wien 1983.

Kataloge:
Führer durch das Eb. Dom- und Diözesanmuseum, Wien 1934, 1941, 1946. – Anselm Weissenhofer, Ausst.-Kat. Stephansdom, Wien 1948, Nr. 218. – Rudolf Bachleitner, Der Heiltumschatz zu St. Stephan in Wien, Wien 1960, Nr. 16. – Sammlungskatalog des Eb. Dom- und Diözesanmuseums, Wien 1973, Nr. 18.

| 9 | PAZIFIKALE, Fassung Mitte 14. Jh., Schaubehälter von 1514, Auge Gottes 18. Jh. |

Abb. 30, 31   Prot.-Nr. L–51

Reliquie: Kreuzspäne mit Edelstein-Besatz
Reliquiar: Silberrahmen mit Emaildekor

Maße: Kreuzspäne   Reliquiar
       Höhe: 9,8 cm   Höhe: 36 cm
       Breite: 5 cm   Breite: 16,5 cm
       Tiefe: 2,3 cm   Tiefe: 13 cm

Leihgabe aus der Reliquienschatzkammer des Stephansdomes

PROVENIENZ

Die Kreuzreliquie wird schon im ältesten Reliquieninventar der Domcustodie (angelegt vor 1393) genannt: fol. 1: „Item crux parva domini cum decem et octo lapidibus." Es gehörte der von Rudolf IV. angelegten Reliquiensammlung an, die dieser St. Stephan übergab. Im Reliquieninventar von 1448 (12. Dezember) wird das Kreuz als „des Brobst kreutzl mit XVIII edeln stain, wigt II lot minus I quentl" verzeichnet (fol. 7 r.). Im Heiltumbuch von 1502 (Kat.-Nr. 4) ist die Reliquie noch ohne Fassung abgebildet (1. Umgang, erstes unter 38 Kreuzen). Die Fassung erfolgte in den Jahren 1513/1514: In den Custosrechnungen 1507–1515 (Signatur B 4a) heißt es zu 1513, 30 r.: „Gedachter Maister Wolfgang Österreicher hat gemacht ain Monstranz zum klainen krewtzen, so die Fursten von Österreich zum heiligthumb gegeben, mit vil edeln gestain gezirt"; fol. 30 v. werden die Ausgaben für die Perlen und das Glas für die Fassung verzeichnet. Die damals also bekannte Tradition – die, wie der Eintrag im ältesten Reliquieninventar beweist, auch stimmt –, das Kreuz stamme von den österreichischen Landesfürsten, erklärt die Anbringung des kaiserlichen und des österreichischen Wappens am Fuß.
1514 wurden die Arbeiten auf folgende Weise abgeschlossen: ebd., fol. 38 r.: „Von ainem mergklichen stukh des heiligen creutz, das vergangen XIII Jar von newem gezieret als vorangezaiget ist, das gegenwurtig XIIII Jar zu zir desselben geben 1 Gulden ungrisch . . . herkomen von herrn Jörgn Hager, Chorherrn seligen, davon dem Goltschmid Maister Wolfgangen Österreicher für . . . silber und golt für gfas und arbait zu lon . . . Actum dominica post Nativitatis Marie Anno 1514 . . . umb XI perl zu dem gefäß des guldeins zu dem yetzgenanten kreutzlein gebäu . . ." Am 10. September 1514 wurde also die Fassung mit der Aufsetzung eines großen ungarischen Guldens – dieser stammte aus dem Nachlaß des am 19. Jänner 1514 verstorbenen Chorherrn Georg Hager, der ebenfalls gefaßt wurde, abgeschlossen. Der Gulden zeigte, wie aus späteren Reliquieninventaren hervorgeht (z. B. 1666/B, fol. 8 v.), das Porträt Kaiser Maximilians I. Erst um 1769 wurde er auf Anordnung Erzbischof Migazzis entfernt und durch ein Auge Gottes ersetzt (siehe Reli-

quieninventare 1750, S. 23, und 1779, fol. 9 v). Übrigens war auch ein Katharinenreliquiar mit 2 Goldmünzen (Kaiser Vespasian und Kaiser Theodosius) bekrönt (siehe Reliquieninventar 1779, S. 7).

ERHALTUNGSZUSTAND

Wie aus den Reliquieninventaren hervorgeht, wurde der im Jahre 1514 an der Fassung applizierte ungarische Gulden aus dem Nachlaß des Chorherrn Georg Hager in der Zeit des Erzbischofs Migazzi (1769) durch das, heute noch vorhandene, Auge Gottes ersetzt. Das Pazifikale wurde 1983 durch Frau Prof. Hannelore Karl, Wien, gereinigt.

BESCHREIBUNG UND STILCHARAKTERISTIK

Die Reliquie ist hinter Glas konserviert. Eine ältere Reliquienfassung befindet sich in einem jüngeren Rahmen. Die Bekrönung mit dem Auge Gottes ist eine abermalige spätere Hinzufügung (siehe PROVENIENZ und ERHALTUNGSZUSTAND). Die Kreuzspäne sind in Form der crux gemina in Erinnerung an das Aussehen des wahren Kreuzes Christi angeordnet. Am Fuß der Einrahmung findet sich der Adler des Heiligen Römischen Reiches mit der Krone und dem österreichischen Bindenschild geziert. Als Bekrönung der kreuzförmigen Einrahmung dient ein Auge Gottes. Die Reliquie ist von gemugelten Edelsteinen in Kastenfassung umgeben, Rahmen und Auge Gottes sind mit Perlen bereichert.
Über einem sechspässigen Fuß mit konkaven Seiten und reichem Astwerk in Form gotischer Maßwerke erhebt sich über einem Ring ein sechsseitiger Pfeiler als Fuß. Beide Motive zeigen das Nachwirken der ausgehenden Gotik. Die reichprofilierte, kreuzförmige Rahmung mit zugespitzten Balken hat als Dekor gekordelte Stäbe sowie emaillierte Pflanzenmuster an der Vorder- und feingetriebene Architekturornamentik (Vasenmotive) an der Hinterseite. Diese sind Renaissance-Motive. Vegetabilische, an Krabben erinnernde Ornamentik zieht sich längs der Grate hin.

Literatur:
*,,Das Wiener Heiligthumbuch - Nach der Ausgabe vom Jahre 1502 sammt den Nachträgen von 1514",
Vorw. v. von Franz Ritter, Wien 1882, o. P., Erster Umgang (erste Abb.), Nachtrag 1514 - Abb. a. – Joseph
Ogesser, Beschreibung der Metropolitankirche zu St. Stephan in Wien, Wien 1779, S. 108. – Karl Lind, Die
österreichische kunsthistorische Abteilung der Wiener Weltausstellung, in: Mittheilungen der k.k. Central-
Commission zur Erforschung und Erhaltung der Baudenkmale XVIII (1873), S. 151 - Fig. 4, S. 157. – Karl
Lind, Urkundliche Beiträge zur Geschichte der St. Stephanskirche in Wien, II: Verzeichnisse des Heilthums
und der Kleinodien, in: Berichte und Mittheilungen des Alterthums-Vereines zu Wien, XXIII (1886), S. 85–90,
S. 84 - Fig., S. 87 - Fig. 1. – Hermann Zschokke, Die Reliquienschatzkammer der Metropolitankirche zu
St. Stephan in Wien, Wien 1904, S. 17. – Hans Tietze, ÖKT, Bd. XXIII, Wien 1931, S. 39 f., S. 513, Abb. 640. –
Hermann Fillitz, Das Kunstgewerbe, in: Die Gotik in Niederösterreich, hrsg. von Fritz Dworschak u. Harry
Kühnel, Wien 1963, S. 208, Abb. 207. – Stefan Krenn, Studien zur Wiener Goldschmiedekunst des 14. Jahr-
hunderts, Diss., Wien 1984, S. 153 f., Abb. 212, 213.*

Kataloge:
*Führer durch das Eb. Dom- und Diözesanmuseum in Wien, Wien 1936, S. 55. – Anselm Weissenhofer, Der
Stephansdom, Wien 1948, S. 70/Nr. 222. – Rudolf Bachleitner, Der Heiltumschatz zu St. Stephan, Wien 1960,
Nr. 17, Abb. 14. – Sammlungskatalog des Eb. Dom- und Diözesanmuseums, Wien 1973, Kat.-Nr. 16.*

KREUZRELIQUIAR, 1520	10

Prot.-Nr. L–52   *Abb. 32*

Silber, vergoldet, mit feinen Treibarbeiten und Ziselierungen
Freistempel, spätere Punzierungen (oben)
Restaurierungsvermerk ,,Renafirt 1736" (Unterseite)

Maße: Höhe: 29 cm
      Breite: 14 cm
      Tiefe: 10,5 cm

Leihgabe aus der Reliquienschatzkammer des Stephansdomes

PROVENIENZ

Reliquienschatzkammer des Stephansdomes

ERHALTUNGSZUSTAND

1983 von Frau Prof. Hannelore Karl, Wien, gereinigt; gelegentlich dieser Reinigung wurde die Gravur einer Mondsichelmadonna auf der Rückseite des Objektes besser sichtbar.

BESCHREIBUNG UND STILCHARAKTERISTIK

Am Fuß kniende Miniaturstatuette der hl. Maria Magdalena mit erhobenen Armen, am Kreuzreliquiar gekreuzigter Christus; auf der Rückseite des Kreuzes in Putten-Ranken Maria mit Kind und den Heiligen Hieronymus, Christophorus, Ulrich und Andreas graviert.

Dieses Reliquiar ist charakteristisch für die Durchdringung spätgotischer und Frührenaissance-Formen. Der sechspässige, mit maßwerkartigen Motiven gezierte Fuß hat eine querovale Grundform. Die Ornamentik ist hier nicht mehr gliederndes (und somit die Struktur mitgestaltendes) Element, sondern hier ist eine Trennung von Struktur und Dekoration vollzogen. Ein letztlich gotisches Aufbauprinzip des ganzen Gegenstandes ist durch rein geometrische Gebilde gedehnter Gestaltung vereinfacht (z. B. Nodus mitpolsterartigen, aus dem Sechspaß entwickelten Lappen mit Renaissance-Blattwerk mit Edelsteinen; Dreipaßendigungen am Kreuz). Dekorative plastische Appliken (z. B. vegetabilische Motive als Begleitung der Standplatte, Stabwerke am polygonalen Schaft, konsolartiges Kriechwerk bei Schaftring und Kreuz) demonstrieren das Nachwirken der Gotik. Auch der Figurenstil mit der drastischen Gestik, den eng anliegenden, nach den Säumen zu wirbelnd ausschwingenden Gewändern ist charakteristisch für diese Übergangsphase. Die gleiche Beobachtung läßt sich bei den gravierten Arbeiten an der Rückseite tätigen: auf Ornamentstiche zurückgehende Akanthusranken sind von Figurendarstellungen mit Landschaftsandeutung unterbrochen.

Kataloge:
Anselm Weissenhofer, Der Stephansdom, Wien 1948, Nr. 221. – Rudolf Bachleitner, Der Heiltumschatz zu St. Stephan, Wien 1960, Nr. 18, Abb. 15. – Sammlungskatalog des Eb. Dom- und Diözesanmuseums, Wien 1973, Kat.-Nr. 17.

| 11 | **HEILIG-BLUT-MONSTRANZ, Ostensorien gegen 1600, Schaubehälter von Ignaz Sebastian Würth, 1784** |

Abb. 33 Prot.-Nr. L–96

Silber, vergoldet, Ostensorien auf amethystfarbiger Quarzplatte
Meisterzeichen I.S.W. am linken oberen Vorsteckrand, Wiener Beschauzeichen und Datum 1784 am rechten

Maße: Monstranz Quarzplatte
    Höhe: 51 cm Hochformat: 15,5 × 12,5 cm
    Breite: 27 cm
    Tiefe: 15 cm

Leihgabe aus der Reliquienschatzkammer des Stephansdomes

PROVENIENZ

Die Reliquie ist mit der Herzogin Eleonore von Mantua in Verbindung zu bringen (Gattin Kaiser Ferdinands II., † 1655), die diese Heilig-Blut-Reliquie (Blut Christi) von ihrem Bruder Vinzenz (Herzog von Mantua und Montferrat) als Brautgeschenk erhielt und sie dem „Königinkloster" in Wien zum Geschenk machte. Nach der Aufhebung des Klosters unter Joseph II. (1782) gelangte die Reliquie mit Ausnahme des ursprünglichen Schaugefäßes nach St. Stephan, wo sie im Domschatz aufbewahrt wurde. Im Jahre 1784 wurde der heute noch erhaltene Schaubehälter – laut Meisterzeichen und Datierung – vom Wiener Goldschmied Ignaz Sebastian Würth geschaffen, der in Wien lebte (1746–1834) und 1770 sowie 1781 ebenda nachweisbar ist; er schuf u. a. Tafelsilber für Herzog Albert von Sachsen-Teschen, dem Gründer der Graphischen Sammlung Albertina in Wien.

BESCHREIBUNG

Die beiden Ostensorien sind goldgetriebene Metallarbeiten: Ostensorien auf Wolkenballung, über volutgezierten Füßen halbe Kristallzylinder, dahinter Reichsapfel, statt Kreuz Ori-Flamme, in der rechten Kugel drei rötliche Punkte eingraviert. Am Fuß des linken Ostensoriums siebenflammiger Leuchter und Inschrift „ISAB" (Isabella?), am rechten „HIC SAN" (hic sanquis?) eingraviert. Das Schaugefäß ist in Form einer Strahlenmonstranz gebildet; über querovalem Fuß schlanker Ständer und herzförmiger Behälter.

KUNSTHISTORISCHE EINORDNUNG

Die Heilig-Blut-Monstranz zeigt deutlich die Herkunft des Typus von der barocken Sonnenmonstranz; im Gegensatz zu dieser stellt sie in ihrer beinahe asketisch-schmucklosen Form ein frühes Zeugnis für die Abwendung von der Überfülle des spätbarocken Dekors in josephinischer Zeit dar. Die beiden Ostensorien sind vermutlich oberitalienische Arbeiten des Manierismus aus der Zeit gegen 1600.

BIOGRAPHISCHES ZU IGNAZ SEBASTIAN VON WÜRTH (1746–1834)

Ignaz Sebastian Würth, Goldschmied in Wien, wurde 1746 geboren, starb am 18. Jänner 1834 ebenda. Er war der Sohn des Franz Caspar und Bruder des Franz Xaver und Johann Nepomuk Würth. 1766 wurde er Schüler an der Akademie in Wien, 1770 Meister. Er scheint in den Genossenschaftslisten zwischen 1768 und 1815 als „Silberarbeiter des äußeren Raths, auch k. k. Kammer- und Hofsilberarbeiter" auf. Er fertigte 1769 nach einem Entwurf des Balthasar Ferdinand Moll den von Maria Theresia als Antependium für den Hauptaltar der Wallfahrtskirche in Mariazell bestimmten, in Silber ausgeführten kaiserlichen Stammbaum, der unter Mitarbeit seiner Brüder entstand. 1771 suchte er vergeblich um ein Ehrendekret als k. k. Hofgoldschmied an. Er war Mitbegründer des Armen-Institutes bei St. Stephan. Im Jahre 1827 wurde er geadelt. Seine Marke ist IS (über) W.
Er schuf zahlreiche Goldschmiedearbeiten für den Hof (s. Thieme-Becker, Allgemeines Künstlerlexikon, Bd. 36, Leipzig 1947, S. 296/297).

Literatur:
Hermann Zschokke, Die Reliquienschatzkammer der Metropolitankirche zu St. Stephan in Wien, Wien 1904, S. 16/V/10.

Kataloge:
Sammlungskatalog des Eb. Dom- und Diözesanmuseums, Wien 1973, Kat.-Nr. 28. – Rudolf Bachleitner, Der Heiltumschatz der Allerheiligen Domkirche zu St. Stephan in Wien, Wien 1960, Nr. 32. – Josephinische Pfarrgründungen in Wien, Wien 1985, Kat.-Nr. 334.

CRANIUM DES HEILIGEN STEPHANUS, 1741	12

Prot.-Nr. L–196   *Abb. 34*

Reliquie: Hirnschale des hl. Stephanus (angeblich)
Reliquiar: Metalltreibarbeit, Silber, teilweise vergoldet
Meistermarke JK
Wiener Stadtpunze mit Jahreszahl 1741, Repunze von 1806/07

Maße: Höhe: 39 cm
       Breite: 32 cm
       Tiefe: 13 cm

Leihgabe aus der Reliquienschatzkammer des Stephansdomes

PROVENIENZ

Hirnschale und eine Rippe des Protomärtyrers sind der angeblich von den Grafen Hermann und Udo von Habsburg gestifteten Marienkirche zu Wetzlar geschenkt worden. Als die Stadt lutherisch wurde, ließ Kaiser Leopold I. (1658–1705) die Hirnschale des Heiligen nach Wien bringen, was mit ausdrücklicher Gutheißung des Kurfürsten Karl Kaspar v. d. Leyen, Erzbischofs von Trier (1652–1676), geschah. Demnach müßte die Reliquie zwischen 1658 und 1676 nach Wien gekommen sein.

ERHALTUNGSZUSTAND

Das Reliquiar wurde von Angelika Wassak (Hochschule für angewandte Kunst in Wien/ Meisterklasse für Metallrestaurierung und Konservierung; Diplomarbeit 1975) gereinigt. Es waren keinerlei Ergänzungs- oder Reparaturarbeiten notwendig.

IKONOGRAPHIE

Wie die Legende berichtet, war Stephanus zur Zeit des Kaisers Tiberius (14–37 n. Chr.) ein Diakon in Jerusalem. Er war jüdischer Abstammung und ein glänzender Redner für den christlichen Glauben, so daß er sich den Zorn der jüdischen Priesterschaft zuzog. Diese stellte ihn vor das Gericht des Synedriums, und dieses jagte ihn danach aus der Stadt; in der Folge wurde er zu Tode gesteinigt. Das Grab des Heiligen wurde von dem Priester Lucian in Kaphar Gamala bei Jerusalem im Jahre 415 aufgefunden. Der hl. Stephanus ist Patron vieler Städte (u. a. Wiens), Schutzpatron der Kutscher und Pferde, Schneider, Weber, Zimmerleute, Schulknaben, seiner Weisheit und Beredsamkeit wegen. Der Erzmärtyrer wird häufig während des Martyriums dargestellt. Seine Attribute sind Palmzweig, Steine und das Diakonsgewand.

BESCHREIBUNG UND STILCHARAKTERISTIK

Die Basis des Reliquienbehälters hat im Grundriß die Form einer halben Raute – eine ganze und zwei halbe Seiten, die in sich geschwungen sind. Die dadurch entstehenden Kanten werden andeutungsweise bis zum oberen Abschluß geführt. Als Standfläche dient eine Holzplatte, die mit vier Nägeln an der Vorder- und Rückseite befestigt ist. – Die Rückwand, eine glatte Silberplatte, ist durch elf Schrauben mit der Vorderseite verbunden. In der Rückwand ist ein ovales Türchen mit einer flachen Glasscheibe mittels drei Schrauben verankert. In der diesem Türchen entsprechenden Größe ist an der Rückwandinnenseite ein ovaler Zylinder ohne Boden und Deckel angelötet, der die Reliquie enthält.

Die mit Gaze überzogene Hirnschale liegt in einem mit dunkelrotem Samt überzogenen, ovalen Kartonzylinder; auf der Schauseite und auf der Rückseite ist ein Papierstreifen mit der Inschrift „EX CRANIO S. STEPHANI LEV. PROTM." sichtbar.

Die Vorderseite des Reliquiars zeigt reiche Treib- und Ziselierarbeit. Eine glatte Zarge vermittelt den optischen Eindruck einer großen Standfestigkeit. Auf dieser Basis sind zwei Punzen, die Stadtmarke und das Meisterzeichen zu sehen. Daran schließen Kartuschen mit ziselierten, vierblättrigen Blüten, die untereinander durch Bänder verbunden sind; die dadurch entstehenden viereckigen Felder sind mattgepunzt.

Über die Basis und den unteren Kartuschenstreifen greift eine vergoldete Applikation, zwei Puttenköpfe in Wolken schwebend darstellend. Rechts und links von dieser Gruppe ziehen sich zwei vergoldete Blütenranken über einen neuerlichen glatten Wulst, der die Kartuschenreihe begrenzt.

Die Öffnung für die Reliquie – der Schaubehälter – ist durch einen vergoldeten Rahmen betont. Der auf der Rückwand angelötete Zylinder ist vorne mit einer gewölbten Glasscheibe verschlossen. – Über diesem Rahmen kniet der Heilige im Levitengewand, um seinen Kopf einen Heiligenschein, die Hände in Orantenhaltung erhoben und den Blick aufwärts gerichtet, auf einem sichelförmigen Wolkenband. Neben ihm sitzt ein Putto, der in seinen Händen ein mit Steinen gefülltes Tuch trägt. Über dem Heiligen, gleichsam den Heiligenschein konzentrisch nachzeichnend und gleichzeitig die Komposition nach oben hin abschließend, schwebt ein vergoldeter Baldachin über einer mit Muschelmotiv bekrönten Nische.

Literatur:
Hermann Zschokke, Die Reliquienschatzkammer der Metropolitankirche zu St. Stephan in Wien, Wien 1904, S. 20. – Angelika Wassak, Diplomarbeit an der Meisterklasse für Metallrestaurierung und Konservierung an der Hochschule f. angewandte Kunst, Wien 1975.

Katalog:
Rudolf Bachleitner, Der Heiltumschatz zu St. Stephan in Wien, Wien 1960, S. 33.

HANDSCHRIFTEN

Die Anzahl mittelalterlicher illuminierter Handschriften ist weder in der Erzbischöflichen Bibliothek noch in den alten Buchbeständen des Domes nicht einmal auch nur annähernd so groß, wie es, trotz späterer Reduktionen durch Verkäufe etc., in den Bibliotheken der österreichischen Stifte der Fall ist. Dies erklärt sich aus der verhältnismäßig späten Kapitelgründung (1365) und der noch wesentlich späteren Bistumsgründung (1469). Die starke bibliophile Komponente, sowohl seitens der Kapitelherren als auch in noch stärkerem Maße bei den Wiener Bischöfen, schlägt sich im Erwerb jeweils zeitgemäßer Bucherscheinungen ebenso nieder wie auch im Erwerb älterer Bücher.

Die beiden ausgestellten Missalen sind allerdings für den Dom seitens der Kapitelherren in Auftrag gegeben worden. Speziell das Tuers-Missale (Kat.-Nr. 14) ist in seiner Eigenschaft als Produkt einer kulturgeschichtlich zu ihrer Epoche unikalen Buchmaler-Werkstatt ein Exponat von überregionaler Bedeutung. Das karolingische Evangeliar (Kat.-Nr. 13) ist eine der mittelalterlichen Handschriften der Erzbischöflichen Bibliothek und wurde zu einem späteren Zeitpunkt dieser Bibliothek einverleibt. Die Erzbischöfliche Bibliothek befindet sich im ehemaligen Antiquarium (Gelehrtengang oder Galerie) im Erzbischöflichen Palais, einem interessanten Gebäudeteil aus den dreißiger Jahren des 17. Jahrhunderts. Die Bibliothek wurde 1976/77 saniert und restauriert, auch die Buchbestände wurden instand gesetzt und nunmehr (1985) systematisch katalogisiert.

Aus konservatorischen Gründen muß um Verständnis dafür gebeten werden, daß in den an das Museum geliehenen Handschriften die künstlerisch qualitätvollsten und kunsthistorisch interessantesten Seiten nur gelegentlich gezeigt werden und auf spezielles Verlangen nur gegen entsprechende Voranmeldung die Handschriften genauer betrachtet werden können.

KAROLINGISCHES EVANGELIAR, spätes 9. Jahrhundert	13

Prot.-Nr. L–2   *Abb. 35–42*

Codex, Pergamentblätter, Buchdeckel aus Holz, mit Ledereinband, emaillierte Beschläge; Rückseite des Einbandes mit beschriebenem alten Pergament (15. Jahrhundert?) hinterlegt

Maße: Hochformat: 32 × 20 cm
       Stärke: 9,5 cm

Leihgabe aus der Erzbischöflichen Bibliothek (Cod. Lat. 5723)

PROVENIENZ

Die vorliegende Handschrift gelangte erst im 19. Jahrhundert in die Wiener Erzbischöfliche Bibliothek (bis 1933); ihre Erwerbung geht mit großer Wahrscheinlichkeit auf Erzbischof Kardinal Othmar von Rauscher zurück. Da dieser nachweislich verschiedene wertvolle Bücher aus der Stiftsbibliothek von St. Peter in Salzburg erhielt, wäre auch für das Evangeliar zu untersuchen, ob nicht eine Herkunft aus Salzburg (St. Peter) anzunehmen ist.

Im handschriftlichen Katalog der Wiener Erzbischöflichen Bibliothek, der im 19. Jahrhundert angelegt wurde, wird die Handschrift als „Evangelium capitulare" bezeichnet. Wenn die Bezeichnung „capitulare" wörtlich zu nehmen ist, wäre anzunehmen, daß das Evangeliar früher im Gebrauch eines (Dom-)Kapitels (welches?) stand. Auf fol. 21 findet sich eine Notiz, nach der die Handschrift in St. Andrä im Lavanttal (Kärnten) gewesen ist. Das Evangeliar wird im Inventar der Erzbischöflichen Bibliothek als Cod. Lat. 5723 geführt.

ERHALTUNGSZUSTAND

Einband teilweise beschädigt, besonders stark am Buchrücken, weshalb die Aufschrift dort nur in Resten erhalten ist. Der Holzdeckel und die letzten Buchseiten zeigen Spuren von früherem Holzwurmbefall. An den Rändern einiger Seiten sind Spuren von Oxydation festzustellen; teilweise – vor allem im unteren Drittel der Folien – sind Abdrucke auf die Nachbarseiten durch Einwirkung von Feuchtigkeit erfolgt (z. B. Rahmensteg bei Johannes, fol. 149 v.).

Der Erhaltungszustand ist, abgesehen von geringfügigen Kratz- und Knickstellen, ausgezeichnet, weshalb in jenen Zonen die Farbintensität geringer ist, die Farbigkeit ist großteils in ursprünglicher Frische; bei den Evangelistenbildern ist eine leichte Ausbleichung sichtbar.

REIHUNG UND TEXTE

Der Codex besteht aus 187 Folien. Die Lagen sind in Quadrifolien – aus vier Doppelbögen bestehend – und komplett erhalten. Das Autorenbild des Markus war von Anfang an nicht vorhanden; vermutlich war bereits in der Vorlage zu dieser Handschrift das Markus-Bild verlorengegangen gewesen.

Auf Folio 1 befindet sich die Einteilung der Evangelien im Jahreskreis, auf Folio 16 bis 20 recto und verso sind die Kanontafeln zu sehen.

Auf Folio 22 beginnt das Matthäus-Evangelium mit einer Prachtinitiale „L" und großen, von der übrigen Schrift differenzierten Buchstaben (siehe KALLIGRAPHIE), die den Beginn des Evangeliums bilden. Die ersten Worte sind zudem ornamental ausgestaltet. Das Ende des Evangeliums, dem auf Folio 21 v. das Evangelistenbild vorangestellt ist, wurde durch Großbuchstaben bezeichnet: „Explicit Liber sci . . . Matheum" (fol. 67 r.). Folio 50 ist an der Unterseite abgeschnitten.

Auf Folio 60 (verso) befindet sich eine ornamental gestaltete Initiale „S".

Es folgt das Markus-Evangelium, das durch kein Autorenbild eröffnet wird. Einleitung und Breviarium zum Evangelium sind nur durch rote Großbuchstaben hervorgehoben (Prolog und Breviarium, fol. 67 v. bis fol. 69 v.). Der Beginn des Evangeliums auf Folio 70 r. ist durch eine Prachtinitiale „I" gekennzeichnet.

Auf Folio 97 r. beginnt die Einführung in das Lukas-Evangelium, das auf Folio 100 v. mit dem Autorenbild des Lukas beginnt. Die folgende Seite (fol. 101 r.) zeigt wiederum eine aufwendig mit floralen Formen gezierte Prachtinitiale „Q". Der untere Teil des Folio 110 fehlt, ebenso bei Folio 140 (herausgeschnitten). Auf Folio 148 r. endet das Lukas-Evangelium. Auf der gleichen Seite beginnt das Evangelium nach Johannes mit der Einleitung (argumentum) und dem Brevier. Auf Folio 149 v. befindet sich das Autorenbild, auf Folio 150 r. ist an den Beginn des Textes eine Prachtinitiale „I" gestellt. Folio 162 ist wiederum unten abgeschnitten.

KALLIGRAPHIE

Die Zeileneinteilung der Schriftseiten ist auf allen Folien beidseitig eingeritzt, wobei auch der Zeilenanfang und das Zeilenende markiert sind.

Die Schriftgröße wechselt, wobei vor allem am Beginn der Evangelien mit Majuskeln römisch-antikischer Prägung angefangen, mit kleinerer, gerundeter Schrift fortgesetzt und zuletzt mit mittelalterlicher blockartiger Schrift weitergeschrieben wird, wobei durch die Verwendung der verschiedenen Schriftarten und -größen eine friesartige Abstufung entsteht. Am Schluß der Seiten steht meist die kleinere kursivere Schrift. Eine friesartige Wirkung entsteht auch durch Einschiebung von einzelnen rot geschriebenen Zeilen auf den jeweils ersten Evangelienseiten; in rhythmischer Abfolge sind fallweise auch einzelne Zeilen in roten Majuskeln gesetzt. Es werden Kürzel verwendet.

Bei den Majuskeln auf den jeweils ersten Evangelienseiten ist verschiedentlich durch die Verwendung von differenzierten Farbwerten ein illusionistischer Eindruck erzielt, der jedoch flächengebunden bleibt.

Bei den Kanontafeln wird eine gerundete Schrift verwendet, in den Archivolten findet eine kleinere Schrift römisch-antikischer Prägung Verwendung, die jedoch leicht kursiv wirkt. Fallweise sind (vor allem am Beginn der Evangelientexte) Randbemerkungen eingefügt, die in kleiner Schrift bzw. in Zahlen gegeben sind.

Beim Beginn des Matthäus-Evangeliums ist die Schrift am meisten entwickelt, was die Reste von Illusionismen (Schattenangaben in verschiedenen Farben) zeigen; weitergeführt wird der Text in gerundeter, dann in leicht kursiver römisch-antikischer Schrift, was wiederum eine friesartige Abstufung ergibt.

Bei Großbuchstaben im Text ist Flechtbandornamentik sowie Felderteilung angewendet worden.

Am Ende der Evangelien sind meist leicht geschrägte Zinnenformen eingefügt, die vermutlich das Textende markieren sollen.

Da vier verschiedene Schrifttypen Verwendung finden, wurden wahrscheinlich vier verschiedene Vorlagen für diese Handschrift benutzt.

Folien 16–20:
Die Kanontafeln sind in Form von Arkaturen architektonisch gerahmt. Die die Kanonlisten umrahmenden Säulen stehen auf verschieden geformten Sockeln, haben mit verschiedenen graphischen Mustern gezierte Schäfte, die eine Marmorinkrustation illusionieren sollen, und enden in blattförmigen Kapitellen, von denen die einfachen Arkaturen ausgehen. Die Kapitelle, Basen und Zwickelfüllungen sind teils nach tektonischen Gesichtspunkten gestaltet (fol. 16 r.), teils dekorativ uminterpretiert (fol. 19 r.).

PRACHTINITIALEN _Abb. 36, 38, 40, 41_

Die Initialen sind aus rein geometrischen Formen aufgebaut, wobei auf monochromem Grund antikische Akanthus- bzw. Palmettmuster mit nordischen Flechtbandmustern, ähnlich wie bei den Rahmungen der Autorenbilder, alternieren. Die pflanzlichen Formen antiker Herkunft zeigen sowohl in der graphischen Behandlung (Parallelstrichelung) als auch im Kolorit (gleitende Übergänge bei den verschiedenen Farbwerten) illusionistische Ansätze. Die Flechtbandmuster wie die ornamentalen Tierköpfe zeigen deutlich abgesetzte Farbzonen ohne Binnenmodulation.

AUTORENBILDER

MATTHÄUS _Abb. 35_

Das Bild des Matthäus zeigt den Evangelisten thronend, frontal dem Betrachter zugewendet, das Gesicht geringfügig nach seiner linken Seite gewendet. Er sitzt auf einem stilisierten Thron, einen Fuß auf dessen Sockel gestellt, den anderen an undefinierbarer Stelle weiter oben, so daß eine Sitzhaltung mit einem angehockten Bein entsteht, auf dem das Buch aufgestützt ist, das Matthäus mit seiner mit verkürztem Unterarm wiedergegebenen Linken hält. In der anderen Hand hält er einen Schreibkiel, den er gerade im Begriff ist, in einen hornartigen Behälter einzutauchen, der neben dem Thron auf einen stabähnlichen Ständer mit Sockel gesteckt ist.
Im Hintergrund befinden sich Architekturkulissen, deren Formenrepertoire aus Derivaten von vereinfachten Säulen mit wulstartigen, gelben Kapitellen, Bogenstellungen, Giebelschenkeln sowie versetzt angeordneten und gerasterten Quaderungen besteht; punktierte und durch krabbenartige Fortsätze begleitete, schräg angeordnete Mauerkronen wirken wie eine Umsetzung von räumlichen Vorstellungen ins Lineare. Die Architekturdarstellung ist in graublauer, heller Farbe auf den dunkelblauen Grund aufgetragen. Die Formelemente dieser Architekturkulisse stammen aus der spätantiken und frühmittelalterlichen Tradition von Stadtansichten.
Der Rahmen ist aufwendig gestaltet; es ist eine doppelte Rahmenleiste gegeben, die an den vier Eckpunkten je ein, aus der äußersten Rahmung in Form eines Steges sich entwickelndes, doppeltes geranktes Blattornament aufweist. Der Rahmen selbst hat zwischen zwei buntfarbigen Stegen an den Ecken jeweils ein Quadrat eingesetzt; zwischen diesen Quadraten alternieren rechteckige Felder verschiedener Größe mit ineinander verschlungenem buntfarbigen, teils punktierten Bandwerk, das endlos um den ganzen Rahmen geführt wird. Die rechteckigen Felder sind solcherart gerahmt, daß der Eindruck plastischer Illusion suggeriert wird, was durch die Realisierung mittels Linearität wiederum reduziert wird. Lediglich das Aneinanderreihen unterschiedlicher Valeurs im Kolorit erzeugt Illusionscharakter.
Das Gewand des Evangelisten ist blau, der togaartige Mantelüberwurf in roter Farbe gemalt. Die Umrißlinien sind dynamisch und kleinteilig gezackt, die Binnenmodellierung annähernd in parallelen Faltenbahnen angeordnet, die in unterschiedlich breiter rhythmischer Reihung folgen. Der Mantel ist über die linke Schulter gelegt und reicht in der Länge bis unter die Knie, wobei der Stoff als ein stärkerer charakterisiert wird, da er am Saum gerade abschließt, während das blaue Untergewand, das bis zu den Knöcheln reicht, stark gefältelt erscheint und einen unruhigen Verlauf des Saumes aufweist.
Plastizität wird durch Schattierungen in einem differenzierten Farbton, doch in der gleichen Farbe wie die jeweiligen Stoffe, angedeutet; die Umrißlinie ist in differenzierten dunklen Farben gegeben. Trotz dieser Versuche einer aus dem Dunkel des Hintergrundes zur Helligkeit – nach vorne – entwickelnden Illusion bleibt die Darstellung des Evangelisten flächenhaft.
Der Thron ist ein Versuch einer perspektivischen Darstellung, vermutlich vom Maler dieser Handschrift in der Vorlage mißverstanden, ebenso ist dies beim Sockel des Tintenfasses der Fall.

Ein Versuch einer räumlichen Differenzierung ist durch den linken Arm des Matthäus gegeben. Er hält mit der linken Hand das geschlossene Buch derart am Oberschenkel fest, daß eine räumliche Distanz zwischen Oberkörper und Knie im Vordergrund sichtbar gemacht werden sollte. Das Gesicht ist durch die markante Formulierung der Augen von besonderer Ausdruckskraft. Haare und Bart sind geradezu skizzenhaft-flüchtig und kleinteilig gezackt in dünnen Strichen gegeben. Durch differenzierte Inkarnatfarben sind Licht- und Schattenwerte kompensiert angegeben, wobei die Umsetzung ins Flächenhafte am Hals durch eine gerade Linie zwischen zwei verschiedenen Rosa-Tönen deutlich gemacht wird. Dem Matthäus ist kein Symbol beigegeben.

Abb. 37   LUKAS

Der Evangelist Lukas ist dem Betrachter frontal zugewendet, wobei auch der Thron von vorne zu sehen ist. Lukas neigt sich zu seiner linken Seite, wobei er das geschlossene, auf dem Thron neben ihm stehende Buch mit der linken Hand festhält. Das Sitzmotiv ist zu dem des Matthäus gegengleich: er stützt seine rechte, federkielhaltende Hand scheinbar auf das rechte Knie. Es ist unklar, wo der rechte Fuß steht – er hängt gleichsam in der Luft, wie dies ebenso bei Matthäus der Fall ist. Gleich diesem ist er in ein blaues Untergewand gehüllt, der gleichartige mantelähnliche Überwurf ist grün und hat an der Schulter und über der Brust einen roten Saum. Die Innenseite des Mantels, die am unteren Saum sichtbar wird, ist rotbraun – diese Differenzierung ist bei der Darstellung des Matthäus nicht so stark zu bemerken. Die Umrißlinie der Figur ist schwarz und kleinteilig gezackt gegeben.

Die Farbgebung – besonders die des Mantels – ist solcherart gewählt, daß durch die Schattierungen der Farbtöne (beim Mantel reicht die Farbskala von schwarz bis zu einem bläulichen, hellen Grünton) der Charakter einer plastischen Wirkung suggeriert werden soll.

Im Gesicht werden verschiedene Inkarnatfarben verwendet; überzeugender als bei Matthäus wirkt die Differenzierung der beiden Rosa-Töne im Halsbereich, die einen zarteren Übergang bilden.

Die Haarkalotte, die durch ausgezackte Umrißlinien und dynamische Binnenmodellierung entsteht, ist von der Bildung des Bartes farblich differenziert (in den gleichartig braunen Grundton der Haare ist Grau gemischt).

Der Architekturprospekt ist hellblau, die Zeichnung der stadtmauerähnlichen Architektur – bestehend aus Rundtürmen, Quadermauern und schräg verlaufenden verbindenden Mauerzügen – ist in weißer Farbe gegeben. Auf der rechten Seite ist, annähernd in Augenhöhe des Evangelisten, der Stier als sein Symboltier in den Architekturprospekt hineingesetzt; die Beiläufigkeit dieser Darstellung läßt vermuten, daß bei der vom Maler verwendeten Vorlage die Symbole der Evangelisten nicht vorhanden waren.

Der Rahmen des Lukas-Bildes ist durch rote Bänder gesäumt, die an den Ecken teils in gelbe (fallweise mit roten Punkten), teils in rote (fallweise mit gelben Punkten) laschenartige Gebilde übergehen, die Ösen bilden und einander überschneiden und überkreuzen und die an den Endpunkten sich einrollen. Im Rahmen selbst ist zwischen den roten Säumen stilisiertes grünes Blattwerk auf verschiedenfarbenem Untergrund (gelb mit roten Punkten an den Langseiten, graubraun mit gelben Punkten an den Schmalseiten) gemalt. Die durch die verschlungenen Bänder an den Eckpunkten entstehenden Quadrate sind ebenfalls in der gleichen graubraunen Farbe ausgemalt. Die Blätter haben gelbe Ränder.

Abb. 39   JOHANNES

Johannes ist als einziger der drei Evangelisten in einem zu seiner rechten Seite gewendeten Sitzmotiv gegeben. Diese Darstellung ist von stärkerer Dynamik erfüllt als die anderen Evangelistenbilder, auch deshalb, weil er seinen Kopf nach hinten – zu seiner linken Seite – wendet, so daß sein Gesicht im Profil zu sehen ist. Der Oberkörper wiederum ist frontal zu sehen. Dieser die ganze Figur charakterisierende Kontrapost erstreckt sich auch bis in Detailbereiche wie die differenzierte Haltung der Hände und die der Füße.

Johannes sitzt auf einem durch die unten rechts gegebene Partie in Form eines Dreieckes in perspektivischer Ansicht gemeinten, jedoch ansonsten von vorne sichtbaren Thron. Die Throndarstellung ist unklar: das Dreieck rechts unten enthält drei linear und flächenbezogen gegebene Bogenöffnungen. Der Sockel für die Buchstütze ist in der perspektivischen Darstellung klarer: die Bogenöffnung an einer Seite des Sockels zeigt durch die Schattenangabe betont räumlichen Charakter. Die Sockel für die Buchstütze und den Thron stehen auf einem rötlichen Streifen, der sich durch schwarze Felderteilung als

Ziegel- oder Holzboden ausweist. Dieser bleibt stark flächengebunden. Das Sitzmotiv des Evangelisten ist völlig unklar, ebenso ist das anatomische Gefüge der Figur nicht deutlich definierbar: die Hüfte ist anatomisch unrichtig gemalt; die Stellung der Beine ist nicht zu klären, ebenso kann man nicht erkennen, worauf der Evangelist zu sitzen kommt, weil der Thron völlig in der Fläche bleibt, wie überhaupt alle Autorenbildnisse dieses Evangeliars die Figuren scheinbar „vor" dem flächenhaft wiedergegebenen Sitzmöbel zeigen.

Der Architekturprospekt im Hintergrund ist in annähernd parallel gelagerten Mauern von links unten nach rechts oben charakterisiert. Das Symbol des Johannes ist rechts oben eingefügt; links neben dem Kopf des Evangelisten erscheint die Beischrift: „Aquila". Das Gewand des Evangelisten Johannes soll eine räumlich empfundene Illusion wiedergeben, wird jedoch flächenhaft umgesetzt, wie an verschiedenen Details erkennbar ist: das blaue Untergewand ist durch regelmäßige Faltenbildungen gegliedert, die in ihren verschiedenen, nebeneinander gesetzten Farbwerten eine flächengebundene Stilisierung ergeben. Durch die Absetzung der Farbwerte auch am roten Mantel soll räumliche Illusion erzeugt werden, was auch durch die Punktreihe am Saum erkenntlich ist; die Darstellung bleibt jedoch flächengebunden, obwohl Anklänge deutlich machen, daß der Versuch einer räumlichen Illusion dem Maler ein Anliegen war.

Im Gesicht ist durch die Differenzierung der Inkarnatfarben, wie auch am Hals, wie bei den anderen Evangelistenbildern der Schatten angegeben, wobei die beiden aneinandergesetzten Farbwerte durch eine gerade Linie getrennt sind. Die Haarkalotte ist braun eingefaßt und durch braune Binnenlinien gekennzeichnet, die auf einen weißen Untergrund aufgebracht sind. Die Haare sind in flüchtig erscheinenden Strichen zackig gemalt. Der Evangelist blickt zu seinem Symbol hinauf, das gleichsam die Rolle der den Autor inspirierenden Muse im Sinne der aus der Antike tradierten Autoren-Bildnis-Tradition übernimmt.

Die Architekturkulisse ist in weißer Zeichnung auf bräunlichen („caput mortuum") Untergrund aufgetragen. Die links im Hintergrund beidseitig durch einen säulenartigen, mit einem kapitellartigen Wulst bekrönten Abschluß beginnende Mauer setzt sich noch zweimal in gleicher Weise, scheinbar nach hinten, in verschiedenen Höhen fort. In der unteren Hälfte der dritten, rechts durch den Rahmen begrenzten Mauer ist durch ein Punktband ein Feld abgegrenzt, das ein Ziegelmuster illusioniert. Hinter dieser dreiteiligen „Mauer" befinden sich diesem Feld ähnliche, mit Ziegelmuster versehene Felder, ebenfalls auf dem zuvor beschriebenen braunen Grund. Nach oben und nach rechts ist diese Architekturkulisse abgeschnitten. Der Rahmen ist in annähernd gleicher Weise charakterisiert wie der Rahmen bei der Darstellung des Lukas, mit dem einen Unterschied, daß die Blattmotive im Rahmen großformiger gegeben sind, aber gleichartig, und in der Mitte je einen blauen Kreis mit roten Punkten haben. Durch schwarze Striche wird eine Gliederung der Blätter angegeben, die auf ein plastisches Empfinden deutet.

KUNSTHISTORISCHE EINORDNUNG UND DATIERUNG

Die Auffassung der bei den Evangelisten Matthäus und Lukas in breiter Frontalansicht wiedergegebenen Sitzhaltung mit unterschiedlich angehockten gegrätschten Beinen sowie die angedeutete Spannung zwischen der auf Monumentalität abzielenden Körperhaltung und dem Gewand künden von einem Orientieren an antiken Vorlagen, das über die Malerei der bildkünstlerischen Renaissance-Bewegung der karolingischen Epoche erklärbar ist. Das Unvermögen, die in den Hauptwerken dieser Epoche Gestalt gewordenen Interpretationen im Nachempfinden antiker Figurenauffassung zu wiederholen, erklärt sich aus der Entstehung der ausgestellten Handschrift in einem klösterlichen Milieu und nicht in einer der „Hofschulen". Die Wiedergabe Johannes' in der byzantinischen Tradition mit einer auf intensive Seitwärtswendung abgestimmten Torsion – wie sie im Ebbon-Evangeliar (816–835, Epernay, Bibliothèque de la ville, Nr. 1) vorkommt – ist zweifellos von einer weiteren Sekundärhandschrift vermittelt worden. Die Umsetzung reich gestalteter, in ihren Räumlichkeitswerten logisch empfundener Möbel in linear begrenzte Flächen mit illusionistisch gestalteten Öffnungen (Sockel des Thrones und des Schreibpultes bei Johannes, Thronsockel sowie Sockel und Schaft für Tintenhorn bei Matthäus) sowie Versuche, einen räumlich verkürzten Arm darzustellen (Matthäus), sind anschauliche Belege für den genannten Umsetzungsprozeß. Der kleinteilig gezackte Kontur bei der Figurenwiedergabe wie auch die Verwendung von antikischem Formenrepertoire (Akanthus, Felderteilung) bei den Rahmungen und Initialen bei Durchdringung mit insularem Flechtbanddekor sind in den Handschriften der Hofschule Karls des Kahlen (Utrecht-Psalter, Vivianus-Bibel, 2. Bibel für Karl den Kahlen) vorzufinden. Die Umfriedungen der Evangelistenbilder mit illusionistischen, räumliche Tiefenwerte suggerierenden Zinnenmauern mit Türmen finden sich im Evangeliar von Sainte Aure des Célestines (Paris, Bibliothèque de l'Arsenal, 1171) aus der zweiten Hälfte des 9. Jahrhunderts und sind in der ausgestellten Handschrift völlig in flächenfüllende, lineare Architekturkulissen umgesetzt, deren genetischer Zusammenhang vollends mißachtet wurde und die nur im linearen Duktus eines Ornamentes ihre ästhetische Wirkung erfahren. Lediglich die seitlich der Evangelisten „stehenden" Architekturmotive sowie die im stumpfen Winkel gegenläufigen Mauerkulissen erinnern an die einstige „umfriedende" Funktion. Solcherart hat die flächenfüllende Aufgabe dieser planimetrischen Architekturkulissen eine Zwitterfunktion, zumal sie einerseits als Derivat einer ursprünglich (in einer entfernten Vorlage) räumlich illusionierten Umgebung in Aufsicht und andererseits als Derivat einer rahmenden Bekrönung – wie sie triumphbogenartig (s. Evangeliar aus Lorsch, Rom, Vatikanische Bibliothek, Pal. lat. 50, 1. Viertel d. 9. Jh.s; s. Amédée Boinet, La Miniature Carolingienne – ses Origines, son développement, Paris, 1913, Pl. XVII) mit dem entsprechenden Symboltier des Evangelisten im „Tympanon" vorkommt – aus den Handschriften der Zeit Karls des Großen zu verstehen ist. Letztere sind dort mit den Rahmen der Autorenbildnisse ident, weshalb die Übernahme von einem rahmenden bekrönenden architektonischen Motiv innerhalb eines Rahmensystems in seiner Eigenschaft als Abkömmling einer räumlich illusionierten Umfriedung eine spezifisch-mittelalterliche Bildauffassung unter Beweis stellt: die dekorative Füllung im Grund zwischen Figur und Rahmen. Das – in dieser Umgebung – gleichsam als Verlegenheitslösung, aber in gleicher linearer Manier wiedergegebene Symboltier (bei Lukas und bei Johannes) bestätigt diesen genetischen Kontext. Die – prima vista „unbewältigt" wirkende – mangelnde Integration des Symboltieres in das Autorenbild kann aus dem in der karolingischen Buchmalerei traditionellen Brauch, dem Symboltier eine dem Autorenbildnis „gegenüber"-liegende eigene Bildseite zu geben, insofern resultieren, als aus einer der Vorlagen (oder bereits in einer derselben) nur das Autorenbildnis übernommen worden war. Die vielfältigen Überschneidungen mit genuin stilistisch unterschiedlichen sowie ikonographisch abweichenden Traditionen und divergierenden Tendenzen waren vermutlich in der Vorlage zu dieser Handschrift vollzogen worden. Die vorwiegend in Detailbereichen (Draperien, vegetabilische Rahmenmotive) zur Geltung kommenden illusionistischen Tendenzen sowie die „flächenbezogene" Schichtung von genuin von räumlicher Illusion geprägten Gestaltungsmotiven und die gänzliche Umsetzung des Ambientes mittels linearer Flächenfüllung sind wohl als deutlicher Hinweis der sukzessiven Loslösung von „klassisch" geprägten künstlerischen Tendenzen der „karolingischen Renaissance" zu werten; dennoch ist ein – im klassischen Sinn – harmonisches Verhältnis von der Figur zur Rahmung akzentprägend. Obwohl die Organisation des Gewandes in Abstimmung auf die Körperhaltung in der Struktur gleichfalls klassischen Gestaltungsprinzipien folgt, so ist dennoch eine flächenbetonende, ornamentfreundliche Umsetzungstendenz offensichtlich. Nach einer vorläufigen Mitteilung von Herrn Prof. Dr. Otto Pächt ist in einer Handschrift in Augsburg (Bischöfliche Ordinariatsbibliothek, MS. 15, heute Maximilian-Museum ebendort), deren Entstehung für Benediktbeuren gesichert ist, eine Schwesterhandschrift zum Wiener Exemplar zu erblicken. Den Bearbeitern des Corpus-Werkes Wilhelm Köhlers über die karolingischen Handschriften wurde diese Handschrift durch Prof. Dr. Pächt bekannt. Das Corpus-Werk ist für die im deutschsprachigen Raum befindlichen Handschriften noch nicht komplett erschienen.

Die Datierung in das späte 9. Jahrhundert wie auch die Beeinflussung von Vorbildern aus dem franko-sächsischen Gebiet bestätigt die in der Sitzhaltung ähnlich strukturierte Darstellung des Evangelisten Markus in der jüngeren Ergänzung des Codex Millenarius Minor der Stiftsbibliothek von Kremsmünster (Kurt Holter, Die Bibliothek, in: ÖKT, Bd. XLIII, Stift Kremsmünster, Wien 1977, S. 214, Abb. 200). Auch die flächige Umsetzung der Verankerung des Ständers für den Schreibkiel und selbst die Vermengung von antikischer Rahmenmusterung mit Flechtbanddekor findet sich ebendort. Trotz Unterschieden zeigt sich in den drei Figuren eine gemeinsame malerische Auffassung: Die skizzenhafte Parallelstrichlierung in der Zeichnung (Nimbus, Bart, Haare, Umrißlinien), ferner das enge Aneinanderreihen unterschiedlich breiter und in der Farbintensität differenzierter Pinselstriche (namentlich beim Gewand) sowie das Aneinandersetzen verschiedenfarbiger Zonen (Gesicht, togaartiges rotes Gewand) bewirken eine allmählich aus dem dunklen Grund zu hellen Farben sich entwickelnde Bildauffassung, deren Modellierung ein Reflex der illusionistisch orientierten Malerei der Spätantike ist.

Neben der bereits angedeuteten Parallelität von Antikischem und spezifisch Nordischem im Ornament wie auch dem Nachwirken der spezifisch spätantiken illusionistischen Bildauffassung bei den Figuren ist die Art der Hintergrundbehandlung merkwürdig: Die Hintergrund-Darstellungen zeigen linear aufgemalte, parallel angeordnete Architekturkulissen in diagonaler Lage, die Motive spätantiker und frühmittelalterlicher Darstellungen von Stadtansichten enthalten. Ähnliche Architekturkulissen finden sich im Goldgrund mittelbyzantinischer Miniaturen des 11. Jahrhunderts eingeritzt. Der Typ der greisen, bärtigen Johannesfigur ist ebenfalls ein byzantinisches Spezifikum, desgleichen das Fehlen der Symboltiere. Ob diese Eigenschaften in einer frühbyzantinischen Handschrift vorhanden gewesen sein könnten und ob diese die Vorlage zur Wiener Handschrift gebildet haben kann, bedarf einer eingehenden Studie.

Kataloge:
Sammlungskatalog des Eb. Dom- und Diözesanmuseums, Wien 1973, Kat.-Nr. 2. – Space in European Art, Tokyo 1987, Kat.-Nr. 24.

TUERS-MISSALE, um 1430 | 14

Prot.-Nr. L–21   *Abb. 43–50*

Pergament-Codex, hölzerner Buchdeckel mit Tierhaut überzogen

Maße: Hochformat: 40 × 30 cm
 Stärke: 15 cm

Leihgabe des Dom- und Metropolitankapitels zu St. Stephan und allen Heiligen

PROVENIENZ

Nach dem Wappen des Kanonblattes, das auch die Darstellung des Stifters enthält, wurde dieses Missale im Auftrag des Dompropstes Wilhelm Tuers von Asparn (1406–1439) angefertigt. Das Missale stammt demnach aus dem Stephansdom.
Das Propstei-Wappen am Kanonblatt ist übrigens seine einzige erhaltene farbige Darstellung des Mittelalters, bei der das Kreuz zuzüglich golden ist (Flieder, op. cit., S. 165).

ERHALTUNGSZUSTAND

Der hölzerne Buchdeckel ist von einem rotgefärbten Unterleder überzogen, über das eine blaugefärbte Tierhaut gespannt ist, die teilweise (namentlich an den Kanten) beschädigt ist. In dieser Tierhaut sind Vertiefungen (an der Vorder- und Rückseite jeweils fünf) von verlorenen Metallbeschlägen und -schließen sichtbar. Die auf Pergament gemalten Miniaturen wie auch die Schrift und der gesamte bildnerische ornamentale Schmuck präsentieren sich in außergewöhnlicher Frische. Lediglich bei der bedeutendsten bildkünstlerischen Ausstattung – dem Kanonblatt (fol. 34 v.) – sind geringe Beschädigungen in der Malerei sowie beginnende Spuren einer Ausbleichung und beginnende Gilbung sowie verschmutzte Stellen am neutralen Grund feststellbar, weshalb diese Seite aus konservatorischen Gründen nur selten gezeigt werden kann.

KALENDARIUM

Jede Seite enthält am linken oberen Ende „KL"-Initialen in Majuskeln geschrieben, jeweils alternierend auf terrakotta- bzw. blaufarbigem Grund. Die übrigen Buchstaben sind gotische Majuskeln und Minuskeln, wobei die Festtage karminrot, die übrigen schwarz geschrieben sind.

KALLIGRAPHIE

Alle Schriftseiten sind mit dunkelbrauner Rasterung vorgezeichnet. Gotische Majuskeln und Minuskeln, überwiegend einheitlich schwarz geschrieben, lediglich bei Majuskeln rote Begleitstriche.
Beim Hochgebet (Kanon, ab fol. 35) ist das Schriftbild größer dimensioniert und enthält obendrein rote und blaue Majuskeln, wobei die übrigen Buchstaben einheitlich schwarz sind. Einzelne Zeilen sind zur Gänze rot geschrieben. Im Kanon drei Varianten von Notenschriften in Neumen, wobei eine gregorianische und zwei in mehrstimmigem Satz bemerkenswert sind. Auch das Paternoster (fol. 40 v. bis fol. 41 r.) ist von Neumen begleitet. Die größere Schrift des Kanontextes erstreckt sich bis folio 47 r., ab folio 49 r. folgt wieder die kleinere Schrift.
Textergänzungen von 1490 erstrecken sich von folio 184 v. bis 185 r.

INITIALEN

Drei Gruppen von Initialen sind festzustellen. Zunächst die mit vegetabilischem Dekor bereicherten, mit manchmal unterschiedlich gefärbten, gelängten vegetabilischen Krabben, die von einer bunten Initiale ausgehen, deren Binnendekor gleichfalls stilisierte vegetabilische Formen in den Buchstabenbalken zeigt und im Flächengrund entweder Goldranken auf buntem Grund oder eingravierten Dekor im Goldgrund hat. Belichtete und beschattete Seiten des Dekors finden sich sowohl in den Buchstabenbalken als auch in den Ranken differenziert (fol. 54 v., 57 v., 80 r., 86 v., 88 v., 90 v., 104 r., 126 v., 128 v., 131 r., 149 v.).

Eine weitere Variante stellen jene Initialen dar, die, aufwendiger dekoriert, in den vegetabilischen Ranken vom Buchstabenbalken T-förmig ausladen und annähernd symmetrische Ranken bilden. In den Buchstabenbalken sind vegetabilische Ranken dergestalt formuliert, daß sie Räumlichkeit illusionieren. Im Grund der Initiale finden sich entweder Golddekor auf farbigem Untergrund oder im Goldgrund eingeritzte lineare Ranken (fol. 50 v., 60 v., 63 v., 65 r., 78 v., 81 v., 94 r., 170 r.). Die dritte Variante stellen die Prachtinitialen dar, die in ihrer koloristischen Ausformung mit dem T-förmig ausladenden Rankendekor Ähnlichkeiten haben, in ihrer Dimension und Dichte durch Rankenmuster bereichert sind und die entsprechende Textkolumne bekrönen und an der Seite begleiten (fol. 8 r., 49 r., 52 v., 71 v., 76 v., 83 r., 92 v.). Bei der Te-igitur-Initiale (fol. 25 r.) füllen die Ranken die ganze Textkolumne allseitig aus. Bei der großen P-Initiale (fol. 52 v.), die die figurale Darstellung der Geburt Christi einschließt, findet sich in den die Textkolumne begleitenden Ranken die Darstellung eines Stieglitzes, der auf die Ranke so gesetzt ist, daß seine Füße nicht sichtbar sind.

Abb. 43   KREUZIGUNG CHRISTI, Kanonblatt (fol. 34 v.)

Der Bildrahmen des Kanonblattes ist illusionistisch aufgefaßt. Zwischen den akzentuierten Eck- und Halbierungspunkten des Rahmens befindet sich ein feingliedriger, blütendurchsetzter, linearer Golddekor, der Flechtbandornamentik zitiert. Am unteren Rahmenbalken befindet sich in der Mitte das Wappen des Propstes auf blauem Grund. Der Rankendekor endet in hellvioletten, veilchenartigen Blütenblättern. Vor rotem, goldrankengeziertem und blütendurchsetztem Grund ist die Kreuzigung Christi mit Maria und Johannes Evangelist als Assistenzfiguren und dem infulierten, knienden Stifter, Propst Wilhelm Tuers von Asparn, auf einer Terrainandeutung dargestellt. Der Faltenstil von Maria und Johannes – koloristisch voneinander nur durch die Intensität des Farbtones unterschieden (bei Maria blaues Gewand, bei Johannes hellgraublaues) – ähnelt dem der Maria- und Johannes-Skulpturen aus dem Stephansdom (vgl. Kat.-Nr. 91) und verwandten Werken (Kreuzigungsrelief an der Außenseite des Stephansdomes nächst dem „Zahnweh-Herrgott" an der östlichen Stirnseite des mittleren Polygons des Chores). Trotz der schlanken Proportionen der Figuren ist die Betonung des Körpervolumens nicht zu übersehen. Durch die differenzierte Betonung der Anatomie ist bei Christus der Ausdruck des Schmerzes gegeben. Feinste Nuancierungen von hellen Höhungen zu den beschatteten Tiefen charakterisieren die Figurenwiedergabe, wobei die seidige Wirkung des Lendentuches Christi für das hohe Niveau dieser Malerei signifikantes Zeugnis ablegt. Daß die Akzentuierung des spezifisch Körperhaften nicht einseitig dominiert, beweist die Stifterfigur, bei der die Körperbetonung und die minuziöse Gewanddekoration im Pluviale keine Gegensätze bilden, sondern einen harmonischen Akkord.

Abb. 44, 45   GEISSELUNG CHRISTI (fol. 35 r.)

Diese Szene ist in raffinierter Weise in die T-Initiale des Kanonbeginnes (Te-igitur . . .) integriert, indem der ornamentale Schaftdekor des vertikalen Balkens der Initiale mit seinem spiraligen Rankengewinde die Funktion der Geißelsäule im Bild übernimmt. Exaltiertheit prägt die Bewegungen der auf die vektoriellen Momente akzentuierten Körperhaltungen der beiden Schergen, wobei die auf stereometrische Großflächigkeit abzielende Interpretation der Gewandoberfläche Körperhaftigkeit illusioniert, ohne einer ausgeprägten Binnenmodellierung zu bedürfen. Speziell beim rechten Schergen ist durch die Andeutung von Eigenschaften die Gewinnung plastischer Illusionswerte auffallend. Die der Buchmalerei immanente Tendenz der feinen Pinselführung zeigt sich speziell in der Wiedergabe der durch die Peitschenhiebe verursachten Striemen an der Aktfigur Christi.

Abb. 46   KRUZIFIX (fol. 42 v.)

Diese Darstellung ist in die Handschrift eingeklebt und vermutlich zu einem späteren Zeitpunkt aus einer etwas älteren Handschrift zweitverwendet übernommen worden. Die illusionistische Wiedergabe des roten Rahmens kontrastiert zu einem intensiven blauen Grund mit seitlich begleitender goldener Ornamentik. Die ausgefräst wirkende Linienführung der Bodenangabe mit skizzenhaft-flüchtig wirkenden Weißhöhungen wie auch die skizzenhaft-locker wirkende Strichführung der expressiven Aktfigur Christi lassen auf eine Entstehung vor der Anfertigung des Tuers-Missale schließen.

GEBURT CHRISTI (fol. 52 v.) *Abb. 48*

Andachtsbildartig ist in dem Grund der P-Initiale Maria mit dem Kind in anbetender Haltung wiedergegeben; dies entspricht der traditionellen Ikonographie gemäß der Vision der hl. Brigitta. Im Faltenstil der knienden Maria, dessen Feinheit der Ausführung an die der Figuren des Kanonblattes erinnert, kommt ein starkes Nachwirken der Gewandinterpretation aus der Zeit der internationalen Gotik zum Ausdruck.

STIL UND DATIERUNG

In der Gegenüberstellung des monumental wirkenden Kanonblattes und der expressiven Darstellung der Geißelung Christi – die aus dem Entstehungsprozeß der Handschrift nur zum gleichen Zeitpunkt entstanden sein können – zeigen sich widersprüchliche Stiltendenzen. Verrät der Figurenstil des Kanonblattes einerseits das Tradieren von Gestaltungsprinzipien der internationalen Gotik, so ist andererseits in der Körperauffassung der Einfluß der Wiener Tafelmalerei in der Art des Darbringungs-Meisters festzustellen (Schmidt, op. cit., S. 104/105). Einen neuartig-realistischen Charakter prägt die alle Schönlinigkeit meidende Darstellung der Geißelung Christi. Aus diesem Vergleich ergibt sich, daß das Kanonblatt von einem bereits älteren Meister, der seine Schulung in der Zeit um 1400 erfuhr, stammt, der Neuerungen nicht abgeneigt war. Daß er der Hauptmeister gewesen sein muß, kündet allein die Tatsache, daß er das Kanonblatt malte. Möglicherweise ist auch die Darstellung der Geburt Christi sein Werk. In der Geißelung kommt eine andere stilistische Tendenz der nächsten Künstlergeneration zum Tragen. Dem in Rechnungsbüchern des Stiftes Klosterneuburg im ersten Drittel des 15. Jahrhunderts mehrfach genannten Meister Nikolaus (dem Hauptmeister der für den herzoglichen Hof tätigen Wiener Werkstatt) wird das Kanonblatt des Tuers-Missale aufgrund von stilistischen Vergleichen mit Klosterneuburger Antiphonaren (von 1420, 1421, 1424) und Miniaturen des jüngeren Teiles des Rationale des Bischofs Durandi (ÖNB, Cod. 2765) diesem zugeschrieben (Oettinger, op. cit., S. 232 ff.; Schmidt, op. cit., S. 104/105). Ist im Vergleich zu den Klosterneuburger Arbeiten – deren Autorschaft des Meisters Nikolaus durch Rechnungen belegt ist – im Tuers-Missale der Figurenmaßstab verdoppelt (Oettinger, op. cit., S. 232 ff.), ferner in der Körperauffassung der Einfluß der Wiener Tafelmalerei festzustellen, so weisen die stilistischen Verwandtschaften zu den genannten Skulpturen (Kat.-Nr. 91) das Kanonblatt als ein Spätwerk des Meisters Nikolaus aus, das um 1430 anzusetzen ist. Diese Datierung wird durch die Miniatur der Geißelung Christi gestützt, in der die früheste stilistisch nachweisbare Arbeit des „Albrechts-Miniators" (für den zwei Gebetbücher für Herzog Albrecht V. – ÖNB, 2722; Melker Stiftsbibliothek, 1080 – namengebend waren) vorzufinden ist. Einzelne Bewegungs- und Gewandmotive dieser Szene sind einer Te-igitur-Initiale eines St. Pöltner Missales entlehnt (um 1400/1410 Nürnberg, Germanisches Nationalmuseum, Mm 39), deren Bilderfindungen auf Wiener Buchmaler zurückgewirkt haben (s. Gerhard Schmidt, Ein St. Pöltner Missale aus dem frühen 15. Jh., ÖZKD, XV, 1, 2, Wien 1962, S. 1 ff., besonders S. 14!).

Literatur:
Karl Oettinger, Der Illuminator Nikolaus, im Jb. d. preußischen Kunstsammlungen, Berlin 1933, S. 221 ff. – Kurt Holter, Die Wiener Buchmalerei, i. R. K. Donin, Geschichte der bildenden Kunst in Wien-Gotik, Wien 1955, S. 221. – Gerhard Schmidt, Die Buchmalerei, in Gotik in Niederösterreich, Wien 1963, S. 93 ff. und 104/105. – Alfred Stange, Deutsche Malerei der Gotik, Bd. XI, München–Berlin 1961, S. 36/38. – Viktor Flieder, Stephansdom und Wiener Bistumsgründung, Wien 1968, 4. Siegel und Wappen, S. 162 ff. – Charlotte Ziegler, Martinus opifex, Diss., Wien 1975.

Kataloge:
Führer durch das Erzbischöfliche Dom- und Diözesanmuseum, Wien 1934, 1941, 1946. – Sammlungskatalog des Eb. Dom- und Diözesanmuseums, Wien 1973, Nr. 5.

Abb. 51–58

Codex aus Pergamentblättern bestehend, hölzerner Buchdeckel, von Leder mit Gravur überspannt, mit kupfervergoldeten Treib- bzw. Ziselierarbeiten armiert

Maße: Hochformat: 43 × 31 cm
Stärke: 15 cm

Leihgabe der Erzbischöflichen Cur

PROVENIENZ

Die Handschrift stammt aus dem Legat des 1495 verstorbenen Wiener Domherrn und Kollegiatspropstes von Maria Wörth/Kärnten, Wolfgang Vorchtenauer, an das Corpus-Christi-Beneficium zu St. Stephan.

ERHALTUNGSZUSTAND

Bei manchen Beschlägen fehlen die buckelförmigen Erhöhungen, beim Bug ist das von Holzspangen armierte Leder stellenweise eingerissen. Die Innenseiten des Einbandes sind mit jüngeren Urkunden-Textblättern beklebt. Die Miniaturen wie auch die in meist vorgezeichnetem Rastersystem – zumeist in zwei Kolumnen – geschriebenen Texte sind ausgezeichnet in noch ursprünglicher Frische erhalten. Die Seitenkanten der Folien sind vergoldet.

EINBAND

Im von breiten Rahmen umgebenen Rankenwerk der Lederbespannung finden sich an der Frontseite die Büsten der vier lateinischen Kirchenväter und die Devise „ODSMF" (= „O DOMINE SALVUM ME FAC", vgl. fol. 211 r.), auf der Rückseite die Büsten von vier Mädchenheiligen. Den Bug zieren alternierend profilierte Stege mit pflanzlich (Blüten) geschmückten Friesen.

INITIALEN

Der Buchstabentypus ist bei den Initialen dem Tuers-Missale ähnlich (Kat.-Nr. 14). Auch hier sind drei Initialtypen festzustellen: Einfache rankengezierte Buchstabenbalken auf gemustertem Grund und mit ausladenden Ranken (folio 2 r., 24 r., 26 r.), Initialen mit verschiedenfarbigen, substanzreichen vegetabilischen Ranken (folio 27 v., 35 v., 36 v., 136 v., 187 r., 194 v., 205 r., 207 r., 226 r., 275 r., 287 v., 386 v., 409 v.), Prachtinitialen, die die ganzen Seitenränder umziehen, finden sich auf folio 8 v. (enthält Wappen, Devise und einen Pelikan), 212 r. (Te-igitur-Initiale). Zahlreiche Majuskeln enthalten in ihren ausladenden Ranken fratzenartige Maskeronen.

IKONOGRAPHIE

Figurale bzw. szenische Darstellungen finden sich auf folio 211 r. (Engelsbüste mit ausgeschriebener Devise auf Spruchband), 211 v. (Kanonblatt mit Kreuzigung Christi mit Maria und Johannes Ev.), 221 v. (Medaillon mit Christus als Schmerzensmann aus geöffnetem Sarg ragend). Auf folio 192 r., 357 r., 362 r. finden sich in Buchstabenschlaufen Maskenkritzeleien in Profilansicht.

STIL UND DATIERUNG

Neben den zuweilen fleischig wuchernden Ranken der Initialen sind die figuralen Miniaturen – exemplifiziert am Beispiel der Kreuzigung des Kanonblattes – in ihrer realistischen Wiedergabe mit harter Konturierung bemerkenswert. Die blockhaft aufgefaßte Figurenwiedergabe, die expressiven – jedoch nicht momentan erregt wirkenden – Physiognomien wie auch die Faltenstauungen in den Draperien mit der Ausbildung schmaler, eckig konturierter Faltentäler sind Charakteristika der heimischen Kunst vom Ende des zweiten Drittels des 15. Jahrhunderts. Am Einband findet sich an den Schließen das Datum 1482. Die gleiche bereits genannte Aufschrift der Devise findet sich auch in einer aus Vorchtenauers Besitz stammenden Handschrift (Ludwig, op. cit.) im Stift Klosterneuburg (Niederösterreich). Laut G. Schmidt (op. cit., S. 107) gehört das Vorchtenauer Missale aus stilistischen Gründen (Knitterfaltenstil, Landschaftsgrund) dem Œuvre des Lehrbüchermeisters, ÖNB 2289, 2368, 2617 (drei Lehrbücher für den jungen Prinzen Maximilian waren namengebend; s. Holter–Oettinger, op. cit., S. 121–125), an. Demnach wurde vor allem das Kanonblatt um 1465 angefertigt, während die Ergänzungen und der Einband aus der Schreier-Schule stammen (Ulrich Schreier: seit 1477/78 in Wien auftretender Salzburger Meister, der mit dem um 1480 verstorbenen Lehrbüchermeister arbeitete und mindestens bis zur Mitte der achtziger Jahre des 15. Jahrhunderts tätig war).

Literatur:
V. O. Ludwig, Jahrbuch des Stiftes Klosterneuburg, IX, S. LXXXIX, Anm. 1. – Kurt Holter - Karl Oettinger, Les principaux manucrits à peintures de la Bibliothèque Nationale de Vienne: Manuscrits Allemands (i. Bull. de la S. F. R. M. P., XXI, Paris 1938). – Geldner, Bucheinbände aus elf Jahrhunderten, München 1958. – Gerhard Schmidt, Die Buchmalerei, in Gotik in Niederösterreich, Wien 1963, ÖZKD, XVIII, Wien 1964, S. 534 ff.

Kataloge:
Führer durch das Erzbischöfliche Dom- und Diözesanmuseum, Wien 1934, 1941, 1946. – Sammlungskatalog des Eb. Dom- und Diözesanmuseums, Wien 1973, Kat.-Nr. 6. – Ausstellung Gotik in Salzburg, Salzburg 1972, S. 254, Tf. 97.

LITURGISCHE GERÄTE

In den folgenden Zeilen werden die Funktion dieser Geräte in der liturgischen Handlung sowie deren symbolischer Wert knapp erklärt.

Meßkelch und Patene: Wichtigste Geräte der katholischen Meßfeier, Brot und Wein werden in diesen Gefäßen geopfert und in der Wandlung in Leib und Blut Christi verwandelt.

Ziborium (meist mit Deckel): Hostien, die an die Gläubigen gespendet werden, werden hier verwahrt. In Anlehnung an Reliquiare entstanden im Mittelalter Ziborien als Aufbewahrungsbehälter für Hostien, weshalb ihre Formentypen von Reliquiaren übernommen wurden. Die offenen Kelche mit den Patenen waren zur Austeilung der Hostien bestimmt.

Kännchengarnitur (Wein-, Wasserkännchen, Tasse): Zur Vorbereitung des Weines in der hl. Messe für die Opferung, dem Wein wird Wasser beigemengt, ferner zur Reinigung des Kelches am Schluß der hl. Messe.

Pastorale: Hirtenstab des Bischofs.

Literatur:
Hermann Fillitz, Die Goldschmiedekunst, im Katalog zur Ausstellung „Jakob Prandtauer und sein Kreis", Melk 1960, S. 268.

STAUROTHEK, um 1430	16

Prot.-Nr. L–229   *Abb. 59*

Silber, feuervergoldet, Figuren gegossen und teilweise vergoldet, sonst Treibarbeit mit graviertem Dekor

Maße: Höhe: 32,5 cm
Breite: 15,2 cm
Tiefe: 12,85 cm

Leihgabe der Pfarre Wiesmath, NÖ.

PROVENIENZ

Diese Staurothek (= Kreuzreliquiar) enthält heute keine Reliquie mehr. Sie wurde im Pfarrhof von Wiesmath vorgefunden und anläßlich der Sonderausstellung „Unbekannte Kunstwerke aus dem Raum der Erzdiözese Wien" 1982 im Dom- und Diözesanmuseum erstmals der Öffentlichkeit wieder präsentiert, hernach restauriert.

ERHALTUNGSZUSTAND

Gegossene, vierblättrige (vielleicht nachgotische – also Anfang 17. Jahrhundert – oder frühe neugotische – also Anfang des 19. Jahrhunderts angefertigte) Blütenblätter mit (imitierten) Steinen wurden vom Fuß wie von den Kreuzbalkenenden entfernt. Diese optisch störenden Zutaten erwiesen sich auch konservatorisch problematisch, da sie mit Zinn aufgelötet waren. Gelegentlich der 1983–1984 erfolgten Restaurierung in der Meisterklasse für Konservierung und Restaurierung an der Hochschule für angewandte Kunst (unter Aufsicht von Frau Prof. Hannelore Karl) in Wien wurden diese späteren Zutaten entfernt, das stark verschmutzt gewesene Objekt fachgerecht gereinigt und die stark verzogen gewesenen Teile ausgerichtet.

BESCHREIBUNG, STIL UND DATIERUNG

Der vierpaßförmige, länglich verzogene Fuß mit kielbogigen Lappen wird im Grundriß von einem vierstrahligen Stern durchkreuzt. An den Stufen des Fußrandes befindet sich Maßwerkdekor, es folgt ein steiler geschweifter Übergang zum Fußhals, darüber ein sechsseitiger Nodus in Gestalt einer Fiale mit Strebewerk, mit Kielbögen über zweibahnigen Maßwerkfenstern, Fialen und Pyramidenstumpf mit Dachmusterung und Krabben. Über dem Nodus erhebt sich das Kreuz mit Vierpaß-Endungen, es ist an der Vorderseite aufklappbar (zur Reliquienentnahme). Am Kreuz an der Vorderseite befindet sich ein ziselierter Kreuzbalken (Imitation einer Holzstruktur) mit gegossenem schlanken Corpus Christi. Die Kreuzbalken sind an den Schmalseiten mit Rauten gemustert, die vierblättrigen Dekor enthalten. Auf der Rückseite des Kreuzes ist ein graviertes Astkreuz gegeben, das aus Pflanzenstauden gebildet ist und eine Rose im Kreuzungspunkt enthält. Vom Nodus gehen astwerkartige, geschweifte Konsolen in Gestalt gebogener und geknickter Fialen aus, auf denen gegossene Figürchen von Maria und Johannes Evangelist stehen. Sowohl in den etwas gedrungen wirkenden Proportionen dieser Staurothek als auch im Formenvokabular ihrer Ornamentik wie auch im – von der Spätphase der internationalen Gotik beeinflußten und zugunsten expressiver Körperhaltung gesteigerten – Figurenstil ist ein Entstehungsdatum in der Zeit um 1430 anzunehmen. Ein im Diözesanmuseum in St. Pölten (s. Sammlungskatalog d. Diözesanmuseums St. Pölten 1984, Nr. 92, Abb. 57) befindliches Vergleichsstück mit schlankerer Proportion und zierlicherer Wirkung dürfte geringfügig jünger sein.
Dieser Typus von Standkreuzen als Reliquiare ist in der Spätgotik zu sehr verbreitet, als daß diese Staurothek mit den im Wiener Heiltumbuch im ersten Umgang abgebildeten (siehe Kat.-Nr. 4) soweit verläßlich in Verbindung gebracht werden kann, als daß auf eine (prinzipiell freilich mögliche) Provenienz aus dem Wiener Domschatz bindend geschlossen werden könnte.

Katalog:
Unbekannte Kunstwerke aus dem Raum der Erzdiözese Wien, Entdecken – Konservieren – Revitalisieren, in Schriftenreihe des Eb. Dom- und Diözesanmuseums Wien, N. F. Nr. 9, Wien 1982, Nr. C 2.

17	MONSTRANZ AUS DEM STEPHANSDOM, 1482

Abb. 60 Prot.-Nr. L–49

Silber, vergoldet. Am Fuß gravierte Spruchbänder mit Datierung 1482
Restaurierungsdaten: renoviert 1607, Conrad Reitter, 1846, 1892 von F. L. Adler
Freistempel und Repunze

Maße: Höhe: 77 cm
        Breite: 23 cm
        Tiefe: 19 cm

Leihgabe aus dem Stephansdom

PROVENIENZ

Diese Monstranz ist seit jeher im Stephansdom und wurde vermutlich auch für diesen angefertigt.

ERHALTUNGSZUSTAND

Restauriert 1607, 1846 (Conrad Reitter), 1892 (F. L. Adler), 1983 von Frau Prof. Hannelore Karl, Wien, gereinigt. Die das Schaugefäß rahmende Rosette stammt vermutlich von der Restaurierung von 1607.

IKONOGRAPHIE

Skulptur des Schmerzensmannes über dem Schaugefäß, darüber hl. Andreas in Baldachine eingestellt. Im Strebewerk links vom Schaubehälter hl. Katharina, rechts hl. Stephanus.

STILCHARAKTERISTIK

Über breitem, sechspässigen, mit Spruchbändern gezierten Fuß, der auf einem kleinen, durch Vierpässe durchbrochenen Sockel steht, erhebt sich der sich verjüngende Schaft. Als Nodus fungiert ein polygonales Gehäuse mit Maßwerkfenstern, die Ecken des Polygones begrenzen Fialen, aus denen sich an jeder Seite je ein Wimperg entwickelt. Das Gehäuse ist nach oben und nach unten durch geschweifte, krabbenbesetzte Dachformen, deren Schindeln eingraviert sind, abgegrenzt. Nach unten bzw. oben verjüngen sich diese Formen und schließen jeweils mit einer sechseckigen Scheibe ab.
Ein viereckiger, nach oben hin auswärts geschweifter, krabbenbesetzter Übergangsteil leitet zum kreisrunden Schaugefäß über. Die Lunula fehlt.
Ein doppelgeschossiger Turmbaldachin bekrönt den Behälter, der beidseitig von feingliedrigem Strebewerk gestützt wird. Über dem Schaugefäß sowie über dem Strebewerk sind seitlich davon die genannten Heiligenfiguren in Baldachine eingestellt.
Der untere Teil des Gerätes ist für Allansichtigkeit bestimmt, während der obere Teil mit dem Schaugefäß nur nach einer Seite hin orientiert ist und nur eine Schauseite hat, was durch den raumgreifenden Fuß und vor allem durch den raumhaltigen Baldachin dokumentiert wird; die Fassadenwirkung erzeugen das Schaugefäß, das nach zwei Seiten ausladende Strebewerk und die Orientierung der Figuren nach einer Richtung hin. Die Kombination von Strebewerk und Baldachin erinnert an eine von einem Dachreiter gekrönte Giebelfassade: So ist eine Analogie – freilich in anderem Maßstab – zum Kirchenbau möglich. Wie der Kirchenbau die schützende Umhülle des Meßopfers ist, so sollte auch die Hostie umhüllt, aber doch sichtbar bleiben (Poch-Kalous, op. cit.). Tatsächlich ist in der Spätgotik die Tendenz der Konzentration des Dekors auf einen bestimmten Punkt zu bemerken. Dies führte unter anderem dazu, daß sich die reichgegliederte Formenentfaltung, die sich zu Beginn der Gotik in der Architektur – namentlich im Kathedralbau – manifestierte, nun auf das – meist sakrale – Ausstattungsstück konzentriert: architektonische Formen, die den Kathedralbau charakterisieren, finden sich im Schnitzaltar, aber auch in Sakramentshäuschen, Kanzeln und dergleichen, auch in liturgischem Gerät vereinigt (Sauerländer, op. cit.). Als Exponent dieser Entwicklung kann auch diese Monstranz bewertet werden.

Literatur:
ÖKT, Bd. XXIII, Wien 1931, S. 499, Abb. 616. – Margarethe Poch-Kalous, Das Wiener Kunsthandwerk des Mittelalters, in Donin, Gesch. der bildenden Kunst in Wien-Gotik, Wien 1955, S. 236. – Willibald Sauerländer, Skulptur des Mittelalters, Ullstein-Kunstgeschichte, XI, Frankfurt–Berlin 1963.

Kataloge:
Führer durch das Eb. Dom- und Diözesanmuseum, Wien 1934, 1941, 1946. – Rudolf Bachleitner, Der Heiltumschatz zu St. Stephan, Wien 1960, Nr. 19, Abb. 16. – Sammlungskatalog des Erzbischöflichen Dom- und Diözesanmuseums, Wien 1973, Kat.-Nr. 14.

MATZENER MONSTRANZ, 1515	18

Prot.-Nr. L–223   *Abb. 61, 62*

Silber, vergoldet, Treibarbeit, gravierter Dekor, Figürchen in Guß
Befreiungsstempel

Maße: Höhe: 70 cm
       Breite: 21,5 cm
       Tiefe: 17 cm

Leihgabe der Pfarre Matzen, NÖ.

PROVENIENZ

Pfarre Matzen; möglicherweise aus Wallensteinschem Besitz stammend.

ERHALTUNGSZUSTAND

Restauriert von Frau Prof. Hannelore Karl, Wien, 1984.

IKONOGRAPHIE

Gegossene Figürchen in den Baldachinen und deren Bekrönungen: Schaugefäß flankiert von Maria (links) und Johannes (rechts), die in Kombination mit der Hostie an die traditionelle Deesis gemahnen; darüber die hl. Katharina und Barbara, in der Mitte über dem Schaugefäß Maria mit dem Jesus-Kind, darüber als Bekrönung Christus als Schmerzensmann. Auf den flankierenden Baldachinbekrönungen geflügelte Engel mit Spruchbändern – ihre Körper sind möglicherweise als gefiederte gedacht, aber wie „wilde Männer" behaart. Bekrönung des mittleren Turmes mit Kreuzblume.

BESCHREIBUNG

Vierpässiger Fuß mit geschweiften, eingeengten Kielbögen, durchdrungen von vierstrahligem Stern; auf der profilierten Stufe Rauten mit eingeschriebenen Vierpässen eingraviert. Oberfläche des Fußes mit linearen, eingravierten Rippenformationen, Datum 1508. Steiler, geschweifter Übergang zum Fußhals durch wimpergartige Schrägen, abgesetzter Übergang zum Hexagon. Sechsseitiger Schaftring, unmittelbar darüber sechsseitiger Astwerkdekor. Nodus mit vorgehängten gebäudeartigen Maßwerken – je zwei zweibahnige „Maßwerkfenster", die durch einen gedrückten Bogen zusammengefaßt sind, mit Vierpässen in den dadurch entstehenden Zwickeln – zwischen Fialen ausladende Kielbögen als Bekrönung, die in das Zentrum geneigt sind und in Floraldekor enden. Weiterer Schaftring; geschweifter, nach oben hin ausladender Übergang mit Mauerimitation und an den Ecken Krabbenbesatz, auf dem sich die Plattform für das Schaugefäß befindet. Diese wird an der Unterseite von sich einrollendem, symmetrisch angeordnetem Floraldekor begleitet. Grundriß der Plattform: aus voneinander differenzierten Kielbögen (Barock-Gotik) gebildet. Aufbau bestehend aus einem annähernd quadratischen (leicht hochrechteckigen – 7,4 × 7,2 cm) Schaugefäß, das segmentbogig geschlossen ist. Originale Lunula fehlt. Bekrönung: vierseitiger Baldachin, der von zwei dreiseitigen begleitet wird. Baldachine gestützt von zarten Diensten, bekrönende Risen aus sphärisch verlaufendem Astwerk gebildet, scheinbar „abgesägte" Astansätze erscheinen als Krabben.

DATIERUNG

Maria und Johannes sowie die bekrönenden Engel sind analog dem architektonischen Formenrepertoire, wie gekrümmte Kielbögen, kurvig bewegte Fialen an den Flanken der seitlichen Baldachine, gleichzeitig entstanden. Das Gerät ist ein Werk der Astwerkgotik auf der Stilstufe der Entstehungszeit dieser Monstranz (1508). Die übrigen Figuren wirken stilistisch älter, sind möglicherweise zweitverwendet.

Literatur:
Karl Lind, Gothische Kirchengefäße in Niederösterreich, Wien 1866, S. 12f.

Kataloge:
Unbekannte Kunstwerke aus dem Raum der Erzdiözese Wien. Entdecken – Konservieren – Revitalisieren. Sonderausstellung in den Räumen des Eb. Dom- und Diözesanmuseums in Wien, 15. Nov. 1982–17. Feb. 1983, Wien, N.F. Nr. 9. – Festschrift „200 Jahre Pfarre Matzen. 25 Jahre neue Kirche", Matzen 1984.

19	PRIGGLITZER MONSTRANZ, 1515

Abb. 63, 64, 65, 66   Prot.-Nr. L–50

Silber, teilweise vergoldet (Figürchen), ziselierte Motive am Fuß, Figuren in Gußtechnik; Lunula vermutlich 19. Jahrhundert
Inschrift auf dem Fuß: „Hoc opus fecit fieri Jernimus Neunberger tunc temporis plebanus in Prucklas anno etc. 1515"

Maße: Höhe: 95 cm
       Breite: 27 cm
       Tiefe: 22 cm

Leihgabe der Pfarre Prigglitz am Schneeberg, NÖ.

PROVENIENZ

Die Überlieferung berichtet, daß der Pfarrer von Prigglitz – Hieronymus Neunberger (der auf der Monstranz dargestellte Stifter) – auf einem nächtlichen Versehgang von Wölfen bedroht wurde und für die glückliche Errettung aus Lebensgefahr die Monstranz zu stiften gelobte. Seit 1933 befindet sich diese Monstranz im Museum.

ERHALTUNGSZUSTAND

Das im Original komplett erhaltene Alt-Silber wurde von Leonhard Stramitz (Diplomarbeit 1975 an der Hochschule für angewandte Kunst in Wien, Meisterklasse für Restaurierung und Konservierung, Technologie für Kunstwerke in Goldschmiede-, Glas- und Emailarbeiten) gereinigt.

IKONOGRAPHIE

Am sechspässigen Fuß Darstellung des vor der hl. Anna selbdritt (in gesondertem Feld) knienden Stifters, mit Datierung 1515, dazwischen Wappen (emailliert). In den seitlich des Hostienbehälters (in Form eines stehenden Glaszylinders) befindlichen Baldachinen sind der hl. Andreas (links) und der hl. Nikolaus (rechts), im Hauptbaldachin (über Hostienbehälter) Maria mit dem Jesus-Kind, flankiert von den Heiligen Hieronymus (links) und Christophorus (rechts), im nächsten Geschoß ist Christus als Schmerzensmann und in der bekrönenden Baldachinfiale Christus am Kreuz, mit Maria und Johannes Evangelist als Assistenzfiguren, dargestellt.

STILCHARAKTERISTIK UND BESCHREIBUNG

Die Monstranz ist in Form eines Turmes gestaltet und folgt im Prinzip der gleichen Aufbaugliederung wie die Monstranz von 1482 (Kat.-Nr. 17), mit dem Unterschied, daß sie gegenüber der von 1482 sowohl in den Dimensionen als auch in der Anzahl der Geschosse gesteigert ist; sowohl die Baldachine als auch die den Hostienbehälter begleitenden Figurenbekrönungen sind raumhaltiger. Selbst die ornamentalen Begleitmotive laden räumlich aus. Das „Strebewerk" der Monstranz um 1482 wurde in der Prigglitzer Monstranz zumindest in den bekrönenden Partien durch begleitende Fialen ersetzt, was in der Struktur an Sakramentshäuschen und Gesprenge von Flügelaltären erinnert. Die dekorativen Motive (wie Krabben und Volutkonsolen) sind in der Prigglitzer Monstranz in ihrem wuchernden Charakter trotz der filigranen Struktur typische Beispiele für die ausgehende Gotik im frühen 16. Jahrhundert, die sich in der Übersteigerung der Einzelformen auszeichnet. Auch in den Figuren sind die Charakteristika der gleichzeitigen Plastik aufgenommen.

Literatur:
Karl Lind, Gothische Kirchengefäße in Niederösterreich, Wien 1866, S. 6f.

Kataloge:
Führer durch das Erzbischöfliche Dom- und Diözesanmuseum, Wien 1934, 1941, 1946. – Sammlungskatalog des Erzbischöfl. Dom- und Diözesanmuseums, Wien 1973, Kat.-Nr. 15.

| PASTORALE, um 1515 | 20 |

Prot.-Nr. L–48   *Abb. 67, 68*

Silber, vergoldet, Treibarbeit, ziseliert

Maße: Höhe: 41 cm
　　　Breite: 20 cm
　　　Tiefe: 10 cm

Leihgabe aus dem Stephansdom

PROVENIENZ

Wenngleich keine archivalischen Quellen dieses Pastorale anführen und es aus der Domsakristei in das Museum gelangte, besteht zumindest die Möglichkeit, daß dieses Stück seinerzeit für den Dom angefertigt wurde.

ERHALTUNGSZUSTAND

Das ganze Pastorale ist ein spätgotisches Original, lediglich der Schaft wurde gekürzt und erhielt möglicherweise teils neue Schaftringe in der sogenannten Biedermeier-Neogotik.

IKONOGRAPHIE

In der Curva findet sich eine halbfigurige Büste Mariens mit dem lebhaft bewegten Jesus-Kind.

BESCHREIBUNG

Über architektonisch gestaltetem Nodus steigt ein fialenartiger Stab auf, der sich zur Krümme rollt und in einem naturalistisch gebildeten Ast ausläuft, der in einer Kreuzblume die halbfigurige Büste einer Strahlenkranzmadonna mit nacktem Jesus-Kind und Zepter als zentrales Motiv birgt.

Der von Maßwerken (Paraphrasen Parlerischer Maßwerke des Prager Veitsdomes) aufgelöste prismatische Nodus wird nach oben und unten symmetrisch von geschweiften, krabbenbesetzten Pyramiden eingefaßt. Die Maßwerke sind von raumgreifenden Kielbögen gekrönt. Über kräftig profiliertem Ring erhebt sich ein achtseitiger Stab, dessen Kanten mit Kordeln (seilartig gewundene Stäbe) besetzt sind. Der rankenumwundene Stab hat in den schmalen Bändern der Hauptansichten, an der nach außen gewendeten Schmalseite, gleichmäßig gebildete Krabben, deren Umrißlinien jeweils einem annähernd symmetrischen Dreipaß eingeschrieben werden können. Die gekrönte Maria über der Astwerk-Konsole hat ein eng anliegendes Kleid und einen die Armpartie bauschig umhüllenden Mantel, dessen eine Saumpartie ohrmuschelartig gebogen wirkt.

Der Schaft des Stabes enthält gravierten Dekor in gezackter und geschuppter Musterung.

STIL UND DATIERUNG

Sowohl die stilistischen Eigenschaften der architektonischen Dekorationen (raumgreifende Bögen, gekrümmte Fialen) und die vegetabilische Ornamentik als auch der Figurenstil Mariens und des lebhaft bewegten Kindes weisen auf eine Datierung in das zweite Jahrzehnt des 16. Jahrhunderts.

In der bisherigen Fachliteratur wird dieses Pastorale zum überwiegenden Teil um 1480 angesetzt und als mit der Monstranz von 1482 (Kat.-Nr. 17) gemeinsam entstanden angegeben. Lediglich H. Fillitz setzt das Werk in die Zeit um 1515 und vermutet aufgrund der gleichartigen dekorativen Einzelformen wie auch in der Gestaltung der architektonischen Detailformen eine Entstehung aus der gleichen Werkstatt wie das etwa gleichzeitige Rauchfaß im Stift Seitenstetten (Niederösterreich). In beiden Werken sind die maßwerkbesetzten architektonischen Gehäuse durch dekorative Bögen nach außen hin raumgreifend erweitert. Hier wie dort sind die Krabben – wiewohl in den Details filigran durchgebildet – einer kugeligen geometrischen Form einschreibbar, so daß der Eindruck von fleischiger Substanz entsteht und somit auf das frühe 16. Jahrhundert hinweist. Die Auflösungstendenzen der ausgehenden Gotik nehmen teilweise stereometrische Gestaltungsprinzipien des Formenrepertoires der Renaissance an.

Literatur:
Hans Tietze, ÖKT, XXIII, Wien 1931, S. 500 und 507, Abb. 620. – Wilhelm Mrazek, Kunstgewerbe, in Richard Kurt Donin, Geschichte der bildenden Kunst in Wien-Gotik, Wien 1955, S. 237. – Hermann Fillitz, Gotik in Niederösterreich, Wien 1963, S. 198.

Kataloge:
Führer durch das Erzbischöfliche Dom- und Diözesanmuseum, Wien 1934, 1941, 1946. – Anselm Weissenhofer, Stephansdom, Wien 1948, Nr. 220. – R. Bachleitner, Der Heiltumschatz zu St. Stephan in Wien, Wien 1960, Nr. 20, Abb. 17. – Sammlungskatalog des Erzbischöflichen Dom- und Diözesanmuseums, Wien 1973, Kat.-Nr. 13.

KUPPELZIBORIUM, spätes 15. Jahrhundert | 21

Inv.-Nr. 12   *Abb. 69*

Silber, vergoldet, Treibarbeit

Maße: Höhe: 28 cm
Durchmesser: 11 cm

Nur in der Stereometrie der einzelnen Partien (schlanker Ständer aus ausladendem Fuß, ungebrochener Übergang in die kelchförmige Behälterform mit halbkugeligem Deckel), die eine ausgewogen proportionierte Gesamterscheinung bilden, ist dieses kugelförmige Ziborium ästhetisch bemerkenswert. Der über sechslappigem Fuß schlank aufstrebende Hals ist für die Endphase der Spätgotik charakteristisch. Die im Volumscharakter hiezu im Kontrast stehende Cupa mit dem halbkugelförmigen Deckel „wächst" im Kontur organisch aus der durch den Fuß und den Schaft präludierten Linienführung.

Katalog:
Sammlungskatalog des Erzbischöflichen Dom- und Diözesanmuseums, Wien 1973, Kat.-Nr. 19.

TURMZIBORIUM, 1499 | 22

Inv.-Nr. 11   *Abb. 70*

Kupfer, vergoldet, Treibarbeit

Maße: Höhe: 37 cm
Durchmesser: 17 cm

Hexagonaler Grundriß, prismatischer Behälter über schlankem Schaft auf breitem (leicht profiliertem) Fuß, Deckel in Form eines einspringenden pyramidalen Turmhelmes. Seitenflächen mit eingravierten Begleiträndern. Ein geometrischer Blätterfries säumt den Deckelansatz ein. Unter dem Nodus findet sich „AL 1499" eingraviert.
Dieses Ziborium spiegelt einen dem Typus nach bis in die frühe Gotik zurückreichenden liturgischen Gerätetyp in später Form wider.

Kataloge:
Rudolf Bachleitner, Der Heiltumschatz zu St. Stephan, Wien 1960, Nr. 40. – Sammlungskatalog des Erzbischöflichen Dom- und Diözesanmuseums, Wien 1973, Kat.-Nr. 20.

HOSTIENBÜCHSE, frühes 16. Jahrhundert | 23

Inv.-Nr. 13   *Abb. 71*

Kupfer, vergoldet, Treibarbeit

Maße: Höhe: 17 cm
Durchmesser: 9 cm

Zylindrischer Körper mit geschweiftem Kegeldach (mit eingraviertem Schuppen-Ziegel-Muster dekoriert). Am zylindrischen Körper Metallgußrelief: Maria mit Jesus-Kind über Mondsichel (sowohl Statuarik als auch das Verhältnis von Figur und Gewand – wobei das Gewand Eigenleben besitzt und dennoch den Körper zur Geltung bringt – wie auch die größeren Draperiepartien mit den gekurvten Brüchen und den engkurvigen Saumlinien zeigen allgemeine stilistische Parallelen mit der gleichzeitigen Plastik).
Dieser aus dem Frühmittelalter tradierende Gerätetypus diente zur Aufbewahrung der Hostien. Im Frühmittelalter gab es derartige Geräte auch in Elfenbein, was sich auch in der „Lauretanischen Litanei" in der Anrufung Mariens als „Du elfenbeinerner Turm" niederschlägt.

Katalog:
Sammlungskatalog des Erzbischöflichen Dom- und Diözesanmuseums, Wien 1973, Kat.-Nr. 21.

Abb. 72
Inv.-Nr. 1

Roter Samt mit eingewebtem Dekor, applizierte Hochreliefstickerei

Maße: Länge: 114 cm
Breite: 77 cm
Stärke: 5 cm

PROVENIENZ

Von der hohen Wichtigkeit eines Diözesanmuseums überzeugt, kaufte Kardinal Josef Othmar von Rauscher (1853–1875) diese Kasel als Erstlingsgeschenk für das damals noch neu zu gründende Museum (s. Wolfsgruber). Es fehlen jedoch nähere Angaben über die Herkunft dieses textilen Kunstwerkes.

ERHALTUNGSZUSTAND

Der Atlasstoff der Kasel und das applizierte gestickte Kreuz stammen aus verschiedenen Epochen und wurden – nach dem Schnitt der Kasel zu schließen – zweitverwendend zu einem späteren Zeitpunkt (in der Barockzeit?) vereinigt. Der samtene Atlasstoff ist weitgehendst unbeschädigt, die Stickerei am Kaselkreuz zeigt Beschädigungen an einigen Fäden, einzelne Farbwerte sind jeweils in einem unterschiedlichen Grad der Verfärbung bzw. Ausbleichung vorzufinden, die Silber- und Goldfäden zeigen Oxydationsschäden. Einzelne Gewandpartien der Figuren im Kaselkreuz sind in den Farben erstaunlich frisch: Obwohl noch keine einschlägige Untersuchung durchgeführt wurde, dürften auch diese Partien original sein und nicht von einer späteren Restaurierung stammen.

IKONOGRAPHIE

Der Atlasstoff zeigt stilisierte Wolkenbänder und Werkzeuge von Bauhütten (Steinzangen und wiegenförmige Roste).
Im Kaselkreuz als Bekrönung Gottvater-Büste über Wolkenwellenband, darunter Christus am Kreuz, zu dessen Füßen Maria und Johannes Evangelist, darunter die beiden Apostelfürsten Petrus und Paulus, zuunterst Mantelspende des hl. Martin.

KUNSTHISTORISCHE EINORDNUNG

Der ornamentierte rote Samt wird von Fillitz als eine französische Arbeit des frühen 15. Jahrhunderts bezeichnet, während er den Kaselstab (die Hochreliefstickerei) für eine österreichische oder böhmische Arbeit der Zeit von 1510 bis 1520 hält. Aufgrund der Embleme ist der rote Samt möglicherweise ursprünglich ein textiles Ausstattungsstück einer Bruderschaft gewesen (freundliche Mitteilung von Professor Dr. Gerhard Schmidt) und erst nachträglich in eine Kasel umgearbeitet worden. Die Hochreliefstickerei steht in ihrer künstlerischen Qualität dem Pluviale (Kat.-Nr. 25) nur wenig nach.

Literatur:
Hermann Fillitz, Das Kunstgewerbe, in „Gotik in Niederösterreich", Wien 1963, S. 211, Tafel 211. – Coelestin Wolfsgruber, Joseph Othmar Cardinal Rauscher, Fürsterzbischof von Wien. Sein Leben und sein Wirken. Freiburg im Breisgau 1888.

Kataloge:
Führer durch das Eb. Dom- und Diözesanmuseum, Wien 1934, 1941, 1946. – Sammlungskatalog des Erzbischöflichen Dom- und Diözesanmuseums, Wien 1973, Kat.-Nr. 12.

Prot.-Nr. L–47 *Abb. 73*

Hochreliefstickerei

Maße: Höhe: 36,5 cm
        Breite: 31,5 cm

Leihgabe aus dem Stephansdom

PROVENIENZ

Nach einer bereits im Jahre 1518 (Rechnungen der Domcustodie 1515–1522, B 4c, fol. 29 r.) ausgesprochenen und von Ogesser (Beschreibung der Metropolitankirche zu St. Stephan in Wien, 1779, S. 109) wiederholten Behauptung stammt der Schild vom Brautrock Herzog Rudolfs IV. Dieser sei an das Kapitel bei St. Stephan geschenkt und zu einer Chorkappa für den jeweiligen Propst umgearbeitet worden. Nach einer Rechnungs-notiz dürfte schon um 1430 eine Ausschmückung derselben mit Perlen erfolgt sein.
Im Reliquieninventar vom 12. Dezember 1448 wird das fragliche Objekt als ,,ain kappen und hinden ain Schilt darzu mit ainem perlein knawf mit ainem Roten tolden und in dem Schilt unser frawen pildung unnd hat das Kindel am arm und sand Jacobs und sand Katherein pildung mit perln geheft" verzeichnet. Es ist dabei mit Nachdruck auf die Tatsache zu verweisen, daß die beiden Wappendarstellungen (Österreich und Ungarn) damals noch nicht mit den Heiligendarstellungen vereint waren. Die beiden Wappen befanden sich laut Reliquienverzeichnis vom 12. Dezember 1448 vielmehr auf einer Kasel, die aus demselben Stoff wie die Chorkappa angefertigt war. Die Vereinigung der beiden Wappen mit den Heiligendarstellungen erfolgte erst nach 1666 und vor 1779; bis dahin werden die Chorkappa (mit den Heiligendarstellungen) und die Kasel (mit den Wappen) in den Reliquieninventaren jeweils getrennt genannt.
Die Stickereien der Chorkappa waren der Abnützung ausgesetzt; 1494 werden in den Rechnungen der Domcustodie Ausgaben für ihre Reparatur verzeichnet. 1518 war der Schild der Chorkappa bereits derart beschädigt, daß er vollständig erneuert werden mußte; dabei wurde aber das alte Figurenprogramm beibehalten. Die Heiligenfiguren wurden durch einen ungenannten ,,Seydnatter" verfertigt; die Herstellung der Metall-gegenstände (Schwert, Zepter, Rad, Pilgerstab, Muschelschalen, Ring) erfolgte durch den Goldschmied Hans Gswankh.
Vor 1779 wurde der Schild von der Chorkappa getrennt und wurde nachher in einem hölzernen Rahmen unter Glas aufbewahrt. 1847 wurde er durch die Oberin des Salesiane-rinnenklosters auf dem Rennweg, Maria Chantal Mihes, gereinigt. Seit 1933 befindet sich der Rückenschild im Museum.

ERHALTUNGSZUSTAND

Die Annahme einer Erneuerung des Rückenschildes am Beginn des 16. Jahrhunderts wurde durch einen Rechnungsfund, wonach das Objekt 1518 vollständig erneuert wurde, bestätigt (Göhler, Kurth).

IKONOGRAPHIE

Unter einem weitgespannten, kielbogigen Baldachin steht Maria mit dem Jesus-Kind zwischen der hl. Katharina und dem hl. Jakobus. Der Darstellungstypus folgt der Bildtra-dition der Sacra Conversazione.

BESCHREIBUNG UND STILCHARAKTERISTIK

Bei dieser Hochreliefstickerei wurde über sorgfältig modellierten Steifleinen-, Pappe- und Watteunterlagen gestickt. Die Gesichter sind durch dünne, naturfarbene Seide unter-schieden. Die Gewänder sind in aufgelegten, von Überfangstichen gehaltenen Gold- und Seidenfäden gestickt, während der Hintergrund mit goldenen, musterbildenden Versatz-stichen gedeckt ist. Maria hat einen goldenen Mantel, das Kleid ist zur Gänze mit Reihen echter Perlen bedeckt. Das Gewand Katharinens ist bräunlich und von goldenen Fäden durchzogen, der Überwurf ist grün; Jakobus hingegen hat blaues Gewand mit goldenem Mantel. Die Haare der Frauen und des Christkindes bestehen aus Goldfäden, während beim männlichen Heiligen der krause Charakter von Haupt- und Barthaar durch wollumsponnenen Draht erreicht wird. Der Nimbus des Christkindes ist aus aufgenähten goldenen Pailletten (Flitterplättchen) zusammengesetzt – analog der Umrahmung. Über dem Kopf des Kindes befindet sich ein gefaßter Rubin; bei der Mantelschließe des Jakobus ein gefaßter blauer Stein.

Alle Gewänder, Kronen und Nimben sind von echten Perlen umsäumt. Perlen und verschiedene goldgefaßte Edelsteine befinden sich auch auf dem krabbenbesetzten Baldachin. In den Zwickeln oberhalb des Kielbogens sind die Wappen von Österreich und Alt-Ungarn angebracht.

Sowohl bezüglich der Draperien (die in großen Zügen fallen und deren Oberflächen von eckigen Stauungen unterbrochen sind) wie auch der Kopftypen (die schwellend plastische Formen haben) erinnerte Betty Kurth an das Œuvre des Veit Stoß (die Marienfigur erinnert an die Madonna des Stoßhauses in Nürnberg, heute Germanisches Museum, ebendort; ferner gemahnt Jakobus an Apostelfiguren des Krakauer Marienaltares).

Dem Wiener Rückenschild stilistisch ähnliche textile Werke sind ebenfalls in Krakau entstanden: Kasel des Palatins Peter Kmita im Domschatz (im Wawel in Krakau). Pagaczewski hat zwischen der Kmita-Kasel und dem Meister des Stanislaus-Altares der Krakauer Marienkirche (dem Sohn des Veit Stoß, Stanislaus, zugeschrieben) engste Beziehungen festgestellt.

Die Techniken des Wiener Pluviale wie der Krakauer Kasel sind vollkommen gleich. Entweder arbeiteten Krakauer Meister damals in Wien, oder Wiener Meister waren nach Krakauer Tätigkeit (vielleicht Lehrzeit) wieder zurückgekehrt. Ein weiteres nahe verwandtes Werk der Textilkunst ist die Hochreliefstickerei, die 1497 für den Kanoniker Helentreuter für die Ratskapelle in Breslau hergestellt wurde, die eine Kreuzigung Christi zeigt. Bei diesen drei genannten Werken der Hochreliefstickerei steigert der Wetteifer mit der Plastik die handwerkliche Ausführung der Textilkunst. Ein derartiges Phänomen ist nur – zumal bei der hohen Qualität der Arbeiten – unter Einfluß einer großen Bildhauerpersönlichkeit erklärlich.

Literatur:
Betty Kurth, Eine Hochreliefstickerei des 16. Jahrhunderts im Wiener Diözesanmuseum, in Jb. d. Kunsthist. Sammlungen in Wien, 45. Bd. (N. F. Bd. IX), 1935, S. 91–96. – Hermann Zschokke, Die Reliquienschatzkammer der Metropolitankirche zu St. Stephan in Wien, Wien 1904, S. 18. – Geschichte der Stadt Wien, III. Bd., II. Hälfte, Tafel LX, S. 605. – Hermann Göhler, Kirchenkunst 1934, III, S. XVI–XVII. – Pagaczewski, Posag Srbny Sw. Stanislawa, Krakau 1927.

Katalog:
Sammlungskatalog des Eb. Dom- und Diözesanmuseums, Wien 1973, Kat.-Nr. 11.

| 26 | SPANISCHER KELCH, Anfang 16. Jahrhundert |

Abb. 74   Inv.-Nr. 14

Messing, vergoldet
Guß, Treibarbeit
Beschauzeichen bzw. Meisterpunzen nicht erkennbar

Maße: Höhe: 28 cm
        Durchmesser: 16 cm

PROVENIENZ

Der Kelch wurde von Dr. Bachleitner für das Museum erworben; Angaben über seine ursprüngliche Herkunft fehlen.

ERHALTUNGSZUSTAND

Der Kelch wurde 1985/86 von Frau Mag. Christl Pongratz-Zeman, Kitzbühel, gereinigt. Das Gerät war komplett von einer öligen Schmutz- und Oxydschichte überzogen, die mit Schlämmkreide und verdünnter Schwefelsäure entfernt wurde. In gereinigtem Zustand kam der schlechte Gesamtzustand des Kelches zum Vorschein: Bei früheren Restaurierungen wurde ein Teil des Fußes verschmort, so daß der Dekor nicht mehr erkennbar ist. Es wurden Lötungen mit Zinn durchgeführt, das sich teilweise in das Metall eingefressen hat, so daß es mit verdünnter Salzsäure und auf mechanischem Weg kaum zu entfernen ist, auch die anderen Zinnlötungen konnten nur teilweise entfernt werden. Das Material ist derart porös, daß vor allem am Hals und am Nodus grobe Risse zu sehen sind. Die Filigranblüten an der Cupa sind nur mehr teilweise erhalten. – Für eine weitere Behandlung müßte der Kelch abgebrannt werden, um ihn gänzlich von den Zinnplomben zu befreien. Anschließend müßte man Hartlötungen vornehmen, wobei jedoch die Gefahr bestünde, das Gerät noch mehr zu zerstören.

BESCHREIBUNG

Grundriß vielpässig, mit Sternform durchsetzt, reicher, engmaschiger Dekor in Mischung von Renaissanceformen in der Ornamentik mit der Anordnung nach dem gotischen Strukturgliederungsprinzip, dank der Proportionen entsteht jedoch der Eindruck eines reichdekorierten Kelches von klarer stereometrischer Gliederung. Dies sind Eigenschaften des plateresken Stiles am Beginn des 16. Jahrhunderts in Spanien.

Katalog:
Sammlungskatalog des Erzbischöflichen Dom- und Diözesanmuseums, Wien 1973, Kat.-Nr. 23.

KELCH, Mitte 16. Jahrhundert	27

Inv.-Nr. 15   *Abb. 75*

Kupfer, vergoldet, Treibarbeit

Maße: Kelch   Patene
      Höhe: 19 cm   Höhe: 1 cm
      Durchmesser: 15 cm Durchmesser: 16 cm

Sechspässiger Grundriß, ungebrochener Übergang vom Fuß zum geschwungenen Schaft, über dem Nodus kreisförmiger Kelch. Die Grate haben dünne, wulstartige Begleitstege, Flächen mit ziselierten, stilisierten Renaissance-Rankenmustern. Auf der Patene ist in einen Kreis ein kursives „a" graviert. Der sechslappige Fuß ist – in Nachwirkung der Spätgotik – von einem astförmigen Wulst begleitet.

Kataloge:
R. Bachleitner, Der Heiltumschatz zu St. Stephan, Wien 1960, Nr. 38. – Sammlungskatalog des Erzbischöflichen Dom- und Diözesanmuseums, Wien 1973, Kat.-Nr. 22.

NEUBÖCK-KELCH, 1587	28

Inv.-Nr. 16   *Abb. 76*

Zinn, Inschrift: Jo. Cas. Epp. Vienn. (Neuböck)

Maße: Kelch   Patene
      Höhe: 19 cm   Höhe: 0,5 cm
      Durchmesser: 13 cm Durchmesser: 14 cm

Die Inschrift bezieht sich auf den Wiener Bischof Caspar Neubeck (1574–1594). Sechspässiger Kelchfuß, einige Felder mit ziselierten Ranken mit Wappen und Inschrift sowie figuraler Darstellung, sonst, besonders oberhalb des Nodus, nur stereometrische Form. Auch auf der Patene ist das Wappen ziseliert. Der Kelch ist vor allem in seiner formalen Einfachheit auffallend, zumal das ungewöhnliche Material und der Umstand, daß er in bischöflichem Auftrag entstand, in der bescheidenen Ausführung umso mehr überraschen. Offensichtlich ist dies auch im allmählichen Überwinden der Reformation einerseits und der bescheidenen bischöflichen Pfründe andererseits zu sehen. Der vielpässige Fuß und die knapp über dem schaftringartigen Nodus aufsteigende Cupa sind in ihrer formalen Struktur letztlich noch von der ausgehenden Spätgotik geprägt, die eingravierte Madonnendarstellung orientiert sich offensichtlich an druckgraphischen Vorlagen.

Kataloge:
R. Bachleitner, Der Heiltumschatz zu St. Stephan, Wien 1960, Nr. 37. – Sammlungskatalog des Erzbischöflichen Dom- und Diözesanmuseums, Wien 1973, Kat.-Nr. 24.

Abb. 79–86   Prot.-Nr. L–53

Silber, teilweise vergoldet, Treibarbeit, Ziselierungen, Figuren dünnwandiger Hohlguß (die hl. Edeltrud ist eine gegossene Wiederholung einer anderen Figur)
Wiener Punze, Meister H. S., 1588 datiert
Befreiungspunze von 1809/10, Repunze des k. u. k. Hauptpunzierungsamtes Wien 1806/07

Maße: Höhe: 76 cm
        Breite: 56 cm
        Tiefe: 20 cm

Leihgabe der Pfarre St. Leopold, Wien II

PROVENIENZ

Das fast vollständig erhaltene Reliquiar enthält den rechten Beckenknochen des hl. Leopold, der in der Aufschrift fälschlicherweise als „scapula" (Schulterblatt) bezeichnet wird. Wie aus der Inschrift hervorgeht, ist die Reliquie ein Geschenk des Propstes von Klosterneuburg an Erzherzog Ernst, den Statthalter von Niederösterreich, wie es auch in der Authentik des Propstes Balthasar Polzmann vom 31. Jänner 1585 festgehalten wurde. Am 7. Mai 1585 schenkte Erzherzog Ernst die Reliquie seiner Schwester Elisabeth, Königin-Witwe nach König Karl IX. von Frankreich, die dafür das Reliquiar anfertigen ließ. Im Nachlaßverzeichnis Elisabeths (1592) findet sich eine erste Beschreibung des Objektes: „Item die gefasten reliquia und darauf die historia sancti Leopoldi", aufgrund derer man die Entstehungszeit des Reliquiars auf die Jahre 1585–1592 eingrenzen kann, was durch die bei der jüngsten Reinigung (1985 durch Frau Prof. Hannelore Karl, Wien) entdeckte Datierung 1588 (bei dieser Gelegenheit wurde auch die Signatur H. S. gefunden) eine Bestätigung erfuhr. Nach dem Tode Elisabeths kam das Reliquiar in das von ihr gestiftete, sogenannte Königin-Kloster (heute Evangelisch-Lutherische Stadtkirche in der Dorotheergasse, Wien I), nach dessen Aufhebung durch Kaiser Joseph II. (1782) in das Eigentum der Pfarre St. Leopold (Wien II), von der es durch Kauf erworben wurde.

ERHALTUNGSZUSTAND

Das Reliquiar wurde 1969 anläßlich einer Diplomarbeit an der Hochschule für angewandte Kunst restauriert; inzwischen war es wieder stark angelaufen, so daß eine nochmalige Reinigung und Restaurierung notwendig war. Diese wurde 1985 durch Frau Prof. Hannelore Karl durchgeführt: das Objekt mußte so weit als möglich zerlegt werden, wobei festgestellt wurde, daß sich unter den glatten Spangen und den Schraubenmuttern am Kästchen, das die Reliquie enthält, dicke Schichten eines Putzmittels befanden (Grünspanbildung). Vor dieser letzten Restaurierung befanden sich „ruppige" Oberflächen an zahlreichen Figuren, Granatäpfeln und Lilien, die dadurch entstanden, daß durch Lötungen sich Blasen in der Vergoldungsschicht gebildet hatten, die nicht zurückpoliert worden waren; die Vergoldung war stellenweise durchgerieben, kleine Flächen teilweise abgeplatzt.
Das Reinigen der Silberteile erfolgte mechanisch; bei den vergoldeten wurde naßchemisch gearbeitet.
Die Innenseiten des Schaugefäßes wurden nicht lackiert, da sie sich seit der letzten Reinigung nicht verändert hatten. Zwei abgebrochene Wappen (Aliberthu sowie S. Ludowicus) wurden an ihrem Platz fixiert; vier weitere Wappen fehlen. Die Initialen H. S. und die Jahreszahl 1588 wurden erst bei dieser Restaurierung entdeckt.
Das Objekt wurde mit einem Schutzlack überzogen.

GESCHICHTLICHES

Markgraf Leopold III. von Österreich, aus dem Geschlecht der Babenberger, kann aufgrund der jüngst durchgeführten Auswertungen nach den archäologischen Untersuchungen im Altstift des Augustiner-Chorherren-Stiftes Klosterneuburg in Niederösterreich als dessen Kirchengründer und, unter dem Einfluß seines Sohnes Otto von Freising, als dessen Klostergründer angesehen werden. Wenn die traditionelle Schleierlegende – wonach die Wiederauffindung des Schleiers der Gattin Leopolds III., Agnes (Tochter von Kaiser Heinrich IV.), die ihren Schleier verlor, am Ort der Wiederauffindung desselben kraft einer Marienerscheinung Leopold zum Gelübde einer Klostergründung veranlaßte –

auch nicht den historischen Tatsachen entspricht, so spiegelt sie zumindest die Klostergründung durch Leopold wider. Da Otto von Freising in Frankreich studierte, stiftete Leopold III. auf Anraten Ottos auch das Zisterzienserkloster Heiligenkreuz (1136) und das Benediktinerkloster Kleinmariazell (beide in NÖ.). Nicht zuletzt seiner Klostergründungen, aber auch seiner auf Aussöhnung und Friedfertigkeit orientierten politischen Haltung wegen wurde Leopold – nach zähem Bemühen der den Babenbergern (nach dem Interregnum von 1246 bis 1278) folgenden Habsburger-Dynastie – 1485 von Papst Innozenz VIII. heiliggesprochen. Es folgten die Vorbereitungen für die Erhebung der Gebeine des hl. Leopold im Stift Klosterneuburg: Ab 1489 entstand der dreiteilige Babenbergerstammbaum durch Hans Part und Mitarbeiter, 1491 die Genealogie des Geschlechts durch Ladislaus Sunthaym (,,Sunthaym-Tafeln''), Anfertigung eines silbernen Sarges durch den Wiener Goldschmied Johann Herzog (Beihilfen durch Kaiser Friedrich III., Maximilian und Erzherzog Sigmund von Tirol seit 1491). Die Translatio der Gebeine erfolgte am 15. Februar 1506 in Anwesenheit Maximilians im Stift Klosterneuburg, 1529 wurden die Gebeine vor den Türken nach Passau in Sicherheit gebracht, der Sarg wurde jedoch eingeschmolzen. 1559–63 erfolgte die Anfertigung eines neuen Reliquienschreines im Auftrag Ferdinands I. durch die Olmützer Goldschmiede Martin Baumgartner und Christian Müllner.
Propst Balthasar Polzmann trat in der Zeit der Gegenreformation als Förderer des Leopold-Kultes auf (1584–96): 1584 erste Prägung von Leopoldspfennigen, ab 1588 auch in Gold (bis 1766); Erscheinen Polzmanns ,,Compendium vitae miraculorum S. Leopoldi'' 1591, ebenso seiner Leopoldspredigten 1591 (für die Jahre 1585–90) bzw. 1593 (7. und 8. Predigt) und 1594 (9. Predigt) in Wien (Georg Wacha, Die Verehrung des hl. Leopold, Klosterneuburg und Wien, in: Ausstellungskatalog Der Heilige Leopold, Landesausstellung Stift Klosterneuburg 1985, NÖ. Landesmuseum, N. F. Nr. 155, Wien 1985, S. 33 f.).

BESCHREIBUNG

Der Reliquienbehälter, ein Schrein mit metallgetriebenen Flügelreliefs, ist als stammbaumartige Pflanze gestaltet, wobei eine Palme mit schuppigem Stamm und langfaserigen ausladenden Blättern als vegetabilisches Gerüst fungiert. Am Fuß findet sich in der Frontalansicht an der Plinthe eine in Ziselierung angedeutete terrestrische Angabe, die in ihrer Flora und Fauna als phantasievoller Strand interpretiert ist: zwischen Gräsern, Baumstümpfen, Blumen und Blattwerk finden sich Meerestiere – Muscheln, Nautilen, tote Fische – wie auch Tiere des Festlandes – Hasen, Schildkröten, Schnecken. Auch die Schmalseite des Reliquienbehälters hat gravierten Dekor: nächst der Flügel verschlungene blühende Myrtenzweige, nächst der Rückseite des Behälters befindet sich ein Wellenband mit alternierender Darstellung von Lerchen und der Lilie von Valois (,,fleur-de-lys'') – analog der Ziselierung der Rahmen der Flügel.
Aus dem landschaftlich gebildeten, breiten Fuß, der eine Meeresküste mit Tieren darstellt, wächst gleichsam eine Palme, in deren Mitte sich der flügelaltarartige, aufklappbare Reliquienbehälter befindet. Der Stammbaum, der diesen umschlingt, trägt 33 kleine Statuen von Heiligen aus der Verwandtschaft der Habsburger bzw. deren ideeller Ahnen mit den zugehörigen Wappen. Wie weit in diesen Figürchen das groß dimensionierte Grabmonument für Maximilian I. in der Innsbrucker Hofkirche vorbildlich war und en miniature zitiert wurde, bedarf einer eigenen Untersuchung.
Die Bekrönung des Reliquiars bildet die Statuette des hl. Leopold mit Kirchenmodell und Fahne, darüber befindet sich das österreichische Wappen mit einem Herzogshut. Dieses Wappen wird vom Herrscherpaar Karl IX. von Frankreich und Elisabeth von Österreich flankiert. Möglicherweise hat für die Gestaltung dieses Reliquienbehälters der gemalte Stammbaum der Babenberger im Stift Klosterneuburg vermittelnd gewirkt. – Die vorliegende Reliquie ist das größte Stück, das jemals vom Stift Klosterneuburg abgegeben wurde. Dieser Umstand ist ein anschauliches Beispiel für die durch die Gegenreformation bedingte Reliquiensammlertätigkeit des Herrscherhauses. Die Kombination habsburgischer Wappen und Hausheiliger mit dem Babenberger Leopold zeigt die Auffassung, daß Leopold – und somit die Babenberger – als Vorfahren in der Herrschaft angesehen wurden.
Die Palmblätter des Stammbaumes zeigen zwischen Knospen und reifen Früchten eingefaßt eine große Anzahl von Statuetten mit Wappen und Namensaufschriften, wobei die Figürchen mit den Wappen verbunden und mittels Schrauben an der Unterkante der gefalteten Palmwedel montiert sind: Dieser ideale Stammbaum wird von der Figur des hl. Leopold bekrönt; unter ihm befindet sich das französische Königspaar – Karl IX. und Elisabeth von Habsburg, die Stifterin dieses Reliquiars. Im linken Teil des Stammbaumes sind – paarweise pro Palmwedel, von unten beginnend – Chlodwig und der hl. Koloman,

die hl. Radegundis und der hl. Deuthelinus, eine nicht bezeichnete weibliche Heilige mit Schwert (Katharina? Barbara?) und der (gleichfalls nicht bezeichnete, durch das Attribut des Salzfasses jedoch identifizierbare) hl. Rupert, der hl. Ludwig von Toulouse und die hl. Altrud (Waltraud), die hl. Amelberga und der hl. Dagobert, die hl. Vertela und der hl. Quidus, eine gekrönte nicht bezeichnete weibliche Heilige mit Salbgefäß (offensichtlich Magdalena) und die hl. Riccarda und zuletzt der hl. Sigbertus dargestellt; im rechten Teil sind – gleichfalls von unten beginnend und paarweise pro Palmwedel – der hl. Rudolf und ein heiliger, namentlich nicht bezeichneter Einsiedler gegeben, diesen folgen der hl. Clodoaldus und die hl. Edeltrud, der hl. Goerieus und die hl. Tarsita, eine gekrönte männliche Gestalt (vermutlich Kaiser Karl der Große) und der hl. Albert, der hl. König Stephan von Ungarn und die hl. Phasahildis, der hl. Wenzel und die hl. Kunigunde, die hl. Ursula und der hl. Sebolith (Sebald) und zuletzt der hl. König Ludwig (IX.) von Frankreich. Dieser ideale Stammbaum berücksichtigt die Hausheiligen der beiden Herrscherhäuser – des französischen Königshauses und die der Habsburger-Dynastie – woraus sich die Darstellung zahlreicher weniger bekannter Heiliger erklärt.

IKONOGRAPHIE

Die Flügel des Reliquienschreines zeigen in 16 Feldern – auf den Innen- und Außenflügeln – erstmals eine Serie von Wundern des hl. Leopold, auf denen das Grabmal des Heiligen mehrmals abgebildet ist. Dieses ist in der Manier der frühen 16. Jahrhunderts (?) als Baldachingrab gestaltet. Eine detaillierte Studie, die über den dargestellten Inhalt dieser Szenen Aufschluß gibt, steht noch aus; prinzipiell ist nicht auszuschließen, daß enge Beziehungen zu den jüngeren Fresken in der Leopoldskapelle (Kapitelsaal) im Stift Klosterneuburg bestehen (Ausstellungskatalog Der Heilige Leopold, Landesausstellung Stift Klosterneuburg 1985, NÖ. Landesmuseum, N.F. Nr. 155, Wien 1985, Kat.-Nr. 30). Offensichtlich hat die erste, von dem Klosterneuburger Propst Balthasar Polzmann verfaßte (1591 von Leonhard Nassinger in Wien gedruckte), wissenschaftliche Lebensbeschreibung des hl. Leopold unter Verwendung historischer Quellen und unter Heranziehung der Prozeßakten von der Heiligsprechung auch bestimmend auf die Ikonographie der Flügelreliefs dieses Leopold-Reliquiars gewirkt. Das 1670 erschienene Buch von dem Klosterneuburger Propst Adam Scharrer (bei Leopold Voigt in Wien gedruckt), das mit zahlreichen Kupferstichen von Johann Martin Lerch geschmückt ist, lehnt sich an das Buch von Balthasar Polzmann an und bildete die literarische Vorlage für die 1677/78 von Johann Christoph Prandtl ausgeführten Fresken im Kapitelsaal (Leopoldskapelle) des Augustiner-Chorherren-Stiftes Klosterneuburg. Aufgrund der ikonographischen Übereinstimmung der Szenen der Flügelreliefs vom Reliquiar mit diesen – jüngeren – Fresken können einzelne dieser Szenen unter Heranziehung der literarischen Quellen eindeutig identifiziert werden, was jeweils in der folgenden ikonographischen Beschreibung angeführt wird.

Die Reliefs der Außenseite zeigen im linken Flügel, von oben beginnend, Szenen von Gebetserhörungen durch den vor Gott-Vater fürbittenden hl. Leopold: Befreiung von Besessenheit (eine Frau aus Kärnten wird von der Besessenheit geheilt; siehe Scharrer, 196 f.), Blindenheilung (Johannes Haß, von einem Hussiten mit dem Pfeil durchs rechte Auge geschossen, wird geheilt; siehe Scharrer, 195), Befreiung von einer Krankheit (mehrere Möglichkeiten), Bitte um Gesundung eines kranken Säuglings (entweder ein ertrunkener Knabe, der beim Legen auf den Altar wieder lebendig wird – Scharrer, 227; oder der zweijährige Sohn Wolferl einer Klosterneuburger Müllerin wird durch ein am Grab des hl. Leopold berührtes Tuch wieder gesund – Scharrer, 222), im rechten Außenflügel folgen – von unten nach oben – die Bitte eines Ehepaares (?), das Erflehen um Schutz bei Schiffbrüchigen (Hauptmann Wolfgang Kadauer will 1464 zu Schiff Klosterneuburg erobern, worauf der hl. Leopold die Schiffe durch Sturm zu zerstören droht; als die Soldaten daraufhin bereuen, werden sie gerettet; siehe Scharrer, 214 ff.), Lahmenheilung (Simon Amort, im Winter 1470 aus dem Wagen gestürzt, beide Beine gebrochen, wird wieder gesund; Scharrer, 195), Errettung aus dem Brunnen (Hans Weinruffers Söhnlein, Friedrich, 1471 in Wiener Neustadt in den Brunnen gefallen, wird zum Leben erweckt; Scharrer, 226 f.). Die Innenflügel zeigen links – von oben beginnend – die Fürbitte zweier im Wald überfallener und ausgeraubter Männer, die Fürbitte eines Pilgers, die Bitte eines kranken Kindes, die Gebete einer Geißler-Bruderschaft; im rechten Innenflügel sind – von unten beginnend – die Fürbitten zweier Gefangener, die zweier Hinkender, die eines Wanderers (?) und die eines Fettsüchtigen (Gehunfähigen) als kleine Szenen dargestellt. Allen diesen Szenen ist eigen, daß die im unteren Bildfeld illustrierten Fürbittenden mit ihren Attributen bzw. in ihren szenischen Andeutungen durch den fürbittenden hl. Leopold ergänzt werden: Dieser ist jeweils im oberen Eck des Bildfeldes durch ein Wolkenband vom übrigen Szenarium separiert, wobei Gott-Vater, als Büste gegeben, von einem weiteren Wolkenband segmentbogenartig vom hl. Leopold getrennt ist. Diese coelestische Darstellung ist jeweils nächst dem mittleren Falz der Flügel angeordnet. Die meisten dieser Szenen – drei ausgenommen (Schiffbrüchige, Errettung aus dem Brunnen, Überfall im Wald) – zeigen den Schutzerflehenden mit seinen Requisiten vor dem Grabmal mit dem spätgotischen Baldachin im Inneren des Kapitelsaales – der durch die Wiedergabe der Bodenplatten sowie durch die beiden Säulen bzw. Pfeiler im Hintergrund als solcher charakterisiert ist – von Klosterneuburg, wo der hl. Leopold bestattet ist. Die in vielen dieser Szenen bestehende ikonologische Analogie zu den in den Evangelien überlieferten Wundertaten Christi weist auf das Motiv der „Imitatio Christi" als Gegenstand der Heiligenverehrung hin.

Das besonders detailreich gestaltete Relief mit der Darstellung der Schleierlegende an der Rückseite des Reliquienbehälters zeigt in der Wiedergabe des Berges im Hintergrund abgeholzte Bäume: Durch den Steilabfall zum Fluß (der sogenannten „Nase") wie auch durch die klosterartige Burganlage auf seinem Gipfel ist er als der Leopoldsberg gekennzeichnet, der damals Kahlenberg hieß. Ebenso bemerkenswert wie die sinnige Umsetzung des Namens des Berges ins Bildliche mittels der Wiedergabe der Baumstümpfe (also eines durch Abholzen „kahl" gewordenen Berges) ist die Darstellung der beiden vom Söller der Burg blickenden Personen: der Wind – durch einen aus den Wolken in Profilansicht gegebenen Maskaron personifiziert – „bläst" soeben den Schleier vom Söller der Burg weg; im Vordergrund dieses Flachreliefs kniet – von Jagdhunden begleitet (wobei einer das Schwert des Knienden beschnuppert) – der hl. Leopold vor dem Holunderstrauch, in dem der Schleier landete. Eine detailgetreue Betrachtung dieses Reliefs läßt die Darstellung als simultane Schilderung der Schleierlegende erkennen. Das Wams des hl. Leopold enthält ein florales, von Adlerdarstellungen durchsetztes Muster, das eine Paraphrase jenes Stoffes ist, der als Fragment des einstigen „Markgrafen-Ornates" im Augustiner-Chorherren-Stift Klosterneuburg verwahrt wird und der Legende nach als Bestandteil des Wamses des hl. Leopold gilt. Der Stoff ist jedoch eine französische oder sizilianische Arbeit des 13. Jahrhunderts (siehe Ausstellungskatalog Der Heilige Leopold – Landesfürst und Staatssymbol, Stift Klosterneuburg 1985, Kat.-Nr. 154).

Die bereits genannte, herkunftbeschreibende Inschrift befindet sich auf einer aufklappbaren, säulengerahmten Tafel. Lerchen und Lilien in den rahmenden Wellenbändern des Schreines und der Flügel weisen auf die Verbindung mit Frankreich durch die Ehe der Erzherzogin Elisabeth mit Karl IX. hin. Der Text befindet sich beiderseits des erzherzoglichen Wappens mit dem Goldenen Vlies. Die Rückseite der Tafel zeigt seitlich des ziselierten Cherubskopfes (mit Signatur und Datierung) das Wappen von Erzherzog Ernst und das der Elisabeth von Frankreich nebst einer weiteren Inschrift.

Die rahmenden Säulen sind von der rudolfinischen und der französischen Krone geziert. – Die Rückseite des Reliquienbehälters zeigt die Legende der Schleierauffindung, die in ihrer Art der Darstellung ein Derivat von der Version im Stift Klosterneuburg, die ursprünglich als Außenseite eines Altarflügels diente und von Otto Benesch (Kirchenkunst 7, 1935, S. 109; Jahrbuch der preußischen Kunstsammlungen, 57, 1936, S. 160) dem jungen Erhart Altdorfer, von Alfred Stange (Rueland Frueauf d. J., Salzburg 1971, S. 17ff., 155) Rueland Frueauf zugeschrieben wurde (Ausstellungskatalog Der Heilige Leopold, Landesausstellung Stift Klosterneuburg 1985, NÖ. Landesmuseum, N.F. Nr. 155, Wien 1985, Kat.-Nr. 241); diese Art der Darstellung tradierte ikonographisch von den Illustrationen der Sunthaym-Tafeln bis hin zu den Fresken in der Leopoldskapelle (Kapitelsaal) im Stift Klosterneuburg.

KUNSTHISTORISCHE EINORDNUNG

Das Leopold-Reliquiar ist ein Zeugnis der hohen Qualität der Wiener Goldschmiedekunst als Beleg für die Reliquienverehrung in der Gegenreformation und verdient aus diesem Grund in kunst-, aber auch in kulturhistorischer Hinsicht besondere Beachtung. Enge stilistische Parallelen lassen sich zum Wolf-Epitaph von 1568 (an der Westfassade des Stephansdomes) feststellen.

Die formalästhetische Verbindung eines Stammbaum-Motives mit narrativen Szenen hat ihre Vorläufer in Initialen der hochmittelalterlichen Kunst, wie beispielsweise in der Buchmalerei (siehe Lambeth-Bible, vgl. Kat.-Nr. 5) oder auch in der Bildhauerei (Reliefs an den Türflügeln des Westportals des Gurker Domes, Ende 12. Jahrhundert), oder in der Glasmalerei (Westfenster aus der Mitte des 12. Jahrhunderts in der Kathedrale von Chartres). Erzählerische Darstellungen als Umrahmung einer großfigurigen Heiligengestalt – abgeleitet vom Gestaltungsprinzip der Festtagsikonen in der byzantinischen Kunst – finden sich in den frühen Altarretabeln der umbrisch-toskanischen Malschulen im 13. Jahrhundert, wo – zunächst außer dem Kreuz Christi oder dem thronenden Christus und außer der thronenden Maria nur der hl. Franz von Assisi – der Titelheilige von Szenen aus seiner Vita umgeben ist. Für den 1729 kanonisierten hl. Johannes Nepomuk gab es graphische Bilderfolgen mit derartigen Szenen. In dem ausgestellten Reliquiar ist ein „missing link" dieser Entwicklungstendenz, vom Strukturprinzip des Flügelaltars der Spätgotik inspiriert, vorzufinden. Die formale Erscheinung der Figürchen am Stammbaum – ihre Standmotive, ihre Umrißlinien, die Binnenmodellierungen und die Oberflächengestaltung, vor allem der Gewandstil – orientiert sich an spätgotischen Vorlagen, die vielleicht bewußt zitiert wurden. Die zwischen Grasbüscheln angeordneten Tiere an der Stirnseite der Standplatte finden sich motivisch in ähnlicher Weise auf der Scheide eines malayischen Kris des 17. Jahrhunderts in der Schatzkammer des Deutschen Ritterordens in Wien (Inv.-Nr. 175, Kat.-Nr. Raum 3, Nr. 51; siehe auch Beda Dudik, Kleinodien des Deutschen Ritterordens, Wien 1865, S. 46 f.). Ob orientalische Bildtraditionen, von älteren Exemplaren entlehnt als dem Kris der Schatzkammer des Deutschen Ritterordens, im Leopolds-Reliquiar tatsächlich zitiert sind, muß vorerst ebenso unbeantwortet bleiben wie die Frage nach den Vorbildern für die kleinen Figürchen.

Die Gleichartigkeit in der formalen Gestaltung der Wunderszenen in den Flügelreliefs läßt erkennen, daß ihrer bildlichen Fassung keine spezifische Bildtradition vorausgeht.

Literatur:
Hermann Göhler, Ein Leopoldi-Reliquiar im Wiener Erzbischöfl. Dom- und Diözesanmuseum, in: St. Leopold-Festschrift, Klosterneuburg 1936, S. 36 ff. – Josef Strzygowski, Heidnisches in der österreichischen Kunst des 16. Jahrhunderts, in: „Das Bild", 1937, Heft 1, S. 1 ff. – Georg Wacha, Markgraf Leopold III., Heilmittelwerke-Jahrbuch 1956, Wien 1955, S. 9 ff. – Georg Wacha, Reliquien und Reliquiare des hl. Leopold, Jahrbuch des Stiftes Klosterneuburg, N. F. 3, 1963, S. 14 f. – Margarethe Poch-Kalous, Das Wiener Kunsthandwerk seit dem Zeitalter der Renaissance, Geschichte der Stadt Wien, Neue Reihe 7/2, 1955, S. 231, Abb. 97, 98.

Kataloge:
Führer durch das Eb. Dom- und Diözesanmuseum, Wien 1934, 1941, 1946. – Rudolf Bachleitner, Der Heiltumschatz zu St. Stephan in Wien, Wien 1960, Nr. 36. – Renaissance in Österreich, Schloß Schallaburg 1974, S. 81 f., Nr. 184. – 1000 Jahre Babenberger in Österreich, Stift Lilienfeld 1976, S. 670, Nr. 1127. – Sammlungskatalog des Eb. Dom- und Diözesanmuseums, Wien 1973, Kat.-Nr. 25. – Der Heilige Leopold, Landesausstellung Stift Klosterneuburg 1985, NÖ. Landesmuseum, N. F. Nr. 155, Wien 1985, S. 398 f./ Kat.-Nr. 563.

30	OBER-ST. VEITER MONSTRANZ, erstes Drittel 17. Jahrhundert

Abb. 77   Prot.-Nr. L–230

Silber, großteils vergoldet
Treibarbeit, Ziselierungen, Medaillons und Figürchen zum Teil gegossen
Wiener Beschauzeichen des 17. Jahrhunderts, zwei Repunzen

Maße: Größe: 60 cm
　　　　Breite: 24,8 cm
　　　　Tiefe: 20,4 cm

Leihgabe der Pfarre Ober-St. Veit, Wien XIII

PROVENIENZ
___

Angeblich gelangte diese Monstranz aus dem ehemaligen Himmelpfortkloster in Wien I nach Ober-St. Veit.

IKONOGRAPHIE
___

Vier Reliefs mit den Evangelisten am Fuß: Markus (vorne), Johannes (links), Matthäus (rechts) und Lukas (hinten). In den Tabernakeln Figuren des hl. Laurentius (links) und der Anna selbdritt (rechts). Im bekrönenden Tabernakel Martyrium des hl. Veit im Kessel, darüber Kruzifix.

BESCHREIBUNG UND STILCHARAKTERISTIK
___

Der geringfügig gelängte vierpaßförmige Fuß zeigt geringe Andeutungen von kielbogenartigen Endungen am äußersten Reifen der Standplatte. Nach einem mit ziseliertem

Blattwerk gezierten Wulst folgt eine niedrige Plinthe, den flachen Fuß mit seinem jähen Übergang zum Hals zieren groteske Pflanzenstauden, in den Lappen dieser Fußoberfläche befinden sich die vier genannten Reliefs der Evangelisten. Am Schaft unterhalb und oberhalb des Nodus je Inschriften für Jesus und Maria. Die ausgreifende Konsole, die von Maureskenbändern begleitet wird, trägt ein kielbogig geschlossenes Schaugefäß, das von einem gleichfalls kielbogig geschlossenen Tabernakel bekrönt und von zwei solchen begleitet wird. Letztere enthalten Hängekonsolen sowie die bereits genannten Figürchen. Die seitlichen Tabernakel zeigen begleitenden Beschlagwerkdekor und bekrönende Fialen.

DATIERUNG

Nachgotisch, erstes Drittel 17. Jahrhundert.

Katalog:
Unbekannte Kunstwerke aus dem Raum der Erzdiözese Wien, Entdecken – Konservieren – Revitalisieren.
Schriftenreihe des Eb. Dom- und Diözesanmuseums Wien, N. F. Nr. 9, Wien 1982, Kat.-Nr. C, 10.

| ANTEPENDIUM, drittes Viertel 17. Jahrhundert | 31 |

Inv.-Nr. 17   *Abb. 87, 88*

Brokat mit Silberfäden auf Samt aufgestickt
Maße: Querformat: 90 × 160 cm

PROVENIENZ

Über die Herkunft des Stückes sind keine näheren Angaben überliefert. – Ein ähnliches, komplett erhaltenes Stück befindet sich in den Sammlungen des Stiftes Kremsmünster in Oberösterreich. Nachdem Abt Anton Wolfrath von Kremsmünster auch Bischof von Wien war, und ferner bekannt ist, daß gleichlautende Serien an Tapisserien möglicherweise durch ihn für Kremsmünster wie für Wien in Auftrag gegeben wurden, besteht auch für dieses Stück die Möglichkeit der Erklärung einer gemeinsamen Herkunft, obwohl ein zeitlicher Abstand einzukalkulieren ist.

BESCHREIBUNG UND STILCHARAKTERISTIK

Der Brokat besteht aus hoher schwerer Reliefstickerei, ist mit Roßhaar unterstopft und darüber mit Karton und Fadenunterlagen erhöht. Die Stickerei ist in Gold und Silber angelegt und deckt den ganzen Grund in Spreng- und Anlegetechnik auf starkem Leinengrund. Die Dekoration zeigt Kreis- und Halbmondmuster sowie pflanzlichen Dekor in einer Anordnung nach geometrischen Prinzipien. Diese Art der Musterung entspricht der von osmanischen Arbeiten.

KUNSTHISTORISCHE EINORDNUNG UND DATIERUNG

Die verblüffende Ähnlichkeit des ausgestellten Textils zu dem Antependium aus Kremsmünster weist beide Stoffe als ursprünglich zusammengehörig aus. Wie das Exemplar aus Kremsmünster, entgegen früheren Vermutungen, nicht aus der Türkenbeute von 1683 stammen kann – es wird in den Stiftsrechnungen von 1676 bereits erwähnt –, dürfte dies auch für das vorliegende Antependium des Museums gelten. Nachdem nicht jedes türkische Textil ein Beutestück sein muß, erklärt sich die Herkunft des Stückes sicherlich aus dem kontinuierlich betriebenen Handel mit dem Orient. Das Antependium aus Kremsmünster wird ins dritte Viertel des 17. Jahrhunderts datiert, was auch für die Einordnung und Datierung des Antependiums im Museum einen brauchbaren Anhaltspunkt bietet (s. Dora Heinz, Paramente, ÖKT, Bd. XLIII, Stift Kremsmünster, Wien 1977, S. 537 f.). Es bliebe zu untersuchen, ob die Rosetten und Lanzettblätter nicht als floral uminterpretierte Sonne- und Mondsichel-Motive zu verstehen sind.

Katalog:
Sammlungskatalog des Eb. Dom- und Diözesanmuseums, Wien 1973, Kat.-Nr. 26.

Prot.-Nr. L–54

Silber, vergoldet, Treibarbeiten mit Ziselierungen
Passauer Punzen an den Kännchen, 1602

Maße: Tasse	Kännchen A	Kännchen V
Länge: 32 cm	Höhe: 13 cm	Höhe: 14 cm
Breite: 24 cm	Durchmesser: 7 cm	Durchmesser: 7 cm
Höhe: 3 cm	Tiefe (mit Schnabel u.	Tiefe (mit Schnabel u.
	Henkel): 13 cm	Henkel): 13 cm

Leihgabe der Erzbischöflichen Cur

ERHALTUNGSZUSTAND

Diese Garnitur wurde 1985 von Frau Mag. Christl Pongratz-Zeman, Kitzbühel, restauriert.

BESCHREIBUNG UND STILCHARAKTERISTIK

Tasse: Ein breiter, durch ziselierte Girlanden- und Arabeskenmotive, eingestreute Frucht-gehänge und jeweils an den Seiten durch je einen ziselierten Cherubskopf geschmückter Rand schließt nach außen durch einen – durch ein Blattmotiv in der Art eines laufenden Hundes gestalteten – Wulst ab. Die Tasse selbst wölbt sich bauchig nach unten zu, ist an der Wölbung durch parallel geführte, nach außen getriebene Rundungen geschmückt; die Standfläche für die Kännchen ist konzentrisch zum äußeren Rand geführt, wobei die jeweiligen für die einzelnen Kännchen bestimmten Standplätze durch – dem Außenwulst gleichartige – Abschlüsse gekennzeichnet sind; innen sind die Standflächen durch die Buchstaben IHS und ein ziseliertes Kreuz sowie durch floralen Dekor geschmückt. – Der Rand der Tasse sowie die Standflächen sind vergoldet, das übrige ist Silber.
Kännchen: Die beiden Kännchen unterscheiden sich nur durch die bekrönenden Buchsta-ben „A" und „V" (für Wasser – „aqua" – und Wein – „vinum") und sind ansonsten gleichartig gestaltet. Auf der Fußzarge erhebt sich ein getriebener, durch ziselierte Ara-besken geschmückter Wulst, wobei die anschließende, sich nach oben zu verjüngende Fläche vollkommen glatt bleibt; es folgt der bauchige, teils eingekerbte, durch Arabesken in den einzelnen durch die Kerbungen entstehenden Feldern gezierte Teil der Kännchen, der unterhalb des Schnabels durch ein abgesetztes Band abschließt und glatt und schmucklos nach oben weitergeführt wird. Die Deckel sind wiederum in gleicher Weise wie die Kännchen-Füße durch einen Wulst mit ziseliertem Muster versehen. An den floral gestalteten Henkeln befinden sich V-förmige, ebenfalls floral gebildete Hörner zum Öff-nen der Kännchen.

KUNSTHISTORISCHE EINORDNUNG UND DATIERUNG

Vermutlich sind die beiden Kännchen – aufgrund der unterschiedlichen Musterung – und die Tasse nicht zugehörig. Die Kännchen sind in Passau entstanden, während für die Tasse die Entstehung in Salzburg vermutet werden kann. Die Ornamentik auf der Tasse zeigt enge Verwandtschaft zu der des Salzburger Kunstgewerbes der Wolf-Dietrich-Zeit um 1600 und geht in den Motiven vermutlich – wie dort – auf niederländische Stichvor-lagen des 16. Jahrhunderts zurück.

Kataloge:
Führer durch das Eb. Dom- und Diözesanmuseum, Wien 1934, 1941, 1946. – Sammlungskatalog des Eb. Dom- und Diözesanmuseums, Wien 1973, Kat.-Nr. 42.

Prot.-Nr. L–200 *Abb. 91*

Silber, vergoldet, getrieben, ziseliert
Nürnberger Punze am Lippenrand
Meisterpunze (?) IR (Jörg Ruel d. Ä.?)

Maße: Pokal und Deckel	Pokal allein	Deckel allein
Höhe: 37,5 cm	Höhe: 22,5 cm	Höhe: 15,5 cm
Durchmesser: 9,4 cm	Durchmesser: 8,6 cm	Durchmesser: 9,4 cm

Leihgabe aus dem Stephansdom

PROVENIENZ

Nach dem Zweiten Weltkrieg wurde der Buckelpokal als Beitrag von einem protestantischen Pastor dem Dom geschenkt. Er war lange Zeit im Dom als Salbgefäß bei Firmungen
in Verwendung. Aufgrund des Auftretens von Schäden kam der Pokal auf Wunsch von
Kardinal König in das Museum.

ERHALTUNGSZUSTAND

Von früheren Restaurierungen dürften der Holzteil in der Cupa, der dem alles verbindenden Dorn (Fuß, Blechblätter, Stylos) ein Widerlager bietet, sowie der Holzteil im Fuß
stammen. Beide Holzteile verdecken Löcher in der Wandung des Pokals. Der Deckel
fehlte und wurde gelegentlich der Diplomarbeit von Maja Velicogna an der Hochschule für
angewandte Kunst/Meisterklasse für Metallrestaurierung und Konservierung in Wien im
Jahre 1978 ergänzt, wobei gleichzeitig das Objekt auch fachgerecht gereinigt und restauriert wurde. Mit der Ergänzung des Deckels gewann die Absolventin der Hochschule für
angewandte Kunst einen Preis der Stadt Wien. – Bei der Gestaltung des Deckels wurde
auf traditionelle Prinzipien eingegangen; um diese zu verdeutlichen, wurde versucht, die
Höhen- bzw. Längsproportionen in Einklang zu bringen. Er wurde aus 0,8 mm starkem
Silberblech gefertigt. Die Grundform wurde gedruckt, die Buckel und Detailformen wurden getrieben und ziseliert. Der florale Dekor wurde punzgraviert. Die Bekrönung – der
Blumenstrauß – wurde aus Silberblech und Draht getrieben und zusammengelötet. Die
Vase wurde gedreht. Alle diese Teile werden durch einen zentralen Stift mit einer Verdek-
kelung zusammengehalten. Anschließend wurde der Deckel vergoldet und handpoliert.

BESCHREIBUNG UND STILCHARAKTERISTIK

Auf der runden, wenig profilierten Fußzarge erheben sich sechs stark ausgeprägte Buk-
kel, die sich zur Mitte hin bis zu einem schmalen Grat verjüngen, senkrecht aufsteigen,
um sich schließlich im oberen Drittel des Fußes wieder zu Buckeln zu verbreitern. Aus
diesen Buckelzwickeln fließen wie Tropfen sechs kleine Buckeln hervor, die sich am
senkrechten Fußmittelteil zu breiten Bahnen erweitern. Der Stylos ist schmal; auf verschieden geformte Wülste folgt ein vasenförmiger, mit sechs Buckeln versehener Nodus.
Die Übergänge zum Fuß und zur Cupa werden durch florale Blechelemente verdeckt.
Die Cupa ist glockenförmig gestaltet. Die untere Buckelreihe, hier sind es acht Buckel, ist
sehr tief angeordnet. Zwischen den schmalen Buckelgraten befinden sich mit Floraldekor
zart ziselierte Flächen. Diese Flächen enden als Tropfen zwischen der oberen Buckelreihe. Anschließend an einen getriebenen Wulst folgt der glatte Lippenrand.

KUNSTHISTORISCHE EINORDNUNG UND DATIERUNG

Aufgrund des Meisterzeichens IR am Lippenrand des Pokals kommt als Nürnberger
Meister mit großer Wahrscheinlichkeit Jörg Ruel d. Ä. (Meister 1598, † 1625) als Schöpfer
dieses Objektes in Frage (Marc Rosenberg, Der Goldschmiede Merkzeichen, 3. Aufl.
1925/Nr. 4086). Der Pokal gehört damit bereits der Zeit um 1600/1620 an.

Literatur:
*Maja Velicogna, Diplomarbeit 1978 an der Hochschule für angewandte Kunst/Meisterklasse für Metall-
restaurierung und Konservierung, Wien.*

34	KELCH, frühes 17. Jahrhundert

Abb. 95, 96   Prot.-Nr. L–98

Silber, vergoldet, teils ziseliert, teils Treibarbeiten, emaillierte Auflagen und Steine
Meisterzeichen CA

Maße: Höhe: 26,5 cm
        Durchmesser: 17 cm

Leihgabe des Erzbistums

PROVENIENZ

Laut Inschrift auf der späteren Patene: „Memento Vincentii Eduardi Archiepiscopi, 1837"
stammt der Kelch aus dem Besitz des Wiener Erzbischofs Vinzenz Eduard Milde.

BESCHREIBUNG

Der sechspässige, gebuckelte Fuß ist auf den Buckeln sowie in den Zwickeln zwischen
diesen mit appliziertem Floraldekor geschmückt. Der Stylos zieht sich sechskantig bis
zum Nodus hinauf und ist teils durch applizierten, teils durch ziselierten Floraldekor
geziert; der Nodus besteht aus drei Engelshermen und ist vasenförmig gestaltet. Die
Cupa ist bis zur Hälfte mit floralem Dekor reich geschmückt, die obere Hälfte ist völlig
glatt.

KUNSTHISTORISCHE EINORDNUNG UND DATIERUNG

Die Buckelformen sind aus dem Nachwirken der spätgotischen Tradition erklärbar; Meister dieses Kelches ist ein süddeutscher Goldschmied, der im 17. Jahrhundert tätig war.
Der Emaildekor und vor allem die broschenartigen Silberfiligranfassungen am Fuß lassen
auf eine Zweitverwendung eines vornehmen Schmuckes aus der Zeit um 1600 schließen.

Kataloge:
Führer durch das Eb. Dom- und Diözesanmuseum, Wien 1934, 1941, 1946. – Sammlungskatalog des Eb.
Dom- und Diözesanmuseums, Wien 1973, Kat.-Nr. 36.

35	WURZEL-JESSE-MONSTRANZ, um 1630

Abb. 97–99   Prot.-Nr. L–231

Silber, vergoldet, Treibarbeit, ziseliert

Maße: Höhe: 64 cm
        Breite: 24 cm
        Tiefe: 15 cm

Leihgabe der Pfarre Pottenstein an der Triesting, NÖ.

ERHALTUNGSZUSTAND

Die Metallteile wie auch die in Metall gefaßten Glassteine sind weitgehend komplett
erhalten. Die Monstranz hat ein Wiener Beschauzeichen R 2, 5065, sowie eine vor 1647
übliche Wiener Punze und eine Meisterpunze S.

IKONOGRAPHIE

Über einem länglichen Fuß in geschweifter Form mit doppelgeschossiger, profilierter
Standplatte liegt auf einer erdigen Terrainangabe Jesse: sein Inkarnat ist Silber, das
Gewand und der Turban sind vergoldet. Aus seinem Leib ragt ein glatter Baumstamm
hervor, der die Funktion des schaftartigen Stieles hat, ohne daß eine formale Andeutung
für ein den Nodus stellvertretendes Motiv erfolgen würde. Der zylindrische, in zwei
Reihen von geschliffenen, rosettenartig gefaßten Gläsern gezierte Schaubehälter wird
vom Geäst des Baumes umrankt, von einer Gloriole hinterfangen und durch ein mit
Glassteinen besetztes, von einfachen, diagonal angeordneten Strahlenbündeln hinterfan-

genes Kreuz gekrönt. Die Äste bilden durch ihr ringförmiges Einrollen im Verband mit den in silbernen Blättern verankerten Büsten der Stammväter Christi jeweils einen Medaillon-Charakter. Oberhalb des Schaugefäßes ist die ziselierte Figurengruppe der Pietà, seitlich desselben sind adorierende Engel in stehender Haltung angebracht, wie sie in ähnlicher Formulierung auch das bekrönende Kreuz flankieren, unter dem die Taube des Hl. Geistes angeordnet ist.

KUNSTHISTORISCHE EINORDNUNG

Das letztlich aus der Antike stammende orientalische Motiv des Lebensbaumes in seiner christlichen Interpretation als Wurzel Jesse bildet das strukturelle Gerüst dieser Monstranz. Die seit dem Manierismus zunehmende gestalterische Vorgangsweise in der Entlehnung naturalistischer Elemente und deren Anwendung in der Formgelegenheit des liturgischen Gerätes – wie sie in der Astwerkgotik am Ende des Mittelalters eine motivische Vorstufe hat – erfährt im Barock nicht nur eine Vermengung von der traditionellen Struktur der Gefäßform mit naturalistischen Details, sondern die der Natur entlehnten Motive bilden in Verbindung mit der ikonographischen Tradition die Form des Gerätes selbst. Im medaillonartigen Einrollen der Astendungen entspricht dies den im Barock populären, gemalten Wurzel-Jesse-Darstellungen mit den an den Ästen des Baumes hängenden Medaillon-Bildnissen der Stammväter.
Wiederholt wurde das Lebensbaummotiv als Struktur für liturgische Geräte herangezogen (s. Ausst.-Kat. 400 Jahre Franziskaner in Salzburg, Salzburg 1983, Nr. 28, 43), wofür die 1587 von Franciscus Gonzaga in Rom erschienene Chronik des Franziskanerordens (s. Ausst.-Kat., item, Nr. 68) mit den gestochenen Stammbäumen als literarische Vorlage gedient haben mag. Diese Geräte sind jedoch in ihrem Dekor stilistisch jünger und haben die naturalistische Baumform beim Stamm – zum Unterschied von Gonzagas publizierten Stichen – weitgehend zugunsten einer ornamentalen Wirkung abstrahiert.
Aufgrund des Figurenstiles ist die Monstranz eine Arbeit aus dem zweiten Viertel des 17. Jahrhunderts und, wie nach der Punze zu schließen ist, eine Wiener Arbeit.

Literatur:
ÖKT, Bd. XVIII, Die Denkmale des politischen Bezirkes Baden, Wien 1924, S. 349, 350, Fig. 437.

Katalog:
Führer durch das Eb. Dom- und Diözesanmuseum, Wien 1934, 1941, 1946.

MONSTRANZ, 1654	36

Prot.-Nr. L–232   *Abb. 100–102*

Silber, feuervergoldet, handpoliert, Treibarbeit mit Ziselierungen, gegossene Teile, Steinbesatz
Meisterpunze TD
Wiener Datumspunze 1654

Maße: Höhe: 69,5 cm
       Breite: 36 cm
       Tiefe: 19,5 cm

Leihgabe aus der Stadtpfarrkirche St. Veit/Laa an der Thaya, NÖ.

ERHALTUNGSZUSTAND

Gelegentlich der, 1985 erfolgten, Restaurierung des Objektes durch Frau Mag. Christl Pongratz-Zeman, Kitzbühel, wurde die Monstranz, deren Feuervergoldung sehr gut erhalten ist, in ihre Einzelteile zerlegt und sowohl die vergoldeten Teile als auch die silbernen Applikationen von einer Schmutz- und Oxydschichte befreit. Fehlende Steine wurden nicht ergänzt. Die Reinigung erfolgte mechanisch in Seifenwurzellauge und Schlämmkreide.

IKONOGRAPHIE

Am Fuß sind die vier Evangelisten mit ihren Attributen dargestellt. Um das Schaugefäß herum sind folgende Figurationen angeordnet: Unter dem Gefäß ist die Taube des Hl. Geistes in einer Wolkenformation zu sehen; über dem Schaugefäß für die Hostie liegt auf dem Buch mit den sieben Siegeln das Lamm Gottes. In den Säulenstellungen des Palladiomotivs befinden sich zwei Heilige: links Petrus, rechts Paulus, jeweils vor dekorativen Motiven. Das Alte Testament ist vertreten durch die Gesetzestafeln rechts, das Neue Testament durch das Evangelienbuch links. Beide sind in einem Gehänge, das links von Kreuzstab, Trompeten und Pauken sowie rechts von Kreuzstab, Pastorale und Pauken begleitet ist und mit diesen ekklesiastischen Symbolen die Kirche als Verkünderin des Alten und des Neuen Testamentes ausweist. Auf dem Halbrund des Palladiomotivs sitzt Gott-Vater mit Dreiecksnimbus auf Wolken neben der Weltkugel, die Rechte im Segensgestus erhoben, in der Linken ein Zepter, seitlich flankiert von je einem adorierenden Engel.

BESCHREIBUNG UND STILCHARAKTERISTIK

Über einer schwach profilierten Fußzarge erhebt sich ein bauchig gewölbter, reich ausgestalteter Fuß: durch von unten nach oben hin sich verjüngende, durch je einen großen, vollplastisch ausgebildeten Cherubskopf und einem darüber anschließenden Band mit Steinbesatz geschmückte, breite Volutbänder wird der Fuß in vier Teile gegliedert. Die dadurch entstehenden Felder sind durch Rollwerk-Kartuschen gerahmt: Im unteren Teil durch symmetrische C-Schleifen, die volutenartig gebildet und durch Mauresken verbunden sind, die sich unter dem Band mit dem Cherubskopf fortsetzen und derart eine Verbindung der vier Felder des Fußes bilden; im oberen Teil ist die Rahmung durch gotisierende Formen gestaltet. In den vier Feldern sind die vier Evangelisten dreiviertelfigurig, in von unten nach oben zu sich vertiefendem Relief (die Köpfe sind beinahe vollplastisch ausgebildet), dargestellt, wodurch – zusammen mit dem dargestellten Ambiente (Schreibpulte sowie jeweiliges Attribut des Evangelisten) – der Versuch einer räumlichen Wiedergabe gegeben ist. Die Evangelistendarstellungen befinden sich auf Silbergrund, der unregelmäßige Ziselierungen aufweist und hiemit – möglicherweise als Derivat eines Mosaikgrundes – eine Musterung andeutet. – Über dem Fuß befindet sich ein ellipsenförmiger, beinahe kreisrunder Knauf, der mit Rollwerk und Steinbesatz verziert ist. Anschließend an zwei weitere, in der Größe unterschiedliche Ringwülste befindet sich ein vasenförmiger Nodus, in dessen vier durch Rollwerk gerahmte Medaillons sich Cherubsköpfe in vollplastischer Ausarbeitung befinden. Ein kurzes Verbindungsstück leitet über zum Gehäuse mit dem Schaugefäß, das aus dem Blattwerk oberhalb des Verbindungsstückes herauswächst. Das Schaugefäß ist ellipsenförmig, steingerahmt sowie durch Rollwerk eingefaßt, das mit mehreren Steinen besetzt ist. Im Gehäuse befindet sich die originale, steinbesetzte Lunula, die mittels eines geflügelten Cherubskopfes am Grund befestigt ist. Das Gehäuse ist durch ein Wolkenband hinterfangen, wobei diese Wolken eine Verbindung zwischen dem dem vorgehängten Palladiomotiv als Basis dienenden Wolkenband mit dem applizierten Hl.-Geist-Motiv und dem über dem Schaugefäß angebrachten, auf einem kleineren Wolkenstand applizierten Buch mit den sieben Siegeln bildet, auf dem das Lamm Gottes liegt. Hl.-Geist-Taube und Symbol Christi als Bekrönung des Schaugefäßes sind jeweils durch steinbesetzte Strahlenkränze hervorgehoben. Fassadenartig ist diesem Objekt ein durch je zwei Säulenstellungen mit korinthischen Kapitellen geformtes Palladiomotiv vorgehängt, das das genannte untere Wolkenband als Basis benutzt und dessen Säulenbasen durch vollplastisch ausgebildete Cherubsköpfe geschmückt sind. Zwischen den Säulen stehen links und rechts Petrus und Paulus, dahinter sind Symbole für das Alte und das Neue Testament in unmotivierter Vermischung in Gehängen appliziert, die sich auf gerastertem Silbergrund befinden. Der bekrönende profilierte Bogen dient als Podest für eine Wolkenformation, in der Gott-Vater mit der Weltkugel als Bekrönung thronend dargestellt ist, flankiert von zwei adorierenden Engeln. – Das gesamte Objekt ist von zwei Strahlenkränzen annähernd ellipsenförmig hinterfangen.

DATIERUNG

Aufgrund der Datumspunze wie auch aufgrund stilistischer Merkmale und aufgrund formaler Elemente ist das Objekt in das Jahr 1654 datiert. Möglicherweise wurde die ovale Umrahmung des Schaugefäßes mit Gitterwerkdekor und deren borromineske Volutbänderung bei einer Veränderung um 1730 in die heutige Gestalt gebracht, obwohl der Materialbefund dies nicht postuliert.

Prot.-Nr. L–95 *Abb. 92–94*

Silber, feuervergoldet, gegossene und getriebene Teile
Steine, Perlen, Email
Meisterzeichen GS (auf dem unteren Strahl)
Am Fußrand eingraviert: VL, 1658
Silberpunze, Repunze des Hauptpunzierungsamtes Wien für große Silbergegenstände
(auf dem unteren Strahl), Befreiungsstempel von 1809/10

Maße: Höhe: 53 cm
Breite: 24 cm
Tiefe: 15 cm

Leihgabe aus dem Stephansdom

ERHALTUNGSZUSTAND

Ab dem Nodus dürfte der Stiel nach 1810 ergänzt worden sein. Das Objekt wurde 1971 durch Hannelore Preiml gelegentlich ihrer Diplomarbeit an der Hochschule für angewandte Kunst/Meisterklasse für Metallrestaurierung und Konservierung in Wien gereinigt. Dabei wurde außer starker Verschmutzung und einer Silbersulfidauflage festgestellt, daß die emaillierten Blätter Ausbesserungen mit Farbe enthielten; diese wurden entfernt, so daß der Originalzustand wiederhergestellt ist. Bei einem Blatt waren bei einer früheren Ausbesserung die Perlen auf einen Eisendraht aufgefädelt worden, der inzwischen verrostet war und die Perlen verfärbt hatte. Bei vier Blättern wurden die Perlen mittels Feinsilberdrahtes neu befestigt. – Verlorene Schraubenmuttern wurden ergänzt, die nur aufgekitteten Steine wurden mit neuen Schraubenmuttern neu befestigt. Ein Stein, der ausgefaßt werden mußte, bestand aus einem unteren kegelförmig geschliffenen Teil und einem dünnen, geschliffenen Bergkristallplättchen, dazwischen lag eine Farbfolie. Stylos und Gehäuse waren falsch zusammengesteckt. Beim großen Engelskopf, der Stylos, Strahlenkranz und Glasgehäuse zusammenhält, mußten die Steine neu befestigt werden. Bei der Lunula wurde der abgebrochene Verschluß repariert. – Bei der Restaurierung konnte die alte Feuervergoldung erhalten werden.
Das bekrönende Kreuz gehörte vermutlich ursprünglich nicht zu dieser Monstranz.
1986 wurde diese Monstranz von Frau Prof. Hannelore Karl (geb. Preiml), Wien, abermals gereinigt.

BESCHREIBUNG UND STILCHARAKTERISTIK

Die Monstranz gliedert sich in Fuß, Schaft, Strahlenkranz mit ovalem Glasbehälter zur Aufnahme der Lunula für die Hostie und dem Kreuz.
Die aus vergoldetem Silber bestehende Monstranz erhebt sich auf einem gewölbten, reich mit getriebenen Ornamenten gezierten Fuß, um dessen Dekor bunte Perlschnüre und Steine auf grüner Blattunterlage aus Email appliziert sind. Auf jedem der vier Fußlappen ist je ein gegossener Cherubskopf appliziert. Der Schaft ist hohl gegossen und vermutlich nachgedreht. Der ovale Behälter ist von Blütenfries, Rubinrauten und buntemaillierten Plättchen gerahmt sowie mit acht größeren Opalen geziert. Der Behälter ist unten und oben von Cherubsköpfen gerahmt. Am Strahlenkranz wechseln gewellte lange mit glatten kurzen Strahlen ab. – Ein Kruzifix mit Dreipaßenden, die mit Steinen besetzt sind, bildet den bekrönenden Abschluß.
Diese Monstranz ist ein frühes Beispiel einer Sonnenmonstranz – wo der Schaubehälter von flammenähnlich formulierten Strahlen sonnenartig umgeben ist. Die Ovalform des Schaubehälters und somit auch die der Gloriole leitet sich von der aus der bereits in frühchristlicher Zeit gebräuchlichen Aureole ab, die in der mittelalterlichen Kunst hauptsächlich als Mandorla gebräuchlich ist. Der emaillierte Dekor ist möglicherweise zweitverwendet und gehörte eventuell zu einem profanen Schmuck.
Trotz der Einfachheit der Gesamtform dieses Kultgegenstandes entsteht durch die Appliken der Eindruck feierlichen Gepränges. Erinnert die Gesamtform letztlich noch an die Monstranzform aus der Spätrenaissance – die emaillierten Appliken dürften auch der Zeit um 1600 angehören –, so ist die auf plastische Autonomie abzielende Dekoration am Fuß von jenen Stileigenschaften charakterisiert, die die frühbarocke Epoche um die Mitte des 17. Jahrhunderts prägen.

Literatur:
Hans Tietze, ÖKT, Bd. XXIII, S. 500, Abb. 618. – Hannelore Preiml, Diplomarbeit an der Hochschule für angewandte Kunst/Meisterklasse für Metallrestaurierung und Konservierung, Wien 1971.

Kataloge:
Führer durch das Eb. Dom- und Diözesanmuseum, Wien 1934, 1941, 1946. – Sammlungskatalog des Eb. Dom- und Diözesanmuseums, Wien 1973, Kat.-Nr. 27.

| 38 | SEGENSKREUZ, BERG ATHOS (?), 17. Jahrhundert (?) |

Abb. 103–106   Prot.-Nr. L–233

Holzschnitzerei, in der Fassung Silberfiligranarbeit, grüne Emails und Granate

Maße: Höhe: 21,2 cm
      Breite: 8 cm
      Tiefe: 6 cm

Leihgabe der Griechisch-Katholischen Zentralpfarre St. Barbara, Wien I

Dieses holzgeschnitzte Segenskreuz steht in der künstlerischen Tradition von filigranen Schnitzereien, wie sie seit dem 14. und 15. Jahrhundert in den Klöstern am Berg Athos angefertigt wurden. Dank der hohen künstlerischen Qualität ist die Herkunft dieser Schnitzerei von einem der Athos-Klöster nicht auszuschließen. In der bisherigen Literatur wird dieses Objekt als ukrainische Arbeit des 17. Jahrhunderts bezeichnet, das von Maria Theresia der Barbara-Kirche in Wien geschenkt wurde. Das Holzkreuz zeigt in der einen Ansicht die Taufe Christi mit je einem Engel seitlich und je einem Evangelisten darüber bzw. darunter, während die andere Ansicht die Kreuzigung, in gleicher Art von Engels- bzw. Evangelistenfiguren umgeben, zeigt. Filigrankreuze dieser Art werden sowohl zum Segen als auch als Altarkreuze verwendet.

Kataloge:
Die Kunst der Ostkirche, Stift Herzogenburg, Wien 1977, Kat.-Nr. 217. – Josephinische Pfarrgründungen in Wien, 92. Sonderausstellung des Historischen Museums der Stadt Wien, Karlsplatz, Wien 1985, Kat. S. 132, Nr. 354.

| 39 | PRUNKKELCH, 1693 |

Abb. 107, 108   Prot.-Nr. L–99

Silber, vergoldet, als Auflagen engmaschiger Silberfiligrandekor, Edelsteine und Emails
Wiener Punze FO, 1693

Maße: Höhe: 28 cm
      Durchmesser: 18 cm

Leihgabe des Erzbistums

IKONOGRAPHIE

Die Emails am Fuß und an der Cupa zeigen Szenen aus der Passion Christi: an der Cupa Letztes Abendmahl, Christus am Ölberg, Geißelung Christi; am Fuß Dornenkrönung, Kreuztragung und Kreuzigung Christi.

BESCHREIBUNG UND STILCHARAKTERISTIK

Der sechslappige Fuß erhebt sich über einer profilierten Fußzarge und geht in den runden Stylos über. Der Nodus ist vasenförmig gebildet. Das gesamte Gefäß, außer den Verbindungsteilen zum Nodus sowie das obere Viertel der Cupa, ist vollkommen von Silberfiligrandekor – nach dem Verlauf eines floralen Füllornamentes angeordnet – bedeckt; dieser selbst ist mit durchbrochenen Spiralranken geziert.

Reicher Steinbesatz ist zwischen den Emails sowie am Nodus appliziert, die Umrahmungen der Emails werden jeweils durch Steine gebildet.
Ein genaues Betrachten des Silberfiligrandekors am Fuß des Kelches weist diesen als florales bzw. vegetabilisches, symmetrisch gestaltetes Gehänge aus, das an imitierten Kordeln fixiert ist.

DATIERUNG

Aufgrund der Punze und der Datierung auf dem Objekt ist der Kelch als Wiener Arbeit zu erkennen, die 1693 entstanden ist.

Kataloge:
Führer durch das Eb. Dom- und Diözesanmuseum, Wien 1934, 1941, 1946. – Sammlungskatalog des Eb. Dom- und Diözesanmuseums, Wien 1973, Kat.-Nr. 37.

PRUNKKELCH, 1720	40

Prot.-Nr. L–101   *Abb. 109–112*

Silber, vergoldet, Treibarbeit, Rubinfassungen
Gold, emaillierte Silberauflagen, Rubine, Perlen
Augsburger Beschauzeichen, Datumspunze 1720
Meisterpunze IDS (Johann David Saler)

Maße: Höhe: 31 cm
         Durchmesser: 20 cm

Leihgabe der Erzbischöflichen Cur

ERHALTUNGSZUSTAND

Der Prunkkelch wurde im Jahre 1974 durch Christa Angermann gelegentlich ihrer Diplomarbeit an der Hochschule für angewandte Kunst/Meisterklasse für Metallrestaurierung und Konservierung in Wien gereinigt und instand gesetzt. Dabei wurden mehrere Mängel festgestellt und behoben: Eine fehlende Rubinfassung und deren Schraube wurden ergänzt; auf dem Nodus fehlte ein Silberfiligranemblem in Dreiecksform, das im Schleudergußverfahren hergestellt wurde. Die Steine mußten neu gefaßt werden. Das bereits bei einer früheren Restaurierung mittels einer Farbe von wachsartiger Konsistenz (nachgedunkelt und abgebröckelt) ausgebesserte Email, das fast überall von den Schleifen abgesprungen war, wurde mittels Kaltemail restauriert, da es infolge der Auflötung der Perlenfassungen mit Zinn nicht möglich war, einen Brand durchzuführen. Eine Reinigung des Objektes wurde nach dem Zerlegen des Kelches in alle Einzelteile durchgeführt.

IKONOGRAPHIE

Am Fuß wie auch an der Cupa des Kelches sind Aposteldarstellungen, alternierend mit christologischen Szenen appliziert und getrieben, am Nodus und am Schaft sind Apostel und der hl. Joseph ganzfigurig gegeben; diese sind mit emaillierten Namensschildern bezeichnet. Die Szenen an der Cupa stellen die Verkündigung an Maria, Taufe Christi, Christus beim Gastmahl im Hause Simon mit Magdalena dar. Am Fuß sind folgende Szenen reliefiert: Wunderbare Speisung, Letztes Abendmahl, Fußwaschung.

BESCHREIBUNG UND STILCHARAKTERISTIK

Der sechspässige Fuß erhebt sich in sich verjüngender Partie gegen den Nodus, der vasenartig geformt und durch ein tellerförmiges Zwischenstück vom Fußteil getrennt ist. Die Cupa ist zu drei Viertel mit Dekor bedeckt, der obere Teil ist vollkommen glatt. Der Kelch besteht aus Treibarbeit, die erhabenen Details sind aufgelötet, die Apostel und die christologischen Szenen sind ziseliert. Diese sind mit in der Wandung verschraubten Rubinkränzen umrahmt, auf denen an den vier Seiten je eine Perle auf einer emaillierten Perle appliziert ist. Die auf der Standzarge aufgenieteten emaillierten Ornamente sind gesägt und gepunzt. In den Zwickeln der Pässe befinden sich Embleme mit Rubinen und Rauten. – Unterhalb der Apostel sind emaillierte Schrifttafeln aus Silber, mit Rubinen und

Rauten verziert, angebracht. Die Emailtafeln selbst sind in diese Umrahmungen eingelassen (Kitt?). Die emaillierten, vegetabilischen Blattornamente zu beiden Seiten sind mittels aufgelöteter Stifte in die Fußwandung gesteckt und zusätzlich durch die Auflage der Schrifttafel, die hinten verschraubt wird, festgehalten. Am aufsteigenden Teil des Fußes sind emaillierte Blattauflagen und mit Rubinen und Türkisen gezierte Silberembleme appliziert. Die Embleme der zwei Apostelfiguren und des hl. Joseph sind getrieben, die Namensschleifen aus Silber mit Email. Der Nodus wie auch die Apostelfiguren, die daran angebracht sind, sind getrieben und ziseliert. Die Embleme dazwischen sind mit Rubinen und Rauten verziert, die Blätter emailliert. Auf der Cupa sind drei getriebene Szenen sowie drei getriebene Aposteldarstellungen mit Namensschildern gegeben, Blattwerk und Silberembleme wie am Fuß (Rubinkränze, Perlen, emaillierte Schleifen). Unterhalb der Szenen befinden sich durchbrochene Silberauflagen mit lose aufgesetzter Rubinfassung. Am oberen Korbrand sind gesägte und gepunzte Ornamente – auch emailliertes Bandwerk mit Rauten- und Rubinfassungen. Zwischen der Cupa und dem Korb befindet sich eine Scheibe aus Pappe, um ein weiches Aufruhen zu gewährleisten.

KUNSTHISTORISCHE EINORDNUNG UND DATIERUNG

Aufgrund der Meisterpunze IDS wurde der Prunkkelch von dem Augsburger Goldschmied Johann David Saler im Jahre 1720 angefertigt (Datumspunze). Saler, Sohn des Philipp Saler, wurde 1665 getauft; um 1693 war er Meister, heiratete im selben Jahr, war 1702 bis 1704 Vorgeher, 1707–1711 Geschaumeister und 1719–1723 Mitglied des Großen Rates in Augsburg.
Er starb im Jahre 1724. Er arbeitete in der Werkstatt seines Vaters und setzte diese – wohl mit Hilfe seiner Söhne Josef Ignaz und David Theodor – fort. Die Werkstatt existierte bis mindestens um 1737–1739 (Helmut Seling, Die Kunst der Augsburger Goldschmiede 1529–1868, München 1980, Bd. III, S. 276 f., Werkverzeichnis Nr. 1877).

Kataloge:
Führer durch das Eb. Dom- und Diözesanmuseum, Wien 1934, 1941, 1946. – Sammlungskatalog des Eb. Dom- und Diözesanmuseums, Wien 1973, Kat.-Nr. 38.

41	KELCH, um 1730

Abb. 113, 114   Prot.-Nr. L–234

Silber vergoldet, Treibarbeit mit ziseliertem Dekor, punzierter Grund, Emails mit silbernem Filigranrahmen mit Steinbesatz

Maße: Höhe: 27,5 cm
       Durchmesser: 18,5 cm

Leihgabe aus der Ruprechtskirche, Wien I

ERHALTUNGSZUSTAND

Von einzelnen angelaufenen Stellen abgesehen, ist das originale Gold weitgehend komplett erhalten, wenngleich an den Amplituden einzelner plastischer Formen die Goldschichte bereits „dünn" ist, was sich sowohl durch oftmaliges Angreifen als auch durch unsachgemäße Reinigung erklärt. Bei einzelnen Medaillons fehlt der begleitende Rahmensteg, wie auch im Filigrandekor starke Verschmutzungen vorzufinden waren. Seit 1981 befindet sich der Kelch im Museum. 1986 wurde der Kelch von Frau Prof. Hannelore Karl, Wien, gereinigt.

IKONOGRAPHIE

Zwischen den mit Passions-Requisiten ausgestatteten tanzenden Putti – die am Fuß halten Hammer und Nägel für die Kreuzigung, die auf der Cupa das Kreuz, den Schwamm und das Schweißtuch mit dem Abdruck des Antlitzes Christi – in Metall finden sich Emails mit Szenen aus der Passion Christi. Diese zeigen am Fuß das Letzte Abendmahl, Christus am Ölberg und die Dornenkrönung Christi, während die Emails auf der Cupa die Geißelung Christi, die Kreuztragung Christi und die Kreuzigung Christi als figurale Darstellung enthalten. Am vasenförmigen Nodus befinden sich an den Volutbändern Maskarons, während die Seitenflächen Paare von Cherubsköpfen enthalten.

Der Fuß ruht auf einer sechspässigen, profilierten Standplatte auf, wobei ihre Grundriß-
form in der Figuration der einzelnen Lappen alterniert: eine nur einfach abgetreppte, aus
Kurven bestehende Figuration wechselt mit einer doppelt abgetreppten ab. Nach einer
Zäsur mittels einer Plinthe steigt der eigentliche Fuß auf, der aus sechs gleichartigen
sphärischen Flächen besteht, die in ihrem Dekorationscharakter wiederum paarweise
alternieren: in jedem Sektor steigt über einer Volutbänderung groteskenartig formulierter
Bandwerkdekor auf, der abwechselnd einen ziselierten Putto oder ein Emailmedaillon in
silberfiligranem Dekor mit Steinbesatz enthält. Diese Grotesken enden im schlanken,
nach oben konisch zulaufenden Stiel entweder in Muschelmotiven (oberhalb der Putti)
oder in Blumenschalen (oberhalb der Emails). Das aus Bandwerken und Voluten bestehende ornamentale Gefüge ist maureskenartig miteinander verbunden und durch vegetabilischen Besatz wie auch durch florales Gehänge bereichert. Die mittels Überschneidungen von Bandwerken zustande kommenden Figurationen in der Art von Kartuschen
werden in der Weise der Behandlung des Grundes – sei es durch gröbere Punzierung, sei
es durch Gitterwerkdekor – als solche interpretiert. Der verbindende Charakter der Ornamentik wird durch die Art der tänzerisch wiedergegebenen Putti zusätzlich rhythmisiert.
Im hiedurch zustande gekommenen Kontinuum des Dekors wirkt dieser letztlich als
Umrahmung der Emailmedaillons. In ähnlichem Charakter ist dies auch in der Oberflächengestaltung der Cupa vollzogen, wobei in der proportionalen Anpassung an diese,
wie auch mit Rücksicht auf ihre stereometrische Form, sowohl die – in steilerer Haltung
als die am Fuß wiedergegebenen – Putti als auch die Medaillons wie von Kartuschen –
deren Struktur entfernt an Ädikulen gemahnt – in kontinuierlicher Reihung umrahmt
wirken.
Die Tendenz zur Verschleifung der ornamentalen Einzelformen und der Strukturprinzipien dekorativer Gefüge, rhythmisiert durch Differenzierung in der Akzentuierung plastischer Einzelformen bei gleichzeitiger Akribie in der minuziösen Behandlung des Details,
sind prägende Momente in der Charakterisierung des Ornament-Stiles. Das Beherrschen
der plastischen Form im Sinne einer räumlich-empirischen Bewegungsstudie stellen die
bewegt dargestellten Putti unter Beweis. Dies wie auch die Kopftypen dieser Gestalten
erinnern – in der großfigurigen Plastik – an Werke Georg Raphael Donners. Auch die
malerische Wiedergabe, die in den Emails bei aller gebotenen Knappheit in der motivischen Schilderung dennoch atmosphärische Werte zu berücksichtigen weiß – die Licht-
stimmungen beim Abendmahl wie auch bei der Ölberg-Szene und die Wolken bei der
Kreuztragung sind hiefür ebenso ein Beweis wie die Lichteffekte und die Berücksichtigung der Reflexwirkung jeweils benachbarter Farben unterschiedlicher Tönung –, läßt in
diesem Kelch ein hochrangiges Erzeugnis erkennen. Der Kelch enthält eine unleserliche
Wiener Datumspunze und eine Meisterpunze, die möglicherweise mit „Joseph Moser'' zu
entziffern wäre. In diesem Fall wäre in diesem Kelch ein Frühwerk dieses Wiener Meisters zu erblicken.

PRUNKKELCH, um 1760	42

Prot.-Nr. L–235   *Abb. 115, 116*

Silber, vergoldet, Treibarbeit, ziselierter Dekor, Steine mit Silberfassung in Glas imitiert
und mit bunter Metallfolie hinterlegt, Punzen

Maße: Höhe: 29,4 cm
         Durchmesser: 18,4 cm
         Durchmesser der Patene: 18,2 cm

Leihgabe der Pfarre Maissau, NÖ.

PROVENIENZ

Der Kelch stammt aus der Pfarre Maissau, dürfte jedoch nicht für diese angefertigt
worden sein: Der Patronatsherr der Pfarre Maissau, Graf Traun, war in josephinischer
Zeit auch mit der Überwachung des Gutes aufgehobener Klöster betraut, und tatsächlich

beschaffte der damals regierende Graf Traun hiebei für seine Maissauer Patronatskirche die Kreuzwegbilder und einige Paramente aus dem aufgelösten Pauliner-Kloster in Wiener Neustadt. Wahrscheinlich stammt auch dieser ausgestellte Prunkkelch aus diesem Kloster. Seit der Vollendung der Restaurierung 1986 befindet sich der Kelch im Museum.

ERHALTUNGSZUSTAND

Der Kelch wie auch die Patene sind in Silber gearbeitet und vergoldet, wobei das alte, originale Gold gut erhalten ist. Die von filigranen Silberdrähten gefaßten „Steine" sind Glasimitationen, wobei die „roten Steine" von roten Metallfolien hinterlegte Glasstücke sind. Die Treibarbeit mit aufwendigem, ziselierten Dekor weist auch Punzierungen auf (in den Muschelmotiven der Rocaillen und in den landschaftlichen Detailangaben in den figuralen Szenen). Die Patene enthält eine fein gravierte Darstellung des Lammes.
Der Kelch und die Patene wurden von der akademischen Restauratorin, Frau Prof. Hannelore Karl, Wien, untersucht und die Restaurierung 1986 fertiggestellt. An der Cupa fehlen einige „Steinchen" und deren Verankerungen, auf deren Rekonstruktion bewußt verzichtet wurde.

IKONOGRAPHIE

Der in drei Sektoren geteilte Fuß enthält Reliefs aus dem Alten Testament: die Manna-Lese, Abraham erhält das Brot von Melchisedech, das Opfer des Hohepriesters Melchisedech. Im vasenförmigen Nodus befinden sich dekorative Gehänge in Form von Weintrauben. Die auf das „Brot" bezüglichen alttestamentlichen Szenen am Fuß und diese Traubendarstellung am Nodus nehmen auf das mittels des Kelches vollzogene Wandlungsopfer Bezug. Die Kornähren an den rahmenden Voluten des Nodus sind eine zusätzliche Betonung dieses Gedankens. Die drei Flachreliefs an der Cupa haben Ereignisse aus der „Infantia Christi" (der Kindheit Jesu) zum Inhalt: die Geburt Christi, die Darbringung Jesu im Tempel, die Beschneidung Jesu.

BESCHREIBUNG, STIL, DATIERUNG

Über einer stark einspringenden, kräftig profilierten Standplatte buchtet der Fuß zunächst aus, um hernach, nach einem flachen Anlauf, in steiler parabolischer Kurvung in den steilen, schlanken Hals überzugehen und in von Muscheln begleiteten Kartuschen zu enden. Drei nach oben zu konisch sich verjüngende Volutbänder teilen den Fuß in drei Sektoren, in denen sich große, von Bandwerk mit Rollwerkdekor gerahmte Felder mit figuralen Reliefs befinden, wobei das Bandwerk von Muscheldekor begleitet ist. Über dem dreiseitigen, vasenförmigen Nodus folgt die Cupa, deren äußere Schale drei Rahmungen in der Art von volutengerahmten Aedikulen („coretti") mit Reliefs enthält, die durch Bögen verbunden sind, unter denen, auf volutenförmige Kartuschen gestützt, Blumenarrangements dargestellt sind.
Die fluktuierende Wirkung der Oberflächengestaltung dieses Kelches wird durch die feine Abstufung gliedernder und rahmender Formen ebenso erzielt wie durch die differenzierte Gestaltung der jeweiligen Binnenmodellierung: von der glatt-glänzenden Oberflächenwirkung profilierter Stege, die in ihren kursiven Verläufen rhythmisierende Wirkung schaffen, bis zur minuziösen Punzierung in den Dekorations-Rücklagen reicht die Skala der formalen Gestaltungsmittel ebenso wie in den Reliefs ein harmonischer Übergang von den plastisch akzentuierten Hauptfiguren in der jeweiligen Mitte bzw. des Vordergrundes des einzelnen Reliefs über die Skandierung des jeweils flachreliefhaften Mittelgrundes bis zur jeweils detailfreudigen Artikulierung der Bäume und der Wolkenpartien im Hintergrund erfolgt.
Erinnert das Dekorationssystem mit seiner oftmaligen, variationsreichen Verwendung von C-Schleifen sowie deren Besatz durch Muschelmotive an Schmuckformen des Rokoko, so ist andererseits die – trotz aller Prunkfreude – streng achsiale Ausrichtung der rahmenden und füllenden Motive auffallend. Trotz kursiver Formen besticht besonders in den figuralen Kompositionen der Reliefs das Bemühen um in sich geschlossen wirkende Gruppierungen mit der Tendenz zur Gleichgewichtigkeit, die eine klassizierende Phase erkennen läßt.
Auf der Standplatte enthält der Kelch je eine verschlagene Meister- und eine Wiener Jahrespunze, die jedoch nicht eindeutig lesbar sind. Der Kelch dürfte aus stilistischen Gründen um 1760 zu datieren sein.

Katalog:
Unbekannte Kunstwerke aus dem Raum der Erzdiözese Wien, in Schriftenreihe des Eb. Dom- und Diözesanmuseums in Wien, N. F. Nr. 9, Wien 1982, Kat.-Nr. C 23.

Prot.-Nr. L–236   *Abb. 117, 118*

Silber, vergoldet, Treibarbeit mit ziseliertem Dekor
und Punzierung, bunte Steine

Maße: Höhe: 57 cm
        Breite: 30 cm
        Tiefe: 17,5 cm

Leihgabe aus der Kirche Am Hof, Wien I

PROVENIENZ UND ERHALTUNGSZUSTAND

Die Monstranz stammt aus der Kirche Am Hof in Wien, es ist jedoch nicht sicher, ob dieses
liturgische Gerät für diese, zum Zeitpunkt der Entstehung dieses Stückes noch den
Jesuiten gehörige Kirche angefertigt wurde: Es könnte auch sein, daß nach der Auflösung
des Jesuitenordens 1774 im Zuge der josephinischen Kirchenreform in den achtziger
Jahren des 18. Jahrhunderts – oder noch später und unabhängig hievon – dieses Objekt in
die Kirche Am Hof gelangte. Seit 1978 befindet sich die Monstranz im Museum.
Der Metallteil – Silber, vergoldete Treibarbeit mit ziseliertem Dekor und Punzierungen in
den Rücklagen des dekorativen Gefüges – ist komplett erhalten. Von den bunten Gläsern
als Steinimitation fehlen einige, namentlich am Fuß, vor allem am Nodus und auch im
Ansatz des Schaugefäßes.

BESCHREIBUNG, STIL UND DATIERUNG

Über einer kräftig einspringenden profilierten Standplatte buchtet der Fuß zunächst aus,
um nach einer von einer Hohlkehle begleiteten Knickstelle in Form einer steilen Haube
die Funktion des Halses zu übernehmen. Gleichzeitig wirkt diese Haube als Konsole für
den auffallend steil proportionierten, vierseitigen vasenförmigen Nodus, der erst in seinem oberen Drittel auslädt und im unteren Bereich daher die Funktion des Stieles inne-
hat. Der doppelgeschossige Fuß wie auch der Nodus werden von Volutbändern, die nach
oben zu sich konisch verjüngen, in vier Sektoren gegliedert, wobei das Band in seiner
Modellierung nicht durchgehend gegliedert ist und nur dank der Kanten als kontinuierlich
empfunden werden kann. Die C-Schleifen im unteren Geschoß des Fußes wie auch die
Bänder am Obergeschoß desselben sind von imitierten Steinen besetzt – unten doppelreihig angeordnet, während im oberen Teil dieser separierenden Bänder die imitierten
Steine nur in einer Reihe montiert sind. Zwischen den C-Schleifen sind von fächerförmi-
gen Blattrocaillen gerahmte Kartuschen mit je einem großen „Stein" im Zentrum angeordnet. Das zu den C-Schleifen führende Bandwerk weist gleichfalls imitierten Steinbesatz auf, während unterhalb ein symmetrisch ausgerichteter „Fries" von jeweils asym-
metrischen blattförmigen Rocaillen dieses begleitet. Im Nodus sind an der Vorder- und an
der Rückenansicht gebündelte Kornähren – in Anspielung auf das gewandelte Brot in der
konsekrierten Hostie – dargestellt, an den Schmalseiten hingegen befinden sich Muschel-
gehänge. Der von zwei Systemen von C-Schleifen und Volutbändern formulierte zwei-
schichtige Schaubehälter, der jeweils Steinbesatz – teilweise in angedeuteten Palmetten
– enthält, ist von einer Gloriole hinterfangen. Auch die originale Lunula weist Steinbesatz
auf, während das Glas des Schaubehälters schabrackenartige Lamperien in geätzter
Vertiefung zeigt.
Die genuin dem Rokoko zugehörigen Schmuckmotive sind in auffallend symmetrischer
Disposition angeordnet, worin sich wie auch in der „Schwere" der dekorativen Einzel-
form ein für die spätbarocke Epoche charakteristischer Wesenszug manifestiert. Die
Monstranz enthält eine Wiener Jahreszahl-Punze von 1754 sowie ein Meisterzeichen II W.
Bei aller Aufwendigkeit der Schmuckfreude dominiert dennoch der Eindruck „vornehmer
Zurückhaltung", indem die detailreiche Ornamentik die Struktur des Objektes nicht über-
wuchert.

Katalog:
*Kunst der Goldschmiede, Restaurierung-Forschung 1975–1981, Sonderausstellung im Eb. Dom- und
Diözesanmuseum in Wien, 1981, in Schriftenreihe des Dom- und Diözesanmuseums in Wien, N. F. Nr. 6,
Kat.-Nr. 26.*

44 „MARIA-PÖTSCH"-MONSTRANZ, 1680 bzw. 1750/1760

Abb. 119–122 Prot.-Nr. L–97

Silber, vergoldet, Treibarbeit, mit ziseliertem Dekor, gemugelte Steine, Perlen, Emails
Meisterpunze IL
Augsburger Beschauzeichen

Maße: Höhe: 72 cm
Breite: 37 cm
Tiefe: 20 cm

Leihgabe aus dem Stephansdom

ERHALTUNGSZUSTAND

Fuß und Nodus um 1680 entstanden, das übrige um 1750 bis 1760.

IKONOGRAPHIE

Emails am Fuß und um den Schaubehälter.
Emailmalereien am Fuß: Fußwaschung, Letztes Abendmahl, Christus am Ölberg, Gefangennahme Christi. – Um den Schaubehälter sind gleichfalls gemalte Emails gruppiert. In der Mitte unten findet sich eine Darstellung des Gnadenbildes von Maria Pócs (in Wien „Maria Pötsch" genannt), von dem sich das Original im Stephansdom befindet, in Emailmalerei. Darauf sind die weiteren Emails in Fortsetzung zum Programm der Emails am Fuß zu verstehen: Dornenkrönung Christi, Ecce-Homo, Geißelung Christi, Kreuztragung, Kreuzigung Christi, Auferstehung Christi.

BESCHREIBUNG UND STILCHARAKTERISTIK

Fuß mit lappigem Blattwerk und vier Cherubsköpfen, die Emails dazwischen in gerauhtem Silberrahmen. Nodus mit drei Putti mit Attributen (Buch, Weihrauchgefäß und Kelch mit Hostie) in Kartuschen. Der herzförmige Behälter für die konsekrierte Hostie ist von Rocaillen und von verschiedenfarbigen Steinen gerahmt und von Strahlen hinterfangen. Unmittelbar unter dem Email mit dem Maria-Pötsch-Gnadenbild ist die Taube des Hl. Geistes dargestellt, als Bekrönung der Monstranz eine segnende Gott-Vater-Büste unter steinbesetztem Kreuz, als Ausdruck des Dreifaltigkeitsgedankens. In den kartuschenförmigen Rocaillen befinden sich die Emails aus der Passion Christi. Offensichtlich entstammen alle Emails dem letzten Viertel des 17. Jahrhunderts, nachdem das Maria-Pócs-Gnadenbild erst 1697 in den Dom gelangte, können die Emails kaum früher entstanden sein. Das Schaugefäß wurde in theresianischer Zeit durch ein zeitstilgebundenes ersetzt.

Literatur:
Hans Tietze, ÖKT, Bd. XXIII, S. 500, Abb. 617.

Kataloge:
Führer durch das Eb. Dom- und Diözesanmuseum, Wien 1934, 1941, 1946. – Sammlungskatalog des Eb. Dom- und Diözesanmuseums, Wien 1973, Kat.-Nr. 30.

Prot.-Nr. L–106   *Abb. 123–126*

Silber, vergoldet, getriebene und gegossene Teile, ziseliert; bunte Steine, Email als Auflagen
Repunze des Punzierungsamtes Salzburg
Silberpunze des Hauptmünzamtes Wien 1747

Maße:	Kelch	Patene	Löffelchen
	Höhe: 32 cm	Höhe: 0,5 cm	Länge: 8,5 cm
	Durchmesser: 19 cm	Durchmesser: 19 cm	Durchmesser: 2 cm

Leihgabe aus dem Stephansdom

PROVENIENZ

Der Kelch stammt aus dem Besitz des Freiherrn Baron von Hackelberg-Landau, der Kanonikus von St. Stephan war. Um seine Linie nicht aussterben zu lassen und heiraten zu können, ersuchte er in Rom um Dispens von seinem Gelübde; da ihm dies verweigert wurde und er die Wiener Geistlichkeit dafür verantwortlich glaubte, vermachte er seine sämtlichen Besitztümer der Diözese St. Pölten. Der Kelch ist eines der wenigen im Raum der Erzdiözese Wien verbliebenen Stücke aus seinem Besitz.

ERHALTUNGSZUSTAND

Der Kelch wurde im Jahre 1971 anläßlich der Diplomarbeit von Hannelore Preiml an der Hochschule für angewandte Kunst/Meisterklasse für Metallrestaurierung und Konservierung in Wien unter Prof. Nedbal gereinigt und instand gesetzt. Es mußte eine dicke Schichte von unsachgemäß verwendeten Reinigungsmitteln, Staub und Silbersulfid entfernt werden. Der Engelskopf am Fuß war eingedrückt und mußte ausgedellt werden. Fünf fehlende Schraubenmuttern wurden originalgetreu in Silber nachgefertigt.

IKONOGRAPHIE

Die Reliefs an der Cupa zeigen geflügelte Putti, die Emails christologische Szenen, beginnend am Fuß in chronologischer Reihenfolge: Geburt Christi, Letztes Abendmahl, Auferstehung; an der Cupa Geißelung, Dornenkrönung und Kreuztragung Christi. – Am Rand der Patene ist das Lamm mit der Kreuzfahne auf Wolken graviert.

BESCHREIBUNG UND STILCHARAKTERISTIK

Fuß und Schaft des Prunkkelches sind in drei vertikale Sektionen geteilt, die durch lisenenartige Bänder geteilt werden. Der reich getriebene Fuß ist mit plastisch aufgesetzten Engelsköpfen verziert, teilweise gitterartig durchbrochen und mit grünen, violetten und roten Steinen besetzt; getriebene Kartuschen bilden mit Edelsteinen die Rahmungen der Medaillons in Malemail. Der dreiseitige, gegossene Nodus ist ebenfalls mit bunten Steinen verziert. – Die Cupa sitzt in einem Korb; dort entsteht durch reichhaltigere Umrahmungen eine ornamental lückenlose Wechselfolge von Kartuschen mit Emails und Reliefs.
Der Korb schließt nach oben mit Muschelmotiven in unterschiedlichen Variationen ab; der obere Teil der Cupa ist vollkommen glatt.
Die geschichtete Anordnung des Dekors wie auch die feine Differenzierung dessen plastischer Eigenschaften ergeben eine lebhafte Oberflächenwirkung von spezifisch spätbarockem Charakter. Einzelne dekorative Formen sind dem Repertoire des frühen Rokoko entnommen, ordnen sich aber durch die symmetrische Anordnung dem barocken Gestaltungsprinzip ein.

DATIERUNG

Der Kelch ist im Jahr 1747 entstanden.

Literatur:
Hannelore Preiml, Diplomarbeit 1971 an der Hochschule für angewandte Kunst/Meisterklasse für Metall-restaurierung und Konservierung, Wien.

Kataloge:
Führer durch das Eb. Dom- und Diözesanmuseum, Wien 1934, 1941, 1946. – Sammlungskatalog des Eb. Dom- und Diözesanmuseums, Wien 1973, Kat.-Nr. 39.

Abb. 127–130   Prot.-Nr. L–107

Silber, vergoldet, edelsteingerahmte Emailbilder als Auflagen der Treibarbeit
Unterseite des Fußes: Widmung Maria Magdalena Manriederin
Wiener Meister, 1757

Maße: Höhe: 31 cm
       Durchmesser: 19 cm

Leihgabe aus der Kirche Am Hof, Wien I

IKONOGRAPHIE

Emails am Fuß: Abrahams Opfer (unteres Eck fehlt), Mannalese, Jakob ringt mit dem Engel.
Emails an der Cupa: Geburt Christi, Geißelung, Kreuzigung.

BESCHREIBUNG UND STILCHARAKTERISTIK

Aufbau wie bei dem Hackelberg-Kelch (Kat.-Nr. 45), von diesem jedoch durch zahlreichere Steinauflagen und stärkere, die Horizontale betonende Knickungen – namentlich bei den lisenenartigen Trennbändern – unterschieden.
Weitere Unterschiede bestehen auch in der stärkeren Plastizität der Cherubsköpfe und der Putten.

DATIERUNG

Aufgrund der Widmung an der Unterseite des Fußes ist die Entstehung des Kelches spätestens in das Jahr 1757 zu datieren.

Katalog:
Sammlungskatalog des Eb. Dom- und Diözesanmuseums, Wien 1973, Kat.-Nr. 40.

47	ALOISIUS-RELIQUIAR, JOSEPH MOSER, 1751

Abb. 131   Prot.-Nr. L–102

Silber, teilweise vergoldet, gegossen, getrieben, graviert
Bergkristall
Wiener Beschauzeichen 1751
Meistermarke IM (Joseph Moser)
Inschrift: S. ALOYSII

Maße: Höhe: 24,3 cm
      Breite: 14 cm
      Tiefe: 11 cm

Leihgabe der Kirche Am Hof, Wien I

BESCHREIBUNG UND STILCHARAKTERISTIK

Der Reliquienbehälter befindet sich auf einem Ständer. Der ovale Fuß wird von Längsfalten in vier Teile gegliedert, die Basisoberseite mit einem feinen Grat vom Rand abgesetzt. Vier große Fächerrocaillen stellen den einzigen Schmuck des glatten Fußes dar, der in einen hohen, schlanken Hals ausläuft. Der Balusternodus trägt als Dekor eine kleine Muschel und eine Rosengirlande, die an einem Lambrequinmotiv mit seitlichen Quasten hängt, über dem ein knopfartiger Abschluß folgt. Die Schaufläche, in Form eines kartuschenförmigen Glasbehälters, zeigt eine Reliefdarstellung, die aus Silberblech getrieben ist: zwei auf einer Wolkenbank kniende Putti, die die Attribute des hl. Aloisius in ihren Händen halten (Kreuz, brennendes Herz und Lilienstengel); zu ihren Füßen weist die Krone, über dem Schriftband mit seinem Namen, auf seine hohe Abstammung hin. Darüber schwebt eine goldene Strahlenglorie, in deren Mitte die runde Reliquienkapsel eingelassen ist.

KUNSTHISTORISCHE EINORDNUNG UND DATIERUNG

Aufgrund des Meisterzeichens IM kann dieses Reliquiar als Arbeit Joseph Mosers identifiziert werden. Joseph Moser, Goldschmied in Wien, wurde 1747 Meister. Bedeutungsvoll ist vor allem die von ihm geschaffene Coloman-Monstranz im Stift Melk. Die identische Nodusform findet sich bei zwei weiteren Reliquiaren, von denen das eine sicher von Moser geschaffen wurde. Das Beschauzeichen weist auf die Entstehungszeit des Reliquiars um 1751 hin.

BIOGRAPHISCHES ZU JOSEPH MOSER

Joseph Moser ist in Wien urkundlich nur im Jahre 1747 als Meister der Goldschmiedekunst belegt. Er war Mitarbeiter des, auch in Wien tätigen, Franz von Mack. Mehrere Goldschmiedearbeiten höchster Qualität sind von seiner Hand und tragen seine Marke; einige Beispiele hievon seien genannt: die Coloman-Monstranz im Stift Melk, eine Sonnenmonstranz im Historischen Museum der Stadt Wien, ein Reliquiar mit Reliquien des hl. Eligius, ein Johann-Nepomuk-Reliquiar aus dem Jahre 1761 (Jesuitenkirche Passau) sowie eine große silberne Monstranz und die Lampe des Hochaltares des Domes in Temesvár (Ungarn; s. Thieme-Becker, Allgemeines Künstlerlexikon, Bd. 25, Leipzig 1931, S. 180).

Literatur:
Barbara Wild, Der Goldschmied Joseph Moser und die Wiener Goldschmiedekunst des 18. Jahrhunderts, Dissertation, Wien 1982, S. 129 f.

Katalog:
Sammlungskatalog des Eb. Dom- und Diözesanmuseums, Wien 1973, Kat.-Nr. 32.

ANNEN-RELIQUIAR, um 1751	48

Prot.-Nr. L–103   *Abb. 132*

Messing, vergoldet, Brillant, Silber, Glasplatten, vergoldetes Weißkupfer
Inschrift: S. ANNA

Maße: Höhe: 26 cm
        Breite: 14 cm
        Tiefe: 10 cm

Leihgabe der Kirche Am Hof, Wien I

BESCHREIBUNG UND STILCHARAKTERISTIK

Der Reliquienbehälter ist dem Aloisius-Reliquiar (Kat.-Nr. 47) gleichartig. Der Fuß ist durch Kartuschen geziert, die runde Reliquienkapsel ist mit einem Brillant versehen. Unter dem vergoldeten Strahlenkranz sind zwei aus Silber getriebene Engelsputti zwischen zwei Glasplatten in barock geschwungener Form appliziert. Das Glasgefäß ist von Metallbändern eingefaßt, der Behälter hat die gleiche ondulierende Form wie das Aloisius-Reliquiar.

KUNSTHISTORISCHE EINORDNUNG UND DATIERUNG

Das Annenreliquiar aus vergoldetem Messing stellt das Gegenstück zum Aloisius-Reliquiar (Kat.-Nr. 47) dar; trotz der gemeinsamen Provenienz aus der Kirche Am Hof und der weitgehenden Übereinstimmung der Form erscheint die Autorschaft Joseph Mosers fraglich. Abgesehen davon, daß Moser als Goldschmied nicht mit unedlen Metallen arbeiten durfte, sprechen auch die grobe Ausführung und der Aufbau der Basis gegen seine Hand. Vermutlich handelt es sich um eine spätere Ergänzung nach dem Vorbild des Aloisius-Reliquiars. Der Nodus ist dabei nicht von Moser abhängig, sondern greift auf ein viel älteres Gußmodell zurück (vgl. Monstranz in Münichreith). Die Datierung des hiefür vorbildlich gewesenen Aloisius-Reliquiars läßt eine Entstehung vor 1751 ausschließen.

Literatur:
Barbara Wild, Der Goldschmied Joseph Moser und die Wiener Goldschmiedekunst des 18. Jahrhunderts, Dissertation, Wien 1982, S. 130.

Katalog:
Sammlungskatalog des Eb. Dom- und Diözesanmuseums, Wien 1973, Kat.-Nr. 32.

Abb. 135–137   Inv.-Nr. 18

Silber, teilweise vergoldet, Treibarbeit

Maße: Höhe: 37 cm
      Breite: 20 cm
      Tiefe: 14 cm

ERHALTUNGSZUSTAND

Das Reliquiar wurde von Elvira Raymann gelegentlich ihrer Diplomarbeit an der Hochschule für angewandte Kunst/Meisterklasse für Metallrestaurierung und Konservierung in Wien im Jahre 1969 gereinigt und instand gesetzt. Nach der Entfernung von Schmutz, Oxydschichten und Zinnresten wurden die gebrochenen Stellen an den ziselierten Platten und der Fußverzierung hartgelötet. Eine Ausrichtung der Grundplatte war notwendig sowie die Erneuerung von Splinten, Schrauben und Stiften, sodann die fehlenden Verbindungen mit den Steinfassungen herzustellen. Aus den Fassungen gebrochene Steine waren wieder einzusetzen.

BESCHREIBUNG UND STILCHARAKTERISTIK

Die reich geschmückte Reliquien-Monstranz erhebt sich über profilierter Fußzarge und einem gewölbten, in vier Teile gegliederten, durch Kartuschen in Floralmotiven geschmückten und mit bunten Steinen besetzten Fuß; der Stylos mit dem Nodus – der an der Rückseite ornamental gestaltet ist – ist im Gegensatz dazu in schmuckloser, klassizierender Form gegeben. Der obere Teil des Reliquiars mit dem Schaugefäß ist in Form einer Strahlenmonstranz gebildet, wobei sich das Gerät aus verschiedenen Schichten – verbunden durch Schrauben – zusammensetzt. Diese Scheiben sind durchbrochen gearbeitet und aus Rocaillen, Gitterwerk und floralen Motiven bestehend. Eine weitere, selbständige Schichte bildet den Strahlenkranz. Der Schaubehälter mit der Reliquienkapsel hat eine kreuzförmige Ausnehmung, wobei die Kreuz-Enden dreipaßförmig gebildet sind. Bei der Reinigung des Objektes konnte festgestellt werden, daß der Grundkörper in der Mitte eine türartige verschließbare Öffnung aufweist, durch die die Reliquienkapsel von hinten erreichbar ist. Diese Tatsache und der übrige Aufbau der Monstranz, der an Vorder- und Rückseite unterschiedliche Ornamentik zeigt, könnten darauf hinweisen, daß das Gerät ursprünglich nur eine Schauseite hatte, die Teile an der Rückseite samt der zweiten Reliquienkapsel erst später hinzugefügt wurden. Die Rückseite der Monstranz zeigt reichen, im Gegensatz zur Vorderseite großflächigeren Dekor und die zweite Reliquienkapsel in einem Schaubehälter in der Form eines griechischen Kreuzes sowie eine gegossene Statuette des hl. Paulus im Zentrum. Die Bekrönung des Reliquiars bildet ein mit Rocaillemotiven und Kreuz verzierter Baldachin. Vorder- und Rückseite des Gerätes sind mit Steinen besetzt.

DATIERUNG

Aufgrund der aufwendigen, in rokokohafter Fülle interpretierten Gestaltung des Objektes mit Rocaille- und Floralmotiven ist dieses Reliquiar ein Werk des späten Barock aus der Zeit um 1750/60.

Literatur:
Elvira Raymann, Diplomarbeit an der Hochschule für angewandte Kunst/Meisterklasse für Metallrestaurierung und Konservierung, Wien 1969.

Kataloge:
Sammlungskatalog das Eb. Dom- und Diözesanmuseums, Wien 1973, Kat.-Nr. 33. – Sakrales Kunsthandwerk. Restaurierung-Forschung. Sonderausstellung im Eb. Dom- und Diözesanmuseum Wien v. 28. 11. 1975 bis 15. 2. 1976. Schriftenreihe des Eb. Dom- und Diözesanmuseums, N.F. Nr. 2, A 13.

Prot.-Nr. L–104   *Abb. 133*

Messing, vergoldet, versilbert, gegossene und getriebene Teile
Kreuzpartikel: in einem Kreuz aus Glas, versiegelt
Authentik der Reliquie im Fuß des Gerätes

Maße: Höhe: 34 cm
      Breite: 15 cm
      Tiefe: 10 cm

Leihgabe aus dem Stephansdom

PROVENIENZ

Eine Authentik von 1769 befindet sich heute im Diözesanarchiv in Wien, die zu dem Kreuzpartikel in dieser Monstranz gehört. Diese Urkunde hat folgenden Text in lateinischer Sprache (Übersetzung): „Wir, Georg de Lascaris, Patriarch von Jerusalem, machen allen und einzelnen Beschauern diesen hier gegenwärtigen Brief glaubwürdig und bestätigen, daß wir zur größeren Ehre des allmächtigen Gottes und zur Verehrung seiner Heiligen (nachdem wir die Erlaubnis vom Hl. Vater Papst Benedikt XIV. dazu eingeholt haben – und uns diese ausdrücklich gewährt wurde) diese Reliquien aus dem Holz des heiligsten Kreuzes unseres Herrn Jesus Christus aus authentischen Stellen genommen, geprüft haben und nachdem wir sie in eine Glashülle in Kreuzesform gebracht, geschmückt, mit roter Schnur gut verschlossen und verknüpft und mit unserem Siegel versehen haben, daß wir sie zum Geschenk geben und daß wir die Möglichkeit gewähren, sie bei sich zurückzubehalten oder sie anderen weiterzugeben, in jede beliebige Kirche, jedes Oratorium oder jede öffentliche Kapelle zur Verehrung durch die Gläubigen. Im Glauben haben wir diese Zeugnisse mit eigener Hand unterschrieben, sie mit unserem Siegel bekräftigt und sie durch unser Sekretariat zur Auslieferung übergeben. Rom, am 2. (7.) August 1769." Auf der Rückseite bestätigt Bischof Joseph von Seckau abermals die Echtheit des Kreuzpartikels unter der Jahreszahl 1776.

ERHALTUNGSZUSTAND

Gelegentlich ihrer Diplomarbeit an der Hochschule für angewandte Kunst/Meisterklasse für Metallrestaurierung und Konservierung in Wien wurde diese Kreuzpartikelmonstranz im Jahre 1969 von Inga Sigrid Schiel gereinigt und instand gesetzt. Nach einer umfassenden Reinigung – Entfernen des Oxydes und des Grünspans, Entfernen der Zinnreste – wurden lose Teile, Risse und Brüche verlötet. Der Fuß wurde ausgebeult, die eingedellten Profilierungen nachziseliert. Zwei ausgebrochene Teile auf der Fußbasis mußten ergänzt werden, wie auch die Fassungen der Schmucksteine, Schrauben und Schraubenmuttern ergänzt und erneuert werden mußten. Fehlende Distanzröhrchen wurden ersetzt, lockere Steine nachgefaßt. Die Verschlußplatte des Fußes wurde ausgerichtet, ebenso wie der Schraubstift und die Strahlen am Strahlenkörper und -kranz. Nach einer Reinigung und Glättung der Authentik des Kreuzpartikels wurden das Glaskreuz und seine silberne Fassung ebenfalls einer Reinigung unterzogen.

BESCHREIBUNG UND STILCHARAKTERISTIK

Der Fuß der Reliquienmonstranz erhebt sich über einer ausgeprägten, profilierten Fußzarge in steiler Wölbung. Der Nodus beschreibt Rocaille-Motive von pflanzlicher Form. Das spitze Oval des Strahlenkörpers wird von einem Kreuz mit Diagonalstrahlen bekrönt. Die gezackten Strahlen sind revers und avers getrieben, getieft und ausgeschlagen. Der obere Teil des Gerätes mit dem Schaugefäß besteht aus dem Strahlenkörper und drei Schmuckkränzen, die in der Art von Bilderrahmen durch Rocaillen, Floralmotive und Steinbesatz reich geschmückt sind und die Umrahmung für die Reliquienkapsel bilden. Der Schaubehälter ist in Kreuzform gestaltet, die Kreuzbalken endigen in Rocaillen.

DATIERUNG

Aufgrund der Rokoko-Elemente an Fuß und Schaubehälter und aufgrund der vorhandenen Authentik der Reliquie von 1769 im Fuß des Objektes ist die Entstehungszeit der Monstranz an den Beginn der siebziger Jahre des 18. Jahrhunderts zu setzen.

Literatur:
Inga Sigrid Schiel, Diplomarbeit an der Hochschule für angewandte Kunst/Meisterklasse für Metallrestaurierung, Wien 1969.

Kataloge:
Sammlungskatalog des Eb. Dom- und Diözesanmuseums, Wien 1973, Kat.-Nr. 34. – Sakrales Kunsthandwerk. Restaurierung-Forschung. Sonderausstellung im Eb. Dom- und Diözesanmuseum Wien v. 28. 11. 1975 bis 15. 2. 1976. Schriftenreihe des Eb. Dom- und Diözesanmuseums, N. F. Nr. 2, A 13.

| 51 | HEILIG-KREUZ-RELIQUIENMONSTRANZ, um 1770 |

Abb. 134   Prot.-Nr. L–105

Silber, Treibarbeit, teilweise vergoldet, Steine

Maße: Höhe: 34 cm
      Breite: 16 cm
      Tiefe: 10 cm

Leihgabe aus der Kirche Am Hof, Wien I

BESCHREIBUNG UND STILCHARAKTERISTIK

Über einer hohen, schwach profilierten Fußzarge erhebt sich der steil gewölbte Fuß mit getriebenen, ziselierten Rocaille-Motiven. Der vasenförmige Nodus ist ornamental verziert, der Strahlenkörper ist dreischichtig angeordnet: die hintere Schicht besteht aus dem Strahlenkranz, die vordere aus Rocaillen und pflanzlichen Motiven. Die dritte rahmt den Schaubehälter bildartig durch geschichtete, engmaschige Rocaillen und ist, wie auch die zweite Schichte, reich mit Steinen besetzt. Zwei Putti mit Flammenherzen sind links und rechts schräg unterhalb des Schaubehälters appliziert, die auf die (heute nicht mehr vorhandene) Kreuzpartikel hinweisen. Als Bekrönung fungiert eine Krone mit Kreuz, auf die zwei kleinere, links und rechts davon angebrachte Engelsputti hinweisen.

DATIERUNG

Aufgrund der Schmuckelemente kann das Objekt in die Zeit um 1750 datiert werden.

Katalog:
Sammlungskatalog des Eb. Dom- und Diözesanmuseums, Wien 1973, Kat.-Nr. 35.

| 52 | JOSEPHINISCHES ZIBORIUM, 1776 |

Abb. 138–142   Prot.-Nr. L–203

Silber, vergoldet, ziseliert, getrieben, Emails
Punzen (unleserlich)
Lateinische Stiftungsinschrift im Deckel: „In Hon. B. M. V. bro altar. SS. Abost. MDCCLXXVI:"

Maße: Höhe: 39 cm
      Durchmesser: 17,5 cm

Leihgabe aus der Kirche Am Hof, Wien I

PROVENIENZ

Das Ziborium stammt aus der Kirche Am Hof, Wien I, und befindet sich seit 1981 im Museum.

IKONOGRAPHIE

Dreigeteilter Fuß, auf dem drei mit pflanzlichem schlichtem Dekor kartuschenartig umrahmte Emails appliziert sind. Auf diesen sind Szenen aus der Passion Christi dargestellt: Christus auf dem Ölberg, Christus vor Kaiphas, Christus an der Geißelsäule.
In den Kartuschen an der Cupa, die jeweils von einem vegetabilischen Kranz gerahmt

sind, Darstellung folgender Szenen in Emails: Dornenkrönung Christi, Kreuztragung (Christus fällt unter dem Kreuz – Simon von Cyrene hilft Christus das Kreuz tragen), Kreuzigung mit Maria Magdalena.

BESCHREIBUNG UND STILCHARAKTERISTIK

Über kreisförmigem, durch Volutbänder dreigeteiltem Fuß erhebt sich der mit klassizistischen Formen geschmückte Stiel. Die Emails sind in den Sektoren des Fußes angebracht. Der Nodus ist in Form einer klassizistischen Vase gebildet. Die Cupa ist in gleicher Weise wie der Fuß mit schlichtem Bandwerk und Girlanden geziert, alternierend mit Festons mit Rosetten, über denen jeweils eine Muschel und unter denen je zwei Blumengirlanden sich befinden. In den gerahmten Kartuschen – die streng geometrisierten Bänder sind letztlich Derivate „barocker" Rollwerke – sind die genannten Emails appliziert. Der Deckel ist mit zentrifugal ausgerichteter, streng stilisierter Blattornamentik verziert und von einem griechischen Kreuz bekrönt.

Katalog:
Josephinische Pfarrgründungen in Wien, Sonderausstellung im Historischen Museum der Stadt Wien, Wien 1985 (S. 127/Kat.-Nr. 336).

NEUN-ENGELSCHÖRE-MONSTRANZ, nach 1780	53

Prot.-Nr. L–100 *Abb. 143*

Messing, Kupfer, Silber, vergoldet, steinbesetzte Lunula, Diamanten, Rubine
Keine Meisterzeichen; an einigen Engelsfiguren Repunzierungen von 1806/07 für kleinere Silberarbeiten

Maße: Höhe: 75 cm
      Breite: 36 cm
      Tiefe: 18 cm

Leihgabe aus der Kirche Am Hof, Wien I

ERHALTUNGSZUSTAND

Der Fuß der Monstranz ist nicht ursprünglich, bereits klassizistisch, dürfte etwas später als das Ostensorium entstanden sein; ebenso die überaus wertvolle Steinverzierung. – Vielleicht hängt die josephinische Neugestaltung der Monstranz mit der Restaurierung der Kirche Am Hof im Jahre 1798 zusammen, in deren Eigentum sie sich heute noch immer befindet. Damals wurde der Chor der Kirche durch Johann Amann in frühklassizistischem Stil neu gestaltet.
Die Monstranz wurde 1975 durch Ingrid Maresch gelegentlich ihrer Diplomarbeit an der Hochschule für angewandte Kunst/Meisterklasse für Metallrestaurierung und Konservierung in Wien gereinigt.

IKONOGRAPHIE UND STILCHARAKTERISTIK

Das spätbarock beeinflußte, in Form einer Sonnenmonstranz gebildete Schaugefäß besteht aus von Strahlen hinterfangenen Wolkenformationen, vor denen neun mit Attributen ausgestattete Engel als Vertreter der neun Engelschöre (Seraphim, Cherubim, Throni, Dominaziones, Virtutes, Potestates, Principatus, Archangeli, Angeli – gemäß der hierarchischen Ordnung des mystischen Theologen Pseudo-Dionysius Areopagita, Ende des 5. Jh.s) schweben. Unter dem bekrönenden geharnischten Engel (dem Erzengel Michael) befindet sich die Darstellung der Heiligsten Dreifaltigkeit in jener Form, wie sie bei Barockmonstranzen üblich ist: Gott-Vater (hier ganzfigurig dargestellt) mit Zepter und Weltkugel, darunter die von einer Gloriole hinterfangene Taube des Hl. Geistes, während Gott-Sohn in der konsekrierten Hostie in der Lunula (mondsichelartige Halterung für die Hostie) im hochovalen Schaugefäß der Monstranz verehrt wurde. Gott-Vater ist von den drei Erzengeln umgeben: über ihm Michael, Raphael links, Gabriel rechts. Unter dem Schaugefäß ist Maria Immaculata (Maria als Unbefleckte Empfängnis) stehend dargestellt. Die Sternengloriole der Maria Immaculata, einzelne Attribute der Engel, die Gloriole hinter der Taube, die Krone oberhalb des Schaugefäßes, der myrtenkranzartige Rahmen des Schaugefäßes und die Lunula enthalten echte Diamanten und Rubine.

KUNSTHISTORISCHE EINORDNUNG

Wenn auch der Typus als Sonnen- und Wolkenmonstranz der spätbarocken Tradition folgt, so ist der Figurenstil in der verhaltenen Bewegung wie auch in den Anklängen an eine antikisierende Gewandbehandlung bereits vom Klassizismus inspiriert. Vermutlich stammt das Schaugefäß mit seinem Dekor aus den frühen achtziger Jahren des 18. Jahrhunderts. Der ovale Fuß ist mit klassizistischen Formen – Blattwerk und Blumengirlanden, durch verschiedene Profile voneinander getrennt – verziert. Aus diesem Grunde dürfte der Fuß der Monstranz – wie bereits erwähnt – etwas später entstanden sein.

Literatur:
Ingrid Maresch, Diplomarbeit 1975 an der Hochschule für angewandte Kunst/Meisterklasse für Metallrestaurierung und Konservierung in Wien.

Kataloge:
Führer durch das Eb. Dom- und Diözesanmuseum, Wien 1941, 1946. – Sammlungskatalog des Eb. Dom- und Diözesanmuseums, Wien 1973, Kat.-Nr. 29. – Josephinische Pfarrgründungen in Wien, Wien 1985 (S. 124/Kat.-Nr. 333/m. Abb.).

54	MESSKÄNNCHEN-GARNITUR, 1827

Abb. 144, 145   Prot.-Nr. L–193

Silber, ziseliert, gegossen

Maße: Ahornblatt-Kännchen   Eichenblatt-Kännchen
      Höhe: 19 cm   Höhe: 18 cm
      Durchmesser: 7 cm   Durchmesser: 7 cm
      Tiefe (mit Henkel   Tiefe (mit Henkel u. Schnabel): 13 cm
      und Schnabel): 13 cm

Leihgabe aus der Kirche Am Hof, Wien I

BESCHREIBUNG UND STILCHARAKTERISTIK

Beide Kännchen sind, mit Ausnahme der Bekrönungen, gleichartig gestaltet. Der glatte, runde Fuß ist am Rand durch ein ornamentales Muster geschmückt; ein geriffelter Schaftring leitet zum bauchigen, birnenförmigen Gefäß über, das im unteren Teil durch stilisierte, gleichmäßige Blütenblätter mit floralem Binnendekor geziert ist, am Gefäßhals einen – wiederum mit Ornamentmuster geschmückten – Reifen hat, von wo aus sich der Schnabel entwickelt, der eine geschwungene Form beschreibt. Die Deckel sind flach und haben als Bekrönung Ahorn- oder Eichenblätter, wodurch jeweils Wasser- und Weinkännchen unterschieden sind.

KUNSTHISTORISCHE EINORDNUNG UND DATIERUNG

Die vasenartigen Körper der Behälter haben einen stilisierten Dekor, wie er auf klassizistischen Vasen – namentlich in monumentaler Ausführung in Stein – anzutreffen ist. Die Kännchen sind 1827 datiert.

Kataloge:
Führer durch das Eb. Dom- und Diözesanmuseum, Wien 1934, 1941, 1946. – Sammlungskatalog des Eb. Dom- und Diözesanmuseums, Wien 1973, Kat.-Nr. 43.

Prot.-Nr. L–192 *Abb. 146, 147*

Silber, vergoldet, teils Treibarbeiten (ondulierende Formen), teils Ziselierungen (pflanzliche, zart lineare Muster)

Maße: Tasse
    Länge: 28 cm
    Breite: 21 cm
    Höhe: 3 cm

Kännchen A
    Höhe: 18 cm
    Durchmesser: 8 cm
    Tiefe (mit Henkel u. Schnabel): 12 cm

Kännchen V
    Höhe: 18 cm
    Durchmesser: 8 cm
    Tiefe (mit Henkel u. Schnabel): 12 cm

Leihgabe des Erzbistums

BESCHREIBUNG UND STILCHARAKTERISTIK

Tasse: Die Standfläche der Tasse ist flach und mit ziselierten Blumengirlanden bedeckt, während der ondulierend aufgebogene Rand in unterschiedlichen, wellenartigen, getriebenen Formen gestaltet und mit ziselierten, floralen Motiven geschmückt ist.
Kännchen: Der vierlappige, gewölbte Fuß ist durch Floraldekor (getrieben und ziseliert) geschmückt und gegen den Körper durch verschieden profilierte Schäfte abgegrenzt. Der Gefäßkörper ist vasenförmig, durch Stege in Felder geteilt, die durch ziselierte, mit Blumendekor verzierte Kartuschen, die rocaillenartig gerahmt sind, geschmückt sind. Der geschwungene Schnabel wird durch einen gewölbten Deckel geschlossen, auf dem ziselierten Dekor ist je ein „A" bzw. ein „V" als Bekrönung vorhanden. Die Henkel sind rocaillenartig gebildet und durch Floraldekor geschmückt.

KUNSTHISTORISCHE EINORDNUNG UND DATIERUNG

Die Meßkännchen-Garnitur mit Tasse ist eine Wiener Arbeit des späten Biedermeiers. Die symmetrisch angeordneten, buckelreichen Schmuckformen geben sowohl den Kännchen als auch der Tasse sehr belebte Oberflächenwirkungen. Der solcherart reich wirkende dekorative Charakter weist bereits auf den Neobarock des frühen, romantischen Historismus voraus, weshalb die Garnitur als knapp vor der Mitte des 19. Jahrhunderts entstandenes Werk angesehen werden kann.

Kataloge:
Führer durch das Eb. Dom- und Diözesanmuseum, Wien 1934, 1941, 1946. – Sammlungskatalog des Eb. Dom- und Diözesanmuseums, Wien 1973, Kat.-Nr. 44.

Prot.-Nr. 191 *Abb. 148*

Silber, vergoldet, Brillanten auf Lunula
Widmungsinschrift an der Fußunterseite

Maße: Höhe: 41 cm
    Breite: 23 cm
    Tiefe: 16 cm

Leihgabe aus dem Stephansdom

PROVENIENZ

Diese aus dem Wiener Stephansdom stammende Monstranz wurde laut Widmungsinschrift von einem ungenannt sein wollenden Stifter gespendet. Laut dieser Inschrift stammen die Brillanten der Lunula von Therese Schlag von Scharhelm.

BESCHREIBUNG UND STILCHARAKTERISTIK

Der durch stilisierte Blattformen (Palmett-Dekor) bedeckte Fuß steigt leicht auf; es folgen ein größerer und in jeweils geringer werdenden Abständen zwei weitere, in der Größe nach oben abnehmende Wülste, die ornamental verziert sind, dann ein vasenförmiger Nodus, anschließend wiederum zwei in der Größe abnehmende, unterschiedlich verzierte (Blattmuster und Riffelung) Wülste. Der Nodus ist durch gleichartige Blattformen geschmückt wie auch der Fuß. – Der Schaubehälter ist kreisrund, seine Rahmung besteht in konzentrisch zueinander befindlichen, verschieden profilierten, durch Perlstäbe unterschiedlicher Dimension versehenen Kreisen, wobei das äußerste Zierband aufwendiger gestaltet ist und durch Sonnenstrahlen sowie stilisierte Floralformen begrenzt ist. Als Bekrönung an der Spitze ist ein Kreuz mit Dreipaßenden angebracht.

KUNSTHISTORISCHE EINORDNUNG UND DATIERUNG

Die stilisierten Blattformen sowie die zugunsten der stereometrischen Form zurückhaltende Dekoration weisen diese kleine Monstranz als Werk des späten 19. Jahrhunderts aus.

Kataloge:
Führer durch das Eb. Dom- und Diözesanmuseum, Wien 1934, 1941, 1946. – Sammlungskatalog des Eb. Dom- und Diözesanmuseums, Wien 1973, Kat.-Nr. 31.

57	PRUNKKELCH, 1862

Abb. 149, 150   Prot.-Nr. L–172

Silber, vergoldet, Treibarbeit, Emails als Auflagen
Wiener Meisterzeichen, signiert I. Reiner, 1862, gewidmet von Joseph Emil Knorr, 1863 von Ludwig Donin dem Dom gewidmet

Maße: Höhe: 29 cm
        Durchmesser: 17 cm

Leihgabe des Erzbistums

IKONOGRAPHIE

Die Emails Maria Immaculata, hl. Josef mit Jesus-Kind, hl. Ludwig von Frankreich mit der Einbringung der Dornenkrone; Cupa: hl. Franz von Assisi, hl. Elisabeth von Thüringen, hl. Karl Borromäus bei den Pestkranken.

BESCHREIBUNG UND STILCHARAKTERISTIK

Auf einer breiten, flachen und schwach profilierten Standzarge erhebt sich ein voluminös gebaucht gewölbter Fuß, der reich durch getriebene und kleinteilig ziselierte, teilweise gepunzte Rocaillen, fleischige neobarocke Ranken, durchsetzt mit Weinstockmotiven, geziert ist. Die Emails sind durch kleine Edelsteine gerahmt. Der Nodus erstreckt sich in der ornamentalen Gestaltung beinahe über den gesamten Stylos, der mit Ranken und Blumenschmuck versehen ist. Auf der Cupa wiederholen sich die Motive des Kelchfußes; die Emails sind wiederum durch Edelsteine und durch Rankenornamentik gerahmt. – Der obere Teil der Cupa ist glatt.

DATIERUNG

Laut Meisterzeichen ist dieser Prunkkelch 1862 datiert.

Kataloge:
Führer durch das Eb. Dom- und Diözesanmuseum, Wien 1934, 1941, 1946. – Sammlungskatalog des Eb. Dom- und Diözesanmuseums, Wien 1973, Kat.-Nr. 41.

GÜRTELRELIQUIAR MARIENS, Giovanni di Cristofori, 1871
Byzantinische Emails des 10. und 11. Jahrhunderts, Medaillon 13. Jahrhundert, Figürchen seitlich des Schaubehälters spätes 15. Jahrhundert

Prot.-Nr. L–237 *Abb. 151–154*

Weißmetall und Messing, teilweise vergoldet, zwei Email-Medaillons in Zellenschmelz-Technik, ein Relief-Medaillon in Wachs mit Steinpulver

Maße: Höhe: 68 cm
Durchmesser des Fußes: 18,5 cm

Leihgabe aus dem Kloster der Heimsuchung Mariä (Salesianerinnen), Wien III

PROVENIENZ

Das Reliquiar stammt aus dem Salesianerinnen-Kloster in Wien III und enthält den Gürtel Mariens als Reliquie, der, gemäß der Inschrift, einst im Domschatz von St. Stephan war. 1871 wurde das Reliquiar von dem Goldschmied Giovanni di Cristofori in Venedig unter Verwendung verschiedener Stücke angefertigt, wobei ältere Teile mitverwendet wurden. Diese sind es auch, die das Reliquiar als bedeutendes Stück in kunsthistorischer Sicht kennzeichnen. Über die Provenienz dieser älteren Teile – der drei Medaillons, der beiden Figürchen seitlich des Reliquienbehälters und des bekrönenden Reliefs Mariens vor einer Draperie – fehlen archivalische Überlieferungen. Da das Reliquiar in Venedig in seine heutige Gestalt gebracht wurde, wobei ausdrücklich auf die Wiederverwendung der anderen Stücke in der Inschrift auf dem Fußrand hingewiesen wurde, liegt eine Vermutung nahe, der hoher Wahrscheinlichkeitsgrad zukommt:
1819 wurden in Venedig, das damals nach dem Wiener Kongreß 1814/1815 ,,österreichisch'' geworden war, unter Protest aus Wien Juwelen des Schatzes von San Marco versteigert. 14 Emails, die unter Msgr. A. Pasini zu einem Silberpaliotto im heutigen Schatz von San Marco vereinigt wurden, stammen von einem verlorenen Kultgerät oder waren in der Pala d'oro der Basilika von San Marco in einer ihrer früheren Fassungen integriert (die Pala d'oro entstand zu Beginn des 12. Jahrhunderts in Konstantinopel, gelangte als venezianisches Beutestück nach San Marco und wurde dort im 13. und nach der Mitte des 14. Jahrhunderts durch weitere Beutestücke aus dem 4. Kreuzzug – 1204 – erweitert).
Vielleicht sind die beiden Email-Medaillons des ausgestellten Reliquiars Teile einer die Pala d'oro ehemals erweitert habenden Tafel oder eines anderen liturgischen Gegenstandes (Kelch?) aus dem Schatz von San Marco. Auch die übrigen älteren Stücke könnten Restbestände eines – gleichfalls versteigerten – liturgischen Gerätes von ebendort sein.

ERHALTUNGSZUSTAND UND TECHNIK

Die Reliquienmonstranz ist vorwiegend eine Arbeit aus Weißmetall und aus Messing mit teilweiser Vergoldung. Das Reliquiengehäuse ist ein zylinderförmiger Glasbehälter. Die gegossenen Figuren seitlich des turmartig umrahmten Reliquiengehäuses sind sekundär applizierte ältere Arbeiten des späten 15. Jahrhunderts, während die Engelfiguren an der Frontseite der großen und kleinen Strebepfeiler sowie vor den mittleren Fialen Arbeiten des ergänzenden venezianischen Meisters von 1871 sind. Ob das bekrönende Metallrelief mit der Darstellung der gegürteten Maria von einer Draperie eine italienische Arbeit des 16. Jahrhunderts oder gleichfalls eine Ergänzung des 19. Jahrhunderts ist, konnte bislang noch nicht eindeutig geklärt werden. Die beiden zweitverwendeten, byzantinischen Emails sind in Zellenschmelz-Technik (émail cloisonné) gearbeitet, während das dritte dunkelbraune Medaillon mit der Darstellung der ,,Maria lactans'' aus Wachs, das mit Steinpulver vermengt wurde, angefertigt worden ist. Von den beiden Emails weist das rechte mit der Büste des hl. Nikolaus im Glasfluß erhebliche Fehlstellen auf: Die Inschrift und der Nimbus sind völlig leer, das Inkarnat der rechten Hand ist zerstört, etwa ein Drittel des weißen Emails des Omophorions (das der Stola in der lateinischen Kirche entsprechende liturgische priesterliche Abzeichen) ist beschädigt. Das übrige erhaltene Email weist starke Beschädigungen in Form von Rissen auf. Das linke Email mit der Darstellung des Erzengels Raphael ist im Glasfluß besser erhalten: Vor allem ist der rotgeränderte grüne Nimbus deshalb besonders erwähnenswert, weil grün die einzige nach der Jahrtausendwende noch transluzid behandelte Emailfarbe in Byzanz ist. Das weiße Diadem kontrastiert sowohl zum rötlichen Inkarnat als auch zu den schwarzen Haaren, der dunkelblaue Mantel hebt sich vom kirschroten, mit hellblauen Streifen aufgelockerten Untergewand ab. Das Email weist bei den Händen – vor allem bei der die Schriftrolle haltenden Hand – wie auch bei den Flügeln Beschädigungen auf.

IKONOGRAPHIE

Im figürlichen „Programm" – sofern von einem solchen bei dem hohen Anteil an zweitverwendeten Objekten überhaupt gesprochen werden kann – nimmt lediglich das bekrönende Relief mit der Dreiviertelfigur Mariens mit dem Gürtel im Gewand auf die Reliquie Bezug. Auch die sechs Engelfiguren in ihrer anbetenden Haltung drücken die Verehrung der Reliquie aus. Die seitlich der Reliquie angebrachten Figuren des Erzengels Michael im Kampf mit dem Drachen wie auch der Geharnischte mit Standarte (vielleicht als die Darstellung des hl. Theodor gedacht, sofern diese Figur überhaupt eine Heiligengestalt ursprünglich bedeutet hat) hängen mit der Reliquie thematisch ebensowenig zusammen wie die drei Medaillons.

Das Relief-Medaillon zeigt eine das Jesus-Kind säugende halbfigurige Maria – Madonna lactans – und hängt somit thematisch, wenn schon nicht mit der Reliquie selbst, so zumindest mit Maria zusammen. Über die ursprüngliche Verwendung dieses Medaillons (Reliquientafel, Kelch, Buchdeckel) kann nur spekuliert werden, da nähere Anhaltspunkte aus dem Objekt nicht zu gewinnen sind. Sicherlich war es Teil eines zyklischen Programms eines marianischen oder christologischen (Kindheit Jesu) Darstellungsensembles. Auch die beiden Email-Medaillons waren ursprünglich nicht als Einzelstücke, sondern als Teile eines Zyklus gearbeitet worden. Der mit der rechten zum Redegestus erhobenen Hand dargestellte hl. Nikolaus (das rechte Email) wurde in Byzanz meist mit den griechischen Kirchenlehrern Basilius, Gregor von Nazianz (Theologos) oder von Nyssa (Thaumatouryos) und Johannes Crysostomos dargestellt und zierte vermutlich ein Diadem oder einen Kelch, ein Reliquiar oder einen Ikonenrahmen. Auch der Erzengel Raphael (das linke Email) war Teil einer Serie: Erzengel wurden in Byzanz in kleinen Medaillons kaum isoliert und Raphael nie allein dargestellt, sondern immer in einem größeren Zusammenhang. Dieses Medaillon könnte Teil einer Hetoimasia (der Darstellung des zum Weltgericht bereiteten Thrones) sein. Die Seitwärtswendung des Engels weist auf eine derartige Darstellung oder auf die einer bekrönenden Maria hin. Die sonst nur beim Verkündigungsengel Gabriel vorkommende Schriftrolle weist auf eschatologische Zusammenhänge hin und begünstigt die Vermutung der Herkunft dieses Emails aus einer Hetoimasia.

Am Fuß des Reliquiars ist folgende Inschrift eingraviert:
„LIPSANOTHECAM HANC ANTIQUAM CIGULI B. V. MARIAE PARTEM INSIGNEM NUNC CONTINENTEM QUAE SACRA RELIQUIA OLIM IN ECCLESIA CATHEDRALI AD S. STEPHANUM VINDOBONAE COLEBATUR TEMPORUM INJURIA LAESAM RESTAURAVIT ATQUE VARIO DECORE AUCTAM VELUT NOVAM REDIDIT JOHANNES CHRISTOPHORI ARTIFEX VENETUS. VENETIIS ANNO DOMINI MDCCCLXXI."

KUNSTHISTORISCHE EINORDNUNG

Die Reliquienmonstranz ist ein Werk des Historismus, die sich an gotischen Turmmonstranzen orientiert. Die zweitverwendeten seitlichen Figürchen sind spätgotische Arbeiten des ausgehenden 15. Jahrhunderts und vermutlich oberitalienische Arbeiten oder deutsche Importstücke.

Hinsichtlich des Stils der Medaillons weist sich das Email mit der Darstellung des hl. Nikolaus (dem rechten Email) als eine Konstantinopler Arbeit des späten 10. Jahrhunderts aus: Die dachförmig hochgezogenen Brauen wie der zur Seite gewendete Blick sind hiefür ebenso charakteristisch wie die schematisierte Binnenzeichnung im Gewand. Die nächste stilistische Parallele ist in dem Email mit der Darstellung des hl. Damianus im Tesoro von San Marco in Venedig vorzufinden. Das Medaillon mit der Darstellung des hl. Erzengels Raphael (das linke Medaillon) zeigt in der Physiognomie wie auch in den lebhaft welligen Konturen und in der Charakteristik des Untergewandes mit den abwärts gerichteten, spitze Winkel bildenden Parallelfalten (diese „Chevrons" sind für den „Zebra-Stil" charakteristisch) typische Eigenschaften für die Spätphase des Konstantinopler Emailstils des 11. Jahrhunderts. Das Medaillon des Erzengels Raphael ist vor den Engeln der Pala d'oro von San Marco und nach denen der zwischen 1074 und 1078 entstandenen ungarischen Stephanskrone zu datieren.

Das Relief der Madonna lactans ist eine in Venedig entstandene Arbeit des 13. Jahrhunderts.

Literatur:
Otto Demus, Die byzantinischen Emails des Salesianerinnenklosters in Wien, in: Österreichische Zeitschrift für Kunst und Denkmalpflege XXVIII / 1974, 1, 2, S. 1 ff. – Österreichische Kunsttopographie (ÖKT) Bd. XLI / Die Kunstdenkmäler Wiens / Die Kirchen des III. Bezirks, Wien 1974, S. 259/Nr. 13 ff., Abb. 269–272. – Hermann Fillitz - Martina Pippal, Schatzkunst - Die Goldschmiede- und Elfenbeinarbeiten aus österreichischen Schatzkammern des Hochmittelalters, Salzburg–Wien 1987, Kat.-Nr. 12, S. 108 f., Kat.-Nr. 101, S. 360.

BILDWERKE AUS DEM DOM UND AUS DEM DIÖZESANGEBIET

Die Tafelmalereien, Leinwandbilder und Skulpturen innerhalb der Sammlungsbestände des Museums weisen dieses eher als ein Diözesan- denn als ein Dommuseum aus, denn ein Großteil der – im Zuge der Restaurierungsarbeiten des 19. Jahrhunderts am und im Stephansdom – entfernten Bildwerke gelangte bereits damals in Musealbesitz: Die kunsthistorisch erstrangigen Skulpturen, reichhaltige Bestände der Bauplastik sowie Zyklen an Glasmalerei gelangten zum überwiegenden Teil in den Besitz der Stadt Wien, wo sie im Historischen Museum der Stadt Wien seit 1969 hervorragend und seit einigen Jahren noch zusätzlich vorteilhafter ausgestellt sind. Die unikale Sammlung mittelalterlicher Planrisse gelangte zum überwiegenden Teil in das Kupferstichkabinett der Akademie der Bildenden Künste in Wien, ein beachtlicher Teil hievon ist gleichfalls im Historischen Museum der Stadt Wien aufbewahrt. Das Österreichische Museum für angewandte Kunst birgt Glasmalereien und gotische Fliesen von einem alten Sakristeiofen, die ebenfalls aus dem Dom stammen. Vermehrt mit den aus dem Stephansdom stammenden Beständen des Dom- und Diözesanmuseums ergäben all die anderweitigen – glücklicherweise in Wien – museal verwahrten Objekte ein Dom-Museum von beachtlicher Größe und höchster Bedeutung, das im Status einer Dom-Opera von Florenz und Siena, einem Musée du l'Œuvre Notre Dame in Straßburg und einem Kathedral-Museum wie dem im Palais Tau in Reims absolut ebenbürtig wäre.
Angesichts der Größe und der Bedeutung der Erzdiözese Wien im innerkirchlichen Leben und im kulturellen Wirken Mitteleuropas mutet die Sammlung von – innerhalb des Museums zahlenmäßig entschieden dominierenden – Exponaten aus dem Diözesangebiet – verglichen mit den themengleichen Museen etwa in Freising oder in Brixen – eher bescheiden an. Dies liegt einerseits in der prononcierten Haltung, die Objekte nach Möglichkeit in situ und in liturgischer Verwendung zu belassen, andererseits auch darin, daß die Säkularisierung von Klöstern im österreichischen Kulturraum weitaus geringer war und auch nicht zur zentralen Sammlung von kirchlichen Kunstgegenständen führte: Fast jede österreichische Stiftssammlung erreicht die Größe eines anderweitigen Diözesanmuseums und übertrifft – wie im Falle von Heiligenkreuz oder gar Klosterneuburg – solche bei weitem. Dennoch sind die Bestände des Wiener Dom- und Diözesanmuseums in kunsthistorischer Sicht von jenem Bedeutungsgrad, daß die Entwicklung des bildkünstlerischen Geschehens im österreichischen Kulturraum im internationalen Spannungsfeld ohne diese nicht studiert werden kann.

59	WEIHRAUCHFASS-SCHWINGENDER ENGEL, gegen 1340

Abb. 159

Glasmalerei

Maße: Hochformat: 180 × 80 cm

Leihgabe aus dem Stephansdom

PROVENIENZ

Die Scheibe gelangte anläßlich der Neuordnung der gotischen Glasmalereien im Stephansdom während dessen Restaurierung nach den gravierenden Kriegsschäden in das Museum (1951). Dieses Fensterfragment wurde 1900/01 stark restauriert (vor allem neue Verbleiung und neues Gesicht). Der Anordnung des fliegenden Engels nach zu schließen war er ursprünglich in der linken Bahn eines Maßwerkfensters angebracht.

ERHALTUNGSZUSTAND

Fast die ganze Verbleiung wie auch – formalkünstlerisch und gegenständlich sehr gewichtige – Gläser sind 1900/01 restauriert worden, indem die betreffenden Gläser bei Imitation der alten Technik (?) und möglichster Kopie der alten Form (?) ausgewechselt wurden. Das Ausmaß der Erneuerung ist im entsprechenden Band des Corpus Vitrearum Medii Aevi, Bd. I, Kat.-Nr. 95, deutlich festgehalten. Trotz dieser umfangreichen Erneuerungen ist die Komposition der Figur authentisch überliefert.

IKONOGRAPHIE

Der ikonographische Zusammenhang ist ungeklärt. Da die gleiche Hintergrundbehandlung (rautenförmige Felder mit goldgelben Scheibchen an Schnittstellen) bei den Darstellungen der Abweisung von Joachims Opfer und der Verkündigung an Anna anzutreffen ist, erscheint eine Zusammengehörigkeit dieser drei Scheiben zu einem Fenster marianischer Thematik nicht ausgeschlossen (weshalb die ursprüngliche Aufstellung daher im Frauenchor anzunehmen wäre).
Weihrauchfaßschwingende Engel können ebensogut bei anderen marianischen Themen (etwa Marientod, Thron Salomonis) wie auch in christologischen Szenen (z. B.: Kreuzigung, Beweinung Christi) erwartet werden. Im letzteren Fall müßte sich die Scheibe ursprünglich im Mittelchor befunden haben. Eine Lokalisierung in den Apostelchor ist aus stilistischen Gründen nicht möglich, da die wenigen erhaltenen Glasmalereien des Apostelchores jünger sind und andere Stileigenschaften haben.

STIL UND DATIERUNG

Einziger urkundlicher Anhaltspunkt für die Datierung ist die Chorweihe von 1340, von Eva Frodl-Kraft wurden die Glasmalereien im Chor (Frauen- und im Mittelchor) um diese Zeit und in die folgenden Jahre angesetzt. Der Körper beim Engel des Museums ist in kühn anmutender Verkürzung wiedergegeben: Das schräge Herabfliegen wird nicht nur durch eine flächenbezogene Kompositionsprinzipien erfüllende Art angedeutet, sondern die räumliche Tiefenerstreckung der Figur ist durch das Dominieren der Kopf-Arm-Partie gegenüber dem restlichen Körper einerseits und andererseits durch Überschneidungen bewältigt. Diese Differenzierung des räumlichen „Davor" und „Dahinter" erfolgt auch im Kolorit: Die amethystviolette Armpartie überdeckt – in Nachwirkung der romanischen Art der bildlichen Tiefenbewältigung ausschließlich durch Farbwerte – den roten, goldgelb gefütterten Mantel. Indem die bekleideten Arme und der Mantel verschiedene Farben haben, die aber aus Akkorden der gleichen Grundfarbe gebildet wurden, erreicht auch das Kolorit die in der Komposition angestrebte Einheitlichkeit der Figur.

Zur verkürzten Körperwiedergabe ist ferner hinzuweisen: Auf der von Giottos Paduaner Freskenzyklus beeinflußten Rückseite des Verduner Altares (um 1330) sind derartige verkürzte Körperwiedergaben noch nicht zu finden, wohl aber bei Giotto selbst – bei der Taufe Christi in der Arenakapelle sogar in orthogonaler Verkürzung. Die von E. Frodl-Kraft (op. cit., S. 11) erkannte Aufnahme des neuen giottesken Monumentalstiles in die Glasmalerei des Wiener Domes findet sich auch in dieser Engelsfigur bestätigt.

Hinsichtlich des Versuches, eine herabfliegende Gestalt in ihrer optischen Verkürzung glaubhaft darzustellen, ist die einer stürzenden, gekrönten Gestalt in einer Initiale der Bibel des Robert de Billing (Paris, Bibliothèque Nationale, ms. latin 11935, s. Ausst.-Kat. Les Fastes du Gothique, Paris 1981, Nr. 238, S. 291/292) als gleichfalls italienisch beeinflußtes (vor allem auch aufgrund der Architekturdarstellungen), 1327 in Paris entstandenes Beispiel zu nennen.

Literatur:
Eva Frodl-Kraft, Corpus Vitrearum Medii Aevi, Österreich, Bd. I, Die mittelalterliche Glasmalerei in Wien (Graz–Wien–Köln 1962), S. 50, Kat.-Nr. 95, Abb. 71.

Katalog:
Sammlungskatalog des Erzbischöflichen Dom- und Diözesanmuseums, Wien 1973, Kat.-Nr. 60.

SIEBEN TAFELBILDER, Ende 14. Jahrhundert | 60

Prot.-Nr. L–13 bis L–19   *Abb. 160–166*

Temperamalereien auf Holztafeln, Rahmen neu

Maße: Querformat: 32,3 × 52,5 cm
  Hochformat: 38 × 30,5 cm
  Hochformat: 39,5 × 31 cm

Leihgabe des Erzbistums

PROVENIENZ

Die Tafeln gelangten 1933 aus dem ehemaligen (in der baulichen Substanz noch erhaltenen) Erzbischöflichen Sommerschloß in Ober-St. Veit (ehemalige Propstei St. Veit an der Wien, heute Wien XIII) in das Museum. Im Schloß Ober-St. Veit waren sie mit weiteren sieben Tafeln (s. Kat.-Nr. 62) zu zwei retabelartigen Ensembles verbunden, wobei auf die stilistische Zusammengehörigkeit keine Rücksicht genommen worden war. Auf diesen Fehler wurde 1908 von Hans Tietze (ÖKT, II., 1908, S. 202, Fig. 226/227) hingewiesen; offensichtlich der damals noch vorhandenen entstellenden Übermalungen wegen datierte er die Malereien an das Ende des 15. Jahrhunderts. Die alten Aufnahmen in der Österreichischen Kunsttopographie zeigen das damalige Arrangement der Tafeln und die für die übrigen aus dem Schloß Ober-St. Veit in das Museum gelangten Exponate charakteristischen profilierten Holzrahmen (vgl. Kat.-Nr. 62, 69, 70).

ERHALTUNGSZUSTAND

1933 wurden die Tafeln durch Prof. Dr. Franz Walliser, Wien, von den Übermalungen befreit, die Originalsubstanz freigelegt und konserviert. Partiell zerstörte Bereiche wurden als Fehlstellen sichtbar belassen und nur durch monochrom eingefärbte Retuschen im jeweiligen Lokalton optisch geschlossen. Die Tafelbilder sind Temperamalereien auf Fichtenholz, Vorritzungen im Kreidegrund sowie auch Punzierungen im Goldgrund sind vorhanden. Aufgrund der Maserung am Holz der Rückseiten der Tafeln ergibt sich, daß die Tafel mit dem Ursula-Martyrium und die mit der Verkündigung sowie die mit den drei Mädchenheiligen und der Geburt Christi je einen Flügel eines Altares ursprünglich gebildet haben, wobei die Tafeln mit dem Goldgrund zur Festtagsseite, die mit dunklem Grund zur Werktagsseite gehörten. Da ein befriedigender Rekonstruktionsversuch zu einem kleinen Wandelaltärchen nicht erreicht werden konnte, wurden die Tafeln bei der Neuaufstellung nach den Bildinhalten dekorativ angeordnet.

Abb. 163 VERKÜNDIGUNG

Das Geschehen der Verkündigung ist, in Anpassung an die schmale, hochrechteckige Bildform, in knapper Schilderung wiedergegeben: Maria sitzt auf einem im Grundriß rautenförmig stehenden Hocker in der rechten Bildhälfte mit vor die Brust überkreuzt geschlagenen Händen. Die aufrechte Sitzhaltung läßt sie, ebenso wie der Goldnimbus vor dem dunklen, ungemusterten Grund, im Bild dominieren. Haltung und Gestik lassen auf den Augenblick des Geschehens schließen, als sie sich nach dem erschreckten Zurückweichen (siehe Verkündigung des Simone Martini, Meister von Heiligenkreuz) wieder gesammelt hat. Der auf dem rechten Bein kniende, mit dem linken sich aufstützende Engel, wobei er sich mit der linken Hand auf dem linken Schenkel aufstützt, befindet sich in der linken Bildhälfte vor Maria, zu der er aufblickt und mittels erhobener rechter Hand einen Redegestus vollführt. Die mächtigen Flügel verhindern – ähnlich wie beim Meister von Heiligenkreuz – eine übertriebene, übergewichtige Wirkung der Madonna. Der Engel ist nicht nimbiert, es fehlen auch jegliche apokryphe Details (Schriftbänder, Lilie, Buch, in dem Maria liest, die Botschaft des Engels in einem Brief versiegelt) sowie Requisiten und Attribute, die auf einen Versuch des Verlegens des Geschehens in ein spezifisch zeitgenössisches Ambiente schließen ließen. Lediglich der angedeutete marmorierte Boden wie auch das Sitzmöbel lassen auf ein Interieur als Schauplatz schließen.

Abb. 164 GEBURT CHRISTI

Das Anbetungsmotiv wird, nicht zuletzt durch die sparsame Andeutung des Stalles, andachtsbildartig hervorgehoben. Ein dicht bepflanzter Boden sowie eine Felskulisse rechts geben die Landschaft an. Maria ist in dominierender Kniehaltung vor dem von einem Strahlenkranz umgebenen Jesus-Kind wiedergegeben. Die Liegestatt des Kindes – die Krippe – ist nicht angedeutet, was durch den Strahlenkranz nicht als fehlend empfunden wird. Dieser erklärt sich aus den Visionen der schwedischen Mystikerin, der hl. Brigitta (1303–1373), die sie gelegentlich eines Besuches in der Geburtsgrotte in Bethlehem hatte. Wie vielfach im Norden wird das Geschehen in einen Stall verlegt. Ochs und Esel blicken über einen gewundenen Zaun: Die literarische Wurzel ihrer Darstellungen sind die Prophezeiungen der alttestamentlichen Propheten Isaias und Habakuk, die durch Origines (in der ersten Hälfte des 3. Jahrhunderts n. Chr.) als reines (Ochs) und unreines (Esel) Tier gedeutet werden, von den lateinischen Kirchenlehrern Ambrosius und Augustinus mit der heidnischen (Esel) und der jüdischen (Ochs) Welt gleichgestellt werden, die dem „wahren König" huldigen.

Im De-Buz-Stundenbuch in der Universitätsbibliothek von Harvard (s. Erwin Panofsky, Early Netherlandish Painting, Harvard 1953, Pl. 44, Fig. 96) findet sich eine äquivalente Darstellung dieses Themas, jedoch fehlt hier die Andeutung der Hütte, und Maria hält die Hände nicht gefaltet, wie im ausgestellten Bild, sondern überkreuzt vor die Brust gelegt, analog der Verkündigungs-Maria der ausgestellten Tafelbild-Serie.

Abb. 161 EPIPHANIE

Auf Goldgrund, mit eingestanztem Rahmenornament, befinden sich in der linken Bildhälfte mit angedeuteter Landschaft die Heiligen Drei Könige (wo die Darstellung von dem räumlichen Hintereinander durch das Überdecken der Figurenzeichnung ersetzt ist). In der rechten Bildhälfte befindet sich unter der seitlich offenen Stallarchitektur die sitzende Maria mit dem Jesus-Kind (wobei die Giebelseite des Stalles diese Figurengruppe rahmenartig umgibt). Joseph ist im Anbau bei einem Tisch hockend wiedergegeben. Die bewegte Gruppe in der linken Bildhälfte gipfelt formal in der mittleren Figurengruppe (Maria mit Kind und dem ersten knienden König). Diese durch die Könige hervorgerufene Dynamik klingt in der mit in sich ruhenden Figuren bevölkerten rechten Bildhälfte gegen die Josephsfigur aus.

Demzufolge ist die rechte Bildhälfte der Resonanzraum für die in der linken Bildhälfte angedeutete Dynamik. Die räumliche Andeutung in der Dachzone bewirkt in der Bildebene eine geschlossene bekrönende Einklammerung der rechten Figurenkomposition. Trotz der Einbeziehung der Umgebung der Figuren in der bildlichen Wiedergabe dominiert das friesartige Figurenarrangement, worauf die Proportionen abgestimmt sind.

Auf den Außenflügeln des Norfolk-Triptychons (Rotterdam, Museum Boymans-van-Beuningen; s. Erwin Panofsky, Early Netherlandish Painting, Harvard 1953, Pl. 52, Fig. 106, dort um 1415 datiert) ist in der oberen Reihe das Geschehen nach verwandten Prinzipien gestaltet, jedoch auf zwei nebeneinander gereihte Tafeln aufgeteilt.

MARTYRIUM DER HL. URSULA UND IHRER GEFÄHRTINNEN

Abb. 160

Die Darstellung ist, in Anpassung an das Hochformat und an den ebenen Charakter der Bildfläche, der Höhe nach gestaffelt. Die bildliche Schräglage des Schiffsrumpfes gibt in Kombination mit dem lotrechten Schiffsmast die diagonal bildeinwärtige Lage des Schiffes an, ohne daß jedoch eine räumliche Illusion entstünde. Die Mädchen im Schiff sind in unterschiedlichen Ansichten um die zentrale Hauptfigur (hl. Ursula) geschart und zusätzlich durch verschiedene Kostümfarben voneinander differenziert. Die mordenden Schergen sind auf engem Raum gedrängt. Indem die Darstellung des brutalen Vorganges nach vorne zu virulenter wird, entsteht unwillkürlich der Eindruck, die Diagonallage des Schiffes käme durch die heftige Aktion der Schergen zustande, durch die das Heck emporgeschleudert würde, was sich bei Betrachtung des Mastes als irrig erweist. Die in den Kostümen reicher behandelten Figuren des Herrschers wie der hl. Ursula sind in einer dem Schiffsrumpf entgegengelagerten bildkompositionellen Diagonalachse als Gegenspieler gekennzeichnet. Hiedurch erhält das Bild, trotz des lebhaften Treibens, eine ausbalancierte Komposition.

Das Motiv des aus einem Fenster Herunterschauenden findet sich in Giottos Darstellung des Bethlehemitischen Kindermordes im Freskenzyklus der Arena-Kapelle in Padua (um 1305), das in einem Urbar des Klosters Baumgartenberg (um 1340) einen frühen Niederschlag in der österreichischen Kunstentwicklung erfährt (Linz, OÖ. Landesarchiv, s. Ausst.-Kat. Gotik in Österreich, Krems-Stein 1967, Abb. 24; s. auch Elfriede Gaál, Tafelbild Verspottung Christi im Eb. Dom- und Diözesanmuseum Wien, Aufnahmearbeit für das Kunsthistorische Institut der Universität Wien, 1984, S. 18/19; s. auch Kat.-Nr. 70; zum Motiv des Herunterschauenden siehe auch das Tafelbild „Der Weg nach Golgotha", Kat.-Nr. 157).

DIE DREI MÄDCHENHEILIGEN

Abb. 162

Die Heiligen Katharina, Barbara und Margaretha füllen friesartig (auf bepflanzter Kuppe vor Goldgrund stehend) die Bildfläche. Die auslaufenden Gewandenden haben zum Landschaftshorizont konzentrische Saumlinien. Unterschiedliche Kostümfarben bereichern das Bild.

DIE HLL. CHRISTOPHORUS UND JOHANNES EVANGELIST

Abb. 165

Sie sind vor dunkelblauem Grund, auf skizzenhaft wiedergegebener Landschaftskulisse stehend, wiedergegeben. Christophorus und Johannes bilden einen Figurenfries, das Riesenhafte des Christophorus kommt insofern zur Geltung, als er in leicht gebückter Haltung und beinahe bis zu den Knien im Wasser stehend wiedergegeben ist. Auch seine im Vergleich zu Johannes breiten Körperproportionen wie auch die weite Schrittstellung sind Andeutungen seiner überdurchschnittlichen Körpergröße. Um den auf den Schultern des Riesen sitzenden Jesus-Knaben besser sehen zu können, ist der Riese ohne Heiligenschein dargestellt. Ein bemerkenswertes Detail ist die Darstellung des rechten Fußes des Jesus-Knaben in Untersicht.

DIE HLL. DOROTHEA UND GEORG

Abb. 166

Hintergrund und Landschaft sind im Prinzip der Pendanttafel ähnlich gebildet. Die ausbalancierten Haltungen der Figuren ordnen sich einem flächenbetonenden Gestaltungsprinzip unter. Dies kommt besonders auffallend bei der emblemartigen Anordnung des Drachens zu Füßen des Georg zum Ausdruck. Die mit Aufhellungen im Kolorit bewerkstelligte Modellierung ist das einzige bildliche Element, das Plastizität andeutet.

STIL UND DATIERUNG

Die Tafeln haben folgende gemeinsame Eigenschaften: Sowohl in den Dimensionen als auch im Kolorit dominieren die Figurenkompositionen gegenüber der Wiedergabe von deren Umgebung. Letztere hat, trotz realer Wiedergabe von Details, im Formalen attributiven Charakter, in der Bildkomposition kommt ihr ordnende Funktion zu (z. B. Unterscheidung von Freiraum und Gehäuse im Epiphanie-Bild). Die versatzstückartigen Architekturdarstellungen haben in der Dach- bzw. in der Zone des oberen Abschlusses eine empirisch-räumliche Andeutung, die am Boden fehlt. Die eingeritzte Vorzeichnung weist in diesem Bereich nur die Figurengruppe auf. Hierin zeigt sich ein spezifisch malerisches Element bei der Bildkomposition, wo empirische Beobachtungen nur soweit berücksichtigt werden, als sie zur optischen Fassung inhaltlich geforderter Stimmungswerte notwendig waren (Stall bei Geburt und Epiphanie, Festung bei Ursula-Martyrium). Die Anordnung von Architekturdarstellungen im Bild ist zugleich so gewählt, daß sie inhaltlich wesentliche Motive hervorheben (Anbetungsmotiv bei Geburt, Maria und Kind als Ziel des Dreikönigszuges) und zugleich in der Bildebene eine Einklammerung bringen.

Räumliche Zusammenhänge sind durch Überschneidung von Motiven kompensiert, wodurch es zu formalen Kombinationen kommt, die inhaltlich nicht gewollt sein konnten (so könnte z. B. der Mastkorb des Schiffes beim Ursula-Martyrium zunächst als Ecktürmchen der Festung aufgefaßt werden).

Die Intensität pastoser Aufhellungen begünstigt die Illusion räumlicher Distanz (z. B. Landschaftshintergründe). Die Tiefenillusionen sind durch spezifisch malerische Effekte erreicht.

Auch die Figuren selbst ordnen sich in ihrer Komposition einem flächenfüllenden Ordnungsprinzip unter. Zur Differenzierung trägt – namentlich bei Figurenfriesen und -gruppen – das Kolorit entscheidend bei (Epiphanie, Ursula-Martyrium, drei Mädchenheilige). Die bepflanzten Bodenzonen (Geburt, Epiphanie, drei Mädchenheilige) werden durch realistische Details flächenfüllend – demnach letztlich einem dekorativen Prinzip gehorchend – geformt.

Der Figurenstil mit seinen lang auslaufenden Kostümen wie auch die geschichtete Anordnung innerhalb der Figurenkomposition erinnern an französische Arbeiten des ausgehenden 14. Jahrhunderts (vgl. Tabernakelaltar aus der Kartause Champmol, Dijon, s. Georg Troescher, Burgundische Malerei, Berlin 1966, Tf. 100). Die Epiphanie findet eine enge Parallele in einem Exemplar des Bargello (Florenz), nur entwickelt sich die Figurengruppe in dem steil proportionierten Bild stärker aus der Tiefe nach vor, um bei der thronenden Maria wieder in die Bild(-Tiefe) auszulaufen (s. Liana Castelfranchi-Vegas, Internationale Gotik in Italien, Rom 1966, deutsch Dresden 1966, Tf. 7).

Bei der entsprechenden Tafel des Museums ist die gesamte Figurengruppe friesartig in die Bildfläche gebreitet, nur die Schichtung ist das einzige Indiz für Tiefenillusion (vgl. hiezu Epiphanie aus Konstanz, Dreikönigskapelle am Naumburger Dom, Tabernakelaltar aus der Kartause Champmol, Dijon; s. Troescher, item, Tf. 84). Die Separierung Josephs in der Hüttenarchitektur – die die Einbindung in die ebene Bildfläche kompositionell begünstigt – findet sich in einer Darstellung der Geburt Christi auf einer, gleichfalls französischen, vermutlich um 1390 in Paris entstandenen Flügeltafel eines tabernakelartigen Altärchens. Weitere spezifisch westeuropäische Motive zeigen sich im Epiphanie-Bild in der engen Verbindung von Mutter, Kind und ältestem König durch das Doppelmotiv des dargebrachten Geschenkes, dem Pokal und dem Küssen der Hand des Kindes, wie es häufig im niederländischen und rheinischen Gebiet vorkommt (z. B. Mittelrheinische Tafel um 1410 im Utrechter Diözesanmuseum, am Ortenberger Altar im Hessischen Landesmuseum in Darmstadt, in einem vermutlich kölnischen Stundenbuch um 1400 im Musée Calvet in Avignon, ms. 209). In diesem Zusammenhang ist ferner auf das auffällig gebundene Kopftuch Mariens mit nur an einer Seite herabhängenden Enden hinzuweisen, das besonders im niederländischen Bereich beheimatet ist (z. B: im 1410 datierten Wiesbadener Codex, im Geldern-Stundenbuch in Redlynch-Major Abbey, ms. f. 70, am Thomas-Altar des Meisters Francke in der Hamburger Kunsthalle um 1424). Diese Kopfbedeckung lebt in aufgetürmter Form im Œuvre des Meisters von Flémalle weiter. Die angedeuteten (und bisher in der Literatur nicht erschöpfend behandelten) Beziehungen zur westeuropäischen Kunst der Wende vom 14. und 15. Jahrhundert (s. Buchner, Moser, op. cit.) lassen zunächst eine Entstehung dieser Tafelbilder im frühen 15. Jahrhundert in Wien vermuten, wo damals – nicht zuletzt durch die Bauhütte von St. Stephan – im künstlerischen Schaffen Strömungen aus Westeuropa Aufnahme fanden. Die Aufnahme verschiedener künstlerischer Strömungen zeigt sich unter anderem auch darin, daß die – nicht sehr zahlreichen – bildlichen Kunstwerke jener Zeit stilistisch nicht miteinander zusammenhängen.

Baldass vermutet aufgrund des Verhältnisses zur St. Lambrechter (Steiermark) Stiftertafel eine Entstehung in einer Murtaler Werkstatt (Judenburg?), die mit dem Oberrhein in Beziehung stand.

Bei aller Anerkennung formaler und stilistischer Unterschiede zum Stiftergruftaltar in St. Lambrecht und zum Werk des Meisters der Strahlenkranzmadonna setzt Michaela Hutter (op. cit., S. 42) diese ausgestellten Tafeln mit der obersteirischen Malschule in Verbindung und datiert sie in den Zeitraum von 1410 bis 1415. Das Erzielen ,,poetischer'' Stimmungswerte bei gleichzeitiger ,,knapper'' Schilderung des Geschehens sowie die Doppelwertigkeit im Versuch perspektivisch-räumlicher Andeutungen bei gleichzeitiger Berücksichtigung der Gestaltungsprinzipien, wie sie der planimetrischen Bildfläche adäquat sind, lassen eine Entstehung dieser Tafeln im Milieu der Wiener Malerei vermuten. Im Vergleich mit der Johannes-Figur des Großlobminger Meisters (s. Elfriede Baum, Katalog des Museums mittelalterlicher österreichischer Kunst, Wien–München 1971, S. 22 ff., Kat.-Nr. 7) – die als die ,,traditionellste'' des Meisters anzusprechen ist – und der im Tafelbild und vor allem der hl. Dorothea, weist Lothar Schultes (op. cit., S. 195) auf den weitgehend entsprechenden Figurentypus der Heiligenkreuzer Madonna (vor 1400 entstanden; s. L. Schultes, op. cit., S. 132 ff.) und der von ihr abhängigen Madonna in Klosterneuburg von 1405 hin. Die Ähnlichkeiten der hl. Dorothea zu böhmischen Werken, wie einer Kreuzigungsminiatur aus den neunziger Jahren des 14. Jahrhunderts (s. J. Krasa, Die Handschriften König Wenzels IV., Wien 1971, Abb. 125), legen eine frühere Datierung der Tafelbilder nahe. Diese Vermutung wird auch durch einen Vergleich mit der Darstellung der Georgs-Figur des Großlobminger Meisters (s. E. Baum, item, Kat.-Nr. 5) und der des gleichen Heiligen im Tafelbild des Museums gestützt: Die „psychologisierende" Ausdeutung der traditionellen Ikonographie, wie sie das Werk des Großlobminger Meisters auszeichnet, steht im Gegensatz zur noch passiven, attributhaften Darstellung des ausgestellten Tafelbildes (s. L. Schultes, op. cit., S. 192). Demnach sind diese Tafelbilder im letzten Jahrzehnt des 14. Jahrhunderts in einer vom Wiener Kunstgeschehen stark beeinflußten Werkstatt entstanden.

Literatur:
Hans Tietze, ÖKT, Bd. II, Wien 1908, S. 202/203. – Liana Castelfranchi-Vegas, Internat. Gotik in Italien, Rom 1966, deutsch Dresden 1966, Tf. 7. – Otto Pächt, Österreichische Tafelmalerei der Gotik, Augsburg 1929. – Ludwig Baldass, Zur Chronologie, Werkstattführung und Stilableitung des Meisters der St. Lambrechter Votivtafel, in Kirchenkunst 1934, S. 102. – Karl Oettinger, Hans von Thübingen, S. 71. – Ulrike Moser, Das Florentiner Skizzenbuch des Internationalen Stils (Florenz, Uffizien, Gabinetto delle Stampe, Inv. 2281 F, Inv. 18304 F, Inv. 18306 F, Inv. 18324 F), Wien 1973. – Buchner, Der Meister von Heiligenkreuz, in Beiträge zur Deutschen Kunst, Berlin 1935. – Michaela Hutter, Sieben gotische Täfelchen im Diözesanmuseum in Wien, Aufnahmearbeit für das Kunsthistorische Institut der Universität Wien, 1979. – Lothar Schultes, Der Anteil Österreichs an der Entwicklung der Plastik des Schönen Stils, Diss., Wien 1982.

Kataloge:
Gotik in Österreich, Wien 1926, Nr. 6, S. 15. – Gotik in Niederösterreich, Stein 1959, Nr. 9. – Führer durch das Eb. Dom- und Diözesanmuseum, Wien 1934, 1941, 1946. – Otto Pächt, Die Gotik der Zeit um 1400 als gesamteuropäische Kunstsprache, Vorwort im Katalog zur Europarat-Ausstellung „Europäische Kunst um 1400", Wien 1962, S. 52 ff. – Artur Rosenauer, Tafelmalerei, Vorwort im Katalog „Gotik in Österreich", Krems 1967, S. 101 ff. – Sammlungskatalog des Eb. Dom- und Diözesanmuseums, Wien 1973, Kat.-Nr. 45. – Ausst.-Kat. Gotik in der Steiermark, St. Lambrecht 1978, Nr. 88.

MARIA MIT DER ERBSENBLÜTE, Ende 14. Jahrhundert	61

Prot.-Nr. 228   Abb. 167

Eitempera-Malerei auf Holztafel, punzierte Vergoldung auf dem Rahmen und im Bildgrund

Maße: Hochformat: 73,5 × 51,5 cm

Leihgabe der Pfarrkirche Glaubendorf, NÖ.

PROVENIENZ

Das Bild war im Gesprenge des linken neugotischen Seitenaltares, durch einen kastenartigen Rahmen mittels Glastüre geschützt, in der Pfarrkirche von Glaubendorf aufbewahrt. Ohne in archivalischen Belegen ausdrücklich erwähnt zu sein, darf angenommen werden, daß es anläßlich der 1865/66 durchgeführten Vergrößerung der Kirche gestiftet worden war. Die Bauarbeiten und die damals neue Einrichtung wurden nach dem Kirchenbrand von 1859 von Gräfin Franziska Liechtenstein (geborene Kinsky) gestiftet, da ihr Beichtvater (Ignaz Wenzel) aus Glaubendorf gebürtig war. Der neugotische Altar ist in seiner Gestaltung auf die Einbeziehung des Bildes abgestimmt (heute aus Sicherheitsgründen durch eine Farbfotografie in Originalgröße ersetzt). Die drei archivalisch überlieferten Marienbildnisse aus der Zeit vor dem Kirchenumbau schließen eine Identifizierbarkeit mit dem ausgestellten Bild aus. Mit Recht kann daher das Bild mit der Liechtensteinischen Stiftung in Zusammenhang gebracht werden. Seit der Sonderausstellung „Unbekannte Kunstwerke aus dem Raum der Erzdiözese Wien", 1982, befindet sich das Bild im Dom- und Diözesanmuseum, wurde damals mittels moderner fototechnischer Methoden untersucht und 1985/86 von Frau Prof. Inge Karl, Klosterneuburg, restauriert.

ERHALTUNGSZUSTAND

Die Holztafel ist in ihrer Eigenschaft als Bildträger offensichtlich in ihrer ursprünglichen Dimension erhalten. Weder die Rücken- noch die Schmalseiten weisen Spuren einer alten polychromen Behandlung auf, ebenso fehlen Spuren von Verankerungen für Scharniere, die auf eine ursprüngliche Funktion als Diptychon oder Teil eines Polyptychons schließen ließen. Der Zierrahmen, aufgrund der Gehrung als reapplizierter kenntlich, ist appliziert und weist punzierten Golddekor auf, dessen Muster im Rapport von dem im Bildgrund abweicht.

Das Bild war bis 1985 – von kleinen, 1982 durchgeführten Freilegungsproben abgesehen – in einem übermalten Zustand. Wann diese Übermalung durchgeführt worden war, ist nicht bekannt. Die fototechnischen Untersuchungen (im Kunsthistorischen Museum von Herrn Kurt Traum durchgeführt) ließen erkennen, daß das Bild durch Übermalungen und weitreichende Retuschen in seiner Modellierung partiell entstellt, sonst aber nicht verändert worden war. Die 1983 fortgesetzten und intensivierten fototechnischen Untersuchungen (Institut für Farbchemie an der Akademie der bildenden Künste in Wien, unter der Leitung von Prof. Franz Mairinger) ergaben, daß eine Restaurierung bei Entfernung der entstellenden Übermalungen deshalb riskiert werden kann, da die Originalsubstanz weitreichender erhalten ist, als zunächst angenommen werden konnte. 1982 wurde die von Feuchtigkeitsschäden der Kirchenwand stark in Mitleidenschaft gezogene Holztafel konserviert. Da das Holz zusätzlich von Anobien befallen war, wurde es von Oberrestaurator Norbert Kirchner (Museum für Völkerkunde, Wien) begast. Bei der Restaurierung 1985/86 durch Frau Prof. Ingrid Karl wurde nach der mühsamen Freilegungsarbeit eine Retuschierung unter Wahrung spezifisch musealer Gesichtspunkte durchgeführt, so daß die erhaltene gemalte Originalsubstanz nur dort optische Schließungen im Sinne einer deckenden Retusche erhielt, wo keine Binnenmodellierung hiebei berührt werden mußte.

Im Bereich der linken Schulter- und Brustpartie Mariens ist – von kleinen Draperiedetails abgesehen – die originale Malschicht weitgehend zerstört. Vom Kleid Mariens ist lediglich der schmale Zwickel erhalten und konnte freigelegt werden: dieses blaue Gewand hatte einen in zarter linearer Gold-Ornamentik formulierten Saumstreifen. Die Mantelinnenseite ist krapp und enthielt ein hellblau gemaltes vegetabiles Muster, während die Mantelaußenseite hellrot ist. Im rechten Schulter- und Brustbereich Mariens ist die Originalmalerei weitgehend erhalten gewesen und konnte freigelegt werden. Die Modellierung der Gesichter erfolgt hauptsächlich durch farbige Differenzierung. Diese Bereiche sind weitgehend original erhalten.

Bei den originalen, freigelegten Partien wurde das Craquelée nicht retuschiert; die Fehlstellen der notwendigerweise belassenen Übermalungen – dort, wo die Originalmalerei nicht mehr erhalten ist – sind retuschiert worden.

Vom Gewand Mariens konnte gelegentlich der 1986 abgeschlossenen Restaurierung der rechte Teil des Mantels freigelegt werden, wogegen der linke Teil desselben im übermalten Zustand – wegen des zu geringfügig erhaltenen Originals in diesem Bereich – belassen wurde: Offensichtlich ist die Übermalung bereits sehr früh (im 16. Jahrhundert?) erfolgt, wobei die Komposition von der linken Hand Mariens gewiß wörtlich beibehalten wurde. Auch vom Untergewand (Kleid) Mariens ist der rechte Zwickel freigelegt worden; das dunkelblaue Kleid hatte eine doppellinige goldene Ränderung, die möglicherweise ursprünglich ein Ornament oder eine Inschrift enthalten haben mag, wovon jedoch keine konkreten Spuren erhalten sind. Der umgestülpte Mantelkragen zeigt, im Unterschied zur hellroten Außenseite des Mantels, zinnoberrote Färbung; geringe Fragmente hellblauer, vegetabilischer Musterung auf diesem umgeschlagenen Kragen sind wahrscheinlich Pentimenti, die in der Phase der späteren Übermalung frei wurden, ehe sie abermals überstrichen wurden. Das Lendentuch des Jesus-Kindes ist an der linken Flanke original, während der größte Teil desselben aus der Phase der Übermalung stammt, ohne daß an den entsprechenden Stellen zusammenhängende originale Draperieteile in größeren Spuren vorhanden wären. Von dem harfenden Engel im Hintergrund rechts ist dessen rechtes Auge eine Ergänzung, die nach den Saiten der Harfe fassende Hand ist im originalen, fragmentierten Zustand verblieben. Die zunehmende Dichte der Fehlstellen und deren große Dimension im rechten unteren Bildwinkel läßt entweder auf eine intensivere Beschädigung in diesem Bereich schließen oder – da dort auch nur geringe originale Farbspuren zu entdecken sind – vermuten, daß das Bild seinerzeit nicht fertiggestellt und erst nach langer „Unterbrechung" zum Zeitpunkt der Übermalung „vollendet" wurde.

IKONOGRAPHIE

Maria ist halbfigurig wiedergegeben, von musizierenden Engelsbüsten hinterfangen und hält das sitzend wiedergegebene Jesus-Kind am rechten Arm. Die Haltung der linken Hand Mariens, in der sie die Erbsenblüte hält, erinnert gleichzeitig an die auf das Christus-Kind hinweisende Geste, wie sie aus dem byzantinischen Gnadenbild-Typus der „Hodigitria" kommend auch im westlichen Andachtsbild tradiert. Das mit dem rechten

Arm Mariens getragene Jesus-Kind, sein Zuwenden des Blickes gegen Maria wie auch die nach ihr ausgestreckten Arm- und Handhaltungen, die ein Liebkosen simulieren, scheinen letztlich auf den Typus der „Eleusa" zurückzugehen: Diese in der Ostkirche zunächst als leidende, über den schutzsuchenden Ausdruck des Kindes hinweg blickende, die kommende Passion vorausahnende Mariendarstellung wurde allmählich durch den zur Zärtlichkeit gemilderten Ausdruck zur „Glykophilusa", in der Maria den Ausdruck des Kindes zu erwidern scheint. Die pausbäckig betonten Wangen des Jesus-Kindes leiten sich im Typus gleichfalls von die Maria umarmenden Darstellungen ab.

Im Zuge der in der künstlerischen Entwicklung verankerten wachsenden Aufmerksamkeit zugunsten räumlicher Bezüge in der figuralen Wiedergabe wirkt das Jesus-Kind von Maria etwas weggerückt. Sowohl die Art des Gestikulierens des Kindes als auch die Form der Kindeswangen sind als Surrogat vom Ausdruck von Eleusa-Bildern verblieben. Andererseits erinnern das rudimentär ein Tasten nach der Brust imitierende Gestikulieren der Hände wie auch das betonte Rückwärtsneigen des Kopfes des Jesus-Kindes an einen Einfluß einer Darstellung der Madonna lactans. Die musizierenden Engel stammen möglicherweise aus Darstellungen der Marienkrönung (s. Georg Tröscher, Burgundische Malerei, Berlin 1966, Tf. 52, Abb. 139, 140; Tf. 54, Abb. 149, 151). Engel, die seitlich und hinter Maria stehen, einen Vorhang als Hoheitssymbol tragen, weisen die Gottesmutter als Regina Angelorum aus. Schließlich ist die Darreichung einer Blüte an das Jesus-Kind ein im Spätmittelalter oftmals variierter Darstellungstypus. Es werden mehrere symbolische Bedeutungen für die Erbsenblüte genannt, ohne daß ein deutlicher Sinnbezug auf Maria ersichtlich würde. Eine schriftliche Mailänder Quelle des 17. Jahrhunderts, der „Mondo Simbolico" des Filippo Picinelli, bezeichnet sie, von ihrer botanischen Beschreibung ausgehend, als niedrige himmelwärts wachsende Pflanze und somit als Symbolträger für Bescheidenheit und Demut (humilitas) sowie folglich ihrer vielen Früchte tragenden Nützlichkeit als Symbol für Tugend und heilige Werke. Rosemarie Bergmann verwies in einem dankenswerterweise zur Verfügung gestellten einschlägigen Vortragstext auf drei Stellen des Alten Testaments, die für die Erbse als symbolhältig erachtet werden können und von Hrabanus Maurus kommentiert wurden (2. Buch der Könige, 12, 17, 28; Ezechiel 4, 9; Daniel 1, 12–15; Hrabanus Maurus, De universo, Pl CXL, 506). Die Erbse wird dort als Beimengung beim Backen des Brotes erwähnt. Hieronymus und spätere mittelalterliche Theologen, vor allem Thomas von Aquin, bringen die Jungfrau Maria als Gebärerin des Sohnes Gottes mit dem Brot des Altarsakramentes in Verbindung.

Die Vielfalt der für die ikonographischen Motive als Einflußquelle in Betracht zu ziehenden Phänomene weist auf eine große Auswahlmöglichkeit wie auch auf eine zunehmende Freiheit in der Handhabung ikonographischer Bezüge hin.

STIL

Die halbfigurige Maria dominiert die Bildfläche, die sie in voller Breite einnimmt und mit dem Nimbus bis zum oberen Bildrand reicht. Ein realistisches Größenverhältnis der Figuren zueinander ist nicht angestrebt worden; die musizierenden Engel sind gemäß der Bedeutungsperspektive unverhältnismäßig kleiner. Bei dem linken Paar der musizierenden Engel gibt der gemalte Zwischenraum bei den Profillinien der Gesichter über die intendierte räumliche Zuordnung Aufschluß. Die Berücksichtigung der Vorstellung räumlicher Werte in der malerischen Umsetzung erstreckt sich jedoch nur in derartigen Detailbereichen. Auch in der verkürzten Ansicht der rechten Schulter des Jesus-Kindes wie durch die Haltung seines rechten Armes – der den vektoriellen Moment einer Wendung des Körpers gegen die Mutter signalisiert – werden räumliche Vorstellungswerte berücksichtigt. Diese zeigen sich auch in der gegenständigen Haltung des Oberkörpers des Kindes, der in Dreiviertelansicht gegeben ist, zu den durch die Hand Mariens teilweise verdeckten Beinen. Von den Füßen ist der rechte in Aufsicht, der linke in Untersicht gegeben. Die linke Hand des Jesus-Kindes zeigt die, lediglich durch den Daumen teilweise verdeckte, Handinnenseite – wodurch gleichfalls eine räumliche Auffassung in diesem Detailbereich suggeriert wird. Ansonsten ist dem Bild die geschichtete Anordnung der figuralen Motive eigen. Die dominierende Halbfigur läßt die musizierenden Engel nur im Zwickel seitlich der Schulterbüste sichtbare folienhafte Staffage sein. Speziell die Formulierung der Gesichter begünstigt Extremwerte: Offensichtlich an Vorlagen mit Figurenauffassungen von kompakter Körperhaftigkeit orientiert, äußert sich die Formulierung der Gestalten in klarer Konturierung sowie in der Subordinierung der Binnenmodellierung unter die Blockwirkung der Körperform. Die Köpfe haben hochovale Gesichter mit schlanken Nasen, wenig betonten Brauen, länglich geschlitzten Augen, kleinen Mündern. Die im Gesichtsschnitt gering zur Geltung kommende Skandierung in der Oberflächengestaltung vermittelt den Eindruck von „schwammigen" Gesichtern: Brauen und Nasen sowie der Schläfenbereich sind in der Modellierung nur geringfügig betont und ordnen sich der Stereometrie der großen Form unter. Umso größer ist die Bedeutung in der Akzentuierung des Blickes mittels der nächst der Winkel der mandelförmig konturierten Lider gesetzten Augen, die zwischen Maria und dem Jesus-Kind die Funktion eines „psychischen Kontrapost" innehaben. Diese „Verlebendigung" im mimischen Ausdruck schaffen weiters die Formulierungen der kleinen Münder mit den linear akzentuierten Mundwinkeln. Desgleichen sind die Falten in den Drapierungen der Gewänder in ihrem Reliefcharakter nur so weit betont, daß sie über die Blockwirkung der Körpermassen nicht dominieren. Die zur Tendenz der großen Form neigende Wiedergabe der Köpfe äußert sich zusätzlich bei den Engeln durch die bekrönenden Lockenpyramiden, bei Maria bei den unter der Krone seitlich ausbuchtenden Haarmassen und beim Jesus-Kind durch die ausladenden Wangen. Die Darstellungen beider von den Haarsträhnen freigelassenen Ohren begünstigen in der Formulierung des Gesichtes Mariens die Planimetrie der Bildfläche. Die Wiedergabe der Ohren wie auch die ausbuchtenden Haarsträhnen finden sich später bei Madonnendarstellungen des Meisters von Flémalle: Ob dieser Beobachtung kunsthistorische Relevanz zukommt, bedarf einer eingehenden Untersuchung. Auch die in ihrer Struktur wie in ihrem Formenkanon konzentrisch angeordneten Nimben wie auch die Krone mit vegetabilisch und floral gemustertem Dekor – bestehend aus einem Kranz mit kreuzförmig gebildeten pflanzlichen Motiven als Besatz – betonen die dem Ornament immanente Flächengebundenheit.

KUNSTHISTORISCHE EINORDNUNG UND DATIERUNG

Herrn Univ.-Prof. Dr. Otto Pächt ist – nebst zahlreichen anderen Informationen – der konkrete Hinweis auf ein bis sogar in vielen Details frappierend ähnliches Bild – das gleichfalls Maria mit dem Jesus-Kind und der Erbsenblüte und musizierenden Engeln darstellt – in der Nationalgalerie in Ottawa zu danken. Dieses Bild wurde 1859 erstmals in einer Kölner Privatsammlung genannt, die von Philipp Veit durchgeführten Übermalungen wurden 1950 entfernt, nach mittlerweile mehrmaligem Wechsel des Eigentümers wurde das Bild 1952/53 von der Kanadischen Nationalgalerie in Ottawa erworben. Die Tatsache, daß Philipp Veit für die Kirche am Heiligenstädter Pfarrplatz in Wien ein Madonnenbild malte, nährte zunächst vereinzelt den spekulativen Verdacht, im Bild aus Glaubendorf kein Original vorzufinden. Durch die naturwissenschaftlichen Untersuchungen ist dies auszuschließen. Trotz der Ähnlichkeiten zum Bild in Ottawa sind auch kunsthistorisch aussagekräftige Unterschiede festzustellen, die das Bild aus Glaubendorf ebenso als ein spätgotisches Original ausweisen. Obwohl das Bild in Ottawa im künstlerischen Niveau qualitätvoller sein mag, lassen sowohl die Übereinstimmung in den proportionalen Verhältnissen von den Figuren zur Bildfläche als auch die zum Verwechseln ähnlichen Details mit dem Bild aus Glaubendorf erkennen, daß beide Bildwerke Derivate einer prominenten Vorlage – die vermutlich nicht erhalten ist – sind.

Selbst die Art der Kostümierung stimmt weitgehend bis in die Farbigkeit überein, ja sogar auch die musizierenden Engel mit dem motivischen Detail der unter der Achsel eingeklemmten roten Draperie. Zu diesen verblüffenden Ähnlichkeiten steht die Haltung der Hände Mariens im Bild von Ottawa in merkbarem Kontrast: Maria hält beide Unterarme überkreuzt und bildet somit eine wiegenförmige Basis („cradle-hands") für das Jesus-Kind (in der Tradition der halbfigurigen Madonna mit dem Jesus-Kind im Louvre in Paris, die Jean Malouel zugeschrieben wird). Offensichtlich in logischer Folge dieser Haltung sind die Hände Mariens stärker verkürzt dargestellt als im Bild aus Glaubendorf. Von den Händen des Jesus-Kindes sind im Bild aus Ottawa jeweils nur die Handrücken zu sehen, so daß die Handbewegung als ein gleichfalls in der Eleusa-Tradition geläufiges Tasten nach dem Kleid Mariens mißverstanden werden kann, was im Bild aus Glaubendorf nicht zutrifft. Weiters weichen auch die in der Struktur gleichartigen, in der Textur jedoch unterschiedlichen Motive im Kronenschmuck ab. Ein derartiges Nebeneinander von Ähnlichkeiten und Unterschieden läßt auf eine gemeinsame Wurzel einerseits als auch auf eine jeweils unterschiedliche – mitunter willkürliche – Wahl der Vorlage schließen.

Die musizierenden Engel entstammen möglicherweise dem Typus der Maiestà und Darstellungen der Marienkrönung (westfälische Tafel vom Hochaltar der Stiftskirche in Fröndenberg, Anfang 15. Jahrhundert; als Reduktionsprodukt in einer ganzfigurigen Darstellung einer stehenden Maria mit dem Schreibkiel in Budapest, gleichfalls eine westfälische Arbeit des frühen 15. Jahrhunderts), kommen aber auch im monochromen Grund goldgemalt im Stifterbild des Stundenbuches „Très belles heures du Duc de Berry" vor, das von dem von Simone Martini beeinflußten André Beauneveu stammt, und weiters im Hintergrund in der Jean Malouel zugeschriebenen halbfigurigen Madonna mit den Schmetterlingen. Musizierende Engel in Verbindung mit einer thronenden Maria waren auch in dem für die Ste-Chapelle in Bourges vorgesehenen Gnadenbild Notre Dame la Blanche von dem aus Valenciennes stammenden Niederländer André Beauneveu verwirklicht worden. In diesem Gnadenbild – dessen Ensemble später oft verändert und zuletzt im 19. Jahrhundert entstellt wurde und sich in der Kathedrale von Bourges befindet – wurde der aus der Kathedralplastik bekannte, letztlich aus der byzantinischen Tradition herrührende Typus der „Nikopoia" wiederbelebt. Ursprünglich enthielt das Gnadenbild Notre Dame la Blanche auch (von einer anderen Hand ausgeführte) Stifterfiguren, die in einer Holbein-Zeichnung überliefert sind. Diese Kombination hat in einem Relief von 1322 in Bologna eine italienische Vorlage; italienisches Formenrepertoire konnte durch die Tätigkeit italienischer Künstler (z. B. Simone Martini) am päpstlichen Hof in Avignon im 14. Jahrhundert nach Frankreich vermittelt worden sein. Auch in der genannten Miniatur aus dem Stundenbuch des Herzogs von Berry ist die thronende Madonna mit den musizierenden Engeln im ornamentalen Hintergrund dem Stifterbild gegenübergestellt, wobei der Herzog von Berry mit seinen Schutzheiligen umgeben ist. Diese Bildschöpfung findet im 1396–99 entstandenen Wilton-House-Diptychon (London, National Gallery) eine monumentale Variante. Die Engel der Notre Dame la Blanche ihrerseits sind eine Monumentalisierung jener aus dem Hintergrund der Miniatur des Stundenbuches. Laut urkundlicher Überlieferung aus alten Inventaren befand sich im Besitz des Herzogs von Burgund ein gemaltes Diptychon, wo der halbfigurigen Darstellung der Madonna eine Porträtbüste des Herzogs gegenübergestellt war. Es wäre voreilig, die Bildtypen der Madonnenbilder von Glaubendorf und von Ottawa von diesem erwähnten Diptychon ableiten zu wollen, zumal das burgundische Original nicht erhalten ist. Andererseits darf diese mögliche Abhängigkeit nicht a priori ausgeschlossen werden. Die Kombination einer gekrönten Maria mit Kind und musizierenden und schlepptragenden Engeln – die rote eingeklemmte Draperie ist im Kolorit mit dem Umhangmantel identisch – schließt einen weiteren Bildvorwurf als Archetypus ein: die stehende, wahrscheinlich schreitend gedachte, ganzfigurige Maria, der ein harfender Engel vorangeht und der zwei schlepptragende Engel folgen, wobei einer die Draperie analog dem schlaufenförmigen Zipfel wie im Bild aus Glaubendorf und dem aus Ottawa hält und ein herabschwebender Engel Maria krönt. In einer Miniatur eines Stundenbuches Herzog Philipps des Guten (Paris, Bibl. Nat. Lat. 10.538, s. Katalog Europäische Kunst um 1400, Nr. 116, Abb. 143) vom Meister des Stundenbuches des Maréscal de Boucicaut (Paris, Musée Jacquemart André, ms. 2) findet sich eine derartige Darstellung. Möglicherweise existierte hiezu ein Pendant in monumentaler Ausführung. Die Darstellung einer stehenden Madonna lactans, die von zwei stehenden musizierenden Engeln (der eine mit einer Harfe, der andere mit einer Laute) flankiert wird, aus dem künstlerischen Umkreis des Meisters von Flémalle (New York, Metropolitan Museum) liefert eine Bestätigung für diese Annahme (s. Georg Troescher, Burgundische Malerei, Berlin 1966, Tf. XXXIV, Abb. 96; Erwin Panofsky, Early Netherlandish Painting, Harvard 1983, Pl. 104, Fig. 222). Zusammenfassend ergibt sich für die Madonna aus Glaubendorf wie auch für ihr Pendant in Ottawa, daß sie zu halbfigurigen Bildern reduzierte Kombinationen aus traditionellen Typen der „thronenden bzw. stehenden Madonnen mit Engeln" und dem Andachtsbildmotiv der „Madonna mit der Blüte" sind. Die Erbsenblüte hält Maria in der charakteristischen Fingerhaltung, die der profanen Darstellung des an der Blume riechenden Mädchens im Skizzenbuch des Jacques Dalive ähnelt. Diese gemahnt an ein offensichtlich im Zeremoniell begründetes Motiv, wie es in den Porträts der Herzöge von Burgund in der Haltung des Rubinringes zum Zeichen der Machtergreifung bekannt ist (s. Otto Pächt, Geistiges Eigentum, in Methodisches zur kunsthistorischen Praxis, Wien 1977, S. 172, Abb. 10 auf S. 170). Gleichfalls im Skizzenbuch des Jacques Dalive findet sich die Haltung des Kopfes des Jesus-Kindes wie auch dessen formale Tendenz zur kugeligen Stereometrie, weiters die Formulierung der Locken, der großen Augen und der pausbäckig ausbuchtenden Wangen in ähnlicher Formgebung präfiguriert. Diese Beobachtungen wie auch die im Bild aus Glaubendorf und in dem aus Ottawa festgestellten Eigenschaften mit der Tendenz zur großen Form findet Verwandtes in den Œuvres Melchior Broederlams, Henri Bellechoses, Jean Malouels und Paul Limburgs. Möglicherweise sind in den Bildern aus Glaubendorf und Ottawa Zitate nach verlorenen Originalen dieser genannten niederländischen, am burgundischen Herzogshof und an den mit diesem verwandten Höfen tätigen Künstlergeneration formal verarbeitet zu entdecken. Eine Gemeinsamkeit besteht mit diesen Bildern und den Werken der genannten, am Beginn der Entfaltung der altniederländischen Malerei führenden Künstlergeneration im Tradieren von Bildgedanken des 14. Jahrhunderts, wobei der Einfluß von Bildwerken aus dem mitteleuropäischen (böhmischen) Raum zu untersuchen wäre.

Indem das Bild aus Ottawa in der bisherigen Literatur überwiegend als kölnische Arbeit eingestuft wurde, was trotz der höheren künstlerischen Qualität und trotz der verfeinerten Valeurs in der Modellierung an den höfischen Charakter und an den geradezu kalligraphisch verfeinerten Faltenstil und die schlankeren Körperproportionen der kölnischen Malerei keineswegs herankommt, so weist es sich als stärker in die spezifische künstlerische Kreativität umgesetztes Werk aus. Das Bild aus Glaubendorf, mit seiner Neigung zu formalen Extremwerten wie auch durch das Fehlen persönlich kreativer Umwandlungstendenzen in der malerischen Wiedergabe, folglich des geringeren autonomen künstlerischen Potentials, manifestiert sich als verläßlicherer Informant über die stilistischen Eigenschaften der Vorlage. Es wird eine eigene Aufgabe sein, dieser Frage nachzugehen, ob die genannten Unterschiede zur Annahme Berechtigung geben, daß beide Bilder verschiedene Stationen einer Entwicklung markieren. Der anmutige Blick Mariens und vice versa der des Kindes verleihen dem Bild mit diesem „psychischen Kontrapost" seinen spezifischen Stimmungsgehalt: Das strenge feierliche Zeremoniell älterer Madonnenbilder ist zugunsten einer profan anmutenden Idylle gewichen. Das Jesus-Kind drückt in seiner Attitüde die unruhige Bewegungslust des Säuglings aus.

Ikonen des Eleusa-Typus wurden auch im 15. Jahrhundert wiederholt malerisch uminterpretiert, wofür die Notre Dame des Grâces aus der Kathedrale in Cambrai ein signifikantes Beispiel darstellt, die von Hayne de Bruxelles mittels des Formenrepertoires des 15. Jahrhunderts nachempfunden wurde. In dieser brabantischen „Kopie" findet sich gleichfalls der psychische Kontrapost, den das ausgestellte Madonnenbild aus Glaubendorf kennzeichnet: Auch die Haltung des Jesus-Kindes zeigt Parallelen, wie auch die Haltung der Finger der linken Hand Mariens im Glaubendorfer Bild mit der rechten im Bild des Hayne de Bruxelles übereinstimmt (s. E. Panofsky, Early Netherlandish Painting, Harvard 1953, Vol. 1, Pl. 26, Fig. 59, 60). Dieser Madonnentypus aus Cambrai hat auch auf das Œuvre Rogier van der Weydens ausgestrahlt (s. E. Panofsky, item, Vol. 2, Pl. 231, Fig. 375; F. Radenacher, Die Regina Angelorum in der Kunst des frühen Mittelalters, in Die Kunstdenkmäler des Rheinlandes, Düsseldorf 1972; Karl Kolb, Eleüsa – 2000 Jahre Madonnenbild, Tauberbischofsheim 1968).

Möglicherweise ist in der Vorlage des ausgestellten Tafelbildes aus Glaubendorf gleichfalls eine frühe Replik des Gnadenbildtypus in der Art der Notre Dame des Grâces aus Cambrai zu erkennen.

Im Œuvre des Konrad von Soest finden sich bei den Darstellungen der Geburt Christi und der Epiphanie im Dortmunder Altar unterschiedliche Phasen derartiger Bewegungsstudien: Bei der Geburt Christi kommt es in der Rückenansicht des Jesus-Kindes beinahe zum Eindruck einer Repoussoirfigur, bei der Epiphanie reicht das Jesus-Kind mittels einer, dem Glaubendorfer Bild ähnlich kurvig beschriebenen Geste die linke Hand dem zweiten knienden König zum Kuß. Die hinter Maria dargestellten versammelten monochromen Engel zeigen wiederum die kurvig verlaufenden Flügel, die vor dem Goldgrund ähnlich bizarre Silhouetten bilden wie im Glaubendorfer Bild. Mit dieser Beobachtung soll nicht die geringste Andeutung einer Zuschreibung des Werkes an eine konkrete Malerpersönlichkeit versucht werden: Es zeigt, daß die das Bild prägenden formalen und stilistischen Eigenschaften ebenso in der westfälischen Malerei anzutreffen sind wie das Umwandeln einer feierlich-repräsentativen Darstellung mittels profan anmutender Motive. Wenn das Glaubendorfer Bild wegen seines intimen Charakters vermutlich als Andachtsbild zum privaten Gebrauch angefertigt wurde, so hat der künstlerische Aufgabenbereich der Tafelmalerei offiziellen Charakter, in den die genannten Motive profanen Charakters unter dem Einfluß der burgundischen Malerei erst allmählich Eingang fanden. Offensichtlich ist die Rezeption derartiger Motive profanen Charakters aus der burgundischen Malerei in Westfalen früher erfolgt als in Köln. Es wird auch die Frage zu klären sein, wieweit die Bereitschaft zur Loslösung vom starren ikonographischen Kanon und die Rezeption spezifisch profaner Motive ins Andachtsbild in der mitteleuropäischen Malerei bereits eine eigene Tradition hatte. Die Rückansicht des Jesus-Kindes, als Repoussoirfigur mit dem Gesicht im verlorenen Profil, findet sich in einer Geburt-Christi-Darstellung in einer Initiale im 1363 für das Kloster Vysehrad (Prag) angefertigten Codex (Stiftsbibliothek Vorau, Steiermark, Codex 259/1, 1436 für Vorau in Wien gekauft), die stark von der italienischen Malerei beeinflußt ist.

Die angedeutete formale Nähe zu den genannten westfälischen Werken, die in die ersten beiden Jahrzehnte des 15. Jahrhunderts datiert werden, lassen die Glaubendorfer Madonna und die aus Ottawa in den gleichen Zeitraum und in die gleiche Kunstlandschaft setzen.

Die große Form der einzelnen Partien in der Bildkomposition begünstigt eine flächenfüllende Wirkung: Rudimentär zum Kontur der Schultern Mariens verläuft die durch die Formulierung der Flügel zustande kommende Umrißlinie der Maria hinterfangenden Engel. Die beiden Konturen wirken gleichsam parallel verschoben und begünstigen den Eindruck einer ,,Figuren-Wand", die Maria hinterfängt. Die Hände Mariens, die Hände und Füße des Jesus-Kindes sind dergestalt arrangiert, daß sie möglichst zur Gänze sichtbar sind – auch hierin herrscht die flächenfüllende Tendenz vor. Auch die Formulierung der Ohren Mariens wie auch die Gleichartigkeit der Behandlung beider Gesichtshälften – vor allem beim Jesus-Kind ist auch die bildeinwärtige Wange mit der anderen in gleicher Dimension gegeben – fördert in der Breitentendenz den flächenfüllenden Trend der Komposition wie die ausbuchtenden Haarmassen Mariens. Diese Gestaltungsprinzipien tradieren letztlich noch aus der ersten Hälfte des 14. Jahrhunderts. Indem dieses Bildwerk trotz dieses Nachwirkens von bildlichen Erscheinungsformen des 14. Jahrhunderts offensichtlich von Neuerungen aus der burgundischen Malerei beeinflußt ist und Gestaltungsprinzipien von Frühwerken des Konrad von Soest vorwegnimmt, ist eine Datierung dieses Tafelbildes an das Ende des 14. Jahrhunderts naheliegend.

Literatur:
Arthur Saliger, ,,Maria mit der Erbsenblüte" - Zur Problematik der altkölnischen Malerei um 1400, in Beiträge der Arbeitsgruppe ,,Neue Forschungsergebnisse und Arbeitsvorhaben", Sonderdruck 9 des XXV. Internationalen Kongresses für Kunstgeschichte, Wien 1985, S. 83.

Katalog:
Unbekannte Kunstwerke aus dem Raum der Erzdiözese Wien, Schriftenreihe des Eb. Dom- und Diözesanmuseums Wien, N. F. Nr. 9, Wien 1982, Nr. C 30.

SIEBEN TAFELBILDER, um 1420	62

Prot.-Nr. L–28 bis L–34   *Abb. 168–174*

Temperamalereien auf Holztafeln, Rahmen neu

Maße: Querformat: 48 × 41,5 cm
       Hochformat: 21,5 × 37,5 cm
       Hochformat: 29,5 × 41,3 cm

Leihgabe des Erzbistums

PROVENIENZ

Die Tafeln stammen aus dem Erzbischöflichen Sommerschloß Ober-St. Veit (Wien XIII) und sind seit 1933 im Erzbischöflichen Dom- und Diözesanmuseum (s. Kat.-Nr. 60).

ERHALTUNGSZUSTAND

Die Tafelbilder gehören offensichtlich zu einem Altarwerk. Aus museologischen Gründen wurden sie in der gegenwärtigen Präsentation als Wandelaltärchen zusammengestellt, wobei die obere Reihe den geöffneten, die untere den geschlossenen Zustand andeutet. Demnach bestand das Altärchen aus einer Haupttafel und zwei festen Standflügeln sowie zwei beidseitig bemalten beweglichen Flügeln, wobei letztere auseinandergesägt sind (die ursprüngliche Zusammengehörigkeit ist aus der Holzmaserung der jetzigen Tafelrückseiten ersichtlich). Die Tafeln wurden 1933 anläßlich einer Restaurierung (durch Prof. Dr. Franz Walliser, Wien) von späteren Übermalungen befreit.

IKONOGRAPHIE

Obere Reihe: Marientod (ikonographisch der byzantinischen Tradition der Koemesis – der im Bett liegenden, sterbenden Maria – verpflichtet, in der westlichen Kunst des 15. Jahrhunderts kommt oft auch die Fassung der im Stehen sterbenden Maria vor), flankiert vom Gnadenstuhl (seit dem 13. Jahrhundert gebräuchliche Darstellung der Heiligsten Dreifaltigkeit) links und zwei Mädchenheiligen – Katharina, Barbara – rechts.   *Abb. 168–170*

Untere Reihe: Auf den äußeren Tafeln je ein Paar männliche Heilige, auf den schmäleren inneren je zwei Mädchenheilige, von links nach rechts: Erasmus, Thomas Apostel, Agnes, Margareta, Dorothea, Ursula, Andreas Apostel, Wolfgang.   *Abb. 171–174*

Durch den Goldgrund (dem Charakteristikum der geöffneten Feiertagsseite) auf den Tafeln der oberen Reihe und den dunklen Grund (purpur mit goldgelben Sternen, als

Charakteristikum der geschlossenen Wochentagsseite) einerseits wie auch aus der Zuwendung der Figuren andererseits ergab sich die Anordnung der Tafeln.
Alle Bilder der Festtagsseite haben einen doppelreihig mit gepunztem Ornament gerahmten Goldgrund.

BESCHREIBUNG

Abb. 169 MARIENTOD: Im Zentrum einer bildparallel angeordneten Bildbühne – deren Tiefenerstreckung durch die Komposition der Figurenanordnung verschleiert ist – befindet sich die Liegestatt Mariens, deren Liegefläche stark gegen die Bildebene geklappt ist. Auf dem Piedestal befinden sich davor zwei flankierende Apostelgruppen, hinter der Liegestatt sind Apostelfiguren friesartig angeordnet. Außer der Liegestatt verbindet zwischen dem Vorder- und dem Hintergrund an der linken Flanke die diagonal gestellte Kopflehne und an der Flanke rechts die Anordnung weiterer Apostelfiguren. Im Intervall der beiden Apostelgruppen des Hintergrundes ist die Aufnahme der Seele Mariens in den Himmel durch Christus dargestellt, indem die Halbfigur Christi die als Kind wiedergegebene Maria in die Arme nimmt. Die dargestellten Figuren vermitteln die Illusion fülliger Massen mit weich modellierter Oberfläche; die bildliche Fassung ihrer Stellung im Raum zueinander kommt über Andeutungen nicht hinaus. Das Hintereinanderschichten durch Überdecken der Formen erfolgt zugleich als gestaffeltes Übereinander. Hiebei hat das Kolorit maßgeblichen Anteil. Dies, wie auch der Umstand, daß umgebogene, andersfarbige Gewandsäume wie Farbflecke auf den stereometrischen Figurenkörpern wirken – letztlich ein der Glasmalerei eigenes Charakteristikum (begünstigt durch die spezielle Technik) –, ist auch für die übrigen Tafelbilder dieser Serie typisch. Stereotyp für diese Tafelbilder sind auch die weich modellierten Gesichter in schwellenden Formen, bei denen akzentuierende Dunkelzonen interpoliert sind.

Abb. 168 GNADENSTUHL: Ein empirisches Integrieren der auf strenge Frontalwirkung ausgerichteten Figurengruppe in die Thronarchitektur fehlt auch hier, räumliche Werte werden ebenfalls andeutungsweise durch Überdecken einzelner Bildpartien darzustellen versucht. Bei der Reduktion der bildlichen Wiedergabe in eine einfache, streng lineare, konstruktive Aufbauskizze ergibt sich für den Thron und für die Figurengruppe annähernd ein Davidstern: Dem Dreieck um die dominierende, aufrecht thronende Gott-Vater-Figur wirkt ein auf die Spitze gestelltes Dreieck um das Kreuz Christi entgegen, was durch die begleitenden bildparallelen und diagonalen Kanten betont wird. Die Tiefenerstreckung der Bildbühne ist bei dieser Tafel durch den Thronaufbau verdeckt, dessen Wangen und Lehne – wiewohl auf räumliche Illusion abzielend – zur Einbeziehung in die ebene Bildfläche beitragen, indem sie die Umrisse des Oberkörpers Gott-Vaters wiederholen. Die fialenartig aufragenden Eckpfeiler des Thrones erzielen die Einbeziehung der breit ausladenden Figurenkomposition in das hochrechteckige Bildformat. Die Differenzierung belichteter und beschatteter Flächen am Thron bewirkt andeutungsweise die Illusion von Plastizität, ist aber gleichfalls zum Anlaß genommen, dekorative Wirkung in der Bildfläche hervorzurufen. Auch die grünen vertieften Felder im Thronaufbau tragen zur Einbindung in die Bildfläche bei, indem sie farblich zum Blau des Mantels Gott-Vaters überleiten, dessen teilweise sichtbares Futter in violetter Mischfarbe sowohl dem Mantel als auch dem roten Sitzkissen angepaßt ist.
Somit wird die in vielen Partien Plastizität suggerierende Figurengruppe auch mittels des Kolorits in die flächige Bildstruktur einbezogen.

Abb. 170 HEILIGE KATHARINA UND BARBARA: Trotz ihrer schlanken Proportionen wirken die beiden Mädchenheiligen infolge der Haltung ihrer Arme und den dadurch in die Breite tendierenden Verlauf ihrer Draperien füllig. Durch die Armhaltung und die hieraus bedingte Anordnung der Attribute wird ihre gleichgerichtete Wendung betont; das Schwert-Attribut der Katharina und das Turm-Attribut der Barbara (das zugleich die Komposition nach dem linken Bildrand abschließt) setzen einen rhythmischen Akzent, der ähnlich angeordnet auch bei den Außentafeln wiederkehrt und dort eine Skandierung schafft, die den Prozessionscharakter der nach der Mitte gewendeten Heiligenfiguren betont.

STIL UND DATIERUNG

Namentlich die Komposition des Marientodes zeigt, besonders bei den Figuren des Vordergrundes, Einflüsse aus der italienischen Malerei des Trecento, während die unkristalline, weiche Oberflächenbehandlung von dem von Meister Theoderich von Prag am Beginn der zweiten Hälfte des 14. Jahrhunderts geprägten Stil abhängig ist. Sowohl zum

Unterschied von den italo-böhmischen Vorbildern haben diese Figuren dieser ausgestellten Serie geringere Andeutungen der körperhaften Schwere, was ein Nachwirken des internationalen Stiles um 1400 ist. Auch die Schüsselfaltenbildungen sind Charakteristika der internationalen Gotik. Die Figurenkomposition ist in einem Tafelbild gleichen Themas (ehem. im Münchener Privatbesitz, heute Cleveland, USA) des frühen 15. Jahrhunderts ebenfalls zu finden. Diese (ehem. Münchener) Tafel ist eng verwandt mit denen des Meisters von Heiligenkreuz (Wien, Kunsthistorisches Museum), die vermutlich von einem Franzosen in Wien gemalt wurden (s. Buchner, op. cit., S. 1 ff.). Die Gruppierung der Apostel um die Liegestatt Mariens mit dem vor dem Bett sitzenden und lesenden Apostel sowie mit den hinter der Kopflehne stehenden Aposteln und den friesartig das Bett hinterfangenden und einem zu Maria sich auffällig Bückenden findet sich am rechten Innenflügel unten im Altar von Schloß Tirol, um 1370/72 (Innsbruck, Ferdinandeum) vorgebildet (s. Ausst.-Kat. Parler, 2, S. 436). In seiner Analyse der Darstellung des Marientodes im Albrechts-Altar in Stift Klosterneuburg weist A. Rosenauer vergleichend (Artur Rosenauer, Albrechts-Altar, S. 108, Fußnote 57) auf diese Darstellung des Tafelbildes im Dom- und Diözesanmuseum und vermerkt, daß Ulrike Panhans-Bühler (Eklektizismus und Originalität im Werk des Petrus Christus, Wien 1978, S. 129) aus einer Reihe von Reflexen eine sehr ähnliche Marientod-Darstellung des Meisters von Flémalle rekonstruiert.

Auch das Verhältnis zwischen Hintergrund, Boden und Thron bei der Darstellung des Gnadenstuhles steht noch auf der Stilstufe der Davids-Miniatur im gegen 1397 entstandenen Psalter des Duc de Berry von André Beauneveu (Paris, Bibliothèque Nationale), die Interpolierung der Figurengruppe – motivisch der des sog. Londoner Gnadenstuhles ähnlich (einem österreichischen Tafelbild des frühen 15. Jahrhunderts) – entspricht mit seiner Breitentendenz einer 1935 im Wiener Dorotheum versteigerten Glasmalerei aus der Kirche Maria am Gestade (Wien I), wobei das Tafelbild des Museums noch gedrungener wirkt (vgl. E. Frodl-Kraft und E. Bacher, op. cit.). Die Davidsternkomposition und die Drapierung des Mantels Gott-Vaters finden sich ebenfalls bei weniger gedrungenen Proportionen im Gnadenstuhl der Berliner Gemäldegalerie (s. Georg Troescher, Burgundische Malerei, Berlin 1966, Tf. 14). Der blockhafte Thron, weiters die Formulierung der Standplatte desselben wie auch die Armhaltung Gott-Vaters, schließlich die entfernt in der Tradition der Brüder Limburg stehende Thronarchitektur finden sich in einer französischen Handschrift (aus Savoyen) aus den dreißiger Jahren des 15. Jahrhunderts in der Handschriftensammlung der Österreichischen Nationalbibliothek (Sn. 2615, f. 135 r.; s. O. Pächt, Katalog: Die illuminierten Handschriften der ÖNB, Französische Schule 1, Tafelband, S. 145, Abb. 311). Die Gnadenstuhl-Darstellung in einer Handschrift der flämischen Schule (Brüssel, Bibliothèque Royale, Ms. 9026, fol. 1 r., als Vergleichsabbildung bei O. Pächt, Katalog: Die illuminierten Handschriften der ÖNB, Flämische Schule, Abb. 108) entspricht in der Figurenkomposition gleichfalls dem Tafelbild des Museums, ist allerdings durch Engel hinter den Thronwangen, vor allem durch die maßwerkgezierte und wimpergbekrönte Dossale bereichert und aufgrund der spiegelnden, glasigen Kugel zu Füßen Gott-Vaters von Bildschöpfungen des Meisters von Flémalle beeinflußt. Engste stilistische Analogien hat dieses Tafelbild zu einer Miniatur gleichen Themas, die Meister Nikolaus von Brünn (s. Kat.-Nr. 14) für das 1421–1424 ausgeführte Klosterneuburger Antiphonar (Klosterneuburg, Stiftsbibliothek Cod. 67) schuf (s. K. Oettinger, Illuminator Nikolaus, im Jahrbuch der preußischen Sammlungen, 54, 1933, S. 221 ff., Abb. 4 auf S. 226). Die spezifisch westeuropäischen Charakterzüge, wie etwa die Kopfbedeckung Mariens oder die Anordnung der trauernden Apostel am Piedestal beim Marientod (ein Motiv, das sich bei der Szene des im Tempel lehrenden zwölfjährigen Jesus an der Nordtüre Lorenzo Ghibertis am Florentiner Baptisterium gleichfalls findet), lassen eine Entstehung der Tafeln in Wien vermuten (vgl. Kat.-Nr. 60).

Die untersetzten, aufgereihten Heiligenfiguren der Außenflügel haben ihre nächsten Parallelen in der Glasmalerei des Fensters Nr. 18 in St. Leonhard in Tamsweg, dort sind die Figuren aber vor einem raumhaltigen, architektonischen Hintergrund (vgl. Oettinger, item, S. 56) dargestellt. Da auch Wiener Bürger Fensterstiftungen in dieser Kirche in Tamsweg (Land Salzburg) tätigten, kann dieser Zusammenhang auch historisch untermauert werden.

Die Anordnung von jeweils zwei Heiligenfiguren pro Tafel der Werktagsseite findet sich gleichfalls auf den Innenseiten des Norfolk-Triptychons (s. E. Panofsky, Early Netherlandish Painting, Harvard 1953, Pl. 53, Fig. 107, dort um 1415 datiert).

Sowohl das Verhältnis zu den genannten Vergleichsbeispielen als auch die Mischung altertümlichen Formenvokabulars mit fortschrittlicherem (z. B. Draperie der Christus-Büste beim Marientod) lassen eine Datierung um 1420 gerechtfertigt erscheinen. Diese

Tafeln wurden von Baldass in die Nähe des Meisters des Andreas-Altares und somit vom Darbringungsmeister in Abhängigkeit gerückt. Oettinger und Stange schreiben diese Tafeln dem vom Darbringungsmeister und vom Meister Hans abhängigen Meister der Mondsichelmadonna zu. Die von Oettinger festgestellten Beziehungen zum 1426 datierten Altar aus Rangersdorf im Mölltal (Kärnten) rechtfertigen die angegebene Datierung (dieser Rangersdorfer Altar befindet sich seit 1929 im Diözesanmuseum in Klagenfurt; s. Kat. Kärntner Kunst des Mittelalters aus dem Diözesanmuseum in Klagenfurt, Österreichische Galerie im Oberen Belvedere, Wien 1971, Nr. 1) um 1420.

Literatur:
Hans Tietze, ÖKT, Bd. II, Wien 1908, S. 202/203. – Karl Oettinger, Hans von Thübingen, Berlin 1938, S. 55 f. – E. von Strohmer, Die Malerei der Gotik in Wien, in Richard Kurt Donin, Geschichte der bildenden Kunst in Wien-Gotik, Wien 1955, S. 186. – Alfred Stange, Die deutsche Malerei der Gotik, Bd. XI, München–Berlin 1961, S. 24. – Eva Frodl-Kraft und Ernst Bacher, ÖZKD, XXI, Wien 1967, S. 186–188, Abb. 219. – Otto Pächt, Österr. Tafelmalerei der Gotik, Augsburg 1929. – Ulrike Moser, Das Florentiner Skizzenbuch des Internationalen Stils (Florenz, Uffizien, Gabinetto delle Stampe, Inv. 2264 F, Inv. 2281 F, Inv. 18304 F, Inv. 18306 F, Inv. 18324 F), Wien 1973. – Buchner, Der Meister von Heiligenkreuz, in Beiträge zur Deutschen Kunst, Berlin 1935.

Kataloge:
Gotik in Österreich (Österreichisches Museum für Kunst und Industrie), Wien 1920 (Beiträge von Tietze und Baldass). – Führer durch das Erzbischöfliche Dom- und Diözesanmuseum, Wien 1934, 1941, 1946. – Otto Pächt, ,,Die Gotik der Zeit um 1400 als gesamteuropäische Kunstsprache'', Vorwort im Katalog zur Europarat-Ausstellung ,,Europäische Kunst um 1400'', Wien 1962, S. 52 ff. – Artur Rosenauer, ,,Tafelmalerei'', Vorwort im Katalog ,,Gotik in Österreich'', Krems 1967, S. 101 ff. – Sammlungskatalog des Eb. Dom- und Diözesanmuseums, Wien 1973, Kat.-Nr. 46.

63	ANDREAS-ALTAR, gegen 1430

Abb. 175–186   Prot.-Nr. 35

Holzaltärchen mit Temperamalereien

Maße: Höhe: 135 cm
       Breite: 191,5 cm
       Tiefe: 30 cm

Leihgabe aus dem Stephansdom

PROVENIENZ

Das Altärchen war ursprünglich offenbar ein Marienaltar und wurde im späten 19. Jahrhundert restauriert und durch Hinzufügen einer Andreas-Figur von Franz Erler 1885 zu einem Andreas-Altar umfunktioniert. Der ehemalige bekrönende Fries mit Fialen stammte ebenfalls aus dem 19. Jahrhundert. Die Tafelmalereien wie auch das Gehäuse des Schreines sind gotisch und im wesentlichen gut erhalten. Das Altärchen hat zwei einseitig bemalte unbewegliche Standflügel und zwei beidseitig bemalte bewegliche Flügel.
Das Werk kam 1885 zusammen mit dem sogenannten Wiener Neustädter Altar aus dem Neukloster in Wiener Neustadt in den Stephansdom und wurde zunächst fälschlich als Aufsatz zum Wiener Neustädter Altar verwendet (offenbar in Anlehnung an barocke Aufsatzbilder).
Die Überlieferung, wonach der Wiener Neustädter Altar aus Viktring (Kärnten) stamme, bezieht sich, laut Tietze (op cit., S. 304), vielleicht nur auf das Andreas-Altärchen. Später kam es als autonomes Andreas-Altärchen unter den Puchheimischen Baldachin im nördlichen Seitenschiff des Stephansdomes zur Aufstellung, um 1934 in die Andreas-Kapelle des Erzbischöflichen Palais zu gelangen. Nach 1945 wurde das Altärchen wieder mit dem Wiener Neustädter Altar zusammengebracht, 1973 gelangte es in das neu eingerichtete Museum. Bei dieser Gelegenheit wurde die Andreas-Figur Erlers durch eine Schutzmantel-Muttergottes (s. Kat.-Nr. 89) ersetzt, um dem Schrein, in Anlehnung an seine vermutete ursprüngliche Figurenbesetzung, eine Skulptur aus der Entstehungszeit des Altärchens zu geben. 1978/79 wurde dieser kleine Flügelaltar von Frau Camilla Daxner, Wien, gründlich restauriert, die ursprüngliche Fassung freigelegt und spätere Übermalungen sowie geschnitzte Zutaten entfernt. Der ,,leere'', nischenartige Schrein des Gehäuses wurde nicht mehr als Aufstellungsort für eine thematisch passend erscheinende Figur genützt,

sondern bleibt aus Gründen der authentischen Präsentation des freigelegten Zustandes als Dokumentation „leer". Bei Bedarf kann der Altar geöffnet werden, um sowohl die Innenflügel und den Schrein mit seinen geringen Fassungsresten betrachten zu können.

ERHALTUNGSZUSTAND

Nach einer genauen Untersuchung hinsichtlich des Altbestandes konnten die Restaurierungsarbeiten von Camilla und Siegmund Daxner durchgeführt werden. Die holzgeschnitzten Ergänzungen des 19. Jahrhunderts, die nur mittels Ölvergoldung und in Schlagmetall gefaßten Fialen und das Schleierbrett wurden ebenso entfernt wie die störenden Übermalungen im Schrein, an der Rückseite des Altares und wie die großzügigen älteren Retuschen und die stark gedunkelte Ölpatina. Von späteren Ergänzungen verblieben – notwendigerweise – die hintere Stirnseite der Schreinnische sowie die Beschläge.

Die Rückseite war motivisch in Anlehnung an das mittlerweile freigelegte Original übermalt. Die Schreinnische zierte ein gemalter Behang in Gestalt eines brokatgemusterten Teppichs mit einem Sternenhimmel darüber, wobei die Vergoldung in Schlagmetall ausgeführt war. Diese Nische barg im 19. Jahrhundert die Figur des hl. Andreas von Erler (jetzt in der Andreas-Kapelle des Erzbischöflichen Palais aufgestellt). Durch den zu harten und daher störenden Kontrast dieser Fassung des späten 19. Jahrhunderts zu den originalen Goldrahmenleisten und dem punzierten Goldgrund der Flügel und außerdem unter der Berücksichtigung einer musealen Präsentation wurde die Entscheidung zugunsten der Freilegung des – wenn auch stark fragmentierten – Altbestandes gefällt. Nur im vorderen Randbereich der Schreinnische waren wenige Reste der originalen Vergoldung mit punziertem Dekor hinter den eingestellten Diensten, deren originale Vergoldung gleichfalls freigelegt wurde, vorhanden. Die Schrägwände der Nische haben auf den Innenseiten noch die originalen Leinwandkaschierungen mit Schabspuren. Die originale hellgrüne Fassung der Schreinsockelplatte konnte unter einer roten Schicht freigelegt werden, wobei sich die Umrisse eines Sockels der ehemaligen Schreinfigur zeigten. Vom einstigen originalen, blauen Sternenhimmel der Innenseite der Schreindeckplatte sind die Sterne und das Firmament nur leicht beschädigt, stellenweise kommt die graue Untermalung zum Vorschein.

Die Rahmen und die figuralen Malereien waren bis zu zwei Schichten übermalt und wurden freigelegt. Der blaue Hintergrund der vier Mitteltafeln in geschlossenem Zustand weist fast nur mehr die graue Untermalung auf. Die Figuren wie auch die Landschaftsangabe (Bodenformation, Baumgruppe des Hintergrundes) sind lasiert, der blaue Grund enthält keine Lasuren. Da diese vermutlich flüchtig aufgetragen worden waren, wurden die mitunter bizarren Umrißlinien – namentlich bei den Blattendungen der Bäume – nicht detailgetreu nachgezogen. Bei den Füßen des hl. Sebastian fanden sich keinerlei Anhaltspunkte dafür, daß diese je ausgemalt gewesen wären. Auch im roten Gewand des hl. Matthäus ist die Malschicht sehr dünn – vielleicht durch spätere Abnützungserscheinungen im Laufe der Jahrhunderte –, so daß die Unterzeichnung teilweise gut sichtbar ist. Die Tafel mit der Darstellung des Schmerzensmannes hatte durch Rußspuren größere Fehlstellen, die, wie auch sonst bei der Restaurierung dieses Altares, in Aquarell retuschiert wurden.

IKONOGRAPHIE

Im geschlossenen Zustand zeigt der Altar zwei Reihen hochrechteckiger Tafelbilder von je vier Tafeln pro Reihe. Die obere wird an ihren äußeren Enden von zwei andachtsbildartig betonten Motiven aus der Passion Christi – links Christus am Ölberg mit den schlafenden Jüngern, rechts Christus als Schmerzensmann – flankiert. Christus ist in letztgenannter Tafel vor dem leeren Sarg auf dem Mantel stehend gegeben, zwei herbeischwebende Engel, die genetisch aus der Bildtradition der Engelspietà stammen, flankieren ihn. Sein in unterschiedlichem Gestikulieren der Arme charakterisiertes Weisen der Wundmale läßt seine Abkunft von andachtsbildartig aus dem szenischen Kontext gelösten Figuren der Formulierungen in Kreuzigungs- und Kreuzabnahme-Darstellungen erkennen. Die zwischen diesen Passionsdarstellungen befindliche hl. Barbara (linker beweglicher Flügel oben) und der hl. Apostel, der auf das geöffnete Buch, dessen Schrift auf seinen Blick hin orientiert ist, weist, der als Evangelist Matthäus interpretiert wird, stehen ebenso in keinem spezifischen, ersichtlichen ikonographischen Kontext wie die Figuren der unteren Reihe: hl. Bartholomäus (linker Standflügel) mit einem aufgeschlagenen Buch mit gleichfalls auf ihn orientierter Schrift, hl. Helena (linker beweglicher Flügel), hl. Sebastian (rechter beweglicher Flügel), hl. Petrus (rechter Standflügel).

Abb. 175–182

Abb. 183–186 Die Innenseiten der Innenflügel zeigen links oben den hl. Georg im Kampf mit dem Drachen und den hl. Leonhard links unten, rechts oben den hl. Florian und rechts unten den hl. Christophorus. Im Schrein dürfte ursprünglich eine Marienfigur Aufstellung gefunden haben; die Annahme, daß diese die jetzt am Trumeau-Pfeiler des Primtores des Stephansdomes aufgestellte – angeblich gleichfalls aus Wiener Neustadt in den Stephansdom gelangte – Maria mit dem Jesus-Kind gewesen sei, schließt sich aus: die Skulptur ist aus Sandstein und wäre für diesen Schrein zu hoch.

Laut freundlicher Mitteilung von Herrn Prof. Dr. Ivo Korán aus Prag befand sich in der Kollegiatskirche am Visehrad in Prag ein ähnliches Altärchen – allerdings mit vier Passionsszenen –, wie aus einem alten Inventar des 17. Jahrhunderts zu entnehmen ist.

BESCHREIBUNG

Abb. 175–182 AUSSENFLÜGEL:

Die Flügel sind rot (hellrot) mit schabloniertem floralen Goldmuster alternierend in großer länglicher – sechsblättriger – und kleiner rautenförmiger – vierblättriger – Figuration gerahmt, auf den teilenden schmalen Stegen zwischen den oberen und unteren Tafeln sind jeweils zwei Blätter der vierblättrigen Schablone an den Standflügeln und jeweils zwei diagonal angeordnete der sechsblättrigen Schablone auf den beweglichen Flügeln übernommen. Einfache profilierte vergoldete Stege (Hohlkehle und Wulststab) fungieren als innerer Bilderrahmen.

Die einfache profilierte Standplatte hat eine graubraune Färbung, das Abschlußgesimse (Einkerbungen von neugotischen Fialen) mit roter Suffitte und vergoldeter Hohlkehle und abgeschrägtem Kaffgesimse ist aufwendiger gestaltet.

In allen Tafelbildern der Außenseite findet sich ein tiefblauer Grund mit Goldsternen ohne Lasuren, die figurale Malerei und die Landschaftsangabe sowie die gegenständliche Textur (Attribute) sind lasiert (einzelne Blattenden hievon ausgespart, da die Lasur linear begrenzt ist). Sämtliche Nimben sind aus Gold mit punziertem Dekor, Kronen (hl. Barbara, hl. Sebastian), Kreuznimben (bei Christus) und goldene Kostümteile (Mantelschließe bei hl. Sebastian) sind durch buntfarbig aufgetragene Details auf Goldgrund von emailhafter Wirkung (Einfluß von plastisch aufgetragenen Höhungen).

Landschaftsangabe: Bei allen vier Tafeln der unteren Reihe niedriger Horizont, Boden flächenfüllend mit vier- bis fünfblättrigem Klee, Gräsern und farnartigen Pflanzen in grüner Farbe mit zahlreichen hellgrünen Höhungen gefüllt, friesartig von stilisierten, im Blattwerk dem Boden ähnlich formulierten Bäumen abgeschlossen, die Baumkronen reichen in der Bildfläche etwa bis in die Höhe der Hüften der Figuren. Bei den beiden mittleren Tafeln der oberen Reihe im geschlossenen Zustand ähnlich behandelter Grund, jedoch ohne abschließenden Baumfries; pflanzlich formulierter Boden auch bei Ölberg und Schmerzensmann gleichartig, jedoch unterschiedliche Formulierung des abschließenden Hintergrundes: bei Ölberg rechts zwei Felskulissen in pastosen, flüchtig wirkenden, ausgefrästen Formationen ähnlichen Gebilden, auf der vordersten Felsplatte kniet Christus, nach einer von stilisierten Bäumen am Bildrand rechts bepflanzten Mittelzone folgt eine abschließende Felskulisse, den Hintergrund links schließt eine ähnlich gestaltete, am „Plateau" von Bäumen bepflanzte Felskulisse ab, an die sich ein geflochtener Weidenzaun anschließt; beim Schmerzensmann bildet ein in hellrosarotem Marmor in versuchter perspektivischer Darstellung bildparallel gegebener offener Sarkophag den Mittelgrund, während ein die ganze Bildbreite einnehmendes niedriges Felsplateau, gleichfalls mit stilisierten Bäumen bestückt, den Abschluß bildet.

Figurenstil: Außer der Ölbergszene sind alle Figuren stehend dargestellt und die Blicke nach der Mitte des Altares gewendet. Die Standmotive in leicht gegrätschter Stellung mit in Aufsicht gegebenen Füßen sind bei Bartholomäus, Sebastian, Apostel, beim Schmerzensmann und auch bei Petrus (dessen rechter Fuß durch die Draperie verdeckt ist) auffallend, während die übrigen Figuren die Füße zur Gänze verdeckt haben und mittels der, durch die Gewandformation sichtbaren, angedeuteten Beinhaltung ein ponderiertes Standmotiv in geringer Torsion kenntlich machen. Allen Figuren ist die Betonung pesanter Gewichtigkeit eigen, die über stilisierte Schönlinigkeit hinausgehende wachsende Beobachtung der Schwerkraft in der malerischen Wiedergabe der Figuren tritt gesteigert in Erscheinung. In der Formulierung des grünen Gewandes bei der hl. Barbara ist in dem System gegenständig angeordneter Schüsselfalten sowie in den kurvenlinearen Gewandsäumen und Zipfeln sowie in den am Boden standplattenartig auslaufenden Gewandenden die engste Anlehnung an die stilistischen Gestaltungsprinzipien der internationalen Gotik erfolgt – dennoch gibt der Duktus der Gewandfalten wie auch die Verteilung derselben im Figurenbereich über die Körperhaltung ebenso Aufschluß wie das modulierende Wechselspiel belichteter und beschatteter Zonen. Die in die im wesentlichen von kursiven, schwingenden Linien geprägte Organisation der Gewandfalten interpolierten vereinzelten Knickungen und Stauungen, wie sie in allen Draperien in diesem Altarwerk allenthalben vorkommen, zeugen von einem gesteigerten Augenmerk auf realistische Beobachtungen in der Wiedergabe der Draperien. Bei der Formulierung der Apostelfigur ist in der Gürtung des roten Gewandes bei Verdecken des Gürtels durch die überstülpende Draperie am Oberkörper dessen Körperschwere ähnlich betont wie bei Helena, deren roter Mantelumhang außerdem vom rechten Oberarm eingeklemmt ist und in der bauschigen Ausbildung der Gewandoberfläche im Kontrast zu tiefen Schüsselfalten und schmalen Faltentälern zugleich die „Massigkeit" des Gewandes betont. Bei der hl. Helena entsteht der pesante Eindruck abermals stärker, indem die vom ausgestreckten linken, das Kreuz haltenden Arm die Mantelpartie herabfällt. Beim Apostel zeigt hingegen die in der Unterzeichnung sichtbare Faltenformation das Ausmaß der Loslösung von einem formelhaften Faltenliniensystem zugunsten realistischer Beobachtung. Beim hl. Sebastian ist die Körperhaftigkeit betonende Stereometrie im violettbräunlichen Untergewand im Wechselspiel glatter, durch die Lichtführung Plastizität vortäuschender Partien und Röhrenfalten im Kontrast zu der eingespannt wirkenden Fältelung des grünen Mantelumhanges, – ein Modus, der, variiert beim Petrus, vor allem im spannungsgeladenen Gewand des Bartholomäus und – in vergleichsweise zierlich lockerer Wirkung – im Lendentuch des Schmerzensmannes Verwendung findet, artikuliert. Ein System von Röhrenfalten mit interpolierten kurvigen Knickungen mit am Boden schollig aufliegenden Gewandendungen bei gleichzeitiger Betonung der körperhaften Schwere und der Auseinandersetzung von Spannungen zwischen dem Körper und dem Gewand prägen die Figuren in der Ölbergszene. Sämtliche Gesichter wirken durch die Anwendung des malerischen Illusionsfaktors der gleitenden Übergänge von belichteter zu beschatteter Zone, verbunden mit den mannigfaltigen pastosen Höhungen (in der Gestaltung der Augen, der Brauen, der Haar- und Barttracht), trotz stilbedingter Typisierung in der Physiognomie erstaunlich lebendig.

INNENFLÜGEL:

Abb. 183–186

Die Landschaftsformulierung ist abermals weitgehend motivisch ähnlich: herbare Behandlung des Bodens, den Abschluß bildet ein leicht kurvig verlaufender Fries von Bäumen auf Felskulissen (bei Georg und Leonhard) bzw. hinter einem Zaun (bei Florian), nur bei Christophorus ist eine Meeresbucht mit der Gestaltung der Wasseroberfläche in Silber dargestellt, wobei links eine doppelgeschossige Felskulisse mit baumbepflanzten Plateaus, einem begrünten Vordergrund mit einer besonders ausgefräst wirkenden Felsform und einer seitlich begrenzenden Felskulisse formuliert ist. Im Silbergrund sind zahlreiche – mitunter phantasiereiche – Seeungeheuer (Krabben, Seesterne, Schlangen, Haifische) gemalt. Im Wiesengrund bei Georg ist rechts im Bild ein Büschel Erdbeeren dargestellt. Monumentale Körperhaftigkeit bei betonter Stereometrie prägen Georg und Florian sowie Leonhard, während Christophorus als mächtig seitwärts schreitende Gestalt durch das ausgebreitete und hochgewehte Gewand zusätzlich an Größe gewinnt. Von besonderer Detailliebe ist die Wiedergabe des Drachens bei Georg gekennzeichnet. Das am Rücken liegende Tier ist im Begriff, sich aufzubäumen, die Schreitstellung des Georg hat jedoch nicht jene intensive, dramatisch konzentrierte Spannung wie beim Großlobminger Meister (s. Elfriede Baum, Katalog des Museums mittelalterlicher österreichischer Kunst, Wien–München, 1971, S. 22 f., Kat.-Nr. 5).

KUNSTHISTORISCHE EINORDNUNG

Die Formulierung des bewaldeten Hintergrundes findet sich ähnlich im Livre de la Chasse des Gaston Phébus um 1405/10 (Paris, Bibliothèque Nationale, Fr. 616; s. Artur Rosenauer, Zum Stil des Albrechts-Meisters, in Der Albrechts-Altar im Stift Klosterneuburg, Wien 1981, S. 98, Anm. 98; s. auch Ludwig Baldass, Malerei und Plastik um 1440 in Wien, in Wiener Jahrbuch für Kunstgeschichte 15, Wien 1953, S. 10 f., Anm. 10, u. S. 12).
Die räumlich vektoriellen Momente, die Staffelung der landschaftlichen Kulissen, die ausgefrästen Felsformen und die angedeutete Körperschwere in der Ölbergszene finden sich in verwandter Form in einer Ölbergdarstellung in einer Initiale des Klosterneuburger Antiphonars (Augustiner-Chorherren-Stift Klosterneuburg, Cod. 66) von Meister Michel, einem Mitarbeiter des Illuminators Nikolaus (s. Karl Oettinger, Der Illuminator Nikolaus, in: Jahrbuch der preußischen Sammlungen 54/1933, S. 221 ff., Abb. 2, 223), während die Gewandung von der Apostelfigur der Außenflügel der Darstellung des Königs David als Psalmist im Klosterneuburger Antiphonar Cod. 65 (s. Karl Oettinger, item, Abb. 5, S. 226) ähnlich ist.

Mit Ausnahme des Ölbergs sind bei diesem Altärchen hauptsächlich einzelfigurige Darstellungen vorzufinden, die meist in landschaftlich angedeuteter Umgebung wiedergegeben sind. Zum Unterschied von den Tafeln mit dem Marientod (Kat.-Nr. 62) sind die plastisch aufgefaßten Figuren stärker mit plastisch anmutender Oberflächenwirkung wiedergegeben (vgl. Stange, op. cit., XI, S. 24), was sowohl auf die anatomischen Teile als auch auf die Gewänder zutrifft. Die ausbalancierte Haltung einzelner Figuren (Matthäus, Barbara), vor allem die Drapierung der Gewänder zeigen das Nachwirken der internationalen Gotik („Weicher Stil", um 1400). Die Mantelumhüllung (Petrus, Sebastian, Paulus, Bartholomäus, Florian) verleiht den Figuren blockhafte Wirkung, wie sie die Werke des sogenannten Darbringungsmeisters charakterisieren (vgl. Strohmer, op. cit., S. 186), und zeigen somit das Zuwenden zu einem neuen, stärker realitätsbezogenen Stil: In der Blockhaftigkeit erscheint der anatomische Aufbau der menschlichen Figur eher berücksichtigt als in den Gewandfiguren des Weichen Stils, wo die Körperstruktur auf das Kurvenspiel der Falten angepaßt wird. Trotz der breit herabfallenden Draperien entsteht jedoch nicht der Eindruck lastend stehender Figuren, da die Elemente der internationalen Gotik noch stark nachwirken. Stange (op. cit., XI, S. 19) vermutet, daß der Meister des Andreas-Altares der Werkstatt des Meisters Hans entstammt, und erblickt die gleiche Hand beim Einzug in Jerusalem (heute in Budapest) und der Auferstehung (heute in Troppau; s. Stange, op. cit., XI, S. 19, Abb. 23, 24). Die säulenhaft wirkenden Figuren des Meisters Hans sind jedoch im Andreas-Altar durch breite von behäbiger Wirkung ersetzt. Die kurvig vor dem Schoß geschwungenen Falten wie auch die fächrig am Boden umgeknickten weisen auf eine Entstehungszeit im 3. Jahrzehnt hin (weshalb dieses Werk nicht für das 1444 gegründete Neukloster in Wiener Neustadt geschaffen worden sein kann – es sei denn, es wäre von einem zurückgebliebenen Meister gemalt worden).
Die Linzer Kreuzigung, deren Flügel (heute in Troppau) mit dem Meister des Andreas-Altares in Verbindung gebracht wurden, hat Suida (op. cit., S. 13) als steirisch bezeichnet, Otto Pächt (op. cit., S. 70) aber als Wiener Arbeiten erkannt.

Literatur:
Alfred Stange, Deutsche Malerei der Gotik, Bd. XI, München–Berlin 1961. – Suida, Österreichs Malerei. – Otto Pächt, Österreichische Tafelmalerei der Gotik, Augsburg 1929. – E. v. Strohmer, Die Malerei, in: R. K. Donin, Geschichte der bildenden Kunst in Wien-Gotik, Wien 1955. – Karl Oettinger, Hans von Thübingen, Berlin 1938. – Otto Pächt, Österreichische Tafelmalerei der Gotik, Augsburg 1929. – Ulrike Moser, Das Florentiner Skizzenbuch des Internationalen Stils (Florenz, Uffizien, Gabinetto delle Stampe, Inv. 2264 F, Inv. 2281 F, Inv. 18304 F, Inv. 18306 F, Inv. 18324 F), Wien 1973. – Buchner, Der Meister von Heiligenkreuz, in: Beiträge zur Deutschen Kunst, Berlin 1935.

Kataloge:
Führer durch das Erzbischöfliche Dom- und Diözesanmuseum, Wien 1934, 1941. – Otto Pächt, „Die Gotik der Zeit um 1400 als gesamteuropäische Kunstsprache", Vorwort im Katalog zur Europarat-Ausstellung „Europäische Kunst um 1400", Wien 1962. – Artur Rosenauer, „Tafelmalerei", Vorwort im Katalog „Gotik in Österreich", Krems 1967, S. 101 ff. – Sammlungskatalog des Eb. Dom- und Diözesanmuseums, Wien 1973, Kat.-Nr. 47.

| 64 | GEUS-EPITAPHIUM, 1440 |

Abb. 187   Prot.-Nr. L–36

Tafelmalerei in Tempera, Hintergrund Blattgold
mit Punzierung, am Rahmen Zwischgold

Maße: Hochformat: 120 × 85 cm

Leihgabe aus dem Stephansdom

PROVENIENZ

Von den zahlreichen, in alten Nachrichten genannten Epitaphien des 15. Jahrhunderts im Stephansdom hat sich ein einziges erhalten, dessen ursprünglicher Standort im Dom noch nicht ermittelt werden konnte und das nach seiner Aufbewahrung in der Kapitelkapelle in das Museum gelangte: das Epitaphium des Universitätsprofessors und Kanonikus Johannes Geus.

ERHALTUNGSZUSTAND

Gelegentlich der Restaurierung 1976–1978 in den Werkstätten des Bundesdenkmalamtes wurden auch moderne naturwissenschaftliche Untersuchungsmethoden angewendet. Bei den Infrarotaufnahmen wurde im roten und weißen Habit des Verstorbenen die schwarze Pinselunterzeichnung festgestellt, deren Schraffen nicht nur graphischen Charakter haben, sondern zugleich auch die intendierte Modellierung andeuten. Weiters zeigen sich Abweichungen im Maßwerk der Brüstung der abschließenden Balustrade gegenüber der Unterzeichnung und der malerischen Ausführung. Röntgenaufnahmen der Holztafel zeigen den Verlauf der aneinandergeleimten Tannenbretter, die als Bildträger fungieren. Gleichfalls in der Röntgenaufnahme ist eine Brettaufrauhung zugunsten der besseren Haltbarkeit des Kreidegrundes und des Bleiweißgerüstes der Farbmodellierung sichtbar. Der originale punzierte Goldgrund wie auch die gesamte Malfläche wurden von einem gedunkelten Firnis befreit (an zwei kleinen Stellen rechts und links im unteren Bereich des Bildes ist der Zustand vor der Reinigung sichtbar). Fehlstellen in der Vergoldung wurden durch schonende Ergänzungen optisch geschlossen. Auch der Rahmen wurde freigelegt, wie auch die übermalt gewesene (im Text jedoch gleichlautende) Inschrift (s. Manfred Koller, Die technologischen Untersuchungen am Albrechts-Altar und ihre Beiträge zum Problem der „Werkstatt" des Albrechts-Meisters, in Der Albrechts-Altar, Wien 1981, S. 123 ff.).

GESCHICHTLICHES

Die Inschrift lautet: „Anno dni MCCCCXL septima die augusti obiit venerabilis vir mgr Joh(ann)es Geus artium et sacre panine professor decanus et canonicus ecclesie hic sepultus." Die Person: Johannes Geus aus Teining (Oberpfalz) war seit 1416 an der artistischen (philosophischen) Fakultät der Wiener Universität tätig, dreimal deren Dekan, zweimal Rektor der Universität, bis 1434 sein Übertritt zur theologischen Fakultät erfolgte, deren Dekan er sofort wurde. Seit 1433 war er Kanonikus von St. Stephan. Mehrere seiner Werke existieren handschriftlich, seine Abhandlung „De vitiis linguae" wurde 1479 in Nürnberg gedruckt (s. Aschbach, op. cit., S. 452).

IKONOGRAPHIE

Dem auf die Wundmale weisenden Christus als Schmerzensmann links im Bild sind rechts der kniende verstorbene Kanoniker und dahinter sein Namenspatron, Johannes Evangelist, gegenübergestellt. In der spätmittelalterlichen Kunst ist der Schmerzensmann selten der Adressat der Andacht des Verstorbenen (s. Gertrude van der Osten, Der Schmerzensmann, Berlin 1935, S. 26 f.). Ein nur wenig älteres Beispiel einer ähnlichen Kombination ist in einem Relief im Musée Jacques Coeur in Bourges vorzufinden (s. Ulrike Panhans-Bühler, Eklektizismus und Originalität im Werk des Petrus Christus, Diss., Wien 1977, Abb. 19), jedoch sind dort der Schmerzensmann und der Stifter weder auf dem gleichen Bodenniveau gegenübergestellt noch als – physisch – gleich große „Partner" im Bildwerk wiedergegeben. Der Schmerzensmann ist im Relief in Bourges im Typus der Engels-Pietà (wie u. a. auch bei Meister Francke in der Malerei) wiedergegeben, wo Christus als Halbfigur zu sehen ist und die Engel (die im Bildwerk ohnedies sonst keinen Platz finden könnten) die unteren Körperpartien Jesu durch ein Tuch verdecken. Wieweit dieses Motiv mit hochmittelalterlichen Texten, wie etwa dem Dialog des Anselm von Canterbury oder den bei Bonaventura gesammelten Meditationen (s. Kat.-Nr. 77), in Bezug gebracht werden kann, verdient eine eigene Studie. In dem genannten Relief ist diese Engels-Pietà – einem Fenster ähnlich – durch ein zur Seite geschobenes, mit Ringen an einer Karniese montiertes Vorhangmotiv gerahmt, vor dem – gleichsam auf einem „Fensterbrett" – der Stifter kleinformatig, aber ganzfigurig, dargestellt ist. Bezeichnenderweise erinnert das rahmende Vorhangmotiv, das fensterartig Einblick zum Gegenstand der Anbetung gibt, an den Vorhang in der Tafel der Geburt Mariens („Wöchnerstube") auf den Innenseiten der Innenflügel des Albrechts-Altares im Stift Klosterneuburg (s. Artur Rosenauer, Zum Stil des Albrechts-Meisters, in „Der Albrechts-Altar", Wien 1981, S. 108).
Eine ikonographisch die Mittlerstellung einnehmende Darstellung findet sich in einer Miniatur des Psalters der Bonne de Luxembourg (der Tochter König Johanns von Böhmen und der ersten Frau von Jean le Bon, dem nachmaligen französischen König, die 1349 verstarb; heute New York, The Metropolitan Museum of Art – The Cloisters, Inv. 69.88, fol. 329, s. Ausst.-Kat. Les Fastes du Gothique, Paris 1981, Nr. 267, p. 315/316): Das Stifterpaar kniet vor einem Kruzifix, dessen Corpus den rechten Arm vom Kreuzbalken gelöst hat und mit der rechten Hand auf die Wunde zeigt. Bildgedanken der Kreuzigung mit Stifter, der Kreuzabnahme und des die Wundmale weisenden Schmerzensmannes sind zu einer singulären Synthese vereinigt.

Die Aktfigur des Schmerzensmannes im Geus-Epitaphium weist Ähnlichkeiten mit einer Darstellung der Gregors-Messe in einer Kopie nach einem Tafelbild des Meisters von Flémalle auf (New York, Sammlung E. Schwarz, s. Erwin Panofsky, Early Netherlandish Painting, Harvard 1953, Pl. 105, Fig. 227). Das Seitwärtskrümmen des Oberkörpers sowie das Weisen auf die Wunde mit einer Hand bei abgewinkelter Armhaltung finden sich dort ebenso wie in variierter Form bei der „Not Gottes" des Meisters von Flémalle (Leningrad, Eremitage, s. Erwin Panofsky, item, Pl. 95, Fig. 210).

Die Äquivalenz in der Dimensionierung der Figuren im Geus-Epitaphium hat zweifellos gleichfalls ein westliches Vorbild: wirkt doch das Verhältnis des Schmerzensmannes zur Gruppe des Stifters mit dem Evangelisten wie die Skulpturen Claus Sluters am Portal der Kartause von Champmol bei Dijon. Dort ist das Herzogspaar – nach Geschlecht getrennt – mit seinen Schutzpatronen jeweils symmetrisch vor dem Portalgewände angeordnet und der Maria mit dem Kind am Trumeau-Pfeiler des Portals (also im Zentrum) anbetend zugewendet. Im Geus-Epitaphium ist vergleichsweise nur eine „einhüftige" Übernahme dieses Anordnungsprinzips erfolgt: Anstelle Marias mit dem Kind in Champmol fungiert der Schmerzensmann, dem das aus dem Johannes Geus und dem Evangelisten Johannes bestehende Figurenpaar zugewendet ist. Das zweite (in Champmol zum Anbetungsgegenstand symmetrisch plazierte) Figurenpaar wurde (da es von der Themenstellung her auch gar nicht verlangt war) nicht übernommen.

BESCHREIBUNG

Rot gefärbter Rahmen mit schablonierten, symmetrisch angeordneten vegetabilischen Ranken, die durch Bandwerk miteinander verbunden sind, in Zwischgold, einfacher vergoldeter Binnenrahmen aus gleichem Stück Holz (Kyma-Profil), unterste Rahmenleiste geht in originale Inschrifttafel über.

Im Tafelbild Goldgrund mit punziertem Dekor: äußere Leiste mit stilisierten, um einen umlaufenden Stab gewundene Ranken nach innen gegenläufig angeordnete, krabbenartig ausladende stilisierte Ranken, die in drei kreuzartig angeordneten Fleur-de-lys-Formationen enden. Von der oberen „Deckleiste" „hängt" eine vegetabile Staude mit stilisiertem Blumendekor und Spiralranken herab.

Die verhältnismäßig schmale Bildbühne wird durch eine Balustrade – die über einem gebänderten Sockel Blendarkaden mit eingeschriebenen zweibahnigen Maßwerkfenstern enthält und aus einem profilierten „Handlauf" mit einem Fries von in Dreiecken eingeschriebenen, halben Vierpaßblendmaßwerken besteht – bildparallel abgeschlossen. Der ungemusterte, ohne jegliche Textur formulierte Boden ist in Aufsicht gegeben. Zwei figurale Akzente prägen das Bild: links Christus als Schmerzensmann (nach rechts gewendet), rechts Johannes Evangelist mit dem vor ihm knienden Stifter Johannes Geus (beide nach links, zu Christus gewendet), die durch die spezifische Anordnung zunächst als eine zum Schmerzensmann ein Pendant bildende Figuration wirken. Trotz des Goldgrundes, in dem die reichgliedrig gestalteten, punzierten Nimben von Christus (doppelreifiger Nimbus mit stilisierten Blumenmotiven und aus stilisierten Pflanzenstauden gebildete Kreuzform) und Johannes (ein analog gestalteter Nimbus ohne Kreuz, dafür mit stilisiertem Gehänge am inneren Reifen) mit der Goldfolie konfundieren, ist in der malerischen Gestaltung der Bildbühne mittels der Akzentuierung von Licht- und Schattenwerten (Eigenschattenzonen sowie auch angedeutete Schlagschatten) der figürliche Bereich als lichterfülltes Raumkompartiment aufgefaßt. Dies künden sowohl die überkreuzten, diffus (und nicht klar konturierten) formulierten Schatten der Beine Christi, die auf die Annahme einer doppelten Lichtquelle schließen lassen, als auch die belichteten Zonen an den Flanken des Körpers Christi: Sowohl von oben als auch von der Seite links ist eine Lichtzufuhr angenommen worden.

Die Haltung der Aktfigur des Schmerzensmannes nimmt sich als seitenverkehrte, in der Seitwärtsneigung gemilderte Variante der, wesentlich älteren, um 1370 entstandenen Skulptur an der Südseite des Stephansdomes aus (s. Lothar Schultes, Der Wiener Michaeler-Meister, im Wiener Jahrbuch für Kunstgeschichte, XXXVII, Wien 1984, S. 41 ff.), wenngleich das Hinweisen auf die Wundmale nur mittels eines Armes (und nicht mit beiden Armen wie bei der Skulptur) erfolgt und Christus in schlaffer Haltung des linken Armes den Zipfel des Lendentuches hält. In der Oberflächenbehandlung des Inkarnates der Aktfigur Christi ist sowohl in der Modellierung als auch durch das lebhafte Wechselspiel von belichteten und im Eigenschatten befindlichen Zonen der muskulöse Habitus betont, wie sich dies auch in der Spezifizierung des Gesichtsausdruckes in der Betonung der mimischen Muskeln gleichartig äußert. Diesen realistischen Beobachtungen entgegen sind die „aufwärtsfließenden" Blutspuren an den Armen Christi. Die kniende Stifterfigur ist in ihrer lastenden Gewichtigkeit ohne den Einfluß der plastischen Bildwerke

Claus Sluters (Champmol) und hievon abhängiger gemalter Bildwerke (Verkündigung von Aix) undenkbar. Durch den Blockcharakter der Figur wird der Eindruck des Auflastens an und für sich erreicht. Das am Boden aufliegende Ende des in seiner Stofflichkeit charakterisierten roten Mantelumhanges mit seinen Röhrenfalten und abrupten Knicken steigert den Eindruck des Lastens erheblich. Die in lockerer Schreitbewegung, gleichsam wie plötzlich innehaltend wiedergegebene Johannes-Figur in rotem gegürteten, über den Gürtel fallenden Untergewand mit grünem Mantelumhang zeigt in der Einklemmung des Mantels ein System von mittels Knicken und Stauen bereichertes Röhrenfaltengebilde. Auch bei den Gesichtern prägt das Wechselspiel von belichteten und beschatteten Zonen deren Ausdruck.

Sowohl in der Interpretation des knapp geschilderten Bildraumes als auch in der Neigung der Figurenwiedergabe im Sinne von deren körperhafter Verfestigung, wie auch in der Licht- und Schattenwirkung, und schließlich im Kolorit und in der Maltechnik (Charakterisierung der Haarmassen des Johannes mittels trocknendem Pinsel in locker strich-punktiertem Auftrag) weist sich dieses Werk in seiner stilistischen Nähe zu den Innenflügeln des Albrechts-Altares (Augustiner-Chorherrenstift Klosterneuburg, Sebastians-Kapelle) als eigenhändiges Werk des sogenannten Albrechts-Meisters aus.

KUNSTHISTORISCHE EINORDNUNG

Auch dieses – 1440 datierte – Tafelbild des Albrechts-Meisters, das ein markantes Stück zu den Datierungsfragen des Œuvres des Albrechts-Meisters bildet, beweist seine intensive Auseinandersetzung mit den damals für die Malerei nördlich der Alpen führenden Kunstzentren – Burgund und den Niederlanden. Innerhalb seines Œuvres ist das Geus-Epitaphium stilistisch den Szenen zum Marienleben (Innenseiten der Innenflügel) des Albrechts-Altares zuzuordnen. Die eigenwillige Behandlung des außergewöhnlichen Themas bringt zugleich einen Gewinn an lapidarer Monumentalität durch die Reduktion der Anzahl der Figuren und Bildrequisiten mit sich, was wiederum auf die – direkt aus eigener Anschauung erfahrenen oder durch andere Werke dieser Einflußsphäre indirekt vermittelten – Kenntnisse der Kunst Claus Sluters weist. Die Darstellung der Schlagschatten (eyckischer Einfluß) trägt zur Verräumlichung der Komposition bei: Indem die Linke Christi das Lendentuch aufnimmt, gewinnt die Gesamterscheinung der Figur an Breite. Die wundenweisende Rechte Christi wirkt wie ein Keil, der den Körper nach rechts vorknicken läßt (s. G. van der Osten, Der Schmerzensmann, Berlin 1935, S. 82 ff.). Der „Albrechts-Meister macht den Schmerzensmann zum aktiven Partner eines Dialoges und verleiht ihm eine physische Präsenz, die geradezu im Widerspruch zu seiner ursprünglichen Funktion als Gegenstand des Mitleids und der Andacht steht" (Artur Rosenauer, Zum Stil des Albrechts-Meisters, in „Der Albrechts-Altar", Wien 1981, S. 114).

Literatur:
Otto Pächt, Österreichische Tafelmalerei der Gotik, Augsburg 1929. – Alfred Stange, Gotische Tafelmalerei, München 1961, Bd. XI. – J. Aschbach, Geschichte der Wiener Universität im ersten Jahrhundert ihres Bestehens, Festschrift zu ihrer 500jährigen Gründungsfeier, Wien 1865. – Hartmut Boockmann, Ikonographie der Universitäten, in: Schulen und Studium im sozialen Wandel des hohen und späten Mittelalters, Vorträge und Forschungen XXX, Sigmaringen 1986, S. 565 (Geus-Epitaph: S. 597/Anm. 78/Abb. 40).

Kataloge:
Führer durch das Eb. Dom- und Diözesanmuseum, Wien 1934, 1941, 1946. – Sammlungskatalog des Eb. Dom- und Diözesanmuseums, Wien 1973, Kat.-Nr. 48.

OBERITALIENISCHES TRIPTYCHON, erstes Viertel 15. Jahrhundert	65

Prot.-Nr. L–62   *Abb. 155, 156*

Temperamalerei auf Holztafeln

Maße: Hochformat: 108 × 98 cm
      (Maße in geöffnetem Zustand)

Leihgabe aus der Kirche Am Hof, Wien I

PROVENIENZ

Nach dem Bericht der K. K. Zentralkommission der Kunstdenkmale (Wien 1891, S. 241) wurde dieses Triptychon 1891 der Kirche Am Hof geschenkt (s. auch Monatsblatt des

Vereins für Geschichte der Stadt Wien, II, S. 137 ff.). Seit 1933 befindet sich das Triptychon im Museum. Für die Jubiläumsausstellung „800 Jahre Franz von Assisi" in Krems-Stein, NÖ., wurde das Triptychon in den Werkstätten des Bundesdenkmalamtes restauriert.

ERHALTUNGSZUSTAND

Die Außenseiten der Flügel enthalten keine Malereien mehr, wie auch keinerlei äußere Anzeichen über die frühere Existenz solcher heute mehr sichtbar sind. Auch der geschnitzte und vergoldete Holzrahmen ist nicht der ursprüngliche, sondern datiert vermutlich – aufgrund seiner Gestaltung in historisierenden Formen – aus der zweiten Hälfte des 19. Jahrhunderts. Auf der Mitteltafel ist unter der untersten Szene rechts ein auf Pergament geschriebener Text aufgeklebt; es gelang jedoch bisher nicht, diesen zu entziffern. Gelegentlich der Restaurierung konnten alte Schmutzspuren ebenso beseitigt werden wie ein starke Dunkelwirkung verursachender Firnis. Der Goldgrund und seine – von feiner Differenzierung geprägte – lineare botanomorphe Dekoration kommen ebenso in der ursprünglichen Intention zur Wirkung wie auch die – vielfach intensiven – Farben in den figuralen Szenen. Durch die Reinigung sind einzelne Motive erst „lesbar" geworden, zumal sie teilweise a priori in ihrer linearen Wiedergabe mit dem Hintergrund konfundieren. Einzelne Gesichter sind durch – frühere – Verreibungen in ihrer Binnenmodellierung reduziert. Die Figurenkompositionen zeigen Vorritzungen im Goldgrund; im Falle der Draperie hinter der thronenden Maria im linken Flügel kommt der Vorritzung sogar dominierende graphische Bedeutung zu, da wegen des Verlustes des Großteils der Malerei durch die Ritzung der Formeninhalt erst verständlich wird. Punktuell verteilte, pastose Höhungen bei den Baumdarstellungen bilden in der Oberflächenwirkung einen Gegensatz zu den Vertiefungen. Auch der vegetabile Rankendekor im Goldgrund ist eine technisch besonders fein ausgeführte Punzierung.

IKONOGRAPHIE

Im geöffneten Zustand besteht das Triptychon aus vertikalen Bahnen, die in zwei Etagen geteilt und mit Dreiecksgiebeln bekrönt sind, wobei die rechtwinkeligen Dreiecke über den Flügeln das bekrönende gleichschenkelige Dreieck der Mitteltafel im geschlossenen Zustand verdecken würden. Christologische und marianische Szenen bilden den Schwerpunkt des ikonographischen Programms, das durch Heiligenszenen je eines prominenten Vertreters des Franziskaner- und des Dominikanerordens erweitert ist. Die Vereinigung einer Fülle von Andachtsbild-Motiven in einem Altar ist für Klöster der Bettel- und der kontemplativen Orden charakteristisch und sollte Mittel und Weg zur mystischen Versenkung sein. Der Gedanke der Nachfolge Christi, vor allem hinsichtlich des in verschiedenen Erscheinungsformen erfahrbaren Erlebnisses des Leidens zum Erlangen des ewigen Lebens, ist im Bildprogramm dieses Triptychons dominant.
Im bekrönenden Mittelgiebel vertritt das Vera-Ikon, das wahre Abbild Christi, das von der hl. Veronika gehalten und von den knienden Apostelfürsten Petrus und Paulus flankiert wird, die Ermahnung zur Nachfolge Christi und die Identifizierung mit ihm. Die Apostel waren die ersten Nachfolger Christi: Petrus ist stellvertretend für die Jünger aus der Zeit des Erdendaseins Jesu, Paulus für die nach dem Erdenwandel Jesu lebenden Jünger stellvertretend dargestellt.
Das Schweißtuch mit dem Antlitz Christi gibt in seiner Form die entsprechend verehrte Reliquie wieder. Das Medium der Malerei fungiert als Träger des „wahren Abbildes", das zur „wahren Nachfolge" anregen soll. Die Verkündigung an Maria, mit der das Erdendasein Jesu Christi eingeleitet wurde, ist in ihrer Darstellung auf die drei bekrönenden Winkel der Dreiecke verteilt: Im linken Flügel befindet sich der schwebende Engel Gabriel in vertikaler Körperhaltung, im Mittelgiebel Gott-Vater in horizontal schwebender Lage, während Maria auf einem Thron sitzend im rechten Flügel dargestellt ist. Unter dem Verkündigungsengel ist im linken Flügel – als „Hauptdarstellung" des bekrönenden Dreiecks – die Visitatio, die Heimsuchung Mariens bei Elisabeth, dargestellt, der im rechten Dreieck eine sitzende gekrönte Frauengestalt mit Turm und Kelch mit Hostie als Attribute entspricht. Ließen diese gegenständlichen Beigaben prima vista eine Darstellung der hl. Barbara – die in diesem Kontext befremden würde – vermuten, so liefert die Tatsache, daß diese kräftig zurückgelehnte weibliche Figur in schwangerem Zustand dargestellt ist, eine Klärung des Bildinhaltes: Maria ist in den Wehen dargestellt als Madonna dell' Umiltà (Maria humiliter et devote). Nachdem Turm, Krone und Kelch mit der Hostie auch auf Maria passende Attribute sind und Motiven aus Anrufungen in der lauretanischen Litanei entsprechen, muß für diese Kombination nicht eine mißverstandene Vorlage

angenommen werden. Die eng gedrängte Anordnung der dargestellten Motive in diesem Bildfeld bringt eine mißverständliche Interpretation des Turmes, den der Thron der Verkündigungs-Maria überschneidet, als figural belebtes Drehpultmöbel mit sich.

Die chronologische Fortsetzung des Geschehens ist in der linken Szene in der oberen Reihe der Haupttafel mit der Geburt Christi und der Verkündigung an die Hirten bildlich dargestellt und der Geißelung Christi – zunächst unverständlich und den Ablauf der Geschehnisse gehörig überspringend – beigegeben. Gemäß Meditationsanweisungen eines Franziskanermönches aus San Gimignano, die er um 1300 für eine fromme Klarissin schrieb, gebar Maria ihren Sohn schmerzlos, an eine Säule gelehnt. Die ,,Säule'' der schmerzlosen Geburt wurde, laut dem Text des genannten Mönchs (,,Betrachte deinen Herrn lange und aufmerksam in dieser Marter''), zur Geißelsäule der Passion Christi. Im Text des Jacopone de Todi (in ,,Donna del Paradiso'') ruft Johannes Evangelist Maria zu Jesus, der so gegeißelt wurde, daß er zu sterben drohte. In der Marienklage ,,Qui per viam pergitis'' wird die Antithese von Mutterglück und Leid wiederholt, indem Maria fragt, warum Jesus sie leiden lasse, da sie ihn auf Händen trug.

Lediglich die Kombination dieser beiden Szenen – Geburt Christi und Geißelung – läßt sich aus diesen genannten Textstellen erklären, die Illustration schließt an die gängige Bildtradition an. Maria gebiert in diesem Triptychon nicht an eine Säule gelehnt, sondern – gemäß der Vision der hl. Brigitta von Schweden – sie sinkt nach der Geburt gemeinsam mit Joseph anbetend in die Knie. Engel wohnen dieser Szene gleichfalls bei, Gott-Vater ist als eine von einer Gloriole umgebene Büste dargestellt. Der Strahlenkranz um das Jesus-Kind – der im heutigen Zustand nur schwach sichtbar ist – erinnert an die Vision der heiligen Brigitta (s. Kat.-Nr. 60).

Die unterste Reihe der Mitteltafel zeigt zwei andachtsbildartige Darstellungen, die aus einem szenischen Geschehen herausgelöst wirken: links die ,,Engels-Pietà'' und rechts die Beweinung Christi in der Form des ,,Erbärmdebildes''. Beide Andachtsbildmotive entspringen der gleichen Wurzel: dem aus dem Byzantinischen im italienischen Ducento (dem 13. Jahrhundert) übernommenen Bildtypus des gestorbenen Christus, des Erbarmens des Herrn, des ,,Imago Pietatis'': ,,Das Bild des vollbrachten Versöhnungsopfers, das Bild der Imago vor Augen, vollzieht der Zelebrant die Konsekration. Er sieht sie zu Beginn des Kanons, für dessen Ausschmückung Papst Innozenz III. verordnete, daß über den Gehalt des Textes hinaus ein Bild zum Nacherleben der Passion anregen sollte, sowie seit dem 13. Jahrhundert in Italien in der Predella oder in der Bekrönung des Mittelteiles der Altarbilder'' (s. Hanna Egger, Imago Pietatis, i. Beitrag im Ausstellungskatalog 800 Jahre Franz von Assisi, Krems-Stein 1982, S. 483).

Die Engels-Pietà zeigt Christus am geschlossenen Sarkophag mit geschlossenen Augen sitzend, er wirkt wie eine gliederpuppenartige, den beweglichen Kruzifixen (s. Kat.-Nr. 97) ähnliche Figur, die von den trauernden Engeln gehalten wird. Er ist von den Requisiten der Passion – Kelch, Kreuz, Lanze, Schwamm, Geißelsäule, Geißelruten, den drei Nägeln, einer Spottkappe und dem Hemd – umgeben. Motivisch ähnlich, jedoch mit den Füßen in den offenen Sarg ragend, ist eine französische Darstellung des gleichen Themas (Paris, Bibliothèque Nationale, ms. lat. 1161, s. Erwin Panofsky, Early Netherlandish Painting, Harvard 1953, Pl. 34, Fig. 75) einer Piété Notre Seigneur als signifikantes Vergleichsbeispiel zu nennen.

In den beiden Szenen mit der Darstellung an der Geißelsäule und der des von Engeln betrauerten Christus (der von den Passions-Requisiten umgeben ist) findet sich jeweils die Interpretation Christi als beinahe nackter, lediglich von einem durchsichtigen, schleierartigen Lendentuch bekleideten Körper (auf der Mitteltafel in der oberen Szene rechts und in der unteren Szene links). Es wäre zu untersuchen, ob ein Nachwirken des literarischen Dialoges Anselms von Canterbury mit Maria (siehe Kreuzabnahme, Kat.-Nr. 77) vorliegt oder ob – vielleicht gleichfalls als Auswirkung derselben literarischen Quelle – der in Italien oft auftauchende Typus der Christusdarstellungen als Aktfigur, dessen Lenden mit textilischen Schleiern bedeckt wurden, in diesem Triptychon zitiert wird (s. hiezu Ausstellungskatalog ,,Donatello e i suoi'', Florenz 1986, Nr. 5, 71).

Das Erbärmdebild zeigt gleichfalls den gliederpuppenhaft bewegten Christus: Vielleicht, dies wäre in einer eigenen Studie im größeren Zusammenhang zu klären, ist tatsächlich diese Darstellungsweise von einem Gebrauch der beweglichen Kruzifixe (vgl. Kat.-Nr. 97) inspiriert oder umgekehrt. Die Haltung Mariens mit der Umarmung des Oberkörpers und des Kusses auf das ihr zugeneigte Haupt Christi sowie das Händeringen des Johannes sind von Motiven aus Darstellungen von Phasen von der Kreuzabnahme bis zur Grablegung Christi geprägt. Christus ist im Sarg stehend dargestellt, der Oberkörper ragt heraus, das Kreuz mit Requisiten der Passion – Lanze, Schwamm, Dornenkrone, Nägel – befindet sich im Hintergrund. Diese aus dem 14. Jahrhundert tradierende, andachtsbildartige Akzentuierung der Beweinung Christi als Erbärmdebild findet sich auch in der bildenden Kunst der Folgezeit und fand bei Giovanni Bellini Aufnahme.

Auf den Flügelbildern befinden sich in der oberen Reihe zwei thronende Madonnen – auf dem linken Flügel (benachbart zur Darstellung der Geburt Christi auf der Mitteltafel) mit den Apostelfürsten Petrus und Paulus, auf dem rechten Flügel (benachbart zur Geißelung Christi auf der Mitteltafel) von Engeln umgeben und daher dem italienischen Typus der Maiestà zugehörig –, in der unteren Reihe links die Stigmatisierung des hl. Franz von Assisi, rechts das Martyrium des hl. Dominikaners Petrus Martyr. Auch diese Kombination mutet nur zunächst willkürlich an, ist aber in das dominierende Andachtsmotiv des leidenden Christus miteinbezogen: Maria, als Mutter und als Ewigkeitsbild der Gottesmutterschaft (daher Maiestà) aufgefaßt und dargestellt, trat als erste Person die Nachfolge Christi im Leid an. Aus allen anderen mystischen Bewegungen herausragend riefen die Heiligen Franziskus und Dominikus zur Nachfolge Christi auf (s. G. Schiller, Ikonographie der christlichen Kunst, Band 2, Gütersloh 1968, S. 210–233; Hans Belting, Das Bild und sein Publikum im Mittelalter, Berlin 1981, S. 105–115 u. S. 212–215).

KUNSTHISTORISCHE EINORDNUNG

Das Triptychon ist in seiner strukturellen Anordnung ein Derivat von dem aus dem Ikonenfries entstandenen Typus des Polyptychons. Nicht ohne indirekte Wirkung des pastoralen Anliegens des Franziskanerordens wurde jene Entwicklung initiiert, die die Umwandlung der Ikone zum Andachtsbild westlicher Prägung vollzog. Triptychen mit zweizeiligen, mitunter auch szenischen Darstellungen und Giebelbekrönungen spezifisch westlicher Prägung – deren entwicklungsgeschichtliche Bedeutung für das Zustandekommen der strukturellen Gestaltung des Genter Altares Hubert und Jan van Eycks zu studieren wäre – finden sich in französischen Elfenbeinarbeiten, wofür das um 1330–1340 in Paris entstandene Triptychon mit der Darstellung des Marientodes (Amiens, Bibliothèque municipale, s. Ausst.-Kat. Les Fastes du Gothique – le siècle de Charles V, Paris 1981, Nr. 143) als signifikantes Beispiel zu nennen ist.

Konservative Eigenschaften weist nicht nur die Ikonographie auf, sondern diese sind auch im Stil festzustellen, wie beispielsweise der trecenteske Kastenraum bei der Geißelung Christi oder die kulissenhaft flach wirkenden Felsen bei der Stigmatisierung des hl. Franz v. Assisi. Einzelne Details in der Architekturdekoration (Thron Mariens) weisen ins 15. Jahrhundert, vor allem aber die Kostüme (etwa der Turban des einen Schergen in der Geißelung Christi, Scherge hinter Petrus Martyr), wie auch der Gewandstil (mit den am Boden in langen Zügen auslaufenden Gewandenden) zeigen Einflüsse von der westeuropäischen (französischen, niederländischen) Kunst des frühen 15. Jahrhunderts. Das Festhalten an Traditionellem, spezifisch Italienischem einerseits wie die Aufnahme spezifisch westlicher Elemente andererseits lassen auf eine Entstehung des Triptychons in Oberitalien im ersten Viertel des 15. Jahrhunderts schließen.

Die Etagen sind nur durch dunkle breite Streifen getrennt. Alle Bilder haben Goldgrund, der vorwiegend vegetabilische Ornamentik und nur bei Franziskus Wolkenbänder, bei der oberen Etage der Mitteltafel weit ausstrahlende Radien enthält. Die Figuren sind stark plastisch und in sich versunken wiedergegeben, selbst in Szenen mit inhaltlich dramatischer Erregung (Geißelung, Martyrium) sind die Bewegungen auf das für den Inhalt notwendige Minimum reduziert. Trotz skulptural wirkender Oberflächenbehandlung sind gleitende Übergänge von belichteter und dunkler Zone zur Geltung gebracht. Im Kolorit dominieren – namentlich in den Gewändern – Mischfarben und verschiedene Schattierungen innerhalb des gleichen Farbtones.

Der gleiche Figuren- und Gewandstil wie auch die Art der Anwendung des Kolorits finden sich in einer Tafel eines lombardischen Meisters (s. Castelfranchi-Vegas, op. cit., Tf. 33) um 1440 – darstellend die Madonna mit Kind und drei Heilige (unter ihnen Antonius Einsiedler und Petrus Martyr) –, was für die geäußerte Lokalisierung und Datierung des Triptychons hilfreich ist.

Das Tradieren von Motiven aus dem Formenrepertoire des 14. Jahrhunderts mit den in die Fläche gebreitet angeordneten Motiven wie auch mit der Tendenz zu gerundeten Formen (z. B. das Haupt Mariens bei der thronenden Maria am linken Flügel, vgl. auch Kat.-Nr. 61) sprechen gegen eine Spätdatierung. Auch der Formenkanon in der Drapierung der Gewänder ist derartig intensiv von Gestaltungstendenzen der internationalen Gotik geprägt, daß lediglich einzelne modische Details (Wams und Pumphose des Mörders des hl. Petrus Martyr) zu einer späteren Datierung verleiten. Vermutlich ist dieses Werk noch im ersten Viertel des 15. Jahrhunderts entstanden.

Literatur:
Liana Castelfranchi-Vegas, Die internationale Gotik in Italien, Rom 1966, deutsch Dresden 1966.

Kataloge:
Führer durch das Eb. Dom- und Diözesanmuseum, Wien 1934, 1941, 1946. – Ausst.-Kat. 800 Jahre Franz von Assisi, Krems-Stein 1982, Nr. 10.76., S. 604 ff., Beitrag v. Hanna Egger, S. 481–483. – Sammlungskatalog des Eb. Dom- und Diözesanmuseums, Wien 1973, Kat.-Nr. 55.

ZWEI TAFELBILDER, Mitte 15. Jahrhundert	66

Prot.-Nr. L–238, L–239   *Abb. 157, 158*

Temperamalereien auf dünner Holztafel

Maße: Hochformat: 85,5 × 51 cm

Leihgabe des Franziskanerklosters, Wien I

PROVENIENZ

Die beiden Tafelbilder mit der Darstellung der Dornenkrönung und der Kreuztragung Christi sind Eigentum des Wiener Franziskanerklosters. Sie waren bereits einmal im Museum ausgestellt (s. Museumsführer 1933, Nr. 84, 85, S. 30) und befinden sich – nach einer Restaurierung durch Frau Prof. Inge Karl, Klosterneuburg, seit 1982 (damals anläßlich der Sonderausstellung „Unbekannte Kunstwerke aus dem Raum der Erzdiözese Wien, Entdecken – Konservieren – Revitalisieren") im Museum. Fritz Dworschak behauptet im Museumsführer von 1934 (S. 22, Nr. 18, 19), daß vier weitere Tafeln desselben Meisters im Münchner Kunsthandel aufgetaucht seien. Diese galten lange als verschollen; durch die freundliche Mitteilung von Herrn Prof. Dr. Emilijan Cevc von der Slowenischen Akademie der Wissenschaften in Laibach (Ljubljana) war zu erfahren, daß sie sich im Depot des Nationalmuseums von Laibach befinden, wohin sie durch Ankauf gelangten. Die vom Laibacher Nationalmuseum zugeschickten Fotos beweisen die ursprüngliche Zugehörigkeit zu den im Dom- und Diözesanmuseum ausgestellten Tafeln (s. R. Hayden, op. cit., Nachtrag, S. 1). Diese vier Tafeln in Laibach zeigen das Verhör Jesu bei Pilatus, die Geißelung Christi, die Befragung der hl. Helena nach der Aufbewahrung des Kreuzes Christi und den Aufbruch der hl. Helena zur Suche nach dem Kreuz.
Es gibt keinen archivalisch verläßlichen Hinweis, daß diese Tafeln von einem Altar der dem hl. Hieronymus geweihten Kirche des ehemaligen Seelhauses (der heutigen Franziskanerkirche) stammt. 1589 bezogen die Franziskaner diese Anlage, die 1383 von Wiener Bürgern zur Bekehrung gefallener Mädchen und ihrer Wiedereingliederung in die Gesellschaft gegründet worden war. 1455–1476 herrschte dort rege Bautätigkeit. 1476 wurde die Anstaltskirche geweiht. In ihr befand sich unter vielen Altären auch ein Gottsleichnamsaltar, mit dem die Bilder thematisch nicht in Widerspruch stehen, deren Identifizierung mit dem genannten Altar nicht verifizierbar ist (s. Richard Perger - Walter Brauneis, Die mittelalterlichen Kirchen und Klöster Wiens, in Wiener Geschichtsbücher, hrsg. von Peter Pötschner, Wien–Hamburg 1977, S. 230–233, besonders S. 232, sowie R. Hayden, op. cit., S. 21 f.). 1449–1457 wird in den Urkunden und Regesten des K. u. K. Archivs mehrmals Michael Rutenstock, Maler und Bürger zu Wien, als Verweser dieses Seelhauses St. Hieronymus genannt (Urkunden und Regesten aus dem Archiv der K. u. K. Reichshaupt- und Residenzstadt Wien, 1440–1619, herausgegeben von Uhlirz im Jahrbuch der kunsthistorischen Sammlungen des allerhöchsten Kaiserhauses; Bd. 16, 17, Anhang S. CXLI, 15239, S. CL, 15263 . . . S. CLXII, 15303). Diese urkundliche Erwähnung eines Malers in enger zeitlicher und (sofern die Tafelbilder tatsächlich Altbestand der Hieronymus-Kirche, der heutigen Franziskanerkirche, sind) räumlicher Beziehung verdient Beachtung, liefert jedoch keinen Beweis (s. R. Hayden, op. cit., S. 22).

ERHALTUNGSZUSTAND

Die durch Auseinandersägen bis auf einige Millimeter gedünnten Tafeln waren zu einem näher nicht bekannten Zeitpunkt, letztmalig vermutlich in den dreißiger Jahren dieses Jahrhunderts, gerostet worden. Weiters sind sie seitlich beschnitten. Im Kreidegrund ist die Figurenkomposition vorgeritzt. Die Malschicht besteht aus Tempera mit verseifbarem Öl (fette, harzhältige Tempera). Bei der Restaurierung mußten zunächst die vom Holzwurm befallenen Tafeln gefestigt werden. Die links und rechts hinzugefügt gewesenen Leisten (zur besseren Halterung in jüngeren Rahmen, deren Grundierungen und Übermalungen sich auch bis in die erhaltene Originalmalerei im Randbereich überlappend erstreckten) wurden von diesen Schichtauflagen befreit. Der Goldhintergrund war einmal zur Gänze farbig übermalt, da an der ganzen Fläche Farbreste vorhanden waren. Auch in den Vertiefungen der Punzierungen waren Farbreste vorhanden. Diese Übermalungen des Goldgrundes waren bei einer früheren Reinigung entfernt worden. Bei einer ebensolchen wurden Malschichten in den Figurenkompositionen verrieben, vor allem aber auch die Lasuren, speziell bei grünen Farbflächen, ruiniert. Übermalungen und Kittstellen, besonders an den verputzten Rändern, wirkten ebenso beeinträchtigend wie die bronzierten, mit aufgemaltem Craquelé versehenen Fehlstellen im Goldgrund und der stark geschwärzte Firnis. In mühevoller, minuziöser Detailarbeit wurden alle diese Störfaktoren beseitigt, die erhaltene Altsubstanz freigelegt und betont zurückhaltend retuschiert. Dort, wo das Schließen von Retuschen optisch wirksamen Veränderungen gleichgekommen wäre, wie etwa beim Bart des Hohenpriesters in der Kreuztragung, wurde die Fehlstelle als solche belassen.

DORNENKRÖNUNG

Abb. 157 ### IKONOGRAPHIE

Die in den Evangelien bei Matthäus (27,27–31 a), Markus (15,16–20 a) und – am ausführlichsten – bei Johannes (19,2 f.) geschilderte Verspottung Christi wurde in diesem Tafelbild weitgehend nach dem Text bei Matthäus illustriert: „Sie zogen ihn aus und legten ihm einen purpurroten Mantel um. Dann flochten sie einen Kranz aus Dornen; den setzten sie ihm auf und gaben ihm einen Stock in die rechte Hand. Sie fielen vor ihm auf die Knie und verhöhnten ihn ... Und sie spuckten ihn an, nahmen ihm den Stock wieder weg und schlugen ihn damit auf den Kopf" (Matthäus 27,28–30).
Es ist jener Augenblick wiedergegeben, wo – ausgehend von der Textstelle – dem mit überkreuzter Armhaltung, purpurbemäntelt sitzenden Christus die Dornenkrone auf das Haupt gedrückt wird. Die Darreichung des Stockes wird durch einen Palmzweig – möglicherweise als ikonographische Anspielung auf den Einzug in Jerusalem, formal sicherlich von der Tradition der Märtyrerpalme beeinflußt – gegeben. In ausführlichen Episoden wird das Schlagen auf das Haupt geschildert: nicht nur der eine Keule schwingende Mann mit Kapuze im Hintergrund ist mit dieser Textstelle in Beziehung zu bringen, sondern auch das stechende Schmerzen verursachende Drücken der Dornenkrone auf das Haupt mittels zweier langer, andreaskreuzartig formulierter Stöcke. Die Gestalt des bei der Verspottung sitzenden Christus findet sich erstmals in Giottos Fresken der Arenakapelle in Padua (s. Gertrude Schiller, Ikonographie der christlichen Kunst, Bd. 2, Gütersloh 1968, S. 82 f.); der nackte Oberkörper Christi, wie auch seine Handhaltung, die an den spätmittelalterlichen Typus des Erbärmde-Christus oder Schmerzensmannes erinnert, ist im 15. Jahrhundert nicht unüblich (s. z. B. Langhausskulptur im Inneren des Stephansdomes, gegen die Mitte des 15. Jahrhunderts). Das Pressen der Krone findet sich um 1360 in einem Relief aus Doberan, die Gestalt des Keulenschwingers findet sich in einer um 1410 entstandenen Tafel aus Utrecht, viele ikonographisch wesentliche Elemente dieser ausgestellten Tafel finden sich in einer kölnischen Tafel des Veronika-Meisters, um 1440, vereinigt (s. R. Hayden, op. cit., Abb. 4, 5, 6, 7): zwei die Stöcke kreuzende Schergen, der den Palmzweig Reichende und der Spötter rechts. In der ausgestellten Tafel sind der Variationsreichtum wie die Farbenpracht der Kostüme der Schergen auffallend: Der im Profil dargestellte Kniende links mit schachbrettartig gemustertem Umhang hat in der Bordüre des Gewandes eine Inschrift (die keinen Sinn ergibt) imitiert, die aus lateinischen und interpolierten griechischen Buchstaben besteht, während die Bordüre der Kapuze des Keulenschwingers nachgeahmte hebräische Schriftzeichen enthält. Dies wie auch die Verwendung orientalischer, turbanartige bzw. phrygische Mützen tradierende Kopfbedeckungen bei zwei weiteren Schergen deuten möglicherweise darauf hin, daß Christus sowohl von den Seinen als auch von Besetzern des Heiligen Landes gepeinigt wurde. Sicher ist in diesem Zusammenwirken die Vermengung zweier Verspottungsszenen – der ersten im Hause des Hohenpriesters Kaiphas, der zweiten im Richthaus des römischen Statthalters Pontius Pilatus – festzustellen. Die Expressivität des Spottes kulminiert in der gnomenhaften hockenden Gestalt rechts; diese kahlköpfige, die Zunge zeigende männliche Gestalt ist in der Kostümierung durch den mit Schellen besetzten Wams als Hofnarr charakterisiert. Sein über den Kopf in abgewinkelter Haltung gegebener rechter Arm hält den Mantel Christi zur Seite. Wenn auch hiedurch nur in geringer Andeutung, so hat dieses Darstellungsdetail an der in der bildenden Kunst bedeutungsvollen Entwicklung des Einblick-Gewährens mittels Zur-Seite-Raffens eines textilen Stückes Anteil. Ungewöhnlich im Zusammenhang der Darstellung einer Verspottung bzw.

Dornenkrönung Christi ist die Darreichung eines versiegelten Briefes, wie sie in ähnlicher Weise im Stundenbuch des Utrechter Bischofs Gysbrecht de Brederode, das 1437 bis 1440 entstand (Livre d'heures de Gysbrecht de Brederode, herausgegeben von Joseph Brassine in Manuscrits de la bibliothèque de l'Université de Liège, Brüssel), in der Szene gleichen Themas vorkommt (s. R. Hayden, op. cit., S. 6 f.): In diesem holländischen Stundenbuch ist der Brief nicht verschlossen, sondern sein Inhalt wird Jesus vorgelesen. Auch sonst gibt es – trotz der erheblichen stilistischen Unterschiede – auffallend viele motivische Übereinstimmungen dieser Tafel mit der Miniatur des Stundenbuches: Obgleich im Tafelbild das Interieur überhaupt nicht dargestellt ist, stimmt das zentralperspektivisch formulierte, schachbrettartig gemusterte Paviment überein, die spottende Gestalt in der Miniatur rechts (s. Friedrich Winkler, Das Stundenbuch für Gysbrecht von Brederode in Brixen, i. Jahrbuch d. Kunstsammlungen des Allerhöchsten Kaiserhauses, Bd. 32, Wien 1915, S. 324–333, besonders S. 329, Tf. XXIII) entspricht dem hofnarrartig gekleideten Gnom im Tafelbild, weiters lassen sich auch Ähnlichkeiten in der Anordnung der Schergen und in der Gestaltung der Gewänder feststellen und Übereinstimmungen mit den gekreuzt angeordneten, die Dornenkrone auf das Haupt Christi drückenden Stöcken finden. Wie im Tafelbild, so liegt auch in den Miniaturen des holländischen Stundenbuches der Akzent auf der Charakterisierung des Physiognomischen. Die Beziehungen von Werken für Gysbrecht von Brederode zum bildkünstlerischen Schaffen im Kulturraum des heutigen Österreich sind nicht zufällig, zumal dieses gesamte Utrechter Stundenbuch auch motivische Verwandtschaften zum Meister von Maria am Gestade (siehe Kat.-Nr. 67) aufweist. Gysbrecht von Brederode war seit 1437 Dompropst in Utrecht und 1455 Bischof von Utrecht geworden. 1456 wurde er auf Betreiben der personalpolitischen Maßnahmen des Burgunder Herzogs Philipps des Guten als Bischof abgesetzt, und Gysbrecht zog sich nach Brixen zurück. Eine dort für ihn entstandene Handschrift (ÖNB, Handschriftensammlung, Cod. 2771) ist ihrerseits, wie das Motiv der Umarmung Mariens in der Szene der Ohnmacht Mariens unter dem Kreuz zeigt, von der themengleichen Darstellung des Meisters von Lauffen (einer aus dem böhmisch-salzburgischen Milieu geprägten Künstlerpersönlichkeit) beeinflußt (Hinweis von Univ.-Prof. Dr. Otto Pächt).
Ob der versiegelte Brief, mit dem sicherlich das schriftlich festgehaltene Todesurteil Christi gemeint sein soll, aus der Passionsspieltradition stammt, ist nicht belegbar, aber dennoch nicht auszuschließen.

BESCHREIBUNG

Das Geschehen der Dornenkrönung Christi wird in einer dicht gedrängten Figurenpyramide, die auf einem rot und gebrochen weiß gemusterten Fliesenboden angeordnet ist, dargestellt, die die zentrale, in Frontalansicht thronend wiedergegebene Figur Christi umgibt. Die helmzierartig flatternden Bänder des Turbans des Schächers rechts hinten sowie die langen Bänder des Umhanges des Schergen links hinten, sowie dessen in Art einer phrygischen Mütze gekrümmte Kopfbedeckung und schließlich der zum Schlag ausholend geschwungene Arm desjenigen in der Mitte heben sich in bizarrer Silhouette vom Goldgrund ab. Der Goldnimbus um das Haupt Christi sondert ihn von der dunkelfarbig umgebenden Figurengruppe ab. Die drei Schergen mit ihren annähernd in gleicher Neigung nach links wiedergegebenen Köpfen und Oberkörpern verleihen diesem Gedränge eine Richtung, der die widerstrebenden Blickrichtungen des mittleren und noch mehr die des rechten Schergen entgegenwirken. Die beiden äußeren Figuren dieser Gruppe vollführen mittels andreaskreuzartig angeordneter, gekrümmter Stöcke das Aufdrücken der Dornenkrone, wobei der linke Scherge die Arme verschränkt hält. Annähernd symmetrisch knien zwei Spötter zu Füßen Christi, der rechte in reiner Profilansicht und mit gnomenhafter Gestik, und zusätzlich, folglich der Schellen mit grünen Bändern, von betont clownesker Wirkung, während der linke mit dem leicht gegen den Betrachter gewendeten Gesicht das Rohr und einen versiegelten Brief Christus darreicht. Der Spötter links, mit grünem Überwurf und Kapuze bekleidet, hat ein auffallend gemustertes Untergewand mit Brokatmusterung. Ganz links ist, gleichfalls mit dem Kopf im Profil, mit dem Körper hingegen in halber Rückenansicht, ein prächtig gekleideter Scherge mit schachbrettartig gemustertem und mit lateinischen Schriftzeichen gesäumtem Übergewand dargestellt. Das dicht gedrängte, von gestaffelt angeordneten und verschränkten Bewegungsmotiven geprägte Figurengebäude erfährt in der Aufteilung der Farbigkeit wie auch in den Detailrealismen (vorzugsweise in den Gewändern), vor allem in der Betonung der Glanzlichter bei den dargestellten Metall- und Edelsteinpartien, besonderen Akzent.

KREUZTRAGUNG

Abb. 158 IKONOGRAPHIE

Die Kreuztragung nimmt in den Evangelientexten aller vier Autoren eine zentrale Stelle im Passionsgeschehen ein, wobei Lukas die ausführlichste Schilderung bringt. In seinem Text (Lukas 23,26–33), wie auch bei Matthäus (27,31–33) und bei Markus (15,20–22), hingegen nicht bei Johannes (19,17), wird erwähnt, daß Simon von Cyrene, die weinenden Frauen, eine große Menschenmenge und zwei Verbrecher, die mit Jesus hinausgeführt wurden, dem Gang nach Golgotha beiwohnten.

Im Tafelbild ist, verglichen mit anderen kontemporären, themengleichen Darstellungen, das Figurenensemble in der Anzahl der dargestellten Personen reduziert. Die Figurenzone des Vordergrundes nimmt der kreuztragende Christus an zentraler Stelle ein, angeführt von einem ihn an einem Strick zerrenden, geharnischten und mit erhobenem rechten Arm zum Faustschlag ausholenden Soldaten, gefolgt von Simon von Cyrene, der beim Tragen des Kreuzes hilft. Hinter Simon greift ein Jesus an den Haaren reißender und mit einem Stock in abgewinkelter Armhaltung zum Schlag ausholender Soldat vor den Kreuzbalken. Ein Soldat mit Standarte und einem Judenhut auf dem Wimpel und ein Hohepriester befinden sich hinter (in der Bildplanimetrie „über") Christus, während Maria, die sich mit dem Mantelzipfel die Tränen in einem Auge trocknet, und Johannes, von dem, durch den Nimbus Mariens teilweise verdeckt, nur ein Auge sichtbar ist, den Abschluß der Figurenpyramide bilden. Die sonst bei dieser Szene dargestellten übrigen weinenden Frauen fehlen in diesem Tafelbild. In motivisch verwandter Form kommt diese Gruppe im Sterzinger Altar Hans Multschers und in der Kleinen Passion des Meisters von St. Laurenz vor. Der Trauergestus Mariens, wie auch die Figurenanordnung von Maria und Johannes sind – jedoch um eine weitere trauernde Frau vermehrt – bei Meister Franke zu finden (s. R. Hayden, op. cit., S. 9 ff., Abb. 10, 14, 16).

Speziell der Gestus Mariens im Verdecken des Gesichtes findet sich auch beim Meister von Lauffen (s. Hayden, op. cit. Abb. 13) und läßt sich bis ins 12. Jahrhundert in byzantinisch beeinflußten Arbeiten der Maniera greca verfolgen, wie in einem Croce dipinti aus Zadar. Sowohl der Soldat mit der Standarte als auch der auf Christus weisende Hohepriester finden sich bei Hans Multschers Wurzacher Altar (s. G. Schiller, Ikonographie der christlichen Kunst, Bd. 2, Gütersloh 1968, Abb. 292.). Der Christus an den Haaren reißende, zum Schlag ausholende Soldat findet sich in der Kreuztragungsszene des Meisters von Lauffen (gegen die Mitte des 15. Jh.s), jedoch ohne Stock, und auch in der Kleinen Passion beim Meister von St. Laurenz (Köln, Wallraff-Richartz-Museum, s. Alfred Stange, Deutsche Malerei der Gotik, Bd. 3, Abb. 92), wo der Stock noch nicht erhoben ist. Der sich Christus zuwendende geharnischte Soldat rechts findet sich motivisch in ähnlicher Funktion am Znaimer Altar in der Österreichischen Galerie im Belvedere in Wien (Elfriede Baum, Katalog des Museums mittelalterlicher österreichischer Kunst, Österreichische Galerie Wien, Katalog I, Wien–München 1971, Kat.-Nr. 37, S. 65 ff.), dort jedoch ohne Harnisch und ohne Schlagegestus. In der Szene „Christus vor Pilatus" von Hans Multschers Wurzacher Altar (s. M. Tipps, Hans Multscher, Seine Ulmer Schaffenszeit 1427–1467, Ulm 1969, Abb. 156) steht am rechten Bildrand ein nach links gewendeter Geharnischter, der Christus am Hüftstrick hält und die gepanzerte Faust gegen ihn erhebt (s. R. Hayden, op. cit., S. 10). Auch hinsichtlich der Hauptfigurengruppe – der eigentlichen Kreuztragung mit Simon von Cyrene – finden sich motivische Analogien zu Multschers 1437 datiertem Wurzacher Altar. Sowohl das Aufstützen des rechten Armes Christi auf seinen rechten Oberschenkel, um der drückenden Last des Kreuzbalkens entgegenzuwirken, als auch der Umstand, daß Christus an einem Strick vorwärtsgezogen wird, finden sich bei Multscher. Christus bildet mit Simon von Cyrene innerhalb der Figurenpyramide einen andachtsbildartigen Akzent, der Christus dominieren läßt, dessen Motiv des Aufstützens mit der Hand auf das Knie innerhalb der Vielzahl der Typen des kreuztragenden Christus einen Sonderfall mit eigener Tradition darstellt. Von Simon von Cyrene berichten die Synoptiker als dem eigentlichen Kreuzträger und stützen sich konkret auf die entsprechenden Stellen in den Evangelien (Matthäus 27; 31,32; Lukas 23; 26) und vor allem auf das Markus-Evangelium (15; 21): „. . . und zwangen einen, der vorüberging, mit dem Namen Simon von Cyrene, der vom Felde kam (der ein Vater war des Alexander und Rufus), daß er ihm sein Kreuz nachtrüge" (s. Ute Ulbert-Schede, Das Andachtsbild des kreuztragenden Christus in der deutschen Kunst, München 1968, S. 26 ff., Anm. 71, 83). Simon ist demnach als gezwungener Helfer erklärt, wie in den Predigten Taneers und in den Passionsspielen des 15. Jahrhunderts (s. U. Ulbert-Schede, op. cit., S. 28). Die früheste erhaltene Darstellung des kreuztragenden Christus mit Simon, umgeben von Kriegsknechten, ist ein vermutlich um 600 in Rom entstandenes Evangeliar im Corpus

Christi College in Cambridge, wo Simon den Querbalken des Kreuzes trägt. In der Ostkirche wird Simon zu den sechzig Aposteln gezählt und erscheint nimbiert (entsprechende Darstellungen in Kappadokien, 9.–11. Jahrhundert), im Westen hingegen ist er nur selten als Heiliger gekennzeichnet. Auf der Rückseite von Duccios Maiestà in der Dom-Opera in Siena ist Simon allein als eigentlicher Kreuzträger dargestellt, von der Zeit der Kreuzzüge an ist Christus als alleiniger Träger des Kreuzes wiedergegeben. Erst ab der Wende vom 14. zum frühen 15. Jahrhundert taucht Simon wieder, klein, als Mitträger auf, und Jesus trägt die Hauptlast. Simon ist meist als Pilger oder Bauer gekleidet dargestellt. Das Relief am linken Innenflügel des Znaimer Altares in der österreichischen Galerie berücksichtigt beide Bildtraditionen: den allein tragenden Christus, der unter der Last des Holzes zusammensinkt; und den den Kreuzbalken allein tragenden Simon von Cyrene, indem er eines der Kreuze der beiden anderen, gefesselt mitgeführten Verurteilten trägt. Das Aufstützen Christi mit der Hand auf dem Knie, zusätzlich kombiniert mit dem helfenden Simon, findet sich in mehreren Variationen und dürfte ursprünglich mit dem Hochziehen des langen Gewandes, um während des Schreitens ein stolperndes Fallen zu verhindern, motiviert sein. Wie auf dem Tafelbild, so stützt sich Christus, gegen die Last des Kreuzes wirkend, in der Figurengruppe aus Lorch am Rhein (Kreuzaltar 1404 gestiftet, die Skulpturen nach U. Ulbert-Schede, op. cit., Kat.-Nr. 40, um 1420–1430 datiert) auf, worin die älteste derartige Darstellung überliefert ist. Diese speziell in der deutschen Kunst nicht ungewöhnliche Darstellungsweise hat über Lothringen (wie die Einzelfigur des kreuztragenden Christus aus Herlazhofen bei Leutkirch, s. U. Ulbert-Schede, op. cit., Kat.-Nr. 12, heute Berlin, Kaiser-Friedrich-Museum) auch Eingang in die französische Kunst genommen. Der französische König René, der einen Teil seiner Jugend in Lothringen verbrachte (1420–1434), stiftete für die Kapelle eines Hospizes in Aix-en-Provence einen Altar, dessen kreuztragender Christus (durch spätere Veränderungen entstellt, aber dennoch für eine kunsthistorische Einordnung verläßlich erhalten) sich gleichfalls mit der Rechten auf dem Knie aufstützt (s. Otto Pächt, René-d'-Anjou-Studien, 2 Bde., Wien 1973–1977, aus Jahrbuch der kunsthistorischen Sammlungen, 69, 73, S. 88 ff., besonders S. 90).

BESCHREIBUNG

Gleichfalls als Figurenpyramide komponiert, steht der nach rechts schreitende Christus folglich der Last des Kreuzbalkens gebückt in der Bildmitte und wendet sein Antlitz dergestalt seitwärts, daß es annähernd in Frontalansicht im Bild erscheint. Die Kreuzbalken separieren die Gesichter der übrigen Personen von ihm. Die Schreitstellung Christi wird von dem ihm das Kreuz tragenden Simon von Cyrene übernommen – im Kontrapost hiezu, jedoch in aufrechter Haltung mit hoch erhobener rechter Faust, nimmt sie der römische Soldat im Harnisch ein. Die Textur dieses Harnisches ähnelt dem beim Albrechts-Meister (Stift Klosterneuburg, Sebastianskapelle) und auch dem (von diesem abhängigen) bei Konrad von Friesach (Fastentuch des Gurker Domes). Der römische Soldat zerrt den gefesselten Christus. Ein zweiter Scherge links reißt Christus an den Haaren und schlägt mittels eines Prügels mit der anderen Hand nach ihm: die Armhaltung, die räumliches „Davor" und „Dahinter" durch ein bildkompositionelles „Übereinander" formuliert, entspricht annähernd spiegelbildlich jener Armhaltung des gleichsam als Hofnarr gekleideten Spötters bei der Dornenkrönung. Vom Bannerträger hinter („über") Christus sind nur der Kopf, jeweils ein Teil des Schulterpanzers und des Kettenhemdes zu sehen, rechts hinten ist ein Hohepriester dargestellt, und im Hintergrund (als Bekrönung der Figurenpyramide) – gleichsam als Büsten – Maria und Johannes Evangelist, deren Nimben mit dem Goldgrund konfundieren und nur durch die Punzierung akzentuiert sind. Maria trocknet sich mit dem Mantelsaum die Tränen aus dem linken Auge, folglich des Nimbus Mariens entsteht bei Johannes ein ähnlicher Eindruck. Noch mehr als beim Bild der Dornenkrönung ist bei der Kreuztragung die Sondierung der einzelnen Figuren auf den ersten Blick schwieriger: So gehört das lange, grüne Gewand hinter Simon von Cyrene zu dem mit einem Brustharnisch bekleideten Schergen links, während das bodenlange grüne, rot gesäumte Gewand zwischen Christus und dem Geharnischten rechts ein Teil des Kostüms des Hohepriesters ist. Der Unterschenkel mit dem orangefarbenen hohen Schuh hingegen gehört zum Bannerträger in der Bildmitte. Die wiederholten Wechsel in der Farbabfolge bereichern einerseits die Wirkung des Bildes, wie sie andererseits die Figurenkomposition verunklären: Bei der Figur des Simon von Cyrene ist dies markant zu beobachten.

Ähnlich, wie in der französischen Malerei seit den Brüdern Limburg diagonal verlaufende, andreaskreuzartig sich schneidende Wege zur Erschließung räumlicher Illusionswerte ein übliches Gestaltungsmittel wurden, bewirkt die Haltung der gekreuzten Stöcke in der Dornenkrönung die Andeutung räumlicher Tiefe. Die ambivalente Eignung der gekreuzt angeordneten Diagonalen als Illusionsfaktor für Räumlichkeit wie auch als flächengestaltendes Ordnungsprinzip kommt auch in diesem Tafelbild zur Geltung (s. Otto Pächt, Gestaltungsprinzipien in der westlichen Malerei, in Methodisches zur kunsthistorischen Praxis, Wien 1977, S. 17 ff.; u. Otto Pächt, Die Gotik der Zeit um 1400 als gesamteuropäische Kunstsprache, in Ausstellungs-Katalog Europäische Kunst um 1400, Wien 1962, S. 52 ff.). Sonst ist den beiden Tafelbildern jegliche Andeutung von Räumlichkeit fremd, sieht man von dem nach zentralperspektivischen Prinzipien gegebenen Paviment in der Dornenkrönung ab. In der Kreuztragung ist die bescheidene Bodenangabe lediglich durch die Andeutung eines Weges mit pflanzlichem Bewuchs (u. a. auch Erdbeeren) sowie durch Knochen, Steine und einen Spaten, also in der Textur, charakterisiert, was den Weg nach Golgotha andeutet. Das Figurenensemble wirkt vielmehr als ein Gebilde von zu einem Block gedrängten Gestalten, die jeweils um die Hauptfigur – Christus – arrangiert sind. In der Dornenkrönung nimmt die sitzende Gestalt Christi den Mittelgrund ein. Auf die Struktur der Gestalt maßvoll Rücksicht nehmend, sind nächst der in Frontalansicht in der Sitzhaltung entsprechend in abgewinkelter Pose gegebenen Beine Christi niedrig kauernde Figuren angeordnet. Dem aufrechten, leicht zur Seite (nach links) geneigten Oberkörper entsprechen die im Hintergrund stehenden Soldaten: auch ihre Oberkörper sind – etwas stärker – nach links geneigt, ihre Häupter nehmen, gesteigert, die Neigung des Kopfes Christi auf. Lediglich die im Sinne einer räumlichen Torsion existente Rechtswendung des Soldaten mit phrygischer Mütze links vermeidet ein optisches Übergewicht dieser Gruppe nach links. In diesem Sinne wirken auch die flatternden, orangegelben Bänder dieses Soldaten als austarierendes Gegengewicht der weißen Turbanbänder rechts. Die Keule des mittleren Soldaten „rundet" diesen in bewegter Silhouette gegebenen Figurenblock optisch ab. Die Figurenkomposition korreliert mit der Sitzhaltung der Hauptfigur. Ähnlich den thronenden Einzelfiguren in den Flachreliefs des Kreuzreliquiars aus Stift Klosterneuburg (s. Hermann Fillitz, Die beiden Reliquienmonstranzen der Klosterneuburger Schatzkammer, in Jahrbuch des Stiftes Klosterneuburg, Neue Folge Nr. 4, 1964, S. 129 ff.; s. auch Ausst.-Kat., Der heilige Leopold, Klosterneuburg 1985, Kat.-Nr. 148), deren Sitzhaltung harmonisch auf die Rahmenform und die Kurvung der Reliefs abgestimmt ist, wurde in diesem Tafelbild das Figurenarrangement an der Hauptfigur orientiert. Ob für diese beobachteten vergleichenden Phänomene eine gemeinsame Wurzel existiert und wohin diese zu lokalisieren wäre, bedarf einer eigenen Studie.

In der Kreuztragung bildet der im Vordergrund seitwärts schreitende und unter der Last des Kreuzes gekrümmte Christus in seiner Rückwärtswendung des Hauptes das Zentrum der Komposition. Die Haltung seines Oberkörpers „orientiert" sich am Längsbalken des Kreuzes, die Neigung des Hauptes ist parallel zum Querbalken gegeben. Indem Christus mit seinem – bildeinwärts angeordneten – linken Arm das Kreuz trägt und die vektorielle Angabe der Gehrichtung weniger betont ist, zeigt sich in der Bildauswärtswendung eine andachtsbildhafte Statuarik. Die Haltung des Simon von Cyrene wirkt vergleichsweise wie ein „Echo" zur Haltung Christi, die Orientierung seines Blickes fördert optisch die intendierte „Gehrichtung". Durch den in die Gegenrichtung gewendeten Hohenpriester, noch wesentlich mehr durch die geharnischten Soldaten wird das Motiv des Seitwärtsschreitens bildkompositionell gebremst. Solcherart ist die Wendung des Körpers Christi zusätzlich motiviert. Dieses „Aufhalten" eines in der Figurenkomposition angedeuteten Bewegungsimpulses erfährt seine Kulmination in der türmend wirkenden erhobenen Faust des Geharnischten und in der Spitze der Standarte. Die spezifische Kombination angedeuteter vektorieller Momente mit einem Figurengedränge von blockhafter Gesamtwirkung weist diese Kreuztragungstafel als ein reduziertes Derivat mit Zitaten von Figurentypen der in einer Zeichnung und in einem späteren Tafelbild überlieferten gleichthematischen Darstellung der früheyckischen Malerei aus (vgl. Kat.-Nr. 193).

Die Verschränkung der Figuren ist in der Kreuztragung wesentlich stärker ausgeprägt als bei der Dornenkrönung, demzufolge wirken die einzelnen Figuren als solche in der Kreuztragung auch wesentlich fragmentierter. Die Abstimmung der Körperhaltung auf die der Hauptfigur ist auch im Bild der Kreuztragung festzustellen: Das Schreitmotiv Jesu übernimmt in variierter Form auch Simon von Cyrene, im Paßgang hiezu der Soldat mit gelbem Turban und Standarte, in der Gegenbewegung hiezu der Geharnischte. Auch die Neigung des Oberkörpers Christi wird, sukzessive jeweils in gemäßigter Form, von Simon von Cyrene, dem Soldaten mit dem Schlagstock, dem Soldaten mit der Standarte, Johannes und Maria und in der Gegenrichtung, jedoch nur andeutungsweise, vom Hohenpriester und dem Geharnischten übernommen. Die Anpassung der Körperhaltungen der Assistenzfiguren zugunsten der dominierenden Wirkung der Hauptfigur ist in diesen Tafelbildern ebenso ein stilprägendes Ausdrucksmittel wie die zugunsten eines Figurenblockes konzentrierte Ballung der Einzelfiguren und deren Verschränkung untereinander.

Geht die gedrängte Figurenkomposition, die in einer Reliefauffassung, wie sie im Znaimer Altar zu beobachten ist, strukturelle Entsprechung findet, auf Bildgedanken des zweiten Viertels des 15. Jahrhunderts zurück, so sind die scharfkantigen, geknickten Faltenstauungen von mitunter kaskadierender Wirkung aus der Nachfolge des realistischen Stiles gegen die Jahrhundertmitte zu erklären. Auch die Rezeption von gegenständlichen Detailrealismen in den modischen Details, wie auch die verfeinerte Formulierung der Glanzlichter, wie auch die Schraffen von graphischer Wirkung in der Unterzeichnung Christi in der Kreuztragung sind Ausdruck der in den sechziger Jahren des 15. Jahrhunderts voll zur Geltung kommenden „zweiten niederländischen Einflußwelle" (s. Otto Pächt, Die österreichische Tafelmalerei der Gotik, Augsburg 1929, S. 18). Da diese Tafelbilder offensichtlich ein singulär erhaltenes künstlerisches Produkt aus der Übergangsphase dieser genannten stilistischen Tendenzen sind, erscheint ein Entstehungsdatum dieser Tafeln um die Jahrhundertmitte wahrscheinlich.

Literatur:
Renate Hayden, Zwei wiederentdeckte Tafelbilder des 15. Jh.s, Aufnahmearbeit im Kunsthistorischen Institut der Universität Wien, 1983 (mit Nachtrag).

Kataloge:
Führer durch das Erzbischöfliche Dom- und Diözesanmuseum, Wien 1933, 1934. – Unbekannte Kunstwerke aus dem Raum der Erzdiözese Wien. Entdecken - Konservieren - Revitalisieren, Schriftenreihe des Eb. Dom- und Diözesanmuseums Wien, Neue Folge Nr. 9, Wien 1982, C 31, C 32.

MEISTER VON MARIA AM GESTADE, um 1460	67

Prot.-Nr. 240, 241   *Abb. 188–195*

Ölmalereien auf Holztafeln

Maße: Hochformat: 202 × 161 cm

Leihgabe aus der Kirche Maria am Gestade, Wien I

PROVENIENZ

Die beiden doppelseitig bemalten ehemaligen Flügel eines – aufgrund der Abmessungen – sehr großen Altares stammen aus der Kirche Maria am Gestade und sind seit 1984/85 im Museum. Bislang wurden keine archivalischen Quellen entdeckt, die stichhaltig beweisen, daß die Tafelbilder für einen Altar dieser Kirche geschaffen wurden. Nicht nur die traditionelle Vermutung, daß sie, seitdem sie nachweisbar sind, in der Kirche waren, spricht für eine Entstehung als Ausstattungsstücke für diese Kirche. Zwei weitere spätmittelalterliche Werke – ein Hieronymus-Relief aus der Zeit um 1400 gelangte im 19. Jahrhundert in die Burg Liechtenstein bei Mödling, Niederösterreich (s. Geza Hajos, Ein unbekanntes Hieronymus-Relief aus der Burg Liechtenstein in Niederösterreich, ÖZKD XXVI, Wien 1972, S. 32–44; Lothar Schultes, Der Wiener Michaeler-Meister, in Wiener Jahrbuch für Kunstgeschichte, XXXVII, Wien 1984, S. 46), und ein kleines, altniederländisches Triptychon vom Ende des 15. Jahrhunderts in der Art des Geraerd David (Richard Perger, Ein Marienaltärchen von 1494 aus der Kirche Maria am Gestade in Wien, ÖZKD XXIV, Wien 1970, S. 27–29; Fritz Koreny, Das Altärchen von 1494 und seine künstlerische Herkunft, ÖZKD XXIV, Wien 1970, S. 29–32) – gelangten nach Eisgrub (Lednice, ČSSR). Da in der Darstellung der Krönung Mariens der südseitige, fünfeckige Langhausportal-Baldachin der Kirche Maria am Gestade weitgehend getreu zitiert ist, scheint es außer Zweifel zu stehen, daß diese Tafeln für einen Altar in der Kirche Maria am Gestade geschaffen wurden. Obwohl die Kirche keine Pfarrkirche war, hatte sie als älteste Marienkirche Wiens nicht nur hohe kultische Bedeutung, sie diente zugleich von 1357 bis 1784 dem Passauer Offizial als Gottesdienststätte, wobei die adelige Familie Liechtenstein lange Zeit das Patronat der Kirche innehatte.

Auf die Tafeln sind die profiliert anlaufenden Rahmen appliziert, die teilweise noch die ursprüngliche Fassung – wenngleich in stark verschmutztem Zustand – enthalten. An den Werktagsseiten sind es dunkelrot gefärbte Rahmen, an den Feiertagsseiten sind die Rahmen in voller Breite vergoldet. Es gibt bisher keine exakte technologische Untersuchung, die schlüssige Hinweise gestatten würde, ob diese Flügel zu einem doppelgeschossigen Altar gehörten und ob die erhaltenen Flügel beide im Ober- bzw. Untergeschoß montiert waren oder jeweils in verschiedenen Zonen; im letzteren Fall stellte sich die Frage, auf welcher Seite (links oder rechts) vom Schrein diese ursprünglich angeordnet waren. Auf der Rückseite der Tafel mit der Darstellung der Verkündigung an Maria, auf der Seite mit den Fragmenten der Darstellung des Christus am Ölberg, befindet sich im unteren Drittel der rechten Rahmenleiste ein alter Beschlag eines Schlosses. Sollte dieser ursprünglich sein bzw. die ursprüngliche Stelle markieren, dann wäre diese Tafel Teil des linken Altarflügels gewesen. Mit Kenntnissen über die gängige Anordnung marianischer Themen auf den Innenflügeln und Szenen aus der Passion Christi auf den Außenflügeln können bei der Annahme von doppelzonigen Anordnungen der Flügelbilder entsprechend mögliche Spekulationen angestellt werden. Ob und in welchem engeren Kontext das – auch im heutigen und bis zur Profanierung der Kirche unter Kaiser Joseph II. den damaligen Hochaltar dominierende – spätgotische (aber stark überfaßte) Kruzifix mit diesem Altar in Beziehung steht, muß ebenso offenbleiben wie die Frage, ob diese im Museum ausgestellten Flügel zu einem ehemaligen Hochaltar gehörten. Die Dimensionen der Tafeln sprechen allerdings dafür, selbst dann, wenn es keine doppelreihigen Flügelbilder an diesem gegeben haben sollte.

Die Außenseiten der beiden erhaltenen Flügel haben an den Rahmenleisten drei Beschläge in rhythmischer Abfolge symmetrisch angeordnet. Da diese bei der Tafel mit der Ölbergszene an der linken Rahmenleiste, bei der mit der Kreuzigungsdarstellung an der rechten sind, kann zumindest die Tafel mit der Ölbergszene auf der Außen- und mit der Verkündigungsszene auf der Innenseite als linke und die Tafel mit der Kreuzigungsszene auf der Außen- und mit der Marienkrönungsszene auf der Innenseite als rechte Tafel im ehemaligen Flügelaltarverband gelten. Auf der Ölbergtafel befindet sich am rechten Rand 60 cm von der Unterkante entfernt der Beschlag eines Schlosses, dem an der Kreuzigungstafel nichts entspricht. Vorausgesetzt, daß dieser Beschlag original ist, könnte daraus geschlossen werden, daß die Ölbergtafel in der unteren Etage und die Kreuzigungstafel in der oberen Etage ursprünglich plaziert gewesen sein müßten, weshalb der Schluß auf eine ehemalige doppelgeschossige Anordnung von Tafeln auf den Flügelbildern naheliegt. Ein in der Szenenauswahl reicherer Darstellungszyklus wäre außerdem aus ikonographischen Gründen naheliegend.

Die krapp-roten Rahmenleisten der Außenflügel haben ein aufgemaltes Stabwerk, das von vegetabilen Ranken umwunden wird; diese Dekoration ist in Zwischgold aufgetragen und nicht komplett erhalten.

Obwohl die Tafelbilder – zumindest nach der Wiederverwendung der Kirche als Kultraum ab 1820, als sie dem Redemptoristenorden zugeteilt wurde und der hl. Clemens Maria Hofbauer als einer der Stadtpatrone Wiens dort wirkte – nicht mehr im Verband eines Altares montiert waren, sondern an Wänden hingen (eine Zeitlang sogar im Ordenshaus der Redemptoristen hinter der Kirche), wurden sie trotzdem nicht auseinandergesägt, wie es bei galeriemäßiger Hängung sonst früher oftmals geschah (s. Kat.-Nr. 66). Dennoch – wahrscheinlich durch einen jähen Klimaschaden oder durch Wassereinbruch oder auch durch rußendes Kerzenlicht beschädigt – ist die Malerei auf der Rückseite der Verkündigung an Maria, also die mit der Darstellung der Ölbergszene, zu zwei Fünfteln bis zur Holztafel ruiniert. Auf dieser Tafel finden sich auch, wie selbst mit freiem Auge und erst recht bei Betrachtung bei UV-Licht sichtbar ist, die meisten Retuschen. Die Rückseite der Tafel mit der Darstellung der Krönung Mariens, also die Szene der Kreuzigung Christi, zeigt Retuschen längs der Bretterfugen der Holztafel und eine schräg durch das Bild sich hinziehende Kratzspur. Ein Schürfkratzer befindet sich links vom Kreuz, eine retuschierte Schürfspur reicht rechts vom Kreuz unterhalb der linken Hand Christi bis zu den disputierenden, turbanbekrönten Männern. Schäden durch Kondenswasser wie auch durch die Verschmutzungen gedunkelter Firnisse sind weitere konservatorisch bedenkliche Erscheinungsformen, die zu einer Veränderung des 1959 von Architekt Friedrich Petermayer errichteten Clemens-Maria-Hofbauer-Altares, in dem diese Tafelbilder konservatorisch unglücklich integriert waren, und anläßlich der 1985 begonnenen, durchgreifenden Innenrestaurierung der Kirche zu einer – zumindest vorläufigen – Leihe der Tafelbilder an das Museum führten. Am unteren Bildrand der Tafel mit der Darstellung der Kreuzigung Christi sind bis zur Holztafel reichende Fehlstellen.

Die Figurenkompositionen sind – dies ist im Streiflicht mit freiem Auge gut sichtbar – in dem Kreidegrund vorgeritzt und wurden prinzipiell beim Malvorgang befolgt. Deutlich ist dies bei der Figurengruppe der trauernden Anhänger Christi in der Kreuzigungsszene zu beobachten. In der Ölmalerei finden sich auch pastos aufgetragene Höhungen, die sich allerdings nur auf Details – wie etwa in der Wiedergabe der Wolken, bei Aufhellungen in den Baumgruppen sowie in den Architekturdarstellungen (Zinnen, Stufengiebel, Bogenfriese, Wandvorlagen) – erstrecken.

In der Tafel mit der Darstellung der Verkündigung an Maria sind Pentimenti sichtbar: Anstelle des Wandschrankes hinter dem Engel war zunächst eine Architekturdarstellung vorgesehen, die nach der Abänderung während des Entstehungsprozesses des Bildes im Hintergrund links wiederholt wurde; die Draperie an der Thronlehne Mariens war mit einem Granatapfelmuster dekoriert.

Obwohl die Beurteilung über den Charakter der Farbigkeit wegen des stark nachgedunkelten Firnisses eingeschränkt ist, kann eine Tendenz zu toniger Chromatik in auffallender Wechselwirkung heller und dunkler Valeurs festgestellt werden.

Die Funktion goldener Wirkung ist ambivalent: An den Feiertagsseiten (Verkündigung an Maria, Krönung Mariens) hat der Hintergrund die traditionelle polierte Blattvergoldung, die in gleicher Art auch bei den Nimben (auch an den Werktagsseiten, die keinen Goldgrund, sondern das „natürliche" Firmament zeigen) vorkommt, wobei im Nimbus Christi das Kreuz in hellroter Farbe auf den Goldgrund aufgetragen ist. In der Verkündigungstafel sind einzelne Gegenstände (ein Ziborium in der Art eines Buckelpokales, ein Teller mit weißen Brombeeren und die dazugehörige Gabel, der Konsolständer für das rote Glas) in unpolierter Blattvergoldung (Mattgold) wiedergegeben. Sonst sind die vergoldet gedachten Gegenstände mittels herkömmlicher Farben, ähnlich wie in der altniederländischen Malerei, etwa bei Jan van Eyck, goldgemalt (Kronen, architektonische Partien wie die Rippen bei der Verkündigung). Die lettnerartige, an Chorschranken erinnernde Architektur in der Marienkrönung ist vor dem Hintergrund in poliertem Blattgold als vergoldet gedachtes Möbel mit herkömmlichen Farben gemalt, während die Oberflächen der fünfseitigen, kuppeligen Haube desselben Silber vortäuschend gemalt sind. Auch die mit Blendmaßwerk verkleidete Windlade des Orgelpositivs im Bild rechts ist goldgemalt, während der maßwerkgeschmückte Schrank für die Bälge und die Wellatur wie auch das Pult für die singenden Engel im Bild links eichenholzfarben gemalt sind. Vergoldete Lettner – als Derivate von Goldschmiedearbeiten – gab es seit dem Hochmittelalter (s. Lettner von Wechselburg, s. Elisabeth Hütter – Heinrich Magirius, Der Wechselburger Lettner, Weimar 1983); auch die seit etwa 1330 zu einem Altar vereinigten Emailtafeln des Nikolaus von Verdun von 1181 gehörten ursprünglich zu einer Lettnerkanzel oberhalb eines Altares (s. Helmut Buschhausen, Der Verduner Altar, Wien 1980, vor allem Abb. 1, 2, 3). Indem in der Gestaltung dieses gemalten Kirchenmöbels deutliche Anlehnungen an das ausgeführte Bauwerk des Langhauses der Kirche Maria am Gestade festzustellen sind (fünfeckiger, kuppeliger Baldachin, Maßwerkdetails), ist die Möglichkeit eines „Porträts" des einstigen Lettners dieser Kirche a priori auch dann nicht auszuschließen, wenn sonst in diesen Tafelbildern Architekturporträts bestenfalls in Detailbereichen (die an die Heidentürme des Stephansdomes erinnernden Türme im Bild der Ölbergszene) vorkommen.

IKONOGRAPHIE UND BESCHREIBUNG

VERKÜNDIGUNG AN MARIA

Abb. 193, 194

Der Vorgang der Verkündigung an Maria erfolgt in einem Interieur, in dem Maria vor einem Thron kniend und lesend bzw. betend in der rechten Bildhälfte gegen den Betrachter gewendet dargestellt ist. In der linken Bildhälfte steht – als Figur ein Äquivalent zu Maria innerhalb der Bildkomposition bildend – der Verkündigungsengel Gabriel. Mit senkrecht erhobenem linkem Arm weist er himmelwärts. Zwischen Maria und dem Engel ist Gott-Vater als Büste dargestellt, von ihm schwebt die Taube des Heiligen Geistes auf Maria zu. Im achsialen Durchblick, in einem terrassenartigen umfriedeten Bereich, ist Joseph schlafend wiedergegeben: Entgegen der sonst – etwa in der altniederländischen Malerei – gängigen Bildtradition des an der Krippe bereits tischlernden Joseph ist hier sein Traum, der ihn vom Zweifel an der Reinheit Mariens befreite, dargestellt. Eine Fülle von – gegenstandsarchäologisch interessanten – Detailrealismen, die auch signifikante Beispiele für frühe Erscheinungsformen der Stillebenmalerei sind, illustriert verdeutlichend die in religiöser Sicht charakteristischen Eigenschaften Mariens. Diese in einer eigenen Studie auflistend zu analysieren ist noch ausständig. Von einem derartigen

Forschungsvorhaben wäre eine Präzisierung hinsichtlich der Einordnung des Werkes zu erwarten.

So deuten vermutlich die weißen Brombeeren auf die Unbeflecktheit und spielen auf den Text des Ave-Maria („die Frucht Deines Leibes, Jesus") an, da die daneben liegende Gabel, mit der solche Früchte gegessen wurden, offensichtlich auf die durchbohrende Lanze bei der Kreuzigung Christi hinweisen soll. Das Vergegenwärtigen symbolischer Werte durch Gegenstände des damaligen Alltagslebens, wie es in der altniederländischen Malerei seit Beginn des 15. Jahrhunderts Tradition wurde, bot die günstige Gelegenheit, den Detailrealismen in der malerischen Wiedergabe gesteigerte Aufmerksamkeit zu leihen und deren Wirkung in konkreten (Licht-)Stimmungswerten in die Malerei umzusetzen und solcherart die Entwicklung zur Stillebenmalerei einzuleiten.

Ähnlich wie bei Jan van Eyck am Genter Altar – aber auch sonst oftmals bei Verkündigungsszenen in der altniederländischen Malerei (Merode-Altar des Meisters von Flémalle) – hat Maria einen weißen Mantelumhang. Sie ist kniend gegeben, hat soeben das Lesen unterbrochen und ihren traditionellen Gestus – überkreuzt vor der Brust gehaltene Hände (vgl. Kat.-Nr. 60) – gelockert und wendet die rechte Hand, gleichsam als Reaktion auf die Botschaft des Engels, diesem zu. Desgleichen ist ihr Gesicht leicht gegen den Engel gewendet. Mit der linken Hand hält Maria eine Seite des Buches, gleichsam wie nach dem Umblättern. Aus dem Text des Ave-Maria – dem „englischen Gruß" – sind auf der spiraligen Schriftrolle, die der Engel in seiner Rechten hält, die Worte „AVE GRACIA PLENA – DNS (Abkürzung für Dominus) TE" sichtbar. Den Verkündigungsengel mit dem Spruchband sowie das Unterbrechen der Lektüre Mariens gibt es in zahlreichen Varianten von Verkündigungsdarstellungen, die letztlich von Simone Martinis Tafelbild für den Dom von Siena (heute Florenz, Uffizien) beeinflußt sind und von der themengleichen Darstellung im Stundenbuch „Très Riches Heures" des Herzogs von Berry, von den Brüdern Limburg gemalt, auf zahlreiche Bildschöpfungen einflußgebend war (s. Erwin Panofsky, Early Netherlandish Painting, Harvard 1953, Pl. 36, Fig. 80, Pl. 54, Fig. 108 b, Pl. 50, Fig. 104 – der Altar aus der Kartause Champmol von Melchior Broederlam, Pl. 63, Fig. 131, Pl. 72, Fig. 156, Pl. 74, Fig. 161, Pl. 75, Fig. 165). Auch im um 1450 entstandenen und von Jan van Eycks Darstellung der Verkündigung an Maria an den Außenflügeln des Genter Altares beeinflußten Llangattock-Stundenbuch (Elisabeth Dhanens, Hubert und Jan van Eyck, Antwerpen 1980, S. 349, Abb. 215) findet sich diese Schriftrolle.

Eine rogierische Zeichnung im Nationalmuseum in Stockholm zeigt eine ähnlich strukturierte Bildkomposition der Verkündigungsszene. In dieser ist das der Thronlehne des Tafelbildes entsprechende Baldachinmöbel jedoch Bestandteil des Bettes Mariens.

Abb. 190, 191, 192

MARIENKRÖNUNG

Ikonographisch folgt diese durch schlepptragende, attributhaltende und musizierende Engel erheblich bereicherte Szene jenem seit dem frühen 13. Jahrhundert traditionellen Typus der nur von einer göttlichen Person gekrönten Maria. Ist bei den meisten anderen Darstellungen der Krönungsakt durch Christus vollzogen, so übernimmt dies hier Gott-Vater. Seine Krone ist zusätzlich durch kuppelig angeordnete Bügel an der Tiara orientiert, während die Krone Mariens die gängigen „Fleur-de-lys"-Dekorationen am Kronenreifen hat.

Der Vorgang der Krönung vollzieht sich vor einer zum Lettner (oder Chorschranken) erweiterten, baldachinbekrönten Thronnische, deren Polygon Blendmaßwerke aufweist. Die Thronwangen zieren die – als geschnitzte Figuren gedachten – Darstellungen der Evangelistensymbole für Matthäus (Engel, links) und für Lukas (Stier, rechts). In den von Fialen bekrönten Baldachinen in der Oberzone des fünfseitigen Thronbaldachins befinden sich Propheten, im bekrönenden Maßwerk der seitlich hievon anschließenden Gitter Apostelfiguren.

Eine durch Gott-Vater allein vorgenommene Marienkrönung mit einer maßwerkgezierten Thronlehne und seitlichen Engeln findet sich unter anderem auch in einer nach 1466 entstandenen flämischen Handschrift (ÖNB, Sn. 12908, fol. 45 r.; s. Otto Pächt, Die illuminierten Handschriften der Österreichischen Nationalbibliothek, Flämische Schule, Wien 1983, S. 81, Abb. 133). Beide Darstellungen, die in der Handschrift wie die auf dem Tafelbild, gehen auf die gleiche ikonographische Tradition zurück.

Das Orgelpositiv findet sich in verwandter Darstellung in dem um 1460 in Brügge entstandenen Stundenbuch des Willem Vrelant in der Verkündigungsszene mit einer einem Kircheninterieur ähnlichen Raumdarstellung (ÖNB, Cod. 1987, fol. 44 v.; s. Otto Pächt, item, S. 86 ff., Abb. 141). Vermutlich diente für beide Darstellungen ein gleichartig geplantes Instrument als Vorlage.

KREUZIGUNG

Abb. 188, 189

Die Figurenkomposition der Kreuzigungsgruppe Christi erstreckt sich in voller Breite und Höhe der vordersten Front der Bildfläche in einer schmalen Raumzone. Das in der Mitte stehende Kreuz erstreckt sich in voller Bildhöhe und ergreift beinahe die gesamte Bildbreite. Der schlanke, mit weit ausklaffenden Armen fixierte Gekreuzigte ist nur so weit über die ihn umgebenden Figurengruppen – seine Anhänger links, Magdalena rechts zu Füßen des Kreuzes und seine Verfolger rechts hievon – erhöht, daß deren Scheitelhöhen etwa bis zur Kniehöhe Christi reichen. Der hochliegende Landschaftshorizont verläuft etwa in Brusthöhe Christi, die Berücksichtigung der gegen den Horizont sukzessive heller werdenden Luftperspektive stimmt mit dem Verlauf der Unterkante des horizontalen Kreuzbalkens überein.

Die Figurengruppe links zeigt neben Johannes die zusammensinkende Maria, die von ihm und einer zweiten Frau soeben gestützt wird, eine mit der Draperie die Tränen trocknende und eine aufblickende Frau bilden den hinteren Abschluß dieser Gruppe, während Magdalena auf dem Boden kniend und aufblickend in betont modischer Tracht (granatapfelgemustertes Gewand mit floral gemustertem Untergewand, weißer Schleier und grüner, in mächtiger Kurve und in einem Gewirr von Knicken und umgestülptem Saum auf dem Boden aufliegender Mantel, der das geschmeidig über Schultern und Rücken herabrieselnde Haar, gleichsam ins Großformige übersetzt, in der optischen Wirkung „verlängert") gegeben ist.

Die zusammensinkende Maria wird von den Assistenzfiguren aufgefangen; die im Kontrast von großen, muldigen Flächen und kurzen, geknickten röhrenhaften Faltenstegen gebildeten Draperien mit ihren scharfkantigen Säumen, die niemals in Kleinteiligkeit absinken, sondern auf die monumentale Größe der Figuren abgestimmt sind, unterstreichen in den Reaktionen des Stoffes die Gestik der Figuren. Ineinandergestaffelt wirken die Figuren in der rechten Gruppe: zwei turbanbedeckte – einer in pelzverbrämtem rotem Mantel in Redegestus, mit in den Mantelspalt gesteckter Rechter, sein „Gesprächspartner" in Bildeinwärts-Schreitstellung mit in die Hüfte gestützter Hand – Disputierende, ein zu ihnen Geharnischter mit Turnierspieß, gegen diesen ein mit spitzer Haube bedeckter, düster blickender Mann, in der Bildplanimetrie „zwischen" den beiden Disputierenden ein Geharnischter mit halboffenem Visier und ganz außen ein Schielender mit weißer Federbekrönung, der frontal aus dem Bild blickt.

Die Dunkelfarbigkeit des Firmamentes im Bereich des Querbalkens hat seine ikonographische Tradition im nächtlichen Himmelssegment, wie sie in der Kreuzigungsdarstellung des Bedford-Meisters (Heidelberg, Universitäts-Bibliothek, Manuskript Salem 9 a) vorgebildet ist.

ÖLBERG

Abb. 195

Dargestellt ist der Augenblick des Gebetes Jesu am Ölberg im Garten Gethsemane, als der Engel erscheint und den Kelch Jesu darreicht. Drei seiner Jünger schlafen, wovon im Tafelbild nur (dem hiefür traditionellen Kopftypus nach) Petrus erhalten ist. Im Mittelgrund kniet Jesus in violettfarbenem Gewand, sein Gesicht ist von einer Fülle von Blutspuren übersät – gleichsam als eine Illustration von Gebetstexten aus dem Schmerzensreichen Rosenkranz („der für uns Blut geschwitzt hat"). Auch hinsichtlich dieses selten bildlich dargestellten Details wäre eine tiefgreifende Untersuchung dahingehend nötig, um festzustellen, wieweit hochmittelalterliche meditative Texte eine spezifische Bildtradition prägten.

Judas, die Häscher und Soldaten gelangen soeben am zum Garten Zugang bietenden Torbogen an. Ihr Weg führte aus dem Bildinneren hinter einem Felsen hervor. Judas und seine Begleiter sind – nicht nur der Bedeutungsperspektive wegen, sondern auch aus Gründen der Artikulierung räumlicher Distanz – klein dargestellt. Judas ist zu Christus im Kontrapost gegeben und wendet sich einem Häscher mit pelzverbrämter spitzer Mütze zu, letzterer taucht, größer formuliert und mit abweichender Physiognomie, auf der Kreuzigungstafel als zweite Figur in der zweiten Reihe der Verfolger Christi rechts wieder auf. Jenseits der bildparallel verlaufenden Gartenmauer ist ein – in großem Bereich parallel hiezu dahinfließender – mäandrierender Fluß gegeben, der an einer mit einer Burg bekrönten Felskulisse und an einer Stadtansicht, die vom Fluß durch einen Auwald getrennt ist, vorbeiführt. Auf dem den Fluß begleitenden Weg ist ein turbanbedeckter Spaziergänger in orientalischer Gewandung, analog dem Spaziergänger beim Wasserschloß in der Verkündigungsszene, gegeben. Ob und welche Bedeutung dieser anekdotisch wirkenden Figur zukommt, muß vorerst offenbleiben. Vielleicht übernimmt die Figur nur jene Funktion wie die beiden in die Tiefe Blickenden im Bild der Madonna mit dem Kanzler Rolin von Jan van Eyck (Paris, Louvre) oder den diesen ähnlich formulierten in dem eyckischen Kreuzigungs- und Weltgerichtsdiptychon (New York, Metropolitan Museum) in variierter Form: Durch die Einführung dieser Repoussoir-Figuren sollte nicht primär das Erschließen der Tiefenerstreckung des Bildes erfolgen, sondern die Richtung des Weges – gleichsam als Gegenbewegung zu der, woher die Häscher kamen – betont werden. Da dies in der Verkündigungsszene analog vorkommt und eine derartige Interpretation dort keinen Sinn ergäbe, dürfte – ähnlich den begegnenden Reitern in der Kreuzigungstafel – diesem Spaziergänger lediglich eine Staffagefunktion zukommen. Auch der Reiter am Flußrand in der Ölbergszene und der Storch auf dem Dach des Stadttores in der rechten Stadtansicht der Kreuzigungsszene dienen vermutlich gleichfalls nur als Staffage (vgl. Staffagefiguren im Hintergrund der seitlichen Reliefs des Antwerpener Altares, Kat.-Nr. 193).

STILCHARAKTERISTIK

In allen erhaltenen Tafelbildern dieses ehemaligen Flügelaltares dominieren die Darstellungen der menschlichen Figuren, deren Umgebung durch Interieur- bzw. Landschaftswiedergaben, die jeweils intensiv mit Detailrealismen bestückt sind, charakterisiert ist. Diese Tendenz führte vor allem in der Darstellung der Verkündigung an Maria zu einer ausgeprägten Stillebenmalerei von derartiger Dichte, daß der räumlich logische Kontext der Stellung der Motive zueinander offensichtlich im Entstehungsprozeß des Bildwerkes nicht das Hauptanliegen gewesen sein konnte: Der Rahmen des Bildes wird durch eine architektonische Interpretation in Gestalt des nach oben abschließenden Architravs im Bild fortgesetzt. Dieses seit der italienischen Malerei des Trecento (des 14. Jahrhunderts) tradierende Gestaltungsmodell als Binnenrahmen des kastenartigen Interieurs („Kastenraum") wirkt auch in der altniederländischen Malerei soweit nach, als die Balkendecke bei Verkündigungsszenen (Meroden-Altar des Meisters von Flémalle, Außenflügel des Genter Altares von Jan van Eyck, und Reflexe hievon in der Verkündigungsminiatur im um 1450 entstandenen Llangattock-Stundenbuch, s. Elisabeth Dhanens, Hubert und Jan van Eyck, Antwerpen 1980, S. 349, Abb. 215; aber auch in der zweiten Hälfte des 15. Jahrhunderts bei Rogier van der Weyden und bei Dirc Bouts) gegen den oberen Bildrand zu ausläuft. Die von einer Wechselfolge skandierend abgetreppter Hohlkehlen gebildeten Konsolen, wie sie beim Meister von Maria am Gestade vorkommen, finden sich tatsächlich im Merode-Altar des Meisters von Flémalle vorgebildet, und sie sind im ausgestellten Tafelbild durch symmetrisch angeordnete Krabben in der mittleren Hohlkehle der jeweiligen Konsole bereichert. Obgleich die Rahmung für eine Balkendecke die probate Stirnfront abgeben würde, erstreckt sich dahinter jedoch ein Gewölbe, das als Derivat von Sternrippenfigurationen, wie sie im Langhausgewölbe von Maria am Gestade (1414 vollendet) vorkommen (mit gegen die Lünettenschenkel auflaufenden Rippen), anzusprechen ist. Gewiß kam eine derartige Figuration der ausgeprägten Neigung des Malers zur Wiedergabe dekorativer Detailrealismen zugute. Außerdem eignete sie sich im Akkord mit den übrigen Gestaltungsmomenten des Bildes, eine exakte, raumempirisch erfaßte Abstimmung und Zuordnung der die dargestellten Raumgrenzen bildenden Faktoren zu vermeiden. Da es auch die Darstellung von Verkündigungsszenen in gewölbten, kirchenraumartigen Interieurs in der altniederländischen Malerei gibt (z. B. im Stundenbuch des Willem Vrelant, um 1460 in Brügge entstanden, ÖNB, Cod. 1987, fol. 44 v.; s. Otto Pächt, Die illuminierten Handschriften der Österreichischen Nationalbibliothek, Flämische Schule, Wien 1983, S. 86 ff., Abb. 141), andererseits auch in der Tradition des trecentesken Kastenraumes stehende Tafelbilder in der österreichischen Malerei der ersten Hälfte des 15. Jahrhunderts derartiges zeigen (gemalte Rückseiten des Znaimer Altares, s. Elfriede Baum, Katalog des Museums mittelalterlicher österreichischer Kunst, Wien–München 1971, Nr. 37, S. 65, Abb. 168), ergibt sich allein aus der Analyse der Raumwiedergabe im Verkündigungsbild, daß dem Maler die letztgenannte Tradition bekannt gewesen sein muß und er Gestaltungsmotive der altniederländischen Malerei in beinahe spielerischer Freude frei kombinierte. Daß er die Fülle an aus der altniederländischen Malerei stammenden Motiven mit dem „Raumgerüst" der „Kastenraum"-Tradition synthetisiert, deutet auf seine mitteleuropäische (österreichische?) Herkunft. Auch bei der Darstellung der Marienkrönung folgt er in der bildparallelen Anordnung des seitlich nicht markant begrenzten Möbels jener Tradition, die auch im Geus-Epitaphium des Albrechts-Meisters (s. Kat.-Nr. 64) gestaltprägend ist und die Figuren vor einer Balustrade auf einer scheinbar heruntergeklappten Fläche zur Aufstellung kommen läßt. Auch der Meister der Hornperger-Votivtafel (s. Kat.-Nr. 68) folgt diesem Prinzip. Auch in der Ölbergszene, die – ähnlich der Kreuzigungsdarstellung – Gelegenheit zur Entfaltung einer weiträumigen Landschaftswiedergabe bot, zieht sich in Zweidrittelhöhe des Bildes eine zur Bildfläche parallel verlaufende Mauer mit dem Eingangstor zum Garten Gethsemane: Wenn auch hier, wie bei der Formulierung der Umfriedung des Vorgartens, in dem sich der schlafende Joseph bei der Verkündigungsszene befindet, Bildgedanken Jan van Eycks, wie sie im Tafelbild der Madonna mit dem Kanzler Rolin (Paris, Louvre) verwirklicht wurden, aufgegriffen werden, so fehlen in der Umsetzung dieser eyckischen Einflüsse in die eigene Kunstsprache die bildeinwärts suggerierte, abfallende Terrassierung und deren räumliche Illusion in der Malerei.

Hat der Maler in der Verkündigungsszene im Eck links hinten das Gewölbe auf einem Eckdienst entsprechend optisch abgestützt, so ist die Verankerung der Wölbung an der rechten Seitenwand ebenso unklar wie gegen den gemalten geraden Sturz am oberen Bildrand. Der Thron mit seinem Baldachin ist in den Detailrealismen genau wiedergegeben – von der malerischen Interpretation der Schnitzereien (vor allem die beiden betenden Gestalten als Bekrönung der Thronlehne), über die Wiedergabe der Intarsien bis zu den Bügelfalten des Stoffes auf der Dorsale, auch seine Hängevorrichtung fehlt nicht. Parallel zu dem schräggestellten Thron verläuft die rechte Seitenwand, die durch ein dreiteiliges Fenster an der – bildparallelen – Stirnseite des Raumes durch ein „Biforium" Ausblick in die Landschaft gewährt (der Formulierung der Bögen nach zu schließen ist auch diese Arkatur ein Triforium, dessen rechter Bogen durch den Thron optisch verdeckt ist). Beides findet sich in der Verkündigungsszene des Genter Altares motivisch vorgebildet; dort ist das Seitenfenster jedoch nur angedeutet, dafür die Aufgabe des einfallenden Lichtes und seine Funktion für Licht-Schatten-Wirkung im gemalten Raum berücksichtigt.

Das dreiteilige Fenster mit dem Ausblick in eine – teils verbaute – Landschaft läßt sich motivisch von Jan van Eycks Madonna mit dem Kanzler Rolin ableiten. Bildkompositionell übernimmt dieses Fenster – wie auch die darüber stillebenartig dargestellten Gegenstände – eine ähnliche Funktion wie das an den Außenflügeln des Albrechts-Altares in der Darstellung der Bestätigung des Karmeliterordens durch den Papst (s. Artur Rosenauer, Zum Stil des Albrechts-Meisters, in Der Albrechts-Altar, Wien 1981, S. 1 ff.).

Auch das seitlich Mariens stehende Kästchen findet sich bei Jan van Eycks Verkündigungsszene des Genter Altares, jedoch wirkt es dort raumempirisch integriert. Trotz der Neigung des Meisters von Maria am Gestade, möglichst kongruente Zuordnungen im Arrangement genetisch unzusammenhängender Formen zu erreichen – die zu Möbelkanten parallel verlaufenden Konturen der Arme Mariens etwa, ein Gestaltungsprinzip, das im Œuvre des Meisters von Flémalle signifikant vorkommt (s. Otto Pächt, Gestaltungsprinzipien der westlichen Malerei des 15. Jahrhunderts, in Methodisches zur kunsthistorischen Praxis, Wien 1977, S. 17 ff., besonders über die Doppelwertigkeit der projektiven Form, S. 21 ff.) –, ergreift dieses Gestaltungsprinzip nicht das gesamte Ordnungssystem innerhalb der Bildorganisation. Auch der Ausblick in eine Stadtlandschaft durch das „Biforium" an der Stirnseite des dargestellten Interieurs über den terrassenartigen Vorgarten hinweg ohne eine Andeutung von kotierter Raumempirie wie auch die Unmöglichkeit, einen logischen Zusammenhang von dem Wasserschloß, das durch das dreiteilige Fenster rechts sichtbar ist, mit der Landschaft, die durch das Stirnfenster zu sehen ist, herzustellen, sprechen für die bereits angesprochene Neigung des Künstlers, zugunsten einer reichhaltig dekorativen Wirkung möglichst viele Darstellungsmotive genuin niederländischer Provenienz beinahe willkürlich zu kombinieren. Daß dies sich auch bis in die Details erstreckt, illustriert die Analyse des donjonartigen Turmes im gemalten Wasserschloß in der Verkündigungsszene rechts: Wenn auch das Schloß in seiner Gesamtansicht annähernd an das aus der Mitteltafel des Miraflores-Altares von Rogier van der Weyden (Berlin, Kaiser Friedrich-Museum, s. Erwin Panofsky, Early Netherlandish Painting, Harvard 1953, Pl. 182, Fig. 320) erinnert, so zeigt der Hauptturm über einem romanischen Erdgeschoß (dessen Gestaltung der Einzelformen an Architekturdarstellungen der unteren Mitteltafel des Genter Altares – der Anbetung des Lammes – erinnert) ein hexagonales, gotisches Obergeschoß, dessen architektonische Instrumentierung mit der des Sockels im Turm des – unvollendeten – Barbara-Bildes von Jan van Eyck weitgehend übereinstimmt (Antwerpen, Koninklijk Museum voor Schone Kunsten, s. Elisabeth Dhanens, Hubert und Jan van Eyck, Antwerpen 1980, S. 254, Abb. 162).

Der Ausblick aus einem Interieur mit der Ansicht einer Eckpartie desselben Gebäudes findet sich in Rogier van der Weydens Johannes-Triptychon (Berlin, Kaiser Friedrich-Museum, s. Erwin Panofsky, Early Netherlandish Painting, Harvard 1953, Pl. 205, Fig. 345) in der Szene der Enthauptung Johannes des Täufers. Die Form des dreiteiligen Fensters rechts ist verwandt mit einem Triptychon von einem Nachfolger Rogier van der Weydens (Zug, Abegg Sammlung, s. Erwin Panofsky, item, Pl. 247, Fig. 399) und mit einer im Fragment erhaltenen Tafel Rogiers (ehem. Paris, Sammlung Schloß, siehe Erwin Panofsky, item, Pl. 201, Fig. 341).

Auch die reicher dekorierte, spätgotische Architektur eines turmartigen Hauses links vom Vorgarten, im Bildhintergrund links, erinnert an die Darstellung des Donjons im Bild der

Heimsuchung Mariens von Rogier van der Weyden (Lützschena, Sammlung Speck von Sternburg, s. Erwin Panofsky, Early Netherlandish Painting, Pl. 174, Fig. 311). Wäre diese Architekturdarstellung nicht durch die Bogenstellung des Stirnfensters separiert, könnte sie nach ihren proportionalen Verhältnissen und gemäß der Charakteristik der Oberflächengestaltung beinahe für ein Möbelstück gehalten werden, ähnlich jenem Wandkasten an der linken Wand des Interieurs. Dieser geöffnete Schrank – dessen Türe an die Läden in eyckischen Tafelbildern erinnert – bot dem Maler willkommene Gelegenheit, seine Auseinandersetzung mit der perspektivischen Darstellung von Gegenständen zu demonstrieren, wie auch, in der Charakterisierung von Licht- und Schattenwirkung sein Können zu zeigen. Auch der hinter dem Engel nur zur Hälfte sichtbare Klappsessel gab Anlaß, Eigen- und Schlagschatten zu differenzieren, wobei die diffus gehaltenen Ränder des Schlagschattens in ihrem konischen Zulauf und deren Auflösung in Helligkeit auf eine intensive, seitlich einfallende Lichtquelle ebenso schließen lassen wie die Glanzlichter der Geräte im Schrank, die sich vor dem atmosphärischen Dunkel von Eigen- und Schlagschatten optisch abheben. Auch hierin folgt der Maler einem eyckischen Prinzip; jedoch ist der für diese Licht-Schatten-Wirkung bestimmende Standort der Lichtquelle im Sinne einer empirisch faßbaren, logischen Gesetzmäßigkeit nicht ersichtlich. In den eyckischen Bildern ist die Lichtquelle zu lokalisieren, obgleich sie sich außerhalb des Bildraumes gedacht befindet. Eine im Bild versteckte Lichtquelle, wie in der Traumszene des Romans von König René ,,Coeur d'Amour épris" (ÖNB, HS, Ms. 2797; s. Otto Pächt, René-d'-Anjou-Studien II, in Wiener Jahrbuch der kunsthistorischen Sammlungen, Bd. 73, Wien 1977), wo sie auch inhaltlich motiviert ist und gleichfalls eyckische Bildgedanken tradiert, ist im Verkündigungsbild des Meisters von Maria am Gestade nicht enthalten. Wiederum manifestiert sich die Tendenz des Künstlers, möglichst viele in der altniederländischen Malerei entwickelte Neuerungen zur Schaffung spezifisch malerischer Valeurs anzuhäufen und in einem dicht arrangierten Bildgefüge zu vereinen. Das genuin flémallische Prinzip der Zuordnung divergierender Forminhalte zu formal ähnlich verlaufenden Konturen kommt in der Haltung des Engels und im Kontur des Klappsessels zum Tragen. Analog der aufgefächerten Anordnung der Gegenstände im Raum, wonach parallel gemeinte Stellungen nicht tatsächlich parallel dargestellt sind, ist auch das auf dem Boden aufliegend gedachte Gewand als von Knicken durchsetztes, flächenbezogenes Gebilde ornamentalen Charakters ,,unräumlich" gegeben.

Im Figurenstil tendiert der Meister zu wohl schlanken, großgewachsenen, aber auch beherrschenden Figuren, deren Dominanz durch die Fältelung des Gewandes, und da besonders durch die auf dem Boden schollenartig, in reich skandierter Drapierung aufliegenden Falten gesteigert wird. Die hochovalen Gesichter mit markantem Verlauf der die Stereometrie der Oberflächen der Kopfformen fördernden Brauen und den schlanken, langen, aus den Gesichtsoberflächen nur gering herausragenden Nasen sowie die kleinen Münder ließen Alfred Stange (op. cit.) in dem Meister einen Franzosen vermuten. Die Ähnlichkeit des Thrones in der Verkündigungsszene mit dem am Altar von Aix-en-Provence des Nicolas Fromant, der ebenfalls auch zwei betende, in Holz geschnitzt gedachte Figuren enthält, erklärt sich aus einer gemeinsamen Vorlage aus ein und demselben künstlerischen – niederländischen – Milieu. Die Fülle der Übernahme eyckischer Motive wie auch die letztlich am trecentesken Kastenraum orientierte Raumauffassung und die Verquickung divergierender Motive bei gleichzeitiger Erzielung malerischer Effekte treffen ein Spezifikum der Wiener Malerei (s. Otto Pächt, Österreichische Tafelmalerei der Gotik, Augsburg 1929, s. auch Kat.-Nr. 60). Die spezifische Form der Gesichter läßt sich außerdem aus einer – summarischer formulierten – Umwandlung eyckischer Gesichter – etwa der Eva von den Außenflügeln des Genter Altares – erklären.

Weitere eyckische Motive sind in der Verkündigungstafel die zwei Polster auf der bildparallel angeordneten, mit paneelartigem Blendmaßwerk gezierten Sitzbank im Hintergrund, die geöffneten und geschlossenen Spanschachteln, die Glas- und Metallgefäße sowie die Blendmaßwerke an den Möbeln und – vor allem – die Holzpantoffeln, die auch, nebst den anderen Motiven, im Arnolfini-Doppelporträt von 1434 des Jan van Eyck (London, National Gallery) und in der Miniatur der Geburt des Johannes des Täufers im Turin-Mailänder Stundenbuch, fol. 95 v., vorkommen.

In der Marienkrönungs-Tafel entspricht die Darstellung Mariens weitgehend der in der Verkündigungsszene, so sehr, daß von einer beinahe spiegelverkehrten Art der Darstellung gesprochen werden kann. Im Falle der ursprünglichen Anordnung der Tafelbilder im Verband des Altares in gleicher Höhe muß – über den durch den Schrein vorzustellenden ,,Abstand" hinweg – der Eindruck einer Rücken-an-Rücken-Darstellung entstanden sein. Lediglich die Armhaltung Mariens weicht ab, indem Maria den sonst bei Verkündigungsdarstellungen geläufigen Typus der überkreuzten Unterarme als demutsvolle Geste im

Augenblick der Krönung zeigt. Die schlepptragenden kleinen Engel und der die Schleppe auf dem Boden sorgsam ausbreitende Engel rechts von Maria sowie die singenden Engel ganz rechts – die in der Tradition eines feierlichen Madonnentypus, wie er in einer Miniatur des Boucicaut-Meisters im Stundenbuch Philipps des Guten (s. Ausst.-Kat. Europäische Kunst um 1400, Wien 1962, Nr. 116, Tf. 143; s. auch diesen Sammlungskatalog des Dom- und Diözesanmuseums, Kat.-Nr. 61) vorkommt, stehen – schließen sich optisch an die beiderseits des Thrones plazierten singenden (links) und instrumental musizierenden Engel (rechts) an. Diese auf zwei Gruppen geteilten und zwischen vokal und instrumental differenzierten musizierenden Engel haben nicht nur in dieser Gegenüberstellung ihre Vorbilder in den Tafeln der musizierenden Engel Hubert und Jan van Eycks am Genter Altar: Auch in ihrer doppelreihigen Gruppierung sowie in der Wiedergabe der gegeneinander unterschiedlich geneigten Köpfe und in der Separierung des orgelspielenden Engels von den übrigen instrumentalen musizierenden ist die Abhängigkeit vom Eyckschen Vorbild offensichtlich. Das Ausmaß des psychisch erfaßten Ausdruckes von ,,Hörenden" und ,,Singenden" in den Physiognomien ist beim Meister von Maria am Gestade zum großen Unterschied von Jan van Eyck nicht erreicht. Auch das Pausieren und das dem Zuhören-sich-Widmen fehlen im mimischen Ausdruck der Musizierenden. Ebensowenig wurde die bei Jan van Eyck singulär wiedergegebene Korrelatwirkung des – malerisch nicht darstellbaren – ,,Klanges" mittels der Rhythmik der Drapierung und des Kolorits im Gewand des orgelnden Engels erreicht. Es begnügte sich der Meister von Maria am Gestade mit der ,,äußerlichen" Wiedergabe dieser speziellen Figurenkomposition. In ihrem dichten Gedränge in dem zwischen der Hauptfigurengruppe und dem Gitterwerk des ,,Lettner"-Maßwerkes für diese Musizierenden nur knapp freibleibenden Raum erfolgt eine optisch angitternde Verbindung zu den als Büsten sichtbaren, gleichfalls instrumental musizierenden Engeln hinter der ,,Lettner"-Wand. Die hinter der – in diesem Fall lettnerartig erweiterten – Thronarchitektur angeordneten musizierenden Engel gehen letztlich auf den aus dem italienischen Trecento traditionellen Typus der Maiestà zurück (s. S. Svoboda, op. cit.).

Ein eyckisches Gestaltungsprinzip zeigt sich in den beiden Varianten in der Wiedergabe der Gesichter: Entweder wird zwischen der belichteten und der – bildeinwärts gewendeten – beschatteten Gesichtshälfte differenziert, oder die Gesichter erstrahlen in voller Helligkeit und stimmen solcherart mit der Planimetrie der Malfläche überein.

Da Gott-Vater die Krönung Mariens selbst vornimmt und die Krone mit beiden Händen hält, werden seine als Hoheitszeichen geltenden Attribute – Zepter und Weltkugel – von zwei Engeln links vom Thron gehalten, die diese durch das strebewerkartige Maßwerk der zwischen den Thronwangen und der polygonalen (in der Art eines Chorschlusses gehaltenen) Thronnische vermittelnden Architekturteile darreichen. Diese beiden Engel bilden kompositionell einen Ausgleich zu der dominierenden thronenden Gott-Vater-Figur, in ihrer hellen Gewandung verschmelzen sie optisch eher mit der Wiedergabe Mariens, konfundieren jedoch noch mehr mit dem übrigen Engelschor. Die Weltkugel zitiert wiederum einen eyckischen Bildgedanken: Im Spiegel an der Stirnwand des Hintergrundes im Arnofini-Doppelporträt Jan van Eycks von 1434 (London, National Gallery) ist der ganze Raum, auch der Teil, der nicht im Bild gegeben werden kann, komplettierend erlebbar. Jan van Eyck wäre daher auch zuzutrauen, das Bild einer weltweiten Landschaft im Hohlraum einer transparenten Weltkugel einzufangen. Wenn auch summarisch ausgeführt, so macht es diese ,,Weltraumlandschaft" in der Kugel der Marienkrönung des Meisters von Maria am Gestade wahrscheinlich, daß es um eine Auswirkung eines nicht erhaltenen eyckischen Vorbildes geht, das bis zu den Außenflügeln von Hieronymus Boschs Triptychon des ,,Gartens der Lüste" führt (s. Otto Pächt, Geistiges Eigentum, in Methodisches zur kunsthistorischen Praxis, Wien 1977, S. 181).

Der gleiche Landschaftstypus – vermehrt um die attributhafte Darstellung von Sonne und Mond, die bei Kreuzigungsdarstellungen traditionell sind – findet sich, zu größerer Dimension ausgeweitet, im Hintergrund der Kreuzigungstafel. Die aus dem Kruzifix sowie aus der äquivalent verteilten Anordnung der trauernden Anhänger Christi (links) und der Verfolger Christi (rechts) und Maria Magdalenas zu Füßen des Kreuzes bestehende Figurenkomposition entspricht letztlich jener Darstellungsweise aus dem 14. Jahrhundert (seit Giottos Fresken in der Arena-Kapelle in Padua), wie sie im Tannerschen Kalvarienberg in St-Sauveur in Brügge (s. Erwin Panofsky, Early Netherlandish Painting, Harvard 1953, Pl. 57, Fig. 113) gestaltet ist. Maria sinkt im Stehen mit seitwärts gewendetem Oberkörper in sich zusammen, dieser Bewegungsimpuls erfaßt die Reaktionsweise der anderen Trauernden. Die Verfolger sind, wie ihr Gestikulieren zeigt, in heftigem Disput. Beim Meister von Maria am Gestade bewirkt die figurale Komposition eine ,,Figurenwand", hinter der die Landschaft wie auf einem die Figuren optisch hinterfangenden

Prospekt wirkt. Innerhalb dieses „Prospektes" ist diese Landschaft in der Artikulierung ihrer Kontinuität gegen den Horizont am weitesten entwickelt. Trotz des hochliegenden Horizontes erscheint die Textur der Landschaft nicht bloß wie in die Bildfläche geklappt. Die einzelnen Landschaftsmotive verdichten sich zunehmend gegen den Horizont, wodurch eine glaubwürdigere Interpretation der Bezugspunkte, die Kriterien für die Erschließung der Entfernungen bilden, erfolgt. So haben die Felsen im Vordergrund links ihre Entsprechung im Mittelgrund rechts. Indem beide gleich „hoch" mit den Balkenenden des Kreuzes sind, ist hiemit sowohl eine Entsprechung des Postulates an die Planimetrie der Malfläche als auch eine optische Angitterung an die Figurenkomposition erreicht. In der Kurvung enger werdende, mäandrierende Wege, gegeneinander gesetzte landschaftliche Erhebungen sowie in der Bildplanimetrie „näher" gerückte und durch die Nähe zum Horizont damit größere Distanzen ausdrückende, unterschiedlich „groß" geformte Stadtansichten sowie fernliegende Gebirgszüge und Gewässer sind Bezugsbereiche für die Ermittlung räumlicher Distanzen. Dieser großräumigen Charakterisierung von Entfernungen entsprechen in der Gestaltung der Busch- und Auwälder die differenzierende Formulierung der Bäume sowie die Abstufung in der Größenordnung der Figuren (die vektoriell gegeneinander gerichteten Reiterpaare im Mittelgrund im Vergleich zu den Figuren des Vordergrundes). Die Landschaftsformulierung des Hintergrundes in der Verkündigungstafel wirkt hingegen wie aus einander sich überschneidenden Kulissen gebildet, wie sie im frühen 15. Jahrhundert bei Meister Francke signifikant vorkommt.
Mäandrierende Wege zur bildlichen Artikulierung und zur malerisch-optischen Erschließung räumlicher Tiefenwerte sind in der altniederländischen Malerei seit der Darstellung der Geburt Christi des Meisters von Flémalle für die Kartause von Champmol (heute Dijon, Musée de la ville, s. Erwin Panofsky, Early Netherlandish Painting, Harvard 1953, Pl. 88, Fig. 201, Pl. 89, Fig. 202) ein variabler Modus. Indem das im Weiher sich spiegelnde Wasserschloß in der Verkündigungstafel und die Stadtansicht in der Kreuzigungstafel beim Meister von Maria am Gestade diesen flémallischen Gestaltungsmitteln nachempfunden sein können, ist auch in der Art der Erschließung der räumlichen Tiefe das Œuvre des Meisters von Flémalle in die Reihe möglicher Anreger zu geben. Die gleiche Art der Charakterisierung der Landschaft des Hintergrundes mit dem mäandrierenden Silberlauf des Flusses – dem beim Meister von Maria am Gestade die Wege annähernd entsprechen – durch den Buschwald sowie die weit auseinanderliegenden Landschaftsmotive wie die Höhenzüge wie auch das in der Planimetrie der Malfläche „Engerwerden" gegen den hochliegenden Horizont finden sich in der Szene Mose auf dem Berg Nebo (ÖNB, HS, Cod. 2771, fol. 129; s. Friedrich Winkler, Das Stundenbuch von Gysbrecht von Brederode aus Brixen, in Jahrbuch der Kunstsammlungen des Allerhöchsten Kaiserhauses, Bd. 32, Wien 1915, S. 324–333, Tf. XX) und im Jüngsten Gericht (Lüttich, Universitäts-Bibliothek, Nr. 13, fol. 39; s. F. Winkler, item, Tf. XXII). Ob diese auch für die beiden ausgestellten Tafelbilder des Franziskanerklosters bereits genannten Handschriften für Gysbrecht von Brederode (vgl. Kat.-Nr. 66) als mögliche Einflußgeber auch für den Meister von Maria am Gestade in Betracht kommen, bedarf eingehenderer Studien.
Auch den Passionsszenen ist die Dominanz der menschlichen Figuren eigen. Ihre auf minimale Regungen beschränkten Bewegungsimpulse sind ausdrucksgeladen. Die markanten Gesichter der trauernden Anhänger Christi sind von jener stillen Trauer beseelt, die das entkräftende Niedersinken ihrer Körper und das erschlaffende Hängenlassen ihrer Arme ausdrücken. Die dadurch in unruhige Kaskadierung geratene Draperie der Gewänder drückt dies gleichfalls aus. Kräftig gegeneinander gesetzt ist die Anordnung der Köpfe der Verfolger, wie auch deren Physiognomien ungleich stärker differenziert sind: der Soldat mit dem Topfhelm und der Lanzenspitze, dessen Gesichtszüge entfernt an das Jonella-Bildnis des Jean Fouquet (Wien, Kunsthistorisches Museum) erinnern, und das scharfkantige Gesicht des Mannes mit der Zipfelmütze, der entfernt an die Physiognomie des Kanzlers Rolin im Bild des Kanzlers mit der Madonna von Jan van Eyck (Paris, Louvre) gemahnt, bilden „Extremwerte", zwischen denen die Ausdrucksskala der übrigen variiert.
Scharfkantigkeit prägt auch die Konturen und die zeichnerische Charakteristik der Draperien. Die sichtbaren Schraffen in der Wiedergabe der Draperien und vor allem in der Wirkung der differenzierten Flächen am Mobiliar – die in Infrarotaufnahmen noch deutlicher zur Geltung kommen – erfordern eine größere Aufmerksamkeit in der Abhängigkeitsfrage von zeichnerischen Vorlagen.
Die Farbigkeit ist trotz vielfach stumpfer Wirkung – woran vor allem der stark verschmutzte Firnis schuld ist – auch in den von Pastellfarben dominierten Bereichen (Engelschor in der Marienkrönung) von rhythmisierender Gegensätzlichkeit gekennzeichnet. Selbst buntfarbige Akzente (die Gewänder Gott-Vaters und des Verkündigungs-

engels) setzen im Kontrast zur Umgebung (lettnerartiges Möbel bzw. Interieur) Dunkelakzente zum hell gewandeten Hauptfigurenpartner (die in blauem Kleid von einem dominierenden weißen Mantelumhang gewandete Maria in der Verkündigungs- und Krönungstafel). In den Passionsszenen wurden die bunten Farben der figuralen Szenen denen des Ambientes gleichgestellt, was einen dominierend tonigen Charakter zur Folge hat. Der tonige Farbcharakter läßt tatsächlich an den spezifisch holländischen Einfluß (Frühwerke des Dirc Bouts, Albert van Ouwater) denken, was speziell in der Figurenkomposition in der Kreuzigung (in der Gegenüberstellung der in verhaltener Trauer wiedergegebenen Anhänger Christi und der lebhafteren diskutierenden Verfolger) wie auch im hartbrüchigen Faltenstil und im scharfkantigen Gefältel einzelner Draperien in Albert van Ouwaters Auferweckung des Lazarus (Berlin, Dahlem) vorkommt (s. S. Svoboda, op. cit., S. 130).
Die Figurenkomposition der Johannes-Maria-Gruppe, wo Johannes – gleichsam herbeieilend – die rücklings zusammensinkende Maria auffängt, geht letztlich auf die Kreuzigungstafel Rogiers van der Weyden zurück (Philadelphia, Pennsylvania Museum of Art, Johnson Collection, s. E. Panofsky, item, Pl. 210, Fig. 350). Die Art der Gegenüberstellung beider Gruppen – der trauernden Anhänger Christi und der disputierenden Verfolger – entspricht im Gesamtcharakter dem eines Tafelbildes aus der Nachfolge Rogiers (München, Alte Pinakothek, s. E. Panofsky, item, Pl. 243, Fig. 393), wo gleichfalls die genannte Johannes-Maria-Gruppe zitiert ist. Diese findet sich auch – in variierter Form – im Triptychon von der Capilla Real in der Kathedrale von Granada, das von Dirc Bouts gemalt wurde (s. E. Panofsky, item, Pl. 263, Fig. 419). Zitate nach Rogier sind in der Kreuzigungstafel des Meisters von Maria am Gestade in einer Art uminterpretiert, die von der holländischen Malerei des 15. Jahrhunderts beeinflußt ist.

KUNSTHISTORISCHE EINORDNUNG UND DATIERUNG

Nachdem keines der erhaltenen Tafelbilder ein Datum enthält und auch die Wappenschilder an der architektonischen Rahmung der Verkündigungstafel nur als scheinplastische, leere Schilde gemalt sind, kann auch nicht unter Mithilfe der Heraldik Aufschluß über den Auftraggeber und ein zusätzlicher Anhaltspunkt für eine Datierung aus historischen Quellen gegeben werden. Die Datierung am – gleichfalls aus der Kirche Maria am Gestade stammenden – Hornperger-Votivbild nennt 1462. Es bedarf noch einer eingehenden Untersuchung, ob der Meister der Votivtafel tatsächlich den Meister von Maria am Gestade zur Voraussetzung hat und somit einer Datierung dieser ehemaligen Altartafeln vor 1462 Berechtigung gibt.
Die gelegentlich der Stilcharakteristik dargelegte Fülle eyckischer Motive und die Assimilation dieser zu der lokalen Maltradition sprechen zumindest nicht gegen eine Frühdatierung knapp vor oder um 1460. Die beobachtete „Zurücknahme expressiver und dynamischer Werte" (s. S. Svoboda, op. cit., S. 124/125) erklärt sich nur angesichts der von der Kunst des Rogier van der Weyden beeinflußten Werke als Tertium comparationis. Auch die mit der kölnischen Malerei der Jahrhundertmitte und des dritten Viertels des 15. Jahrhunderts (Meister des Marienlebens, Meister der Lyverberger Passion) in Beziehung gebrachte Monumentalität der Figuren hat wohl kaum mehr als die Abhängigkeit von der altniederländischen Malerei eyckischer Prägung gemeinsam. Ein Vergleich der in der Eyck-Nachfolge stehenden Zeichnung einer Marienkrönung (Albertina, Inv.-Nr. 3030), wo der Krönungsvorgang vor einem hochaufragenden Thronmöbel mit – sogar gleichfalls fünfseitigem – Baldachin vollzogen wird, mit dem Tafelbild der Marienkrönung zeigt die Grenzbereiche motivisch möglicher Abhängigkeit und stilistisch eigenständiger Uminterpretation auf (s. S. Svoboda, op. cit., S. 122): Die hochaufragenden, architektonisch aufwendig gestalteten Thronlehnen sind im niederländischen Milieu keine Seltenheit (vgl. Kat.-Nr. 62); sie sind aber innerhalb des Bildgefüges (auch gegen die seitliche Begrenzung des Bildes) abgeschlossen. Die nacheyckische Zeichnung der Albertina zeigt dies ebenfalls. Eine Architektur dieses Typus hat eher ihre Vorlage in den Darstellungen des Lebensbrunnens – wie etwa in dem anonymen Nachfolgewerk des Genter Altares (Madrid, Prado, s. Elisabeth Dhanens, Hubert und Jan van Eyck, Antwerpen 1980, S. 355, Abb. 219). Die barriereartig durchgehende Gestaltung der lettnerartigen Thronwand ist ein in der österreichischen Tafelmalerei traditionelles Gestaltungsprinzip (vgl. Kat.-Nr. 64). Die glaubwürdige Zuschreibung des Porträts der Salome Tänzl aus der Magdalenenkapelle im Halltal (Tirol, dzt. im Museum Ferdinandeum in Innsbruck deponiert, s. S. Svoboda, op. cit., S. 156 f.), 1461 datiert, bestätigt eine Datierung der Tafeln des Meisters von Maria am Gestade in das – vielleicht schon fortgeschrittene – sechste Jahrzehnt des 15. Jahrhunderts.
Eine mögliche, jedoch nur peripher wirksame Beeinflussung seitens des Meisters von Maria am Gestade hinsichtlich der Figurenproportion und bezüglich der Anordnung der

Figuren im Raum zeigt der Nußbacher Leonhards-Altar in der Stiftsgalerie in Kremsmünster (ÖKT, Bd. XLIII, Stift Kremsmünster, 2. Teil, Wien 1977, Beitrag Friederike Klauner, Bildergalerie, S. 96, Nr. 21, Abb. 152, 153; s. auch Otto Pächt, Österreichische Tafelmalerei der Gotik, Augsburg 1929, S. 84) in der Verkündigungsszene. Die Ölbergszene hat – sowohl hinsichtlich der Ikonographie (des blutschwitzenden Christus) als auch in der Figurenkomposition wie auch in der Landschaftsgestaltung und in der bildparallelen Anordnung des Zaunes – das um 1500 entstandene Außenfresko an der Ostseite des Nebenchores der Kirche St. Anna im Felde in Pöggstall (NÖ.) beeinflußt (s. Elga Lanc, Die mittelalterlichen Wandmalereien in Wien und Niederösterreich, in Corpus der mittelalterlichen Wandmalereien Österreichs, Bd. I, S. 229, Abb. 401). Die Ölbergszene des Meisters der Veits-Legende (s. Elfriede Baum, Katalog des Museums mittelalterlicher österreichischer Kunst, Wien–München 1971, Kat.-Nr. 122) zeigt ebenfalls Verwandtschaften mit der gleichthematischen Komposition des Meisters von Maria am Gestade, was deshalb nicht verwunderlich ist, da der Meister der Veits-Legende mit dem des Nußbacher Leonhards-Altares vermutlich identisch ist.

In enger Analogie zu der fragmentiert erhaltenen Ölbergszene des Meisters von Maria am Gestade folgt die Szene gleichen Themas im nach 1476 entstandenen Nikolaus-Altar von Jánosrét (Lućky při Kremnici; heute Budapest, Ungarische Nationalgalerie), die hinsichtlich der Anordnung der Figuren der schlafenden Jünger im Bild von Maria am Gestade eine verläßliche Vorstellung gibt: Eine noch nicht eindeutig ermittelte Vorlage ist für all die genannten bildlichen Fassungen verbindlich.

In der Filialkirche zu Schwallenbach in Niederösterreich ist die Kreuzigungsdarstellung des Meisters von Maria am Gestade in einem Fresko von um 1480 vereinfacht zitiert (s. Elga Lanc, item, S. 275, Abb. 468, 469).

Literatur:
Otto Pächt, Österreichische Tafelmalerei der Gotik, Augsburg 1929, S. 18 f. u. 72. – Otto Benesch, Der Meister des Krainburger Altares, in Wiener Jahrbuch für Kunstgeschichte VII, Wien 1930, S. 156 f. – Walter Buchowiecki, Geschichte der Malerei in Wien, in Geschichte der Stadt Wien, Neue Reihe, Bd. VII, 2, Wien 1955, S. 26 f. – Alfred Stange, Deutsche Malerei der Gotik Bd. XI, Österreich und der ostdeutsche Siedlungsraum von Danzig bis Siebenbürgen in der Zeit von 1400 bis 1500, München–Berlin 1961, S. 43 f. – Sigrid Svoboda, Der Meister von Maria am Gestade, Diss., Wien 1976.

Katalog:
Ausst.-Kat. Gotik in Österreich, Krems-Stein 1967, Nr. 7.

| 68 | HORNPERGER-VOTIVTAFEL, 1462 |

Abb. 196   Prot.-Nr. L–37

Ölmalerei auf Holztafel

Maße: Querformat: 140 × 204 cm

Leihgabe aus der Kirche Maria am Gestade, Wien I

PROVENIENZ

Bis zur Übergabe der Kirche Maria am Gestade in Wien I an den Redemptoristenorden im Jahr 1820 war diese Tafel in der genannten Kirche. Hernach war sie im Konvent untergebracht. 1933 kam die Tafel in das Museum.

ERHALTUNGSZUSTAND

Das Tafelbild wurde vor einigen Jahren restauriert. Infolge starken Firnisauftrages wirken vor allem die dunklen Farben etwas entstellt, wie auch die gesamte Oberfläche stark geglättet wurde und dadurch das Flair des „alt"-Charakters eingebüßt hat. Andererseits wurden zahlreiche schadhafte Stellen fixiert und Rißbildungen eingedämmt. Der Rahmen ist modern.

Die Tafel ist an der linken Flanke und am unteren Rand geringfügig beschnitten, nach oben jedoch erheblich reduziert. Zumindest ist bei der Säulenstellung des Hintergrundes wie auch bei der architektonisch gerahmten Nische eine ursprüngliche Höhenerstreckung bis zu einem Architrav oder einer Bogenstellung zu erwarten. Die ursprüngliche Dimension der Tafel ist zumindest um ein Viertel der heutigen Vertikalerstreckung des Bildes nach oben erweitert vorzustellen.

IKONOGRAPHIE

Das Bild zeigt die in einer Halle thronende Maria mit dem Kind und Heiligen (von links nach rechts: Katharina, Rochus, Bischof ?, Sebastian), vor denen, der thronenden Madonna mit dem Kind zugewandt, der Stifter kniet, zu dessen Füßen sein Wappen liegt. Infolge der Wappengleichheit auf einer Urkunde von 1450 wie auch aus dem Kostüm des Stifters ergibt sich, daß dieser der Passauer Offizial in Wien (der bei Maria am Gestade residierte), Caspar Hornperger, ist. Er starb 1460. Die Ausblicke in den Hintergrund zeigen zwei Stadtansichten, wobei die rechte mit Passau, die linke mit Freistadt (Oberösterreich) identifiziert wurde. Mit der Tatsache, daß Hornperger Passauer Offizial und vor seinem Offizialat Pfarrer in Freistadt war, suchte man die Identifizierung der gemalten Ansichten im Bildhintergrund mit den beiden genannten Städten historisch zu untermauern.

Der Bildgedanke der thronenden Maria mit der Darstellung des Stifters – im vorliegenden Fall, da es ein gemaltes Epitaphium ist, handelt es sich um die Darstellung des Verstorbenen – in einer Halle, mit dem Ausblick auf eine weitreichende Landschaft (vgl. die Madonna mit dem Kanzler Rolin von Jan van Eyck, heute Paris, Louvre), ist in diesem Tafelbild mit der Tradition der thronenden Maria mit ihr zugewandten Heiligen – „Sacra Conversazione" – zu einer Einheit gebracht.

Das Bild ist eine Synthese aus der Bildtradition der mystischen Vermählung der hl. Katharina (in der das Jesus-Kind der hl. Katharina von Alexandrien den Ring darreicht), der Sacra Conversazione (der thronenden Maria mit dem Jesus-Kind und umstehenden Heiligen) und dem Stifterbild mit dem im Sinne der ewigen Andacht kniend dargestellten Stifter. Dieses allseitig beschnittene Bild ist in die Kategorie eines Epitaphiums einzuordnen.

KUNSTHISTORISCHE EINORDNUNG

Die Figuren sind auf einer bildparallelen Bühne angeordnet, das Szenarium wird von einem loggienartigen Aufbau abgeschlossen. Dieser wird in der Mitte von einem reich gegliederten, kielbogig abschließenden Portalaufbau unterbrochen. Letzterer enthält die Datierung 1462. Die aus Malereien der ersten Hälfte des 15. Jahrhunderts geläufige bildparallele Raumzone, die nach den seitlichen Rändern bestenfalls durch Requisiten optisch abgeschlossen wird, findet sich hier wieder, nur ist sie im Hornperger-Votivbild raumhaltiger als beim Meister des Marientodes (Kat.-Nr. 62) und beim Albrechts-Meister (Kat.-Nr. 64).

Die Darstellung des Verstorbenen nimmt die Bildmitte ein, die thronende Maria mit dem Jesus-Kind ist exzentrisch gegen den linken Bildrand gerückt: Ein peripheres Nachwirken von der Bildtradition der Maria mit dem Kanzler Rolin des Jan van Eyck mag hier zur Geltung kommen, was durch das Szenarium eines Interieurs mit Ausblick in eine weite Landschaft zusätzlich erhärtet wird.

Durch die exzentrische Anordnung der thronenden Maria bedingt, wird Rochus innerhalb der um den Stifter in weitem Bogen angeordneten Heiligenfiguren durch seine Frontalstellung vor der Portalrahmung in der Mitte kompositionell zur zentralen Figur. Obwohl er als einziger frontal aus dem Bild herausblickt und alle anderen Figuren in der Größenerstreckung überragt, werden dennoch Maria mit dem Kind und der Stifter – letzterer wohl mit seiner Umgebung von Heiligen – als Hauptmotiv empfunden, wozu außer der zur Maria radialen Gruppierung der Figuren auch das Kolorit entscheidend beiträgt.

Die exzentrische Anordnung der Figurengruppe der thronenden Maria sowie die Akzentuierung auf die kniende, von Heiligen (Schutzpatronen) hinterfangene Figur Hornpergers läßt ein Nachwirken der Bildtradition von Diptychen (Wilton-House-Diptychon, London, National Gallery) möglich erscheinen: Die auf zwei Tafeln gesondert dargestellte Gruppe der thronenden Maria einerseits und des knienden Stifters mit den empfehlenden Schutzheiligen andererseits ist in der Hornperger-Votivtafel zu einem Bild vereinigt. Die jeweils einen Ausblick in Landschaften gewährenden Figurengruppen, ihre „Nahtstelle" mittels eines thematisch schwer verständlichen Torbogens (der eher einer Waschnische, wie in Verkündigungsszenen der altniederländischen Malerei, genetisch entspricht) sind kein Widerspruch zur möglichen Abhängigkeit von Diptychen.

Das Tafelbild wird in der Fachliteratur erstmals bei Eduard von Sacken 1882 erwähnt. Hielt dieser die Datierung am Portal für eine zur porträtierten Architektur gehörige, so wird seit Otto Pächts Publikation von 1929 das Datum allgemein als die Datierung des Tafelbildes angesehen. Das Werk wurde bezüglich seiner Gruppierung der Figuren mit oberrheinischen in Verbindung gebracht:

Eine in der Komposition ähnliche Tafel befindet sich – erweitert durch die Einbeziehung einer ganzen Stifterfamilie – in der Sammlung Hack in Köln (siehe Alfred Stange, Deutsche Malerei der Gotik, 7. Bd., München–Berlin 1955, S. 19, Abb. 5). Auch diese Tafel ist beschnitten. Ihre Figurenkomposition entspricht in spiegelverkehrter Anordnung weitgehend der des Hornperger-Votivbildes: Sogar die Haltung der Bischofsfigur, die Kostümierung des hl. Bartholomäus und des hl. Sebastian stimmen wörtlich überein, ebenso die Kopftypen der weiblichen Heiligen und das Kostüm des Stifters. Das Interieur ist im Hornperger-Votivbild allerdings raumfreundlicher interpretiert, wie auch die Draperien im Hornperger-Bild weniger hartbrüchig sind. In dem Bild der Kölner Sammlung ist der den Stifter empfehlende hl. Bartholomäus ein von Konrad Witz abzuleitender Bildgedanke, während die thronende Maria einem Bild der Hl. Familie im Kunsthistorischen Museum in Wien, das um 1470 entstanden ist, weitgehend entspricht (s. Stange, item, Abb. 3). Eine nähere Untersuchung dieser Tafel aus der Kölner Sammlung und deren Verhältnis zum Hornperger-Votivbild steht noch aus (s. auch Friedrich Winkler, Der Meister der Habsburger, in: Belvedere 9/10, Wien 1926, S. 47).

Das Wiener Votivbild ist in der Komposition gelöster, ferner von stärkerer räumlicher Auffassung wie auch im Stil und im Kolorit fortschrittlicher (Benesch, Stange). Stange vermutet einen Zusammenhang mit am Oberrhein und in Niederösterreich beheimateten Werkstätten. Bei Stange werden folgende Werke als weitere Vergleichsbeispiele angeführt: Hl. Familie in Wien (Stange, item, VII, Abb. 3), Heimsuchung in Tiroler Privatbesitz (siehe Katalog zur Gotik-Ausstellung beim Hinrichsen und Lindpaintner in Berlin, Jänner/März 1928, Nr. 48), thronende Maria mit Engeln in Berlin. Bezüglich der Raumauffassung mit bildparallelem Interieur und akzentuierter Mitte im architektonischen Ambiente kann ein Bild der Madonna mit zwei Heiligen (Franziskus und Hieronymus) des Petrus Christus (Frankfurt, Städelsches Kunstinstitut), dessen Datierung von Friedländer mit 1457 vermutet wird, genannt werden. Von einer intensiven Auseinandersetzung mit der zeitlich knapp vorangehenden niederländischen Malerei zeugen jedenfalls die gesteigerte Raumhaltigkeit wie auch die Art der Konzentration auf die Detailrealismen (Draperien, Architekturteile mit Andeutung des Materialcharakters, Gegenstände), wie auch die Ausblicke aus einem Interieur in eine Freilandschaft mit kurvig in die Tiefe gewundenen Wegen sowie optische Überschneidungen von Kuppen mit den darauf stehenden Bäumen. Die verschwommenen Begrenzungen der Schlagschattenpartien wie auch der Schatten der linken Rahmenleiste auf dem Fliesenboden des Interieurs lassen sich bis zu Werken des Jan van Eyck zurückführen. Angesichts dessen muß bei dem Künstler eine intensive Kenntnis originaler niederländischer Malwerke vorausgesetzt werden.

Der in einzelnen Miniaturmalereien stark niederländisch beeinflußte sogenannte Lehrbüchermeister (lt. Buchowiecki ein Schüler des Albrechts-Miniators, s. Kat.-Nr. 14) kopierte, wie Rosenauer erkannte, in einer seiner Miniaturen höchstwahrscheinlich ein verlorenes Frühwerk Rogiers van der Weyden. Das Verhältnis des Hornperger-Votivbildes zum Œuvre des um 1465 bis 1477 faßbaren Lehrbüchermeisters bedarf einer eingehenden Studie, die vielleicht zur Klärung der künstlerischen Herkunft dieses Votivbildes beitragen kann.

Literatur:
Eduard v. Sacken, Die Kirche Maria am Gestade in Wien, Wien 1882. – Otto Benesch, Der Meister des Krainburger Altares, in Wiener Jahrbuch für Kunstgeschichte, Bd. VII, 1930, S. 134–143. – Otto Pächt, Österreichische Tafelmalerei der Gotik, Augsburg 1929. – Walter Buchowiecki, Geschichte der Malerei in Wien, in „Geschichte der Stadt Wien", Bd. VII, 2, 1955. – Alfred Stange, Deutsche Malerei der Gotik, Bd. VII, Bd. XI, München 1961, S. 14 ff., S. 42, Abb. 83. – Artur Rosenauer, Zu einer niederländischen Beweinungskomposition und ihren Reflexen in der österreichischen Malerei d. 15. Jh.s, in Wiener Jahrbuch für Kunstgeschichte, Bd. XXII, Wien 1969, S. 157 ff. – Tassilo Blittersdorf, Das Hornperger-Votivbild, Seminararbeit am Kunsthistorischen Institut der Universität Wien, 1967. – Sigrid Svoboda, Der Meister von Maria am Gestade, Dissertation, Wien 1976, S. 140.

Kataloge:
Führer durch das Eb. Dom- und Diözesanmuseum, Wien 1934, 1941, 1946. – Katalog „Gotik in Österreich",
Wien 1926, Nr. 43. – Sammlungskatalog des Eb. Dom- und Diözesanmuseums, Wien 1973, Kat.-Nr. 49.

Prot.-Nr. L–58   *Abb. 200–209*

Ölmalereien auf Holztafeln

Maße: Alle Tafeln im Hochformat
 Geöffneter Zustand:
 Kreuztragung (Flügelbild): 255 × 100 cm
 Kalvarienberg (Hauptbild): 255 × 190 cm
 Noli me tangere (Flügelbild): 225 × 100 cm
 Geschlossener Zustand:
 hl. Sebastian (Außenflügelbild): 255 × 100 cm
 hl. Rochus (Außenflügelbild): 255 × 100 cm

Leihgabe des Erzbistums

PROVENIENZ

Nach den Wappen der Außenflügel zu schließen, dürfte das Werk auf eine Bestellung des
sächsischen Kurfürsten Friedrich des Weisen, der am Beginn des 16. Jahrhunderts zahlreiche Aufträge nach Nürnberg vergab, und seines Bruders, Johannes des Beständigen,
zurückgehen und wurde vielleicht für eine Nürnberger Kirche angefertigt (s. Flechsig, op.
cit., II, S. 447). Seit 1809 ist das Werk zurückzuverfolgen, da es sich in einer Privatkapelle
im Erzbischöflichen Palais in Wien befand, von wo es in den sechziger Jahren des
19. Jahrhunderts in das sogenannte „gotische Zimmer" im Erzbischöflichen Sommerschloß in Ober-St. Veit (Wien XIII) kam (s. Thausing, op. cit., S. 85, Anm. 1) und 1933 in das
Museum gelangte.

ERHALTUNGSZUSTAND

Der Altar war ursprünglich ein großformatiges Triptychon mit der Darstellung der Kreuzigung Christi in der Mitteltafel, der Kreuztragung am linken, der Begegnung Maria Magdalenas mit Christus nach seiner Auferstehung („noli me tangere") auf dem rechten Innenflügel. Die ehemaligen Außenflügel zeigen den hl. Sebastian (links) und den hl. Rochus
(rechts). Die schweren, profilierten Eichenholzrahmen des 19. Jahrhunderts sind ein
Relikt aus der früheren Präsentation im Erzbischöflichen Schloß in Ober-St. Veit (vgl.
Kat.-Nr. 70).
Um die Bilder galerieartig hängen zu können, wurden sie – vermutlich schon vor dem
19. Jahrhundert – auseinandergesägt und an den Rückseiten gerostet. Bei der Größe der
Tafeln und der durch das Auseinandersägen entstandenen Dünnwandigkeit der Holztafeln verursachten Spannungsmomente eine allmähliche, an der Oberfläche in Erscheinung tretende störende Kassettierung. Rußspuren und die längs der als „Nähte" wirkenden Anstoßstellen der einzelnen Holzbretter in der Malfläche der Tafeln entstandenen
Sprünge sind retuschiert. Im Bereich des Stadttores am linken Flügel in der Szene der
Kreuztragung sowie im Grund des ehemaligen rechten Außenflügels mit der Darstellung
des hl. Rochus sind Retuschen in dichter Folge festzustellen. Der Firnis ist intensiv
gebräunt und reduziert die ursprüngliche Leuchtkraft der Farben erheblich.
Sicherlich sind große Bereiche übermalt, so die „Gewitterwolken" in der Kreuzigungsdarstellung, aber auch Draperien bei Rochus. Eine genaue Untersuchung unter Einbeziehung moderner naturwissenschaftlicher Methoden hinsichtlich des originalen Befundes
und bezüglich späterer Veränderungen steht ebenso noch aus wie eine entsprechende
Restaurierung. Speziell durch Infrarotaufnahmen wird die Analyse einer – vermutlich
vorhandenen – Unterzeichnung in der Frage der Autorschaft Entscheidendes beisteuern
können.

IKONOGRAPHIE UND BESCHREIBUNG

Die beiden männlichen Heiligen der Außenflügelbilder sind – nach der „Legenda Aurea"
des Jacobus de Voragine (13. Jahrhundert) – Pestheilige und gehören zu den 14 Nothel-
fern: Sebastian erlitt sein Martyrium durch Pfeile, Rochus wurde auf der Pilgerfahrt ins
Heilige Land von der Pest befallen, seine Wunde wurde von einem Hund geheilt.
Im geöffneten Zustand zeigt der Altar die Kreuztragung in dem Augenblick, wie sich die
Menschenmenge mit Christus im Vordergrund und der hl. Veronika als Repoussoirfigur

aus dem Stadttor von Jerusalem begibt. Das Hauptbild – der Kalvarienberg – zeigt als bekrönenden Teil in der oberen Bildhälfte die drei Kreuze mit Christus und den beiden unterschiedlichen Schächern, zu Füßen des Kreuzes Magdalena, gegen den linken Bildrand der oberen Bildhälfte zu die Gruppe mit Maria und Johannes sowie weiteren Anhängern Christi. Den Mittelgrund der hoch aufragenden und zugleich in die Tiefe sich erstreckenden Landschaft bilden Knechte, die eine Grube ausheben, den Vordergrund nehmen in verschiedenen Ansichten dargestellte Reiter ein. Im rechten Flügelbild ist die Begegnung Magdalenas mit Christus nach seiner Auferstehung („noli me tangere") dargestellt. In der Kreuztragungsszene am linken Innenflügel ist die Gruppe des Vordergrundes – der kreuztragende Christus mit dem ihm hiebei helfenden Simon von Cyrene (s. Kat.-Nr. 66) und die als Repoussoirfigur gegebene Veronika – von dem greisen, mit hellrotem Mantelumhang bekleideten und mit pelzkrempiger Mütze bedeckten reitenden Mann, der in einer Schriftrolle das Todesurteil hält, hinterfangen. Bildeinwärts zu ist durch die Rückenfiguren die Gehrichtung des Konduktes signalisiert. Hinter dem dominierenden greisen Reiter ist, von waffentragenden Soldaten hinterfangen und von einem zweiten Reiter gefolgt, die Gruppe der Anhänger Christi gegeben: Johannes Evangelist wendet sich zur weinenden Maria um, eine Trauernde trocknet sich eine Träne mit dem Mantelzipfel.

Entsprechend der Weite und Großräumigkeit suggerierenden Landschaftsdarstellung bot sich die Unterbringung einer großen Zahl ikonographischer Motive an, die in der Mitteltafel die Bezeichnung „Kalvarienberg" auch dann zu Recht verdient, wenn die Figuren als auf einer gegen den Betrachter geklappten Ebene mit hochliegendem Horizont stehend gedacht und als zu einer in den drei Kreuzen gipfelnden Gruppe gehörig empfunden werden können. Die als soeben ausgegraben gedachte Grube im beherrschenden Mittelgrund zu Füßen des Kreuzes ist höchstwahrscheinlich eine genremäßige Umsetzung von jener – aus dem Hochmittelalter stammenden – Bildtradition aufgrund der apokryphen Annahme, das Kreuz Christi erhebe sich über Adams Grab (siehe das Tympanon-Relief am Mittelportal der Kathedrale von Straßburg). Auch das vielfach bei Kruzifixen vorkommende Motiv des Totenschädels zu Füßen des Kreuzes illustriert nicht nur die Bedeutung des Namens Golgotha (= Schädelstätte), wo die Kreuzigung erfolgte, sondern spielt auf Adams legendäres Grab an. Auch dieses Motiv ist im Tafelbild berücksichtigt: Der Totenkopf und ein Beinknochen finden sich am untersten linken Bildrand. Indem dieser Schädel gegen den Betrachter gewendet ist, mutet die Zuwendung der leeren Augenhöhlen – die in der ursprünglich gedachten Verwendung als Altar in der realen Augenhöhe des Betrachters vorzustellen sind – wie eine Anspielung auf den Vanitas-Gedanken an. Entsprechend der Ausweitung des Ambientes sind auch die genuin zum Kreuz gehörigen Motive des Adamsgrabes und des Totenkopfes räumlich auseinandergerückt und in der Anordnung über den Bildraum hin verteilt. Daß die Arbeit im Ausheben der Grube – die sowohl in ihrer rechteckigen Aushubform wie auch in der Verplankung die Vorstellung von Grabgruben assoziiert – als abgeschlossen gedacht ist, lassen der heimkehrende (bloßfüßige) Gärtner mit geschulterter Hacke und Spaten sowie der in der Grube bereits sich ausrastende, den Kopf mit beiden Armen aufstützende Soldat erkennen. Angesichts dessen wird ein anderer Sinn als der einer genrehaften Uminterpretation umso weniger vorstellbar: Adams Grab kann nicht gemeint sein, denn dieses müßte bereits als bestehend gedacht werden; das Grab Christi kann ebenfalls nicht direkt gemeint sein, da es im rechten Seitenflügel andersartig dargestellt ist. Links von dieser Grube, durch die Terrainstufe geringfügig erhöht, sind die trauernden Anhänger Christi in ausfahrenden expressiven Gesten angeordnet: Maria sinkt ohnmächtig zusammen und wird von dem jugendlichen Evangelisten Johannes links und von einer weiteren Trauernden rechts gestützt. Zwischen diesen beiden, über dem Haupt Mariens sichtbar werdend, ist eine Frau im expressiven Trauergestus mit erhobenen, ausgebreiteten Armen gegeben, der – hinter Johannes stehend – eine mit gefalteten Händen folgt, vor dieser – im Zwickel hinter der Terrainstufe – eine nur teilweise Verschleierte mit erhobenen, gefalteten Händen sich seitwärts beugt und eine gänzlich Verschleierte sich kniend auf die Rasenbank stützt. Über dem Haupt des Johannes ist das Haupt einer blau gewandeten, verschleierten trauernden Frau zu sehen, die ihre Hände unter dem Mantel verdeckt hält und mit dem Mantelzipfel eine Träne trocknet. Obgleich Maria Magdalena das Kreuz umklammernd dargestellt ist, vertreten innerhalb der Gruppe der Anhänger Christi zwei Frauen für Maria Magdalena charakteristische Darstellungsformen: die mit den erhobenen Armen und die nur teilweise verschleiert dargestellte, ihre blonden Haarmassen präsentierende, die gefalteten Hände wie zu einem Kuß (oder im Begriff, Tränen wegzuwischen) haltende, seitwärts gebeugte junge Frau. Das Auffangen der rücklings ohnmächtig zusammensinkenden Maria durch Johannes wie auch die abgewinkelte Haltung der gefalteten Hände der blonden Frau sind Motive, die aus der Beweinung Christi des Rogier van der Weyden

(Madrid, Prado, s. Erwin Panofsky, Early Netherlandish Painting, Harvard 1953, Pl. 176, Fig. 314) tradieren. Das Ansammeln und Vereinigen verschiedener gängiger Darstellungstypen zeigt sich allein schon in der Wahl der ikonographischen Vorlagen und deren variierender Anwendung. Bei den beiden Schächern ist die – traditionelle – Darstellung des Entweichens der Seele dargestellt: links die Aufnahme der Seele in Gestalt eines Kindes durch eine aus einer in hellem Reflexlicht leuchtenden Wolkenpartie als Zeichen der Erlösung, rechts durch die Gestalt einer Aktfigur mittels Erfassung durch ein Greifenmonster als Zeichen der Verdammnis. Longinus, rotgewandet und auf dem Pferd in Profilansicht reitend zwischen dem linken Schächer und dem Kreuz Christi dargestellt, dessen Lanzenstich von einem bildauswärts hinzureitenden, blaugewandeten Soldaten geführt wird, bildet den Gegenpol zu den disputierenden Reitern rechts.

Ähnlich dem Magdalenen-Motiv kommt auch das Schwamm-Motiv mehrfach vor: So hält der – als Landsknecht gekleidete – Soldat, an der Terrainstufe bei den Trauernden lehnend, den auf einer langen Stange befestigten Schwamm, der Bottich mit Essig steht neben ihm. In der Gruppe der um den Mantel Jesu würfelnden Soldaten im Vordergrund rechts ist ein bildauswärts schreitender Gehilfe beschäftigt, Schwamm und Essigbottich zu bringen; seine Handlung scheint durch das Zuschauen beim Würfelspiel unterbrochen zu sein. Auch der Reiter mit Turban in der Gruppe im Vordergrund links hält einen Kessel, der mit der von den Soldaten vermeinten Evangelien-Textstelle, man möge Jesu zu trinken geben, in Beziehung gebracht werden könnte. In der gleichen Gruppe ist – bildauswärts gewendet – ein bärtiger Greis mit hoher roter Mütze und mit dunklem Mantel mit breitem Hermelinkragen dargestellt, der eine Schriftrolle – das Todesurteil – hält, wie dies in der Kreuztragung (am linken Innenflügel) der reitende Greis mit pelzkrempiger Mütze hält.

Der rechte Innenflügel zeigt den Ostermorgen: im Vordergrund die Begegnung Christi mit Maria Magdalena, wobei Christus das für die Auferstehung charakteristische Attribut der Kreuzfahne hält. Die Gartenschaufel spielt auf die von Maria Magdalena vermeinte Annahme der Begegnung mit dem Gärtner an. Im Mittelgrund des Bildes befinden sich die schlafenden Wächter und der Engel am leeren Grab. Im Hintergrund, vom Grab durch eine Felskulisse getrennt, sind zwei trauernde Frauen, den mäandrierend zum Grab (und weiter bildauswärts) führenden Weg kommend, gegeben. Drei Geschehnisse des Ostermorgens sind simultan dargestellt, wobei die zeitliche Abfolge glaubwürdig ist: Der bereits Auferstandene, der das leere Grab mit dem Engel und den Schlafenden zurückläßt, begegnet – als sich die beiden trauernden Frauen aus der Ferne nähern – bereits Maria Magdalena.

Unter den mit diesem gemalten Altartriptychon in enger Beziehung stehenden Zeichnungen sind die vier die Außen- und Innenflügel betreffenden im Städel'schen Kunstinstitut in Frankfurt am Main ein deutlicher Hinweis von der Abkehr der ursprünglichen Ikonographie: Anstelle des Noli me tangere war nur die Darstellung des durch das Gewand breit ausladenden Auferstandenen in beherrschender Frontalansicht vorgesehen. Zu dem dichtgedrängten Figurengewühl der Kreuztragung im linken Innenflügel wäre die Einzelfigur Christi im rechten Innenflügel in markantem Kontrast gestanden. Die Abnahme der Spannungsintensität wäre von links nach rechts erfolgt und hätte in der lockeren Verteilung der Figurengruppen im weiträumigen Ambiente der Kreuzigungstafel einen vermittelnden Faktor gehabt. Diese – vorgesehene, im gemalten Werk jedoch nicht verwirklichte – Herausschälung des Auferstandenen im Gesamtblick auf den geöffneten Zustand des Altares hätte nicht nur im Alleinsein Jesu dessen Erscheinen nach der Auferstehung nur vor den Seinen (und „nicht vor allem Volk") betont, sondern die Entwicklung zur monumentalen Einzelfigur innerhalb einer Bildfolge als künstlerisches Darstellungsphänomen erbracht. Wenn im gemalten Werk die Figurenkomposition zuungunsten der genannten spannungsgeladenen Gegenüberstellung an Figurenkompositionen gelockert ist, so bleibt thematisch der Akzent auf das Erscheinen Jesu nach der Auferstehung nur vor den Seinen, trotz der Änderung des Themas am rechten Innenflügel, gewahrt. Die Zuordnung des Auferstandenen zu Maria Magdalena wirkt wie eine parallelverschobene, wohl aber in der Haltung veränderte Paraphrase der Anordnung Christi und Veronikas in der Kreuztragung, was auf eine symmetrisierende, austarierende Kompositionsweise im geöffneten Zustand des Triptychons hinweist.

KUNSTHISTORISCHE EINORDNUNG

Deutet schon das Vermengen verschiedener Figurentypen zum selben Motiv, wie eine ikonographische Analyse ergibt, auf ein wenig streng gehandhabtes Zurückgreifen auf ein reichhaltiges Formen- und Vorlagenreservoir, so kommt dies erst recht bei einer stilkritischen Auseinandersetzung mit diesem Werk zum Tragen.

Die Darstellungstendenz der monumentalen Einzelfigur, die ursprünglich auch auf dem rechten Innenflügel Niederschlag hätte finden sollen, ist in der Gestaltung der Außenflügel in unvergleichlich stärkerem Maße vollzogen, was durch die thematische Voraussetzung auch begünstigt war. Die nach vitruvianischen Prinzipien erfolgte „Konstruktion" der Aktfigur des hl. Sebastian mit seiner Frontalansicht des Körpers und der Wendung des Gesichtes zu einer reinen Profilansicht und dem leicht aus dem Bild gerichteten Blick erfolgt nach der gleichen Methode wie die Adamsfigur in Albrecht Dürers Stich „Adam und Eva", was in der Städel'schen Zeichnung noch deutlicher festzustellen ist (s. E. Panofsky, op. cit., 1915, S. 82), weshalb die Außenflügel in der älteren diesbezüglichen Literatur sogar als „unbestrittene" Arbeiten Dürers angesehen wurden (s. Ulrich Thieme, op. cit., S. 26). Auch der in leichter Seitwärtswendung gegebenen Figur des hl. Rochus mit dem mächtigen Kopf und der breit ausladenden Draperie ist eine Monumentalität eigen, wie sie nördlich der Alpen sonst nur im bildhauerischen Schaffen des Veit Stoß vorzufinden ist. Die vergröbernden späteren Übermalungen reduzieren die ursprüngliche Wirkung dieser Figur erheblich: Die Gesamtkomposition wie auch die malerisch anspruchsvolle Durchgestaltung des Bartes künden – ebenso wie die von seidiger Wirkung geprägte Wiedergabe der Haare Sebastians – von der Qualität der originalen Malerei. Im Vergleich zu den Pinselzeichnungen im Städel'schen Institut in Frankfurt/Main ist bei der Wiedergabe der Anatomie die Formulierung der muskulösen Oberflächengestaltung im Tafelbild wesentlich kontrastärmer, und es fehlt vor allem die in der Zeichnung angedeutete starke Betonung von Glanzlichtern, die eine gesteigerte Wirkung der Figur in der Atmosphäre erbracht hätte. Eine Kopie nach Dürers Stich „Adam und Eva", die vielleicht von Schäufelein stammt, befindet sich in Berlin (s. Strauss, op. cit., Vol. 2, S. 878). Nachdem Edmund Schilling, wie Winkler berichtet, in der Zeichnung zum Rochus des Städel'schen Institutes eine kaum lesbare Signatur, die vielleicht von Schäufelein stammte, entdeckte, deutete Winkler diesen Schriftzug als Hinweis auf den Eigentümer (s. Strauss, op. cit., Vol. 2, S. 878). Dies spräche für eine Ausführung des Altarwerkes nach Dürers Entwurf durch Schäufelein. Diese beiden übrigen Zeichnungen im Städel'schen Institut, die sich mit diesem Triptychon in enge Verbindung bringen lassen, werden nicht unbedingt als eigenhändige Arbeiten Dürers angesehen, jedoch als unter dessen Aufsicht entstandene interpretiert (s. Strauss, op. cit., Vol. 2, S. 876) und stellen möglicherweise ein Reduktionsprodukt eines – nicht erhaltenen – Entwurfes Dürers für diesen Altar dar. Die Vielzahl eigenhändiger und die – kaum kleinere – Zahl nachgezeichneter Vorstudien mögen im ausgeführten Triptychon zu Kombinationen heterogener Entwurfstadien geführt haben. Daß beispielsweise die Physiognomie des Johannes in der Kreuztragung formelhafter wiedergegeben ist als in der Kreuzigungsszene, ist zweifellos auf die Mitarbeit von Gehilfen zurückzuführen; überhaupt ist die Frage der Hände-Scheidung in diesem Werk noch nicht einmal versucht worden. Andererseits sind Unterschiede in der malerischen Wiedergabe der gleichen Figuren in den einzelnen Szenen nicht a priori als das Produkt „verschiedener Hände" zu erklären: Christus in der Kreuztragung weicht in der Formulierung seiner Gesichtszüge wie auch in der Haar- und Barttracht erheblich von der – annähernd gleich großen – Darstellung in der Noli-me-tangere-Szene ab. Da keine qualitativen Diskrepanzen bestehen – die anspruchsvolle Differenzierung von belichteten und beschatteten Zonen an der rotbemäntelten Aktfigur Christi und nicht zuletzt die Glanzlichter auf den Detailrealismen (die Mantelschließe!) –, lassen sich die bestehenden Unterschiede auf die heterogene Auswahl der Vorlage zurückführen.

Die Komposition der Kreuztragung findet sich sowohl in der Wahl des Ausschnittes des Geschehens wie auch in der Formulierung der räumlichen Begrenzung – das Stadttor, die Stadtansicht und der hinter dem Torstrebepfeiler aufragende Baum – in der themengleichen Szene in der „Grünen Passion" Albrecht Dürers (Wien, Albertina, s. Strauss, op. cit., Vol. 2, S. 806) von 1504. Im Vergleich zum ausgeführten Bild ist in der entsprechenden Entwurfzeichnung bei Städel durch den höher angenommenen Blickpunkt und die tiefere Lage des Horizontes das Szenarium in der Zeichnung von gesteigert raumhaltiger Wirkung geprägt. Durch die Streckung der Figuren von Veronika, Christus und der zentralen Reiterfigur bei der Kreuztragung tritt im Tafelbild eine weitere raumfeindliche Veränderung gegenüber der Städel'schen Zeichnung ein. Das breite Ausladen der Haltung des Oberkörpers dieser Reiterfigur wie auch das geringere Herausragen der Lanzen, ferner das Näherrücken der Christusfigur in der Aufteilung der Bildebene, sogar Details wie die in orthogonaler Projektion wiedergegebene Hutkrempe tragen mit dazu bei, daß die Reiterfigur in der Zeichnung dominanter wirkt als im Tafelbild.

Die Darstellung des Kalvarienberges in der Mitteltafel ist eine Komposition von Bildgestaltungen, wie sie in mehreren variierten zeichnerischen Studien festgehalten und Derivate einer Skizze Albrecht Dürers für eine große Darstellung des Kalvarienberges sind. Diese Zeichnung zum „Großen Kalvarienberg" (Florenz, Uffizien, s. Strauss, op. cit.,

Vol. 2, S. 846) von Albrecht Dürer, 1505, gibt eine Vorstellung von der nicht in Tafelmalerei ausgeführten Gestaltungsidee Dürers zu diesem Thema: Die bildeinwärts ansteigende Erhebung bietet eine Fülle dichtgereihter und detailfreudiger Darstellungen, die sich zu einem Figurengebäude türmen und in der Darstellung der Kreuzigung mit hoch über den landschaftlich formulierten Horizont aufragenden Kreuzen, Lanzen und Leitern gipfeln. Synchron mit diesem Anstieg der Gestaltungsdichte in der Berücksichtigung der Planimetrie der Bildfläche ist in dieser Zeichnung auch die bildeinwärts und höhenwärts abnehmende Dimensionierung der Figuren nach perspektivischen Aspekten gegeben. In Kenntnis der von Dürer eigenhändig ausgeführten Ölbilder kann man eine entsprechende Betonung spezifisch atmosphärischer Werte bei der Umsetzung von der zeichnerischen Studie in die malerische Wiedergabe erwarten. Eine Skizze zu einem kleineren Kalvarienberg (Florenz, Uffizien; vgl. Strauss, op. cit., Vol. 2, S 848), gleichfalls von 1505, bildete die unmittelbare Vorstufe für das Fragment zum kleinen fragmentierten Kalvarienberg, der engste Übereinstimmungen mit der Kreuzigungsgruppe des Ober-St. Veiter Altares aufweist (Basel, Öffentliche Kunstsammlungen; vgl. Strauss, op. cit., Vol. 2, S. 850): Die Art der Anordnung und die Formulierung der Leitern und der Lanzen entsprechen ebenso wie die seitliche Anordnung der trauernden Anhänger Christi. Maria Magdalena umarmt – in der Zeichnung allerdings in einer zum Tafelbild spiegelverkehrten Haltung – den Kreuzbalken, eine der Trauernden stützt sich ähnlich auf die Terrainstufe auf wie die hellblau gewandte Frau links; in der Zeichnung jedoch ist vor ihr ein Tuch (das Leichentuch Christi) ausgebreitet. Die den Kreuzbalken umarmende Maria Magdalena kehrt in einer gleichfalls von der Forschung in das Jahr 1505 datierten Skizze wieder (Stuttgart, Kupferstichsammlung; vgl. Strauss, op. cit., Vol. 2, S. 852), die auch mit dem Ober-St. Veiter Altar die Stadt am Meer wie auch die bergige Landschaft des Hintergrundes sowie die gesamte Landschaftskomposition und die Formulierung der Reiter im Vordergrund gemeinsam hat. Eine technisch anspruchsvolle Federzeichnung, die durch mittels Bürste aufgetragenen, lasierenden Weißhöhungen auf graublauem Papier gleichfalls das Thema zum Kalvarienberg zeigt und ⟨AD⟩ bezeichnet ist (Basel, Öffentliche Kunsthalle; s. Strauss, op. cit., Vol. 2, S. 880), kommt im Motiv-Repertoire dem Ober-St. Veiter Altar am nächsten, wenngleich ihre Datierung problematisch ist. Dörnhöffer (op. cit., 1905, S. 46) stellte als erster die Wiederverwendung von Motiven aus anderen Werken Dürers fest: Der Reiter links unten kommt beim Reitenden Georg Dürers (1505 begonnen, 1508 – nach Unterbrechung – vollendet), der anschließende Berittene (in Rückenansicht gegeben) kommt in der Kreuzigungsszene der „Großen Passion" vor, während der reitende Orientale (links vom Kreuz, im Ober-St. Veiter Altar als Longinus interpretiert) aus dem Stich „Fünf Landsknechte und ein Orientale zu Pferd" stammt, der lanzenführende Landsknecht daneben findet sich hingegen in der „Ecce Homo"-Szene der „Großen Passion". Daraus schloß Dörnhöffer, daß die Zeichnung den Ober-St. Veiter Altar und den Stich „Hl. Georg zu Pferd" zur Voraussetzung habe, und datiert sie um 1510. Flechsig (op. cit., s. Strauss, op. cit., Vol. 2, S. 880) bezeichnet das Blatt als eine genaue Studie für den Altar und bezeichnet es als die Arbeit eines engen Mitarbeiters Dürers. Mit der Begründung, Dürer wiederhole sich nie selbst, schreibt er das Blatt Dürer ab. Winkler datiert das Blatt um 1505 und vor den Altar, Tietze vermutet eine Kopie nach dem Altar, Panofsky schließt sich dieser Meinung an und datiert das Blatt aufgrund zeichnerischer Unterschiede später als die vier Zeichnungen zu den Flügelbildern bei Städel. Auch Strauss (op. cit., Vol. 2, S. 880) datiert diese Basler Zeichnung in das Jahr 1505 und bezweifelt aufgrund der zahlreichen Wiederholungen Dürerischer Bildgedanken die Autorschaft des Meisters selbst. Die Figurenkomposition stimmt bis in Details überein, nur die spielenden Hunde in der Zeichnung sind im Bild auf der Mitteltafel und auf dem linken Innenflügel getrennt angeordnet. Sowohl der Totenkopf als auch der in der Grube den Kopf aufstützende Soldat, die Verplankung bei der Grube und die nächst der Grube auf Lanzen sich stützenden Landsknechte stimmen mit der Zeichnung überein. Eine weitere, in ihrem Entstehungsprozeß umstrittene Kalvarienberg-Zeichnung weist zumindest in der Kreuzigungsgruppe Analogien zum Ober-St. Veiter Altar auf (Wien, Albertina; s. Strauss, op. cit., Vol. 3, S. 1262), wobei auch die zu diesem Zyklus gehörige Kreuztragung (Wien, Albertina; s. Strauss, op. cit., Vol. 3, S. 1260) Ähnlichkeiten zum Triptychon hat: Die Haltung des kreuztragenden Christus ist ähnlich formuliert, nur daß Christus von der Architektur (ein Stadttor in Renaissanceformen) und von einem Reiter (der dem als Repoussoirfigur gegebenen Reiter im Mittelbild des Ober-St. Veiter Altares ähnlich ist) eingeklemmt wirkt; spiegelverkehrt zur Veronika-Figur des Altarflügels befindet sich in der Zeichnung die Darstellung eines Spötters. In der Kalvarienbergszene der Albertina-Zeichnung stimmt die Kreuzigungsgruppe mit dem Altar überein, nur die Leiter ist statt beim linken beim rechten Schächer plaziert, zwischen dem linken Kreuz und dem Kreuz Christi ist in der

Zeichnung ein Baum dargestellt. Durch die formale Nähe zum Ober-St. Veiter Altar vermutet Winkler die Entstehung dieses Teiles der Zeichnung um 1505, während der untere Teil, der die Jahreszahl 1511 nennt, erst später hinzugefügt worden sei. Tatsächlich fehlen im unteren Bereich der Zeichnung die Reiter, die Anhänger Christi sind links, die Verfolger rechts dargestellt, die den Mittelgrund beherrschende Grube (Einfluß von Mantegnas Predellen-Bild für San Zeno in Verona, Paris, Louvre) könnte (laut Koschatzky und Strobl) zu einem Neuarrangement der Komposition geführt haben. Diese Zeichnung als Studie für einen Kupferstich anzusehen, lehnte Panofsky mangels Spiegelbild-Kompositionsprinzipien ab (s. Strauss, op. cit., Vol. 3, S. 1262).

Der bildauswärts orientierte geharnischte Reiter mit erhobenem Kommandostab auf einem sich aufbäumenden Pferd, dessen Kopf zur Seite – in eine reine Profilansicht – gewendet ist, mag von dem Modell Leonardo da Vincis für sein – nicht ausgeführtes – Sforza-Monument in Mailand inspiriert sein.

Wenn auch der stark gedunkelte Firnis räumliche Differenzierungswerte in der Oberflächengestaltung des landschaftlichen Grundes weitgehend einschränkt, so ist dennoch zu erkennen, daß der ausführende Maler nur entfernt einer großzügig durchgestalteten Landschaftskomposition zu folgen imstande war. Die Formulierung des landschaftlichen Terrains in seiner Tiefenerstreckung mittels einander optisch überschneidender Landschaftsmotive zu erreichen, findet sich im 1515 datierten Wandgemälde in der Bundesstube des Rathauses von Nördlingen, das die Geschichte von Judith und Holofernes zeigt. Ebendort ist auch die in der Kreuzigungsszene des Ober-St. Veiter Altares in weite Ferne entrückte Stadtansicht wieder zu finden. Auch das optische Absetzen figuraler Gruppen (die trauernden Anhänger Christi, die Reiter im Vordergrund links, die um den Mantel Würfelnden rechts) in der Kreuzigungstafel charakterisiert die Gruppe der Frauen im Judith-Holofernes-Bild links (s. U. Thieme, op. cit., Tf. I).

In der Figurenwiedergabe ist, sowohl in der Haltung als auch in den Proportionen und im Versuch, tiefenräumliche Illusion zu erzielen, die enge Anlehnung an Dürerische Bilderfindungen zu erkennen. Auch die Charakterisierung spezifisch stofflicher Werte – etwa der stumpfe Glanz von Samtpartien in einzelnen Kostümen – zeigt den Eifer, sich an Dürers Malweise zu schulen. Das Fehlen jeglicher verfeinerter Abstufung, sowohl in der räumlichen Komposition als auch in der Artikulierung der Detailformen, wie vor allem das Fehlen atmosphärischer Werte zeugen von Gehilfenarbeit. Einzelne Gesichter begegnen tatsächlich im späten Œuvre Schäufeleins wieder, so daß – auch hinsichtlich der Ähnlichkeit zu seinen frühesten eigenen Kompositionen – Hans Leonhard Schäufelein als ausführender Maler unter Kompilation von Entwürfen Dürers und solcher aus dessen Werkstatt in Betracht zu ziehen ist. Sowohl das Altarwerk als auch die Zeichnungen sind undatiert. Aufgrund der erst seit 1507/08 nachweisbaren Art der Bänderung des sächsischen Wappens (oben schwarz, unten weiß) setzte Flechsig das Werk 1508/11 an. Die Zeichnungen, deren Wappenschilder leer sind, müßten aufgrund der genannten Analogien zu Dürer-Werken der Zeit um 1505 auch in diesen Zeitraum datiert werden.

Infolge seiner im Herbst 1505 angetretenen zweiten Italienreise überließ Dürer offenbar die Ausmalung des Werkes seinem Schüler Schäufelein. Da dieser Nürnberg 1507 verließ, muß das Werk spätestens bis dahin fertiggestellt gewesen sein. Während seiner Arbeit konnte er die neue Bänderung des Wappens kennengelernt haben. In den angedeuteten Unterschieden zu den Zeichnungen wird im Altarwerk der Anteil des ausführenden Malers faßbar.

Literatur:
Hans Tietze, ÖKT, II, S. 198 ff., Wien 1908, XVI–XVIII. – F. Dörnhöffer, Flügelaltar von Hans Schäufelein i. d. Eb. Sommerresidenz zu Ober-St. Veit (Jahresgabe d. Vereins zum Schutze u. zur Erhaltung der Kunstdenkmäler Wiens und Niederösterreichs, 1906). – Derselbe, Besprechung v. W. Weisbach, „Der junge Dürer", in Kunstgeschichtlicher Anzeiger 3, 1906, S. 199 ff. – Martin Weinberger, Nürnberger Malerei an der Wende zur Renaissance u. d. Anfänge der Dürerschule, Straßburg 1921 (Studien z. deutschen Kunstgeschichte 217), S. 215 ff. – Ernst Buchner, Der junge Schäuffelein als Maler und Zeichner (Friedländer Festschrift zum 60. Geburtstag), Leipzig 1927, S. 61 ff. – Helmut Wallach, Die Stilentwicklung H. Schäuffeleins I, München 1929. – Hans Tietze – Erika Conrat, Kritisches Verzeichnis der Werke Albrecht Dürers, I, S. 106, Nr. A 30, 117 ff., Nr. 82, A 85 bis A 88. – Friedrich Winkler, Dürer, 1928 (Klassiker der Kunst 4), S. 94 ff. – Derselbe, Die Zeichnungen Albrecht Dürers, Bd. 2, S. 44 ff., Nr. 319–323, Berlin 1936–1939. – Derselbe, Die Zeichnungen Hans Süss von Kulmbachs und Hans Schäufeleins, Berlin 1932 (Denkmäler deutscher Kunst), Nr. 3. – Derselbe, Albrecht Dürer, Leben und Werk, Berlin 1937, S. 176. – Erwin Panofsky, Albrecht Dürer, Bd. 2, Nr. 7, 476, 479–482, Princeton 1948. – M. Thausing, Dürer, Geschichte seines Lebens und seiner Kunst, Leipzig 1884. – Ulrich Thieme, Hans Leonhard Schaeuffeleins malerische Tätigkeit, Leipzig 1892. – Walter L. Strauss, The complete Drawings of Albrecht Dürer, New York 1974, Vol. 2, 3. – Sonja Weih-Krüger, Der Ober-St. Veiter Altar des Hans Schäufelein im Wiener Dom- und Diözesanmuseum, in Kunst-Spiegel, Zeitschrift für Kunst und Kunstgeschichte, Heft 4, 3. Jahrgang, Nürnberg 1981, S. 298 ff. – Dieselbe, Hans Schäufelein - Die Zeit vor seiner Niederlassung in Nördlingen 1515, Nürnberg 1986.
Kataloge:
Führer durch das Eb. Dom- und Diözesanmuseum, Wien 1934, 1941, 1946. – Meister um Albrecht Dürer, Nürnberg 1961, Nr. 29/30, Abb. 57. – Sammlungskatalog des Eb. Dom-und Diözesanmuseums, Wien 1973, Kat.-Nr. 54.

Prot.-Nr. L–59 *Abb. 197*

Ölmalerei auf Holztafel

Maße: Hochformat:
      112 × 72 cm (ohne Rahmen)
      143 × 100 cm (mit Rahmen)

Leihgabe des Erzbistums

PROVENIENZ

Analog dem Ober-St. Veiter Altar (Kat.-Nr. 69) und der Serien gotischer Tafelbilder (Kat.-Nr. 60,62) stammt auch dieses Tafelbild aus dem Erzbischöflichen Sommerschloß in Ober-St. Veit (der ehemaligen Propstei St. Veit an der Wien, heute Wien XIII), ohne daß eine Überlieferung, wie diese Bildwerke dahin gekommen wären, bekannt ist. Über die ursprüngliche Herkunft und die originale Bestimmung konnte erst kürzlich Klarheit gewonnen werden, da es bis vor kurzem noch nicht gelungen war, das Wappen des dargestellten Stifterpaares zu identifizieren.

Das Wappen des dargestellten Stifterpaares konnte von Dr. Richard Perger, Wien (lt. Mitteilung in der Korrespondenz), als das des Wiener Ratsbürgers Paul Vinck, das auf einem Siegelabdruck an einer Urkunde vom 7. Februar 1492 überliefert ist, identifiziert werden. Er erwarb 1487 das Wiener Bürgerrecht und dürfte demnach von auswärts zugewandert sein. 1489 heiratete er Anna, Witwe nach dem Wiener Bürger und Greißler Niklas Trautfelder und Tochter des Wolfgang Heckl. Durch diese Heirat wurde er Mitbesitzer eines Hauses am Hohen Markt in Wien. 1504 starb seine Frau kinderlos, er erbte den Besitz und verkaufte ihn im selben Jahr. Fortan lebte er als Mieter in dem vor dem Schottentor gelegenen Hof des Augustiner-Chorherren-Stiftes Klosterneuburg, nach seinem 1510 erfolgten Tod wurde er zu St. Stephan bestattet, sein Grabmal war dort 1630 noch zu sehen. Seit 1505 gehörte er auch der Gottsleichnamsbruderschaft zu St. Stephan an. Wahrscheinlich ist dieses Tafelbild Teil eines gemalten Epitaphiums, das – vielleicht bald nach dem Tod seiner Frau – im Auftrag von Paul Vinck für den Stephansdom gemalt wurde. Da das Wappen einen Vogel in Gestalt eines Finken zeigt, ist es als ein „sprechendes" Wappen zu bezeichnen. Vermutlich gelangte die Tafel nach einer der Barockisierungen in der Ausstattung des Domes in das Schloß Ober-St. Veit. Sollte das Wappen tatsächlich das des Paul Vinck sein, so kommt eine zeitliche Ansetzung der Malerei nach dessen Tod von 1510 nicht in Betracht, vielmehr liegt die Vermutung, das Bild sei nach dem Tod seiner Frau (1504) und vielleicht anläßlich seines Eintrittes in die Gottsleichnamsbruderschaft (1505) entstanden, nahe.

ERHALTUNGSZUSTAND

Der profilierte Eichenrahmen ist eine Zutat des 19. Jahrhunderts und gleicht dem des Ober-St. Veiter Altares. Die Malerei selbst ist – wie eine Betrachtung unter UV-Licht zeigt – von einem dichten, engmaschigen „Netz" von Retuschen übersät. Geringe Rißbildungen in der Holztafel haben die Malschicht bislang nur geringfügig in Mitleidenschaft gezogen.

IKONOGRAPHIE

Das Zentrum der Darstellung bildet die Verspottung Christi im Richthaus des Pontius Pilatus. Die Grundlagen für die bildlichen Darstellungen zu Szenen der Verspottung Christi bilden die Evangelientexte bei Matthäus 27,28–30, Markus 15,17–19 und Johannes 19,2,3, wo jeweils von der Dornenkrönung berichtet wird, und weiters Motive der Verspottung im Haus des Hohen Rates vor dem Hohenpriester Kaiphas, die bei Johannes 18,24, Markus 14,65 und Lukas 22,64 vermerkt sind. Letztere ist, der Chronologie der Ereignisse folgend, als die „erste Verspottung", die im Haus des Pilatus als „zweite Verspottung" zu bezeichnen. Diese letztgenannte ist als selbständiger Bildgegenstand erst seit dem ausgehenden Mittelalter mehrfach nachweisbar (s. Gertrude Schiller, Ikonographie der christlichen Kunst, Gütersloh 1968, 2. Bd., S. 68 f.). Drei Charakteristika, die die erste – seltener dargestellte – Verspottung von der zweiten unterscheiden, bestehen in den verbundenen Augen oder dem verhüllten Haupt Christi (in der ersten), während in der

Szene vor Pilatus (also in der zweiten) das Gesicht Christi frei ist; weiters in den gefesselten Händen (in der zweiten hält Jesus – dornengekrönt – ein Schilfrohr als Zepter); schließlich sind bei der ersten Verspottung keine römischen Soldaten anwesend (s. Louis Réau, Iconographie de l'art chrétien, Paris 1957, Vol. 2, S. 447).

In dem dargestellten Tafelbild sind Motive beider in den Evangelientexten überlieferten Verspottungsszenen vereinigt, wobei noch weitere Passionsmotive hinzukommen: Jesus hält den traditionell der zweiten Verspottungsszene zugehörigen Schilfstengel als Zepter. Er ist von sechs Spöttern umgeben, die ihrer individuellen Kleidung wegen nicht als römische Soldaten anzusehen sind und demnach genuin der ersten Verspottungsszene angehören. Die Darstellung der Augenbinde (vgl. Ulmer Holzschnitt aus der Zeit um 1470, s. E. Gaál, op. cit., S. 5, Abb. 2, aus: R. Muther, Die deutsche Buchillustration der Gotik und der Frührenaissance, 1460–1530, München 1922, 2. Bd., Tf. 59) hat ihre literarische Quelle in dem von Anselm von Canterbury verfaßten spekulativen Dialog (wiedergegeben in den Meditationen des Jean de Fécamp, 11. Jahrhundert), wo dieses Detail ausdrücklich erwähnt wird („Tunc velaverunt oculos eius tamquam ferris; quod tamen nulli fit, nisi prius condemnetur"). Die Auswirkung dieser Textstellen zum Thema der Passion Christi und zu den entsprechenden Gefühlsregungen Mariens auf bildliche Fassungen in der hoch- und spätmittelalterlichen Kunst wird noch eingehenderer Studien bedürfen. Der sitzend dargestellte dornengekrönte Christus (als solcher – laut G. Schiller, s. op. cit. – von Giotto in der Arena-Kapelle in Padua dargestellt, der in der Folge den stehend dargestellten aus der Szene vor Kaiphas auch nördlich der Alpen ab dem 14. Jahrhundert allmählich verdrängt hat) wird im ausgestellten Tafelbild von den Spöttern mittels Hornblasen, Posaunen, ausfahrender Gesten und sonstiger Spottbezeigungen malträtiert. Die realistische Darstellung von Roheit und Leiden erreicht in der deutschen Kunst um 1500 ihren Höhepunkt (s. G. Schiller, op. cit., S. 82 f.). Die Trompeten- und Hornbläser erscheinen in diesem Thema ab dem 13. Jahrhundert nördlich der Alpen meist einzeln und Jesus direkt ins Ohr blasend (s. J. H. Marrow, Passion iconography in northern european art of the late middle ages and early renaissance, Brüssel 1979, S. 154).

Der im Vordergrund des Tafelbildes in Profilansicht sitzend Dargestellte windet die Dornenkrone, Geißelruten liegen wie Requisiten um ihn. Unter dem Einfluß der Passionsspiele des 14. Jahrhunderts, wo vom Evangelientext unabhängige, anekdotische Motive eingefügt wurden – wie die Figur, die während der Geißelung wiederholt neue Geißeln bindet –, gelangten derartige figurale Motive auch in die bildende Kunst des 15. und 16. Jahrhunderts (siehe Emile Mâle, L'art et le théâtre religieux, in L'art religieux de la fin du moyen âge en France, Paris 1925, S. 35 f. und 64). Von der der Dornenkrönung vorangehenden Geißelung ist in der Darstellung des Tafelbildes nichts direkt zu bemerken, Christus wird „lediglich verspottet", aber von keinem der Spötter tätlich angegriffen. Die Krone wird – scheinbar schwebend – von einem Spötter über dem Haupt Christi gehalten, gleichsam als ein Innehalten im Akt der „Krönung". Die Krone selbst hat vier hohe, am oberen Ende zusammengebundene Bügel – ein ähnliches Kronenrequisit findet sich an den Außenfresken aus dem dritten Viertel des 15. Jahrhunderts am südlichen Pastophorium des Albertinischen Chores des Wiener Stephansdomes (der ehemaligen Reliquienschatzkammer, dem sogenannten Winterchor). Christus, dessen trauriger Blick durch die textilische, transparente Augenbinde zu sehen ist, wird im Kontrast zu den bunt gewandeten Spöttern als stiller Dulder charakterisiert. Im Hintergrund links befinden sich drei nimbierte Gestalten, die sich in ihrem traditionellen Habitus sowie in der Formulierung wie eine tale-quale erfolgte Adaptierung aus einer Kreuzigungsdarstellung ausnehmen und als die vor Schmerz zusammensinkende Maria, Johannes Evangelist und die händeringende Magdalena zu interpretieren sind. Entgegen den Überlieferungen aus den Evangelien wurde unter den zusätzlichen Einflüssen seitens apokrypher Texte wie auch seitens der dem seligen Bonaventura zugeschriebenen „Meditationen" Maria in die ganze Passion vollends einbezogen („pendant toute la durée de la Passion, l'auteur des ‚Meditations' a sans cesse les yeux fixés sur la Vièrge" – s. E. Mâle, L'art religieux de la fin du moyen âge en France, Paris 1925, S. 35 f.). Gewiß haben die in Dialogform verfaßten meditativen Texte eines Anselm von Canterbury (s. Kat.-Nr. 77) die bildende Kunst ebenso beeinflußt wie das mittelalterliche Mysterienspiel. Als signifikantes Beispiel für die Interpolierung der Anhänger Christi in das Geschehen der Verspottung sei das im frühen 14. Jahrhundert entstandene Fresko aus dem Zyklus in der Kirche Santa Maria di Donna Regina in Neapel genannt.

Anekdotisch anmutende Details, wie der an einem (Kerker-)Gitter schnüffelnde Hund (eher eine detailrealistische Bereicherung in der gegenständlichen Charakterisierung des Richthauses als eine Anspielung auf das Verlies Johannes' des Täufers), beleben das Szenarium. Die beiden hinter Maria Magdalena stehenden Männer entstammen möglicherweise der Bildtradition der Beweinung Christi und wären demnach als Joseph von Arimathia und Nikodemus zu interpretieren (sie sind eher Derivate einer Beweinungsszene als während eines Passionsspieles auf ihren Auftritt wartende Akteure – siehe hiezu: A. Rohde, Passionsbild und Passionsbühne, Berlin 1926, S. 17 f., 26; J. E. Wackernell, Altdeutsche Passionsspiele aus Tirol, Quellen und Forschungen zur Geschichte, Literatur und Sprache Österreichs und seiner Kronländer I, Graz 1897, S. CLII f., CCXXVIII f., CCXXIX; A. Rosenauer, Zum Stil des Albrechtsmeisters, in Der Albrechtsaltar und sein Meister, hrsg. v. Floridus Röhrig, Wien 1981, S. 100).

Der den Mittelgrund optisch abschließende, von Ringen und Ketten umgebene Pfeiler ist als Geißelsäule interpretiert. Unter den sechs aus dem Doppelfenster des Oberstockes herabblickenden Männern ist einer sowohl in der Dimension seiner Wiedergabe als auch in der Kostümierung und mit seiner Krone besonders betont. In dieser Figur dürfte nicht Pontius Pilatus, sondern König Herodes gemeint sein: Dies zeigt eine weitere Verquickung von zeitlich weit auseinanderliegenden Momenten der Passion Christi. Auch die Loslösung Christi von der Geißelsäule – er ist nicht an diese gebunden und sitzt statt dessen zwischen zwei Bronzekandelabern – ist für die Ikonographie dieses Bildes symptomatisch, indem zeitlich nicht zusammenhängende Motive aus der Passion Christi gleichsam attributartig in von Andachtsbildcharakter geprägten gestalterischen Tendenzen miteinander vereinigt werden und durch anekdotische Motive der Eindruck einer vielfigurigen theatralischen Szene vermittelt wird.

Diese zuletzt angedeutete beobachtete Feststellung findet auch ihre thematische Verankerung mit der Funktion des Bildes durch die Einbeziehung des Stifterpaares. Wie in der Ableitung des Typus, der für das Geus-Epitaphium (vgl. Kat.-Nr. 64) prägend wurde, aufzuzeigen versucht wurde, ist die Kombination des gemarterten, von Schmerzen gepeinigten Christus mit den Stiftern eine späte Erscheinungsform der mittelalterlichen Kunst. In seiner Isolation aus dem narrativen Geschehen wirkt der nach der Geißelung zur Dornenkrönung bereitete Christus wie ein Vertreter des Andachtsbildtypus des Christus in der Rast. Auch die sockelartige, truhenähnlich formulierte Sitzbank Jesu erweckt Assoziationen an das Grab Christi und somit an das Andachtsbildmotiv des im Grab stehenden – oder am Sarkophag sitzenden – Schmerzensmannes. Trotz des figurenreichen Szenariums ist auch bildkompositionell eine gestaltprägende Beziehung zwischen den Adoranten der Stifter am untersten, äußersten Bildrand und dem Motiv des andächtig Anzubetenden, dem verspotteten Christus, entsprechend akzentuiert.

BESCHREIBUNG

Die Dominanz des dargestellten Hauptraumes und dessen proportionales Verhältnis zu den angrenzenden Nebeninterieurs – die sich sowohl bildeinwärts als auch nach rechts erstrecken – wie auch der Versuch der Darstellung realer Gegebenheiten bei der Abstimmung der Dimensionen der Räume zu denen der Figuren zeugen von der Absicht, eine empirisch erfaßte Gesamtkomposition darzustellen. Der Blickwinkel ist so gewählt, daß jeweils die rechten Seitenwände des Raumes einzusehen sind, während von den linken bestenfalls die vordersten Kanten zu sehen sind. Diese Darstellungsweise des Raumkompartiments ist seit Donatellos Relief der Salome-Szenen am Taufbrunnen des Baptisteriums im Dom von Siena (1423–1427) geläufig (in der nacheyckischen Malerei ist sie durch Werke des Petrus Christus traditionell). Durch die Wahl des Blickpunktes sind auch Böden und Decken bzw. Gewölbe, zumindest teilweise, sichtbar. Der große, offensichtlich tonnengewölbt gedachte Hauptraum mündet im Erdgeschoß in einen Quertrakt, an den sich noch ein Raum schließt, dessen spitzbogige Tür die Existenz eines weiteren Raumes suggeriert. Dieser Raum des Quertraktes wie auch der darüberliegende Raum enthalten Längstonnen und sind holzgetäfelt, während der Hauptraum in seiner architektonischen Instrumentierung hinsichtlich der Farbigkeit von der Florentiner Frührenaissance (Massaccios gemalte Architektur des Dreifaltigkeitsfreskos in Santa Maria Novella) beeinflußt ist. Der Raum des Hintergrundes ist flachgedeckt. Der das Hochformat des Bildes begünstigenden Vertikaltendenz der Räume wirkt die horizontale Geschoßunterteilung entgegen, die ihrerseits jedoch den Einblick in eine Fülle von Nebenräumen ermöglicht. Durch Bogenstellungen, durch unterteilte Fenster (Biforien) wie auch durch Treppenläufe und Brüstungen wirkt die dargestellte Architektur einerseits leicht durchschreitbar, andererseits für die Separierung der Nebenschauplätze geeignet.

Neben Zitaten der Spätgotik finden sich in der Architekturdarstellung vorwiegend Detailformen der italienischen Renaissance. Im Vergleich zur intensiveren Farbigkeit der Figurengruppen ist die Architektur durch hellere Schattierungen auffallend. Trotz der Vielgestaltigkeit der Figurenkompositionen und trotz der lockeren Verteilung der Figuren im

Raum liegt ein Akzent auf der Figur des sitzenden Jesus, der im Verein mit dem nach der Mitte zu blickenden – das Geschehen im Raum selbst jedoch nicht betrachtenden – knienden Stifterpaar eine im „klassischen" Dreieck angeordnete autonome Figurenkomposition bildet.

STIL UND DATIERUNG

Die dominierende Darstellung des Raumes an sich und die Einordnung der Figuren in diesen verraten niederländischen Einfluß. Die Zitate italienischer Renaissancearchitektur-Motive sowie die Bronzekandelaber und Bronzefiguren sind vermutlich durch Stiche vermittelt worden. Das Zusammenwirken italienischer und niederländischer Elemente – wobei die Architekturformen zu dem vitalen Treiben der Figurengruppen kontrastieren – ist ein Charakteristikum, das Werke der Augsburger Malerei der Zeit um 1520 auszeichnet (Gaál). Die erwähnte Interpretation des Wappens gestattet jedoch nur eine Datierung in den Zeitraum von 1504 bis 1510, weshalb in diesem Tafelbild eine fortschrittliche frühe Phase dieser „Augsburger Malerei" zu erblicken wäre und den Status der Malerei in Wien zu Beginn des 16. Jahrhunderts um überregionale Komponenten erweitert.

Literatur:
Elfriede Gaál, Tafelbild „Verspottung Christi", Eb. Dom- und Diözesanmuseum Wien, Kat.-Nr. 53, Aufnahmearbeit 1984 am Institut für Kunstgeschichte der Universität Wien.

Kataloge:
Führer durch das Eb. Dom- und Diözesanmuseum, Wien 1934, 1941, 1946. – Sammlungskatalog des Eb. Dom- und Diözesanmuseums, Wien 1973, Kat.-Nr. 53.

| 71 | VIER TAFELBILDER MIT HEILIGEN MARTYRIEN, Meister der „Historia Friderici et Maximiliani", gegen 1520 |

Abb. 210–214

Inv.-Nr. 7–10

Temperamalereien auf Holztafeln

Maße: Hochformat: 63 × 44 cm

(differiert bei einzelnen Tafeln geringfügig)

PROVENIENZ

Der ursprüngliche Aufbewahrungsort ist nicht überliefert und konnte auch noch nicht ermittelt werden. Die Tafeln wurden dem Museum 1935 aus Wiener Privatbesitz geschenkt.

ERHALTUNGSZUSTAND

Eine der Tafeln weist auf der Rückseite figurale (stark beschädigte) Malereien auf (vor Firmamentgrund). Diese wie auch der Goldgrund der Vorderseite weisen die Tafeln als Altarflügel aus. Die übrigen drei Rückseiten wurden zu einem späteren Zeitpunkt entweder (etwa gelegentlich einer Entfernung einer späteren Übermalung) zerstört oder die Flügel auseinandergesägt, wobei die so entstandenen weiteren Tafeln mit der Bemalung der Rückseite (der ehemaligen Außenflügelseiten) verlorengingen. Die Rahmen sind nicht original.

IKONOGRAPHIE

Auf den vier Innenflügeln mit Goldgrund sind je zwei Szenen mit den Hll. Laurentius und Stephanus dargestellt: Almosenspende des hl. Laurentius und Martyrium des Heiligen auf dem Rost, der hl. Stephanus vor dem Richter und Martyrium des Heiligen durch Steinigung. Die Martyrien sind im freien Landschaftsraum dargestellt, während bei den anderen beiden Szenen zusätzlich architektonische Versatzstücke das Ambiente bestimmen. Von der traditionellen Ikonographie abweichend, werfen die Henkersknechte nicht mit Steinen nach dem Stephanus, sondern – ähnlich der Geißelung Christi – schlagen sie mit Keulen – wie sie Judas Thaddäus als Attribut hat –, die wie Steinwerkzeuge aussehen, auf ihn ein.

STEPHANUS VOR DEM RICHTER

Abb. 210

Die Szene ist auf seichter, bildparallel angeordneter Bildbühne dargestellt. Der Thronarchitektur (aus Requisiten wie Stufen, Thronwangen, Lisenen und Halbsäulen angegeben) mit dem Richter im Hintergrund links entspricht im Vordergrund rechts die Figurengruppe des Stephanus mit den Schergen, wobei Stephanus dominiert, da die Schergen jeweils zur Hälfte von ihm verdeckt sind. Der in der räumlichen Anordnung entrückt wirkende Richter wird durch seine Komposition wie auch in der koloristischen Behandlung als Gegenspieler des dominanten Heiligen im Vordergrund charakterisiert.

STEPHANUS-MARTYRIUM

Abb. 211

Das Geschehen der Steinigung ist im Vordergrund, vor einer Berglandschaft mit übersteigerter Luftperspektive, dargestellt. Der kniende Stephanus bildet mit seinem am Boden lang auslaufenden Gewand ein steiles Dreieck, zu dessen kürzeren Seiten (Katheten) die Haltungen der beiden Schergen parallel angeordnet sind. Die Drastik in den Physiognomien der Schergen geht mit der Charakterisierung ihrer Körperhaltung konform und kontrastiert zur Wiedergabe der Heiligenfigur. Durch das rote, chormantelähnliche Übergewand des Stephanus wird der Schwerpunkt der dreieckigen Figurengruppe auch im Kolorit akzentuiert.

ALMOSENSPENDE DES LAURENTIUS

Abb. 212

Vor einem Architekturdetail nächst dem linken Bildrand ist der Bettler wiedergegeben, während in der rechten vertikalen Bildzone drei der Tiefe und der Höhe nach gestaffelte Motive angeordnet sind: im Vordergrund der almosenspendende Heilige in vorgebeugter Haltung von pyramidenhafter Wirkung, dahinter – etwas gegen den rechten Bildrand zurückversetzt – eine männliche Figur in Profilansicht und dahinter – abermals etwas zurückversetzt – eine Anhöhe mit Schloß. Demnach verläuft vom oberen Eck des rechten Bildrandes eine abschüssige Linie, beim Schloß auf der Anhöhe beginnend und im spendenden Arm des Heiligen auslaufend. Diesem Linienzug wirkt die Vertikale des Architekturdetails links entgegen. Eine Differenzierung der Tiefe nach erfolgt im wesentlichen im Kolorit.

LAURENTIUS-MARTYRIUM

Abb. 213

In sanfter Landschaftskuppe liegt im Vordergrund der Heilige am Rost, dessen Ansicht etwas in die Bildfläche geklappt ist. Die Schergen sind in einer dem Rost gegenläufigen Diagonale (also bildeinwärts) angeordnet. Der nächst dem Betrachter (bildauswärts) angeordnete Scherge (mit gelber Kleidung) wirkt wie eine Rückenansicht des hinter dem Rost (bildeinwärts) stehenden (mit anders geschnittenem, roten Gewand).
Die Plastizität der Figuren nimmt nach der Bildtiefe im gleichen Maß ab, wie die Akzentuierung durch das Kolorit zunimmt, was beim Betrachten der Figuren, von der Repoussoirfigur ausgehend, bildeinwärts verfolgt werden kann.

KUNSTHISTORISCHE EINORDNUNG

Räumliche Differenzierung erfolgt durch das Kolorit und durch eine mittels der Lichtführung ermöglichte Modellierung, die sich einer flächenbetonten Bildorganisation einfügt. Ist die Anordnung der thematischen Hauptmotive in der vorderen Bildzone wie auch die geschichtete Figurendisposition (vor allem bei den Stephanus-Szenen und bei der Almosenspende des Laurentius) ein aus der ersten Hälfte des 15. Jahrhunderts in der österreichischen Malerei häufig angewendetes Prinzip, so ist die räumlich arrangierte Laurentius-Marter fortschrittlicher komponiert. Die mittels flüchtiger Farbstrichelung kompensierte, übertrieben wirkende Charakterisierung der Luftperspektive wie auch die ungleichmäßigen Farbmodulierungen zur Wiedergabe der Illusion von Stofflichkeit – namentlich in den Kostümen – sind ebenso typische Merkmale der Kunst im Donauraum des frühen 16. Jahrhunderts wie die großflächigen Gewandpartien, die durch kleinteilige Faltenzüge (vorwiegend gegen die Umrißlinien zu) unterbrochen sind, oder die ans Karikieren grenzende Wiedergabe der Gesichter.

Auf die Mädchenheilige mit locker übereinandergelegter Handhaltung auf der Rückseite der Laurentius-Marter trifft die gleiche Charakterisierung zu. Die beiden Felsenkulissen, die sie im (bildeinwärts gemessenen) Mittelgrund flankieren, haben ebenso pastose, hellfarbige Höhungen wie der weiße Mantel der Figur. Lediglich im roten Kleid sind

Abb. 214

stärker linear betonte Faltenzüge mit der für den Beginn des 16. Jahrhunderts typischen Einschnürung beim Brustgürtel vorzufinden. In der Physiognomie dieser Mädchenheiligen ist der Versuch, ruhige Ausgeglichenheit darzustellen, spürbar. Allgemein werden die Bilder in der Fachliteratur dem Meister der illustrierten Handschrift „Historia Friderici et Maximiliani" oder einem seiner Mitarbeiter zugeschrieben. Diese Handschrift (heute Österreichisches Haus-, Hof- und Staatsarchiv in Wien) wurde von Maximilian angeregt. Der 1514/15 von Joseph Burghausen niedergeschriebene Text wurde gleich hernach illustriert. Nach Stange (op. cit., S. 111 ff.) ist der Pulkauer Altar unter der Leitung des gleichen Meisters mit großer Gehilfenanzahl ausgeführt worden.

Die durch andeutende Modellierung bewirkte Illusion der Atmosphäre in den bunten Zeichnungen der Handschrift charakterisiert auch die Tafelbilder des Museums, nur sind die Darstellungen in der Handschrift raumhaltiger. Sowohl Benesch als auch Stange schreiben die Tafeln des Museums einem Gefolgsmann des Meisters der Historia zu, wobei Stange eine Altartafel von Schleißheim (bei Wels, OÖ.) als Frühwerk des Gehilfen (also vor dem Einfluß des Historia-Meisters) anführt. Sowohl die Dramatik als auch die psychologische – ans Karikieren grenzende – Wiedergabe der Figuren in den Tafeln des Museums sind auf den Einfluß des Historia-Meisters zurückzuführen (s. Stange, op. cit., S. 116). Die Tafeln im Niederösterreichischen Landesmuseum (s. Rupert Feuchtmüller, Romanik, Gotik, Renaissance, Katalog d. NÖ. Landesmuseums, Kat.-Nr. 40/41) werden von Stange dem gleichen Meister zugeschrieben, was Feuchtmüller wegen unterschiedlicher Malweise und Kontur ablehnt. Nach Benesch waren für den Historia-Meister Lucas Cranach und Albrecht Altdorfer stilbildend.

Aufgrund der Stilmerkmale und deren Beziehungen zum Meister bzw. der Werkstatt der Flügelbilder des Altares in Pulkau (NÖ.) kommt die zweite Hälfte des zweiten Jahrzehnts des 16. Jahrhunderts als Entstehungszeit in Frage.

Literatur:
Otto Benesch, Die malerischen Anfänge des Meisters der Historia Friderici et Maximiliani, in Kirchenkunst 1935, S. 13 ff. – Alfred Stange, Malerei der Donauschule, München 1964, S. 116, Abb. 220, 221, 222. – Otto Benesch - Erwin Auer, Die Historia Friderici et Maximiliani, in Deutscher Verein f. Kunstwissenschaft, Berlin 1957.

Kataloge:
Führer durch das Eb. Dom- und Diözesanmuseum, Wien 1941, 1946. – Friedrich III., Wr. Neustadt 1966, Kat.-Nr. 197, Abb. 35. – Sammlungskatalog des Eb. Dom- und Diözesanmuseums, Wien 1973, Kat.-Nr. 52.

| 72 | SCHMERZENSMANN, Lucas Cranach d. Ä., 1537 |

Abb. 198 Prot.-Nr. L–60

Ölmalerei auf Holztafel

Maße: Hochformat:
94 × 76 cm (mit Rahmen)
74,5 × 55,5 cm (ohne Rahmen)

Leihgabe aus der Rochuskirche, Wien III

PROVENIENZ

Das Bild wurde von einer unbekannten Frau anstelle des auf den Hochaltar übertragenen Gnadenbildes „Maria vom Guten Rat" für den ersten linken Seitenaltar der Rochuskirche (Wien III) gestiftet (A. Ilg, Zur Geschichte der Augustinerkirche auf der Landstraße in Wien, in Berichte und Mitteilungen des Altertums-Vereines zu Wien, 1890, S. 59–70, besonders S. 69!).

ERHALTUNGSZUSTAND

Bei einer 1937 durch E. Bergthold erfolgten Restaurierung des Bildes konnte das Werkstattzeichen Lucas Cranachs – der geflügelte Drache im rechten unteren Eck des Bildes – freigelegt werden. Das Bild befindet sich im vollkommen gereinigten Zustand. Der Rahmen des 19. Jahrhunderts imitiert eine Renaissance-Musterung.
Das Bild ist vermutlich nicht beschnitten: Sowohl die an die Tradition der Schmerzensmann-Darstellungen des 14. Jahrhunderts anschließende Art der Haltung der gefalteten

Hände wie auch die Position des Zeichens der Signatur gegen den rechten unteren Bildrand lassen eine Beschneidung der Tafel ausschließen. Somit kommt auch die Vermutung, der ausgestellte Schmerzensmann sei ursprünglich eine ganzfigurige Darstellung – ähnlich dem mit Maria und Johannes aus Baden-Baden (s. Ausst.-Kat. Cranach, Basel–Stuttgart 1976, Nr. 290), einer Werkstattarbeit Lucas Cranachs d. Ä. – gewesen, nicht in Betracht.

IKONOGRAPHIE

Die früheste bildliche Fassung dieses Themas durch Lucas Cranach d. Ä. findet sich in einem Holzschnitt von 1515 (Wien, Österreichisches Museum für angewandte Kunst, s. Ausst.-Kat. Cranach, Basel 1974, Nr. 9, Abb. 10), wo Christus sitzend dem als Halbfigur gegebenen hl. Augustinus gegenüber angeordnet ist. Der dornengekrönte, nur mit einem Lendentuch bekleidete Christus ist mit überkreuzten Unterarmen dargestellt und hält die Geißel und eine Rute eingeklemmt. Die Gegenüberstellung mit Augustinus – diese seltene Kombination von Schmerzensmann und Beter (s. Kat.-Nr. 64) – erklärt sich im Holzschnitt aus der lutherfreundlichen Haltung Cranachs; Luther ließ seit seinem Gespräch mit Staupitz (etwa 1509) außer der Bibel nur noch die Schriften des hl. Augustinus (Luther gehörte ja dem Mönchsorden der Augustiner-Eremiten an) gelten. In einer Wolkenformation befinden sich Cherubsköpfe. Sowohl im Holzschnitt als auch im ausgestellten Tafelbild des Museums findet sich nicht nur eine verwandte Haltung des Oberkörpers. Hier wie dort blickt Christus den Betrachter an. Christus ist im Tafelbild offensichtlich stehend gedacht, Augustinus fehlt (der im Holzschnitt von Christus nicht angeblickt wird), die Wolkenformation ist im Tafelbild durch Putti bereichert, die symmetrisch angeordnet sind, da der Schmerzensmann die Bildmitte einnimmt. Für beide Darstellungen dürfte das Vorbild der Engelspietà verbindlich gewesen sein, wobei die Engel den Unterkörper Christi nicht mehr durch Draperien verdecken, sondern zu anekdotischen Zuschauern wurden. Die Betonung des leidenden Christus und seine Präsentation der Wundmale – im Tafelbild durch die zahlreichen Bahnen von Blut- und Schweißspuren bereichert – sind aus dem Kontext mit den Engeln gerissen. Die – vom Holzschnitt abweichende – aufrechte Haltung Christi schält zusätzlich die Aktfigur heraus und betont die menschliche Komponente Christi, wie dies auch in seinen Gesichtszügen zum Ausdruck kommt. Die vor dem Rumpf überkreuzten Unterarme entsprechen dem traditionellen Darstellungsmodus des Schmerzensmannes.

BESCHREIBUNG

Der dornengekrönte Christus ist in halbfiguriger Ansicht vor dunklem Hintergrund wiedergegeben. Sein nackter Körper wird von zahlreichen schmalen Blutbahnen überströmt. Das leicht geneigte Haupt blickt mit Leidensmiene zum Betrachter. In den überkreuzten Armen ist die Geißelrute in zepterartiger Haltung eingeklemmt. Aus den dreieckigen Wolkenpartien in den beiden oberen Bildecken ragen zahlreiche Cherubsköpfe heraus. Das Bildthema schließt an das seit dem 14. Jahrhundert traditionelle Andachtsbildmotiv des Schmerzensmannes an. Nicht die Compassio – der Ausdruck des Mitleidens – ist der Bildvorwurf, sondern der Blick Christi zum Betrachter soll dessen Aufmerksamkeit auf das Leiden Christi memorativ erwecken: Durch diese Formulierung ist in der empirisch-physischen Wiedergabe (man beachte die anatomisch getreue Körperdarstellung) der psychisch-moralische Aussagewert bereits enthalten.

KUNSTHISTORISCHE EINORDNUNG

Die Wiedergabe der Anatomie des Rumpfes sowie die der Physiognomie findet ihre engste Entsprechung in der Darstellung des Schmerzensmannes Cranachs von 1524 in Freiburg im Breisgau (Augustinermuseum, s. Ausst.-Kat. Cranach, Basel–Stuttgart 1976, Nr. 288). Wenn auch im Freiburger Bild, das vom ehemaligen Engel-Altar vor dem Lettner der Stiftskirche von Halle stammt (von Kardinal Albrecht von Brandenburg, Erzbischof von Mainz und Magdeburg, gestiftet), ikonographisch ein anderer Kontext gegeben ist – Christus zeigt sich gleichzeitig als Auferstandener am Sarkophagdeckel sitzend mit erhobenen, die Wundmale weisenden Armen, flankiert von Maria und Johannes (in der Tradition der Deesis) –, so ist die frontale Ansicht der Aktfigur mit der Neigung des Hauptes nach links und der damit in Zusammenhang stehenden Senkung der rechten Schulter weitgehend gleich. In der Modellierung der Körper mittels starker Betonung beschatteter Zonen ist im Freiburger Bild der Akzent weniger dominierend auf das mittels der Licht-Schatten-Wirkung ausdrucksvoll charakterisierte Gesicht gesetzt als im ausgestellten Bild des Museums. Die Formulierung der blutenden Wunde sowie des in schmalen

Bahnen herabrinnenden Blutes von rieselnder Wirkung wie auch die Charakterisierung der Schweißbahnen stimmen in beiden Bildern ebenso überein wie die scharfkantige Formulierung der eng gefältelten Draperie.

Das Signatur-Zeichen des Drachens ist hier mit gedehnten, horizontal ausschwingenden Flügeln wiedergegeben: Diese Art der Formulierung ist erst ab 1537 im Œuvre Lucas Cranachs zu finden, vor diesem Zeitpunkt entstandene Werke sind mit Drachen mit steil aufgerichteten Flügeln signiert. Friedländer (op. cit., S. 20) erklärt diesen Wechsel aus dem Verlust des älteren Sohnes Hans. Durch die Wiedergabe des Emblems wie auch aufgrund der Parallelität zu weiteren, ähnlichen Fassungen dieses Themas (Fragment um 1515, Lüdecke, op. cit., Abb. 147, das Dresdner Bild, Friedländer, op. cit., Nr. 308, nach 1537 entstanden, Friedländer, op. cit., Nr. 306, 307) muß dieses Bild nach 1537 entstanden sein.

BIOGRAPHISCHES ZU LUCAS CRANACH (1472–1553)

Lucas Cranach war als Maler, Kupferstecher und als Zeichner für den Holzschnitt tätig. Geboren 1472 in Kronach (Oberfranken), starb Lucas Cranach am 16. Oktober 1553 in Weimar. Er war der Sohn von Hans dem Maler, der auch sein Lehrer gewesen sein soll. Um 1500 soll er sich in Österreich aufgehalten haben, 1502 und 1503 ist seine Anwesenheit in Wien belegt. Von 1505 bis zu seinem Tode war er Hofmaler in Wittenberg. Eine Reihe datierter Werke, vor allem auf dem Gebiet des Holzschnittes, macht seine frühe Entwicklung anschaulich. Erste Bildnisse bezeugen seine Beziehung zu Wiener Humanisten. Das Porträt spielt auch in den folgenden Jahrzehnten im Werk Cranachs eine bedeutende Rolle, besonders die Einzel- und Serienbildnisse deutscher Reformatoren. Eine Reise in die südlichen Niederlande 1508/09 wirkte sich in Einflüssen durch Quentin Massys aus. Im Jahre 1508 erhielt er den Wappenbrief (Drachenzeichen als Signatur). Seit 1519 war Cranach mehrfach Mitglied des Wittenberger Rates, zwischen 1537 und 1545 war er abwechselnd Bürgermeister und Stadtältester. 1550 begleitete er Johann Friedrich den Großherzigen nach Augsburg und Innsbruck. Cranach stand in Wittenberg einer großen Malerwerkstatt mittelalterlicher Prägung vor, in der seine vielfältigen Bilderfindungen – Porträts, religiöse Bilder mit spezifisch protestantischer Ikonographie, Mythologien, Allegorien und Historien – in zahlreichen Varianten produziert wurden. Der Anteil Cranachs an den seit etwa 1509 mit dem anonymen Werkstattzeichen signierten Arbeiten (Drachenzeichen) ist wegen fortschreitender Vergrößerung des Betriebes oft nur schwer auszumachen und seit 1537, als der jüngere Cranach beteiligt wurde, meist nur nach Qualitätsaspekten möglich. Auch ein zweiter Sohn (Hans) war in seiner Werkstatt tätig (Thieme–Becker, Künstlerlexikon, Bd. 8, Leipzig 1913, S. 55 ff.; Georg Kauffmann, Die Kunst des 16. Jahrhunderts, in: Propyläen Kunstgeschichte, Bd. 8, Frankfurt am Main–Berlin–Wien 1970, S. 182).

Literatur:
Max Friedländer und Jakob Rosenberg, Die Gemälde von Lucas Cranach, Berlin 1932. – Kirchenkunst, Wien 1937, S. 144. – Heinz Lüdecke, Lucas Cranach, Berlin 1953, Abb. 147. – ÖKT, XLI, Wien 1974, S. 166, 194.

Kataloge:
Karl Schütz, Lucas Cranach, Ausstellungskatalog im Kunsthistorischen Museum in Wien, 1972. – Sammlungskatalog des Eb. Dom- und Diözesanmuseums, Wien 1973, Kat.-Nr. 50. – Ausst.-Kat. Cranach, Basel–Stuttgart 1976, Nr. 292.

Prot.-Nr. L–61 *Abb. 199*

Ölmalerei auf Holztafel

Maße: Hochformat:
  97 × 70,5 cm (mit neuem Rahmen)
  84 × 57 cm (ohne Rahmen)

Leihgabe der Pfarre Weinhaus, Wien XVIII

PROVENIENZ

Das Bild stammt aus der Pfarre Weinhaus in Wien-Währing, wohin es durch Stiftung der 1883 errichteten Pfarrkirche gelangte. Über den ursprünglichen Aufstellungsort sowie dessen nähere Bestimmung ist nichts bekannt. Bevor das Bild in die Weinhauser Kirche gelangte, befand es sich im Besitz einer Frau Sicherl, wo es schon damals in schlechtem Erhaltungszustand war, da es durch vergoldete Messingkronen mit falschen Steinen, durch Nägel zur Anbringung von Votivgaben und durch einen vertikalen Sprung in der Holztafel beschädigt war. Seit 1933 befindet sich das Bild im Museum.

ERHALTUNGSZUSTAND

Möglicherweise ist das Bild an den Flanken beschnitten, worauf die nicht komplett wiedergegebenen kleinen Engelputten – vor allem der rechte – schließen lassen. Die Tafel ist geringfügig pombiert, die malerische Oberfläche wurde zu einem nicht näher bekannten Zeitpunkt gereinigt, und geringe Farbabsplitterungen wurden retuschiert.

IKONOGRAPHIE

Das Bild zeigt eine in halbfiguriger Ansicht wiedergegebene Maria, die das Jesus-Kind tränkt. Hinter der Maria befinden sich zwei Putti, die eine Draperie halten. Das spätmittelalterliche Andachtsbildmotiv wurde unter Betonung des spezifisch Mütterlichen Mariens weiterentwickelt (s. Aurenhammer, op. cit., S. 21). Die Tendenz der Vermenschlichung des Marienbildes ist für das Spätmittelalter bezeichnend. Die Wurzeln gehen noch auf die hochmittelalterliche Mystik (vor allem Bernhard von Clairvaux) zurück, erfahren aber ihre Ausprägungen im Zusammenhang mit der geistlichen Dichtung und dem Mysterienspiel. In auffallend symmetrischer Anordnung, beinahe von einer Äquivalenz wie bei den beiden Putten-Gruppen im Tafelbild des Schmerzensmannes (s. Kat.-Nr. 72), sind zwei Putti damit beschäftigt, Maria mit einer Draperie als Hoheitszeichen optisch zu hinterfangen. In weniger symmetrischer Anordnung findet sich dieses gängige, letztlich aus dem Hochmittelalter stammende Motiv (s. Kat.-Nr. 61) in mehreren Cranach'schen Madonnenbildern (s. Ausst.-Kat. Cranach, Basel 1974, Nr. 383, 388, S. 533, Abb. 283, 284).

KUNSTHISTORISCHE EINORDNUNG

Durch die Haltung der Arme Mariens und durch die bauschigen, von knittrigen Falten durchzogenen Ärmel wie auch den kegelförmig ausgebreiteten Mantel wird die im Vergleich zum Kopf etwas zu klein geratene Brustpartie optisch überspielt und somit der Oberkörperpartie das nötige Gewicht verliehen. Das Abheben des hellen Inkarnates sowie des roten Kleides der Maria trägt hiezu ebenfalls entscheidend bei. Das gegen das Kind geneigte Haupt der aus dem Bild blickenden Maria wird von einem zarten transparenten Schleier umgeben. Das Jesus-Kind ist mit geöffneten Augen trinkend wiedergegeben. Das Bild ist weder signiert noch datiert. Sowohl die Bildauffassung als auch die formale Wiedergabe lassen es als ein dem Kreis um Lucas Cranach nahestehendes Bild erkennen (als Vergleichsbeispiel ist ein halbfiguriges Marienbild anzuführen: s. Friedländer–Rosenberg, op. cit., Nr. 315).
Nach 1537 dürfte sich Lucas Cranach d. Ä. selbst allmählich zurückgezogen haben, und ab dieser Zeit dürften die Mitglieder der Werkstatt in Anlehnung von Kompositionen des Meisters die Produktion im wesentlichen geleistet haben. Um diesen Zeitpunkt ist vermutlich dieses Bild entstanden.

Literatur:
Max Friedländer und Jakob Rosenberg, Die Gemälde v. Lucas Cranach, Berlin 1932. – Heinz Lüdecke, Lucas Cranach, Berlin 1953. – Hans Aurenhammer, Maria in der Kunst (Ausstellung im Kunsthistorischen

Museum), Wien 1954. – ÖKT, Bd. II, Die Denkmale der Stadt Wien, XI.–XXI. Bezirk, Wien 1908, S. 357. – Flechsig, Die Tafelbilder Cranachs, Tf. 128.

Kataloge:
Führer durch das Eb. Dom- und Diözesanmuseum, Wien 1934, 1941, 1946. – Sammlungskatalog des Eb. Dom- und Diözesanmuseums, Wien 1973, Kat.-Nr. 51.

MITTELALTERLICHE SKULPTUREN

| 74 | PORTALLÖWE, 13. Jahrhundert |

Abb. 215   Prot.-Nr. L–4

Kalksandsteinskulptur

Maße: Höhe: 40 cm
      Länge: 55 cm
      Breite: 35 cm

Leihgabe aus dem Stephansdom

PROVENIENZ

Diese Skulptur wurde 1965 bei Erdarbeiten unter dem Basisestrich des Nordturmes des Stephansdomes gefunden.

ERHALTUNGSZUSTAND

Sowohl die Bodenplatte der Skulptur als auch der fragmentarische Rest der Tierskulptur zeigen weitreichende Beschädigungen an der Oberfläche. Kopf und untere Gliedmaßen der Vorderbeine fehlen fast vollständig; nur Reste der Mähne sind am Rücken vorhanden. Die Vertiefung am Rücken läßt sich vielleicht als Auflager einer, heute fehlenden, Säule erklären. Dies läßt darauf schließen, daß die Skulptur entweder ein Basistier eines Portales war oder als Basis einer Säule einer Zwerggalerie gedient hat.

STIL UND DATIERUNG

Aufgrund der Körperform und deren Größenverhältnis zu den kräftig betonten Gliedmaßen wie auch wegen der Mähnenandeutung am Rücken gegen den Halsansatz ist die Figur wahrscheinlich als Löwe zu deuten.
Sowohl die Art der plastischen Auffassung als auch die Form der hinterarbeiteten Gliedmaßen erinnern an Löwenskulpturen im Kapitellfries des Riesentores des Stephansdomes.
Demnach wäre die Skulptur ein weiterer Rest vom spätromanischen Bau des Stephansdomes, weshalb eine Datierung aus dem ersten Drittel des 13. Jahrhunderts naheliegt.

Literatur:
Josef Zykan, Zur Bauplastik von St. Stephan, ÖZKD XXII, Wien 1968, S. 6 ff., Abb. 8.

Katalog:
Sammlungskatalog des Eb. Dom- und Diözesanmuseums, Wien 1973, Kat.-Nr. 56.

Inv.-Nr. 3   *Abb. 218, 219*

Holzskulptur, polychromiert

Maße: Höhe: 166 cm
　　　Breite: 65 cm
　　　Tiefe: 44 cm

PROVENIENZ

Die Statue wurde 1935 vom Erzbischöflichen Dom- und Diözesanmuseum durch Kauf erworben und befand sich zuvor in der kleinen Ulrichskirche in Erlach bei Pitten (Pfarre dem Augustiner-Chorherrenstift Reichersberg, OÖ., inkorporiert) im südlichen Nieder-österreich.

ERHALTUNGSZUSTAND

Die Skulptur bietet sich heute in dem Zustand nach der 1935 durch Prof. Dr. Franz Walliser durchgeführten Restaurierung dar. Eine 1985 von Frau Giovanna Zehetmaier durchge-führte exakte Untersuchung ergab im wesentlichen folgendes Resultat:
Die Skulptur ist bereits sehr früh, noch im Jahrhundert ihres Entstehens, durchgreifend neu gefaßt worden, so daß von der ursprünglichen Originalfassung kaum etwas erhalten ist. Unter der heutigen (barocken?) Fassung finden sich Fragmente einer Fassung, wie sie, ähnlich an der Friesacher Madonna, in der zweiten Hälfte des 14. Jahrhunderts auftaucht. Diese Fassung ist jedoch nicht die ursprüngliche Originalfassung, da sie sich über bereits damals abgearbeitete, geschnitzte Bereiche – die stolaartig überkreuzten Bänder mit den Trägern zur Charakterisierung eines Mieders, oder seitlich herabfallen-der Haarsträhne im oberen Brustbereich Mariens – erstreckt. Auch die ursprünglich seitlich hervorquellenden Haarsträhnen Mariens waren damals bereits entfernt worden. Die Zweitfassung aus der zweiten Hälfte des 14. Jahrhunderts enthielt auf der Mantelflä-che außen ein rotes Muster oder (ca. 3 cm breite) rote Begleitstreifen auf weißem Grund, die Saumborte enthielt Zwischgold auf rotem Bolus. Das Untergewand enthielt applizier-tes Silbermuster auf einem Grund in hellem Zinnober. Die Fassungsreste am Gewand des Kindes gehören gleichfalls dieser Schichte der zweiten Hälfte des 14. Jahrhunderts an. Die heutige polychrome Erscheinung der Skulptur mit beinahe kompletter Fassung ist de facto die dritte Fassungsschichte und stammt vermutlich aus dem 17. Jahrhundert. Die Skulptur war immer ausgehöhlt, was für eine ursprüngliche Postamentierung an einer Rückwand spricht. Jedoch wurde an den rückseitigen Flanken die Holzsubstanz reduziert – offenbar anläßlich einer Veränderung im Standort der Skulptur gelegentlich einer Transferierung in eine seichtere architektonische Rahmung des Kirchenmöbels. Der linke Unterarm Mariens und der rechte des Kindes sind verloren. Die Montage des Kindes mit einer Schraube ist vermutlich auf die Restaurierung von 1935 zurückzuführen. Von der Ursprungsfassung sind schwarze Spuren auf beiden Schuhen Mariens erhalten; auch der Schuh des rechten Beines war frei sichtbar: Gelegentlich der Zweitfassung wurde – analog bei der (heute sichtbaren) dritten Fassung – dergestalt irreführend übermalt, daß der Eindruck eines durch das Kleid verdeckten Schuhs entstand.
Auf der Schädelkalotte befindet sich im Schleier, nahe dessen Saumborte, eine schwache ringförmige Einkerbung, die von einem ehemaligen Kronenreifen herrührt, der freilich nicht vom ursprünglichen stammen muß, so daß es denkbar wäre, daß die Skulptur im Originalzustand vielleicht ungekrönt war.

IKONOGRAPHIE

Diese Skulptur steht in der Tradition der stehenden Madonna mit dem am Arm gehaltenen Jesus-Kind, wie sie an den Mittel-(Trumeau-)Pfeilern der französischen Kathedralen des 13. Jahrhunderts entwickelt wurden und in der Folge die Kultbilder beeinflußten. Sie gehört zu den seltenen Madonnen, wo das Jesus-Kind am rechten Arm Mariens gehalten wird. Aufgrund der partiell zu ergänzenden Armhaltungen dürfte Maria mit ihrer Linken ursprünglich einen Gegenstand (Frucht?) gehalten haben. Es wäre hier an den Apfel des Sündenfalles zu denken, der nun durch das Kommen des Erlösers gleichsam zurückgege-ben würde.

BESCHREIBUNG

Die Skulptur zeigt eine geringe S-förmige, durch das vorgeneigte Haupt der Madonna und durch das Ausladen der Rumpfpartie leicht raumgreifende Körperhaltung. Dem eng anliegenden, abgewinkelten linken Arm, der den Mantelumhang einklemmt, entspricht als gewichtigeres Pendant das in steiler Sitzhaltung wiedergegebene Jesus-Kind, das Maria mit der rechten Hand locker an ihre Seite schmiegend hält. Die angedeutete Torsion wird durch die Umkehr des klassischen Stand-Spielbein-Motivs gefördert. Die Drapierung des Gewandes, die speziell am Oberkörper der Madonna eng anliegt (vor allem das rote Untergewand) bzw. (beim blauen Mantelumhang) kurvig eng anliegende, gespannte Falten hat, die nach unten zu sich allmählich in ihrer Spannung lockern, somit tiefer herabrücken und in ihrer Plastizität zunehmend autonom werden, entfaltet in ihren kräftigen Röhrenfalten und tiefen Faltentälern und in ihrem glockigen Ausladen sowie in den annähernd symmetrisch angeordneten Saumlinien und deren engmaschigem Verlauf von geradezu ziselierter Wirkung ein bestimmendes Eigenleben. Die die Schüsselfalten begleitenden röhrenhaften Faltenformationen steigern mit ihren nach den eingezwängten Partien konvergierenden seichten Faltenbahnen die fächerartige Struktur der nach unten zu an formaler Substanz gewinnenden Draperie. Die Falten an den Oberarmen wie auch am Rücken des Jesus-Kindes und des Schleiers sind Parallelfalten, unter den Achseln sind Rudimente der einstigen, gleichfalls konvergierenden Falten der (verlorenen) Rükkenpartie zu sehen. Auch der in dichter Folge und betonter Schichtung verlaufende und beiderseits in Zipfel auslaufende Mantelsaum verläuft nicht in eng anliegendem Duktus, sondern die raumgreifende Saumlinie bildet röhrenförmige Hohlräume, die eine lebhafte Licht- und Schattenwirkung begünstigen. Auch der Schleier Mariens verläuft – in Paraphrase von locker fallenden, gewellten, schulterlangen Haaren – in zierlicher Saumlinie, deren engmaschiger Duktus durch die wellig formulierten Rüschen gesteigert wirkt.

Die zentripetal auf der Schädelkalotte des Jesus-Kindes ausstrahlenden Locken wirken als Begleitmotiv hiezu. Die Röhrenfalten im Gewand des Jesus-Kindes vermitteln trotz des gratigen Eigenlebens der Faltenstege den Charakter einer Gewand-Körper-Figur, wobei die nach dem Ellbogen konvergierenden Falten des linken Oberarmes und die zum linken Knie konvergierenden Falten unter Ausbildung von Schüsselfalten lebendige Akzente schaffen.

Die tiefen „Einschnitte" seitlich des Gesichtes der Madonna zwischen den Stegen des Schleiers wie auch das Absetzen des schmalen Kinns vom kegelstumpfartigen Hals begünstigen gleichfalls Schattenwirkungen, die zum stereometrisch gehaltenen, flachbrüstig wirkenden Oberkörper kontrastieren. Auch in der Formulierung des Gesichtes, das durch schmale Schläfen, hohe Stirne und sanften kurvigen Auslauf nach dem schmalen Kinn in seiner Stereometrie gekennzeichnet ist, schaffen die Vertiefungen seitlich der Nasenflügel an den Innenflanken der Augen wie auch die „Grübchen" seitlich des schmalen Mundes, jene Akzente verlebendigender Wirkung, die den Gesichtsausdruck zugunsten milder Lieblichkeit spezifizieren. Die Amplituden der Augen liegen in der Planimetrie der Gesichtsoberfläche. Der kurvenlineare Verlauf der Brauen geht ohne Unterbrechung in die schlanke, schmale und lange Nase über, deren Verlauf des Nasenrückens mit nur leichter Kurvung die Profillinie der Stirne fortsetzt – wie aus der Profilansicht deutlich wird. Das gleiche Prinzip der plastischen Gestaltung in der Spezifizierung des Gesichtsausdruckes wird beim Jesus-Kind befolgt; jedoch ist der Kopf hier rundlicher und nicht von schlanker Wirkung.

STIL UND DATIERUNG

In der Frontalansicht kommt durch die beschriebene lebhafte Schattenwirkung ein spezifisch „malerischer" Charakter zustande. In der Profilansicht zeigt sich die Nähe zu jener Figurenauffassung, wie sie die Tafelmalereien von etwa 1330 auf den Rückseiten des „Verduner Altares" im Stift Klosterneuburg prägen.

Der im Grunde auf französischen Vorbildern des 13. Jahrhunderts (Vierge dorée in Amiens etc.) fußende Typ wurde lt. J. Zykan (op. cit., S. 125) unter bayerischem Einfluß (Eminold-Meister in Regensburg), lt. Garzarolli-Thurnlackh (op. cit., S. 26) von Gehilfen des Meisters der Admonter Madonna (1315/20) um 1325 volkstümlich umgebildet. Großmann sieht in der Madonna aus Wilhering im Landesmuseum von Linz (OÖ.) ein Nachfolgewerk der Erlacher Madonna.

Die Struktur des Gewandes, vor allem in der Auffächerung der Röhrenfalten an den Flanken der Skulptur, findet sich in der Thernberger Madonna (Kat.-Nr. 76) wohl gleichfalls, jedoch von geringerem raumgreifenden Eigenleben erfüllt und flachreliefhaft der stereometrischen Struktur des Figurenblockes subordiniert. Versuche einer späteren

Datierung der Erlacher Madonna müssen allein schon deshalb weniger glaubwürdig erscheinen.

Wenngleich bislang Datierungen dieser Skulptur, die kein direktes stilistisches Äquivalent im österreichischen Kulturraum findet, nur aufgrund allgemeiner stilkritischer Beobachtungen durchgeführt wurden, so gibt es einige Anhaltspunkte, die auf einen starken westlichen Einfluß schließen lassen: Der von Rüschen begleitete Schleier findet sich in seiner zierlichen Fältelung motivisch ähnlich formuliert bei der Klosterneuburger Madonna (um 1300), bei der Madonna im Salesianerinnen-Kloster in Wien III sowie bei der Friesacher und der Imbacher Madonna und durchwegs in Arbeiten vom Anfang bzw. ersten Drittel des 14. Jahrhunderts. Sowohl hinsichtlich der Formulierung des Schleiers mit gekräuseltem Besatz am Saum als auch in der Haltung des Kindes am rechten Arm der Madonna zeigt die Erlacher Skulptur Parallelen zur fragmentierten, gleichzeitig entstandenen Madonna im Hof des Hauses Wiedner Hauptstraße Nr. 36 in Wien IV (s. Ginhart, op. cit.). Engste stilistische Analogie hat die Erlacher Madonna allerdings zu einer nur mehr fragmentiert erhaltenen ehemaligen Madonnenskulptur im Museum Mayer van den Bergh in Antwerpen (s. Sammlungskatalog Museum Mayer van den Bergh, Catalogus 2, Antwerpen 1969, Nr. 2098): Nach der Restaurierung von 1967 konnte diese in der Barockzeit zu einem Büstenreliquiar umgeformte ehemalige Madonna aufgrund des Erhaltungszustandes in den originalen Fassungsresten als Madonna mit leicht geneigtem, geringfügig seitwärts gewendetem Haupt mit einem am rechten Arm gehaltenen Jesus-Kind erkannt werden. Speziell der Gesichtsschnitt kommt dem Typus der Erlacher Madonna sehr nahe, wie auch die Artikulation des Lächelns und die gesamte bildhauerische Durchbildung auch im Verhältnis von plastischer Gesichtsform und flachem Oberkörper sehr nahekommen. Diese nordwestdeutsche Skulptur wird ins erste Drittel des 14. Jahrhunderts datiert. Aufgrund dieser Beziehungen kann die Erlacher Madonna guten Gewissens in die Zeit um 1320/30 datiert werden.

Literatur:
Johann Popp, Die Erlacher Madonna (Kirchenkunst 1935, S. 136 f.). – K. Garzarolli-Thurnlackh, Steiermark, Graz 1941, S. 26, Abb. 19. – Josef Zykan, Die Plastik, in Gotik in Niederösterreich, Wien 1963, S. 125. – Marlene Zykan, Zwei gotische Madonnenstatuen und ihre Restaurierung, ÖZKD 1968, S. 171 ff. – Karl Ginhart, Die gotische Bildnerei in Wien, in Geschichte der Stadt Wien, Wien 1970, Neue Reihe, Bd. VII/1, S. 10.

Kataloge:
Führer durch das Eb. Dom- und Diözesanmuseum, Wien 1941, 1946. – Sammlungskatalog des Erzbischöflichen Dom- und Diözesanmuseums in Wien, Wien 1973, Kat.-Nr. 57. – Ausstellungskatalog Gotik in Niederösterreich, Stein 1959, Nr. 162, Abb. 24. – Großmann, Katalog zur Ausstellung ,,Schöne Madonnen, 1350–1450'', Salzburg 1965, Nr. 2. – Kastner-Ulm, Katalog des OÖ. Landesmuseums Linz, Nr. 9, S. 26–27 und Abb. 11. – Ausstellungskatalog Spätgotik in Salzburg - Skulptur und Kunstgewerbe, 1400–1530, Salzburg 1976, Nr. 5.

THERNBERGER MADONNA, um 1320	76

Prot.-Nr. L–8   *Abb. 220, 221*

Möglicherweise Steinguß oder Kalksandstein, polychromiert, Gewand großteils vergoldet

Maße: Höhe: 130 cm
       Breite: 40 cm
       Tiefe: 33 cm

Leihgabe der Pfarre Thernberg, NÖ.

PROVENIENZ

Die Skulptur stammt aus der romanischen Pfarrkirche von Thernberg, die seit ihrer Gründung dem Augustiner-Chorherren-Stift Reichersberg (OÖ.) inkorporiert ist. Seit 1933 befindet sich die Skulptur als Leihgabe im Museum.

ERHALTUNGSZUSTAND

Die Skulptur wurde 1959 in den Werkstätten des Bundesdenkmalamtes in Wien restauriert. Die Figur ist auf Allansichtigkeit behandelt, was darauf hindeutet, daß sie ursprünglich freistehend war. Zwei Finger der rechten Hand Mariens sind beschädigt, ebenso die Krone Mariens.

Die Skulptur galt lange Zeit als frühes Erzeugnis in der Steingußtechnik. Laut einer Dünnschliff-Untersuchung von Alois Kieslinger ist das Material ein oolithischer Foraminifer-Kalksandstein.

IKONOGRAPHIE

Die Plastik stellt eine stehende Maria mit dem auf ihrem linken Arm sitzenden Jesus-Kind dar. Das Kind hält einen kleinen Vogel in der linken Hand, während es sich mit der rechten an der Brust Mariens aufstützt. Möglicherweise sollte der Vogel eine Taube – als Symbol für die Keuschheit Mariens – bedeuten (s. Hans Aurenhammer, Die Darstellung der Madonna in der bildenden Kunst, Wien 1954, S. 45, Nr. 29).

BESCHREIBUNG

In blockhafter Statuarik wiedergegeben, schafft lediglich das seichte Seitwärts- und Rückwärtsweichen des Oberkörpers der Madonna eine innere Bewegung, die im angedeuteten Stand-Spielbein-Motiv ebenso Bereicherung erfährt wie in der Haltung ihres rechten Armes, der den Mantelumhang einzwängt und diesen in einem Draperieteil um den Unterarm zipfelartig liegen läßt, und ferner in der Haltung des linken Armes, in dem sie das Christuskind hält. Das Kind ist der Madonna stärker zugewandt, nämlich räumlich im rechten Winkel zu ihr, und stützt sich mit dem rechten Arm an der Brust Mariens auf, während es in der Linken einen kleinen Vogel hält. Diese Haltung Mariens beschreibt eine geringfügig akzentuierte, räumliche S-Schwingung, die im leichten Vorneigen des – ursprünglich gekrönten – beschleierten Hauptes zum Tragen kommt. Das enganliegende Gewand bildet im Brustbereich geringe wellige Horizontalfalten und läuft ab dem Hüftbereich in locker verteilten, die Vertikalerstreckung stark fördernden, gratigen Falten fort, um nach unten zu in kräftigen Röhrenfalten und scharfen Knicken auszulaufen. An der Rückseite hingegen bildet das enggespannte Gewand des Oberkörpers ab der Ellbogenpartie, wo der Mantelumhang von den Oberarmen eingezwängt ist, drei mächtige, kaskadierende Schüsselfalten spitzen Zuschnittes aus, die von Parallelfalten begleitet werden. Enger als bei der Erlacher Madonna und im kurvigen Duktus auch entsprechend weniger engmaschig verlaufen an den Flanken der Madonna die kurvenlinearen Saumlinien des Mantelumhanges. Das raumhältige Eigenleben des röhrenartigen Faltensystems der Erlacher Madonna ist zu einer flachreliefhaften Oberflächenbehandlung reduziert und läßt solcherart die Stereometrie des Körperblockes stärker zur Wirkung kommen. Die feiste Voluminösität des Jesus-Kindes bei der Thernberger Madonna hat als Kontrast die beinahe an eine Knielaufstellung gemahnende Sitzhaltung, die vom rechten Fuß die durch die Draperie im Fersenbereich halbverdeckte Sohle zeigt. Das Gewand des Kindes, dessen Oberkörper nackt ist, verläuft in einem System traubenartig wirkender, vielschichtig angeordneter, zierlicher, engmaschiger Saumlinien.

Trotz der spezifischen Haltung und den darin angedeuteten Bewegungsmomenten wirkt die Skulptur primär als steil proportionierter, vollrund gearbeiteter Block, dessen Stereometrie dominiert. So gesehen ordnen sich auch die Motive der einzelnen Gesichtspartien der die Stereometrie betonenden Gesetzmäßigkeit unter, selbst der Schleier bildet nicht jene beschatteten Zonen wie bei der Erlacher Madonna.

STIL UND DATIERUNG

Die Lockerung in der Körperhaltung dieser Statue äußert sich in dem leichten Seitwärtswenden des Oberkörpers sowie in der etwas angezogenen Haltung des rechten Armes. Die starke Betonung des Körperhaften – was insbesondere auch in der Profilansicht zur Geltung kommt – zeigt am Oberkörper fast gar keine Faltenzüge. Nach unten zu lösen sich allmählich stärker werdende Röhrenfalten, die knapp oberhalb der Standfläche umknicken.

Die gleiche Haltung findet sich bei der Diakonsfigur von einem Einrichtungsstück des Stephansdomes (Historisches Museum der Stadt Wien). Die dort verursachte bewegte Haltung der Figur ist hier durch eine säulenhafte Wirkung ersetzt – ähnlich den Monumentalskulpturen des Chores von St. Stephan. Was das Verhältnis von Gewand und Körper betrifft, ist die Thernberger Madonna mit den Domfiguren vergleichbar, wobei die Monumentalskulpturen des Domchores noch säulenhafter sind.

Die Art der Blockhaftigkeit findet sich bei Werken aus dem Bodenseegebiet im Raum um Konstanz bereits früher, wie beispielsweise bei der Vincentius-Figur aus Pleif (Futterer, op. cit., S. 180, Abb. 138–140) in Lugnetz/Graubünden. Die Beziehungen zu Skulpturen des Bodenseegebietes sind aber nicht enger als zu den Figuren des Wiener Domchores, da sie sich nur auf die Auffassung der Plastizität erstrecken.

Sowohl Franz Kieslinger als auch Josef Zykan stellten italienischen – pisanischen – Einfluß fest, den Zykan historisch zu untermauern versucht, woraus sich eine Datierung erst nach 1330 ergäbe. Durch Marlene Zykan wird anläßlich eines Vergleiches mit der Imbacher Madonna (NÖ.) diese Abgrenzung der Datierung erhärtet. M. Zykan vermutet, da der Oberkörper des Jesus-Kindes der Thernberger Madonna nackt wiedergegeben ist, für diese eine wesentlich spätere Datierungsmöglichkeit. Die schlanke Körperproportion wie auch die in ihrer Größe reduzierte Oberkörperpartie (und die daraus resultierende hochgelegen angenommene Taille) rücken die Thernberger Figur von den genannten Wiener und oberrheinischen Vergleichsbeispielen zeitlich weiter ab und lassen eine spätere Datierung gegen die Mitte des 14. Jahrhunderts wahrscheinlich werden. Andererseits ist die in den Skulpturen des „Wiener Neustädter Minoritenmeisters" nachweisbare Auswirkung des Meisters der Klosterneuburger Madonna von jenen Stilcharakteristika geprägt, die auch mit der Thernberger Madonna verwandt sind, was auf eine Datierung noch in das erste Viertel des 14. Jahrhunderts weisen würde. Diese Datierung fände in den Einflüssen von westlichen Trumeau-Madonnen Bestätigung (s. Ginhart, op. cit.).

Die Kopftypen der Thernberger Figurengruppe finden weder hier noch dort eine präzis faßbare Parallele. Für die Sonderstellung der Kopftypen mag auch die Tatsache, daß die Thernberger Madonna in keinem künstlerischen Zentrum entstand, maßgebend sein.

Der französische Einfluß ist bei dieser Skulptur durch die um 1340 anzusetzende Iris-Madonna (sie hält ein Zepter in Iris-Form) in Beaune naheliegend. Es ist nicht auszuschließen, daß auch die Thernberger Madonna ein Iris-Zepter hielt. Die Thernberger Madonna ist gegenüber der Madonna aus Beaune vereinfacht, ihr Gewand liegt enger an, und der Gürtel fehlt. Dies wie auch die genetisch aus dem 13. Jahrhundert tradierende Faltenkaskade in der Rückseite der Thernberger Madonna begünstigen die Frühdatierung um 1320. In Österreich steht die Madonna der ehemaligen Dominikanerinnenkirche von Imbach bei Krems (NÖ.) der Thernberger Madonna am nächsten, jedoch ist die Autonomie der Röhrenfalten in Imbach entwickelter. Auch hat die Imbacher Madonna – abweichend von der Thernberger Madonna – einen Rüschenschleier ähnlich der Erlacher Madonna. Zusammenfassend ergibt sich, daß die Thernberger Madonna auf einer betont westlich beeinflußten Bildhauertradition fußt, die auch für die Chorplastik von St. Stephan maßgebend wurde und um 1320 entstanden ist.

Literatur:
Franz Kieslinger, Österreichs frühgotische Madonnenstatuen, Jb. d. österr. Leo-Gesellschaft, 1932, S. 201, Tf. 2, Abb. 9. – Josef Zykan, Die Plastik in Gotik, in Niederösterreich, Wien 1963, S. 125, Tf. 74. – Marlene Zykan, Zwei gotische Madonnenstatuen und ihre Restaurierung, ÖZKD, 1968, S. 184. – I. Futterer, Gotische Bildwerke d. deutschen Schweiz, 1220–1240, Augsburg 1930. – Karl Ginhart, Die gotische Bildnerei in Wien, in Geschichte der Stadt Wien, Neue Reihe, Bd. VII/1, Wien 1970, S. 9.

Kataloge:
Führer durch das Eb. Dom- und Diözesanmuseum, Wien 1934, 1941, 1946. – Sammlungskatalog des Eb. Dom- und Diözesanmuseums, Wien 1973, Kat.-Nr. 58. – Ausstellungskatalog Gotik in Niederösterreich, Stein 1959, Nr. 164. – Großmann, Katalog zur Ausstellung „Schöne Madonnen, 1350–1450", Salzburg 1965, Nr. 3.

KREUZABNAHME, um 1330/1340	77

Inv.-Nr. 2   *Abb. 222–225*

Eichenholz, polychromiert

Maße: Höhe: 85 cm
      Breite: 55 cm
      Tiefe: 27 cm

PROVENIENZ

Durch Schenkung des Wiener Sammlers Gustav Schütz gelangte diese in Relieftechnik gearbeitete Skulpturengruppe in das Museum. Die enge stilistische Analogie zu den, nachweislich aus dem Stephansdom stammenden, zu einem Passionszyklus gehörigen Relieffragmenten im Historischen Museum der Stadt Wien (die sich im frühen 19. Jahrhundert im Gewände des Primtores im Erdgeschoß des Südturmes des Domes offensichtlich zweitverwendet befanden; s. ÖKT, XXIII, S. 21, Abb. 1, nach Tschischka) gestattet den Schluß, daß dieses ausgestellte Relief der Kreuzabnahme ursprünglich zum gleichen Zyklus gehörte und demnach auch aus St. Stephan stammt.

Der hohe künstlerische Rang und die vielschichtige kunsthistorische Bedeutung dieser Skulpturengruppe kommen auch darin zum Ausdruck, daß sie bislang zu bedeutenden Ausstellungen geliehen wurde, wobei zweifellos die zur Europarat-Ausstellung „L'Europe Gothique" 1968 in Paris die prominenteste war. Gelegentlich der Sonderausstellung „Wien im Mittelalter" 1975/76 im Historischen Museum der Stadt Wien wurde sie erstmals mit den dem gleichen Zyklus entstammenden Fragmenten gemeinsam präsentiert.

ERHALTUNGSZUSTAND

Das geschnitzte Relief besteht aus mehreren zusammengeleimten Holzstücken. Das baumartig formulierte Kreuz ist ein eigener, gleichfalls aus mehreren Stücken zusammengesetzter Block, der mit dem zusammengeleimten figuralen Reliefblock mittels des hölzernen Nagels in der linken Hand Christi haptisch verbunden ist. Die mit den Figuren im – zusammengeleimten – Block in der bildhauerischen Gestaltung verbundene Erdangabe als deren Standfläche bildet im Grundriß mit der Postamentierung des Kreuzes spitzwinkelig zulaufende Linien. Die in der Tiefenerstreckung des Reliefs existente Staffelung der Figuren ergibt ein Anordnungsprinzip, das den Eindruck einer aus autonom modellierten, zu einer Gruppe zusammengesetzten Einzelfiguren als Faktor einer Szene vermittelt. Die Anordnung der Figuren sowie deren Zuordnung ergeben – als stereometrisch vereinfachendes Strukturprinzip betrachtet – eine räumliche Kurvung. Aus dieser wie auch aus der lückenlos erhaltenen Anschlußstelle des linken Armes Christi und des horizontalen Kreuzbalkens ergibt sich, daß die Anordnung von der Figurengruppe in ihrem räumlichen Verhältnis zum Kreuz dem ursprünglichen Zustand entspricht. Die Rückseiten der Figurengruppe wie auch des Kreuzes sind nur so weit skulptural bearbeitet, als sie einzusehen waren. Die Terrainangabe ist an der linken Flanke wohl glatt, da sie jedoch farbig gefaßt ist, kann eine – thematisch immerhin mögliche – weitere Figurengruppe an der linken Seite nur auf einer eigenen Terrainangabe stehend zu ergänzen gedacht werden. Das Relief ist zumindest nach der linken Seite hin nicht beschnitten. Nach rechts zu ist die Bodenplatte teilweise ergänzt, die Zehen Christi sind abgebrochen und es zeigen sich hier Spuren eines früheren Anobienbefalls. Der um den Fußnagel Christi erhaltene Zangenkopf ist gleichfalls fragmentiert; die vorzustellende Ergänzung der Zangengriffe, wie auch die schräg aufwärts führende Leiste, die hinter dem Oberkörper Christi vom vertikalen Kreuzstamm Christi nach rechts führt, beweisen, daß die Gruppe ursprünglich nach rechts fortgesetzt war, wobei auch dies durch ein eigenes, figural gestaltetes Reliefkompartiment erreicht worden sein konnte.

Kurz nach der Schenkung der Skulpturengruppe an das Museum wurde sie restauriert, wobei von der terrestrischen Angabe, auf der die Figuren stehen, ein Viertel nach rechts hin ergänzt wurde. Der besseren Haltbarkeit wegen wurde auch ein kurzes schmiedeeisernes Verbindungsstück zum Kreuz angebracht. Von Prof. Dr. Franz Walliser, Wien, wurde die in großen Bereichen erhaltene originale Polychromierung freigelegt. Jüngst (1979) erfolgte Reinigungsproben (durch den Herrn Oberrestaurator Felix Pischinger, Niederösterreichisches Landesmuseum, Wien) lassen ursprünglich für den Mantelumhang Mariens auf einen intensiv grünblauen Farbton, analog dem an den Rückseiten des Verduner Altares (um 1330) im Augustiner-Chorherren-Stift Klosterneuburg, schließen.

IKONOGRAPHIE

In dieser fragmentierten Skulpturengruppe ist jener Augenblick der Kreuzabnahme dargestellt, wo Christus von Joseph von Arimathia mittels eines schleierartigen Grabtuches in Empfang genommen wird und die links stehende, von stiller Trauer erfüllte, scheinbar in sich versunkene Maria die rechte, vom Kreuz bereits gelöste Hand Christi zum Kuß der Wunde ergreift. Auch die mittels eines Nagels befestigt gewesenen Füße Christi sind vom Kreuz – durch das Vorhandensein des Zangenkopfes offensichtlich „soeben" – gelöst worden, was die Existenz zumindest eines, wahrscheinlich hockend dargestellten Helfers voraussetzt; ein auf einer Leiter stehend vorzustellender Helfer (vgl. französische Elfenbein-Darstellungen dieses Themas; s. Koechlin, Les Ivoires Gothiques Françaises, Paris 1924, Nr. 19, 34, 61) muß als ein den linken Arm vom Kreuz lösender gedanklich rekonstruiert werden. Wenn auch keine der erhaltenen dargestellten Figuren in dieser Gruppe als eine die andere direkt anblickende gegeben ist, und jede innerhalb des szenischen Geschehens als mit sich selbst bzw. mit ihrer spezifischen Handlung beschäftigt wirkt, so ergibt sich im Gegensatz zum ruhig und schlaff herabsinkenden bzw. zur Seite weichenden Körper Christi im hieraus resultierenden Entgegenstemmen und einhüllenden Auffangen durch Joseph von Arimathia ein von Spontaneität geprägter Ausdruck. Außer dem zumindest einen Knecht oder den beiden Helfern, die bei der Abnahme Christi vom Kreuz ergänzend vorzustellen sind – der die Zange haltende, der die Füße Christi vom Kreuz löst und der auf der Leiter zu vermutende, der sich anschickt, den linken Arm Christi zu lösen –, müssen zumindest noch Johannes Evangelist und Maria Magdalena als Assistenzfiguren dieser Szene vorzustellen sein. Die in den mystischen Vorstellungen des 14. Jahrhunderts verankerte Motivation der Compassio – des Mit-Leidens – brachte nicht nur eine entsprechende Popularität von Illustrationsfolgen zum Thema der Passion mit sich – die zahlreichen Varianten in den bildlichen Fassungen hatten einen regen Austausch und mitunter dichte Vermengung im formalen Zitat der themenbedingten Motive zur Folge. Bislang konnte noch kein kontemporäres oder älteres Vergleichsbeispiel mit dem Motiv des mit den Füßen soeben vom Kreuz gelösten Christus gefunden werden. Alle Kreuzabnahme-Darstellungen, die den knienden oder hockenden Helfer mit der Zange haben, zeigen Christus entweder mit beiden Armen vom Kreuz bereits gelöst und seinen Körper über die Schultern bzw. über das Haupt des Joseph von Arimathia kopfüber gesunken (s. Ausstellungskatalog „Les Fastes du Gothique", Paris 1981, Nr. 21, 129, 136, 137, 236) oder nur mit einem Arm (dem rechten) vom Kreuz gelöst. Auch das Motiv des Einhüllens in das schleierartige Tuch (s. Ausst.-Kat. „Les Fastes du Gothique", Paris 1981, Nr. 21, 136, 137, 188, 236), wie es das ausgestellte Relief enthält, findet sich vorzugsweise bei französischen Darstellungen des mit beiden Armen vom Kreuz gelösten und nur selten bei dem mit dem linken Arm am Kreuz noch hängenden Christus (vgl. Ausst.-Kat. „Les Fastes du Gothique", Paris 1981, Nr. 188). In der Seitwärtswendung und dem geringfügigen Kopfüber-Vorneigen des Hauptes Christi im optischen Akkord mit dem zurückgeneigten und gegen den schrägen Verlauf des Rückens einen markanten Akzent bildenden, aufwärtsblickenden Haupt des Joseph von Arimathia kommt in der ausgestellten Kreuzabnahme-Gruppe ein gemäßigter Einfluß von der vollends kopfüber sinkenden Darstellungsweise des mit beiden Armen vom Kreuz gelösten Christus zur Geltung.

In den genannten französischen Vergleichsbeispielen – die vorwiegend in künstlerischen Erzeugnissen der Elfenbeinschnitzerei, des Emails und der Buchmalerei zu finden sind – fällt Christus zumeist über die bildeinwärtige Schulter des Joseph von Arimathia. Eine Ausnahme bildet das Relief von Mussy-sur-Seine, wo Joseph von Arimathia hinter dem herabsinkenden Christus steht und diesen etwas überragt: Dieser auch in der „Devozio moderna" in der Sieneser Version auftretende, hinter Christus befindliche und auf der Leiter stehende Joseph von Arimathia (s. Duccios Pala, der Rückseite von der Maiestà in der Dom-Opera in Siena), der Christus in die Arme Mariens gleiten läßt, ist eine weitere Variante dieses Themas, das nicht erst im 14. Jahrhundert in Siena entwickelt wurde. Koechlin (Gazette des Beaux Arts, 1905/06, S. 361 u. 453, Abb. S. 366) konnte die französischen Kreuzabnahme-Darstellungen, trotz der Vielzahl an gestalterischen Variationen, als zu einem Typ gehörig zuweisen und als frühestes Beispiel einer Kette von derartigen Darstellungen eine im Skizzenbuch des Villard de Honnecourt (Paris, Bibliothèque Nationale, s. 5209 of. 26; s. Hahnloser, Das Skizzenbuch des Villard de Honnecourt, Graz 1971, Tf. 26) finden. Auch der in der Devozio moderna gängige Typus läßt sich weiter zurückverfolgen und findet sich beispielsweise in Werken der englischen Buchmalerei, so im Albani-Psalter (Hildesheim, St. Godehard): Dort findet sich der Vorgang der Kreuzabnahme mit dem gleichzeitigen Motiv der Beweinung in symmetrischer Anordnung der Figuren Maria und Johannes zum herabsinkenden Christus, der von dem auf der Leiter stehenden und die Figur Christi überragenden Joseph von Arimathia gehalten wird, und den Archetypus für spätere Darstellungen bei Fra Angelico und Rogier van der Weyden im 15. Jahrhundert bildet (s. Otto Pächt, St.-Alban's-Psalter, S. 70 f., Pl. 29 b). Ebendort – wie auch im ausgestellten Relief des Museums und auch in einem französischen Alabasterrelief aus dem zweiten Viertel des 14. Jahrhunderts (s. Ausst.-Kat. „Les Fastes du Gothique", Paris 1981, Nr. 21) – sind auch die beiden Kreuzbalken als rechtwinkelig gekreuzte Baumstämme formuliert. Ein stilistisch vom St.-Alban's-Psalter beeinflußter, von einer (verlorenen) Kopie des (im 12. Jahrhundert in England gewesenen) Utrecht-Psalters und im Calendarium mit dem Albani-Psalter (C. R. Dodwell – Otto Pächt – Francis Wormald, The St.-Alban's-Psalter, London 1960, S. 75) ähnlicher, illustrierter Psalter, der um 1140 in Christ-Church in Canterbury entstand (heute in London, Victoria and Albert Museum, Ms. 661; s. Kaufmann, Romanesque Manuscripts 1066–1190, A Survey of Manuscripts illuminated in the British Isles, London 1976, vol. III, S. 93 ff., Abb. 129), enthält im ausführlich illustrierten (bei der Auswahl der Kindheit-Jesu- und der Passions-Szenen mit dem Albani-Psalter in 33 Szenen übereinstimmenden) Bilderzyklus eine, gleichfalls die ikonographische Motivik der Devozio moderna vorwegnehmende, Darstellung der Kreuzabnahme Christi: Joseph von Arimathia, hinter Christus stehend und diesen überragend, hüllt Christus in ein Tuch, Maria ergreift die Hand Jesu zum Wundenkuß; auch in dieser Darstellung trifft die Wiedergabe der Kreuzabnahme mit Motiven der Beweinung zusammen. Vier Bildtafeln (aufgrund der Formulierung der Rahmen zu Recht als solche zu bezeichnen) vorher findet sich die Darstellung der Entkleidung Christi. Das ikonographische Motivrepertoire in den Darstellungen der Kreuzabnahme in der hoch- und spätmittelalterlichen Kunst ist von Ereignissen der Passion, von der Kreuzigung über die Kreuzabnahme, der Beweinung Christi und der Grablegung Christi geprägt. Die angedeutete Vielschichtigkeit der Motive kann kein Zufallsprodukt sein; sie muß auf einer literarischen Quelle fußen und außerdem im liturgischen Geschehen eine Entsprechung gefunden haben. Wie wäre sonst die monumentale Ausführung dieses Themas vorwiegend als Lettner-Bekrönungen (im 13. Jahrhundert in den Domen von Volterra und Tivoli, in Spanien in der Zisterzienserkirche von Las Huelgas bei Burgos) erklärlich. Auf einem Eckpfeiler im älteren Teil des Kreuzganges von Santo Domingo de Silos (bei Burgos) aus dem letzten Drittel des 11. Jahrhunderts (oder nur unwesentlich später) sind Maria und Johannes zum gekreuzigten Christus in der Kreuzabnahme-Darstellung symmetrisch angeordnet. Der linke Arm Christi wird von einem Knecht vom Kreuz gelöst und Maria ergreift die Hand zum Wundenkuß. Joseph von Arimathia steht dicht bei Christus, um ihn mittels umarmender Geste aufzufangen. Zwei symmetrisch angeordnete, herabschwebende Engel halten je ein schleierartiges Tuch. Trotz der attributhaften, demonstrativen Darstellung in diesem Relief sind Motive der ausdrucksstärkeren, narrativen Kreuzabnahme-Darstellungen der Folgezeit enthalten (s. A. Kingsley-Porter, Romanische Plastiken in Spanien, Pantheon, 1928, Bd. I, Tf. 40). Daraus folgt, daß die Vielfalt der Motive, zu der die literarische Vorlage Anlaß gegeben hat, bereits damals – also im späten 11. Jahrhundert – existiert haben muß. Da die dichteste Folge solcher ausführlich illustrierter Passionszyklen in England und in von dort aus beeinflußten Werken (auch in späteren Epochen) zu finden sind, darf die Vorlage in England vermutet werden. Tatsächlich findet sich im spekulativen Dialog des Anselm von Canterbury, wo Anselm Maria nach ihren Gefühls- und Erlebniswerten während der Passion Christi befragt (s. Meditationes vitae Christi, cap. 81, in Bonaventura Meditationes, Rom 1956; s. hiezu auch I. Rogusa – R. B. Green, Meditations on the Life of Christ, Paris BN Ms. it. 115/Princeton 1961, S. 366–368), eine Fülle von Motiven, die für die bildlichen Fassungen von Passionsszenen reichlich Anregungen bieten (in diesem Zusammenhang seien die zahlreichen einschlägigen Hinweise von Univ.-Prof. Dr. Otto Pächt dankbar erwähnt). Demnach wurde Christus vor der Annagelung ans Kreuz entkleidet, mit den von der Geißelung sichtbaren Wundmalen wurde er unbekleidet gekreuzigt, und Maria band ihren Hauptschleier als Tuch um seine Lenden („. . . tamen velamen capitis mei accipiens circumligavi lumbis suis"). In diesem Dialog weist Maria darauf hin, was die Evangelisten nicht berichteten („Audi, Anselme, quod modo referam nimis est lamentibile, et nullus evangelistarum scribit"). Eine andere literarische Quelle, in der der entkleidete, nackt gekreuzigte Christus vom Schleier Mariens bedeckt wurde und zu einer Umhüllung des Leichnams in ein Tuch durch Joseph von Arimathia Anlaß gab, ist nicht bekannt. Unter diesem Blickpunkt bedürfen auch die später entstandenen, nackten Christusfiguren, die mit textilischen Lendentüchern bedeckt wurden (etwa von Filippo Brunelleschi in Santa Maria Novella in Florenz im frühen 15. Jahrhundert; s. hiezu auch Ausstellungskatalog „Donatello e i Suoi", Florenz 1986, Nr. 5, 71), einer Überprüfung hinsichtlich ihrer Archetypen. Die Texte des Anselm von Canterbury für bildliche Schöpfungen erwiesen sich bei der Interpretation der – früher fälschlich als andachtsbildartiges Derivat von Abendmahlszenen erklärten – Christus-Johannes-Gruppen als korrigierend (s. Pächt, „The Illustrations of St.-Anselm's Prayers and Meditations", in Warburg Journal, 1956, S. 68–83, besonders S. 79!). Offensichtlich auf ältere Illustrationsfolgen zurückgehend, zeigt „The Holkham Bible Picture Book", eine englische illustrierte Handschrift des frühen 14. Jahrhunderts aus der Sammlung Leicester (publiziert von W. O. Hassall, M. A., London 1954), auf fol. 32 r. den nackten Christus am Kreuz, auf fol. 32 v. Maria, Christus mit dem Schleier bedeckend, und auf fol. 33 r. Joseph von Arimathia in der Kreuzabnahme Christus in ein Tuch hüllend. In einem Altartuch aus Lüneburg, einem niedersächsischen, aus der zweiten Hälfte des 14. Jahrhunderts (Lüneburg, Museumsverein für das Fürstentum Lüneburg, Inv.-Nr. II, 234; s. Ausst.-Kat. Europäische Kunst um 1400, Wien 1962, Nr. 530, Tf. 97) stammenden Werk, findet sich in der mittleren Reihe eine zu diesem Thema beinahe komplette Illustrationsfolge (Entkleidung, Kreuzannagelung, Kreuzigung, Kreuzabnahme, Grablegung, Christus im Grabe), in deren Darstellung der Kreuzabnahme Jesus gleichfalls durch Joseph von Arimathia von einem Tuch umhüllt wird. In englischen und holländischen Handschriften sind die Beischriften zu den Illustrationen nicht selten in der Landessprache, so beispielsweise bei dem mit einer Darstellung des nackten, von den Geißelwunden gezeichneten Körpers Jesu in der Szene der Kreuzannagelung (British Museum, Add. MS 50005; s. James H. Marrow, Dutch Manuscript Illumination before the Master of Catherine of Cleve, in Nederlands Kunsthistorisch Jaarboek 19, 51–113), was die Herkunft der Vorlage und ihre intensive Nachfolge bestätigt. Die Ausstrahlungskraft solcher ausführlich illustrierter Passionszyklen zeigt sich unter anderem in dem von blutenden Wunden übersäten, in der Entkleidungszene kopfübergebeugten Körper Christi in dem im frühen 15. Jahrhundert entstandenen Freskenzyklus in der kleinen Kirche Maria am Bichel in Feistritz an der Drau in Kärnten (s. Janesz Höfler, Die gotische Malerei Villachs, in Neues aus Alt-Villach, 18. Jahrbuch des Stadtmuseums, Villach 1982, 2. Bd., Abb. 41) und im stilistisch stark retardierten Freskenzyklus von Schöder in der Steiermark, der neben der Entkleidung Christi auch die Umwicklung des Tuches durch Maria enthält (s. Michael Kühlenthal, Der Meister von Schöder, ein spätgotischer Freskant, in ÖZKD, XXIV, 1970, 3/4, S. 97 ff., Abb. 78/79). Die Darstellung der Beweinung Christi während der Kreuzabnahme, wobei Joseph von Arimathia auf der Leiter steht und Christus in ein Tuch hüllt (wie es ähnlich in der englischen Buchmalerei aus Canterbury in der Nachfolge des Albani-Psalters vorgebildet ist, London, Victoria and Albert Museum, Ms. 661; s. Kauffmann, Romanesque Manuscripts 1066–1190, A Survey of Manuscripts illuminated in the British Isles, London 1976, vol. III, S. 93 ff., Abb. 129), findet sich in einem Stundenbuch der „Très-Belles-Heures" in der Sammlung Rothschild in Paris (Erwin Panofsky, Early Netherlandish Painting, Harvard 1953, vol. 2, Pl. 16, Fig. 39), wobei am unteren Rand der Rahmenillustration eine Pietà mit dem die Maria stützenden Johannes dargestellt ist – die Pietà ist eine in ihrer andachtsbildartigen Verselbständigung konzentriert dargestellte Phase der Passion von der Beweinung Christi. Diese Darstellung ist ebenso auf den Niederschlag von archetypischen Eigenschaften für spätere Fassungen dieses Themas durch Rogier van der Weyden hin zu untersuchen wie das Anfang des 15. Jahrhunderts entstandene Passionsfresko in Millstatt (J. Höfler, Die gotische Malerei Villachs, in Neues aus Alt-Villach, 18. Jahrbuch des Stadtmuseums, Villach 1982, 2. Bd., Abb. 13, Tf. II). Den Bildvorwurf, der in der englischen Buchmalerei die Devozio moderna antizipiert, sowie dessen Vorbilder und Auswirkungen zu studieren, ist für die mannigfaltige Gestaltung zum Thema der Beweinung Christi und den hiemit im Zusammenhang stehenden Bildthemen bis zu den einschlägigen Werken Michelangelos lohnend.

Der thematisch begründete und formal zu bewältigende Zusammenhang von der Kreuzabnahme, der Beweinung Christi und der Grablegung Christi erklärt sich vermutlich nicht nur aus der auf einer literarischen Folge fußenden und sich sukzessive entwickelnden Bildtradition, sondern es sind auch liturgische Funktionsformen einzukalkulieren. Kreuzfüße aus dem Rhein-Maas-Gebiet aus dem ersten Drittel bzw. der Mitte des 12. Jahrhunderts sind ikonographisch von den monumentalen Lettner-Gruppen, wie sie die von Volterra und Tivoli signifikant zeigen, und deren verwandten Figurengruppen geprägt und bilden eine formale Einheit mit dem Grabbau, den sie bekrönen, wobei im Grabbau die Darstellung der Grablegung Christi gegeben ist (s. Ausst.-Kat. Die Zeit der Staufer, Stuttgart 1977, Nr. 680, 681, Abb. 481, 482). Vermutlich dienten diese Kreuzfüße zur Aufbewahrung der Hostien, die in der Liturgie der Karwoche von der Abendmahlsfeier am Gründonnerstag bis zur Auferstehungsfeier in der Osternacht am Altar des Lettners aufbewahrt wurden. Auch die im Spätmittelalter in einigen Exemplaren erhaltenen beweglichen Kreuze, die in der Karfreitagsliturgie tatsächlich abgenommen und symbolisch in ein Grab gelegt wurden (s. Kat.-Nr. 97), wären nach der Möglichkeit ihrer ursprünglichen Anbringung am Lettner hin zu untersuchen. Auch die Tatsache, daß manche Lettner-Kreuze aus gekreuzt formulierten Baumstämmen bestehen, sollte in diesem Zusammenhang bedacht werden. Eine weitere Variante in der Entwicklung des Geschehens von der Kreuzabnahme zur Grablegung Christi stellt eine Buchmalerei des Rohan-Meisters, um 1418–1420, dar (Paris, Bibliothèque Nationale, Lat. 9471; s. Ausst.-Kat. Europäische Kunst um 1400, Wien 1962, Nr. 118, Abb. 141), wo Maria, von Johannes gestützt, den am Boden vor dem Kreuz liegenden toten Christus beklagt (s. auch Kat.-Nr. 90, 103, 104, 111, 193), eine weitere in einer Serie französischer Medaillons vom Beginn des 15. Jahrhunderts (Paris, Louvre, Département des Objet d'art, MR 2590, 2604, 2605, 2606), wo die Abnahme des Körpers Christi von einem am Boden liegenden Kreuz erfolgt und Maria die rechte, vom Kreuz bereits gelöste Hand Christi zum Wundenkuß erfaßt.

Zur Ikonographie der reliefierten Kreuzabnahme des Museums ergibt sich zusammenfassend, daß sie sicherlich Teil eines ausführlich illustrierten Passionszyklus gewesen sein muß, möglicherweise einen Lettner zierte und – vor allem – die älteste erhaltene Darstellung des durch Joseph von Arimathia umhüllt werdenden Christus im mitteleuropäischen Raum ist und noch vor der malerischen Formulierung dieses Themas durch Meister Bertram von Minden entstand.

STIL UND DATIERUNG

Die Figurengruppe zeigt die Auseinandersetzung mit dem Darstellungsproblem der tiefenräumlichen Komposition plastischer Einzelobjekte. Da die Figuren substantiell voneinander nicht getrennt sind (der Körper Mariens, ein Teil des rechten Armes Christi sowie eine Körperpartie des Joseph von Arimathia bestehen aus einem Block; analog verhält es sich bei den Figurenblöcken von Christus und Joseph von Arimathia), wirkt die gesamte Gruppe wie ein Räumlichkeit suggerierendes Relief, dessen Figuren vom Grund gelöst sind.

Die Draperien sind entweder von parallel oder strahlig angeordneten Falten durchzogen, die nur gegen die unteren Enden tief einsinken. Die Art der Wiedergabe der Draperien trägt entscheidend zur Betonung der Blockhaftigkeit des jeweiligen gesamten Figurenkörpers bei. Die Gesichter sind, trotz der Betonung der Augen- (Brauen-), Nasen- und Mundpartien (die Ohren sind durchwegs von den Haarmassen verdeckt), durch die breiten Stirnen und die in Rundungen charakterisierten Kinnpartien den übrigen stereometrischen Körperformen wesensmäßig angepaßt. Die gleiche Charakteristik läßt sich über die offensichtlich von der gleichen Werkstatt ausgeführten Figuren im Besitz des Historischen Museums der Stadt Wien, die nachweislich aus dem Stephansdom stammen, erstellen. Die Figurengruppenfragmente passen auch thematisch zusammen und weisen sie als zu einer Passionsfolge gehörig aus. Ob diese aus dem zweiten Viertel des 14. Jahrhunderts stammenden Skulpturen mit dem 1334 von Pfarrer Heinrich aus Luzern im sogenannten Albertinischen Chor des Stephansdomes gestifteten Gottsleichnams- bzw. Passionsaltar in Zusammenhang zu bringen sind, muß ebenso offenbleiben wie die Frage, ob dieser der Hochaltar war. Sicherlich gehörten sie zu einem kirchlichen Ausstattungsstück des Stephansdomes. Vermutlich ist diese Figurengruppe in keinem Altarverband wie etwa dem wenig früher entstandenen Retabel von St-Thibault in Burgund ursprünglich anzunehmen, da ein räumlich derartig tiefgreifendes Relief ein entsprechendes Gehäuse verlangen würde, wie es allenfalls im kleiner dimensionierten Kunstgewerbe, bei einer Kanzel oder – auch folglich der ikonographischen Gegebenheiten überzeugender – einem Lettner möglich wäre.

Die Formgebung des mit einem Arm und den Beinen bereits vom Kreuz gelösten Christus verdient besondere Beachtung: Christus ist hier, für sich betrachtet, ein in seiner Lage veränderter Gekreuzigter. Durch das soeben erst erfolgte Lösen des Fußnagels aus dem Kreuzstamm (weshalb der Zangenkopf den Nagel noch umklammert) ist das in der Komposition auf Spontaneität deutende Entgegenstemmen des Joseph von Arimathia im Gegensatz zum ruhig, schlaff herabsinkenden Christus inhaltlich motiviert. Diese Art der Darstellung findet sich beim Kreuzabnahme-Relief am Lettner der Kathedrale von Bourges (um 1240–1250) vorgebildet (Gnudi, Le jubé de Bourges et l'apogée du „Classicisme dans la sculpture de l'Ile de France au milieu du XIII siècle", in Revue de l'Art, Paris 1969/73, S. 18 ff., S. 19, Fig. 1), welche sich im Besitz der Stadt Bourges befindet und in der Skulpturensammlung des Louvre in Paris aufbewahrt wird. Wenn im Lettner von Bourges auch außerdem die Betonung des spezifisch Körperhaften im Gewand vorzufinden ist, kann eine direkte Abhängigkeit der Wiener Figurengruppe von Bourges nicht angenommen werden. Die Wiener Figuren sind einerseits in den Proportionen gedrungener und andererseits lockerer gruppiert. Die gesteigerte Raumhaltigkeit und die hiemit verbundene klare Überschaubarkeit des Geschehens sind spezifische Eigenschaften dieser Wiener Skulpturengruppe. Diese Charakteristika finden sich in den Tympanon-Reliefs der – jüngeren (um 1365/70) – Fürstentore des Stephansdomes (namentlich des südlichen, dem sogenannten Singertor) gesteigert.

Da sich auch Parallelen zu den heftiger bewegten Plastiken am Oberrhein (Kreuzabnahme am mittleren Westportal der Kathedrale von Straßburg und am Freiburger Münster, s. O. Schmitt, Gotische Skulpturen des Freiburger Münsters, Frankfurt/Main 1925, S. 24/25) und den säulenhaft ruhenden Figuren im Bodenseegebiet (Vincentius-Figur im Landesmuseum Zürich, s. Futterer, Gotische Bildwerke der deutschen Schweiz, 1220 bis 1240, Augsburg 1930, S. 180, Nr. 138–140; Christus-Johannes-Gruppe, um 1300, im Museum Mayer van den Bergh in Antwerpen, s. Futterer, item, S. 174, Nr. 81/8) finden, könnte diese Region als Vermittler gewirkt haben. Die angeführten Beziehungen zur Kunst des Bodenseegebietes können durch die Tatsache, daß Pfarrer Heinrich zu St. Stephan (der

Stifter des Passionsaltares) vor seiner Wiener Tätigkeit ein Kanonikat in Konstanz hatte, historisch motiviert werden.

Im Klosterneuburger Ziborium – das eine in Konstanz um 1320 entstandene Arbeit ist – finden sich Parallelen zu Arbeiten aus St. Stephan (der Helfer in der Kreuzabnahme des Ziboriums ähnelt dem Wiener Joseph von Arimathia, die Gruppe der schlafenden Jünger in der Ölbergszene entspricht derselben in Holz im Historischen Museum der Stadt Wien, die Mariengruppe in der Kreuzigung hingegen der im Mittelchorfenster des Stephansdomes). Ein wesentlicher Unterschied ist die bedeutend geringere Betonung der Körperhaftigkeit im Ziborium wie auch die größere Selbständigkeit in der Gewandwiedergabe. Die Figurenauffassung in der Kreuzabnahme des Museums ist wohl blockhafter als im Ziborium, aber nicht in dem Maße wie bei den Baldachinstatuen und den Figuren in den Glasmalereien im Frauen- und Mittelchor des Stephansdomes (die um 1340 zu datieren sind). Zwischen dem Ziborium mit den zuweilen drastisch bewegten Figuren und den säulenhaften Statuen des Domchores steht der Charakter der Kreuzabnahme-Gruppe mit ihren verwandten Werken des Historischen Museums der Stadt Wien. Diese sind demzufolge vermutlich ins vierte Jahrzehnt des 14. Jahrhunderts zu datieren.

Die auffallende Körperhaftigkeit und die die Stereometrie fördernde Behandlung des Gewandes in der Kreuzabnahme erinnern, ähnlich wie die Chorplastik und die gleichzeitige Glasmalerei, an die Figurenauffassung Giottos (vergleiche die Schrittstellung des Joseph von Arimathia mit dem gebückten Steiniger aus dem Stephanus-Martyrium der Glasmalerei; s. Eva Frodl-Kraft, op. cit., S. XIX). Die Verbindung giottesker Körperauffassung mit spezifisch gotischer geschwungener Ponderierung ist ein Phänomen, das, in ungleich stärkerem Maße im Medium der Tafelmalerei, die Rückseiten des Verduner Altares im Stift Klosterneuburg, Niederösterreich, auszeichnet. Die angeführten Vergleichsbeispiele – die zum Teil vor dem Auftreten Giottos entstanden sind (Bourges, Straßburg, Freiburg/Breisgau) – deuten an, daß die Kreuzabnahme des Museums wahrscheinlich nicht von Giotto, sondern von den in Frankreich befindlichen Vorstufen zur Kunst Gottes beeinflußt ist – wobei diese durch Werke vom Oberrhein und dem Bodenseegebiet vermittelt wurden.

Eine Untersuchung über das stilistische Verhältnis dieser Holzskulpturengruppe zu den Konsolfiguren der Wasserspeier am Chor des Domes bzw. den Baldachinkonsolen im Inneren desselben könnte für eine genauere kunsthistorische Einordnung wertvolle Aufschlüsse bringen. Zur Zeit steht eine derartige Analyse noch aus.

Wurde das Relief des Paulus-Sturzes vom Tympanon des Singertores als verfeinerter Endpunkt einer um die Mitte des 14. Jahrhunderts in Westeuropa (Nord- und Nordwestfrankreich, England) wirksame künstlerische Gestaltungstendenz betrachtet (G. Schmidt, Die Wiener Herzogswerkstatt und die Kunst Nordwestböhmens, in Wiener Jahrbuch für Kunstgeschichte XXX/XXXI, 1977/78, S. 181 ff.), so repräsentieren diese Skulpturengruppe der Kreuzabnahme und ihre verwandten Werke ein früheres Derivat dieser über den Oberrhein vermittelten Entwicklungsphase.

KUNSTHISTORISCHE EINORDNUNG

Im Zusammenhang mit der Charakterisierung des Stiles interessiert besonders die auffallend abgewinkelte Haltung der Kopf-Hals-Partie Mariens im Gegensatz zum leicht seitwärts geschwungenen, schlanken Körperblock (vgl. das gleichfalls geneigte Haupt der Erlacher Madonna, Kat.-Nr. 75). In der Frontalansicht ordnet sich die Haltung des Kopfes wohl dem S-förmigen Schwung unter; indem das Haupt Mariens aber stark verkürzt ansichtig ist, kommt auch in der Ansicht en face die genannte, markante Haltung zur Geltung. Vektoriell ist die ideale (geometrische) „Achse" der Kopf-Hals-Partie divergent zu denen der übrigen Häupter in diesem Relief (also derer von Jesus und Joseph von Arimathia), die gleichfalls zu deren Körperhaltungen – jeweils unterschiedlich formuliert – in „abgewinkelter" Haltung gegeben sind. Dieser räumlichen Divergenz entspricht eine in der Frontalansicht gegebene, malerisch anmutende Kongruenz: das Haupt Mariens ist parallel zur Armhaltung Christi, und diese wiederum parallel zum Rückenkontur des Joseph von Arimathia angeordnet. Die annähernd rechtwinkelig hiezu verlaufende Achse des Körpers Christi schafft eine verklammernde harmonische Verbindung mit den übrigen optischen „Gegenbewegungen". Da die Skulptur des Christus wie ein verschobener Gekreuzigter wirkt – wobei der Nagel in der Wunde der linken Hand als optisches „Drehmoment" fungiert –, ist seine Struktur gestalterisch eine Variante des Kreuzes selbst. Dieser analytische Exkurs erscheint notwendig, um auf die Frage einer möglichen Beziehung zu ähnlichen vektoriellen Strukturprinzipien bei den um etwa drei Jahrzehnte älteren Monumentalskulpturen Giovanni Pisanos für die Domfassade von Siena einzugehen:

Es bedarf noch eingehender Studien, um diese raumgreifenden Haltungen im Relief der Kreuzabnahme als expressiv gestaltete, zur Einbeziehung malerischer Wirkung geprägte Gestaltungstendenzen zu interpretieren oder diese Besonderheit von einem ursprünglich auf Untersicht und Fernsicht bedachten Aufstellungsort allein zu erklären. Wieweit hiebei Einflüsse der Kunst Giovanni Pisanos zum Tragen kommen oder wie sehr vielleicht die Vorbilder für ihn hier tradieren, ist ein weiteres noch nicht gelöstes Problem.

Diese Auffächerung in der Ordnung der Figuren zueinander, die damit verbundene – optische wie haptische – Loslösung vom Reliefgrund, die endgültige Aufgabe einer fries-haften Reliefauffassung und die Begünstigung des dreidimensional wirksam werdenden Zwischenraumes verleihen dieser Skulpturengruppe besonderen Rang. Die nach mehre-ren Richtungen sich entfaltenden Bewegungen der Figuren kommen nicht nur in den vektoriellen Achsen zum Ausdruck, sondern sie sind, trotz der schlanken Körperpropor-tionen, von gewichtiger, physisch glaubhafter Schwere erfaßt. Die Differenzierung der Bewegungsmotive besteht nicht nur in den Richtungen im Sinne einer bildkompositionel-len Eigengesetzlichkeit, sondern sie sind auch in der Charakterisierung spezifiziert: dem ermatteten Herabsinken und Seitwärtsweichen Christi steht das lebendige, von Sponta-neität geprägte Agieren im Auffangen und Einhüllen des Joseph von Arimathia gegen-über, dessen Aktion wiederum von der meditativen, in kontemplativer Verhaltenheit geprägten Geste Mariens unterschieden ist. Die Tendenz zur individuellen Verhaltens-form der Einzelfigur und die Wahrung des Kontextes der Figuren innerhalb der Szene geben in der Frage nach den kunsthistorisch belegbaren Abhängigkeitsverhältnissen immer noch keine eindeutige Antwort. Die zeitlich wie auch aus kulturhistorischen Gege-benheiten begünstigte Möglichkeit einer direkten Beeinflussung durch die mittelitalieni-sche Kunst – die Entstehung der Gruppe fällt in die Zeit Herzog Albrechts II., der regen Kontakt mit italienischen Kulturzentren unterhielt (s. L. Schultes, Der Anteil Österreichs an der Entwicklung der Plastik des Schönen Stils, Diss., Wien 1982, S. 34 ff., und L. Schul-tes, Der Michaeler-Meister, in Wiener Jahrbuch für Kunstgeschichte, Wien 1984) – ist nicht auszuschließen. Sollten westliche (nordfranzösische, englische oder oberrheinische) Vorbilder, die auch für die damals zeitgenössische italienische Kunst einflußgebend waren, auch für die Gestaltung dieser Kreuzabnahme-Gruppe prägend geworden sein, vermehrte sich der Fragenkomplex zyklisch.

Sowohl in ikonographischer Hinsicht als auch bezüglich stilistischer Aspekte ist die Darstellung der Kreuzabnahme im Passionale der Äbtissin Kunigunde (Prag, Universi-tätsbibliothek; s. Zoroslava Drobná, Die gotische Zeichnung in Böhmen, Prag 1956) ein probates Analogon (Hinweis von Herrn Prof. Dr. Otto Pächt): Christus ist auch mit den Beinen vom Kreuz gelöst, Joseph von Arimathia umhüllt den Leib mit dem Tuch, Maria ergreift mit beiden Händen den rechten (vom Kreuz gelösten) Arm Christi, ein Knecht ist im Begriff, den linken Arm Christi vom Kreuz zu lösen. Zu Füßen Christi kauert – abwei-chend von dem im Relief aufgrund des Zangenkopfes zu rekonstruierenden Knecht – Johannes. Christus gleitet nicht seitwärts wie im Relief, sondern sein Körper knickt zusammen. Die Andeutung sehniger Schultermuskeln findet sich ebenso wie die Art der Neigung des Hauptes Christi; weiters stimmt die Drapierung des Lendentuches weitge-hend überein. Auch der durch das Schreitmotiv des Joseph von Arimathia verursachte kräftige Akzent bekommt bei geringerer räumlicher Entfaltung und bei weniger betonter körperhafter Schwere als im Relief vektoriell eine verwandte Wirkung. Körperhaftigkeit kommt im Gewand Mariens und vor allem in der Haltung des Johannes – die spiegelver-kehrt an die Haltung Maria Magdalenas in der Noli-me-tangere-Szene (der Begegnung Christi mit Magdalena nach der Auferstehung) in Giottos Fresko in der Arena-Kapelle in Padua (und im Reflex hievon in der gleichen Szene auf den Rückseiten des Verduner Altares) erinnert – zur Geltung.

Die abgewinkelte Haltung des Hauptes im Verhältnis zum Rückenkontur findet sich bei Johannes und – weniger akzentuiert, aber wesensmäßig verwandt – ähnlich bei Joseph von Arimathia im Kreuzabnahme-Relief. Der Kopfschleier Mariens und die vom Knie sternförmig ausstrahlenden Faltengrate in der miniierten Kreuzigungsszene darüber finden sich in abgewandelter Form im Relief, wie auch die Linienführung des Tuches, in das Christus gehüllt wird, in beiden Darstellungen der Kreuzabnahme übereinstimmt. In der drastischen Armhaltung wie auch im Schreitmotiv und in der Haltung des Hauptes im Gegensatz zum vorgebeugten Rücken entspricht der Knecht auf der Leiter in der Miniatur dem Joseph von Arimathia des Reliefs. Sogar das Detail des über dem Gürtel gerafften Gewandes stimmt überein. In der pesanten Gewichtigkeit, die in kompakter, zur blockhaf-ten Stereometrie neigenden Tendenz besteht, unterscheidet sich der Stil des Reliefs von der Miniatur, was gerade dieser Figurenvergleich zeigt. Beide Darstellungen stehen offensichtlich in einem engen Verwandtschaftsverhältnis, das auf einer Vorlage aus dem gleichen künstlerischen Milieu beruht. Indem für das Passionale der Äbtissin Kunigunde eine Datierung um 1320 vorgeschlagen wird, der Figurenstil von einer noch nicht so weit fortgeschrittenen Verfestigung des Blockhaften und der Figurenwiedergabe gekennzeichnet ist und die Einzelform in der Draperie zur Geltung kommt, kann mittels dieser Illustrationen die Datierung für das Relief um 1330/40 gestützt werden.

Das künstlerische Naheverhältnis zum Passionale der Äbtissin Kunigunde (Tochter des böhmischen Königs Přemysl Ottokar II., Äbtissin des Klosters zum hl. Georg am Hradschin in Prag, der Text wurde von dem Prager Dominikaner Kolda 1312–1314 verfaßt, Äbtissin Kunigunde starb 1321) zeigt sich auch in der farblichen Differenzierung der Außen- und Innenseiten der Gewanddraperien (s. Zoroslava Drobná, Die gotische Zeichnung in Böhmen, Prag 1956, S. 26). Indem der Stil dieser Illustrationen des Passionale auch innerhalb der böhmischen Buchmalerei isoliert steht und seine engsten Parallelen zu englischen Arbeiten hat (s. Z. Drobná, item, S. 25), erfährt die ikonographische Abhängigkeit zum insularen Kulturraum eine Bestätigung in der stilistischen Analyse. Die Kreuzabnahme-Darstellung im Freskenzyklus der Passionsszenen des Frauenturmes in Enns (OÖ.), der von der böhmisch beeinflußten Malschule von St. Florian abhängig ist, beweist gleichfalls die genannten künstlerischen Wechselbeziehungen, wie er auch die Datierung bestätigt (s. Norbert Wibiral, Die hochgotischen Wandmalereien in der ehemaligen Turmkapelle – Frauenturm – des Pilgerhospizes der Johanniter in Enns, in ÖZKD, 34, Wien 1980, S. 135 ff.).

Die Formulierung des Grabtuches, wie auch die Betonung der Körperhaftigkeit der Figuren, die Kopftypen und die Zunahme des Eigenlebens der Falten gegen den Boden zu, sowie die strahlige Anordnung der Faltenstege im Kniebereich finden sich gleichfalls in der Darstellung der Darbringung Jesu im Tempel in einer S-Initiale im Wettinger Graduale (Aarau, Kantonsbibliothek), die um 1330 datiert wird und ein „westliches" Äquivalent zu den stilistischen Eigenschaften der Kreuzabnahme-Gruppe bildet.

Die in der Frontalansicht optisch zur Geltung kommenden Parallel-Anordnungen von Motiven verlieren diese Wirkung in der Diagonalansicht vollkommen: räumliche Differenzierung nach der Tiefe der Figurengruppe, Ein- und Auswärtswendungen lockern das in orthogonaler Ansicht geltende bildhafte Kompositions-„Gerüst" durch seit- und einwärts klaffende Intervalle einerseits und durch die nach allen Richtungen hin möglichen vektoriellen Momente, die von plastischen Formen bestimmt sind, nach der dritten Dimension hin andererseits auf. Die in möglichst konzentrierter Dichte erfolgende parallele Anordnung von Motiven lockert sich in der, der Zweidimensionalität a priori verpflichteten, Malerei erst hundert Jahre später zugunsten der Darstellung räumlicher Illusion.

Die von der Ikonographie mitbestimmten parallel angeordneten Haltungsmotive der trauernden Gottesmutter und des zu beklagenden Leichnams Christi erfahren in bildlichen Fassungen der Kreuzabnahme in der Folgezeit eine Weiterentwicklung, die tatsächlich in der Kreuzabnahmetafel von Rogier van der Weyden (Madrid, Prado) in der Parallel-Anordnung des vom Kreuz abgenommenen Körpers Christi und der ohnmächtig zusammensinkenden Maria ihre Kulmination erfährt.

Literatur:
Hans Tietze, ÖKT, Bd. XXIII, Wien 1932. – Franz Kieslinger, Der ursprüngliche Hochaltar des Stephansdomes, in Kirchenkunst, Wien 1932, S. 96 ff. – F. Kieslinger, Eine wichtige Neuerwerbung des Dom- und Diözesanmuseums in Wien, Kirchenkunst 1934, S. VI ff. – Marcel Aubert, Die gotische Plastik Frankreichs, München 1929. – Renate Herzog, Der ehemalige gotische Hochaltar des Stephansdomes, Aufnahmearbeit f. d. Kunsthistorische Institut d. Universität Wien (Manuskript), Wien 1967. – Eva Frodl-Kraft, Corpus Vitrearum Medii Aevi, Österreich, Bd. I, Die mittelalterliche Glasmalerei in Wien, Graz–Wien–Köln, 1962.

Kataloge:
Führer durch das Eb. Dom- und Diözesanmuseum, Wien 1934, 1941, 1946. – Stephansdom, Wien 1948, Nr. 13. – Gotik in Niederösterreich, Krems-Stein 1959, Nr. 165. – Gotik in Österreich, Krems-Stein 1967, Nr. 151. – L'Europe Gothique, Paris 1968, Pat. no. 152. – Sammlungskatalog des Eb. Dom- und Diözesanmuseums, Wien 1973, Kat.-Nr. 59. – Ausst.-Kat. Wien im Mittelalter, Wien 1975, Nr. 198. – Ausst.-Kat. Die Zeit der frühen Habsburger, Wiener Neustadt 1979, Nr. 233.

Abb. 226, 227   Prot.-Nr. L–22

Holzskulptur, polychromiert, übermalt

Maße: Kruzifix   Corpus
      Höhe: 162 cm   Höhe: 90 cm
      Breite: 90 cm   Breite: 60 cm
      Tiefe: 30 cm   Tiefe: 20 cm

Leihgabe aus dem Stephansdom

PROVENIENZ

1931 wurde dieses Kreuz auf einem Paramentenschrank der Domherrensakristei des Stephansdomes wiederentdeckt und befindet sich seit 1933 im Museum. Alljährlich wird das Kreuz in der Karfreitagsliturgie als Vortragskreuz bei der Kreuzprozession verwendet.

ERHALTUNGSZUSTAND

Von drei abgebrochenen Fingerspitzen und einer Haarsträhne rechts vom Gesicht abgesehen, ist die Schnitzerei komplett erhalten.
Eine 1981 von Sigmund und Camilla Daxner, Wien, durchgeführte Untersuchung der Fassungsschichten am Astkreuz wie auch am Corpus ergab, daß die Skulptur von vielen, teils sehr starken Schichten späterer Übermalungen entstellt ist. Die – begreiflicherweise nur stichprobenartigen – Untersuchungsstellen geben naturgemäß keinen endgültigen Aufschluß über das Ausmaß der Erhaltung der ursprünglichen Fassung: die gesichteten Bereiche derselben lassen auf eine nur fragmentarisch erhaltene ursprüngliche Fassung schließen; letztendlich dürften die durch verschiedenartige Beschädigungen in Mitleidenschaft gezogenen früheren Fassungen wiederholt zu Neufassungen geführt haben. Jedenfalls läßt sich auch aus diesen Probeuntersuchungen mit Sicherheit folgern, daß der Corpus dieses Astkreuzes ursprünglich wesentlich expressiver wirkte.
Da das Baumkreuz nach wie vor in der Karfreitagsliturgie im Stephansdom verwendet wird, muß zumindest vorerst – gleichsam als Schonung der älteren Fassungen – von einer Freilegung Abstand genommen werden.

IKONOGRAPHIE

Der Typus des Baumkreuzes war seit der Mitte des 13. Jahrhunderts als Mystikerkreuz in Frankreich entwickelt und fand im 14. Jahrhundert in der Monumentalkunst und auch in der französischen Elfenbeinplastik weite Verbreitung. In Analogie zum Baum des Paradieses, von dem Adam und Eva die verbotene Frucht aßen und somit das Paradies verloren, wurde Christus, der durch seinen Tod am Kreuz die Erlösung der Menschen ermöglichte, an einem baumartigen Kreuz dargestellt.
Die kreuzförmige Ausnehmung im Körper Christi diente entweder als Hostien- (Ginhart) oder als Reliquienbehälter (Tietze). Der an den steil herabhängenden Armen anschließende Oberkörper ist leicht seitwärts geneigt, in Verlängerung hievon liegt das zur Seite gewendete Haupt. Die angehockte Haltung der Beine verleiht dem Corpus zwar Rhythmik, verhindert aber nicht restlos den Eindruck des Hängens. Hände, Armhaltung, Schulter- und obere Brustpartie wie auch die Füße und die Wunde an der Seite des Rumpfes betonen die Schmerzverzerrtheit in der Art der Mystikerkreuze aus dem frühen 14. Jahrhundert. Im Vergleich zu den Kreuzen des ersten Drittels des 14. Jahrhunderts (z. B. Baumkreuz in Klosterneuburg, 1331?) sind folgende erhebliche Unterschiede festzustellen: die gedämpfte Wiedergabe der Brustkorbrippen, die angedeutete Betonung des Körpervolumens wie auch die zum Ausdruck des stillen Leidens gemilderte Gesichtsdarstellung (was sowohl für die einem rein geometrischen Körper leicht einschreibbare Kopfform als auch für die nicht expressiv-verzerrte Mimik gilt).

STIL UND DATIERUNG

Selbst im entstellend übermalten Zustand kommen expressive Merkmale in dieser Skulptur zum Ausdruck: das starke Seitwärts- und Vorneigen des Oberkörpers und vor allem des Hauptes Christi, das mit den in steiler Haltung gegebenen Armen und den in ihrer Sehnigkeit betonten Schultermuskeln eine spannungsgeladene Zone schafft. Ebenso rhythmisieren die in ihrer angehockten Haltung wiedergegebenen Beine mittels ihres Ausladens nach der linken Seite hin und ihres Vorkragens den gesamten Figurenblock. Sowohl in der Haltung als auch in der Wiedergabe von Details – und da vor allem die Drapierung des Lendentuches – sind formale Verwandtschaften zum Corpus der Kreuzabnahme (Kat.-Nr. 77) festzustellen, mit der ikonographisch auch die Interpretation des Kreuzes als knospender Baum (in der Kreuzabnahme jedoch nicht als Gabelkreuz gebildet) übereinstimmt. In der Kreuzabnahme ist die Betonung der geometrischen Tendenz in der Körperform stärker als beim Baumkreuz, das gleiche trifft auf die Kreuzigungsdarstellung im ehemaligen östlichen (heute südlichen) Fenster des Mittelchores im Stephansdom in der Glasmalerei zu. Die Haltung des Corpus findet motivisch eine enge Entsprechung in der Kreuzigungsdarstellung des Kanonblattes im Missale des Robert de Coucy (Cambrai, Bibliothèque municipale, Ms. 157, das um 1335/40 in Paris entstand und aus der Kathedrale von Cambrai aus dem Besitz des Kanonikers Robert de Coucy stammt; s. Ausst.-Kat. Les Fastes du Gothique, Paris 1981, Nr. 246, S. 299). Eine auch stilistisch engere Übereinstimmung hat der Corpus des Baumkreuzes mit dem der Kreuzigungsszene im Passionale der Äbtissin Kunigunde (Prag, Universitätsbibliothek, fol. 8b; s. Zoroslava Drobná, Die gotische Zeichnung Böhmens, Prag 1956, Abb. 4), die um 1320 datiert wird. Indem der bei der kunsthistorischen Einordnung der Kreuzabnahme (Kat.-Nr. 77) herangezogene Vergleich mit diesem Prager Passionale im Verhältnis zum Baumkreuz noch überzeugender ausfällt, ist die Datierung des Baumkreuzes in den gleichen Zeitraum wie die Kreuzabnahme, also in das vierte Jahrzehnt des 14. Jahrhunderts, naheliegend. Es ist a priori nicht auszuschließen, daß das Baumkreuz dem gleichen Ensemble entstammt wie die Kreuzabnahme mit den hiezugehörigen Figurenfragmenten und möglicherweise den Lettner im Dom zierte. Die bisher in der Literatur vorherrschende Spätdatierung um die Mitte des 14. Jahrhunderts oder gar in das dritte Viertel des 14. Jahrhunderts (s. Francovich, op. cit.) erklärt sich aus dem durch die starken Übermalungen verfälschenden Erscheinungsbild, das sich zu einem Vergleich mit dem Astkruzifix im Tympanon des Mittelportals der Wiener Minoritenkirche eignete.

Literatur:
Hans Tietze, ÖKT, Bd. XXIII, Wien 1931, S. 394, Abb. 444. – Francovich, L'origine e la diffusione del crucifisso gotico doloroso, in Kunstgeschichte-Jahrbuch der Bibliotheca Hertziana, Rom 1938. – Karl Ginhart, Die Plastik, in R. K. Donin, Geschichte der bildenden Kunst in Wien-Gotik, Wien 1955. – Renate Herzog, Der gotische Hochaltar von St. Stephan, Seminaraufnahmearbeit am Kunsthistorischen Institut der Universität Wien, 1968.

Kataloge:
Führer durch das Eb. Dom- und Diözesanmuseum, Wien 1934, 1941. – Der Stephansdom, Wien 1948. – Sammlungskatalog des Eb. Dom- und Diözesanmuseums, Wien 1973, Kat.-Nr. 61.

HL. PETRUS, um 1340	79

Prot.-Nr. L–230   *Abb. 228*

Holzskulptur, polychromiert

Maße: Höhe: 119 cm
Breite: 34 cm
Tiefe: 27 cm

Leihgabe der Pfarre Prigglitz, NÖ.

PROVENIENZ

Die Skulptur stammt aus der Pfarrkirche von Prigglitz am Schneeberg in Niederösterreich und war zuletzt im Altarraum der Kirche als Wandkonsolfigur aufgestellt. 1986 gelangte sie – gemeinsam mit drei weiteren Skulpturen (siehe Kat.-Nr. 80, 81, 98) – in das Museum, wobei die Originale im Kirchenraum nunmehr durch exakte Abgüsse (angefertigt von Prof. Walter Leitner, Wien) vertreten sind.

ERHALTUNGSZUSTAND

Die Skulptur wurde in den sechziger Jahren dieses Jahrhunderts restauriert, wobei große Teile einer alten (ursprünglichen?) farbigen Fassung freigelegt und in egalisierender Weise retuschiert wurden.

Der hl. Petrus ist mit den üblichen Attributen, mit dem Schlüssel und dem Buch dargestellt.

BESCHREIBUNG

Der hl. Petrus – als Gegenstück zum hl. Paulus (Kat.-Nr. 80) anzusehen – steht in kaum merkbarer Spiel- und Standbein-Pose, den Kopf zu seiner linken Seite geneigt. In der Rechten hält er den Schlüssel, in seiner Linken ein Buch. Wie bei Paulus ist seine Schädelkalotte weitgehend kahl gegeben, an den Seiten geht das Haupthaar in einen gleichfalls gelockten, kurzen Bart über. Das bodenlange, weiße Gewand ist – ähnlich wie bei der Paulusfigur – auf der Standplatte umgebogen und mit einem breiten goldenen Band gesäumt. Der intensiv blaufarbene Mantel liegt eng am Körper an, ist auch im oberen Bereich geschlossen, wobei sich im Verlauf folglich des Einklemmens unter dem rechten Arm das rote Innenfutter zeigt. Zu beiden Seiten der Skulptur entstehen durch die Armhaltung Faltenwürfe, die das rote Innenfutter des Mantels optisch hervortreten lassen. Der Mantel ist, wie auch das Gewand, gleichartig von einem goldenen Band gesäumt. Das weiße, goldgerandete Untergewand Petri, das nach – Volumen andeutenden – Faltenknicken in Röhrenfalten ausläuft, läßt die nackte, linke Fußspitze sichtbar, während der rechte Fuß komplett verdeckt ist.

KUNSTHISTORISCHE EINORDNUNG

Die säulenhafte Statuarik wird durch eine auffallende Symmetrisierung in den Gestaltungsmitteln gesteigert, wobei lediglich der kurvig an der Brust verlaufende Gewandsaum und die untere Saumlinie des blauen Mantelumhanges sowie das leicht geneigte Haupt eine Ausnahme bilden. Die abgewinkelte Haltung beider Arme läßt die Hände in gleicher Höhe gelagert sein, so daß im Verein mit dem Haupt eine ,,Dreiecksfiguration'' von auffallender Ausgewogenheit entsteht. Im Detail abweichend, innerhalb der ,,Gesamtkomposition'' jedoch gleichartig fallen jeweils die Mantelzipfel seitlich von den Unterarmen herab und begleiten die untere Körperhälfte. Die von den Kniepartien fächerartig auslaufenden Falten, die nach unten zu an Plastizität gewinnen und in Röhrenfalten auslaufen, ,,klammern'' die von der Brustpartie kaskadierenden, nach unten zu steiler kurvig werdenden Schüsselfalten ein. Das Gegeneinanderlaufen der von den Knien ausgehenden Röhrenfalten führt zu einem optischen Überschneiden der gegen den Boden auslaufenden innersten Röhrenfalte, die vom linken Knie ausgeht; dieses Motiv findet sich andeutungsweise, jedoch gegenläufig, in den kleinen begleitenden Faltenstegen bei den Schüsselfalten. Speziell die Gestaltung der Draperien und ihr proportionales Verhältnis zum Figurenblock gemahnen an die Gestaltungsprinzipien der ,,Erlacher Madonna'' (s. Kat.-Nr. 75), weshalb diese Skulptur in die Zeit um 1340 zu datieren ist.

| 80 | HL. PAULUS, um 1340 |

Abb. 229

Prot.-Nr. L–229

Holzskulptur, polychromiert

Maße: Höhe: 122 cm
      Breite: 36 cm
      Tiefe: 33 cm

Leihgabe der Pfarre Prigglitz, NÖ.

PROVENIENZ

Die Skulptur stammt aus der Pfarrkirche von Prigglitz am Schneeberg in Niederösterreich und war zuletzt im Altarraum der Kirche als Wandkonsolfigur aufgestellt. 1986 gelangte sie – gemeinsam mit drei weiteren Skulpturen (s. Kat.-Nr. 79, 81, 98) – in das Museum, wobei die Originale im Kirchenraum nunmehr durch exakte Abgüsse (angefertigt von Prof. Walter Leitner, Wien) vertreten sind.

ERHALTUNGSZUSTAND

Auch diese Skulptur wurde im Zuge der umfassenden Innenrestaurierungsarbeiten in der Pfarrkirche von Prigglitz in den sechziger Jahren dieses Jahrhunderts restauriert, wobei große Bereiche einer alten (originalen?) farbigen Fassung in egalisierender Weise retuschiert wurden.

IKONOGRAPHIE

Durch die einschlägigen Attribute des Buches und des Schwertes ist diese Skulptur als der hl. Paulus ausgewiesen.

BESCHREIBUNG

Der hl. Paulus steht aufrecht, das Spiel-und-Standbein-Motiv ist an den hervorstehenden Fußspitzen erkennbar, sein Kopf ist zu seiner rechten Schulter geneigt. In seiner Rechten hält er ein Buch, in seiner Linken das Schwert.
Die Schädelkalotte ist kahl, an den Seiten geht das kranzartige Haupthaar in einen Vollbart über, der in zwei symmetrisch verlaufenden Löckchen endet. Das bodenlange, grüne Untergewand liegt, leicht umgebogen, auf der Standplatte auf, wo es mit einem breiten goldenen Band gesäumt ist. Der oben enganliegende, rote Mantel verläuft unter der linken Hand bis unter den rechten Arm, wo er eingeklemmt wird. Von hier aus fallen beide Mantelenden in breit angelegten Faltenwürfen herab, wobei das intensiv blaue Innenfutter sichtbar wird, das auch an der Taille des Heiligen zu sehen ist. Der Mantel ist gleichfalls durch ein goldenes Band gesäumt. Das Stand-Spielbein-Motiv kommt nur andeutungsweise zur Geltung: das Knie des linken Beines wird durch die Draperie spürbar und schafft im Umriß der Skulptur eine geringe Ausbuchtung. Dies wie auch die Haltung der Arme und die des leicht zur Seite geneigten Hauptes lockern die säulenhafte Wirkung der Statuarik auf. Die erwähnten Auflockerungen werden durch die Struktur der Draperie entscheidend dynamisiert: die im Mantelumhang eingespannten Arme – der linke in gesenkter Haltung mit dem Schwert, der rechte in abgewinkelter Haltung mit dem Buch – bilden in den gestrafften Faltenbahnen einen spannungsreichen Gegensatz zu den kaskadierenden Falten, die der von der rechten Hand eingeklemmte Mantelumhang vor der Beinpartie des Apostels bildet und an der linken Flanke der Figur einwärts kaskadierende Saumlinien begünstigt. Die in Knicken endigenden Röhrenfalten des Untergewandes bilden im Brustbereich oberhalb des – imaginären – Gürtels lineare Einkerbungen, während sie gegen die Bodenplatte in langen röhrenartigen Bahnen nach einer kurvigen Knickstelle sanfter am Boden liegend auslaufen und den rechten, nackten Fuß des Apostels frei sichtbar lassen.

KUNSTHISTORISCHE EINORDNUNG

Das intensiv zur Geltung kommende Eigenleben der Draperie, das sich speziell in der Entfaltung von plastisch nach unten zunehmenden Röhrenfalten und in steilen, parabelartig verlaufenden Schüsselfalten äußert, belebt wohl die Oberfläche, überwuchert die Blockwirkung der Skulptur jedoch nicht. Hierin wie auch in der Rhythmisierung der Armhaltung und der daraus resultierenden Wirkung des Umrisses der Figur kommen künstlerische Verwandtschaften zur „Erlacher Madonna" (s. Kat.-Nr. 75) zur Geltung. Die symmetrische, von beinahe ziselierter Wirkung charakterisierte Formulierung des Gesichtes, und da vor allem des Haares und des Bartes, weist ebenso auf die Erlacher Madonna hin wie auf Skulpturen der Chorplastik des Wiener Stephansdomes. Speziell diese Paulusskulptur weist sich im Vergleich mit den beiden anderen, kontemporär entstandenen Skulpturen aus Prigglitz – dem hl. Petrus (s. Kat.-Nr. 79) und dem hl. Nikolaus (s. Kat.-Nr. 81) – in ihrer säulenhaften Statuarik als die archaischeste aus und begünstigt daher die Frühdatierung dieser Statuengruppe. Da diese Skulpturen die Erlacher Madonna und die Chorplastik des Stephansdomes zur künstlerischen Voraussetzung haben, kommt eine Datierung für die Zeit um 1340 in Betracht. Eine späte Variante der Statuarik dieser Figur, vor allem hinsichtlich ihrer Haltung, findet sich – um 1420 – in der Paulusskulptur in der Pfarrkirche von Hollenburg, NÖ. (s. ÖKT, Bd. I, Wien 1907, S. 170, Fig. 88).

Abb. 230   Prot.-Nr. L–228

Holzskulptur, polychromiert

Maße: Höhe: 130 cm
      Breite: 38 cm
      Tiefe: 28 cm

Leihgabe der Pfarre Prigglitz, NÖ.

PROVENIENZ

Die Skulptur stammt aus der Pfarrkirche von Prigglitz am Schneeberg in Niederösterreich und war zuletzt in der rechten Seitenkapelle der Kirche als Wandkonsolfigur aufgestellt. 1986 gelangte sie – gemeinsam mit drei weiteren Skulpturen (siehe Kat.-Nr. 79, 80, 98) – in das Museum, wobei die Originale im Kirchenraum nunmehr durch exakte Abgüsse (angefertigt von Prof. Walter Leitner, Wien) vertreten sind.

ERHALTUNGSZUSTAND

Gelegentlich der umfassenden Restaurierungsarbeiten in den sechziger Jahren dieses Jahrhunderts im Innenraum der Pfarrkirche von Prigglitz wurde diese Skulptur restauriert, wobei große Teile einer alten (originalen?) farbigen Fassung freigelegt und im jeweiligen Lokalton egalisierend retuschiert wurden.

IKONOGRAPHIE

Der mit Insignien eines Bischofs gewandte Heilige zeigt auf dem Buch die charakteristischen Nüsse, wodurch die Skulptur als eine Darstellung des hl. Nikolaus von Bari – dem Patron der Prigglitzer Pfarrkirche – ausgewiesen ist.

BESCHREIBUNG

Der Heilige steht in Spiel-und-Standbein-Pose – das rechte Bein als Standbein, das linke als Spielbein vorgesetzt – in leicht S-förmiger, zu seiner linken Seite geneigter Haltung, die durch das extreme Standmotiv zustande kommt. Der leicht zu seiner rechten Seite geneigte bärtige Kopf trägt eine Infel, die rechte Hand ist zum Segensgestus erhoben, die linke trug wohl ein Buch mit drei goldenen Kugeln (Nüssen), heute ist sie falsch ergänzt. Das Gewand ist dreiteilig: Über einem bodenlangen schwarzen Talar, der faltenreich sich auf dem Boden ausbreitet, trägt der hl. Nikolaus eine silberne (?) Alba, darüber eine Kasel in ehemals weißer Farbe, die mit Stehkragen und über der Brust gekreuztem, breitem goldenen Band und mit einer gebänderten Einsäumung versehen ist. Die durch die Armhaltung bedingte Entstehung von seitlichen Faltenwürfen läßt das rote und blaue Innenfutter der Kasel und ein begrenzendes goldenes Band als Einsäumung optisch hervortreten.

KUNSTHISTORISCHE EINORDNUNG

Die S-förmige Haltung der Skulptur, die Bildung von tiefen Schüsselfalten in der Vorderansicht sowie die kaskadierenden Falten bei den Armen und das oben enganliegende, unten faltenreich ausladende und sich am Boden weich umbiegende Gewand zeigt Anklänge an Stilprinzipien, wie sie die internationale Gotik, den „Weichen Stil", charakterisieren.
Trotz der S-förmigen Haltung der Skulptur wie auch durch die dadurch offensichtlich versuchte Loslösung vom Block und die Steigerung der Spannung innerhalb der Figurendarstellung durch Spiel-und-Standbein-Motiv und die durch die Haltung bedingten, in rhythmischer Abfolge entstehenden Schüsselfalten in der Kasel, ferner in der auflockernden Rahmung der Figur durch seitliche, einwärts kaskadierende Gewandsäume wird der blockhafte Eindruck nur unwesentlich gemildert. Die regelmäßigen Röhrenfalten der Alba und der, durch das Standmotiv erklärbare, Faltenwurf des Talars haben den Charakter einer nach unten zu ausladenden Standplatte. Aus der geschlossenen Umrißlinie ragen lediglich die beiden Arme heraus.

Ein Vergleich mit den, nach 1330 entstandenen, Skulpturen in Mittel- und Apostelchor des Domes zu St. Stephan ergibt stilistische Parallelen, die vor allem in der Blockhaftigkeit der Figuren sowie in der Standplattenfunktion des unteren Endes des Gewandes zum Ausdruck kommen. In der Behandlung der Details ist die gleiche Bearbeitung des Haupt- und Barthaares erkennbar.

Die Haltung der Figur in ihrem S-Schwung weist Parallelen zur „Erlacher Madonna" (s. Kat.-Nr. 75) ebenso auf wie zu der kleinen hölzernen Bischofsfigur von einem Kirchenmöbel aus dem Stephansdom (heute im Historischen Museum der Stadt Wien), wobei der schlankeren Körperproportionen wegen die künstlerischen Beziehungen zur Erlacher Madonna enger sind. Die nach unten zu wachsend spitz zulaufende Faltenkaskadierung, die im Schulterbereich in einer sanften, langgezogenen Kurvenfiguration beginnt, ist motivisch wie stilistisch mit der Falteninterpretation im Rumpf des hl. Petrus des gleichen Statuenzyklus (s. Kat.-Nr. 79) eng verwandt. Somit ist auch für diese Figur ein Entstehungsdatum um 1340 vorzuschlagen. Das Standmotiv der Hauskirchner Madonna (s. Kat.-Nr. 88) wird in dieser Skulptur in einer sehr frühen Form faßbar, wofür es in der Johannesskulptur in Hollenburg, NÖ., eine spät entwickelte Variante (um 1420) gibt (s. ÖKT, Bd. I, Wien 1907, S. 170, Fig. 88).

KLOIPHOFER MADONNA, nach 1370	82

Prot.-Nr. L–10 *Abb. 231*

Holzskulptur, geringe Fassungsreste

Maße: Höhe: 74,5 cm
      Breite: 23 cm
      Tiefe: 15 cm

PROVENIENZ

Diese Skulptur stammt aus dem „Talarhof" – auch „Kloiphof" genannt – in der Ortsgemeinde Altendorf bei Neunkirchen, aus der Nähe des ehemaligen Erzbischöflichen Schlosses Kranichberg in Niederösterreich. Seit 1933 befindet sich die Skulptur im Museum.

ERHALTUNGSZUSTAND

Das Holz weist Longitudinalrisse auf, die hauptsächlich auf der Rückseite sichtbar sind. Die linke Hand Mariens fehlt größtenteils, aus dem verbliebenen Fragment ist jedoch zu entnehmen, daß sie ursprünglich einen Gegenstand hielt. Vom Jesus-Kind fehlt der rechte Arm nahezu zur Gänze. Auch die Krone Mariens fehlt an der Rückseite des Hauptes beinahe gänzlich.

An der Vorderseite sind Farbspuren in rot und in blau. Es ist nicht eindeutig feststellbar, ob die Polychromierungsfragmente die ursprünglichen sind: Durch das Fehlen des Polimentes wie auch in Anbetracht des verwitterten Zustandes der Holzoberfläche liegt die Annahme nahe, daß die ursprüngliche farbige Fassung gänzlich zerstört wurde und die sichtbaren Farbreste von einer späteren Bemalung ohne Poliment stammen.

IKONOGRAPHIE

Stehende Maria, das Kind am rechten Arm haltend, Kind gegen Maria zugewendet und in Profilhaltung, das Kind streicht mit der Linken Maria am Kinn. Maria ist mit Schleier und Krone gegeben. Letztlich der Eleusa-Tradition (s. Kat.-Nr. 61) verpflichtet.

STIL UND DATIERUNG

Die leicht S-förmige Haltung dieser auf Allansichtigkeit gearbeiteten Figur wird durch den Duktus der konvergierenden Falten des Mantelumhanges Mariens mit ihren gegen das Kind konvergierenden Verlauf optisch gesteigert. Aus der Haltung des Kindes resultierend entsteht der Eindruck des eingeklemmten Mantelumhanges. Vom Ellbogen des linken Armes Mariens fällt der Saum des Mantelumhanges in annähernd symmetrischen

Wellenlinien, der in der engmaschigen Saumlinie an der linken Flanke Mariens ein Begleitmotiv erfährt. Die tief eingefurchten Röhrenfalten mit schmalen Stegen und muldig-breiten Tälern bilden zur großformigen, beinahe flachreliefhaften Fältelung des Umhanges einen deutlichen Kontrast. Wenn auch die Struktur des Umhangmantels in der um 1340 anzusetzenden Madonna aus Schlierbach Verwandtschaft findet, so ist die plastische Differenzierung von Mantel und Kleid dort nicht so weit getrieben wie bei dieser Skulptur, die die Gewändeskulpturen der Fürstentore des Stephansdomes letztlich zur Voraussetzung hat. Dies wie auch der Kruseler beim Schleier Mariens – der hier, was sich aus der Entstehung im provinziellen Milieu erklärt, sehr schematisch vereinfacht wiedergegeben ist – lassen eine Datierung in die siebziger Jahre des 14. Jahrhunderts wahrscheinlich werden.

Literatur:
Antje Kosegarten, Zur Plastik der Fürstenportale am Wiener Stephansdom, in Wiener Jahrbuch für Kunstgeschichte, Bd. XX, Wien 1965, S. 74 ff.

83	MÖNCHSHEILIGER, nach 1370

Abb. 232   Prot.-Nr. L–9

Holzskulptur, abgebeizt

Maße: Höhe: 67 cm
       Breite: 18 cm
       Tiefe: 16 cm

ERHALTUNGSZUSTAND

Holzskulptur, völlig abgebeizt, ohne Reste alter Fassung, auch die bildhauerisch gestaltete Oberfläche (Brustbereich, Gesicht) stark beschädigt, was auf eine langfristige Aufstellung im Freien schließen läßt.

IKONOGRAPHIE

Tonsurierter Geistlicher in Gewandung zum Meßopfer (Talar, Alba, Kasel).

STIL UND DATIERUNG

Trotz des dezimierten Erhaltungszustandes ist ein stilistisches Naheverhältnis zur Kloiphofer Madonna (Kat.-Nr. 82) zu erkennen: sowohl die Haltung der Figur, die beim Mönchsheiligen säulenhafter aufrecht ist, wie auch das Verhältnis von Ober- und Untergewand und der damit verbundenen differenzierten Charakterisierung der Oberfläche der Gewandfalten stimmen überein. Speziell in der Seitenansicht zeigt die Behandlung der Draperie der Kasel einen – wenngleich stark verwässerten – Einfluß von der Nikolausfigur des Michaeler-Meisters aus St. Michael in Wien I (s. Lothar Schultes, „Der Wiener Michaeler-Meister", in Wiener Jahrbuch für Kunstgeschichte XXXVII, Wien 1984, S. 41 ff.). Demnach ist die Skulptur im dritten Viertel des 14. Jahrhunderts entstanden.

Prot.-Nr. L–212 *Abb. 233*

Holzskulptur, polychromiert, Krone, Zepter, Weltkugel mit Kreuz und Gürtel, vergoldet, Wolkenkonsole, versilbert

Maße: Höhe: 81,6 cm
      Breite: 30,5 cm
      Tiefe: 18 cm

Leihgabe der Pfarre St. Egyden am Steinfeld, NÖ.

PROVENIENZ

Die Herkunft dieser Skulptur in das Museum erfolgte unter den gleichen Gegebenheiten wie bei Kat.-Nr. 86.

ERHALTUNGSZUSTAND

Wolke, Zepter und Weltkugel mit Kreuz sind barocke Ergänzungen, die Krone ist vermutlich eine moderne Ergänzung. Die Polychromierung ist weitestgehend original und egalisierend retuschiert.

IKONOGRAPHIE

Diese ganzfigurige, stehende Maria mit dem Jesus-Kind hält dieses mit dem linken Arm dergestalt, daß ihre linke offene Hand gleichsam als Standplatte für die überkreuzten Füße dient und das Kind am linken Oberarm und an der linken Brustflanke Mariens in leichter Hocke angelehnt ist. Das Jesus-Kind greift mit der an der Brust Mariens anliegenden ausgestreckten Rechten nach dem Zipfel des Schleiers Mariens. Es bedarf einer noch ausständigen eigenen Untersuchung, wieweit das Motiv des Nach-dem-Schleier-Tastens des Kindes von dem Dialog Anselms mit der Gottesmutter bezüglich der Passion (s. Kat.-Nr. 77) in Kontext steht.

STIL UND DATIERUNG

Die anlehnende Haltung des Jesus-Kindes fördert in der Torsion der Haltung Mariens das Seitwärtsweichen des Oberkörpers und das mittels starken Hervorkehrens der Hüftpartie seitliche – nach rechts – Ausschwingen der Hüfte. Die Umkehrung des Stand-Spielbein-Motivs bei Maria kommt trotz des Verlaufes des Mantelzipfels links mittels des angedeuteten Knies zur Geltung. Als optisches Gegengewicht zum Jesus-Kind und der nach rechts ausschwingenden Hüftpartie fungieren der linke Arm in abgewinkelter, mit dem Unterarm frontal herausragender Haltung und die diesen begleitenden symmetrischen Saumlinien des Mantelumhanges. Obgleich der Mantelumhang eng am Kleid aufliegt, so entfaltet er durch die betonte Linienführung des Mantelsaumes und mit den abstehenden Mantelzipfeln (vor allem rechts) den Charakter von Eigenleben. Die Haltung Mariens wird durch den Gürtel insofern betont, als der hochliegende Gürtel ab der Schnalle ein bis zu den Unterschenkeln reichendes, herabfallendes Band hat, das, in rhythmischer Nutung aufgelockert, dem räumlich ausladenden Duktus der Körperpartie folgend, einem Grat gleich verläuft. Die Polychromierung hebt dies zusätzlich hervor, als das rote Kleid Mariens von dem weißen, goldgerandeten Mantel mit blauer Innenseite differenziert ist. Die von der Körperhaltung beschriebene Kurve erfährt eine geringe S-förmige Gegenbewegung in der Haltung des leicht vorgeneigten Kopfes Mariens. Dieser ist mit den ausbuchtenden Haarmassen zusätzlich betont. Auch in dieser Figur ist ein Nachwirken der Bildwerke aus den Archivolten des Bischofstores des Wiener Stephansdomes im provinziellen Milieu sichtbar, woraus sich eine Datierung ins letzte Viertel des 14. Jahrhunderts ergibt. In der Drapierung des Gewandes und dessen Verhältnis zur Figur ergibt sich eine entfernte Abhängigkeit von einem Strukturprinzip, das die Madonna von Schlierbach (OÖ.) auszeichnet.

Abb. 234, 235   Prot.-Nr. L–221

Holzskulptur, polychromiert

Maße: Höhe: 93,5 cm
   Breite: 28 cm
   Tiefe: 15 cm

Leihgabe der Pfarre Alt-Simmering, Wien XI

PROVENIENZ

Jahrelang stand diese Skulptur von der Forschung unbeachtet im Vorraum der Kirche St. Laurentius in Alt-Simmering im Turm-Erdgeschoß, ehe sie im Pfarrhof sichergestellt und 1982 – gelegentlich der Sonderausstellung „Unbekannte Kunstwerke aus dem Raum der Erzdiözese Wien. Entdecken – Konservieren – Revitalisieren" – in von späteren Übermalungen freigelegtem – Zustand einem größeren Besucherkreis zugänglich gemacht wurde. Nach Vollendung der Restaurierung durch die akademische Restauratorin Giovanna Zehetmaier, Wien, 1983, wurde die Skulptur an das Museum geliehen.

ERHALTUNGSZUSTAND

Bei der Übernahme zur letzten Restaurierung (1982/83) war die ganze Oberfläche der Skulptur, besonders an ihrer linken Seite, von Blasen und Abblätterungen der Fassung gekennzeichnet. Durch eine frühere – im Datum nicht überlieferte – Behandlung war mehr als ein Drittel der erhaltenen, farbig gefaßten Oberfläche zerstört worden. Die chromatische Erscheinung war bei der Übernahme zur Restaurierung ein Konglomerat aus Fassungen mehrerer Schichten, ferner aus unzähligen kleinen Farbresten von früheren Übermalungen und darauf gesetzten Retuschen. Die zunächst durchgeführten Untersuchungen ergaben, daß von der ursprünglichen Originalfassung nur geringe Reste erhalten sind (linke Schulter Christi, grüne Farbpartien an der Dornenkrone). Diese Fragmente der ältesten feststellbaren (vermutlich auch der ursprünglichsten) Fassung befinden sich in einer Schichte zwischen der originalen Grundierung und einer Bolusschicht der – jetzt freigelegten und retuschierten – zweiten Fassung. Nach der Klärung des Befundes konnte die Zweitfassung freigelegt werden. Die zahlreichen, auch unterschiedlich großen, zumeist aber aus kleineren Absplitterungen bestehenden Fehlstellen wurden mittels Grundierung geschlossen und im Lokalton deckend retuschiert. Die Form der Blutrinnsale an der Inkarnatfassung ließ diese Zweitfassung als spätestens Anfang des 16. Jahrhunderts entstanden erkennen.

IKONOGRAPHIE

In der Aufstellung in thematischer wie chronologischer Nachbarschaft von Bildwerken zum Thema der Passion – Dornenkrönung und Kreuztragung (Kat.-Nr. 66), Kreuzigung (Kat.-Nr. 78, 97), Kreuzabnahme (Kat.-Nr. 77) sowie der Pietà (Kat.-Nr. 90, 111), der Beweinung Christi (Kat.-Nr. 103, 104) sowie mehrerer Passionsmotive in einem Triptychon vereinigt (Kat.-Nr. 65) – gemahnt der mit beiden Händen auf seine (vom Lanzenstich des Longinus herrührende) Brustwunde weisende Schmerzensmann an die Darstellung im Psalter der Bonne de Luxembourg (New York, The Metropolitan Museum of Art – The Cloisters, Inv.-Nr. 69, 88, fol. 329; s. Ausst.-Kat. Les Fastes du Gothique, Paris 1981, Nr. 267, S. 315/316), die sich als eine Metapher aus Darstellungsformen des Gekreuzigten, der Kreuzabnahme und des Schmerzensmannes ausweist. Im ausdrucksstarken Hinweisen auf die Wunde mit beiden Händen ist das dornengekrönte Haupt stärker vor- und seitwärts geneigt, die von seinem Zeigegestus belebte Rhythmik des Körpers äußert sich im Seitwärtswenden der Hüftpartie und in der geringen Neigung des Oberkörpers.

STIL UND DATIERUNG

Die schlank proportionierte, aufrecht in beinahe vollständiger Frontalität sich präsentierende Figur zeigt einen leicht zur Seite gewendeten Oberkörper und einen gegen die Brustwunde geneigten, verhältnismäßig großen Kopf: Das Hinweisen der Hände auf die Wunde – um gleichsam die volle Größe und Intensität der Wunde zu veranschaulichen – wird solcherart abermals betont. Das in engen, flach aufliegenden Schüsselfalten formulierte Lendentuch bildet an den Hüften jeweils schlanke, traubenartig herabhängende Fältelungen. Der Andachtsbildtypus des auf die Wunde deutlich hinweisenden Schmerzensmannes erfreute sich im 14. Jahrhundert großer Beliebtheit; das Exponat zeigt in der Milderung der expressiven Züge und in der Geschmeidigkeit der Ponderation formale Eigenschaften der internationalen Gotik. Verglichen mit der monumentalen Aktfigur des Schmerzensmannes an der Südseite des Langhauses des Stephansdomes nächst dem Singertor, ist die demonstrative, expressive Neigung in der kleinen Skulptur des Museums gewichen. Die Nachfolgewerke der monumentalen Skulptur des Domes zum Thema des Schmerzensmannes, die mit dem Michaeler-Meister in Beziehung gebracht wird (s. Lothar Schultes, Der Wiener Michaeler-Meister, in Wiener Jahrbuch für Kunstgeschichte, XXXVII, Wien 1984, S. 46 ff.), sind von der gleichen Zurücknahme expressiver Intensität zugunsten zierlicherer Wirkung gekennzeichnet. Die ausgestellte Skulptur ist von dieser Tendenz offensichtlich geprägt und dürfte gegen Ende des 14. Jahrhunderts entstanden sein.

Katalog:
Ausst.-Kat. Unbekannte Kunstwerke aus dem Raum der Erzdiözese Wien. Entdecken – Konservieren – Revitalisieren, Schriftenreihe des Eb. Dom- und Diözesanmuseums Wien, N. F. Nr. 9, Wien 1982, C 25.

HL. BARBARA, um 1400		86

Prot.-Nr. L–211   *Abb. 236–239*

Holzskulptur, Reste von Polychromierung

Maße: Höhe: 40,3 cm
　　　Breite: 14,5 cm
　　　Tiefe: 9,5 cm

Leihgabe der Pfarre St. Egyden am Steinfeld, NÖ.

PROVENIENZ

Die ursprüngliche Herkunft der Figur ist ebenso unbekannt wie auch ihre ursprüngliche Bestimmung. Sie wurde vor etwa einem Vierteljahrhundert von Pfarrer Alfred Schier im Gemeindegebiet von St. Egyden in einem Bauernhof entdeckt und der Kirche zur Verfügung gestellt. Nach einer Restaurierung in den Werkstätten des Bundesdenkmalamtes wurde die kleine Statuette in der Landesausstellung „Gotik in Niederösterreich" 1959 in der ehemaligen Minoritenkirche in Krems-Stein gezeigt. Auf Wunsch des Pfarrers wurde diese Skulptur – nebst anderen (s. Kat.-Nr. 84, 108, 109, 115) – aus Sicherheitsgründen an das Museum geliehen. Für die Kirche von St. Egyden wie auch für den Bauernhof, wo die Statuette entdeckt wurde, sind exakte Abgüsse von Prof. Walter Leitner (Hochschule für angewandte Kunst, Wien) angefertigt worden.

ERHALTUNGSZUSTAND

Die kleine Holzskulptur ist allseitig bildhauerisch bearbeitet, weshalb sie ursprünglich entweder frei oder in einem allseitig offenen Baldachin stand. Geringe Fragmente der ursprünglichen Polychromierung – hauptsächlich im Gesicht – wurden gelegentlich der Restaurierung freigelegt. Gleichzeitig wurden die – damals fehlenden – Hände ergänzt und auch das Attribut des Kelches hinzugefügt. Im Vergleich zum zierlichen Charakter dieser feingliedrig strukturierten Statuette sind diese Ergänzungen etwas zu grob, weshalb an eine Entfernung dieser Zutaten gedacht ist. Auch die Standplatte ist eine jüngere Ergänzung.

IKONOGRAPHIE

Erst die neuestzeitlichen Ergänzungen verliehen der Skulptur die Attribute einer hl. Barbara. Offensichtlich hat der mädchenhafte Körper- und Kopftypus zu einer Ergänzung als eines der „drei heiligen Mädchen" Anlaß gegeben, begünstigt durch die Nähe der Auffindung der Skulptur in einem Bauernhof zu einem Bergbaugebiet (St. Egyden befindet sich in der Nähe des – mittlerweile stillgelegten – Kohlenbergbaues von Grünbach am Schnee-

berg). Ebensogut könnte diese Skulptur ursprünglich eine Darstellung der „anderen"
Mädchenheiligen (Katharina, Margaretha, Dorothea) oder eine der Marien, die am Ostermorgen zum Heiligen Grab kamen, gewesen sein.

STIL UND DATIERUNG

Die in angedeutetem Stand-Spielbein-Motiv in leicht ponderierter Haltung wiedergegebene Figur wird von einem zierlichen, mädchenhaft vollwangigen Gesicht beherrscht. Der
lockeren Haltung entspricht auch der Fluß der teilweise tief einsinkenden Falten, deren
schlanke, röhrenförmige Stege die Oberflächenwirkung der Figur optisch beleben. Die
am Rücken, unter dem Schultertuch des Schleiers, zunächst als Parallelfalten beginnende Auffächerung setzt sich in beinahe spiegelbildlich symmetrisch angeordnete,
haarnadelartige Falten fort. Dieses System – wenngleich von mehr „stofflicher Schwere"
und weniger von zierlicher Leichtflüssigkeit erfüllt – charakterisiert auch die Draperie der
Madonna aus Kirchberg am Wagram (vgl. Kat.-Nr. 87). Wenn an der Frontalansicht der
Barbara-Skulptur nicht dieses gleiche Ausmaß an Symmetrie in der Drapierung erfolgen
konnte, so ist in der gleichmäßigen Verteilung der durch die Faltenfächerung aufgelockerten Draperien eine auf symmetrische Ausgeglichenheit abzielende Tendenz spürbar.
Das weich modellierte, lebensvolle Gesicht gleicht in wesentlichen Zügen der Heiligen-
büste aus Hluboká (Frauenberg, Untermoldau, Jinočeska Galerie, ČSSR), mit der die
Barbara-Skulptur gleichzeitig entstanden sein könnte (Ende 14. Jahrhundert).
Nur die Tendenz zur Symmetrisierung und die Gleichgewichtigkeit der Faltengehänge
sprechen in dieser – beinahe spielerisch – manirierten Übersteigerung des Faltenschemas für eine etwas spätere Datierung, also in die Zeit der Wende vom 14. zum 15. Jahrhundert.

Literatur:
Lothar Schultes, Der Anteil Österreichs an der Entwicklung der Plastik des Schönen Stils, Diss., Wien 1982,
S. 132 ff., zum Kapitel „Die Madonna des Heiligenkreuzer Typus", besonders S. 134!

Katalog:
Ausst.-Kat. Gotik in Niederösterreich,. Krems-Stein 1959.

| 87 | **KIRCHBERGER MADONNA, Anfang 15. Jahrhundert** |

Abb. 243

Prot.-Nr. L–201

Holzskulptur, polychromiert

Maße: Höhe: 86 cm
      Breite: 33 cm
      Tiefe: 20 cm

Leihgabe der Pfarre Kirchberg am Wagram, NÖ.

PROVENIENZ

Diese Skulptur stammt vom rechten Seitenaltar an der östlichen Stirnwand des südlichen
Seitenschiffes der Pfarrkirche von Kirchberg am Wagram. Ein exakter Abguß (angefertigt
von Herrn Prof. Walter Leitner, Hochschule für angewandte Kunst, Wien) befindet sich,
seit die Skulptur 1976 ins Museum gelangte, am Altar.

ERHALTUNGSZUSTAND

Die Skulptur ist allseitig bildhauerisch gestaltet, was auf eine ursprüngliche Aufstellung,
die Allansichtigkeit erforderte, schließen läßt. Gelegentlich einer Restaurierung für die
Landesausstellung „Gotik in Niederösterreich" 1959 in der ehemaligen Minoritenkirche
in Krems-Stein wurden große Bereiche der alten Fassung freigelegt und retuschiert. Die
Krone und das (nicht ausgestellte) Zepter sind rezente Ergänzungen.

IKONOGRAPHIE

In der strengen frontalen Haltung der Gesichter spiegelt sich ein altertümlicher Andachts-
bild-Typus wider.

Das Jesus-Kind hält eine Taube, die vermutlich auf die Keuschheit Mariens anspielt (s. Hans Aurenhammer, Die Darstellung der Madonna in der bildenden Kunst, Wien 1954, S. 45, Nr. 29). Die frontale Haltung des Jesus-Kindes wirkt wie aus der Tradition der Nikopoia seitwärts verschoben.

KUNSTHISTORISCHE EINORDNUNG

Analog dem ikonographischen Typus folgen auch die stilistischen Eigenschaften Tendenzen, die dem 14. Jahrhundert genuin sind: das die Breitenerstreckung fördernde Seitwärtsausladen der Figuren durch die nach rechts ausragende Hüfte sowie durch die Gegenbewegung des Oberkörpers, wobei die Haltung des umgekehrten Stand-Spielbein-Motivs ebenso „unterstützend" wie die Neigung des Hauptes Mariens „austarierend" wirkt. Letztlich folgt auch hier ein Nachwirken der Madonna des Typus von Heiligenkreuz, jedoch sind die Proportionen gedrungener, und die Figur wird stärker durch die Draperie umspielt. Diese erinnert in ihrer Struktur an die kleine Statuette der hl. Barbara (s. Kat.-Nr. 86), ist jedoch von gewichtigerer Stofflichkeit gekennzeichnet. Die Schüsselfalten an der Frontseite haben kaskadierende Wirkung, die dazwischenliegenden Stoffbahnen bilden haarnadelartige Knicke. Die Breitenwirkung fördernden Rundungen der Gesichter und der Haarmassen (vgl. Kat.-Nr. 61, 84, 88, 92) sind gleichfalls formale Relikte des 14. Jahrhunderts, die Betonung der Stofflichkeit und die Art der Knicke bildenden Faltenstatue weisen auf eine Entstehung im frühen 15. Jahrhundert hin.

Literatur:
Lothar Schultes, Der Anteil Österreichs an der Entwicklung der Plastik des Schönen Stils, Diss., Wien 1982, S. 132 ff., zum Kapitel „Die Madonna des Heiligenkreuzer Typus", besonders S. 134!

Katalog:
Ausst.-Kat. Gotik in Niederösterreich, Krems-Stein 1959.

| HAUSKIRCHNER MADONNA, um 1410 | 88 |

Prot.-Nr. L–39 *Abb. 244*

Holzskulptur, polychromiert

Maße: Höhe: 104 cm
      Breite: 36 cm
      Tiefe: 25 cm

Leihgabe der Pfarre Hauskirchen, NÖ.

PROVENIENZ

Ursprünglich war die Figur in der Filialkirche St. Ulrich im Pfarrgebiet von Hauskirchen aufgestellt. Seit 1933 befindet sich die Skulptur im Museum.

ERHALTUNGSZUSTAND

Die Skulptur ist an ihrer Rückseite ausgehöhlt, was zweifellos – trotz möglicher Reduktionen an den Flanken der Rückseite zu einem späteren Zeitpunkt – die ursprünglichen Gegebenheiten weitgehend wiedergibt. Demnach war die Skulptur ursprünglich nicht auf Allansichtigkeit angelegt, sondern für eine Aufstellung in einem Schrein oder in einem zumindest an der Rückseite geschlossenen Baldachin bestimmt.
Der rechte Unterarm sowie die Krone Mariens fehlen.
Die Inschrift am Sockel nennt die Jahre 1663 und 1822 als Renovierungsdaten. Der heutige Zustand läßt jedoch auf eine – im Datum nicht bekannte – Restaurierung der jüngeren Vergangenheit schließen. Eine noch ausständige exakte Untersuchung der chromatischen Beschaffenheit der Oberfläche wird in der Frage der zeitlichen Bestimmung der Fassung Klärung bringen.

IKONOGRAPHIE

Die Skulptur gehört zum Typus der stehenden Madonnen mit dem am linken Arm gehaltenen Jesus-Kind, dieses erfaßt mit dem auffallend ausgestreckten rechten Arm – dessen

Haltung als ein Sichaufstützen verstanden werden könnte – die Brosche am Kleid Mariens. Dieses der Eleusa-Tradition entstammende spielerische Motiv (vgl. Ikonographie bei Kat.-Nr. 61) erfährt in der Spätgotik zahlreiche Varianten.

STIL UND DATIERUNG

In ihrer S-förmig geschwungenen Haltung, die übrigens nicht räumlich gedreht ist, sondern nur in einer Richtung erfolgt, wie auch in den schlanken Körperproportionen und den in schwingend-kurvigem Duktus gezogenen und fallenden Faltenzügen der Draperie des Gewandes zeigt sich das Nachwirken der internationalen Gotik um 1400. Das ausschließliche Betonen der Seitwärtsschwingung in der Körperhaltung ist ein altertümliches Element und erinnert – in der Behandlung der Oberfläche – an Parallelbeispiele in Reliefs. Trotz der S-förmig geschwungenen Haltung dominiert die akzentuierte Vertikalerstrekkung der Figur, die ihr Äquivalent in der Wiener Tafelmalerei vom Ende des 14. Jahrhunderts hat (vgl. Kat.-Nr. 60).

Im Vergleich mit der Madonna der Hofburgkapelle – etwa gleichzeitig mit den 1408 datierten Irrsdorfer Türflügeln entstanden – wird hingewiesen, daß bei der Hauskirchner Madonna die Ideale des Schönen Stils noch mehr überwunden sind und diese letztere noch mehr von ihm entfernt. Ihr Gesicht erinnert an Werke der Nachfolge des Michaeler-Meisters. Wie bei der Hofburgkapellen-Madonna und auch später bei der in Hollenburg an der Donau (um 1425) scheinen Anklänge der Kaschauer Madonnen (rundliches Kind, pausbäckig, eng beisammen liegende runde Augen) gegeben. Im Typus stellen die Hauskirchner und die Hollenburger eine seitenverkehrte Wiederholung der Heiligenkreuzer Madonna dar, wie die drei großen und die zwei kleineren Schüsselfalten zeigen. Im Zusammenhang mit der Hauskirchner Madonna ist hinsichtlich des Faltenschemas und des Gesichtstypus der Madonna die Trumeau-Madonna des Primglöckleintores des Stephansdomes als verwandtes Beispiel zu nennen (s. L. Schultes, op. cit.). Die kräftig ausbuchtenden Einzelformen, wie die Haarmassen Mariens und die rundende Formen begünstigende Gestaltung der Wangen Mariens wie die des Jesus-Kindes (vgl. Kat.-Nr. 61), tradieren aus dem 14. Jahrhundert.

Die schlanke Figurenproportion wie auch die gegenständige Anordnung in der Wendung des Oberkörpers im Vergleich zur Haltung der Beine im umgekehrten Stand-Spielbein-Motiv erbringen eine sanfte Kurvung in der Haltung. Auch diese Struktur tradiert noch aus dem 14. Jahrhundert. Lediglich die Faltenknicke heben sich von der sonst kursiv-kurvigen Drapierung erheblich ab und deuten auf ein späteres Entstehungsdatum. Demnach ist diese Skulptur vermutlich im frühen 15. Jahrhundert (etwa um 1410) entstanden.

Literatur:
Lothar Schultes, Der Anteil Österreichs an der Entwicklung der Plastik des Schönen Stils, Diss., Wien 1982, S. 135 (im Kapitel „Die Madonnen des Heiligenkreuzer Typus", S. 132 ff.).

Kataloge:
Führer durch das Eb. Dom- und Diözesanmuseum, Wien 1941, 1946.

89	SCHREINMADONNA, frühes 15. Jahrhundert

Abb. 245–250   Prot.-Nr. L–26

Holzskulptur, polychromiert

Maße: in geöffnetem Zustand | in geschlossenem Zustand
Höhe: 76 cm | Höhe: 76 cm
Breite: 58 cm | Breite: 44,5 cm
Tiefe: 23 cm | Tiefe: 22 cm

Leihgabe der Pfarre Schwarzau am Steinfeld, NÖ.

PROVENIENZ

Die ausgestellte Skulptur des Museums stammt aus der Pfarrkirche Schwarzau am Steinfeld in Niederösterreich, wobei nähere archivalische Angaben über die ursprüngliche Bestimmung fehlen. Es ist nicht auszuschließen, daß diese Skulptur für den (nur in einzelnen Mauerzügen im aufgehenden Mauerwerk des heutigen Kirchenbaues von

Schwarzau erhaltenen) mittelalterlichen Vorgängerbau der Kirche in Schwarzau bestimmt war. Nachdem dieser Bildtypus in Mitteleuropa vorwiegend durch den Deutschen Ritterorden Verbreitung fand, ist es denkbar, daß die Skulptur von einer der Ordenskirchen aus Wien oder dessen Umgebung auf Umwegen nach Schwarzau gelangte, wofür jedoch Untersuchungen bislang fehlen.

ERHALTUNGSZUSTAND

Die geschnitzte Holzskulptur besteht aus drei Teilen: der thronenden Madonna als nahezu allansichtig gearbeitete Skulptur (lediglich die Thronrückseite ist unbearbeitet, da diese vermutlich an die Rückwand eines Schreines – oder eher eines Tabernakelbaldachins – gelehnt war) und zwei an der Vorderseite befestigten, beweglichen reliefierten Flügeln. Im nischenartigen Schrein findet sich die thronende Darstellung des Gnadenstuhles, wovon nur die sitzende Figur Gott-Vaters original erhalten ist, Kreuz und Taube fehlen – aus der Art der Sitzhaltung Gott-Vaters mit den ausgebreiteten Armen und der Kluft zwischen den Beinen ergibt sich die ursprüngliche Postamentierung des Kreuzes Christi.

Die heutige Polychromierung der Skulpturengruppe, bestehend aus anspruchsvoller Lüsterfassung (Bodenangabe, Thronkissen, Mantelinnenseite Mariens, Untergewand Gott-Vaters) und Vergoldung (Mantel und Kleid Mariens, Mäntel der Schutzsuchenden in der ersten Reihe, Engel), wurde 1959 in den Werkstätten des Bundesdenkmalamtes gereinigt. Gelegentlich einer 1981 vorgenommenen Untersuchung durch Camilla Daxner, Wien, konnte festgestellt werden, daß außer der barocken Fassung eine ältere (die ursprüngliche originale?) Fassung weitgehend erhalten ist, die in ihrer Textur vom barokken Zustand erheblich abweicht (Hermelin im Schulterbereich des Mantels, ausnehmend gut erhaltene Inkarnat-Fassung). Unter Berücksichtigung des „gewachsenen Zustandes" wie auch in Anerkennung der gut erhaltenen barocken Fassung unterblieb bislang die Freilegung einer älteren (originalen?) Fassung. Weitere barocke Veränderungen, wie Zepter und Reichsapfel, wurden schon zu einem früheren (im genauen Datum nicht überlieferten) Zeitpunkt entfernt, die barocke metallene Krone wurde anläßlich der Erweiterung des Museums 1985 abgenommen. Aus dem Erhaltungszustand ergibt sich kein Hinweis über Charakter und Gegenstand dessen, was Maria ursprünglich in den Händen hielt.

Ob die Bodenangabe terrestrisch gemeint ist oder eine Wolkenformation oder gar eine physiognomisch gebildete kosmische Maske vorstellen soll, kann erst nach einer Freilegung beantwortet werden. Im Falle einer Physiognomie läge hier eine ikonographische Gegebenheit vor, die Maria als Gottesgebärerin und Bezwingerin des Bösen interpretiert und solcherart an die Darstellungstradition „super aspis et basiliscum" anschließen würde. Weitere verfälschende Verunklärungen durch die barocken Übermalungen sind die zunächst nicht als solche kenntlichen Flügel der karyatidenartig das Sitzkissen haltenden Engel.

FIGURENTYPUS

Der Figurentypus von Schreinfiguren hat einen Archetypus in der griechischen Antike, wo in der Lobrede des Alkibiades auf Sokrates (s. Platons Dialog „Symposion", 215 b., zitiert nach Henricus Stephanus, Paris 1578; s. Ch. Baumer, op. cit., S. 244 f.) dieser mit von Bildhauern erzeugten, flötenspielenden Silen-Figuren verglichen wird, die in geöffnetem Zustand Bildsäulen mit Götterbildern (Palladien) ergeben. Als weiteren Vorläufer des Figurentypus der Schreinmadonna kennt das christliche Hochmittelalter auch den Typus der Pyxiden-Madonna, wie er im 13. und 14. Jahrhundert in Limoges erzeugt wurde und zur Aufbewahrung von Hostien diente; ferner die Tabernakel-Madonna, wo eine Marienstatue die Funktion eines Tabernakels zur Aufbewahrung der konsekrierten Hostie übernimmt; weiters gibt es im Spätmittelalter die Monstranz-Madonna, wo entweder Maria oder das Jesus-Kind das Schaugefäß mit der Präsentationshostie hält; bei der Reliquiar-Madonna wird der Hohlraum der Skulptur zur Aufbewahrung der Reliquien genützt (s. J. Sarrète, op. cit.; Ch. Baumer, op. cit., S. 245). Als Abarten sind die aus dem 18. Jahrhundert stammenden und in Berchtesgaden auch heute noch erzeugten Nürnberger-Kapseln zu bezeichnen (Mönchs- oder Nonnenfigürchen mit abnehmbarem Kopf, im aufklappbaren Rumpf zeigt sich die Ansicht eines Altares mit betenden Gläubigen); eine weitere – ältere – und zu den Madonnen thematisch in makabrem Widerspruch stehende Abart sind die Hinrichtungsgeräte der aufklappbaren, an den Innenseiten mit spitzen Klingen versehenen „eisernen Jungfrauen", die, nicht wie Maria das Leben, sondern den Tod brachten (Ch. Baumer, op. cit., S. 245/247).

Als ältestes erhaltenes Beispiel einer Schreinmadonna galt bis vor kurzem die Elfenbein-figur von Boubon (Département Haute-Vienne) in Frankreich, die insofern problematisch ist, als in ihr eine Fälschung erblickt wird. Demnach gilt die von W. Fries und A. Schmid um 1280, von Depoin an den Beginn des 14. Jahrhunderts datierte Schreinmadonna von Maubuisson bei St-Quen l'Aumône (Département Oise) in Nordfrankreich als älteste erhaltene Vertreterin dieses Typus.

Von der Schreinmadonna (,,Vièrge ouvrante") – einer Muttergottesstatue, die sich an der Frontseite vertikal wie ein Triptychon öffnen läßt und im Inneren (= Schrein) religiöse Darstellungen enthält – existieren drei Kategorien:

a) der Passionstypus: Im Schrein und auf den Flügelinnenseiten befinden sich Darstellungen aus der Passion Christi;

b) der Gnadenstuhltypus: Im Schrein befindet sich die Darstellung der Heiligsten Dreifaltigkeit in Form des seit dem 13. Jahrhundert traditionellen Gnadenstuhles (der thronende Gott-Vater hält den gekreuzigten Christus, zwischen Vater und Sohn ,,vermittelt" die Taube des Heiligen Geistes);

c) der marianische Typus: Der Schrein zeigt Szenen aus dem Leben Mariens; dieser Typus kommt nur auf der Pyrenäenhalbinsel vor.

Die im Museum ausgestellte Skulptur gehört dem mittleren – dem Gnadenstuhltypus – an, dessen ältester erhaltener Vertreter in Morlaix (Département Finistère) in Frankreich vorzufinden ist, deren Entstehung die französische Forschung damit begründet, daß die Kirche (L'église du Mur) in Morlaix der Versammlungsort der Trinitarierbruderschaft (hervorgegangen aus dem von Felix von Valois und Johannes de Matha gegründeten Orden, 1295 aus St-Mathieu in die Kirche du Mur überführt) war. Auf diesen einfachen französischen Typus gehen die sitzend dargestellten Schreinmadonnen des Deutsch-ordenslandes zurück, die durch das Einfügen des Schutzmantelmotivs und anderer Einzelmotive (Darreichung des Apfels vom Sündenfall, Stellung und Bekleidung des Kindes) bereichert wurden (s. Tietze-Conrat, op. cit.). Die älteste erhaltene Schreinmadonna mit der Darstellung der Trinität und der Bereicherung durch das Schutzmantelmotiv aus dem Deutschordensland (Kulmerland in Westpreußen; s. Ch. Baumer, op. cit., S. 259 ff.) stammt vom Ende des 14. Jahrhunderts und befindet sich seit 1926 im Germanischen Nationalmuseum in Nürnberg (S. Fries, op. cit.).

IKONOGRAPHIE

Neben den bildkünstlerischen Traditionen sind auch literarische Grundlagen maßgebend: Die mystischen Anfänge des Schutzmantelmadonnatypus gehen auf eine Zisterzienser-Legende zurück (Paul Perdrizet, La Vièrge de Miséricorde, Paris 1908), während der Schreingedanke und die Einbeziehung der Trinität (laut Fries) auf den aus dem 9. und 10. Jahrhundert stammenden Hymnus ,,Quem terra, pontus, aethera" (,, . . . Trinam regentem machinam – Claustrum Mariae baiulat") zurückgehen, wo ,,Claustrum Mariae" als Träger der Dreieinigkeit bezeichnet wird. Bei Adam von St. Victor (ca. 1130–1192) wird Maria begrüßt: ,,Salve mater pietatis – et totius trinitatis – nobile triclinium . . ."

Fries charakterisiert den Hymnus als ,,Die Sublimierung des Gedankens vom Ausgangspunkt (das Kind im Schoß der Mutter) und zu Vorstellungen zu hohem Symbolgehalt (die Dreieinigkeit im Ruhebett Mariens)" und weist nach, daß die Übersetzung des Hymnus durch den Salzburger Mönch Johannes im 14. Jahrhundert die Verflechtung des Gnadenstuhles und Mantelmotivs bereits vollzogen zeigt (Tietze-Conrat, op. cit., S. 156).

Die bildliche Fassung in der Wiener Skulptur wäre demnach eine Wortillustration des genannten Hymnus. Ikonographisch gehört die Wiener Skulptur der Deutschordensgruppe des Schutzmantelmadonnentypus an. Eine wesentliche Abweichung sind die reliefierten Innenflügel (alle bei Fries angeführten Beispiele haben bemalte Flügel).

Engelsbüsten mit ausgestreckten Armen halten den Mantel hoch. Unter den darunter Schutzsuchenden trägt eine Figur aus dem gegenüber dem Papst, Kardinal und dem Bischof (am rechten Innenflügel) angeordneten Herrscherpaar (am linken Innenflügel) eine Krone (durch die barocke Überfassung entstellt), die L. Schultes (op. cit., S. 206 f. und Fußnoten 867–871 auf S. 250) als keine Königskrone, sondern als Herzogshut interpretiert. In diesen Figuren könnte ein herzöglicher Stifter – Albrecht V. mit seiner Gemahlin – dargestellt sein. Hier könnte eine Freilegung entscheidende Klärung erbringen.

In geschlossenem Zustand zeigt sich die thronende Maria auf einem Kissen, das von zwei Engeln mit hochgehobenen Armen karyatidenartig gestützt wird. Weder aus der Haltung ihrer Arme noch aus sonst irgendwelchen Indizien könnte auf die Postamentierung eines Jesus-Kindes geschlossen werden. Deshalb wie auch aufgrund der Formulierung des Bauches vermutet L. Schultes (op. cit.) wegen des Fehlens des Kindes eine Darstellung der Maria in der guten Hoffnung, was den Sinn des Typus vertiefen würde.

Die auf den Innenflächen dargestellten Schutzsuchenden sind nach Geschlechtern getrennt angeordnet: auf dem linken Innenflügel die weiblichen, auf dem rechten die männlichen, wobei jeweils in der Gewandung und vor allem in den Kopfbedeckungen der soziale Stand und auch die Altersgruppierungen ablesbar sind.

Tatsächlich ist die formale Gestalt des Rumpfes der Madonna im geschlossenen Zustand der einer schwangeren Frau, was die von L. Schultes angesprochene Vermutung stützt, daß eine „Madonna humilitas" gemeint sei.

Die gekrönte bartlose, langhaarige Figur im linken Innenflügel ist jedoch eine Frau (und übrigens am „Frauen-Flügel"), sie ist durch die Bügelkrone als Königin ausgewiesen. Auf der korrespondierenden „Männer-Seite" des rechten Innenflügels fehlt die zu erwartende Darstellung eines Königs, dort sind nur Kleriker – Papst, Kardinal, Bischof – dargestellt. Sollte die Stiftung dieser Skulptur mit Herzog Albrecht V. tatsächlich in Zusammenhang stehen, wäre dies nur als Dedikation seiner Frau zu erklären. Die physiognomische Ähnlichkeit der Klerikerfiguren in der ersten (untersten) Reihe des rechten Innenflügels mit solchen der Schutzmantelmadonna des Albrechts-Altares im Stift Klosterneuburg (Sebastianskapelle) könnte erst nach einer Freilegung präzisiert werden.

Bei den Schutzsuchenden sind lediglich die Figuren der ersten Reihe ganzfigurig dargestellt, von den übrigen sind nur die Köpfe und bestenfalls der Oberkörper bzw. die Schulterpartie dargestellt. Von einer allfälligen Freilegung wäre in dieser spezifischen Frage Klärung zu erwarten; durch die barocke Überfassung „schweben" einige Köpfe scheinbar beziehungslos. Eine Restaurierung im Sinne einer Freilegung der Originalfassung wird daher demnächst erfolgen müssen, um das Kunstwerk authentisch präsentieren und studieren zu können.

STIL, DATIERUNG UND KUNSTHISTORISCHE EINORDNUNG

Von den erhaltenen Skulpturen dieses Figurentypus (bei Ch. Baumer, op. cit., übersichtlich publiziert) ist die des Museums unzweifelhaft die künstlerisch hochrangigste und auch kunsthistorisch bedeutendste. In geöffnetem Zustand der Skulptur offenbart sich die formale Vollkommenheit, mit der der Leib Mariens in jenen Gott-Vaters übergeht: „ihre" Hüften sind zugleich „seine" Schultern. Dieser Übergang ist bei keinem der erhaltenen preußischen Werke mit auch nur annähernd ähnlicher Konsequenz gelöst worden (s. L. Schultes, op. cit., S. 206 f.). Der Kopftypus Mariens entspricht dem der Schlußstein-Madonna der Wiener Hofburgkapelle (s. M. Zykan, op. cit.), deren Weihejahr 1425 einen brauchbaren Hinweis für die Datierung dieser Skulptur liefert (Schultes). Das Gesicht Mariens ist weitgehend mit jenem Mariens aus einer Mystischen Vermählung (New York, Cloisters des Metropolitan Museum of Art) verwandt, das Hans von Judenburg zugeschrieben und um 1415/20 datiert wird (s. L. Brand Philip, The Ghent Altarpiece and the Art of Jan van Eyck, Princeton 1971, Abb. 90; s. auch L. Schultes, op. cit., S. 250, Anm. 872). Analog den schlepptragenden Engeln im Bild der Maria mit der Erbsenblüte (Kat.-Nr. 61) und denen der Papst-Bischof-Gruppe aus Wagrain im Salzburger Dommuseum (s. Ausst.-Kat. Spätgotik in Salzburg, Skulptur und Kunstgewerbe, Salzburg 1976, Nr. 55) lassen die thronkissenstützenden Engel auf burgundische Einflüsse schließen, wofür es ähnliche Beispiele wenig später in der österreichischen Goldschmiedekunst (s. Hermann Fillitz, Kunst aus Österreich, Sonderdruck der Vöslauer Kammgarn-Werke, Abb. 24; s. auch L. Schultes, op. cit., S. 250, Anm. 870) gibt. Die expressiv gespannte Haltung der Arme dieser Engel in der Schreinmadonna (auch jener Engel auf den Flügelinnenseiten) tradiert allerdings schon seit den entsprechenden Darstellungen im Marientod (herabschwebende Engel halten einen Thron) und der Marienkrönung (dort gleichsam als Sokkelfiguren, aber inhaltlich funktionell mit denen des Marientodes verbunden) auf den um 1330 entstandenen gemalten Rückseiten des Verduner Altares in der Klosterneuburger Stiftsgalerie (s. Helmut Buschhausen, Der Verduner Altar, Wien 1980, Abb. 81, 85).

In geschlossenem Zustand der Skulptur entspricht die Oberflächengestaltung der Draperie weitgehend der Formulierung des Mantels Gott-Vaters vom ehemaligen Bozener Altar des Hans von Judenburg, ohne jedoch derartig breit auszuladen. Bei der Schreinmadonna überwiegt der stereometrische Charakter des in steiler Haltung wiedergegebenen Figurenblockes (Schultes, op. cit.). Sowohl das Verhältnis zwischen Körper und Gewand, wo trotz des Eigenlebens der Draperien (namentlich in den auslaufenden Zipfeln und den einsinkenden Teilen) die Körperhaftigkeit zur Geltung kommt, als auch das Hinterfangen des schlanken Körpers durch die Draperie (bei geöffnetem Zustand) wie auch Details in den Draperien und in den Gesichtern zeigen charakteristische Elemente für die Kunst der zweiten Hälfte des 14. Jahrhunderts, wie sie sich in der Wiener Plastik und Glasmalerei dieses Zeitraumes finden.

Die in langen gewellten Linien auslaufenden Faltensäume wie auch die am Boden längs auslaufenden Gewandenden sind Charakteristika der internationalen Gotik um 1400. Das völlige Fehlen einer geschwungenen Linie im Figurenkörper – das jedoch ikonographisch begründet sein könnte – wiese das Werk als in die fortgeschrittene erste Hälfte des 15. Jahrhunderts gehörig aus. Aufgrund der Art des Zusammenwirkens der älteren Stilmerkmale wäre diese Schreinmadonna zeitlich in die frühen zwanziger Jahre des 15. Jahrhunderts zu setzen. Sollte auf den Innenflügeln tatsächlich die Frau Herzog Albrechts V. als Stifterin dargestellt sein, so könnte das Werk in Zusammenhang mit dessen 1421 erfolgten Hochzeit gestiftet worden sein (s. Schultes, op. cit., S. 250, Anm. 870).

In geschlossenem Zustand offenbart sich der Faltenstil speziell in der Profilansicht der Skulptur jenen Tendenzen verwandt, die die Draperie der Kirchberger Madonna (Kat.-Nr. 87) und der hl. Barbara (Kat.-Nr. 86) prägen. In der Frontalansicht bei geschlossenem Zustand ist noch ein Nachwirken der Kostümierung der Fürstenfiguren des Hochturmes von St. Stephan (heute Historisches Museum der Stadt Wien) festzustellen. Diese beiden beobachteten Momente sprechen daher für eine frühe Datierung zu Beginn des 15. Jahrhunderts.

Literatur:
Erika Tietze-Conrat, Die Schreinmadonna im Wiener Diözesanmuseum (Kirchenkunst, 1933, S. 155 ff.). – Walter Fries, Die Schreinmadonna (Anzeiger des Germanischen National-Museums Nürnberg, 1928/29, p. 5–69). – Alfred A. Schmid, Die Schreinmadonna von Cheyres (Lebendiges Mittelalter, Festgabe für W. Stammler, Freiburg/CH 1958, S. 130 ff.). – Richard Koechlin, Les Ivoires Gothiques Français, Paris 1924, No. 9. – J. Sarrète, Iconographie Mariale, Vièrges ouvertes, Vièrges ouvrantes et la Vièrge ouvrante de Palau-del Vidre, Aude 1913. – J. Depoin, Notice historique sur la Vièrge de Maubuisson, Pontoise 1882. – Charles Sterling, „La madonna de Morlaix", Les monuments historiques de la France, Vol. 12, 1966. – Christoph Baumer, Die Schreinmadonna, in Marian Library Studies - A new series, Volume 9, Dayton-Ohio 1977, S. 239 ff. – Lothar Schultes, Die Bedeutung Wiens an der Entwicklung des Schönen Stils, Diss., Wien 1982, S. 206 f., 250 m. Anm. 867–871. – Marlene Zykan, Die Hofburgkapelle in Wien, Zur Baugeschichte und zu den historischen Restaurierungen, in ÖZKD, XXXII, 1978, S. 15 ff.

Kataloge:
Führer durch das Eb. Dom- und Diözesanmuseum, Wien 1934, 1941, 1946. – Sammlungskatalog des Eb. Dom- und Diözesanmuseums, Wien 1973, Kat.-Nr. 64. – Ausst.-Kat. Martin Luther, Nürnberg 1984.

90	WOPFINGER PIETÀ, gegen 1420/30

Abb. 240–242   Prot.-Nr. L–220

Holzskulpturengruppe, polychromiert, einzelne Gewandteile vergoldet

Maße: Höhe: 91 cm
      Breite: 70 cm (an der Standplatte 60 cm)
      Tiefe: 28 cm

Leihgabe der Pfarrkirche Wopfing, NÖ.

PROVENIENZ

In der kleinen gotischen Pfarrkirche von Wopfing im Piestingtal in Niederösterreich war diese Skulpturengruppe zuletzt in einem neugotischen Altar in stark übermaltem Zustand als Kultbild in Verwendung. Nach einer jahrelangen, fachgerechten und minuziösen Restaurierung in den Werkstätten des Bundesdenkmalamtes – durchgeführt von der akademischen Restauratorin Frau Elisabeth Pfützner – wurde die Skulptur aus Sicherheitsgründen 1985 an das Museum geliehen, im Kirchenraum steht als Ersatz hiefür ein exakter Abguß. Da große Teile der ursprünglichen farbigen Fassung erhalten sind und freigelegt sowie konserviert wurden, störende Ergänzungen späterer Epochen mit Rücksicht auf die museale Präsentation unterblieben, gibt das Objekt in diesem Zustand jenen Charakter einer authentischen Überlieferung, wie sie bei einer Restaurierung für die Wiederverwendung im Kultraum aus Gründen der Pietät nicht vollwertig gewahrt hätte bleiben können. Im Abguß für den Kirchenraum (angefertigt von Sigmund und Camilla Daxner, Wien) sind daher die späteren Ergänzungen (vor allem die Unterschenkel Christi) entsprechend berücksichtigt worden.

ERHALTUNGSZUSTAND

Von der Thronarchitektur weitgehend Fehlstellen mit Gipsplomben entfernt, original grüne Standplatte im Randbereich stark beschädigt, auf neuer (19. Jahrhundert) Standplatte, beide Hände Christi und die untere Hälfte seines linken Unterarmes fehlen, der rechte Fuß Christi wie auch sein linkes Bein und Bereiche des Lendentuches ebendort fehlen gleichfalls.

Polychromierung:
Über weitgehend intaktem Polyment große Teile der Originalfassung erhalten: Gesicht Mariens, Schleier Mariens (aufgerauhte Schnitzerei zur Charakterisierung der Stofflichkeit bei Differenzierung von Gewebe und Fransen, über kreidefarbenem Polyment karminrote Blutstropfen).

Mantel Mariens: In Weißpolyment mit breitem, weitgehend komplett erhaltenem Goldrand und blauem Innenfutter. Brustseitiges Untergewand Mariens komplett vergoldet.

Auf der Rückseite wurde ein blaulüstrierter Fassungsrest aus dokumentarischen Gründen als Beleg der Überfassung belassen.

Vom rechten, am Boden aufliegenden Mantelende Mariens ist ein vergoldetes Saumfragment Beweis für den ursprünglichen, kurvig ausschwingenden Verlauf der Draperie.

Polychromierung bei Christus: Große Bereiche der Inkarnatfarben im Gesicht (die Hauptadern im Hals- und Brustbereich durch graugrüne Linien betont), am Oberkörper und am rechten Bein, große Bereiche der originalen Blutstropfen und Blutbahnen an der Stirne, am rechten Schlüsselbein, bei der Brustwunde und am rechten Bein. Lendentuch ähnlich gestaltet wie der Schleier Mariens, nur gröber, mit breiter Blutbahn.

Im Inkarnat Christi sind auch die blaugrauen Verläufe der Adern sichtbar.

Polychromierung der Haarsträhnen und der Dornenkrone weitgehend komplett erhalten.

Der Schleier Mariens – sowohl die Kopf- und Halsbedeckung als auch der Hauptschleier – wie auch das Lendentuch Christi sind in der geriefelten Oberflächengestaltung als Seiden-Moiré-Stoffe mit plissierten Säumen interpretiert. Der innere Rand des Saumes ist mit einem hellgelben Begleitstrich zusätzlich akzentuiert. Der in Blattgold aufgetragene breite Saum des in geglättetem Weiß gefärbten Mantels Mariens hat nächst dem inneren Rand einen über das Gold aufgetragenen weißen Begleitstrich. Das Futter des Mantels ist intensiv blau. Die Standplatte ist grasgrün, wobei eine terrestrische Andeutung lediglich im Kolorit gegeben ist und eine gegenständliche Binnenmodellierung fehlt.

In der Inkarnatfassung sind vor allem die farbenintensive Frische im Gesicht Mariens und das Detail der als rötlich unterlaufen dargestellten Augen als Ausdruck der Trauer besonders auffallend.

IKONOGRAPHIE

Der Andachtsbildtypus der Pietà (oder auch Vesperbild genannt) ist ein Derivat jener tradierten, bildlichen Formulierungen, die von der Kreuzabnahme bis zur Grablegung Christi führen, und bildet gleichsam eine Verselbständigung Mariens mit dem Leichnam Christi aus dem Figurenensemble der Beweinung Christi. Speziell diese ausgestellte Pietà aus Wopfing ist ein markanter Beleg für dieses „Entwicklungsstadium", da seit der Freilegung der Originalfassung Motive aus bildlichen Fassungen verschiedener Phasen dieses Geschehens als formal festgehalten erkannt werden können: Die Blutstropfen am Hauptschleier Mariens sprechen nicht nur für eine ursprüngliche Aufstellung zu Füßen eines Kreuzes, sondern sie künden von einer Schilderung des Geschehens unmittelbar nach der Abnahme von dem Kreuz (vgl. Holkham-Bible-Picture-Book und das Passionale der Äbtissin Kunigunde, s. Kat.-Nr. 77). In Darstellungen der Kreuzabnahme, die in eine pietàhafte Beweinung übergehen, liegen anschauliche Belege für diese Entwicklung vor: Eine avignonesische Arbeit des späten 14. Jahrhunderts, wie die im Uffiziolo der Valentina Visconti d'Orléans (wo im Text ein eigenes „office de la compassion", wie im Stundenbuch der „Petits Heures du Duc de Berry", formuliert ist; Bergamo, Biblioteca Civica, ms. Cass. 2, 14, f. 3 r.; s. Ulrike Jenni, Das Skizzenbuch der internationalen Gotik in den Uffizien – Der Übergang vom Musterbuch zum Skizzenbuch, Wiener Kunstgeschichtliche Forschungen IV, Wien 1976, Abb. 22), zeigt Joseph von Arimathia noch auf der Leiter stehend. Seinem Arm entgleitet der Leichnam Jesu, dessen rechten Arm er noch hält, scheinbar soeben. Jesus liegt mit abgewinkelten Beinen am Schoß der trauernden Maria. Motivisch ähnlich ist eine Darstellung der Beweinung Christi mit dem blutüberströmten Körper Christi, der – gleichfalls in pietäartiger Haltung wiedergegeben – die Beine abgewinkelt hat und zu dem die klagende Maria ihr Haupt neigt (London, British Library, Add. ms. 50005, fol. 124 v.; s. U. Jenni, item, Abb. 16), worin ein Tafelbild der Beweinung Christi – eine österreichische Arbeit des frühen 15. Jahrhunderts (Budapest, Museum der

schönen Künste; s. Otto Pächt, Österreichische Tafelmalerei der Gotik, Augsburg 1929) –
diesem Typus folgt, jedoch keine Assistenzfiguren enthält und nur im Ambiente und in
den Requisiten den Kontext zur Kreuzabnahme herstellt. Im Florentiner Skizzenbuch
selbst (Uffizien, Inv.-Nr. 2271 Fr; s. U. Jenni, item, Faksimile, Tf. 22) findet sich auf fol.
LXXXVIII verso (originale Paginierung) gleichfalls eine Darstellung der Beweinung Christi
in einer Variante des genannten Übergangsstadiums: Der mit abgewinkelten Beinen
wiedergegebene Christus liegt auf dem Leichentuch (s. Kat.-Nr. 77, 121) im Schoß des
Nikodemus, hinter ihm sitzt Maria und ergreift den linken Arm zum Wundenkuß, Johannes
kauert rechts, eine weitere stehende Person stützt Maria: auch in dieser Darstellung sind
Motive von der Kreuzabnahme entlehnt (vgl. Koechlin, Les ivoires gothiques français,
Paris 1924, Abb. 870).

„Die Phase der Passion von der Kreuzabnahme bis zur Grablegung ist überreich an
Kombinationen und Variationen inhaltlicher und ausdrucksmäßiger Natur, ein Themenkreis, der in der Kunst um 1400 ein selbständiges Umgehen mit überlieferten Regeln
fördert, d. h. auch ein Abweichen von der Bildtradition und von liturgischen Texten
ermöglicht" (U. Jenni, item, S. 20).

Die Blutstropfen am Schleier Mariens lassen auf eine ursprüngliche Postamentierung der
Figurengruppe unmittelbar vor einem Kreuz schließen, wie dies bei der kleinen Pietà aus
St. Martin in Klosterneuburg der Fall ist (s. Ernst Bacher, Zur Frage der Vesperbilder des
Weichen Stils, in ÖZKD, XXIV, 3/4, Wien 1970, S. 175 ff., besonders S. 183 f.!).

BESCHREIBUNG

Monumentale Sitzhaltung Mariens, Oberkörper und Beinpartie leicht gegeneinander verschoben, Körper Christi in abgewinkelter Lage mit leicht gesenktem, nur durch die rechte
Hand Mariens aufgestütztem Haupt. Ursprüngliche Armhaltung Christi vermutlich überkreuzt. Die abgewinkelt an die Brust geschmiegte linke Hand Mariens einen Zipfel des
Schleiers knüllend. Die Gewandfalten durch konvergierende Knickfalten und Volumen
suggerierende, röhrenhafte Fächerung charakterisiert (linker Arm!), zwischen den Beinen Mariens eigenwillige eckige Stauungen verursachend und am Boden über abermali-
gen Knicken aufliegend. Die mäandrierenden Saumlinien sind beim rechten Bein Mariens und beim Schleier charakteristisch. Beide vergoldeten Schuhspitzen Mariens sind
in divergierender Haltung sichtbar. Die Kopfhaube mit Sattel läßt das breite Gesicht
Mariens mit dem verhältnismäßig spitzen Kinn gesondert gerahmt erscheinen. Der
Trauergestus ist in der realistisch betonten Brauenpartie akzentuiert, expressive realistische Momente kommen in den Stirnfalten und Schläfenfalten Christi zur Geltung, im leicht
geöffneten Mund Christi und in der krassen Betonung der Halsmuskeln, des Kehlknor-
pels, der Schlüsselbeine und der Rippen des Brustkorbes ist der Ausdruck des Totseins
akzentuiert.

KUNSTHISTORISCHE EINORDNUNG

Die Haltung des geringfügig nach links gekrümmten Oberkörpers Mariens steht zum –
ursprünglich noch deutlicher wirkenden – kurvigen Auslauf des Mantelendes nach rechts
in einem Gegensatz. Eine spiegelverkehrte S-kurvenförmige Formation liefert das Grund-
gebilde dieser Haltung. Die Haltung Jesu mit seinem leicht nach links aufwärts gelagerten
Körper und den nahezu in rechtem Winkel gegebenen Unterschenkeln bildet gleichsam
die Trennungslinie zwischen den beiden im kurvigen Verlauf divergierenden Körperpartien Mariens.

In der Haltung des angehobenen rechten Knies sowie im Zurückweichen der angehobenen linken Schulterpartie und dem Neigen des Hauptes Mariens ist die Haltung von
Spontaneität erfüllt, die in der Haltung der linken Hand zum Trocknen der Tränen und im
„psychischen Kontrapost" der Zuwendung des Blickes gegen das Gesicht des toten
Sohnes akzentuiert wird. Das in geschmeidigen Kurvungen sich ergehende formale Gestaltungsprinzip der Vesperbildwerke der internationalen Gotik tritt allmählich zugunsten
einer realistischen Auffassung zurück, was sich auch in der Formulierung der Draperien
äußert.

Die intensive, lebensvolle Farbigkeit des Inkarnates Mariens und die – durch die Tränen
erklärbaren – rötlich unterlaufenen Augen Mariens stehen zu den nicht ganz geschlossenen, mit gegen die Oberlider gewendeter Iris formulierten Augen Jesu und zu der bleich-
tonigen Farbigkeit der Haut Jesu im Kontrast. Diese Gegensätzlichkeit – volles Gesicht
Mariens zum hageren Gesicht Jesu, lebendig gestaltete weinende Augen Mariens gegen
den „erstorbenen Blick" Jesu, farbenfrohes Inkarnat Mariens gegen fahle Hautfarbe Jesu
– mutet wie eine Vorwegnahme jener malerischen Auffassung an, die ein Jahrhundert
später das Vanitas-Bild prägt.

Ist die im Gesicht Mariens feststellbare Tendenz zur breitenbetonenden Rundung der Form noch ein formales Relikt aus dem 14. Jahrhundert, die Schüsselfaltenbildung ein Charakteristikum der internationalen Gotik um 1400, so sind die expressiven, realistisch beobachteten Details eine Vorwegnahme der nächstfolgenden Epoche: Der Ausdruck des Schmerzes im Gesicht Mariens wie auch die angedeuteten Faltenbrüche innerhalb der Draperie des Mantels Mariens sowie die angedeutete, schollige Formulierung des am Boden aufliegenden Mantelsaumes finden ihre engste Entsprechung in den Figuren Mariä und Johannes' aus einer Kreuzigungsgruppe (s. Kat.-Nr. 91) aus dem Wiener Stephansdom. Die sowohl in den gedrungen wirkenden Proportionen als auch in der Art der Gewandung (Kopfhaube!) Mariens zur Geltung kommende matronale Komponente wirkt wie ein Derivat jenes Bildtypus, den im späten 14. Jahrhundert die Pietà des Domes in Seckau (Steiermark) vertritt (s. Lothar Schultes, Der Anteil Österreichs an der Entwicklung der Plastik des Schönen Stils, Diss., Wien 1982, S. 145). Der schlanke, feingliedrige Körper Christi entspricht den Vesperbildern der Zeit um 1400, die expressive Akzentuierung der durch die Passion beanspruchten Anatomie weist gleichfalls auf ein fortgeschrittenes Entstehungsdatum hin, weshalb eine Datierung in das dritte Jahrzehnt des 15. Jahrhunderts, um 1420/30, vorgeschlagen werden kann. Die über Knicke und markante Brechungen kaskadierende Drapierung des Gewandes zwischen den Knien Mariens bestätigt diesen späteren Datierungsvorschlag.

Die in diesem Bildwerk zur Geltung kommenden formalen Eigenschaften nehmen stilistische Tendenzen, die das künstlerische Wirken eines Jakob Kaschauer und eines Albrechts-Meisters prägen, vorweg.

MARIA UND JOHANNES EVANGELIST, um 1420/1425	91

Prot.-Nr. L–23, L–24   Abb. 251, 252

Holzskulpturen, polychromiert

Maße: Maria   Johannes
       Höhe: 150 cm   Höhe: 143 cm
       Breite: 50 cm   Breite: 48 cm
       Tiefe: 35 cm   Tiefe: 39 cm

Leihgaben aus dem Stephansdom

PROVENIENZ

Die beiden Figuren wurden 1882 bei einer kommissionellen Begehung auf dem Dachboden des Domes wiederentdeckt und damals in die Bartholomäuskapelle im Dom gebracht, von wo sie 1933 in das Erzbischöfliche Dom- und Diözesanmuseum gelangten. Beide Figuren sind zueinander spiegelverkehrt komponiert, wobei jeweils die Frontalansichten reicher gestaltet sind. Das Aufwärtsblicken des Apostels wie auch das Heben des Schleiers gegen das geneigte Gesicht bei Maria (zum Tränentrocknen) wie auch die Tatsache, daß beide Figuren auf Allansichtigkeit unter Bevorzugung der Frontalansicht gearbeitet sind, zeigt, daß sie zu einer ursprünglich freistehenden Kreuzigungsgruppe – möglicherweise zu einer Lettner-Kreuzigungsgruppe – gehörten.

ERHALTUNGSZUSTAND

Reste alter Polychromierungen, Gesichter barock überschnitzt, diese heute ohne farbige Fassung. Einzelne Faltenstege im Mantel Mariens sind ebenfalls barock überschnitzt. Gelegentlich einer Restaurierung durch Prof. Dr. Franz Walliser, Wien, wurden die Figuren von einem späteren Ölanstrich befreit und die erhaltenen Reste der originalen Polychromierung freigelegt. Beide Figuren sind auf Allansichtigkeit hin gearbeitet, wie die formale Bearbeitung der ganzen Figurenoberfläche zeigt.

IKONOGRAPHIE

Der durch das Heben des Schleiers zum Trocknen der Tränen formulierte Trauergestus Mariens sowie die Konzentration der Kopfwendungen nach einer gemeinsamen optischen Mitte weisen die Figuren als zusammengehörig aus, was auch durch die stilistische

Analyse bestätigt wird. Als gemeinsame Mitte kommt nur ein Kruzifix in Betracht; durch die aufrechte Haltung scheiden alle anderen denkbaren Bildthemen – Kreuzabnahme, Beweinung Christi, Grablegung Christi (St-Sepulcre) – aus. Demnach bildeten die Skulpturen einen Bestandteil einer Kreuzigungsgruppe.

BESCHREIBUNG

Abb. 251 MARIA

Die geringfügig S-förmige Haltung schwingt auch räumlich aus. Die leicht angehobene linke Hüfte und die daraus resultierende Umkehr des klassischen Stand-Spielbein-Motivs charakterisiert die Geschmeidigkeit der Haltung. Durch das Seitwärtswenden des leicht geneigten, mit Schleier gekrönten Hauptes sowie durch die Haltung des linken Armes, der den Mantelumhang einklemmt und mit der linken Hand nach dem Schleierzipfel greift und solcherart den gleichfalls abgewinkelten rechten Arm mit der auf den Rumpf aufgelegten Hand verdeckt, erfährt die Haltung eine ausdrucksstarke Präzision: Sie vermittelt den Eindruck verhaltener Trauer mittels des zum Tränentrocknen erfaßten Schleiers. Der Mantelumhang bildet an der auf Allansichtigkeit gearbeiteten Skulptur an ihrer Rückseite seichte, weitgehend parallel verlaufende Röhrenfalten, an der Vorderansicht kaskadieren in Rumpfhöhe zwei Schüsselfalten sowie ein großer, umgestülpter Faltenverlauf vom rechten Ellbogen zum linken Unterarm sichelartig verläuft und die glatte Oberflächenbehandlung der Brust freigibt. Der Mantelumhang bildet an beiden Oberarmen breite, eng anliegende Falten, die im Ellbogenbereich konvergierende, tief eingeschnittene Knitterfalten ausbilden. Vom linken Unterarm, um den der Mantelsaum gleichfalls umgestülpt ist, verläuft ein schlankes System von Röhrenfalten gegen den rechten Fuß zu Boden. Die zwischen diesen Röhrenfalten und den Schüsselfalten ausgebildeten, vom rechten Knie durch eine Erhebung unterbrochenen Faltenzüge und -schübe mit laschenförmigen, haarnadelartigen Knicken weisen eine realistische Beobachtung aus, der der in schwingenden Saumlinien traubenartige Zipfel unterhalb des linken Armes ebenso widerspricht wie die seitlich auslaufende, geschweifte Mantelendung gegen die Standplatte zu. Die zierliche Saumlinie des Schleiers erfährt im Halsteil mit Zitaten von Schüsselfalten, Knicken und Schüben Widerspruch. Obgleich das Gesicht seiner Fassung gänzlich beraubt ist, zeigt die Formulierung der Brauen und der angedeuteten Stirnfalten einen von Trauer erfüllten Ausdruck, der im polychromierten Zustand dem der Wopfinger Pietà ähnlich vorzustellen ist (s. Kat.-Nr. 90).

Abb. 252 JOHANNES

Noch mehr als die hinzugehörige Maria zeigt diese gleichfalls auf Allansichtigkeit gearbeitete Skulptur im Ellbogenbereich und in dem Faltensystem unterhalb desselben eine Tendenz zur Breitenentfaltung, die im Fußbereich nach einer Einengung durch das Aufliegen der Gewandfalten an der Standplatte einen geschweiften Auslauf erfährt. Die Präzision des Standmotivs – lediglich die Zehen des linken Fußes sind sichtbar – ist durch das Überspielen der Gewandfalten kaum bestimmbar. Die Haltung des linken Armes mit dem Buch und die an die Brust gelegte Rechte sowie das gegen die Schultern abgesetzte, gewendete, leicht aufwärtsblickende Haupt drücken eine geringe Wendung aus, die zu der der Madonna entgegengesetzt ist: beide sind auf eine – ihnen gemeinsame – Mitte (ehemals das Kreuz) orientiert. Der Mantelumhang bildet ab der Mitte des Rückenteiles strähnige, parallel verlaufende Röhrenfalten aus, die in tiefen Schüsselfalten zu den umgeschlagenen Säumen bei den Unterarmen führen und im Zwischenbereich gering vortretende Faltenknicke ausbilden. Konvergierende, tief eingeschnittene enge Falten, die gegen die kurvige, stereometrische Gewandfülle gesetzt sind, drücken – ähnlich wie bei der Madonna und bei der Wopfinger Pietà – die stoffliche Schwere des Gewandes aus. Die kurvig, in breiten Zonen traubenartig verlaufenden Saumlinien, die teils weite Einblicke in das Mantelfutter gewähren, stehen hiezu ebenso im Kontrast wie die gegeneinander gesetzten, mächtigen kaskadierenden Schüsselfalten im Brustbereich. Die Röhrenfalten, die geringer plastisch als bei der Madonna gebildet sind, gehen gleichfalls vom durch die Faltensäume verdeckten linken Ellbogenbereich aus. Auch hier bilden sich unterhalb der Schüsselfalten Staue und Schübe.

STIL UND DATIERUNG

Um das gegürtete lange Untergewand Mariens ist ein langer Mantel gehüllt, der auf der Rückseite leicht gekurvte Röhrenfalten bildet, während er an der Vorderseite locker um den rechten Arm fällt, beim linken Arm eng anliegt und mit einem Zipfel unter diesem Arm eingeklemmt ist. Von dieser Stelle fällt einerseits ein in geschmeidigen Saumlinien endendes Faltenbündel eines Zipfels herab, andererseits laufen von hier Röhrenfalten zum rechten Fuß Mariens aus. Da diese durch das leicht vorgestellte rechte Knie durchbrochen werden, bilden sich zwischen diesem und dem rechten Unterarm zwei gegenläufige Schüsselfalten.

Bei Johannes umschließt das Gewand die Figur geschmeidiger, und die Spannungsmomente in der Draperie Mariens sind bei Johannes zugunsten einer weichen Oberflächenmodellierung gelockert. Johannes hält in seiner Linken das geschlossene Buch (sein Attribut), während er die Rechte auf seine Brust legt. Diese im Vergleich zu Maria offenere Haltung der Arme ermöglicht sowohl das breitere Ausladen als auch das gleitende Fallen der Röhrenfalten des um das Untergewand geschwungenen Mantels. Das gegen den Boden breit auslaufende Untergewand kommt hier noch deutlicher zur Geltung als bei Maria. In Hüfthöhe lädt das Gewand breit aus, wobei aber die breiten Schüsselfalten einen besonderen Akzent setzen. Analog der Marienfigur finden sich auch hier an der Rückseite lange Röhrenfalten. Die Farbgebung des Gewandes (blaues Futter, Außenseite weiß mit goldenem Rand als Zeichen der Trauer) ist ein weiterer Hinweis, daß die Figuren zu einer Kreuzigungsdarstellung gehörten. Sowohl die Armhaltung als auch die zentrische Betonung der Draperie zeigen Einflüsse von dem Stil der älteren (gegen Ende des 14. Jahrhunderts), aus dem Stephansdom stammenden Apostelstatue des Historischen Museums der Stadt Wien (s. Tietze, op. cit., S. 520, Abb. 653, dort fälschlich als Salvator angegeben, der – laut freundlicher Mitteilung von Herrn Univ.-Prof. Dr. Otto Pächt – dem Betrachter das geöffnete Buch präsentieren müßte und vor allem nicht aufwärts blicken dürfte, um als Salvator charakterisiert zu sein). Auch die – nur noch andeutungsweise – raumgreifende Haltung bei der Johannesfigur des Museums zeigt, daß der Stil der Epiphanie-Figuren des Nordturmes des Stephansdomes (gegen Ende des 14. Jahrhunderts) bereits aufgenommen wurde. Die beiden Figuren von Maria und Johannes Evangelist finden sich vereinfacht und in ungleich kleineren Dimensionen in der Kreuzigungsdarstellung bei den drei Passionsreliefs an der Ostwand des mittleren Domchores außen abgewandelt. Die Haltung dieser Relieffiguren weicht nur in geringen Details ab. Die laschenartigen, abgetreppten Schüsselfalten finden sich analog denen der Holzskulpturen auch im Relief wieder – in der gleichen Version finden sie sich auch im Kruzifix, das heute in der Unteren Sakristei des Domes aufgestellt ist. Da nicht nur diese Details, sondern die ganze Haltung und anatomische Auffassung des Körpers mit dem im Relief im wesentlichen übereinstimmen, erscheint es durchaus möglich, daß in dem Gekreuzigten des Reliefs eine Paraphrase von dem Holzkruzifix der Unteren Sakristei zu erblicken wäre.

Aufgrund der angeführten Vergleiche ist es durchaus möglich, daß das zuvor genannte Kreuz der Unteren Sakristei zu den Figuren von Maria und Johannes des Museums ursprünglich gehörte und diese freiplastische Gruppe Vorbild für das Relief an der Ostseite des Domes war. Ob die drei Holzskulpturen zusammen eine Lettner-Kreuzigungsgruppe gebildet haben, ist nicht zu präzisieren. Ginhart hat auf die mögliche Zusammengehörigkeit dieser drei Holzfiguren hingewiesen. Er vermutet, daß alle drei – nach der Entfernung von ihrem ursprünglichen, heute nicht mehr feststellbaren Aufenthaltsort – in der Sakristei aufgestellt waren, von wo Maria und Johannes 1768 durch die noch heute dort befindlichen Marmorstatuen von Franz Xaver Messerschmidt verdrängt wurden.

Da sich in diesen Figuren noch keine Anzeichen von knittrigen Faltenbrüchen finden, die im zweiten Jahrhundertdrittel auftauchen, datiert sie Ginhart um 1425. Der gleiche Figurenstil findet sich im Kanonblatt des Tuers-Missale (s. Kat.-Nr 14), wodurch diese Datierung bestätigt wird.

Speziell ein Vergleich der Köpfe der Johannesfiguren des Museums und des genannten Reliefs an der Außenseite des Domes mit den Reliefs am Westportal der Kirche Maria am Gestade beweist die stilistische Abhängigkeit von letzteren. Die Johannesfigur des Kreuzigungsreliefs von der Außenseite des Domes ist nicht nur im Gesichtstypus dem Großlobminger Engel stilistisch nahe, sondern weist Parallelen im zarten Aufruhen der Hände und in dem mit dem Körper zur Einheit gewordenen Gewand auf. Die Maria des gleichen Kreuzigungsreliefs steht, auch im Kopftypus, mit der um 1415 für die Jakobskirche in Straubing geschaffenen Verkündigungsmadonna in Verbindung. Diese Reliefs an der Außenseite des Domes, die möglicherweise von einer Totenleuchte stammen und im frühen 16. Jahrhundert zweitverwendet nächst der unter dem Namen „Zahnwehherrgott" populär gewordenen Schmerzensmann-Büste montiert wurden, spiegeln verlorene westliche Werke wider. Durch das Abhängigkeitsverhältnis der ausgestellten Skulpturen von diesen Reliefs und durch deren stilistische Nähe zur Wopfinger Pietà (s. Kat.-Nr. 90) kommt auch in diesen Werken ein betont westlicher Einfluß zur Geltung (s. L. Schultes, op. cit., S. 204, 205).

Literatur:
Hans Tietze, ÖKT, Bd. XXIII, Wien 1931, S. 394, Abb. 442, 443. – Karl Ginhart, Die gotische Plastik in Wien – Einrichtung in Kirchen, in R. K. Donin, Geschichte der bildenden Kunst in Wien-Gotik, Wien 1955, S. 123/124. – Lothar Schultes, Der Anteil Österreichs an der Entwicklung der Plastik des Schönen Stils, Diss., Wien 1982.

Kataloge:
Führer durch das Eb. Dom- und Diözesanmuseum, Wien 1934, 1941, 1946. – Sammlungskatalog des Eb. Dom- und Diözesanmuseums, Wien 1973, Kat.-Nr. 62.

| 92 | WISCHATALER MADONNA, frühes 15. Jahrhundert |

Abb. 253   Prot.-Nr. L–25

Holzskulptur, polychromiert

Maße: Höhe: 72 cm
      Breite: 25 cm
      Tiefe: 19 cm

Leihgabe der Filialkirche Wischatal, Pfarre Großstelzendorf, NÖ.

ERHALTUNGSZUSTAND

Die Figur wurde in den dreißiger Jahren dieses Jahrhunderts anläßlich einer Restaurierung (durch Prof. Dr. Franz Walliser, Wien) von späteren Übermalungen gereinigt und die ursprüngliche Polychromierung, soweit diese noch vorhanden war, freigelegt. Die Figur war bis vor kurzem stark vom Holzwurm befallen, der linke Arm des Jesus-Kindes fehlt. Die Polychromierung des auf weißem Grund gemusterten Mantels und die der Gesichter ist weitgehend erhalten.
Eine Besonderheit stellt die Lüsterfassung des Untergewandes dar, zumal eine derartige Fassungstechnik im Spätmittelalter wohl sehr oft zu Anwendung kam, jedoch selten in solch großer Spur erhalten ist. Die Skulptur ist an der Rückseite ausgehöhlt und stand vermutlich in einem Schrein. Die Krone Mariens fehlt ebenso wie ein Attribut in ihrer – gleichfalls fehlenden – rechten Hand.

IKONOGRAPHIE

Die frontal gegebene Maria hält das Jesus-Kind auf ihrem linken Arm, während das Kind mit seinem ausgestreckten rechten Arm nach dem Schleier Mariens langt oder ihr Haar streicht. Diese Geste ist eine Variante des Eleusa-Typs (s. Kat.-Nr. 61, 88).

KUNSTHISTORISCHE EINORDNUNG

Die stark seitwärts ausschwingende, balancierende Haltung der Marienfigur ist ein Charakteristikum der internationalen Gotik. In den Proportionen – namentlich im Verhältnis vom Kopf zum Körper – zeigt sich eine Abkehr hievon, wobei im linearen Verlauf der Faltenstege im Gewand formale Eigenschaften der Kunst des ausgehenden 14. Jahrhunderts nachwirken.
Sowohl im ikonographischen Motiv als auch in der Haltung wie auch in der Formulierung der Draperie ist eine periphere Beeinflussung von jenen stilistischen Tendenzen festzustellen, die die Madonnenstatue am Schulhof (Nr. 6, Wien I) prägen. Letztere zeichnet sich auch durch eine feinere formale Durchbildung und durch eine räumliche Werte berücksichtigende Drehung aus, die ein Spannungsverhältnis zwischen der Madonna und dem Kind signalisiert. Die Madonna aus Wischatal zeigt ähnlich der aus Hauskirchen (Kat.-Nr. 88) in der frontalen Haltung des Gesichtes wie auch in der Tendenz zu breit ausladenden gerundeten Formen (Wangen, Haarmassen) formale Eigenschaften, die aus dem 14. Jahrhundert tradieren. Die durch den Stau der Gewandfalten des am Boden aufliegenden Saumes verursachten Bruchlinien und Knicke in der Formulierung der Drapierung weisen auf eine Datierung an den Anfang des 15. Jahrhunderts hin.

Kataloge:
Führer durch das Eb. Dom- und Diözesanmuseum, Wien 1941, 1946. – Sammlungskatalog des Eb. Dom- und Diözesanmuseums, Wien 1973, Kat.-Nr. 63.

Prot.-Nr. L–242 *Abb. 216*

Skulptur aus feinkörnigem Leithakalk-Sandstein

Maße: Höhe: 164 cm
      Breite: 57 cm
      Tiefe: 35 cm

Leihgabe der Dombauhütte St. Stephan

PROVENIENZ

Die Skulptur stammt von einem Außenbaldachin der Singertorvorhalle des Stephansdomes. Eine im Auftrag des Rotary-Club Wien von Prof. Franz Ölzant angefertigte Kopie vertritt das Original in situ.

ERHALTUNGSZUSTAND

Ursprüngliche Polychromierung nicht erhalten.
1896 von Franz Erler, 1902 nochmals stark restauriert (laut Berichten der Dombauhütte, die ab 1881 fortlaufend im Wiener Dombauvereinsblatt erschienen sind), starke Verwitterung. Rechter Arm ab Ellbogen ersetzt, ab der Handwurzel neuerliche Ergänzung. Unterer Teil der Figur ab dem Knie neu angesetzt. Rechter Fuß und Stein an der Konsole vor der Skulptur spätere Zutat, ebenso der Schreibstift in der rechten Hand. Aus konservatorischen Gründen wurde von dieser Skulptur eine Kopie durch Prof. Franz Ölzant angefertigt, die seit 1976 am Ort der originalen Skulptur steht. Seither stand der hl. Paulus in den Räumen der Dombauhütte. Seit 1986 befindet sich die Skulptur im Museum.

IKONOGRAPHIE

In der Tradition wird Paulus barhäuptig, mit langem Bart und barfüßig dargestellt. In der Hand trägt er ein Buch oder eine Schriftrolle (Verkünder des Evangeliums). Erst ab dem 13. Jahrhundert wird neben dem Buch auch das Schwert (sein Marterwerkzeug) als Attribut üblich. In der Literatur findet man immer wieder bestätigt, daß in der deutschen Kunst kein anderer Darstellungstypus möglich ist.
Die vorliegende Skulptur des hl. Paulus von der Singertorvorhalle ist mit kahlem Haupt, Bart und Buch dargestellt; das Schwert fehlt, es ist durch einen Schreibstift ersetzt.

BESCHREIBUNG UND STILCHARAKTERISTIK

Der Heilige steht mit leicht zu seiner Rechten – der Spielbeinseite – geneigtem Oberkörper, streng frontal dem Beschauer zugewendet; die Gestalt ist sehr schlank und etwas überlängt. Das eng anliegende Untergewand ist vorne mit Knöpfen besetzt. Der von der linken Schulter herabfallende Mantel bildet eine Art Schale für den kubisch wirkenden Körper des Heiligen. Unter der linken Hand hält Paulus ein Buch eingeklemmt, mit der linken Hand rafft er den Mantel. Von dieser Stelle aus laufen die Falten nach unten zu fächerförmig auseinander. Der andere Teil des Mantels fällt über den linken Arm und bildet im Herabfallen Schlangenlinien. Beim rechten Fuß und an den Flanken schleift das Gewand über den Boden und wird über dem Fuß leicht aufgestaut. Über dem linken Fuß ist das Untergewand sichtbar; es ist vollkommen gerade abgeschnitten und in regelmäßige Falten gelegt. Der Heilige hält in seiner rechten, etwas vorgestreckten Hand einen Schreibstift.
Die Schädelkalotte ist kahl, seitlich und hinten fällt das Haar lang und leicht gewellt herab; der lange Bart ist wie die Haare leicht gewellt. Die Gesichtszüge sind hart, steif und zeigen Anzeichen von mimischer Erregung. Die Augenbrauen sind zusammengezogen; dadurch entstehen auf der Stirne zwei schräge Falten, die sich an der Nasenwurzel kreuzen. Die Augen sind leicht abwärts gerichtet, haben starke Ober- und ausgeprägte Unterlider. Das Gesicht hat einen ernsten, strengen, statisch wirkenden Ausdruck.

KUNSTHISTORISCHE EINORDNUNG UND DATIERUNG

Die Singertorvorhalle – und somit auch diese Skulptur des hl. Paulus – und die drei Skulpturen unterhalb der Balustrade an der Westfassade dürften gleichzeitig mit dem Großteil der Pfeilerstatuen des Langhauses von Bildhauern der Bauhütte von St. Stephan geschaffen worden sein. Dies geschah gleichzeitig mit der Einwölbung des Langhauses von St. Stephan (s. Marlene Zykan, Der Stephansdom, Wien–Hamburg 1981, Wr. Geschichtsbücher, Bd. 26/27, S. 109 ff.). Karl Ginhart (Die gotische Bildnerei in Wien, Geschichte der Stadt Wien, Bd. VII/1, Plastik in Wien, Wien 1970) stellt die gleiche Hand wie beim hl. Paulus und der Skulpturengruppe der Stephanusmarter an der Singertorvorhalle auch an zwei Skulpturen der Langhaus-Pfeiler fest (hl. Stephanus, hl. Antonius Abbas) und nennt noch einige andere Skulpturen im Stephansdom, die von der gleichen Meisterhand sein könnten; er datiert die beiden Skulpturen der Singertorvorhalle in die Zeit um 1450. – Tietze (ÖKT, Bd. XXIII, Wien 1931) nennt nur die beiden genannten Langhausfiguren (hl. Stephanus, hl. Antonius Abbas) als mit den Skulpturen der Singertorvorhalle verwandte Werke und nimmt an, daß man ab ca. 1445 mit den Arbeiten für die Ausschmükkung der Langhauspfeiler mit Skulpturen begann, da man 1440 oder 1446 mit der Einwölbung des Langhauses anfing, die Vollendung desselben etwa um 1450 erfolgte. Franz Kieslinger (Die mittelalterliche Plastik in Österreich, Wien–Leipzig 1926; Zur Geschichte der gotischen Plastik in Österreich, Wien 1923) betrachtet die Figuren der Singertorvorhalle den Langhausplastiken zugehörig und setzt alle in das 5. und 6. Jahrzehnt des 15. Jahrhunderts. – Richard Kurt Donin (Der Stephansdom und seine Geschichte, Wien 1946) setzt den hl. Paulus zusammen mit der zweiten Skulptur der Singertorvorhalle in deren Bauzeit um 1440–50: Die Skulpturen „verraten in Haltung und den scharf geknickten Falten eine manieristische Strömung in der gleichzeitigen Gotik."

Literatur:
Hans Tietze, ÖKT, Bd. XXIII, Wien 1931. – Waltraut Hauk, Wien, St. Stephan: Die Steinplastiken an der Vorhalle des Singertores und Umkreis (Langhausbaldachinstatuen), Seminararbeit am Institut für Kunstgeschichte, Universität Wien, 1976/77.

94	MADONNA LACTANS, um 1440

Abb. 254–256   Prot.-Nr. L–243

Holzskulptur, polychromiert

Maße: Höhe: 90 cm
       Breite: 32 cm
       Tiefe: 20 cm

Leihgabe der Filialkirche St. Ulrich bei Hauskirchen, NÖ.

PROVENIENZ

Die Skulptur stammt aus der Filialkirche von St. Ulrich bei Hauskirchen in Niederösterreich, wobei nähere Angaben über ihren ursprünglichen Aufstellungsort und über ihre Widmung fehlen. Zuletzt stand sie als Wandkonsolfigur in andachtsbildartiger Verwendung. Da die Figur hinten ausgehöhlt ist und dies auch früher nicht anders war, wie der Befund gelegentlich der Restaurierung eindeutig ergab, war sie auch ursprünglich nicht auf eine allansichtige Verwendung gedacht. Der hohe künstlerische Rang läßt in ihr eine Schreinfigur eines Altares vermuten; es besteht die Möglichkeit, daß sie auch nicht für St. Ulrich geschaffen, sondern im Zuge der josephinischen Reform im späten 18. Jahrhundert – als mehrere Kultbilder von ihrem früheren Aufstellungsort in neu errichtete Kirchen transferiert wurden – oder bei einer ähnlichen Umwidmungsmaßnahme aus einer anderen Kirche, vielleicht einer eines künstlerischen Zentrums, nach St. Ulrich gelangte.

ERHALTUNGSZUSTAND

Bis zur letzten, 1986 abgeschlossenen Restaurierung war die Skulptur großteils in Tempera übermalt: Der Mantel war weiß, das Inkarnat richtete sich im wesentlichen nach dem Originalzustand, das Kleid Mariens war weitgehend nicht übermalt, sondern nur überlüstriert, jedoch der fragmentierte Zustand einer rötlichen Lüsterfassung war entsprechend verschmutzt. Gelegentlich der Restaurierung durch den staatlich geprüften Restaurator, Herrn Walter Campidell (Feistritz an der Drau), wurden diese störenden Übermalungen in minuziöser Kleinarbeit abgetragen und die originale Polychromierung, Silberfassung, Lüsterfassung und Vergoldung – die in überraschend hohem Ausmaß erhalten waren –

freigelegt und nach spezifisch musealen Gesichtspunkten neutral retuschiert. Der Mantel Mariens ist außen gold, wobei die beschädigten Stellen vermutlich durch zu intensive Bestrahlung durch Sonnenlicht entstanden. Die Futterinnenseite des Mantels ist blau, der Schleier Mariens versilbert, das Kleid Mariens ist krapprot lüstriert. Die Krone wurde in ihrem fragmentierten Zustand belassen.

Nachdem die 1986 freigelegte und konservierte farbige Fassung die originale ist – sowohl die Vergoldung (Mantel, Krone) als auch die Silber- (Schleier) und Lüsterfassungen (Kleid Mariens) wie auch die Polychromierungen sind in der für die Spätgotik charakteristischen Manier –, so kann eine Änderung der ursprünglichen Intention während der Fassung der Figur festgestellt werden: Dem Thema der das Kind tränkenden Madonna entsprechend wurde das Kleid im Bereich des Oberkörpers als geöffnetes geschnitzt, so daß die linke Brust frei sichtbar sein sollte. Zumindest die zum Tränken gereichte linke Brust war in der Schnitzerei als entblößt wiedergegeben gedacht. In der Fassung wurde ein Unterkleid in diesem Bereich in Silber aufgetragen, das in der Schnitzerei nicht ausgesondert ist; sein Saum gegen den Hals bildet keine Kante, die Saumlinie schneidet optisch in die geschnitzten Kanten des Schlüsselbeines ein. Auch die frei gedacht gewesene Brust ist in ihren anatomischen Details geschnitzt, in der Fassung jedoch nicht in der Inkarnatfarbe gegeben. Es befinden sich unter dieser Silberschicht des Untergewandes tatsächlich keine anderen Fassungsreste, so daß eine nachträgliche Veränderung ausgeschlossen werden kann. Das Kleid Mariens ist krapprot lüstriert und hat einen silbernen Saumstreifen am unteren Ende. An den Stirnseiten der Röhrenfalten im unteren Bereich sind die Lüstrierung und deren silberne Unterlage großteils verloren und lediglich das Poliment sichtbar. In den Faltentälern und im Brustbereich ist die originale Lüstrierung gut erhalten. Die Standplatte ist grün, im rechten vorderen Teil ist eine spätere Ergänzung (ohne Fassung) erkennbar. Vom rechten Fuß ragt in hellem Rot die Schuhspitze aus dem Untergewand hervor. Der Daumennagel ist an der rechten Hand Mariens im Kolorit differenziert.

Bei der Restaurierung 1986 wurden nur die störendsten, fast weiß gewesenen Kreidegrundstellen im rechten Mantelzipfel im Farbton des Polimentes retuschiert (im linken Mantelsaum wurde selbst darauf, wegen der geringen Dimension dieser Fehlstellen, verzichtet). Die Authentizität des erhaltenen Originalzustandes war der bestimmende Faktor im Restauriergeschehen.

IKONOGRAPHIE

Die Skulptur gehört zum Typus der ganzfigurigen, stehenden Madonnen mit dem Jesus-Kind, wobei Maria das Kind an ihrer – in der Schnitzerei angedeuteten, von der Fassung jedoch negierten – Brust säugt, demnach ist sie eine „Madonna lactans" (vgl. Kat.-Nr. 73). Diesem Andachtsbildtypus gehorchen im ausgehenden Mittelalter vorwiegend halbfigurige Darstellungen, die Darstellungsweise als ganzfigurige Gestalt dieses Typs schließt an die Tradition der monumentalen Madonnenstatuen des 13. und 14. Jahrhunderts an. Das spielerische Fassen nach dem Schleier Mariens durch das Jesus-Kind ist ein Derivat der auf eine betonte Mutter-Kind-Beziehung abzielenden Gnadenbilder aus der Eleusa-Tradition (vgl. Kat.-Nr. 61).

Erst die Freilegung der Originalfassung ermöglichte auch eine eindeutige Lesbarkeit der Art der Gewandung: Der goldene Mantel mit blauem Innenfutter sinkt jeweils zwischen den Unterarmen und dem Oberkörper Mariens ein, sein linker Teil wird vom Körper des Jesus-Kindes eingeklemmt. Der Schleier Mariens ist an der rechten Flanke ihres Körpers länger und bedeckt auch den Unterkörper des Jesus-Kindes, das mit seiner linken Hand nach dem Schleier faßt, was solcherart spielerisch interpretiert wirkt. Möglicherweise ist diese Gleichsetzung vom Schleier Mariens mit dem Lendentuch des Jesus-Kindes als Hinweis auf die Passion Christi zu verstehen, was sich aus der auf Anselms Dialog fußenden Bildtradition (vgl. Kat.-Nr. 77) erklären ließe. Das Jesus-Kind, das im Trinken innehält – die psychologische Beobachtungsgabe eines das Trinken an der Mutterbrust unterbrechenden und gleichzeitig mit dem Schleier spielenden Säuglings ist auffallend realistisch –, ist teilweise als halbe Rückenfigur gegeben.

STIL UND DATIERUNG

Trotz leichter Seitwärtsneigung des Oberkörpers und trotz des geringen Senkens des Hauptes in die Gegenrichtung wirkt die schlanke Figur Mariens in ihrer angedeuteten Haltung eines Stand-Spielbein-Motivs säulenhaft aufrecht stehend. Die Haltung der abgewinkelten, nach der Körpermitte zu gewendeten Unterarme „unterstreicht" gleichsam die geneigte Haltung des Oberkörpers und bildet zugleich auch optisch die „Basis" für das liegende Jesus-Kind. Die aufrechte Haltung wird durch die frontale Ansicht des Gesichtes gefördert; Maria blickt nicht zum Jesus-Kind, wie es die intime Atmosphäre dieser spezifischen, thematisch begründeten Mutter-Kind-Beziehung erwarten lassen würde; Maria blickt frontal gegen den Betrachter. Auch das Jesus-Kind hält im Trinken inne und blickt zu Maria auf. In dieser Frontalität in der Wiedergabe des Gesichtes wirkt einerseits ein traditioneller Madonnentypus nach, andererseits ist die gestalterische Ausrichtung auf den Betrachter – und somit dessen Einbeziehen in das Bildwerk – ein fortschrittliches Phänomen. Trotz der Schlankheit der Körperproportionen wirkt die Figur kompakt, was durch den im Bereich des Oberkörpers in kräftigen, konvergierenden Knitterfalten kaskadierenden Mantel bewirkt wird. Diese Tendenz zur blockhaften, gewichtigen Schwere bei lebhafter Oberflächengestaltung zugunsten einer schattenreichen Durchfurchung der Draperie sowie die spitz zulaufenden Mantelzipfel als auch die schollig am Boden aufliegenden Draperieenden des Kleides, die für den Figurenblock als optische Basis wirken und die Standplatte betonen, sind Charakteristika, wie sie in der Malerei im Œuvre des Albrechts-Meisters (vgl. Kat.-Nr. 64) ihr äquivalentes Pendant finden. Der Typus der Madonnenfigur selbst entspricht am ehesten dem der beiden Schutzmantelmadonnen im Langhaus des Stephansdomes; die Qualität der Ausführung wie auch die Entfaltung körperhafter Schwere bei gleichzeitiger Breitentendenz durch den Mantel setzt enge stilistische Beziehungen zu Werken aus der Künstlergeneration des Albrechts-Meisters und zur Kunst Jakob Kaschauers voraus. Eine Datierung in die Zeit um 1440 ist daher naheliegend.

| 95 | HL. SEBALD, gegen 1486 |

Abb. 257

Inv.-Nr. 4

Holzskulptur, ohne Fassung

Maße: Höhe: 63 cm
      Breite: 24 cm
      Tiefe: 19 cm

PROVENIENZ

Diese Holzstatuette ist die einzige vom 1945 verbrannten Ratsherrengestühl des Stephansdomes übriggebliebene freistehende Figur.

ERHALTUNGSZUSTAND

Die Skulptur ist durch Brandeinwirkung stark geschwärzt, der rechte Unterarm sowie das linke Drittel der Bodenplatte fehlen. Sonst ist die Figur gut erhalten.

IKONOGRAPHIE

Der hl. Sebald kam nach legendärer Überlieferung (14./15. Jahrhundert) im 8. Jahrhundert, nach kritischen Meinungen im 10./11. Jahrhundert, als Pilger in die Gegend von Nürnberg, wo er sich als Einsiedler niederließ und als Missionar wirkte. Es ist nicht geklärt, ob er aus Frankreich (in der nicht vor der Mitte des 12. Jahrhunderts überlieferten Missa propria wird er als „de Francis genitus" bezeichnet) oder Dänemark bzw. Ungarn (die späte Vita nennt „Dacia", das von manchen als „Dania" gelesen wurde) stammt. Lambert von Hersfeld berichtet 1072 von Wundern am Grab Sebalds (darüber wurden die Peterskirche des 11. Jahrhunderts, im 13. Jahrhundert die romanische Basilika, 1300 bis 1377 die heutige Sebalduskirche in Nürnberg errichtet). Unter Papst Martin V. wurde er kanonisiert und als Stadtpatron von Nürnberg hoch verehrt. Wie in den meisten bildlichen Darstellungen, so ist er auch in der ausgestellten Skulptur als Pilger mit Tasche und dem Modell „seiner" Kirche dargestellt.

STIL UND DATIERUNG

Zu den gravierendsten Verlusten an Kunstwerken durch den Zweiten Weltkrieg gehören die im Stephansdom zerstörten, so auch das alte gotische Ratsherrengestühl, welches im

Zeitraum von 1476 bis 1486 entstanden ist und von drei Meistern im wesentlichen gearbeitet wurde. Schuf der Hauptmeister den architektonischen Aufbau und die Reliefs mit Szenen aus dem Neuen Testament, der zweite Meister die Szenen des Alten Testamentes an den Wangen und die Prophetenfiguren, fertigte der dritte Meister die Heiligenfiguren in den Baldachinen der Rückwand an (Ginhart, op. cit.).

Die in lockerer Statuarik wiedergegebene Figur mit expressiver Physiognomie hat eine von Eigenleben erfüllte, in artikulierten, tief einsinkenden Faltenzügen charakterisierte Draperie. Erklärt sich diese Knappheit teilweise auch aus den geringen Dimensionen, so ist ihre Ausdrucksweise umso nachhaltiger.

Engste stilistische Parallelen sind in den Baldachinfiguren Wilhelm Tichters (?) am gleichzeitig entstandenen Grabmal Friedrichs III. im Stephansdom und in den Baldachinskulpturen der Wiener Hofburgkapelle zu finden (vgl. die Baldachinstatuette des hl. Jakobus an der Balustrade des Friedrichsgrabes). Die stilistischen Verwandtschaften zwischen dem Friedrichsgrab und dem, vermutlich hievon abhängigen, ehemaligen Chorgestühl (Rathe, op. cit., S. 58) zeigen, daß die Frage der eigenständigen Autorschaft des überlieferten Meisters Wilhelm Rollingen (bzw. der von Ginhart unterschiedenen drei Meister) im Hinblick auf Niclaes Gerhaert van Leyden eingehend untersucht werden müßte.

Wilhelm Rollinger war auch Spielleiter des (im Text nicht erhaltenen) Wiener Passionsspieles, dessen szenische Gestaltung in den Reliefs der Dorsalen (von denen keine erhalten blieben) Niederschlag fand.

Literatur:
Ernst Klebel, Das Chorgestühl zu St. Stephan in Wien, Wien 1925 (Österr. Kunstdenkmäler, hrsg. v. H. Glück und F. Wimmer, Bd. IV). – Hans Tietze, ÖKT, Bd. XXIII, Wien 1931, S. 329–345. – Kurt Rathe, Zum Reliefschmuck des alten Chorgestühls im Wiener St.-Stephans-Dom (in Kirchenkunst, Jg. IV, Wien 1934, S. 58 ff.). – Karl Ginhart, Die gotische Plastik in Wien, in Richard Kurt Donin, Geschichte der bildenden Kunst in Wien, Gotik, Wien 1955, S. 120/122. – Paul Stix u. Lucca Chmel, Die Wiener Passion, Die gotischen Passionstafeln des verbrannten Chorgestühls zu St. Stephan in Wien, Wien 1950. – Lexikon für Theologie und Kirche, Bd. IX, Freiburg 1964, S. 555.

Kataloge:
Sammlungskatalog des Eb. Dom- und Diözesanmuseums, Wien 1973, Kat.-Nr. 65. – Ausst.-Kat. Der hl. Sebald, seine Kirche und seine Stadt, Nürnberg 1979, Kat.-Nr. 27.

RELIEFFRAGMENT, gegen 1486	96

Inv.-Nr. 5   *Abb. 258*

Relieffragment, Holz, mit Brandspuren

Maße: Höhe: 161 cm
      Breite: 21 cm
      Tiefe: 7 cm

PROVENIENZ UND ERHALTUNGSZUSTAND

Dieses Relieffragment ist ein weiterer Rest des 1945 verbrannten Ratsherrengestühls des Stephansdomes. Es befand sich nach dem Brand in einem Erdgeschoß-Depotraum des Erzbischöflichen Palais und gelangte 1973 in das Museum.

Das Relief zeigt eine nächst der profilierten architektonischen Rahmung stehende mädchenhafte Figur, die ein kleines (fast zur Gänze heute fehlendes) Kind hält. Vermutlich ist mit dieser – etwas mehr als zur Hälfte erhaltenen – Figur Maria mit dem Jesus-Kind gemeint. Die unter der Figur befindlichen profilierten Stäbe lassen eindeutig erkennen, daß sich darunter ebenfalls ein dekoriertes Feld befand. Aus der Dimension der Figur ergibt sich, daß das Fragment nicht zu den Reliefs der Rückwand gehört haben kann. In Übereinstimmung mit den Beschreibungen des Chorgestühls (ÖKT, XXIII, S. 340) läßt sich das Fragment als Bestandteil zu einer Außenwange der oberen Pultreihe des Chorgestühls identifizieren.

IKONOGRAPHIE

Das vollständige Relief zeigte Maria mit dem Kind neben einem stürzenden Götzenbild, unter dem sich die Darstellung dreier über das gestürzte Götzenbild diskutierender Männer befand (ÖKT, XXIII, Abb. 368).

Ginharts (op. cit., S. 120/121) Zuschreibung folgend wäre dieses Relief vom zweiten Meister geschaffen worden. Stilistische Parallelen ergeben sich zu den Reliefs auf dem Stiegenaufgang beim Friedrichsgrab im Stephansdom.

Literatur:
Hans Tietze, ÖKT, Bd. XXIII, Wien 1931, S. 329–345. – Karl Ginhart, Die gotische Plastik in Wien, in R. K. Donin, Geschichte der bildenden Kunst in Wien, Gotik, Wien 1955, S. 120/121.

Katalog:
Sammlungskatalog des Erzbischöflichen Dom- und Diözesanmuseums, Wien 1973, Kat.-Nr. 66.

| 97 | KRUZIFIX MIT BEWEGLICHEN ARMEN, um 1470 |

Abb. 259–262   Prot.-Nr. L–244

Holzskulptur, Corpus mit beweglichen Armen, polychromiert, Kreuzbalken neu

Maße: Höhe: 100,5 cm
        Breite: 97,5 cm
        Tiefe: 22,5 cm

Leihgabe der Pfarre Stronsdorf, NÖ.

PROVENIENZ

Auf der Empore hinter der Orgel der gotischen Pfarrkirche von Stronsdorf wurde dieser Kruzifixus entdeckt. Anläßlich einer Restaurierung 1985 durch Herrn Prof. Michel Pfaffenbichler, Wien, wurde entdeckt, daß er zum seinerzeit sehr verbreiteten Typus der Kruzifixe mit beweglichen Armen gehört. Da dieser Ursprungszustand problemlos wiederhergestellt werden konnte, gelangte dieses – heute seltene – Stück 1985 in das Museum.

ERHALTUNGSZUSTAND

Bis zur Restaurierung war die Skulptur nicht nur patiniert, sondern auch gröblich überfaßt. Die Scharniere der schwenkbaren Arme fehlten teilweise, die Halterungen am Corpus wie auch die Angeln an den Armen waren jedoch komplett erhalten. Die Bereiche der Verankerung der beweglichen Arme waren stark überkittet, so daß erst nach der Freilegung die schon vorher geäußerte Vermutung über den spezifischen Kruzifix-Typus bestätigt wurde. Von der ursprünglichen Fassung zeigte sich gelegentlich der Freilegung jenes Ausmaß an originalem Bestand, das sichtbar belassen, konserviert und nach musealen Gesichtspunkten nur andeutungsweise neutral retuschiert wurde. Die abgearbeiteten – vielleicht durch den Brauch des Berührkultes dezimierten – Zehen wurden in dem reduzierten Zustand belassen. Die Scharniere bei den schwenkbaren Armen wurden archäologisch getreu wiederhergestellt, so daß die ursprüngliche Funktion jederzeit demonstriert werden kann.

IKONOGRAPHIE

Für diesen Typus des Kruzifixus mit schwenkbaren Armen weisen Gesine und Johannes Taubert (Mittelalterliche Kruzifixe mit schwenkbaren Armen, in Zeitschrift des deutschen Vereins für Kunstwissenschaft, 23, 1969, S. 89) noch 35 erhaltene nach, unter denen dieser ausgestellte aus Stronsdorf freilich noch nicht genannt sein konnte. Im Gebiet des heutigen Österreich ist als prominentestes Stück dieses Typus das Gabelkreuz aus der Pfarrkirche St. Nikolaus in Laßnitz bei Murau (Steiermark) zu nennen, das möglicherweise aus der Benediktinerabtei St. Lambrecht (Steiermark), aus der Mitte des 14. Jahrhunderts, stammt. Ein ähnliches Kruzifix in den Stiftssammlungen von Seitenstetten, ein ehemaliges solches, das im 17. Jahrhundert umgearbeitet wurde, nächst des Altmann-Grabes in Göttweig (NÖ.) und das jüngst als solches erkannte Werk aus Henndorf (bei St. Pölten) runden den Informationsstand über derartige Kruzifixe ab.
Die Darstellungen des gekreuzigten Christus erklären sich aus einer multifunktionellen Aufgabe in der Liturgie der Osterwoche: von der Kreuzerhöhung zur Kreuzabnahme und

zur Grablegung am Karfreitag und – möglicherweise – auch zur Verwendung in der Auferstehungszeremonie in der Osternacht (s. auch Ausstellungskatalog Gotik in der Steiermark, St. Lambrecht 1978, Nr. 185).

BESCHREIBUNG

Der betont schlanke Corpus hat einen ausgeprägt vorgewölbten Brustkorb, so daß in der Schräg- und noch mehr in der Profilansicht eine Rhythmisierung der Körperwiedergabe auffällig in Erscheinung tritt. Vom kräftig nach vor geneigten Haupt – dessen „Achse" beinahe im rechten Winkel zu der des „hochgelagerten" Brustkorbes verläuft – eingeleitet, erfolgt nach dem kräftig betonten Brustkorb eine Gegenbewegung, die in der an den Kreuzbalken gehefteten Hüftpartien nach der Schulterpartie den zweiten Berührungspunkt am Kreuzbalken bildet. Die in betonter Scheitellinie – besonders bei den Unterschenkeln – gegebenen Beine geben diesen Rhythmus in verwandter, aber gemilderter Abfolge wieder. Die Fersen bewirken den dritten Berührungspunkt des Körpers am vertikalen Kreuzbalken. Die Geradlinigkeit der Körperhaltung in der Frontalansicht wird lediglich durch das geringe Neigen des Hauptes Christi und durch den spitzwinkeligen Verlauf der Beine dergestalt aufgelockert, daß insgesamt eine leichte Kurvung erreicht wird. Noch geradliniger als die Beine sind die Arme betont, was sich letztlich aus der Funktion erklärt. Die Rückenmuskeln sind im Übergang zu den Armen sehnig betont und bilden einen markanten Gegensatz zum aufgewölbten Brustkorb, dessen sphärische Oberfläche durch die angedeuteten Brustrippen zusätzlich akzentuiert ist. Die einsinkende – insgesamt im Kontrast zum Brustkorb flacher wirkende – Bauchpartie geht an den Flanken zur breiteren Hüfte über. Das Lendentuch bildet eine verdichtende Wechselfolge aus scharfen Graten und schmalen Furchen, die den gespannten Charakter nicht nur in der Oberflächengestaltung, sondern auch in den langen Endungen ausdrücken: Der linke Zipfel weht frei, der rechte hinterfängt den linken Oberschenkel Christi und umwirbelt den Unterschenkel, ehe er nach rechts – frei wehend – auslaufend endet.
Das schlanke Gesicht wird im spitzwinkeligen Zulauf gegen das Kinn durch den gewellten Bart ebenso akzentuiert, wie die Formulierung der markanten Brauen und der schlanken, scharfgratigen, steilen langen Nase jenen Ausdruck bewirkt, der durch die krempenartig ausladende, drückende Dornenkrone intoniert wird. Der leicht geöffnete, geringfügig in den Winkeln nach unten gekrümmte Mund wie auch die schräg gelagerten, nicht ganz geschlossenen Augen spezifizieren den mimischen Ausdruck als den eines soeben Verstorbenen. Die fein ziseliert wirkenden, wellig formulierten Haarsträhnen sekundieren der Wirkung des Gesichtsausdruckes.
Das Lendentuch ist an der Außenseite goldgefaßt, während die Innenseite weiß ist.

KUNSTHISTORISCHE EINORDNUNG

Der Typus des sackartig hängenden, schlanken Corpus – der letztlich auf den in Giottos Fresken in der Arenakapelle in Padua zurückgeht – findet sich im vorliegenden Werk als anatomisch expressive Studie uminterpretiert. Die Tendenz zur in den Details knapp geschilderten Form zugunsten möglichster stereometrischer Einfachheit bleibt – zumindest hinsichtlich der anatomischen Wiedergabe – gewahrt. Umso stärker kontrastiert das in seiner Fältelung wuchernde Lendentuch. Wie im mimischen Ausdruck ist auch in der Formulierung des Körpers der Akzent auf mit wenigen Detailrealismen und mit geringer Detailformulierung auskommender Prägnanz im Formalen herbeigeführt. Das Unterordnen der Detailschilderung unter die Stereometrie der anatomischen Körpergliederung wirkt sich im Ausdruck entsprechend aus: Die muskulösen Spannungsmomente am Brustkorb sind ebenso signifikant in der knappen Schilderung der Oberflächenbehandlung wirksam wie die – beinahe dominierend – knöcherne Betonung der Beine, die – allein in der Wiedergabe der Oberflächen – im optischen Nachvollziehen eine Differenzierung von Knochen und Muskulatur gestatten.
Die angesprochene Subordinierung der Einzelform unter die Stereometrie des Blockes zeigt sich auch in der Wiedergabe der Haarsträhnen und – noch mehr – beim Bart: Lediglich die gekerbt wirkende Durchfurchung schafft eine optische Auflockerung. Schon die unruhig belebt wirkende Oberflächengestaltung, die in der Artikulierung der muskulösen anatomischen Beschaffenheit zur Geltung kommt, wie auch die expressive Wirkung der Körperwiedergabe in Gestalt eines schlanken, die Stereometrie fördernden Blockes lassen ein starkes Nachwirken der realistischen Figurenauffassung des mittleren Drittels des 15. Jahrhunderts erkennen. Das wirbelnde, ein Bein spiralig umwirtelnde Lendentuch beweist – in seinem proportionalen wie formal artikulierten Verhältnis zur Körperformulierung – eine Abhängigkeit von den Gestaltungstendenzen, wie sie das graphische

Œuvre des Meisters E. S. prägt. Eingedenk dessen, daß diese Skulptur vielleicht nicht in einem Zentrum entstand, ist eine Datierung am Ende des dritten Viertels des 15. Jahrhunderts möglich.

| 98 | THRONENDE MADONNA MIT DEM JESUS-KIND, um 1480 |

Abb. 263, 264

Prot.-Nr. L–245

Holzskulptur, polychromiert, teilweise vergoldet

Maße: Höhe: 140 cm
      Breite: 63 cm
      Tiefe: 30 cm

Leihgabe der Pfarre Prigglitz, NÖ.

PROVENIENZ

Zuletzt befand sich die Skulptur am rechten Seitenaltar im südseitigen Kapellenanbau der Pfarrkirche St. Nikolaus in Prigglitz als Kultbild dieses barocken Altares. Aus Sicherheitsgründen gelangte diese Skulpturengruppe, gemeinsam mit drei weiteren, älteren Figuren – den hll. Petrus und Paulus und Nikolaus (s. Kat.-Nr. 79, 80, 81) – auf Wunsch der Pfarre ins Museum, wobei im Kirchenraum Abgüsse (angefertigt von Herrn Prof. Walter Leitner, Wien) die originalen Bildwerke vertreten.

ERHALTUNGSZUSTAND

Gelegentlich der umfassenden Innenrestaurierung der gotischen Pfarrkirche von Prigglitz in den sechziger Jahren dieses Jahrhunderts wurde diese Skulpturengruppe in den Werkstätten des Bundesdenkmalamtes in Wien restauriert, die ursprüngliche farbige Fassung und Vergoldung sowie die Lüsterfassung des Kleides Mariens freigelegt und wiederhergestellt. Der Befund der Kostümierung Mariens entspricht in der Farbwahl auffallend dem der – etwas älteren – ,,Madonna lactans'' (s. Kat.-Nr. 94): Das Kleid hat eine rötliche Lüsterfassung, der Mantel ist außen goldgefaßt und hat ein blaues Innenfutter. Die Inkarnatfassung ist auffallend hell, die Zeichnungen der Augen, der Lider und der Brauen kontrastieren zu den runden Gesichtsformen und spezifizieren den mimischen Ausdruck; einzig die rötlichen Wangen und die Lippen liefern intensiv farbige Akzente. Die Haare sind in Zwischgold gefaßt. Die Requisiten – Thron, Sitzkissen, Apfel – sind gleichfalls polychromiert, die Krone ist vergoldet.

IKONOGRAPHIE

Die Skulpturengruppe gehört zum Typus der gekrönten, thronenden Madonnen mit dem Jesus-Kind, dem der Apfel des Sündenfalles wieder – symbolisch – zurückgegeben wird. Maria ist dem Jesus-Kind zugewendet und reicht ihm den Apfel mit ihrer rechten Hand, während das Kind mit seiner Rechten danach langt.

BESCHREIBUNG

In auffallend steiler Sitzhaltung ist Maria gegeben, wobei ihr Oberkörper geringfügig seitwärts geneigt ist. Ihr Haupt, das sich dem Kind zuwendet, ist in die Gegenrichtung geneigt und bildet solcherart zu dem Kind einen psychischen Kontrapost. Die ,,Neigungen'' im Körper Mariens deuten räumliche Kurvungen lediglich an. Das Kind ist, aufrecht mit angehockten Beinen sitzend, in Profilansicht gegeben: Das Motiv der Darreichung des Apfels kommt, durch diese Haltung begünstigt, in demonstrativer Deutlichkeit zur Geltung. Das am Oberkörper Mariens eng anliegende, lediglich in der Mitte Zwillingsröhrenfalten ausbildende Kleid fällt in kräftigen, volumsfreundlichen Faltenstauungen zu Boden. Der in intensiven Brechungen, Knicken und Stauungen fallende Mantel mit seinem kursiven Verlauf der Saumlinie dynamisiert die Oberflächenwirkung der Skulptur. Die in langen, eng gewellten Strähnen wallende Haarpracht Mariens vereint, in der optischen Funktion einem Schleier gleichkommend, das Haupt mit der Drapierung des Mantels.

STIL UND DATIERUNG

Die räumliche Entfaltung der Skulpturengruppe wie auch die belebte Wirkung der Oberflächengestaltung in den Draperien mit dem Kontrast von breiten Faltentälern und Brechungen bei den Faltenstegen, wobei die scheinbar willkürlichen Faltenbildungen einem kursiven System gehorchen, sind Charakteristika, die Werke der Bildhauergeneration nach dem Wirken des Niclaes Gerhaert van Leyden auszeichnen. Im Vergleich zur thronenden Maria im Relief mit der Darstellung der Bistums- und Kollegiatskapitelgründung von Wiener Neustadt am Grabmal Kaiser Friedrichs III. im Wiener Stephansdom (diese Reliefs sind keine eigenhändigen Arbeiten des Hauptmeisters) sind diese Charakteristika mit einem altertümlicheren, aufrecht sitzenden Madonnentypus synthetisiert.
Die in der Haltung der Figuren zur Geltung kommende spannungsgeladene Beziehung zwischen der Mutter und dem Kind – die leicht kurvig ausschwingende Haltung des Oberkörpers Mariens und die hiezu gegensätzliche Sitzhaltung des Jesus-Kindes – zitiert jene Auffassung, die in der Malerei bei Rogier van der Weyden eine Entsprechung findet (thronende Maria Rogiers, Madrid, Prado, s. E. Panofsky, Early Netherlandish Painting, Harvard 1953, Pl. 179, Fig. 317). Dieses letztlich aus der altniederländischen Malerei stammende Gestaltungsprinzip wurde offenbar durch Niclaes Gerhaert vermittelt. Andererseits ist das räumliche Ausgreifen in dieser ausgestellten Skulpturengruppe nicht in der entwickelten Weise wie bei den Madonnen Michael Pachers für die Salzburger Stadtpfarr-(heute Franziskaner-)Kirche erfolgt; auch das Œuvre Michael Pachers ist wie das des Veit Stoß und das des Meisters von Kefermarkt von Niclaes Gerhaert van Leyden geprägt. Diese ausgestellte Skulpturengruppe dürfte von einem hochrangigen lokalen Meister aus der Nachfolge des Niclaes Gerhaert aus der Zeit nach dessen Wirken in Wien und Wiener Neustadt sein und ist demnach um 1480 zu datieren.

HL. CHRISTOPHORUS, um 1490	99

Prot.-Nr. L–43   *Abb. 265*

Holzskulptur, mit nicht originaler Ölfassung

Maße: Höhe: 98,5 cm
      Breite: 25 cm
      Tiefe: 26 cm

Leihgabe der Pfarre Raach am Hochgebirge, NÖ.

PROVENIENZ UND ERHALTUNGSZUSTAND

Die Figur wurde in den Werkstätten des Bundesdenkmalamtes restauriert und gelangte 1973 in das Museum. Ein von Prof. Walter Leitner, Wien, angefertigter Abguß vertritt das Original im Kirchenraum.
Die Rückseite der Figur ist beschnitten; ursprünglich war sie auf Allansichtigkeit bemessen und wurde anläßlich einer späteren, nicht näher bestimmbaren Umplazierung an eine Wandkonsole der besseren Verankerung halber am Rücken begradigt.

IKONOGRAPHIE

Offensichtlich unter Berücksichtigung einer bildhauerischen, freiplastischen Interpretation des traditionellen, das Jesus-Kind durch den Fluß tragenden Christophorus wurde in dieser Skulpturengruppe eine Standplatte mit terrestrischer Angabe gewählt, gleichsam nach der Ankunft am Ufer. Der gegen das Kind gewandte Blick mit dem Ausdruck der

Verwunderung über die vermeintlich schwere Last könnte solcherart auch inhaltlich motiviert sein.

STIL UND DATIERUNG

Der Heilige steht in vorgebeugter Haltung, die zugleich eine Wendung des Körpers beschreibt, die in dem gegen das lastende Christus-Kind gedrehten Kopf ausläuft. Gleichsam als Gegenkomponente hiezu wirkt der Stab, auf den sich Christophorus stützt. Die durch die Körperhaltung angedeutete, räumlich ausgreifende Bewegung wird somit durch den Stock dergestalt aufgefangen, daß der Figurengruppe im Ganzen der Charakter einer statisch-ruhigen Skulptur nicht gänzlich genommen wird. Diese Charakteristik fand sich auch auf den Reliefs (Schergen bei Pilatusszene, Geißelung Christi, Christus wird bei Kreuzweg durch den Fluß geführt) des 1945 verbrannten Chorgestühls im Stephansdom, welche von Stichen Israhels van Meckenhem abhängig waren (s. Rathe, Kirchenkunst IV, 1934, S. 58 ff.). Das Verhältnis von der Körperhaltung zum Stock findet sich auch bei dem um 1470 entstandenen Christophorus, der heute am nordwestlichen Pfeiler des Mittelchores von St. Stephan steht, ähnlich der Skulptur des Museums. Bei der Figur im Dom wird der Figurenkörper – zum Unterschied von der Statue im Museum – durch ein vielfach geknicktes Gewand umgeben, wodurch die Figur an Monumentalität gewinnt, die ausfahrenden Gesten aber weniger als bei der Figur des Museums artikuliert werden.
Die Art der Kostümierung des Heiligen (an der Brust eng anliegendes Wams, das in Oberschenkelhöhe fächerförmig auslädt; bauschige Ärmelansätze und offene, laschenartige Ärmelenden) akzentuieren – ähnlich wie die Mauriskentänzer des Erasmus Grasser – die Gelenkigkeit der Bewegung. Demnach ist diese Figurengruppe vermutlich um 1490 bis 1500 zu datieren.

Literatur:
Rupert Feuchtmüller, Ausstellungskatalog Friedrich III. und seine Zeit. Wr. Neustadt 1966, S. 406–410. –
Kurt Rathe, Zum Reliefschmuck des alten Chorgestühls im Wr. St.-Stephans-Dom (in Kirchenkunst, Jg. IV, Wien 1934, S. 58 ff).

Katalog:
Sammlungskatalog des Eb. Dom- und Diözesanmuseums, Wien 1973, Kat.-Nr. 71.

| 100 | GEBURT CHRISTI, um 1500 |

Abb. 266   Prot.-Nr. L–219

Holzrelief, polychromiert

Maße: Höhe: 94,5 cm
      Breite: 64 cm
      Tiefe: 7 cm

Leihgabe der Zentralsparkasse und Kommerzialbank Wien, Kulturabteilung

ERHALTUNGSZUSTAND

Leicht pombierte, aus zwei Brettern bestehende Platte mit in Kreidegrund graviertem Granatapfelmuster und Biforien-Rahmung, vergoldet, Ausbesserungen an der rechten Flanke und in der linken Lünette. An dieser Platte ist die figurale Reliefschnitzerei befestigt, diese in weitgehend originaler Fassung erhalten, wobei an größeren Fehlstellen das Holz sichtbar ist. Polychromierung der Stallarchitektur (rot gerahmtes Maßwerkfenster, graue Fassung der Mauer zum Teil verrieben) und des Hügels hinter Joseph (graugrün, nur in Spuren erhalten) sowie bei den Figuren (Inkarnatfassungen und Polychromierung der Haare weitgehend erhalten) und den Kostümen (goldener Mantel mit blauer Innenseite bei Maria, beiger Schleier, rotes Kleid, bei Joseph gleichfalls goldener Mantel mit roter Innenseite und ursprünglich vermutlich silbergemustertes rotbräunliches Untergewand) und bei den Tieren sowie bei den Engeln.

IKONOGRAPHIE

Maria ist kniend, in Anbetungshaltung wiedergegeben, das Jesus-Kind liegt im am Boden auslaufenden Mantelende als Neugeborenes, das Mantelende wird von einem kleinen knienden Engel, einer Schleppe ähnlich, huldigend gehalten. Die – gleichfalls spielzeug-artig klein – dargestellten Tiere Ochs und Esel lugen über den Saum des Mantels hervor. Rechts ist Joseph stehend mit der Kerze wiedergegeben. Gemäß der Vision der hl. Bri-gitta ist der Augenblick nach der Geburt Jesu dargestellt, da Maria das Kind sogleich anbetend verehrt. Die Lage des Kindes im Mantelende ist seit der Verbreitung eines graphischen Druckes Martin Schongauers mit dem gleichen Motiv geläufig und findet sich auch in Hauptwerken der spätgotischen Schnitzkunst, so bei der gleichen Szene im Kefermarkter Altar (OÖ.) und im Altar von Mauer bei Melk (NÖ.).

STIL UND DATIERUNG

Die Zuordnung der Figuren Maria und Joseph in ihrer das Relief dominierenden Eigen-schaft zu je einem der Bögen des Hintergrundes – der ursprünglich durch Maßwerkauf-lagen oder durch eine ähnliche Schnitzarbeit im Altarflügel entsprechend stärker akzen-tuiert war – verleiht dem Bildwerk einen altertümlichen Charakter: Diese Zuordnung der Figuren zu einem rahmenden Bogen ist in der ersten Hälfte des 15. Jahrhunderts bereits ein retardierendes Gestaltungsprinzip. Das Eigenwilligkeit charakterisierende Umspielen der Figuren – deren voluminöse Körperhaftigkeit in der stereometrischen Oberflächenge-staltung der Untergewänder zur Geltung kommt – mit kursiven, scharfkantigen Faltenste-gen, wie auch die konvergierenden kurzen Faltentäler nächst der Gürtelmitte weisen auf eine Entstehung in der Zeit um 1500 hin.

HL. ROCHUS, um 1500	101

Prot.-Nr. L–42 *Abb. 267*

Holzskulptur, farbig gefaßt

Maße: Höhe: 133 cm
      Breite: 42 cm
      Tiefe: 43 cm

Leihgabe aus dem Stephansdom

PROVENIENZ

Diese Holzskulptur stammt aus dem Stephansdom, ohne daß eine genauere Angabe über den ursprünglichen Standort bekannt wäre. Die weitgehend auf Allansichtigkeit bearbei-tete Skulptur läßt auf eine Funktion als Altarfigur in einem gut einsehbaren Schrein oder im Gesprenge schließen.

ERHALTUNGSZUSTAND

Die Skulptur ist allseitig bildhauerisch bearbeitet; da jedoch die Rückseite weniger for-menreich durchgeführt ist als die Frontalansicht, ist die Statuarik auf eine primäre Fron-talansichtigkeit – eine „Schauseite" – hin angelegt. Vor der 1980–1984 von der akademi-schen Restauratorin, Frau Camilla Daxner, Wien, durchgeführten Restaurierung war die Skulptur nicht nur übermalt, sondern vor allem durch Kerzenruß intensiv geschwärzt, was vor allem an der linken Seite der Skulptur besonders stark der Fall war. Starke Blasenbil-dungen hatten zum Ausbrechen und Abblättern von Fassungsteilen geführt, wovon die Vorderseite am gravierendsten betroffen war. Klimaschwankungen hatten zu Rissen im Holz geführt (am Hut, am Hals). Eine weitere Bruchstelle findet sich am rechten Bein unterhalb des Knies. Beide Fußspitzen, wie auch das vordere Segment der Standplatte sind spätere Ergänzungen. Die alte fotografische Aufnahme in der Kunsttopographie beweist, daß alle diese genannten Schäden bereits älteren Datums waren. Im Restaurierungsgeschehen galt es zunächst die Substanz in ihrem Bestand zu sichern. Erst anschließend konnten exakte Untersuchungen nach Schichten von farbigen Fassungen (Polychromierungen) angestellt werden. Schließlich stellte sich heraus, daß große Teile der ursprünglichen Polychromierung so weit erhalten waren, daß sie freigelegt und konserviert werden konnten. Retuschen – die in Aquarell sehr vorsichtig und von optisch zurückhaltender Wirkung aufgetragen wurden – waren nur an wenigen Stellen notwendig. Ansonsten präsentiert sich die Skulptur in einer „musealen" Konservierung, die durch das Nebeneinander von erhaltener Fassung und der das Holz zeigenden Fehlstelle gekennzeichnet ist, ohne daß der optische Gesamteindruck hiedurch empfindlich beeinträchtigt wäre. Fehlstellen in der Schnitzerei – wie stellenweise ausgebrochene Gewandsäume, Spitzen von einer Bartlocke und der Wanderstab – wurden absichtlich nicht mehr ergänzt, um den Charakter der musealen Präsentation nicht in unkonsequenter Weise zu gefährden.

IKONOGRAPHIE

Charakteristische Darstellung des Heiligen als bärtiger Pilger mit Kappe, die mit Pilgerzeichen (in der Mitte zwei gekreuzte Stäbe, flankiert von je einer Pilgerflasche) besetzt ist (bei späterer Überfassung wurde in der Mitte eine Muschel befestigt, die bei der Freilegung wieder entfernt wurde). Der Heilige weist auf die Pestbeule am entblößten Oberschenkel hin. In der anderen Hand hielt er einen Wanderstab.

STILCHARAKTERISTIK

Der Heilige steht in wenig vorgeneigter, etwas gedrehter Körperhaltung mit leicht nach vorne und zu seiner rechten Seite geneigtem Kopf, in variierter Stand- und Spielbeinpose, das linke Bein geringfügig zurückgesetzt und nach außen gedreht, mit dem Zeigefinger der rechten Hand auf die Pestwunde weisend. Kopf und Gesicht sind fein ausgearbeitet, der lange, dunkelbraun wallende Bart reicht bis zur Mitte des Oberkörpers herab. Er trägt einen Hut in der für Pilger eigenen Art mit den genannten Zeichen an der Vorderseite. Der schlanke Körper ist in ein eng anliegendes, ehemals rosa (Farbe kaum erkennbar) Untergewand gehüllt, das bis zur Hälfte der Unterschenkel reicht und von der Taille abwärts in Faltenwülste mit ausgeprägteren Formen gelegt ist. Mit der linken Hand rafft der Heilige das Gewand, um die Pestbeule zu zeigen – dort entsteht ein großzügiger kurviger Faltenverlauf, der von dem Mantelumhang parallel dazu gleichsam wiederholt wird. Dieser Mantel in orangeroter Farbe, an der Innenseite grün, am Saum mit braunem Streifen (Goldspuren sind erkenntlich), liegt am Oberkörper an der linken Schulter eng an, an seiner rechten Seite ist er solcherart in Falten gelegt, so daß die grüne Innenseite sichtbar wird. Längs des Rückens fällt der Mantel in einfachen, stegartig dünnen Röhrenfalten zwischen breiten Faltentälern herab. An der Vorderseite hingegen entwickelt sich ein lebhaftes Eigenleben, da der Heilige den Mantel mit dem linken Arm unter der Achsel festhält und derart in großzügige Falten fallende Gewandbäusche entstehen, die in einen räumlich gedrehten Mantelzipfel auslaufen. Dabei entstehen auch kleinere, unmotiviert scheinende Faltenformulierungen in der Binnenmodellierung der größeren Faltenzüge. Analog der Statuarik, die sich an einem realistisch beobachteten Schreitmotiv orientiert – gleichsam ein plötzliches Innehalten einer leichten Schrittbewegung festhaltend und spontan die Wunde zeigend –, befolgt auch die Drapierung des Gewandes nicht den Duktus einer ornamentalen Figuration, sondern fällt im Sinne der Gesetze der Schwerkraft am Körper „hängend" herab, und die Faltenformationen scheinen sich aus dieser Gesetzlichkeit zu entwickeln: Das Stehen in einer den Schritt unterbrechenden, vorgebeugten Haltung einerseits und das „Lasten" des breitkrempigen Pilgerhutes sowie das des umgehängten Mantels andererseits sowie die Charakterisierung des gegürteten Untergewandes waren formale Herausforderungen in der Verwirklichung dieser Skulptur. Die „Standfigur" wirkt dementsprechend „gewandet" – die Formulierung des Gewandes prägt nicht nur die Struktur des Körpers der Figur, sondern resultiert, physikalischer Gesetzmäßigkeit folgend, aus der Haltung der Figur. Auch in der Oberflächenbehandlung der Physiognomie und der Hände wirken die Haut und das Inkarnat als eine über das Skelett gespannte Zone. Diese Charakterisierung der physiologischen Konsistenz steigert die Ausdrucksintensität in ihrer Wirkung erheblich.

KUNSTHISTORISCHE EINORDNUNG UND DATIERUNG

Die realistisch beobachteten anatomischen, physiologischen und statuarischen Gegebenheiten sowie die Separierung von der eigentlichen Figur und dem Gewand in der Art der Oberflächenbehandlung sind Gestaltungsprinzipien, wie sie auch in den Skulpturen der Bildhauergeneration nach dem Wirken des Niclaes Gerhaert van Leyden prägend vorkommen. Die Beschränkung des Eigenlebens der Draperie auf Detailbereiche – die von Knicken skandierte Formulierung der Falten im vorderen Mantelzipfel, dessen Duktus eine reliefhaft reduzierte räumliche Kurvung ist – sowie die Reduktion des Gewandes auf die aus dem Umgürtet-Sein und aus dem Herabhängen bestehenden Draperien anstelle des die Figur großformig umspielenden Gewandes bei Veit Stoß oder beim Meister von Kefermarkt erinnern an die Skulpturen Anton Pilgrams, von dessen unmittelbarem Wirken beeinflußt diese Skulptur bald nach 1500 entstanden sein dürfte.

Literatur:
Hans Tietze, ÖKT, Bd. XXIII, Wien 1931, S. 381, Abb. 423.

Katalog:
Führer durch das Eb. Dom- und Diözesanmuseum, Wien 1934, 1941, 1946. – Sammlungskatalog des Eb. Dom- und Diözesanmuseums, Wien 1973, Kat.-Nr. 68.

HL. ANNA SELBDRITT, Veit Stoß, um 1505	102

Prot. Nr. L–25   *Abb. 268*

Skulptur aus Lindenholz, abgebeizt

Maße: Höhe: 125 cm
Breite: 60 cm
Tiefe: 35 cm

Leihgabe aus der Kirche St. Anna, Wien I

PROVENIENZ

Die Skulptur wurde vermutlich für die Annakirche in Wien angefertigt. Obwohl archivalische Belege hiefür fehlen, darf dies in Übereinstimmung mit dem Thema dieser Gruppe mit dem Patrozinium dieser Kirche geschlossen werden. Die Skulptur wurde, nachdem sie – offensichtlich seit der Barockisierung dieser Kirche zweitverwendet – in der Nische oberhalb des Kirchenportals stand, nach Befreiung von entstellenden Übermalungen in ihrem hohen Rang entdeckt. 1909 publiziert, wurde sie gelegentlich der Gotik-Ausstellung 1926 gezeigt und war in den dreißiger Jahren dieses Jahrhunderts im Dom- und Diözesanmuseum ausgestellt. Seit 1985 ist diese Skulptur wieder in das Dom- und Diözesanmuseum in Wien gelangt, in der Annakirche ersetzt ein von Prof. Walter Leitner, Wien, angefertigter Abguß das Original.

ERHALTUNGSZUSTAND

Durch die langjährige Aufstellung an der Kirchenfassade bedingt, sind die Spuren von Witterungsschäden im Holz festzustellen: Durch Klimaschwankungen bedingte Risse, wie auch – vermutlich durch Regenwasser und Schneelagerung am Knie der thronenden Anna – an der Oberfläche reduzierte und abgewitterte Bereiche zeigen dies deutlich. Gelegentlich der Gotik-Ausstellung 1926 wurde die Skulptur von den störenden, die Oberflächenwirkung arg vergröbernden Schichten befreit, wobei von einer ursprünglichen Fassung lediglich geringe Reste eines Kreidegrundes erhalten waren: Vermutlich wurde die Originalfassung anläßlich einer früheren Adaptierung entfernt oder nach der Aufstellung in der Nische an der Fassade durch Witterungseinflüsse gänzlich vernichtet – demnach erklärten sich die früheren Übermalungen als haptische Schonung der geschnitzten Altsubstanz. Das Mieder Mariens enthält – kaum wahrnehmbare – Vorritzungen eines horizontal verlaufenden Zickzackmusters. Die linke Hälfte des aufgeschlagenen Buches Mariens ist ebenso eine rezente Ergänzung wie die unterste Standplatte.

Einzelne Grate an den Gewandsäumen sind bestoßen, teils fehlen sie auch (Verwitterungsprodukt); die Zehen am rechten Fuß des Jesus-Kindes sind ergänzt.

Da die Rückseiten der Figuren bildhauerisch nur soweit behandelt sind, als sie von der Seite her einsichtig waren und daher eine Gestaltung postulierten, ergibt sich eindeutig, daß die Skulpturengruppe ursprünglich nicht als freistehende gedacht und daher auch nicht auf Allansichtigkeit hin konzipiert war. Die Gruppe – und dies zeigen auch die Details wie auch die Formulierung des Sitzmöbels – war im wesentlichen auf eine Frontalansicht konzipiert und demnach für die Aufstellung in einem Altarschrein vorgesehen gewesen.

IKONOGRAPHIE

Die älteste Verbildlichung des Themas findet sich in mehreren Exemplaren im 13. Jahrhundert, wo die thronende Anna die kleine Maria am Schoß hat, während Maria ihrerseits das Jesus-Kind vor sich hält. Im Zeitraum vom 13. bis zum 15. Jahrhundert – also im Spätmittelalter – bilden sich – im Zuge der Entwicklung von Madonnen-Typen – drei Darstellungsmodi der Anna selbdritt heraus (s. Hans Aurenhammer, Lexikon d. christl. Ikonographie, Bd. I, Wien 1959–1967, S. 146–149):

a) die stehende oder sitzende Anna mit Maria und Jesus (beide als Kinder), wobei Anna entweder beide Kinder auf je einem Schenkel (sitzend oder stehend) hält, wie in der steinernen Skulptur des frühen 14. Jahrhunderts aus dem Chor des Stephansdomes (heute im Historischen Museum der Stadt Wien), oder Maria auf dem Arm ihrer Mutter Anna sitzt und das Jesus-Kind selbst hält;

b) der vor allem von Italien ausgehende und im Tafelbild Masaccios (heute Florenz, Uffizien) prägend formulierte Bildtypus mit der deutlichen Abgrenzung der Generationen bei richtigem Größenverhältnis der matronalen Anna, der mädchenhaft-jugendlichen Maria und dem als Kleinkind wiedergegebenen Jesus mit gesteigert empirisch-natürlicher Sitz- oder Standhaltung und pyramidaler Figurenkomposition (so auch in Dürers entsprechendem Aquarell, s. Friedrich Winkler, Die Zeichnungen Albrecht Dürers, Bd. I, Berlin 1936, Nr. 220; Beda Kleinschmidt, Die hl. Anna, Düsseldorf 1930, Abb. 161 und 163);

c) vor allem der in der Endphase der Spätgotik wiederholt auftretende Typus mit Anna und Maria als Erwachsene in gleicher Größe dargestellte und in wechselnder Form sich mit dem zwischen ihnen befindlichen Jesus-Kind beschäftigenden Personen (steinerne Figurengruppe von Niclaes Gerhaert van Leyden, 1462, i. Bode-Museum in Ost-Berlin, s. O. Wertheimer, Nicolaus Gerhaert, Berlin 1929, S. 37–38 u. Tf. 4; so auch in Werkstattarbeiten des Veit Stoß, s. Zdzislaw Kępiński, Veit Stoß, Warschau 1981, Tf. 80, 81).

Im späten 15. und im frühen 16. Jahrhundert war die Annen-Verehrung zu großer Popularität angewachsen (Annen-Bruderschaften, Annen-Messen), hatte zahlreiche Anhänger bei den gelehrten Humanisten und ist als Reflex der Verehrung der Unbefleckten Empfängnis Mariä zu betrachten: 1439 sprach sich das Konzil von Basel für die von einzelnen Autoren schon seit alters her vertretene, offiziell niemals sanktionierte Lehre aus, daß Maria um ihre Auserwähltheit als Mutter des Herrn willen bereits im Schoße ihrer Mutter Anna ohne Erbsünde empfangen worden sei. Speziell bei kontemplativen Mystikern im franziskanischen Milieu war diese Auffassung stark verbreitet, weshalb der aus dem Franziskanerorden stammende Papst Sixtus IV. 1483 das Fest zu Ehren der Unbefleckten Empfängnis einführte. Im 1502 vervielfältigten Ablaßgebet „Hortulus animae" – das mit einer Einzelblatt-Darstellung der Anna selbdritt erschien – findet sich eine Abwandlung des „Ave Maria" unter Einbeziehung der hl. Anna: „Gegrüßet bist Du Maria . . . Gesegnet bist Du unter allen Weibern und gesegnet Deine Mutter Anna, von welcher geboren ist ohne Sünde und Unreinigkeit Dein heiliger und gütiger Leib, aus welchem geboren ist Jesus Christus" (s. Beda Kleinschmidt, Die heilige Anna. Ihre Verehrung in Geschichte, Kunst und Volkstum, Forschungen zur Volkskunde, Heft 1–3, Düsseldorf 1930, S. 163).

In der ausgestellten Skulpturengruppe ist das aufgeschlagene Buch Mariens mit ihrem Zeige-Gestus auf die betreffende Textstelle und der Apfel des Sündenfalles in der rechten Hand des Jesus-Kindes eine demonstrative Illustration auf den theologischen Sinngehalt des zuvor genannten, damals populären Gebetstextes. Der Apfel als Zeichen der symbolischen Rückgabe für die durch Adam und Eva verursachte Erbsünde ist bei Madonnendarstellungen des Spätmittelalters ebenso geläufig wie die lesende Maria, die vorwiegend in Darstellungen der Verkündigung an Maria, aber auch in der Deesis des Genter Altares von Hubert und Jan van Eyck (1432 vollendet) vorkommt. Durch die Art der Zuwendung der Gesichter wie auch durch die Formulierung der Haltung der einzelnen Figuren wird, bei aller Befolgung statuarischer Ruhepole, der Eindruck eines lebendigen Dialoges vermittelt. Das Buch Mariens ist zugleich ein Zitat des gängigen Motivs des Unterrichtes

Mariens – der Legende nach lehrte Anna Maria das Lesen –, ein bis in die Spätbarockzeit populärer Andachtsbildtypus.

In der hervorgehobenen Postamentierung des Jesus-Kindes wird nicht nur der theologische Akzent auf die Befreiung von der Erbsünde Mariens hinsichtlich der Geburt des Sohnes Gottes betont: gleichzeitig kommt im schützenden Hinterfangen Annas, im edukativen Lesen Mariens und im spielerischen Gestus des Jesus-Kindes ein Charakter des drei Generationen umfassenden Sippenbildes zum Tragen.

BESCHREIBUNG UND STILCHARAKTERISTIK

Dem Figurentypus nach gehört diese Skulpturengruppe dem ersten (s. IKONOGRAPHIE), a) an: Obwohl in der Körpergröße zwischen der als kindliches Mädchen wiedergegebenen sitzenden Maria und dem säuglingshaften stehenden Jesus-Kind differenziert ist, so hält Anna beide Kinder, die jeweils auf einem ihrer Oberschenkel postamentiert sind. Ikonographisch folgt diese Skulpturengruppe dem ältesten traditionellen Typus.

Über einem im Grundriß als Derivat eines halben, von Kielbögen durchstoßenen Vierpasses gestalteten Sockel als Piedestal des Thrones (der Sockel findet sich ähnlich im 1486 datierten Epitaph für Theodor Meier in Moosburg, einem Frühwerk des Veit Stoß – s. S. Dettloff, op. cit., Abb. 16) – dessen Sitzfläche durch ein profiliertes Gesimse mit einem flachwulstigen Polster charakterisiert ist – thront Anna dominierend. Ihre leicht gegrätschte Haltung der Beine ermöglicht nicht nur eine klare ,,Lesbarkeit'' des ikonographischen Kontextes folglich der übersichtlichen Figuren-Disposition, sondern sie wirkt zugleich auch als matronale Partnerin zu jedem der beiden Kinder. Indem Anna beide Kinder gleichmäßig optisch beherrschend hinterfängt, wirkt die Gruppe einheitlich: Die Kinder sind der greisen Matrone subordiniert. Trotz aller Ausgewogenheit im Figuren-arrangement wird der ,,verlebendigende'' Eindruck durch vektorielle Momente in der Formulierung der Körper erreicht: Die in steiler Sitzhaltung wiedergegebene Anna hat ihren Oberkörper im Vergleich zur Haltung der Beine in einer gering räumlich-spiralig angedeuteten Kurvung bewegt, wobei ihre Schulterpartie und – wesentlich stärker – ihr Haupt gegen das Christus-Kind geneigt werden. Das nur auf seinem rechten Bein stehende Jesus-Kind, das gleichfalls eine ,,spiralige'' Bewegung, jedoch in tänzelnder Manier gesteigert, vollführt und den Oberkörper gegen die ideale Mitte der Skulpturengruppe wendet, wirkt im Verein mit der Mutter Anna wie ein Derivat einer thronenden, verschleierten Madonna mit stehendem Kind. Die auf dem linken Oberschenkel Annas sitzende Maria bildet eine ins Zierliche transponierte Paraphrase der Haltung Annas: Auch ihr Haupt ist geringfügig nach links geneigt, die geschmeidige, ein sanftes Liegen suggerierende Haltung ist – bedingt durch das Sitzmotiv bei leichter Wendung des Körpers gegen die ideale Mitte der Figurengruppe – insofern auch auf das Jesus-Kind abgestimmt, als die Beine angehockt sind. Wie beim Jesus-Kind ist das zum Körper Annas nächstgelegene Bein (also bei Maria ihr rechtes, beim Jesus-Kind sein linkes) angehockt. Die – wesentlich geringer differenzierte, aber optisch dennoch wirksame – leichte Staffelung der Knie Annas schafft nicht nur Verwandtschaft mit den Beinhaltungen der beiden Kinder, sondern begünstigt ein austarierendes Phänomen innerhalb der gesamten Figurengruppe: Dieser gestalterischen Gesetzmäßigkeit entspricht auch die stärkere Betonung des linken Oberschenkels Annas, auf dem das tänzerisch-bewegte, räumlich ausladende Jesus-Kind postamentiert ist, während die in ihrer plastischen Autonomie in diesem Bereich vergleichsweise zugunsten einer Relief-Auffassung formulierte Maria den linken Oberschenkel Annas weitgehend verdeckt und nur das linke Knie Annas sichtbar läßt. Verglichen mit den sonst in der Anatomie dieser Figuren empirisch aufgefaßten Körperproportionen, sind die Oberschenkel Annas zu kurz: Dies erklärt sich vermutlich weniger aus der Einbeziehung des Betrachterstandpunktes unter Berücksichtigung der ursprünglich höheren Postamentierung im Schrein unter Bedachtnahme der perspektivischen Verkürzung, sondern vielmehr aus der Befolgung einer ,,malerischen'' Perspektive, wo die Sichtbarkeit der Zusammenhänge innerhalb der Figurengruppe Gestaltungsfaktor ist.

Die durch austarierende Balance in der Gruppierung der Figuren zueinander und durch einheitliche Bewegungsmomente geprägte Komposition des Bildwerkes erfaßt auch dessen detaillierte Durchbildungen: Parallel zur Achse der leicht zurückgeneigten Haltung Annas weitet sich zwischen den Figuren die ,,leere'' Mitte aus, die das räumlich umgreifende Moment innerhalb der Gruppe bestimmt. In der Oberflächenbehandlung der Figuren selbst wird diese ,,Achse'' bei Anna durch das scharfkantige Faltental im Hauptschleier eingeleitet – die im rechten Winkel hiezu verlaufende horizontale Falte akzentuiert T-förmig den oberen ,,Abschluß'' der Gruppe. Die beiden symmetrischen Saumlinien des Schleiers präludieren in überzeichneter Form die Brauen des Gesichtes Annas. Der vertikale Faltenverlauf setzt sich im Nasengrat Annas fort, wobei der plissierte Teil der Haube wie auch die Augen, der Mund und der Brustschleier nicht nur Gegenbewegungen markieren, sondern auch den psychischen Ausdruck des Gesichtes rahmend artikulieren. Über die – nur gering betonten – Brustfalten im Gewand sowie über den Verlauf der Röhrenfalten setzt sich diese Achse fort, um in der breiten Kluft zwischen den Beinen auszulaufen. Ähnliches ist bei Maria im Verlauf des Mittelscheitels und dessen „optischer" Fortsetzung im Nasengrat und in den Röhrenfalten unterhalb des Mieders sowie in der – schmäleren – Kluft zwischen den Beinen zu beobachten. Die mächtigen Gewandfalten folgen den genannten Körperachsen, wobei sie in ihrem großformigen Verlauf die Figurenkomposition skandierend begleiten und solcherart zur Rhythmik innerhalb der Gruppe entscheidend beitragen. Die vom rechten Arm ohrmuschelartig herabfallende Draperie hinterfängt das Jesus-Kind und schält es optisch förmlich heraus; die hiezu gegenläufige kurvige Draperie bedeckt das rechte Bein Annas. Hinter Maria bildet der Mantel Annas im Verlauf eine verdoppelte Kurvung, die nur durch die Fältelung differenziert ist. Die Mantelsäume bilden klare Konturen, die Binnenmodellierung bildet Stauungen mit unterschiedlich breiten Knicken, deren gewichtiges Eigenleben die Stofflichkeit glaubhaft charakterisiert. Dies äußert sich auch in der Formulierung des in die Manteldraperie „einsinkenden" Fußes des Jesus-Kindes. Die ausgeprägte Charakterisierung von stofflicher Substanz erstreckt sich auch auf die spezifisch anatomische Wiedergabe, mittels der wiederum der Generationsunterschied in den dargestellten Figuren anschaulich betont wird: Nicht nur, daß die strenge, scharfkantige Formulierung des Schleiers Annas – dem kompositionell die schleierartig langen Haare Mariens entsprechen – zu dem geschmeidigen Wallen von Mariens Frisur im Kontrast steht, ist auch in der Differenzierung der Gesichter ähnlich verfahren worden. Die Brauen Annas sind scharfkantiger und begünstigen Schattenwirkungen, die durch den Schleier und die plissierte Haube verstärkt sind. Die quellenden Augen Annas liegen „schwer" in den Lidern und bilden konvergierende Falten. Die Mundfalten als optische Verlängerungen der Nasenflügel geben dem Lächeln um den Mund den Ausdruck von verhaltenem Ernst. Die Grübchen in den Wangen artikulieren die Festigkeit des Schädelskelettes und die verhaltene Spannungsgeladenheit der mimischen Muskeln. Haube, Kopf- und Brustschleier spannen das Gesicht Annas optisch in ein Kraftfeld, das von verwandten vektoriellen Momenten geprägt ist wie die Mimik. Die artikulierte Spannung am Brustschleier bildet einen kurvig verlaufenden Gegenpol zum Faltenverlauf des Kopfschleiers und dessen lastender Wirkung. Dieser Eindruck des „sorgenerfüllten" Lastens wird durch das weitgehende Verdecken der Stirne Annas gesteigert. Im Gegensatz hiezu findet sich die hohe Stirn des Hauptes Mariens mit den wallenden Haaren. Die einzelnen Gesichtspartien sind an der Oberfläche nur von geringer Tiefenwirkung skandiert. Die Grübchen in den Wangen sind ein das sanfte Lächeln anekdotisch steigerndes Motiv. Die Molligkeit des Säuglingskörpers des Jesus-Kindes kommt im Kontrast der sphärischen Oberflächen der einzelnen Körperpartien zu den kurvig eingeschnittenen Inkarnatfalten zum Ausdruck. Die in Locken endenden Haarwellen bilden ihrerseits einen ziseliert wirkenden Kontrast zum Inkarnat. Die Gesichter wirken wie – Vanitas-artige – Varianten desselben Typus in drei verschiedenen Lebensaltern. Die sichtbaren Füße Annas werden von dem auch die Kanten des Piedestal überspielenden Draperiezipfel teilweise verdeckt. Die „malerische" Wirkung der Figuren und ihres über die räumliche Distanz wirkungsvollen Ausdruckes innerhalb der Figurengruppe muß bei der ursprünglichen Polychromierung noch intensiver gewesen sein.

ZUSCHREIBUNG UND DATIERUNG

Die von der pyramidalen Monumentalität geprägte Skulpturengruppe verrät, wie beschrieben wurde, in diesem Werk keineswegs nur „Werkstatt-Niveau", sondern sie ist das künstlerische Produkt eines Hauptmeisters. Angesichts dessen erscheint es kaum verständlich, daß seit der erstmaligen Veröffentlichung dieser Skulptur durch Kurt Rathe (1909), von dem sie Veit Stoß zugeschrieben wurde, diese Skulptur dem Künstler meist abgesprochen wurde (Garzarolli, 1941, schreibt sie dem Salzburger Andreas Lackner zu, Fritz Dworschak dem Passauer Sebastian Kriechbaum, C. Th. Müller einem Schüler des Veit Stoß und abermals Garzarolli, 1950, dem Meister von Mauer bei Melk). Offensichtlich hatten diese genannten Autoren das Original zuwenig kritisch betrachtet und vorwiegend nach Abbildungen geurteilt. Der Kopf Mariens in der 1499 datierten Skulpturengruppe „Christus erscheint seiner Mutter" in St. Sebald in Nürnberg (Kępinski, op. cit., S. 64 ff., Abb. 108, 109) zeigt eine wesensgleiche anatomische Durchbildung im Gesicht Annas, es finden sich ferner gleichartige Gewandbehandlungen in den Kopfbedeckungen und dieselben Randplissierungen an der Stirnbinde. Der Kopf der mädchenhaften Maria aus der Wiener Anna-selbdritt-Gruppe findet in der gleichartig hochgewölbten Stirne sowie in den Wangen- und Kinngrübchen und in den weich fließenden Haaren Entsprechungen in der zwischen 1499 und 1503 entstandenen Maria im Stoß-Haus in Nürnberg (Kępinski, op. cit., S. 69, Abb. 117). Die Anna-selbdritt-Gruppe ist von jenem psychischen Ausdruck geprägt, der die eigenhändigen Arbeiten des Veit Stoß kennzeichnet (Ginhart, op. cit., S. 57). Das von Veit Stoß 1492 geschaffene Grabmal für König Kasimir IV. Jagello im Wawel-Dom in Krakau läßt glaubhaft vermuten, daß Veit Stoß das Grabmal Kaiser Friedrichs III., von Niclaes Gerhaert van Leyden, im Wiener Stephansdom gesehen hat. Da die (1415 neu gebaute) seit 1320 bestehende Anna-Kirche als Kapelle mit einer Herberge diente, ist nicht auszuschließen, daß Veit Stoß anläßlich einer Reise durch Wien zum Auftrag für diese Skulptur kam – wenngleich dies archivalisch nicht belegt ist. Im künstlerischen Naheverhältnis zu den genannten eigenhändigen Werken des Künstlers ergibt sich eine Datierung in die Zeit um 1505. Jedenfalls hat diese Skulpturengruppe in ihrer spannungsgeladenen Komposition und in ihrer raumgreifenden Anordnung die Gestaltungsprinzipien der Skulpturen des Krakauer Marienaltares zur stilistischen Voraussetzung.

BIOGRAPHISCHES ZU VEIT STOSS (1448–1533)

Der Bildhauer, Kupferstecher und Maler Veit Stoß wurde (vermutlich) um 1448 in Hort am Neckar geboren und starb 1533 in Nürnberg.

Die Wanderjahre verbrachte er in Schwaben und am Rhein, wo er von der Kunst Hans Multschers und Martin Schongauers, besonders aber von der des Niclaes Gerhaert van Leyden und mittelbar von der Malerei der Niederländer beeinflußt wurde. Vielleicht war er in der Werkstatt Gerhaerts in Wien oder Wiener Neustadt als Gehilfe tätig. – 1477 wurde er von Nürnberg nach Krakau zur Ausführung des Hauptaltares in der Marienkirche berufen, der am 25. Juli 1489 vollendet war. In Krakau, der damaligen polnischen Hauptstadt, blieb Stoß 18 Jahre lang. Hier entstanden seine Hauptwerke, die Schnitzaltäre, ein Kruzifix aus Stein und Grabmäler für den König Kasimir Jagiello (1492 verstorben) im Dom auf dem Wawel und für die Bischöfe. – 1496 kehrte er wieder nach Nürnberg zurück, wo er hauptsächlich für das dortige Bürgertum und für die Kirchen der Stadt arbeitete. Veit Stoß darf als einer der empfindsamsten Künstler der Spätgotik in Mitteleuropa angesehen werden. Seine Kunst, obwohl chronologisch der Wende vom 15. zum 16. Jahrhundert angehörend, bleibt tief im Schaffen der zwei vorangegangenen Künstlergenerationen verwurzelt und greift sogar noch auf Vorstellungen eines Claus Sluter zurück. Die realistischen Gestaltungsmittel, die Veit Stoß meisterhaft beherrschte, wurden von ihm nicht im Sinne jener in der Kunst der Neuzeit angestrebten Darstellung des mit der Natur und mit sich selbst im Einklang stehenden Menschen eingesetzt: sie dienten vielmehr seiner Auffassung vom Individuum, das von ungeheuren inneren Kräften bewegt und der irdischen Umwelt ebenso wie seiner selbst entzückt ist. Seinem Stil, in dem sich eine starke geistige Spannung ausdrückt, haftet sogar etwas Unnatürliches an. In den Werken des Veit Stoß erreicht die Dramatik spätgotischer Formensprache ihren Höhepunkt. – Obwohl archivalisch nicht belegbar, muß Veit Stoß sich in den Jahren um 1500/1505 auch in Österreich und Wien aufgehalten haben, wie die im Museum ausgestellte Skulpturengruppe der Anna selbdritt beweist: Nachdem der früheste Hinweis auf den spätgotischen Kapellenbau erst 1518 gegeben ist, 1523 eine erste Erwähnung eines Annenaltares erfolgte, eine derartige Spätdatierung der ausgestellten Skulptur aus stilistischen Gründen schwer vorstellbar ist, kann diese Skulptur entweder nur für eine kleine Kapelle des Vorgängerbaues angefertigt worden sein oder von einem Altar einer anderen (Wiener?) Kirche stammen und in der Annenkirche später Zweitverwendung gefunden haben.

Veit Stoß war zweimal verheiratet: Das erste Mal heiratete er vor seinem Wegzug aus Nürnberg 1477, wo auch sein ältester Sohn Andreas geboren wurde. Seine erste Frau starb 1488. Im folgenden Jahr ehelichte er die Tochter des verstorbenen Losungschreibers Reinolt, die während seiner Abwesenheit aus Nürnberg um 1526 verstarb. Er hatte auch eine Tochter und mehrere Söhne. Seit 1503 hatte er ständig Schwierigkeiten mit dem Rat, weil er aus verständlichen Gründen eine Urkunde gefälscht hatte; im Alter wurde er verbittert und forderte den Rat immer wieder zu neuen Auseinandersetzungen heraus. Laut J. Neudörfer soll er gegen Ende seines Lebens erblindet sein (Thieme–Becker, Künstlerlexikon, Bd. 32, Leipzig 1938, 131 ff.; Jan Białostocki, Spätmittelalter und beginnende Neuzeit, Propyläen Kunstgeschichte, Bd. 7, 1972/73, Nachrichten von Künstlern und Werkleuten aus dem Jahr 1547 nebst der Fortsetzung des A. Gulden, hrsg. von G. W. K. Lochner/Quellenschriften f. Kunstgeschichte, 10, 1975/S. 84).

Literatur:
Kurt Rathe, Ein bekanntes Wesen des Veit Stoß in Wien, i. Jb. d. Zentralkommission III, Wien 1909, S. 187 ff. – Karl Garzarolli von Thurnlackh, Mittelalterliche Plastik in der Steiermark, Graz 1941, S. 145. – Fritz Dworschak, Krems und Stein, Festschrift zum 950jährigen Stadtjubiläum, Krems 1948, S. 198. – C. Th. Müller, Beitrag über Veit Stoss, i. Thieme–Beckers Allgemeinem Lexikon der bildenden Künstler, Bd. 32, Leipzig 1938, S. 134. – Karl Ginhart, Die gotische Bildnerei in Wien, i. Geschichte der Stadt Wien, Neue Reihe, Bd. VII/1, Geschichte der bildenden Kunst in Wien, Plastik in Wien, Wien 1970, S. 56. – Zdislaw Kępinski, Veit Stoss, Warschau 1981. – Szczesny Dettloff, Vit Stosz, Breslau 1961, Bd. I, Abb. 15. – Hans Aurenhammer, Lexikon der christlichen Ikonographie, Bd. I, Wien 1959–1961, S. 146–149. – Richard Perger, Zur Baugeschichte und Ausstattung der Annakirche in Wien I, in ÖZKD, S XL–1/2, Wien 1986, S. 8.

Kataloge:
Ausst.-Kat. Gotik in Österreich, Wien 1926, Nr. 177. – Führer durch das Erzbischöfliche Dom- und Diözesanmuseum in Wien, Wien 1934, 1941, 1946. – Ausst. Kat. Große Kunst aus Österreichs Klöstern, Wien 1950, S. 64, Nr. 255. – Ausst.-Kat. Veit Stoss in Nürnberg, Nürnberg 1983, Nr. 26.

| 103 | BEWEINUNG CHRISTI, Anfang 16. Jahrhundert |

Abb. 269–272   Inv.-Nr. 49

Holzrelief, polychromiert

Maße: Höhe: 48 cm
      Breite: 58,5 cm
      Tiefe: 12 cm

PROVENIENZ

Die genaue Herkunft dieses Reliefs konnte noch nicht ermittelt werden; im ehemaligen Katalog des Museums aus dem Jahr 1941 wird dieses Relief als ein aus der Buckligen Welt in Niederösterreich stammendes angegeben.
Sowohl seiner Dimension wegen als auch seiner Ikonographie nach dürfte dieses Relief entweder eine Predella oder ein Feld eines Innenflügels eines spätgotischen Flügelaltares geziert haben.

ERHALTUNGSZUSTAND

Bis zur letzten Restaurierung war dieses Holzrelief einfärbig dunkelbraun, fast schwarz übermalt und zusätzlich durch starke Verrußung gröblich entstellt. Bei der durch die akademische Restauratorin Frau Giovanna Zehetmaier, Wien, 1985 vorgenommenen Restaurierung konnten nicht nur das Ausmaß der erhaltenen Altsubstanz genau festgestellt, sondern auch große Teile der ursprünglichen Polychromierung freigelegt und konserviert werden. Die weitgehenden Zerstörungen der Gold- und Silberfassungen bei den Gewändern waren vermutlich früher der Anlaß zur monochromen Übermalung, um dem Relief „Naturholz-Charakter" oder den eines Bronzegusses zu verleihen. Die Schnitzerei ist, von kleineren älteren Bestoßungsschäden (Kopfbedeckung des Joseph von Arimathia – die zweite stehende Figur von links) abgesehen, komplett erhalten. Wie bei der Figurengruppe der Beweinung Christi aus Hörersdorf (Kat.-Nr. 104) ist auch bei diesem Relief der Grund nicht mitgearbeitet; das Relief besteht nur aus der Landschaftsangabe und den Figuren und war an seinem ursprünglichen Grund appliziert.
Die Polychromierung der Gesichter wie auch der buntfarbigen Gewandpartien – rotes Innenfutter bei Johannes und bei der Trauernden mit dem Salbgefäß, blaues Innenfutter bei der Trauernden ganz rechts, mattblaues Gewand bei der jungen Trauernden mit der dunkelblau aufgemalten Ränderung der Seidenbluse, der grüne Schultersattel bei Joseph von Arimathia – ist weitgehend komplett erhalten. Sogar die Spezifizierung der Physiognomien wie auch Charakteristika in der Artikulierung der Blicke, ferner die rötlich

gefärbten Augenlider als Ausdrucksmittel verweinter Erschöpfung und in der Formulierung der Münder, die die plastische, spezifisch bildhauerisch gestaltete Formgebung malerisch pointieren, sowie die in Zwischgold gefaßte Wiedergabe blonder Haare stehen in merkbarem Kontrast zu den großteils fehlenden und nur in geringen Spuren verfolgbaren Silber- und Goldfassungen der Außenseiten der Gewänder.

In der Fassung der Aktfigur des Leichnams Christi ist das Inkarnat ab dem Schulterbereich aufwärts dunkler: Dies deutet auf eine formale Abhängigkeit von bildlichen Fassungen porträtierter Aktfiguren, wo das sonst durch das Gewand bedeckte Inkarnat naturgemäß heller ist (vgl. die gemalte Aktfigur Adams am linken Innenflügel des Genter Altares von Jan van Eyck).

In der Differenzierung von dem – wegen der Bedeckung durch die Kleidung – bleichen Inkarnat und dem durch die Sonneneinwirkung gedunkelt gedachten Partien im Gesicht, in der Hals- und Schulterpartie, den Händen und bei den Füßen Christi ist eine konsequente Beachtung dieser Gegebenheiten in der Wiedergabe der Inkarnatfassung zu beobachten: Ausdrücklich wurde somit auf die eher als ärmlich und einfach zu denkende Kleidung Christi Bezug genommen, da die Füße – zum Unterschied vom Modell zu der Aktfigur für Jan van Eycks Adam am Genter Altar (1432 vollendet) – als unbeschuhte interpretiert sind.

Auch die Hände und die Füße Christi sind demnach – analog dem Haupt samt Hals und Schulter – im Inkarnat dunkler nuanciert als bei den anschließenden Armen bzw. Beinen. Innerhalb der Blutströme am Hals Jesu ist eine in einem großen Tropfen endende Blutbahn mit Kreide plastisch unterlegt.

IKONOGRAPHIE

Das Zentrum dieses Figurenreliefs nimmt Maria in steiler Sitzhaltung ein. Auf ihrem Schoß liegt der Leichnam Christi, dessen Kopf leicht zurückgesenkt und dem Betrachter zugewendet ist. Sein rechter Arm hängt schlaff herunter, während der linke an seiner linken Körperflanke aufliegt. Der Leichnam wird von Maria unter leidklagender Gebärde gehalten. Diese mittlere Figurengruppe ist nach beiden Seiten frieshaft durch mehrere Figuren erweitert: Links folgen Joseph von Arimathia und – das linke Ende der Gruppe bildend – der jugendliche Apostel Johannes Evangelist; rechts von der Mittelgruppe schließen drei Frauenfiguren an. Diese sind in ihren Haltungen voneinander sehr unterschieden: Nächst Maria – aber scheinbar etwas hinter ihr – steht eine Figur, die an den jugendlich-mädchenhaften Typ einer Verkündigungs-Maria erinnert, da ihr langes, offenes Haar nicht durch einen Schleier bedeckt ist. Ihr Kopfschmuck besteht aus einem schmalen Stirnband. Sie hat die Hände zum Gebet gefaltet. Die mittlere dieser drei Frauenfiguren dominiert sowohl in ihrer Größe als auch in ihrer Frontalhaltung wie auch dadurch, daß sie – zum Unterschied von den beiden anderen Frauen – zur Gänze sichtbar ist und von keiner Nachbarfigur teilweise verdeckt wird. Sie hält ein Salbgefäß, weshalb in ihr Maria Magdalena vermutet werden kann, und wirkt als rechter Abschluß des ganzen Figurenreliefs – somit als Äquivalent zu Johannes. Die äußerste Figur rechts wird großteils von der mit dem Salbgefäß verdeckt, durch ihr kräftiges Zur-Seite-Wenden des teilweise verschleierten Hauptes wie auch durch das teilweise Verdecken des Gesichtes durch ihre Hand ist in ihr der Ausdruck der Trauer besonders intensiv gestaltet. Die verschieden geneigten Häupter wie auch deren expressive Züge drücken innerhalb der gesamten Szene Trauer aus.

STIL UND DATIERUNG

Die mit sparsamen Mitteln knapp formulierten expressiven Gesichtszüge, die akzentuierte Konturierung der Figuren wie auch die breiten Faltenbahnen mit gratigen Faltenstegen sind stilistische Eigenschaften, die für eine Entstehung dieses Reliefs zu Beginn des 16. Jahrhunderts sprechen.

Im Grundriß der Figurenanordnung ergibt sich in diesem Relief alternierend ein Vor- und Zurücktreten der Figuren, wobei Johannes Evangelist, die thronende Maria und die – aufgrund des Salbgefäßes vermutete – Maria Magdalena die vordere Reihe bilden; Joseph von Arimathia, das langhaarige Mädchen mit den gefalteten Händen und die weinende Frau ganz rechts bilden die hintere Reihe. Ganz vorne und beinahe die ganze Breite des Reliefs einnehmend, erstreckt sich der Leichnam Jesu. Sein anatomisch durchgebildeter Akt steht, speziell durch seine in die Planimetrie ausgebreitete und doch im Kontrast vom frontalansichtigen Oberkörper zur Profil-Haltung der Beine bestehende Differenzierung in der räumlichen Vorstellung, im merkbaren Gegensatz zur „Figuren- wand" der übrigen Komposition. Innerhalb dieser bilden lediglich die gering akzentuierten Haltungen und Kopfwendungen individualisierende Differenzierung. Die Haltung des Attributes bei Johannes (das Evangelienbuch) und des Salbgefäßes bei Maria Magdalena sind ebenso identisch wie die Haltung der beiden Köpfe. Der Kontrapost im Haupt der Weinenden ganz rechts belebt die Silhouettenwirkung entscheidender, während der nur geringe Kontrapost des langhaarigen Mädchens zur Maria Magdalena aufgrund der Parallele zur Kopfhaltung Mariens wieder austarierende Funktion hat. Die Kluft zwischen Johannes und dem frontal blickenden Joseph von Arimathia schafft eine ähnliche „dramatische" Spannung in der Figurenkomposition wie der Kontrapost der beiden Frauen ganz rechts. Der Gleichartigkeit der Arm- und Handhaltungen bei Johannes und Maria Magdalena entspricht – in der ganzen Figurenkomposition wiederum austarierend – die Akzentuierung dramatischer Momente in unterschiedlicher Ausformung bei der Haltung der Köpfe. Die Formulierung der Figurengruppe von Maria mit dem Leichnam Jesu wirkt wie eine Pietà, die in eine Figurenwand integriert ist. Die „Figurenwand" findet ihre vorbildliche Entsprechung im niederländisch beeinflußten Tafelbild der Kreuzigung Christi des Meisters von Maria am Gestade (Kat.-Nr. 67). Die Struktur der Drapierung der Gewänder wie auch die in breiten Mulden von dünnen, röhrenartigen Faltenstegen und kaskadierender Wirkung durchgebildeten Formationen, wie auch die gesteigerte Akzentuierung auf die empirisch beobachtete Anatomie lassen eine Datierung vom Beginn des 16. Jahrhunderts vermuten. Die Berücksichtigung des Raumes zwischen den Figuren als Ausdrucksmittel von Spannungsmomenten innerhalb der Figurenkomposition ist ein in der holländischen Kunst des 15. Jahrhunderts bereits entscheidend in Erscheinung tretendes Phänomen (Otto Pächt, Gestaltungsprinzipien der westlichen Malerei des 15. Jahrhunderts, in Methodisches zur kunsthistorischen Praxis, Wien 1977, S. 17 ff.). Möglicherweise ist ein peripherer Einfluß hievon auch in diesem Relief vorzufinden. Als Vermittler käme wiederum das Wirken des Niclaes Gerhaert van Leyden im Auftrag Kaiser Friedrichs III. in Betracht.

Tatsächlich bilden sowohl die Kopfhaltungen als auch der Umstand, daß – wie aus den Physiognomien klar ersichtlich wird – jede Figur mit sich selbst im individuellen Ausdruck des Trauerns beschäftigt ist, jene Charakteristika, die für das spezifisch holländische Gruppenporträt prägend sind (s. Alois Riegel, Das Holländische Gruppenporträt, in Jahrbuch der Kunstsammlungen des Allerhöchsten Kaiserhauses, Bd. XXIII, Wien 1902). Mögen die Haltung der trauernden Frau mit dem Salbgefäß in ihrer Expressivität letztlich von der Trauernden, die Maria hält, in der Kreuzabnahme-Tafel des Rogier van der Weyden (Madrid, Prado, s. Erwin Panofsky, Early Netherlandish Painting, Harvard 1953, Pl. 176, Fig. 314) und die Weinende im ausgestellten Relief ganz rechts der Figur im gleichen Tafelbild Rogiers ganz links entlehnt sein, so orientieren sie sich doch eher an Zitaten nach Rogier in den Werken der holländischen Malerei des späten 15. Jahrhunderts, etwa an solchen des Dirc Bouts (Triptychon mit der Kreuzabnahme in der Capilla Real in der Kathedrale von Granada, s. E. Panofsky, item, Pl. 262, Fig. 419; Grablegung Christi in der National Gallery London, s. E. Panofsky, item, Pl. 264, Fig. 420) oder des Geertgen tot Sint Jans. Mit der Szene der Kreuzabnahme aus dem Triptychon in Granada ist auch die Formgebung des Leichnams Christi im ausgestellten Relief ähnlich – die probate Übernahme dieses Figurenmotivs aus einer Kreuzabnahme für eine Beweinung Christi weist abermals auf die gemeinsame thematische Wurzel dieser Darstellungsform hin. Die manieriert wirkende, extrem rückwärts gekurvte Haltung des Oberkörpers Christi wie auch die synchrone Haltung seines abgewinkelten linken Armes kommt wiederholte Male bei der Darstellung der Kreuzabnahme oder der Beweinung Christi beim Meister von Flémalle (s. Panofsky, item, Pl. 85, Fig. 197; Pl. 106, Fig. 230) und vor allem in der Eyckischen Miniatur im Turiner Stundenbuch (s. Panofsky, item, Pl. 156, Fig. 289!) vor. Das Tradieren Eyckischer Darstellungsformen wird durch die von Jan van Eycks Aktfigur des Adam beeinflußte Inkarnatfassung Christi (s. ERHALTUNGSZUSTAND) bestätigt. Die für eine Pietà ungewöhnliche, den linken Arm Christi umklammernde Handhaltung Mariens resultiert aus Darstellungen der Not Gottes (s. Montfort-Triptychon, Panofsky, item, Pl. 53, Fig. 107) oder von Grablegungsszenen (Dirc Bouts, London, National Gallery, s. Panofsky, item, Pl. 264, Fig. 420) oder auch aus Darstellungen der Kreuzabnahme, die mit der Beweinung kombiniert sind (s. Evangeliar aus Nantola, um 1150, in Lexikon der christlichen Ikonographie, Bd. 2, Herder 1970, S. 604, Abb. 5). Der Kopftypus des langhaarigen Mädchens kommt übrigens wiederholt im Œuvre des Geertgen tot Sint Jans vor (Altar der Hl. Sippe, Amsterdam, Rijksmuseum; Auferweckung des Lazarus, Paris, Louvre; Schmerzensmann, Utrecht, Erzbischöfliches Museum; s. E. Panofsky, item, Pl. 282, Fig. 439; Pl. 284, Fig. 442; Pl. 291, Fig. 449). Von der holländischen Malerei eines Dirc Bouts inspiriert ist auch das Fresko-Fragment mit der Darstellung der Erasmus-Marter an der nördlichen Innenwand des Querhauses im Wiener Neustädter Dom. Nachdem dieses Relief aus der

Buckligen Welt – also aus der Umgebung dieser Stadt – ins Museum gelangte, ist durch die angedeutete Querverbindung zu dem Fresko ein Hinweis auf eine mögliche Entstehung des Reliefs in Wiener Neustadt gegeben.

Katalog:
Führer durch das Eb. Dom- und Diözesanmuseum, Wien 1941.

| HÖRERSDORFER BEWEINUNGSGRUPPE, Anfang 16. Jahrhundert | 104 |

Inv.-Nr. 55 *Abb. 273*

Holzrelief, polychromiert

Maße: Höhe: 58 cm
Breite: 63 cm
Tiefe: 17 cm

Leihgabe der Pfarre Hörersdorf, NÖ.

PROVENIENZ

In den alten Museumsführern von 1941 und 1946 wird das Relief als Leihgabe der Pfarre Hörersdorf bei Mistelbach genannt, in der Ausgabe von 1946 zusätzlich die Bucklige Welt als Herkunftsgebiet dieses Reliefs bezeichnet.

ERHALTUNGSZUSTAND

Das Holzrelief ist auf seiner Rückseite geringfügig ausgehöhlt. Die weitgehend glatt belassene Schmalseite (links von Christus) bei der Landschaftsangabe eines felsigen Grundes weist diese – schon allein vom Thema her auf Vielfigurigkeit abzielende – Figurengruppe als Fragment aus. Die ursprüngliche Polychromierung wurde zu einem – nicht überlieferten – späteren Zeitpunkt freigelegt, wobei offensichtlich Farbspuren, die zeitlich verschiedenen Phasen angehören (zumindest deren zwei), nach der Freilegung „stehengelassen" wurden. Die optisch egalisierenden Retuschen verunklären den Eindruck und erschweren eine Schichtenbestimmung. Eine noch ausständige klärende Untersuchung wird eine verläßlichere Analyse gestatten. Im gegenwärtigen Zustand hat die den Leichnam Jesu haltende Maria ein rotes Kleid – das Grabtuch Jesu, dessen Saum deckungsgleich mit seinem herabsinkenden rechten Arm ist, wirkt im derzeitigen Zustand wie ein Teil des Kleides Mariens –, ihr Mantel ist blau mit goldenem Rand; bei Christus, dessen Inkarnatfassung vermutlich intensiv mit Blutspuren bereichert war, ist die Dornenkrone grün, das Lendentuch vermutlich vergoldet gewesen; die seitlich stehende, trauernde Frau hat ein blaues Kleid, ihr Mantel war vermutlich krapp-rot und hatte einen goldgeränderten Saum.

IKONOGRAPHIE

Die Bildtradition des Themas der Beweinung Christi kennt – die Version des Andachtsbildes der Pietà ausgenommen – mehrere mit Maria trauernde Figuren der Anhänger Christi. Der Einfluß vom Bildtypus der Pietà wirkt sich insofern aus, als Maria den Leichnam Christi auf ihrem rechten Oberschenkel des in Sitzstellung verharrenden rechten Beines stützt. Es wird in der Durchgestaltung des Reliefs nicht klar, ob Maria überhaupt als sitzende Figur aufzufassen ist oder ob sie mit dem linken Bein (was durch die Art der Lagerung des Leichnams Jesu wahrscheinlicher ist) kniet. Die verschleierte Trauernde rechts ist offensichtlich nicht Magdalena, deren Haare – zumindest teilweise – sichtbar sein müßten. Sie, wie auch Johannes Evangelist, sind in dem verlorenen Teil des Reliefs vorzustellen. Themen wie die Beweinung Christi sind vorzugsweise in der Predella des spätgotischen Flügel-(Wandel-)Altares zu finden. Die Dimensionen der Figuren lassen auch bei diesem ausgestellten Relief auf eine ursprüngliche Funktion eines Predellenreliefs schließen. Hinsichtlich der Genesis der Bildtradition des Grabtuches in Verbindung mit dem blutüberströmten Leichnam Christi und der trauernden Maria siehe den Beitrag zur Ikonographie des Kreuzabnahme-Reliefs (Kat.-Nr. 77).

Die Figuren dieser Gruppe sind nicht als individuelle Einzelplastiken behandelt, sondern sie sind wie ein Relief gearbeitet, bei dem lediglich der Hintergrund fehlt. Dennoch ist die Tiefenerstreckung der Figuren größer, als es bei einem Relief zu erwarten wäre. Die Figuren sind auch räumlich gestaffelt: Christus – als schräg am landschaftlichen Grund liegender Leichnam mit zurückgesenktem dornengekrönten Haupt wiedergegeben – nimmt den Vordergrund ein; über ihn beugt sich die hinter ihm kauernde Maria mit stillem schmerzlichen Gesichtsausdruck; hinter ihr ragt die an der linken Flanke der Gruppe (vom Betrachter aus rechts) stehende Mittrauernde hervor.

Die Figuren sind in ihren Proportionen gedrungen, was durch die ausladenden Draperie-partien mit ihren Faltenknicken und den in großen Kurvungen verlaufenden Faltenzügen betont wird. Durch diese Art der Gewandformulierung nach der Breite zu wirken die Figuren voluminöser, als sie von ihrer Anatomie her gedacht sind: Ein Vergleich der Aktfigur Christi mit Maria und vor allem der Mittrauernden läßt dies deutlich erkennen. Bei der lediglich durch ein Lendentuch bekleideten Figur Christi ist die Anatomie eines von Schmerzen gequälten Körpers andeutungsweise berücksichtigt worden, was in der Wiedergabe der Muskelpartien im schlaff herabhängenden rechten Arm Christi und in den Hals- und Brustmuskeln – wobei letztere das Brustkorbskelett ahnen lassen – zum Ausdruck kommt. Die Gesichter der drei Figuren sind nicht expressiv verzerrt: Die glatte Oberflächenstruktur trägt entscheidend dazu bei, daß der Ausdruck des Tot-Seins bei Christus und der der Trauer bei den beiden Frauen in der Formulierung der Mundwinkel bzw. in der Lage der Augenlider und in der Formulierung der Augen verhalten erfolgt. Die auf diese Weise erfolgte scheinbare Beseelung der Figurengruppe des stillen Schmerzes – assistiert von dem Motiv der Umarmung des Leichnams durch Maria und durch die scheinbar fest gefalteten Hände der Mittrauernden – ist für die Wende vom Spätmittelalter zur Renaissance charakteristisch. Die gedrungenen Proportionen zeigen eine deutliche Abkehr vom gotischen Figurenideal.

Raumgreifende vektorielle Momente sind in der Differenzierung in der Lage des fast frontalen Hauptes und des ins Dreiviertelprofil gewendeten Oberkörpers Christi von den schlaffen, „bildeinwärts" gelagerten Beinen ebenso festzustellen wie im Vorziehen der linken Schulter Mariens, um solcherart ihren toten Sohn mit dem den Rumpf Christi umgreifenden linken Arm unter der rechten Achsel halten zu können. Die eine raumgreifende Kurve beschreibende Lage des Körpers Christi hat eine – letztlich zumindest von altniederländischen Bildkompositionen Rogiers van der Weyden (Erwin Panofsky, Early Netherlandish Painting, Harvard 1953, Pl. 176, Fig. 314) oder Petrus Christus (Panofsky, item, Pl. 251, Fig. 404) beeinflußte – Bildschöpfung zur Vorlage. Die festgestellte „Schich-tung" in der der Tiefe nach einwärts erfolgten Staffelung der Figuren ermöglicht auch ein Verschränken der Figuren, wie es in der Formulierung der den Leichnam Christi umar-menden Maria vorkommt. Die in der plastischen Gestaltung optisch wirksame räumliche Tiefenerstreckung erfährt in der formalen Durchführung eine zusätzliche Skandierung nach der Breitenerstreckung des Reliefs hin: Annähernd zueinander parallel verlaufen der auf dem felsigen Grund aufliegende Saum des Mantels Mariens links, ferner der rechte (die Saumlinie des Leichentuches verdeckende) Arm Christi, die rechte Flanke des Rumpfes Christi und sein (teilweise verdeckter) linker Arm, der am Boden aufliegende Zipfel des Lendentuches und schließlich die lange Kante des nach rechts zu optisch auslaufenden Mantels Mariens. Besonders gegen letztere wirkt die aufrechte Haltung der Trauernden rechts als Kontrast, wie – in der Struktur prinzipiell ähnlich – ein senkrecht stehender Baum gegen den schrägen Verlauf einer hügeligen Landschaftskulisse als Surrogat räumlicher Tiefe in der altniederländischen Malerei dient. Die Zuordnung von formal Ähnlichem trotz Unterschieden im Gegenständlichen ist ein in den Werken des Meisters von Flémalle gängiges Prinzip, von wo es auf Rogier ausgestrahlt hat (s. Otto Pächt, Gestaltungsprinzipien der westlichen Malerei des 15. Jahrhunderts, in Methodi-sches zur kunsthistorischen Praxis, Wien 1977, S. 17 ff.). Das überkreuzt gefältelte Len-dentuch, noch mehr der linke Arm Mariens und die wallenden Haare am zurückgesenkten Haupt Jesu bilden gleichfalls Gegenbewegungen zu der zuvor genannten Parallel-Skan-dierung.

Tatsächlich gibt es eine in der Figurenanzahl erheblich reduzierte rogierische Darstel-lung der Beweinung Christi im Musée Royal in Brüssel, die letztlich – über Zwischen-werke vermittelt – für das Hörersdorfer Relief verbindlich wurde (s. E. Panofsky, item, Pl. 241, Fig. 390).

Die Drapierung der Gewänder kündet in ihrer Charakterisierung von Stofflichkeit, wie auch in ihren – teils kubisch strukturierten mit teilweise schärferen Graten – plastischen Werten von betontem Eigenleben. Speziell der um die Unterarme der Trauernden rechts in einer liegenden, räumlich ausgreifenden S-Kurve verlaufende Mantelsaum bildet eine lebhafte Differenzierung von Faltentälern und Graten von dichter, kaskadierender Wirkung, wobei eine organische Logik in der strukturellen Auffassung des Gewandes zu erkennen ist.

Die wiederholt angedeutete Beeinflussung durch letztlich von der altniederländischen Malerei geprägte Vorbilder läßt sich durch das Nachwirken der Tätigkeit des Niclaes Gerhaert van Leyden in den Bildhauerwerkstätten des Kulturraumes um Wien erklären. Das nicht völlig geglückte Bewältigen der Umsetzung einer malerisch geprägten Vorlage in die Illusion räumlicher Werte (etwa die zu kurzen Oberschenkel Christi) läßt Rückschlüsse über den qualitativen Rang der Werkstatt, wo dieses Relief entstand, vorsichtig zu. Insofern könnte der – nicht begründete – Hinweis, das Relief stamme aus der Buckligen Welt, Glaubwürdigkeit erlangen, als die Werkstätte im Raum Wiener Neustadt um 1500 tätig gewesen sein könnte.

Kataloge:
Führer durch das Eb. Dom- und Diözesanmuseum in Wien, Wien 1941, 1946.

| GNADENDORFER MADONNA, um 1500 | 105 |

Prot.-Nr. L–246 *Abb. 277*

Holzskulptur, polychromiert

Maße: Höhe: 99 cm
Breite: 33 cm
Tiefe: 27 cm

Leihgabe der Pfarre Gnadendorf, NÖ.

PROVENIENZ

Die aus der Pfarrkirche von Gnadendorf stammende und in dieser aus Sicherheitsgründen durch einen getreuen, von Prof. Walter Leitner, Wien, angefertigten Abguß ersetzte Skulptur befindet sich seit 1986 im Museum.

ERHALTUNGSZUSTAND

Die rechte Hand und möglicherweise auch die Krone und die Stirnpartie Mariens sind rezente, zeitlich nicht näher überlieferte Ergänzungen. Die Skulptur ist polychromiert. Teile des Gewandes, vor allem der Mantel Mariens, sind vergoldet. Die Polychromierung des Inkarnates in den Gesichtern ist unvollständig und wurde in egalisierender Monochromie behandelt. 1986 wurde die Skulptur von Herrn Prof. Michel Pfaffenbichler, Wien, neuerlich gefestigt und gereinigt. Die Polychromierung stammt von einer Restaurierung von 1936.

IKONOGRAPHIE

Die stehende Maria hält das auf ihrem Oberarm angelehnt sitzende Jesus-Kind dergestalt vor sich auf ihrem linken Arm, daß beide Figuren en face blickend dem Betrachter frontal gegenüber angeordnet sind. Eine „partnerschaftliche" Wechselbeziehung zwischen Mutter und Kind unterbleibt durch das Fehlen der gegenseitigen Zuwendung. Ein altertümlicher, letztlich auf der Tradition des Bildtypus der Nikopoia (nur zum Unterschied hiezu mit exzentrisch „verschobenem" Jesus-Kind) fußender Kultbildtypus tradiert in dieser Skulptur. Das Jesus-Kind hält einen kugeligen Gegenstand, der nicht eindeutig als Apfel zu identifizieren ist. Demnach ist eine Auffassung im Sinne der symbolischen Rückgabe des Apfels vom Sündenfall nicht der unbedingte Vorwurf des Themas. Es dürfte hier eine Weltkugel gemeint sein.

STIL UND DATIERUNG

Durch das Verhältnis von Körper und Gewand entsteht trotz kräftiger Aushöhlungen eine kompakte Wirkung. Die Marienfigur zeigt speziell im Oberkörper eine geringe S-förmige Seitwärtsschwingung, die durch das Vorneigen des Hauptes auch räumlich betont wird. Der stereometrisch aufgefaßte, blockförmige Körper mit verhältnismäßig enger, hochliegender Taille erfährt in der Oberflächengestaltung durch den Gürtel und die gratigen konvergierenden Falten der Brustpartie sowie durch die strahlenförmig verlaufenden Röhrenfalten des Rumpfes eine entsprechende Artikulierung. In großem Schwung verläuft der Mantelumhang, dessen scharfkantige Saumlinie motivisch die Struktur der Binnenfältelung angibt. Die Binnenfältelung wird gleichfalls von vorwiegend scharfgratigen und eckenausbildenden Formationen geprägt; die Entschärfungen mittels Rundungen wie auch das logisch empfundene Kontinuum des Faltenverlaufes ergeben eine kaskadierende Wirkung. Breite Faltentäler sowie sphärische großflächige Zonen lassen trotz dieser reich gefältelten Drapierung die Haltung des Körpers zur Geltung bringen – so geschieht dies anschaulich in der Haltung des rechten Beines Mariens, dessen Knie und Unterschenkel durch die Drapierung des Mantels sichtbar werden. Speziell in der Drapierung ist ein Nachwirken der formalen Auffassung, wie sie in der Zeit um 1500 auch den Gewandstil eines Veit Stoß prägt, zu beobachten. Indem diese Formgelegenheit zeitstilistisch bedingt ist, ist ein direkter Einfluß von Werken des Veit Stoß selbstverständlich auszuschließen. Trotz retardierender Momente in der Ikonographie wie auch in der Haltung der Figur ist – speziell durch die Art der Formulierung des Gewandes – eine Datierung in die Zeit um 1500 naheliegend.

| 106 | ASPERSDORFER MADONNA, um 1510/1520 |

Abb. 278

Prot.-Nr. L–44

Holzskulptur, polychromiert

Maße: Höhe: 78 cm
      Breite: 33 cm
      Tiefe: 28 cm

Leihgabe der Pfarre Aspersdorf bei Hollabrunn, NÖ.

PROVENIENZ

Die Skulptur stammt aus der von Johann Lukas von Hildebrandt erbauten barocken Pfarrkirche von Aspersdorf bei Hollabrunn und ist vermutlich aus deren Vorgängerbau zweitverwendend übernommen worden.

ERHALTUNGSZUSTAND

Da die Rückseite der Figur ausgehöhlt ist, war sie ursprünglich nicht freistehend, sondern für einen Schrein oder Baldachin gedacht. Die Polychromierung ist sowohl beim Inkarnat (besonders bei den Gesichtern!) als auch beim Gewand ausgezeichnet erhalten, lediglich die Vergoldung an der Mantelaußenfläche ist – offenbar durch spätere (heute wieder entfernte) Überfassungen im Bestand reduziert – nur zum geringen Teil, und da vorwiegend nur im Poliment, erhalten. An den Flanken fehlen auch Teile des geschnitzten Mantelsaumes; diese Reduktion erklärt sich entweder aus dem veränderten Aufstellungsort, etwa aus der Unterbringung in ein Gehäuse, oder aus einer späteren textilen, im Sinne des Kirchenjahres wechselnden Bekleidung.

IKONOGRAPHIE

Die stehend wiedergegebene Maria in langem Mantel hält ein nacktes, strampelnd bewegtes Jesus-Kind am Arm. Offenbar war diese Figur das zentrale Motiv eines Altarschreines (eines Flügelaltares) und wurde nach dessen Entfernung als Andachtsbild weiterverwendet.
Das zum Genremotiv umgewandelte „Lutschen" am Finger erklärt sich beim Jesus-Kind aus der Bildtradition der in der Ostkirche aus der „Eleusa" entwickelten „Glykophilusa" (der zärtlich liebkosenden Gottesmutter), wo das Jesus-Kind seinen Finger an die Lippen der Gottesmutter zum Kuß führt.

STIL UND DATIERUNG

Die ausgewogene Körperhaltung der Marienfigur wird vor allem durch die umwuchernde Draperie des Mantels optisch in eine in sich ruhende Statue gewandelt. Die Körperstruktur ist wohl durch die großformigen Mantelflächen wahrzunehmen, die Autonomie der Gewandbehandlung ist jedoch in keiner Weise eingeschränkt, wie die zahlreichen, wirbelnd belebten Fältelungen mit engmaschigen kurvenreichen Saumlinien zeigen. Diese Wechselfolge von großformigen Flächen und engmaschiger Fältelung wird in der Draperiebehandlung durch einzelne großlinige Faltenzüge zur Einheit zusammengefaßt.

In der Oberflächenbehandlung ist auch auf die Unterschiede in der Stofflichkeit der einzelnen Partien (Gewand, Inkarnat, Haare) Rücksicht genommen, was durch die Polychromierung – namentlich bei den Köpfen – in der Wirkung gesteigert ist.

Die Struktur der Drapierung des Mantels ist insofern prima vista schwer zu erkennen, als der Umhang als schleppenartig langes Gebilde gedacht sein muß: Der vorne hochgezogene und vor der Brust in der Höhe des Jesus-Kindes eingeklemmte Gewandzipfel ermöglicht die Ausbildung einer Drapierung mit schräg nach vorne verlaufendem Saum und umgefältelten Stauungen, die die Mantelinnenseite in ihren dynamischen Faltenstauungen zeigen. Diese von Graphiken des Meisters E. S. entwickelte und bei Veit Stoß wie auch beim Hauptmeister von Kefermarkt (der Mantel Mariens erinnert in seiner formalen Struktur tatsächlich an das Pluviale des hl. Petrus im Schrein des Kefermarkter Altares, s. Martin Eiersebner, Kefermarkt, Linz 1970) und in zahlreichen hievon beeinflußten Skulpturen wiederkehrende Formulierung ist bei der Aspersdorfer Madonna durch Mischformen kubischer Struktur mit Röhrenfaltenmotiven und kurvig entschärften Eckpartien bereichert. Diese haben vermutlich den Stil des Meisters von Mauer bei Melk zur Voraussetzung, weshalb sich eine Datierung in das zweite Jahrzehnt des 16. Jahrhunderts ergibt (s. Rupert Feuchtmüller, Der Schnitzaltar von Mauer bei Melk, St. Pölten 1955).

Kataloge:
Führer durch das Eb. Dom- und Diözesanmuseum, Wien 1934, 1941, 1946. – Sammlungskatalog d. Eb. Dom-und Diözesanmuseums, Wien 1973, Kat.-Nr. 69.

| HL. DIONYSIUS, frühes 16. Jahrhundert | 107 |

Inv.-Nr. 6   *Abb. 279*

Holzskulptur, polychromiert

Maße: Höhe: 103 cm
      Breite: 40 cm
      Tiefe: 25 cm

PROVENIENZ

1937 gelangte die Figur aus Privatbesitz in das Museum. Ihr ursprünglicher Aufbewahrungsort konnte bisher noch nicht ermittelt werden.

Die ausgehöhlte Rückseite läßt darauf schließen, daß die Figur nicht freistehend, sondern entweder in einem Altarschrein oder in einem Baldachin stehend gedacht war. Nachdem das Patrozinium des hl. Dionysius im Raum der Erzdiözese Wien nur ein einziges Mal, in der Pfarrkirche von Pottschach, vorkommt und sich in Pottschach eine stilistisch ähnliche – nur wesentlich größere – Dionysiusskulptur befindet, ist eine Herkunft der ausgestellten Skulptur aus dieser Region nicht auszuschließen.

ERHALTUNGSZUSTAND

Das Pastorale fehlt. Weitreichende Fehlstellen der Polychromierung wurden anläßlich einer Restaurierung farbig retuschiert.

IKONOGRAPHIE

Der hl. Dionysius ist einer der Stadtheiligen von Paris, als dessen Bischof er sein Martyrium durch Enthauptung erlitt.

Deshalb wird er zumeist das Haupt in der Hand haltend dargestellt (zumal er nach der

Legende das abgeschlagene Haupt bis einige Meilen nördlich von Paris – dem heutigen St.-Denis – trug). Von dieser traditionellen Darstellungsweise weicht die Skulptur des Museums ab, indem das abgeschlagene Haupt attributiv am Buchdeckel dargestellt ist.

STIL UND DATIERUNG

Das in der plastischen Form keinesfalls unterbetonte Körpervolumen wirkt vor allem durch die ausladende, mit Schwüngen und Knicken in der Oberfläche bereicherte Manteldraperie, deren tiefe, breite Faltenbahnen die Autonomie des Gewandes betonen. Dieser Charakteristik ist die Betonung der Muskelpartien im Gesicht wesensverwandt. Der Stoff ist als dünnwandiger wiedergegeben. Der Eindruck des schweren Gewandes wird durch den ausladenden Faltenwurf erreicht. Die Faltenführung setzt sich aus eng beieinanderliegenden, klaren kurvigen oder geraden Zügen zusammen, so daß der große Schwung der Falten nicht einer kleinteiligen Faltenbildung geopfert wird.

Die Figur ist nicht datiert. Aufgrund der angeführten stilistischen Eigenschaften ist ihre Entstehung wohl an den Anfang des 16. Jahrhunderts zu setzen.

Kataloge:
Führer durch das Eb. Dom- und Diözesanmuseum, Wien 1934, 1941, 1946. – Sammlungskatalog des Eb. Dom- und Diözesanmuseums, Wien 1973, Kat.-Nr. 70.

108	HL. SEBASTIAN, frühes 16. Jahrhundert

Abb. 280 Prot.-Nr. L–166

Holzskulptur, abgebeizt, Fragment

Maße: Höhe: 89,5 cm
   Breite: 22 cm
   Tiefe: 18 cm

Leihgabe der Pfarre St. Egyden am Steinfeld, NÖ.

PROVENIENZ

Dieses Skulpturenfragment stammt aus der Pfarrkirche St. Egyden am Steinfeld, obwohl es für diese kaum angefertigt worden sein dürfte, da es vom (mittlerweile verstorbenen) Ortspfarrer nach 1945 aufgefunden und in die Kirche gebracht wurde.

ERHALTUNGSZUSTAND

Die glatt behandelte Rückseite deutet auf die ursprüngliche Verwendung der – beinahe vollplastischen – Skulptur in einem Schrein oder zumindest vor einem optisch wirksamen Hintergrund. Beide Füße sowie der rechte Arm gänzlich und der hochgestreckte linke Arm zu zwei Dritteln fehlen ebenso wie die ganze – ursprünglich sicher existente (Spuren von Kreidegrund in den Haaren, im Gesicht, unter der rechten Achsel und am linken Arm) – Fassung der Skulptur. Vier Fragmente von den Pfeilen existieren noch – zwei am Rumpf (eines nächst der rechten Schulter, eines in der linken Magengegend), zwei weitere am linken Oberschenkel und eine Vertiefung hiefür am linken Unterschenkel. Die zahlreichen, unterschiedlich breiten Risse im Holz wie auch die übrigen Verwitterungsspuren an der Oberfläche lassen erkennen, daß diese Skulptur viele Jahre bzw. Jahrzehnte der Witterung im Freien ausgesetzt gewesen sein muß.

IKONOGRAPHIE

Die – ursprünglich an einen Baum angelehnt gedachte – Skulptur eines kaum bekleideten männlichen Aktes mit einem Lendentuch, das das linke Bein teilweise verdeckt, und mit den Pfeilspitzen im Körper weist das Werk unzweifelhaft als eine Darstellung des hl. Sebastian aus.

STIL UND DATIERUNG

Trotz des fragmentierten Zustandes lassen sich ausreichend Anhaltspunkte zur Datierung der Skulptur finden: Der geringfügig nach links seitwärts geneigte Oberkörper mit dem leicht vorgebeugten, jedoch noch stärker seitwärts gesenkten Haupt mit herabwallenden, in Locken endenden Haarwellen, der gegen die Beine leicht gegenständig gewendet angeordnete Oberkörper, die auffallend kräftige Unterschneidung in den plastischen Einzelformen (Haarmassen, Arme, Beine, Draperien) täuschen trotz aller noch so gröblichen Verwitterungsprodukte nicht über die ursprünglich anspruchsvolle Qualität der Schnitzerei hinweg. Sowohl das Beherrschen räumlicher Formenwerte als auch die empirisch beobachtete Artikulierung der Anatomie des Aktes in der Oberflächengestaltung – wobei auch der schmerzerfüllten Physiognomie mit den symmetrisch nach der Mitte zu hochgezogenen Brauen gesteigerter Ausdruckswert zukommt – verraten ebenso anspruchsvolle Kenntnisse des Bildhauers wie die Formulierung der raumgreifenden Draperie mit ihrer Betonung stofflicher Eigenwertigkeit, die in den Knicken und Tälern der sonst röhrenförmig artikulierten Stoffwiedergabe zur Geltung kommt.

Läßt die akzentuierte Haltung noch ein Nachwirken einer expressiven Phase des späten 15. Jahrhunderts ahnen, so ist die Tendenz zur „säulenhaften" Statuarik ein Indiz für eine Datierung an den Beginn des 16. Jahrhunderts. Auch in dieser Skulptur kommt ein peripheres Nachwirken der Ausstrahlung der Kunst des Niclaes Gerhaert van Leyden zum Tragen.

KRÖNUNG MARIENS, frühes 16. Jahrhundert	109

Prot.-Nr. L–247   *Abb. 281*

Holzrelief, polychromiert

Maße: Höhe: 70 cm
      Breite: 65 cm
      Tiefe: 13 cm

Leihgabe der Pfarre St. Egyden am Steinfeld, NÖ.

PROVENIENZ

Es gibt keinen archivalisch belegbaren Anhaltspunkt noch sonst irgendeinen konkreten Hinweis darüber, ob dieses Relief für ein kirchliches Ausstattungsstück der Pfarrkirche von St. Egyden geschaffen wurde.

ERHALTUNGSZUSTAND

Das verhältnismäßig flache Holzrelief mit seinen teilweise kräftigen Unterschneidungen zeigt großen, beinahe kompletten Bestand einer alten Fassung. Es bedarf einer genaueren Untersuchung, ob diese Fassung auch die ursprüngliche ist. Die glatt behandelte Rückseite des Reliefs beweist, daß es ursprünglich auf einen Hintergrund appliziert war.

IKONOGRAPHIE

Die Krönung Mariens durch die Heiligste Dreifaltigkeit ist in der traditionellen mittelalterlichen Manier dargestellt, wonach Gott-Vater und Gott-Sohn gleichberechtigt nebeneinander, das Bildfeld nach außen hin begrenzend, thronen und die kniend gekrönte Maria sich zwischen den beiden göttlichen Personen befindet. Die Darstellung des Heiligen Geistes in Gestalt einer Taube fehlt.

STIL UND DATIERUNG

Sowohl das proportionale Verhältnis der in steiler Haltung wiedergegebenen Figuren als auch der Reliefcharakter sind in der optisch aktiven Auseinandersetzung von körperbetonender Blockhaftigkeit einerseits und kräftiger Unterschneidung andererseits gekennzeichnet und verraten ein Nachwirken eines spätgotischen Gestaltungsprinzips. Die zur Großformigkeit tendierende Drapierung der Gewänder wie auch die stereometrische Rundungen betonende Gestaltung der Wolkenpartien entsprechen formalen Prinzipien, die vor der Mitte des 16. Jahrhunderts im Kulturraum des heutigen Österreich kaum denkbar sind. Es bedarf einer eingehenden Untersuchung in technologischer wie auch in stilistischer Sicht, ob dieses Relief ein retardierendes Produkt aus der Mitte (oder aus der zweiten Hälfte) des 16. Jahrhunderts oder ein künstlerisches Erzeugnis der „Nachgotik" aus dem ersten Drittel des 17. Jahrhunderts ist.

In der Figurenkomposition wie auch im Reliefcharakter weist diese Darstellung der Marienkrönung allerdings enge Beziehungen zu einem Relief gleichen Themas in der Österreichischen Galerie (siehe Elfriede Baum, Katalog des Museums mittelalterlicher österreichischer Kunst, Unteres Belvedere, Wien 1971, Kat.-Nr. 189) von etwa 1480 auf. Der Rundungen begünstigende Faltenstil im ausgestellten Relief wie auch der kursive Verlauf der Draperien weisen dieses als Werk der „Barockgotik" vom Beginn des 16. Jahrhunderts aus.

| 110 | KLEINE MADONNA, um 1520 |

Abb. 282

Holzskulptur, Reste der ursprünglichen (?) Polychromierung

Maße: Höhe: 52 cm
      Breite: 18 cm
      Tiefe: 14 cm

ERHALTUNGSZUSTAND

An der Standplatte der aus einem Stück geschnitzten Skulptur (Zapfen zur Verankerung am Schnitzstock sind an der Unterseite der Standplatte und im Zenit der Schädelkalotte sichtbar) ist an der Vorderseite rechts ein Stück ausgebrochen. Zahlreiche Löcher an der Oberfläche künden von einem einstigen intensiven Holzwurmbefall. An der rechten Schulter Mariens sind Bestoßungsschäden festzustellen. Der von der rechten Hand Mariens gehaltene, kräftig vorstehende Mantelsaum ist reduziert bzw. (vermutlich) begradigt worden. Die nur teilweise auf altem Poliment verfolgbare Polychromierung dürfte zumindest zwei Fassungen zeigen, wovon zumindest eine aus der näher nicht bestimmbaren Zeit der Überarbeitung stammt. Die Skulptur ist vollrund gearbeitet.

IKONOGRAPHIE

Das Jesus-Kind ist Maria zugewandt, so daß sich das Kind in Rückenansicht präsentiert. Maria neigt ihr verschleiertes Haupt dem Kind zu, das Kind hat den Kopf – ähnlich dem Typus einer Madonna lactans – rücklings geneigt, und das Kind greift mit ausgebreiteten, ausgestreckten Armen nach den Säumen des in den Mantel übergehenden Schleiers. Dieses Tasten nach der Mutter bringt diese Skulptur mit der Eleusa-Tradition in Beziehung, zur offenen Frage über die Beziehung zum Tasten nach dem Schleier und dem Dialog Anselm s. Kat.-Nr. 77.

STIL UND DATIERUNG

Die im Stand-Spielbein-Motiv stehende Maria wird in großzügiger Weise von einem mit betontem Eigenleben charakterisierten Mantel umspielt, wobei mächtig ausladende Partien und unterschiedliche Bögen beschreibende Saumlinien gegen großflächige, enganliegende Bereiche in der Oberfläche der Draperie gesetzt sind. Zu diesen kontrastieren spitzwinkelig gegeneinander gerichtete, zuweilen in haarnadelartig geformte Mulden verlaufende und Knicke ausbildende, gratige Faltenstege. Auf der Rückseite fallen nur locker verteilte Röhrenfalten. Durch das Überschnitzen gelegentlich der Reduktion des Faltensteges des Mantels unterhalb der rechten Hand Mariens ist der intendierte ursprüngliche Verlauf der Manteldrapierung derartig unterbunden, daß er in seiner Logik nur mit Mühe verfolgt werden kann und beinahe auf eine mißverstandene Fälschung schließen läßt: Dennoch ergibt sich bei genauerer Betrachtung, daß auch das Kleid Mariens, das nur im Brustbereich und in der Partie der Unterschenkel sichtbar ist, gleichfalls vom Kontrast großer sphärischer Flächen und gratiger Faltenstege mit kräftigen Knicken besteht. Der über dem linken Arm wie ein Ärmel wirkende Mantel wird tatsächlich (der entsprechende Ärmel des Kleides ist wie beim rechten Arm sichtbar!) vom linken Unterarm eingeklemmt und verläuft unter der linken Hand Mariens (mit der sie das Kind hält) und der rechten Körperflanke zu gegen die Standplatte aus. Die scheinbar unmotivierte, umgebogene Saumfältelung in Kniehöhe (die rote Fassung der Unterseite weist sie als Innenseite des Mantels aus) ist ein gelegentlich der reduzierenden Überschnitzung verbliebener Teil des Mantelumhanges an der linken Körperflanke. Andererseits bilden der Saum, der von der rechten Hand nach der rechten Flanke zu verläuft, und der von dem Rumpf herabfallende, gleichfalls gratige Saum jeweils Teilbereiche ein und derselben Mantelhälfte, so daß ein Mißverständnis bei der Umsetzung einer – vielleicht gar nicht dreidimensionalen – zu postulierenden Vorlage auch im ursprünglichen Zustand vorlag. Diese beiden zuletzt beschriebenen Saumlinien „höhlen" die vergleichsweise nur gering zur Wirkung kommende Kniepartie ein. Diese große Hohlräume mit gratiger Schärfe einschließende Drapierung, die den Körper nur an wenigen Stellen der Gewandpartie fühlbar andeuten läßt, wie auch die Einheit von Schleier und Mantel, die im Stirnbereich nur zaghaft Faltengrate zur Geltung bringt, lassen eine Datierung gegen Ende des ersten Viertels des 16. Jahrhunderts zu.

PIETÀ, frühes 16. Jahrhundert	111

Prot.-Nr. L–41 *Abb. 274*

Holzskulptur, polychromiert

Maße: Höhe: 55 cm
      Breite: 70 cm
      Tiefe: 35 cm

Leihgabe aus der Kirche Am Hof, Wien I

ERHALTUNGSZUSTAND

Unter der gegenwärtigen Fassung – in der barocke Vergoldung und Inkarnatfassungen des 19. Jahrhunderts egalisierend vereinigt sind – befinden sich große Partien älterer – originaler (?) – Farbschichten. Eine unmittelbar bevorstehende Restaurierung wird eine Klärung hinsichtlich der Polychromierung erbringen.

IKONOGRAPHIE

Das Thema der Pietà (Beweinung Christi durch Maria, auch Vesperbild genannt) ist eines der beliebtesten Andachtsbild-Motive des späten Mittelalters, das vor allem in der Zeit der Internationalen Gotik (auch „weicher Stil" genannt) um 1400 besonders qualitätvolle Werke in Steingußtechnik hervorbrachte.

BESCHREIBUNG UND KUNSTHISTORISCHE EINORDNUNG

Dieses Werk ist eine Holzschnitzerei, die, da sie an der Rückseite ausgehöhlt ist, nicht ein freistehendes, allansichtiges Kultbild, sondern eine in einem architektonischen Rahmen (wahrscheinlich in einem Altar, und da vielleicht eine zu einer Predella gehörende) stehende Plastik ursprünglich gewesen ist.
Sowohl die Proportionen der Figuren als auch das große Eigenleben, das, vor allem bei Maria, die Gewandbehandlung führt, lassen auf eine Entstehung am Beginn des 16. Jahrhunderts schließen. Der Faltenwurf mit seinen breiten Tälern und schmalen Stegen und den die Richtung mehrmals wechselnden Faltenverläufen überspielt die Figuren in einer beinahe barock anmutenden Art. Wesensverwandte stilistische Merkmale finden sich in den Reliefs der Tumba des Friedrichsgrabes im Stephansdom und bei den hievon beeinflußten Werken der Folgezeit, wodurch die angegebene Datierung bestätigt wird.
Im Vergleich zum Relief der Beweinung Christi aus der Buckligen Welt (s. Kat.-Nr. 103), wo Maria aufrecht sitzend gegeben ist und den toten Sohn auf ihrem Schoß liegend hält und somit der Figurentypus der thronenden Pietà von einer zweischichtig angeordneten „Figurenwand" hinterfangen ist, liegt in der Skulpturengruppe aus der Kirche Am Hof Christus am Boden, und sein Oberkörper wird von der gleichfalls am Boden sitzenden Maria aufgestützt. Ähnlich der Hörersdorfer Beweinungsgruppe (s. Kat.-Nr. 104) verläuft die Körperhaltung Christi annähernd parallel zum rechten Kontur des Mantels Mariens. In der Pietà aus der Kirche Am Hof sind die – wohl aus dem Faltenstau resultierenden – Konturen des Mantels tatsächlich an die abgewinkelte Neigung des Oberkörpers Christi

und dessen Verhältnis zur Lage der Beine angepaßt. Ikonographisch leitet sich diese Art der Zuwendung der am Boden kauernden Maria zu Christus sowohl von Grablegungsdarstellungen, wo Maria den bereits in das Grab gelegten Christus umarmt – wie es in der Malerei des italienischen Trecento Tradition ist –, als auch von Darstellungen der Beweinung Christi unmittelbar nach der Kreuzabnahme – wie sie vor allem durch die altniederländische Malerei vermittelt wurde – ab. Abgesehen von der bildhauerischen Qualität unterscheidet sich diese Pietà aus der Kirche Am Hof von der Hörersdorfer Beweinungsgruppe durch die stark auf weitgehende Autonomie der plastischen Einzelform abzielende Tiefenerstreckung, die der Skulpturengruppe aus der Kirche Am Hof den Reliefcharakter vollends nimmt. Dieses skandierende Staffeln der plastischen Einzelformen entwickelt sich nach der Höhe ebenso wie nach der Tiefe und der Breite hin.

Katalog:
Sammlungskatalog des Eb. Dom- und Diözesanmuseums, Wien 1973, Kat.-Nr. 67.

| 112 | HL. ANTONIUS EREMIT, um 1510/1520 |

Abb. 283   Prot.-Nr. L–45

Holzskulptur, Reste alter Polychromierung mit späteren, die Fehlstellen schließenden Retuschen

Maße: Höhe: 75,5 cm
       Breite: 26 cm
       Tiefe: 20 cm

Leihgabe der Pfarre Raach am Hochgebirge, NÖ.

PROVENIENZ

In einem spätbarocken, im 19. Jahrhundert entfernten, Altar der Pfarrkirche Raach am Hochgebirge war diese Skulptur zweitverwendet worden. Zuletzt fungierte sie als Wandfigur in der genannten Kirche. Seit 1973 befindet sich die Figur im Museum. Ein von Prof. Walter Leitner, Wien, angefertigter Abguß vertritt das Original im Kirchenraum.

ERHALTUNGSZUSTAND

Ein Sektor der Standplatte fehlt vorne. Die Figur ist allseitig bildhauerisch bearbeitet, was auf eine ursprüngliche Aufstellung einem nach allen Seiten hin offenen Tabernakel (Baldachin) schließen läßt. Sowohl der Stab als auch die Glocke sind barocke Ergänzungen. 1786 wurde die Figur nachweislich restauriert (Gugitz, op. cit., S. 38–45). Im heutigen Zustand sind Reste alter Polychromierung mit weitreichenden, Fehlstellen optisch schließenden Retuschen vereint. An einigen Stellen zeigen Farbabsplitterungen die Existenz einer älteren (originalen?) Fassung.

IKONOGRAPHIE

Die in sich ruhend wirkende, stehende Figur ist sowohl durch die Mönchstracht wie auch durch die Attribute von Wildschwein und Handglocke als hl. Antonius Eremit gekennzeichnet. Eine ikonographische Besonderheit ist die Kopfbedeckung in der Art eines Doktorhutes, wie er auf Humanistenbildnissen des frühen 16. Jahrhunderts wiederholt anzutreffen ist.

STIL UND DATIERUNG

Die statische Ruhe in der Statuarik wird in der hellen, teils glatt, teils in Parallelfalten fallenden Soutane begleitet. Einen starken Kontrast hiezu bildet der unter einem glatten, kurzen Schulterpluviale in reichen Faltenbildungen – die von zahlreichen gratigen Faltenstegen unterbrochen sind – herabgleitende Mantelumhang. Dieser bildet in seiner Caputmortuum-Farbe einen weiteren Gegensatz. Die laschenartigen Faltenzüge wie auch die ohrmuschelförmig umgelegten Faltensäume und auch das Umspielen einer detailreichen Draperie um eine ruhig stehende Figur lassen eine Datierung in das zweite Jahrzehnt des 16. Jahrhunderts vermuten.

Literatur:
Gustav Gugitz, Ein seltsames Votiv in österr. Kultstätten (Österr. Zeitschrift f. Volkskunde, Wien 1949, neue Serie Bd. III, S. 38–45).

Katalog:
Sammlungskatalog des Eb. Dom- und Diözesanmuseums, Wien 1973, Kat.-Nr. 73.

HL. LEOPOLD ÜBER DEM SCHLOSS OBERDÜRNBACH, frühes 16. Jahrhundert, Schloßmodell 17. Jahrhundert

| 113 |

Inv.-Nr. 47   *Abb. 284*

Holzskulptur, polychromiert

Maße: Höhe: 63 cm
      Breite: 25 cm
      Tiefe: 15 cm

PROVENIENZ

Die Herkunft dieser Skulptur ist unbekannt.

IKONOGRAPHIE UND BESCHREIBUNG

Der hl. Leopold ist mit einem Herzogshut bekrönt; über dem eng anliegenden, gegürteten Gewand trägt er einen roten, breit angelegten Mantel, der an der Schulterpartie eng anliegt. Die untere Körperpartie wurde bei einer späteren Überarbeitung zusammen mit dem dazugehörigen Gewand entfernt und zu nackten Beinen umgeschnitzt; vielleicht wurde die Skulptur damals mit dem Schloßmodell kombiniert, wodurch der Charakter einer Florian-Skulptur entstand und die Figur eine Umdeutung erfuhr. Vermutlich erfolgte die Veränderung der Skulptur gleichzeitig mit der Kombination mit dem Schloß, wobei für diese Annahme ein Beweis fehlt; sicher ist, daß die Zusammenstellung der Skulptur mit dem Gebäude nicht ursprünglich ist.
Der ländliche Schloßbau, über dem der Heilige schwebend montiert ist, zeigt für das 17. Jahrhundert charakteristische Details: So weisen beispielsweise der Eckturm mit dem Zwiebelhelm, die Eckquaderungen, die Art der Dachdeckung sowie die Einfahrt in diese Zeit.

DATIERUNG

Die Skulptur des hl. Leopold zeigt stilistische Merkmale – wie beispielsweise am Verhältnis des Gewandes zum Körper und an der Formgebung der Faltenwürfe ablesbar ist –, die ihre Entstehung in den Beginn des 16. Jahrhunderts setzen lassen.
Die Physiognomie des Heiligen orientiert sich, bei allen durch die Vereinfachung erklärbaren Reduktionen, am Porträt Kaiser Friedrichs III., wie es im Tumbadeckel des Grabmonumentes von Niclaes Gerhaert van Leyden im Wiener Stephansdom am anschaulichsten überliefert ist. Ähnliches trifft auch bei den beiden – ehemals am Südturm der Klosterneuburger Stiftskirche postamentierten (heute im Lapidarium ebendort) – um 1470 entstandenen Stifterfiguren des hl. Leopold und seiner Frau Agnes zu, die sich an den Grabmonumenten Friedrichs III. und seiner Frau Eleonore von Portugal (Wr. Neustadt, Neukloster) orientierten (zu den Grabmonumenten s. Ausst.-Kat. Friedrich III., Wr. Neustadt 1966, Kat.-Nr. 151, 204; zu den Klosterneuburger Skulpturen s. Ausst.-Kat. Leopold III., Klosterneuburg 1985, Kat.-Nr. 68, 69).

Katalog:
Der heilige Leopold, Landesausstellung Stift Klosterneuburg 1985, NÖ. Landesmuseum, N. F. Nr. 155, Wien 1985, S. 263/Kat.-Nr. 251.

Abb. 285   Inv.-Nr. 46

Holzskulpturengruppe, polychromiert, teils Lüsterfassung, teils Vergoldung

Maße: Höhe: 49,5 cm   mit Standplatte und Gloriole
      Breite: 28,5 cm   Höhe: 61,5 cm
      Tiefe: 22,5 cm   Breite: 66,5 cm

PROVENIENZ

Diese Skulpturengruppe befindet sich seit der Gründung des Museums 1933 daselbst und stammt laut Überlieferungen in den alten Museumsführern aus der Wallfahrtskirche Maria Schutz am Semmering in Niederösterreich. In dieser spätbarocken Kirche kann dieses Bildwerk nur zweitverwendet gewesen sein.

ERHALTUNGSZUSTAND

Die halbfigurige Anna ist im gegenwärtigen Zustand auf einer profilierten, hölzernen und vergoldeten Standplatte postamentiert, was sie als letztlich mobiler Widmung dienende Figur ausweist. In etwa zwei Dritteln der Tiefenerstreckung der Annenskulptur ist die bildhauerisch durchgearbeitete Rückenpartie vertikal in voller Breite eingeschnitten, um solcherart für die Halterung der vergoldeten hölzernen Strahlen der Gloriole Platz zu bieten. Auch dies ist eine nachträgliche Veränderung, die nicht zum gleichen Zeitpunkt wie die Montage auf die Standplatte erfolgt sein muß. Da die Radien der Gloriole allerdings – wie die Bossierung an der Rückseite beweist – nur die oberen zwei Drittel der Gloriole beschreiben, ist es naheliegend, diese späteren Veränderungen zeitlich gleichzusetzen und auf eine Umwidmung als Vorsetzbildwerk zu schließen. Die sich überkreuzenden Säume des Mantels Annas, wobei der linke Teil einen nach unten auslaufenden Zipfel bildet, lassen in ihr einen Vertreter des Typus der hängenden Annenbüste vermuten (vgl. Anna selbdritt aus St. Jakob in Nürnberg, ursprünglich aus der Frauenkirche ebendort, s. Gerhard Bott – Rainer Kahsnitz, Veit Stoß in Nürnberg, Ausstellungskatalog Nürnberg 1983, Nr. 26). Andererseits ist nicht auszuschließen, daß diese Figurengruppe ein Fragment einer ursprünglich ganzfigurigen, sitzenden oder stehenden Annenfigur ist. Da Anna je ein Kind in einer Hand hält und die Füße der Kinder nirgends auflasten, ist die Vermutung einer ursprünglich sitzend dargestellten Anna wenig wahrscheinlich.
Die heutige polychromierte Fassung mit dunkelblauer Lüstrierung im Mantel Annas und im Kleid Mariens ist eine barocke Fassung. Untersuchungen nach dem Befund älterer Fassungen sind bislang noch nicht erfolgt.

IKONOGRAPHIE

Auch diese skulpturale Interpretation des Themas der Anna selbdritt schließt an den ältesten, hiefür traditionellen Typus an (s. Kat.-Nr. 102), wobei wiederum Maria als kleines Mädchen und Jesus als Säugling wiedergegeben sind. Anna blickt vor sich sinnend hin (was sicherlich auch bei der ursprünglichen Fassung kaum anders gewesen sein dürfte) und widmet sich keinem der beiden Kinder direkt. Umso lebhafter sind die beiden Kinder mit dem Essen von Früchten (Kirschen? oder Erdbeeren?) beschäftigt, die Maria dem Jesus-Kind in einer flachen Schüssel darreicht. Ehe die Sorte der Früchte (nach einer detaillierten Untersuchung hinsichtlich der ursprünglichen Fassung) nicht eindeutig bestimmt worden ist, kann eine symbolische Deutung nur ein spekulativer Versuch sein. Im Falle von Erdbeeren ist dieses Rosengewächs tatsächlich mit Maria in Verbindung zu bringen, wobei auch eine Anspielung auf die Passion Christi enthalten ist (s. Floridus Röhrig, Der Albrechtsaltar, Wien 1981). In der kleinen Anna-selbdritt-Skulpturengruppe aus der Mitte des 14. Jahrhunderts im Museum des Konvents der Barmherzigen Brüder in Wien II halten Maria und das Jesus-Kind eine für das Meßopfer traditionelle symbolhältige Traube.

BESCHREIBUNG

Die hl. Anna ist in ruhiger frontaler Haltung wiedergegeben, ihr Haupt ist etwas nach vor geneigt. Ihr schmales Antlitz ist greisenhaft wiedergegeben. Die volleren – durch die Polychromierung vor allem in den Wangenpartien auffallend frisch wirkenden – Gesichter von Maria und dem Jesus-Kind kontrastieren hiezu. Dem pausbäckigen, lockigen Kopf des Jesus-Kindes ist das zierliche Mädchengesicht Mariens mit den langen, von einem (im heutigen Zustand) vergoldeten Stirnband gehaltenen, blonden Haaren, die in Lockensträhnen über den Rücken Mariens auslaufen, gegenübergestellt. Das Jesus-Kind wendet seinen Blick den Früchten zu, während Maria – wie eine „größere Schwester" zum Jesus-Kind wirkend – den Sohn Gottes anblickend auf die Früchte zeigt. Diesem „lebendig" wirkenden „Spiel" der Kinder entspricht auch die Haltung von deren Körpern: Beide haben – unterschiedliche Rhythmik andeutende – angehockte Beine in leicht überkreuzter Haltung, die Oberkörper bilden eine zur Haltung der Arme Annas konzentrische Klammerwirkung, die sich mit den Früchten beschäftigenden Arme sind gegenständig angeordnet. Die dunkelblauen (Anna und Maria) Gewänder wie auch das Goldgewand Christi lassen einerseits durch ihr enges Anliegen an die Körper diese betonen, andererseits sind die stark erhabenen schmalen Grate der Faltenstege in ihrem kurvigen Verlauf geeignet, die Figuren optisch dynamischer erscheinen zu lassen, was bei Maria und Christus eine Steigerung ihrer bewegten Haltungen bedeutet. Die gefältelte schleierartige Kopfbedeckung Annas wie auch ihre in weiter Kurvung herabhängende Endung des Übergewandes klammern die Figurengruppe gleichsam ein. Die angedeutete zentrische Einklammerung des zentralen Motivs der Obstschale nährt die Vermutung, daß diese Skulpturengruppe als hängendes Motiv gedacht war.

STIL UND DATIERUNG

Das Hervorheben der Körperpartien durch die enganliegenden Draperieteile wie auch das Eigenleben der Faltenstege sowie das genrehafte Motiv der Früchte essenden Kinder und die lebhafte Charakterisierung der Gesichter lassen ein Entstehungsdatum gegen 1520 vermuten.

Kataloge:
Führer durch das Eb. Dom- und Diözesanmuseum, Wien 1934, 1941, 1946.

HL. ÄGYDIUS, frühes 16. Jahrhundert	115

Prot.-Nr. 248   *Abb. 286*

Holzskulptur, polychromiert

Maße: Höhe: 43,5 cm
      Breite: 17,5 cm
      Tiefe: 12,5 cm

Leihgabe der Pfarre St. Egyden am Steinfeld, NÖ.

PROVENIENZ

Diese Skulptur stammt aus der Pfarre St. Egyden und war möglicherweise – in Übereinstimmung der Dedikation der Skulptur mit dem Patrozinium der Kirche – für diese bestimmt.

ERHALTUNGSZUSTAND

Die Skulptur ist im heutigen Zustand zweifellos zu einer Zweidrittelfigur reduziert, indem der untere Teil abgesägt wurde. Die Figur war auf Allansichtigkeit hin gearbeitet, was die Formulierung der Draperiefalten des Habits und der Cappa (Kapuze) eindeutig zeigen. Die Frontalansicht zeigt in ihrer engeren und stilistisch differenzierteren Behandlung der Gewandfalten eine spätere Überarbeitung. Daraus folgt, daß die Skulptur zum Zeitpunkt dieser genannten Veränderung auf eine frontale Ansicht in einem vom ursprünglichen abweichenden Ambiente hin überarbeitet wurde. Die farbige Fassung des Gewandes in einem bräunlichen „Caput-mortuum"-Farbton wie auch die Hände und das (einstens vergoldete) Pfeilattribut datieren frühestens aus dieser Zeit (die linke Hand ist möglicherweise eine neuestzeitliche Ergänzung). Die Rückseite des linken Ärmelzipfels wie auch eine Faltenendung an der Rückseite rechts zeigen Spuren eines Anobienbefalls. Die farbige Fassung des Kopfes ist, möglicherweise unter Verwendung von zwei Farbschichten aus verschiedenen Epochen, egalisierend retuschiert worden.

STIL UND DATIERUNG

Die Struktur der ursprünglich gegenständig angeordneten Ober- und Unterkörperpartien in dieser Figur wie auch die markante, seitwärts geneigte Haltung des Kopfes entsprechen den gestalterischen Gepflogenheiten der Endphase der Spätgotik. Auch die Struktur der Draperie an der Rückseite der Figur mit ihren steil formulierten, kaskadierenden Faltenschüben mit spitzem Zulauf der tiefen Faltentäler und der die Stofflichkeit in ihrer Eigenwertigkeit betonenden Faltenstege gehört dieser Stilstufe des ersten Viertels des 16. Jahrhunderts an. Die Frontalansicht der Figur wurde, wie aus den Veränderungen in der Struktur wie auch in der Oberflächenbehandlung der Falten zu schließen ist, Ende des 17. Jahrhunderts überarbeitet.

Die markante Haltung des Hauptes gegen den Körper in abgewinkelter Form sowie die enge, von tiefen Furchen geprägte Drapierung des Gewandes in derem Gegensatz zu großflächigeren, stereometrischen Partien, wie vor allem der Verlauf der Ärmelfalten mit den eckig anmutenden Knicken, entsprechen dem Formenrepertoire der Zeit um 1500.

| 116 | MARIA UND JOHANNES EVANGELIST, erstes Viertel 16. Jahrhundert |

Abb. 287, 288

Inv.-Nr. 291, 292

Holzskulpturen, farbig gefaßt

Maße: Maria
      Höhe: 53,5 cm
      Breite: 18,5 cm
      Tiefe: 14,4 cm

Johannes
      Höhe: 53,5 cm
      Breite: 22 cm
      Tiefe: 13,8 cm

PROVENIENZ BEIDER SKULPTUREN

Pfarre Sennig, Niederösterreich, Stiftung von Pfarrer Msgr. Karl Keck anläßlich des 80. Geburtstages Sr. Eminenz Kardinal Dr. Franz König (1985).

ERHALTUNGSZUSTAND

Restauriert 1953 (eingeritzter Vermerk an der Rückseite der Marienskulptur), Bestände der alten (originalen?) farbigen Fassung wurden egalisierend optisch geschlossen. Bei Johannes: Standplatte und Füße erneuert. – In den Schädelkalotten sind Vertiefungen vom Zapfen für die Verankerungen am Schnitzstock zu sehen, die durch Holzeinlagen geschlossen sind.

STILCHARAKTERISTIK

Die beiden spätgotischen Skulpturen der trauernden Maria und des hl. Johannes stammen aus einer Kreuzigungsgruppe. Sowohl in ihrer Formulierung der Statuarik, die in ihrer Torsion die intendierte psychische Regung spezifiziert, wie auch durch die reichlich schwungvolle, teilweise Selbständigkeitscharakter gewinnende Formgebung der kaskadierenden Draperie mit den Faltenstauungen und den hiezu gleichsam kontrastierenden Faltenstegen weisen sich diese Skulpturen als Belegstücke der „barock" anmutenden Endphase der Spätgotik aus. Das starke Eigenleben des Faltenstaues im Rumpf Mariens wie auch der wellenförmige Verlauf der Ärmelsäume ihres Mantelumhanges, vor allem die raumgreifende Körperwendung des Johannes mit dem kühn gefältelten, schwungvollen Verlauf des Mantelumhanges, und des „glockenartig" ausladenden Mantelzipfels weisen auf ein Nachwirken der Skulpturen vom Kanzelpfeiler des Wiener Stephansdomes hin, womit die Skulpturen als entfernte Nachfahren der Kunst Anton Pilgrams ausgewiesen wären. Expressiv ist die Haltung der Hände, bei Maria in der Tradition der Mater dolorosa überkreuzt, bei Johannes in verkrampft wirkender Bethaltung gefaltet. Der Gesichtsausdruck ist bei beiden Figuren von vergleichsweise zurückhaltender Trauer: bei Maria von geradezu autistischem Sinnieren, bei Johannes ist durch den verzogenen Mund und durch die Wiedergabe des Blickes ein „lauteres" Weinen angedeutet als bei Maria.

DATIERUNG

Aufgrund der genannten stilistischen Merkmale sind die beiden Skulpturen kunsthistorisch anspruchsvolle Werke aus dem frühen 16. Jahrhundert; sie gehören der Endphase der Spätgotik an.

ENGEL AUS EINEM JÜNGSTEN GERICHT, erstes Viertel 16. Jahrhundert	117

Prot.-Nr. L–63   *Abb. 217*

Kalksandsteinskulptur

Maße: Höhe: 62 cm
      Breite: 86 cm
      Tiefe: 36 cm

Leihgabe aus dem Stephansdom

PROVENIENZ UND ERHALTUNGSZUSTAND

Die Skulptur stammt von der Darstellung des Jüngsten Gerichtes an der nördlichen Außenseite des Chores von St. Stephan. Durch Verwitterung und Schmutzablagerung sind starke Korrosionsschäden entstanden.

IKONOGRAPHIE

Der auf einer Wolke schwebend gedachte Engel ist in kniender Frontalstellung mit ausgebreiteten Flügeln dargestellt. Unter jedem Arm hält er je ein Attribut der Passion Christi – Geißelsäule und Kreuzbalken.

KUNSTHISTORISCHE EINORDNUNG

Bei dieser sehr bewegten Figurenwiedergabe ist das Gewand stark verselbständigt, dennoch ist der Körper, wenigstens stellenweise, durch dieses durchzuspüren.
Aufgrund der stilistischen Verwandtschaften zu Epitaphien am Stephansdom (Keckmann, Paulus, Thomas Resch) und zur Hutstockerschen Kreuztragung (s. Kat.-Nr. 118) ist dieses Werk ins erste Viertel des 16. Jahrhunderts zu datieren.

Literatur:
Hans Tietze, ÖKT, Bd. XXIII, S. 368 ff., Abb. 411.

Katalog:
Sammlungskatalog des Eb. Dom- und Diözesanmuseums, Wien 1973, Kat.-Nr. 74.

FRAGMENTE DER „HUTSTOCKERSCHEN KREUZTRAGUNG", 1523	118

Prot.-Nr. L–46   *Abb. 289–292*

Kalksandsteinrelief, in drei Platten

Die Maße der Platten von links nach rechts gereiht:

Maße: Höhe: 83 cm	Breite: 113 cm	Tiefe: 24 cm
Höhe: 87 cm	Breite: 64 cm	Tiefe: 25 cm
Höhe: 79 cm	Breite: 111 cm	Tiefe: 21 cm

Gesamtabmessungen:

Maße: Höhe: 87 cm	Breite: 288 cm	Tiefe: 25 cm

Leihgabe der Dombauhütte zu St. Stephan

PROVENIENZ

Die Hutstockersche Kreuztragung befand sich in der gedrückten Segmentbogennische an der Nordschräge des Nordchores am Außenbau des Stephansdomes. Die durch Witterungsschäden bereits sehr in Mitleidenschaft gezogene Darstellung wurde 1945 schwer beschädigt. Die ausgestellten Reste dieser Figurengruppe zeigen drei Platten des Hintergrundreliefs, wo von der ursprünglichen Simultandarstellung Fragmente mit dem betenden Christus am Ölberg und die Gefangennahme Christi dargestellt sind. Da sie den Hintergrund zierten, sind ihre Dimensionen verhältnismäßig klein.

ERHALTUNGSZUSTAND

Abgesehen von einzelnen Bestoßungen im Randbereich des Reliefs wie auch von einzelnen ausgebrochenen filigranen Bereichen, ist das Relief weitgehend gut erhalten, zumal es in der ursprünglichen Aufstellung an der Außenseite des Domes durch einen Bogen geschützt war, im Hintergrund der Nische auch kaum nennenswerten Witterungsschäden ausgesetzt war und auch beim Dombrand 1945 nicht gröblich in Mitleidenschaft gezogen wurde.

IKONOGRAPHIE

Die linke Reliefplatte zeigt Christus am Ölberg mit den schlafenden Jüngern und der Erscheinung des Engels im Garten Gethsemane; in der mittleren Platte sind die von Judas angeführten Soldaten, die durch das Tor den Garten betreten, dargestellt; die rechte Platte zeigt die Gefangennahme Christi. Die Detailrealismen, die die Landschaft in reicher Textur füllen, beleben das Szenarium.

STIL UND DATIERUNG

Ursprünglich befand sich auf dem Wappen die Jahreszahl 1523, das Monogramm CV soll sich auf der Gürteltasche des Simon von Cyrene befunden haben – von all dem war bereits vor der Beschädigung von 1945 nichts mehr zu sehen (s. ÖKT, XXIII, S. 366). Diese Details lassen sich am Stich bei Tschischka (op. cit., Tf. 42) noch erkennen. Die Überlieferung nennt 1523, das Sterbejahr des Stifters Johann Hutstocker, als die Entstehungszeit und den sonst nicht weiter bekannten Conrad Vlauen als Bildhauer (ÖKT, XXIII, S. 366). Für eine derartig figurenreiche Darstellung der Kreuztragung könnte Schongauers Stich B. 21 den Anstoß gegeben haben – eine stilistische Beziehung hiezu läßt sich nicht feststellen.
Mehrere Hauptmotive der Gefangennahme sind vermutlich von Hans Baldungs Holzschnitt in Ulrich Pinders ,,Speculum passionis" von 1507 abhängig (ÖKT, XXIII, S. 366).

Literatur:
ÖKT, XXIII, Wien 1931, S. 366 – Tschischka, Der St. Stephansdom zu Wien und seine alten Denkmale der Kunst, mit 43 Tafeln von Wilder, Wien 1932.

Katalog:
Sammlungskatalog des Eb. Dom- und Diözesanmuseums, Wien 1973, Kat.-Nr. 72.

BILDWERKE DER NEUZEIT

KREUZTRAGUNG CHRISTI, Jan van Hemessen, um die Mitte des 16. Jh.s	119

Prot.-Nr. L–64   *Abb. 293*

Ölmalerei auf Holztafel, Rahmen aus dem 19. Jahrhundert

Maße: Hochformat (mit Rahmen): 128 × 112 cm

Leihgabe aus dem Stephansdom

PROVENIENZ

Das Bild wird im Reliquieninventar der Domcustodie von 1666 (angelegt vom Custos Johann Prugger, 1666–1672) genannt: Reliquieninventar 1666/A, fol. 33 r., Nr. 129: „Imago Christi gerentis crucem so gar wohl auf holtz gemallen, hatts herr Cardinal Klösl Bruederschafft Corporis Christi geschenkht. wirt aber diser Zeit in der Hailtumb Camer behalten. Vide numero 137 Inventarium Domini de Zwirschlag. etliche haben dises bildt auf 100 Cronen estimiert."
Das im Text erwähnte Inventar des Custos Stephan Zwirschlag (1636–1640) wurde im Jahre 1641 angelegt und ist derzeit leider verschollen. Auf jeden Fall ist damit das Vorhandensein dieses Bildes schon für 1641 bezeugt. Seine – vorübergehende – Deponierung in der Heiltumkammer steht vielleicht mit der Barockisierung des Domes in Zusammenhang.
In den späteren Reliquieninventaren wird dieses Bild nicht mehr genannt; es war also nicht Besitz der Domcustodie.
Dieses Bild ist wahrscheinlich ein Geschenk von Papst Paul V. Borghese (1605–1621) an die Domkirche (1607) oder an die Corpus-Christi-Bruderschaft, wie im Inventar der Domkirche von 1814 ein Bild als solches erwähnt und als „Kreuzzug Christi, von Albrecht Dürer" bezeichnet wird. Sollte dieses erwähnte Bild mit dem ausgestellten identisch sein, so ist die Zuschreibung an Dürer in der Überlieferung falsch. Laut Ogesser befand sich das Bild 1779 in der Kapelle des hl. Johannes Evangelist, 1823 in der Eligiuskapelle, zuletzt – bevor es 1933 in das Museum gelangte – in der Kreuzkapelle des Domes.

ERHALTUNGSZUSTAND

Seitdem sich das Bild im Museum befindet, ist von einer Restaurierung nichts bekannt, abzüglich der Reinigung anläßlich der Gründung des Museums durch Prof. Dr. Franz Walliser. Geringe Bestoßschäden an der Oberfläche sind zweifellos älteren Datums.

IKONOGRAPHIE

Dargestellt ist die Kreuztragung Christi. Christus ist von Schergen und berittenen Soldaten umgeben. Christus selbst wird jedoch andachtsbildartig herausgehoben.
Zur Ikonographie der Kreuztragung ist zu bemerken, daß sie seit dem Spätmittelalter, auf der Schrift des Thomas a Kempis über die Imitatio Christi (bezugnehmend auf das Bibelwort der Kreuztragungsnachfolge im Evangelium) aufbauend, in der bildenden Kunst laut Panofsky „als eine Verzuständlichung des an und für sich auf einen bestimmten Zeitmoment zugespitzten Historienbildes" dargestellt wird. Die Auffassung „das Kreuz wird Sinnbild für das gesamte Leiden der Passion, wird Symbol für das Leiden der Menschheit" spielt hiebei eine wesentliche Rolle (Ute Ulbert-Schede, Das Andachtsbild des kreuztragenden Christus in der deutschen Kunst – von den Anfängen bis zum Beginn des 16. Jahrhunderts, Diss., München 1961).

STIL UND DATIERUNG

Um die in kniend niederstürzender Haltung wiedergegebene Dreiviertelfigur Christi sind die Schergen und Soldaten so angeordnet, daß sie Christus sowohl räumlich als auch in der Bildebene hufeisenförmig umgeben. Eine rationale, empirische räumliche Anordnung ist nur angedeutet, so daß dreidimensional empfundene Körperpartien (Köpfe,

Hände) als die Bildfläche füllende Elemente erscheinen. Ein konsequentes räumliches Kontinuum der Einzelmotive fehlt; so ist beispielsweise die Fortsetzung des Kreuzlängsbalkens bildeinwärts nicht zu verfolgen.

Eine ähnliche „raumlose" Kreuztragung findet sich bei Hieronymus Bosch im Bild des Genter Museums, das nach seinen erzählenden Darstellungen (Wien, Kunsthistorisches Museum und Escorial) gemalt wurde. Dieses Genter Bild zeigt eine Massenszene von Physiognomien. In dieser Tradition steht auch Hemessen. Nach Hemessen geht die Entwicklung dieses Themas weiter über Willem Key und Frans Floris. Bei diesen Malern ist das Historienbild endgültig in ein raum-zeitloses Meditationsbild übergegangen (s. Günther Heinz, Beiträge zum Werk d. Frans Floris, in Jb. d. kunsthist. Sammlungen, 1969, S. 9).

Weitere, sichtlich sehr nahe verwandte, bildliche Fassungen dieses Themas (Schloß Soestdijk, Holland, diesem ähnlich „Verspottung Christi" in der Münchener Alten Pinakothek; ferner in Esztergom, datiert 1553) werden Jan van Hemessen zugeschrieben.

Aufgrund der Parallelen des Wiener Bildes zu dem im Soestdijker Schloß gilt es als Hemessen. Winkler (Die altniederländische Malerei, Berlin 1924, S. 384 f.) und D. Schubert (Eine zweite Sintflut vom Meister des Augsburger Ecce-Homo, in Wallraff-Richartz-Jahrbuch, Bd. XXXIII, Köln 1971, S. 321 ff.) schreiben es einem Hemessen nahestehenden Anonymus zu.

In der neuen monographischen Publikation über Jan van Hemessen von Burr Wallen ist dieses ausgestellte Bild nicht einmal erwähnt. Enge stilistische Analogien ergeben sich zum Bild der Verspottung Christi in der Alten Pinakothek in München (signiert und 1544 datiert, s. B. Wallen, op. cit., Kat.-Nr. 30, S. 303), wo Christus an die Geißelsäule gefesselt ist und von ähnlich gekleideten Spöttern formal verwandter Physiognomien des ausgestellten Kreuztragungsbildes umgeben ist. Das genannte Vergleichsbeispiel zu dem ausgestellten Werk mit der gleichthematischen Darstellung der Kreuztragung in Esztergom (signiert und 1553 datiert) wird von Burr Wallen (Kat.-Nr. 42, S. 314) als eigenhändiges Werk begreiflicherweise anerkannt. Die angegebenen Daten der beiden stilistisch engst verwandten Werke von 1544 bzw. 1553 rechtfertigen eine Datierung des ausgestellten Bildes um die Mitte des 16. Jahrhunderts.

BIOGRAPHISCHES ZU JAN VAN HEMESSEN

Jan van Hemessen (eigentlich Jan Sanders) wird nach seinem Geburtsort genannt. Sein Geburtsdatum ist nicht überliefert. Er war ein Antwerpener Maler, 1519 ist er als Lehrling bei Hans van Cleef in Antwerpen erwähnt, 1524 Freimeister in Antwerpen, gestorben laut Guiccardini 1566, was nicht stimmen kann, da es ein 1575 datiertes und signiertes Bild von ihm (Christus und die Ehebrecherin) gibt. Da die ersten zehn Jahre seiner Schaffenszeit im dunkeln liegen, wird eine Italienreise in diesem Zeitraum angenommen. Er ist der wichtigste Vertreter der großen Figurenmalerei in der romanistischen Strömung jener Zeit und zugleich der Begründer des flämischen, aus der romanistischen Richtung hervorgehenden Sittenbildes des 17. Jahrhunderts. Die häufige Wiederkehr des gleichen Darstellungsgegenstandes ist für ihn charakteristisch, wobei das Thema des Schmerzensmannes sein Spezialgebiet ist (s. Thieme–Becker, Künstlerlexikon, Bd. XVI, Leipzig 1923, S. 365 f.).

Literatur:
Hans Tietze, ÖKT, Bd. XXIII, Wien 1931, S. 419, Abb. 500. – Friedrich Winkler, Die altniederländische Malerei, Berlin 1924, S. 384 f. – D. Schubert, Eine zweite Sintflut v. Meister d. Augsburger Ecco-Homo, in Wallraff-Richartz-Jb., Bd. XXXIII, Köln 1971, S. 321 ff. – Ingeborg Sparholz, Kreuztragung v. J. Hemessen, Aufnahmearbeit ins Kunsthistorische Institut der Universität Wien, 1973. – Burr Wallen, Jan van Hemessen, An Antwerp Painter between Reform and Counter-Reform, Ann Arbor, Michigan 1983.

Kataloge:
Führer durch das Eb. Dom- und Diözesanmuseum, Wien 1934, 1941, 1946. – Sammlungskatalog des Eb. Dom- und Diözesanmuseums, Wien 1973, Kat.-Nr. 75.

Relief aus Kehlheimerplatte

Maße: Querformat: 45 × 63,4 cm
      Tiefe: 6,7 cm

Leihgabe der Pfarre Enzersdorf an der Fischa, NÖ.

PROVENIENZ

Dieses Relief war früher an der südlichen inneren Seitenwand des Ostturm-Mauerwerkes der Kirche von Enzersdorf an der Fischa und befindet sich seit 1933 im Museum.

ERHALTUNGSZUSTAND

Von geringen Bestoßungsschäden und von zahlreichen Graffitti abgesehen, ist dieses Relief weitgehend im ursprünglichen Zustand erhalten. Sein ursprüngliches Ambiente – ein Altarretabel oder eine Umrahmung eines Epitaphiums – ist verlorengegangen, wie es auch in der Turmmauer offensichtlich zweitverwendet war. Die specksteinartig mattglänzende Wirkung, wie sie den Kehlheimerplatten eigen ist, ließ – wie sonst ähnlich den künstlerischen Erzeugnissen in Marmor – auch ursprünglich eine farbige Fassung unterbleiben.

IKONOGRAPHIE

Das Zentrum der Darstellung bildet der unter dem Kreuz niedersinkende Christus, der von einem – im Relief links gegebenen – Soldaten angeführt und an einem Seil gezerrt wird. Ein weiterer Soldat hinter Christus sekundiert dem zweiten Soldaten jenseits des Kreuzbalkens in verwandter Funktion.
Simon von Cyrene ist als das Kreuz mittragender Helfer rechts formuliert. Anführende und folgende römische Soldaten geben die Gehrichtung zusätzlich an. Die bei Kreuztragungsszenen vielfach dargestellten Anhänger Christi – sonst meist Johannes Evangelist und die weinenden Frauen – sind hier durch einige Apostel vermehrt und zusätzlich in jener Bildtradition stehend, die bei Ölbergszenen Judas mit den Häschern einnimmt (vgl. Kat.-Nr. 66).

KUNSTHISTORISCHE EINORDNUNG

Die Tendenz zur großen Form in der Wiedergabe der Hauptfiguren des Vordergrundes – der unter der Last des in die Bildfläche geklappten, schräggelagerten Kreuzes zusammensinkende Christus, die beiden ihn am Strick ziehenden Soldaten sowie Simon von Cyrene – sowie die bis in minuziöse Details reichende Wiedergabe der Textur – vor allem die Pinie im Hintergrund ist ein signifikantes Beispiel hiefür – verursachen kein Mißverhältnis. Auch die graduelle Abstufung in der Artikulierung spezifisch plastischer Werte steht mit der räumlichen Tiefenerstreckung nicht im Wiederspruch. Mag im Kompositionsprinzip wie auch in der Scharfkantigkeit bei Details (Rüstungen, Draperien, Kreuznimbus) eine spätgotische Tradition peripher nachwirken, so sind die Rücksichtnahme in der Interpretation auf die Körpervolumina wie auch die beobachteten Körperproportionen ebenso wie die Charakterisierung der Physiognomien von der süddeutschen Renaissance geprägt.
Entgegen der traditionellen Darstellungen dieses Themas (vgl. Kat.-Nr. 66, 69, 157, 193) entwickelt sich der Kondukt nicht von links nach rechts, sondern umgekehrt. Möglicherweise war eine geätzte Kupferplatte für einen Kupferstich die unmittelbare Vorlage für dieses Relief.
Der ,,behauene" Stein, der vor Christus am Boden liegt, enthält das Epigramm FACTUS PRO NOBIS MALEDICTU sowie die Signatur HE und das Datum 1558.

Katalog:
Renaissance in Österreich, NÖ. Landesausstellung Schloß Schallaburg, Katalog des Niederösterreichischen Landesmuseums, Neue Folge Nr. 57, Wien 1974, S. 55/Kat.-Nr. 122.

Abb. 275, 276   Prot.-Nr. L–56

Holzskulpturengruppe, polychromiert, Gewänder vergoldet

Maße: Höhe: 39 cm
      Breite: 69,5 cm
      Tiefe: 25,5 cm

Leihgabe der Pfarre Gießhübl, NÖ.

PROVENIENZ

Die Skulpturengruppe stammt aus der Pfarre Gießhübl, ist – durch die wesentlich jüngere
Pfarrgründung erklärlich – sicher nicht für diese geschaffen worden. Vermutlich wurde
sie von einem privaten Sammler der Pfarre geschenkt; nähere archivalische Hinweise zur
Provenienz dieser Gruppe wurden bislang nicht entdeckt.

ERHALTUNGSZUSTAND

Eine analytische Untersuchung über die Polychromierung steht noch aus. Es kann vorläufig nicht mit Sicherheit behauptet werden, ob die derzeitige Fassung die ursprüngliche ist.

IKONOGRAPHIE

Die Grablegung Christi – als letzte Phase der Passion – formuliert auch den bildlichen
Abschluß jener Illustrationsfolgen, die von der Kreuzabnahme über die Beweinung bis
zur Grablegung führen (s. Kat.-Nr. 77). Bildparallel ist in dieser Gruppe der Sarkophag
angeordnet – das Grab ist nicht als Felsengrab interpretiert.
Joseph von Arimathia und Nikodemus stehen jeweils an den Schmalseiten des Sarges
und halten den Leichnam Christi und dessen – seinen Körper hinterfangendes – Grabtuch. Die ausgebreiteten Arme entsprechen in ihrer Haltung mit den gegen den Leib zu
abgewinkelten Unterarmen jenem seit dem Hochmittelalter traditionellen Typus (etwa
Albanipsalter, im Spätmittelalter bei Fra Angelico ebenso wie bei Rogier van der Weyden,
s. Kat.-Nr. 77). Wie bei Kreuzabnahme- und Beweinungsdarstellungen üblich, ergreift
Maria die Hand zum Wundenkuß. Hinter dem Sarkophag sind die drei Marien – jene, die
am Ostermorgen zum leeren Grab kommen – sowie Johannes Evangelist links gegeben.
Diese Skulpturengruppe schließt an die aus dem Spätmittelalter stammende Bildtradition
des Saint-Sépulcre an: Dieser Bildtypus ist vom geistlichen Schauspiel angeregt. Wird im
Spätmittelalter, etwa in der Heilig-Grab-Darstellung im Münster von Freiburg im Breis-
gau, das szenisch geschilderte Geschehen in die statisch-repräsentative Darstellungs-
weise eines Figurenmonumentes umgesetzt, so zeigen spätere Darstellungen (etwa in
Tonnerre in Burgund und erst recht die italienischen Darstellungen in expressiver drama-
tischer Ausdruckskraft – s. Bologna, Die Beweinung Christi in S. Maria della Vita, die
Niccolò dell'Arca 1485 schuf) die Handlung in narrativer Weise. In der ausgestellten
Figurengruppe übernehmen die flankierenden turbanbekrönten Männer – Joseph von
Arimathia und Nikodemus – bildlich jene Funktion, wie sie durch die kommentierenden
Engel in der Freiburger Gruppe geprägt sind (s. Otto Pächt, Methodisches zur kunsthistorischen Praxis, Wahrnehmen der Zeit, Wien 1977, S. 206 ff.).
Die beiden das Grabtuch haltenden Männer sind gleichartig gewandet: Sie tragen über
der bodenlangen Alba Dalmatiken und Kopfbedeckungen mit zipfelartigen, in der Tradition der phrygischen Mützen stehende Bekrönungen. Die Kopfbedeckung des linken mit
aufgebogener Krempe – ein „Juden-Hut", wie er für Darstellungen von Hohenpriestern
als Attribut traditionell ist – weist ihn als Angehörigen des jüdischen Priesterstandes aus,
weshalb in ihm nur Nikodemus gemeint sein kann. Auch in dieser Darstellung findet sich
das Motiv des Einhüllens in das Leichentuch – dies entspricht nicht nur dem Text der
Evangelien; es wäre für die Entwicklung dieser Bildtradition wie auch beim Zitat dieses
Motivs in der Kreuzabnahme die Auswirkung meditativer Texte des Hochmittelalters zu
studieren (s. Kat.-Nr. 77).
Vermutlich zierte diese Gruppe eine Predella eines kleineren Altares, da derartige sepul-
krale Darstellungen für diesen Bereich auch in den Altären späterer Epochen, die in ihrer
Ikonographie wie in der Struktur als Derivate der mittelalterlichen Wandel-(Flügel-)Altäre
anzusprechen sind, vorbehalten blieben.

BESCHREIBUNG

Eine von kristallin strukturierten Gesteinsandeutungen, die die Breitenwirkung der Gruppe in ihrer Anordnung betonen, in der Oberfläche gestaltete terrestrische Angabe bildet – beinahe teppichartig – die Basis für die Figurengruppe. Die Figuren sind in zwei Reihen angeordnet: Die vordere Reihe bilden die in auffallender Symmetrie gegebenen bärtigen Männer mit dem Leichnam Christi, den sie mittels des Grabtuches in den Sarkophag hinunterzulassen im Begriff sind; die hintere Reihe bilden die drei zueinander gruppierten Figuren links (Johannes Evangelist, eine Trauernde und Maria) sowie die dem rechten Bärtigen der vorderen Reihe (Joseph von Arimathia) zugewendete Maria Magdalena mit dem Salbgefäß. Hinterfängt die erstgenannte, aus drei Figuren gebildete Gruppe den linken Bärtigen (Nikodemus), so ist Maria Magdalena dem Joseph von Arimathia als „Assistenzfigur" zugeteilt. Die hintere Figurenreihe wird durch etwa bis zur Kniehöhe hochgezogene Felsformationen abgeschlossen – diese deuten auch auf eine ursprüngliche Aufstellung in einem Schrein (vermutlich einer Predella) hin.

Nikodemus und Joseph von Arimathia stimmen in der Haltung, Gewandung, in Gesichtstypus, in der Haar- und Barttracht sowie in der Kopfbedeckung prinzipiell überein, sie unterscheiden sich lediglich in Details. Indem er den Oberkörper Christi hält, ist Nikodemus stärker vorgebeugt als der das Tuchende haltende Joseph von Arimathia. Die Spannung, die zwischen diesen Figuren besteht und in der Kurvung des Grabtuches signifikant formuliert wird, äußert sich auch in der Beinhaltung: So sinkt Nikodemus in die Knie, während Joseph von Arimathia in Schrittstellung gegeben ist.

Die Figuren der zweiten Reihe sind zur ersten achsial um den Standort einer Figur nach links versetzt: Dies wie auch die Auflockerung dieser zweiten Figurenreihe durch den Zusammenschluß zu einer Dreiergruppe links und der Zuwendung Magdalenas zu Joseph von Arimathia rechts verleihen der Gruppe insgesamt gesteigerte Spannungsmomente und vermeiden Monotonie. Die Körperwendungen, die Haltungen der Arme, die dadurch geförderte Ausbreitung in der Drapierung der Gewänder verleihen den Figuren „barocken" Schwung. Verhältnismäßig am ruhigsten in der Haltung – einem stillen Kommentator wesensverwandt – verharrt Johannes. Die auf ausfahrende Bewegung abzielende Dynamik in den Figuren erstreckt sich nicht nur auf die „dramatische" Gestik, sondern ist auch in den Details wirksam: Das in enger Kurvung charakteristische Gefältel des dem Haupt Magdalenas nachwehenden Schleiers bildet einen „Kontrapost" zu den langen, in geschmeidigen Wellen gebildeten, wallenden Haarsträhnen. Auch in der Charakterisierung des Leichnams, dessen „Leblosigkeit" durch das erschlaffte Herabsinken der Gliedmaßen und durch das jähe Zurücksinken des Hauptes ausgedrückt wird, ist die Oberflächengestaltung in der Formulierung der Anatomie zugunsten der mugeligen Struktur der Muskelpartien im kleinen abgestimmt, die in der plastischen Durchbildung der Körperpartien Entsprechung im großen findet.

STILCHARAKTERISTIK UND DATIERUNG

Die spannungsträchtige Balance zwischen ausdrucksstarker Bewegtheit und detailfreudiger Ausgestaltung wie auch die Verquickung der beiden Figurenreihen in der Gestaltung der Figuren künden, wie das Thema selbst, von einem intensiven Nachwirken der spätgotischen Tradition. Die zu geringfügig untersetzter Schwere neigende Gewichtigkeit der Figuren wie auch das Breitenwirkung und stoffliche Schwere begünstigende Ausladen der Draperien sind Charakteristika des frühen 17. Jahrhunderts. Die aus dem Nachwirken gotischer Schnitztradition und barocker Formenvorstellungen bei gleichzeitiger Detailfreude zustande kommende Synthese läßt auf eine Entstehung im süddeutschen Raum (Augsburg oder Nürnberg) im ersten Viertel des 17. Jahrhunderts schließen.

Kataloge:
Führer durch das Eb. Dom- und Diözesanmuseum, Wien 1934, 1941, 1946.

Abb. 295–298

Holzbüsten, ohne Fassung

Leihgaben der GOAL ARTS LTD., Freeport, Bahamas
Präsident: Mr. George Encil

PROVENIENZ

Im Herbst 1926 entdeckte A. L. Mayer im Keller einer Madrider Privatsammlung sechs Büsten, die er als zu einer Apostelserie gehörig erkannte (A. L. Mayer, in The Art News, New York, May 1927, vol. XXV, No. 52, S. 66). Eine bereits früher publizierte Apostelbüste im Besitz von Ch. A. de Burlet in Berlin (s. A. L. Mayer, El Greco, München 1926, S. 57, Nr. 24) wurde als zu dieser Serie gehörig erkannt. Die sechs Büsten aus der Madrider Sammlung gelangten in die Galerie von Paul Cassirer in Berlin (s. A. L. Mayer, Some Unpublished Works by El Greco, in The International Studio, New York, November 1928, S. 21–22 m. Fortsetzung S. 88), von denen zwei in die Sammlung Heinrich von Thyssen-Rohoncz auf Schloß Rohoncz (s. Ausstellungskatalog in der Neuen Pinakothek in München 1930, S. 129, Nr. K 38) gelangten und jetzt in der Villa Favorita in Castagnola-Lugano (s. Rudolf J. Heinemann, Sammlung Schloß Rohoncz, Lugano 1958, S. 8, Nr. 14) aufbewahrt werden. Die beiden ausgestellten Büsten wurden von Mr. George Encil für die Goal Arts Limited in Freeport, Bahamas, erworben und dem Dom- und Diözesanmuseum aus Dankbarkeit für Vermittlung der Präsentation des riesenformatigen Bildes „Christus verläßt das Praetorium" von Gustave Doré in der Votivkirche in Wien IX geliehen. Die übrigen drei Büsten der Serie sind in Berlin verbrannt.

ERHALTUNGSZUSTAND

In allen einschlägigen Publikationen Mayers wird die Vermutung geäußert, daß diese Büsten – deren Achseln nicht jeweils an der gleichen Stelle enden – Fragmente von einer Serie ganzfiguriger – demnach lebensgroßer – Skulpturen sind, ähnlich den im spanischen Bürgerkrieg 1936–1939 stark beschädigten in der Kirche del Caridad in Illescas. Die beiden ausgestellten Büsten sind an der Rückseite, unterhalb des Nackens, ausgehöhlt. Sie sind – jeweils nicht an der gleichen Stelle – horizontal durchsägt worden. Bei der Büste des – mangels der Attribute nicht eindeutig zu benennenden – Apostels fehlen die Achseln der Schultern. Die Büste des hl. Jakobus von Compostela zeigt Spuren einstigen Anobien-Befalls. Beide Büsten sind ungefaßt, Aufrauhungen an der Holzoberfläche lassen auf eine einstige Polychromierung schließen, die als Illusionsfaktor erst recht vorauszusetzen wäre, sollten diese Büsten tatsächlich mit El Greco in Verbindung gebracht werden.

BESCHREIBUNG

Abb. 295, 297

Prot. Nr. L–217

HL. JAKOBUS VON COMPOSTELA

Maße: Höhe: 53 cm
Breite: 60,5 cm
Tiefe: 25 cm

Der Pilgermantel mit Schulterkragen, ferner das Paar überkreuzter Pilgerstäbe am Schultersattel und die an einem Halsband hängend gedachte Pilger-Muschel (das Fehlen des Bandes, an dem die Muschel mit dem Halsgehänge an der Masche gebunden sein müßte, spricht für die zumindest ursprünglich vorgesehen gewesene farbige Fassung) weisen die Skulptur als den hl. Jakobus aus. Die breitschultrige Büste wird durch die mit schräg vorkragendem Nacken artikulierte Haltung des markant seitwärts gewendeten schlanken Gesichtes in geringfügig geneigter Kopfhaltung akzentuiert. Die trotz des hageren Gesichtstypus kräftig betonten mimischen Muskeln vermeiden einen „knöchernen" Gesichtsausdruck. Die breite, vorkragende Stirnpartie steht im Gegensatz zur schlanken, langen und markant vortretenden Nase, was durch das kräftige Zurücktreten der Backen- und Wangenpartie gesteigert wird. Der Blick der knapp unter den Brauen angeordneten tiefliegenden Augen wirkt hiedurch „beschattet". Der vorkragenden, durch den in kräftigen Wellen geformten Schnurrbart betonten Oberlippenpartie ist die skandierend zurückspringende Unterlippe entgegen. Der in nuancierter Abstufung formulierte, parabolisch nach unten endende Vollbart besteht aus einem System von gleichartig verlaufenden Wellen, die jeweils an plastischem Eigenwert gewinnen. Ähnlich strukturiert sind die Wellen der Haupthaare, die trotz ihrer unruhigen Oberflächenwirkung die Stereometrie der Schädelkalotte betonen. Die psychisch motivierte, ausdrucksstarke Wendung des Kopfes kommt in ihrer physischen Energie in den mimischen Muskeln ebenso zum Ausdruck wie in der Betonung der Hauptadern an der rechten Flanke des Halses.

HL. APOSTEL   Prot.-Nr. L-218   *Abb. 296, 298*

Maße: Höhe: 54,5 cm
      Breite: 41 cm
      Tiefe: 22 cm

Nicht zuletzt durch den auf der rechten Schulter gelagerten Teil eines Mantelumhanges wirkt die Schulterpartie schräg gelagert. Die betont aufrechte Haltung des Hauptes verhindert jene Spannungsmomente, die die Jakobusbüste prägen, und bewirkt statt dessen eine statuarische Monumentalität, in der das Haupt tatsächlich als Bekrönung des Leibes wirkt. Trotz kräftiger Artikulierung in der formalen Wiedergabe des Gesichtsschnittes nähert sich das schlanke Gesicht jenen stereometrischen Eigenschaften, die die Kopfform bestimmen. Die gleichfalls vollzogene Seitwärtswendung des Hauptes ist nicht zuletzt durch die fast senkrechte Haltung des Nackens als eine beherrschende und nicht wie bei Jakobus als eine nachdenkliche psychisch motiviert. Die nach der Mitte hochgezogenen, in den Muskeln betonten Brauen, die mit den Wangen fluchtenden Augen, die tiefen Mulden seitlich der Nasenflügel zwischen den Wangen und der zum Sprechen leicht geöffnete Mund spezifizieren den mimischen Ausdruck. Den annähernd symmetrisch angeordneten, von starkem plastischen Eigenleben gekennzeichneten Locken des Haupthaares ist der von kleinteiligen, in noch strengerer Symmetrie formulierten Lockengebilden charakterisierte Bart entgegengesetzt. Dieser schließt nach unten zu horizontal ab, wobei zwei Lockenzipfel einen entsprechenden Akzent bilden und gleichsam das untere Ende jenes Liniensystems, das die Flanken des Schnurrbartes bestimmt, artikulieren. Der aufrechten, die vertikale Achse der Figur betonenden Haltung entspricht das geteilte ausgeschlagene, in vertikalen Faltenbahnen verlaufende Gewand, das in der Mitte die Brust mit den kleinen muldigen Vertiefungen der Rippenansätze wiedergibt.

KUNSTHISTORISCHE EINORDNUNG UND ZUSCHREIBUNG

Von A. L. Mayer wurde die unterschiedliche Qualität der einzelnen Büsten dieser genannten Serie erkannt, jedoch in einzelnen hievon die – sonst auch in den Malereien El Grecos feststellbaren – verarbeiteten Eindrücke von Bildwerken Michelangelos erblickt. Die in der Beschreibung angesprochenen künstlerischen Eigenschaften weisen diese Skulpturen jedenfalls als anspruchsvolle Arbeiten aus, denen gewiß nicht bloß der Rang von Werkstattarbeiten zukommt. Obgleich der Erhaltungszustand die Vermutung Mayers, es seien Fragmente von ursprünglich ganzfigurigen Darstellungen, nährt, so behalten sie auch – als „Fragmente" – den Eindruck als in sich abgeschlossener Büsten sui generi. Die Erinnerung an antike Büsten wie auch deren „mittelalterliche" Nachwirkung in Kopfreliquiaren mögen für diese substanzreduzierende Umfunktionierung der Skulpturen ebenso relevant gewesen sein wie der mögliche Umstand, daß die Skulpturen noch nicht vollendet gewesen wären und womöglich den äußeren Anlaß zur Ausführung als Büsten boten. Der von Mayer bezeichnete „spiritualisierte Hellenismus" („a spiritualized Hellenism", s. A. L. Mayer, Some Unpublished Works by El Greco, in The International Studio, New York, November 1928, S. 22) ist begrifflich mit der ausdrucksstarken Wirkung dieser Köpfe als zutreffend zu erachten. Mag die spannungsintensive Haltung des hl. Jakobus von michelangelesken Figurenerfindungen (Moses, Sieger) inspiriert sein, mag der Kopf des anderen Apostels speziell in seiner Profilansicht entfernt an Michelangelos Brutus erinnern, so sind diese Einflüsse im Sinne eines persönlichen Stiles des Meisters verarbeitet. Die aus ineinander übergehenden sphärischen Flächen divergierender Kurvungen gebildeten Gesichtsoberflächen, die – flüchtig geritzt wirkenden – kursiven Gesichtsfalten, das „dramatische" Gegeneinandersetzen an Einzelformen zugunsten eines spezifischen Ausdruckes sind Gestaltungsmodi, wie sie dem Barock des 17. Jahrhunderts eigen sind. Gewiß finden sich die ausdrucksstarken, von jenseitsbezogener Spiritualität geprägten Gesichter in den Bildern El Grecos ebenso wie die in großen Zügen, von breiten muldigen Bahnen verlaufenden und von kantigen Stegen begleiteten Draperien. Und es ist aus Überlieferungen bekannt, daß El Greco – wie es im Manierismus kein Einzelfall war – Figuren in Ton modellierte, um solcherart Studien für seine figuralen Gemälde anstellen zu können. Gewiß gehen die Figuren mit der Darstellung der Kasel-Verleihung an den hl. Ildefons im 1585–1587 angefertigten Rahmen zum Espolio-Bild (Christus wird seiner Kleider beraubt) im Vestuario (dem Ankleideraum) des Sagrario (der Sakristei) der Kathedrale von Toledo auf El Grecos Entwurf ebenso zurück wie der Altar von Illescas (s. A. L. Mayer, El Greco, München 1926, S. 56, Nr. 7). Dennoch läßt sich keine dieser Skulpturen mit Sicherheit als eigenhändige Arbeit El Grecos beweisen. Eine genauere vergleichende Studie bezüglich dieser ausgestellten und der in der Sammlung Thyssen in Lugano befindlichen Büsten mit anderen, kontemporären Arbeiten der spanischen Plastik steht noch aus. Wenn auch diese Arbeiten nicht von El Greco selbst nachweislich ausgeführt wurden, so sind sie dennoch signifikante Arbeiten der spanischen Plastik vom Beginn des 17. Jahrhunderts, die die von 1603 bis 1606 ausgeführte Ausstattung der Kirche del Caridad von Illescas zur künstlerischen Voraussetzung haben.

Literatur:
A. L. Mayer, El Greco, München 1926, S. 57, Nr. 24. – A. L. Mayer, The Art News, New York, Mai 1927, vol. XXV, Nr. 52, S. 66. – A. L. Mayer, Some Unpublished Works by El Greco, in The International Studio, New York, November 1928, S. 21 f., S. 88.

Kataloge:
Ausst.-Kat. Sammlung Heinrich von Thyssen-Rohoncz, Neue Pinakothek in München, 1930, S. 129, Nr. K 38. – Sammlungskatalog Schloß Rohoncz, Rudolf J. Heinemann, Lugano 1958, S. 8, Nr. 14.

| 123 | HL. URSULA UND HL. BARBARA, frühes 17. Jahrhundert |

Abb. 299   Inv.-Nr. 156

Ölmalerei auf Leinwand, wulstförmiger vergoldeter Holzrahmen

Maße: Hochformat: 199 × 133 cm

ERHALTUNGSZUSTAND

Das bislang deponiert gewesene Bild wurde 1986/87 von Mag. Richard Bäck (Atelier Prof. Michel Pfaffenbichler, Wien) restauriert. Vor allem die minuziöse Freilegung übermalt gewesener Partien und die dadurch wiedergewonnene Charakteristik der originalen Farbigkeit und ihrer Valeurs bestätigen die hohe Qualität dieser Restaurierungsarbeit.

BESCHREIBUNG, STIL, DATIERUNG

Dieses hochformatige Bild ist nach oben halbkreisförmig geschlossen. Die Figuren der beiden Mädchenheiligen stehen nebeneinander im Vordergrund des Bildes und nehmen die Bildfläche in der Art ganzfiguriger Lünettenfiguren ein. In ihren Händen halten sie ihre Marterattribute. Die Hintergrundansichten sind mit Motiven, die auf die Legenden der beiden Heiligen Bezug nehmen, gleichsam mit den zum Hintergrund erweiterten Attributen, erfüllt. Die Mädchenheiligen sind als jugendliche Hofdamen kostümiert: Das in engmaschigen Draperien fallende, in seiner Stofflichkeit akzentuierte Gewand, dessen Säume mit aufgestickten Goldborten und bunten Edelsteinen geziert sind, zeigt sowohl in den Motiven als auch in der Art der detailrealistischen Wiedergabe die Kenntnis von niederländischen ganzfigurigen Porträts. Die lünettenfüllende Bildkomposition hingegen setzt die Kenntnis italienischer Werke voraus (diese Kompositionsweise tradiert in Italien seit der Frührenaissance in der Reliefplastik Donatellos in der alten Sakristei in S. Lorenzo in Florenz). Den Attributen der Heiligen entsprechend nehmen den Hintergrund Schiffe (die ebenfalls in den Detailrealismen sehr getreu wiedergegeben sind) ein, während Barbara sich auf ihr Turmattribut stützt.

Die senkrecht betonte, in sich ruhende Haltung der Figuren kontrastiert zu den merkwürdig – wie eine Anlehnung an spätgotische Draperien – wirkenden Kostümen, deren Faltenwurf den Figuren einen bewegten Akzent verleiht. In der Gesamterscheinung – wie auch im Kolorit, das durch die Äquivalenz von tonigen und bunten Farben in den Figuren bestimmt wird (im Hintergrund herrschen helle, blau gebrochene Farben vor) – lassen sie eine Entstehung des Bildes zum Beginn des 17. Jahrhunderts vermuten. Ihre Äquivalente sind im Medium der Plastik etwa in Werken des Hans Waldburger zu suchen. Für die aufwendige Kostümierung könnten die monumentalen Bronzefiguren des Maximilian-Kenotaphs der Innsbrucker Hofkirche beeinflussend gewirkt haben.

Im lünettenartigen halbkreisförmigen oberen Bildabschluß befindet sich eine Gruppe herabschwebend wirkender, radial scheinbar gebündelter Putti mit Draperien und vegetabilischen Girlanden. Die Gruppe wirkt wie eine in die Planimetrie der Bildfläche übertragene Figurengruppe, die im Vorbild Räumlichkeit suggerieren sollte. Derartige Figurengruppen als bekrönende Putti sind – unter Einfluß der italienischen Frührenaissancemalerei – in der altniederländischen Malerei des späten 15. Jahrhunderts (Memling) und im 16. Jahrhundert ebendort vorzufinden. Im Stuckdekor des Gloriensaales (1602) im Salzburger Neugebäude finden sich ebenfalls aus der – Räumlichkeit suggerierenden Malerei in der Art des Gaudenzio Ferrari – italienischen Malerei entnommene Puttenmotive an die Reliefhaftigkeit eines Stuckdeckenspiegels angepaßt. Das Verhältnis des Vorbildes zu diesem Gemälde des Museums dürfte sich wesensverwandt zu dem zwischen Malerei und Stuck im genannten Salzburger Vergleichsbeispiel verhalten. Ob hiedurch auf eine Entstehung des Ölbildes des Museums in Salzburg geschlossen werden kann, bedarf eingehender Studien. Es ist kompositorisch bemerkenswert, daß die beiden Engelputten gegen den Bildrand zu als aufwärts fliegende gegeben sind, während die beiden inneren scheinbar herabfliegen. Innerhalb dieser Figurenpaare sind sie in gegenständiger Ansicht wiedergegeben. Wird hiedurch die Wirkung der bewegt wiedergegebenen Figuren lebhafter, so ist auch die Ikonographie konsequent in der Bildkomposition erfüllt: Die beiden aufwärtsschwebenden Putten halten die Marterwerkzeuge über den Häuptern der jeweiligen Mädchenheiligen (der linke die Pfeile für Ursula, der rechte das Schwert für Barbara), die beiden herabschwebenden schwingen die Märtyrerpalme (der linke über Ursula) und den Myrtenzweig (der rechte über Barbara). Die Geschlossenheit der Bildkomposition ist kongruent mit dem ikonographischen Programm. Die genannten Vergleichsbeispiele gestatten eine Datierung ins frühe 17. Jahrhundert. Es gelte zu überprüfen, wie sich dieses Bild zur Tiroler und zur Augsburger Malerei des frühen 17. Jahrhunderts und vor allem zum Œuvre Egid Schors verhält.

HL. NIKOLAUS VON TOLENTINO, Karel Skréta, 1631 (?)	124

Inv.-Nr. 152 *Abb. 300*

Ölmalerei auf Leinwand

Maße: Hochformat: 184 × 151 cm
       inkl. Rahmen 203 × 168 cm

PROVENIENZ

Zurückverfolgbar bis in die im Jahre 1725 erbaute, 1965 abgerissene Pfarrkirche von Matzleinsdorf (heute Wien V, Wiedner Hauptstraße 105), St. Florian. Seit 1933 im Museum.

IKONOGRAPHIE

Das Bild enthält die Darstellung des hl. Nikolaus von Tolentino als Patron der Augustinereremiten bei der Austeilung der Pestbrote. Diese wurden von dem Orden meist nach einem Ritus geweiht und gegen Krankheits- und Feuersnöte und gegen die Pest gebraucht.

Die Komposition folgt letztlich noch dem spätmittelalterlichen Schema der Gregorsmesse in der Anordnung einer gedrängten Menge um die Altarstufen und den Ausblick auf einen Nebenraum (Manfred Koller, op. cit, S. 356).

ERHALTUNGSZUSTAND

Im Format ist das Bild im wesentlichen erhalten, die Ränder sind auf allen Seiten beschnitten. Das Gemälde dürfte einmal von seinem Rahmen gerissen (geschnitten) und stark zerknittert worden sein; es waren zahlreiche Farbausbrüche an Knickstellen und Kratzspuren zu erkennen. Alle dünn gemalten Partien im Hintergrund und die Vordergrundfiguren wurden einmal – zu einem früheren (unbekannten) Zeitpunkt – zu stark geputzt und dadurch der Lasurenaufbau empfindlich reduziert. Später wurden diese Zustände durch umfangreiche Retuschen und Übermalungen, gegilbte Firnis- und

Schmutzlagen überdeckt, wie auch die Brillanz der Farben und die nuancierte Tonabstufung der originalen Malerei verfälscht bzw. vergröbert wurden. Bei der chemisch-mechanischen Freilegung gelegentlich der letzten Restaurierung wurde an den Bruchstellen und Verreibungen auch der Schichtenaufbau von Skrétas Malweise erkennbar.

Seines katastrophalen Erhaltungszustandes wegen war das Bild viele Jahre deponiert, bis bei der Neuordnung des Museums 1972/73 eine Restaurierung angeregt wurde. Die Arbeiten wurden von Frau Prof. Ingrid Karl 1980–1982 in den Werkstätten des Bundesdenkmalamtes durchgeführt. Freilegung: Probearbeiten zur Feststellung des geeignetsten Lösungsmittels zur Entfernung der Rentoilagemasse, des verbräunten Firnisses und der nachgedunkelten Übermalungen – die Methode des „Reforming" erwies sich als bestes Quellmittel zur Lösung des besonders zähen Lackes (?), der mit dem Skalpell nach zweistündiger Einwirkungsdauer abgenommen werden konnte – die darunter befindliche Firnisschicht konnte mit Putzwasser entfernt werden. Die nachgedunkelten Temperaübermalungen wurden in einem zusätzlichen Arbeitsvorgang mit einem Gemisch aus Aceton, Spiritus, Ameisensäure, neutralisiert mit Ammoniak in Putzwasser, abgenommen. Nach mehrmaligem Regenerieren und Firnissen wurden die Retuschen angebracht. Die Grundierung des Originals baut sich zweischichtig auf: durchgehend roter Bolusgrund, darüber einfärbig hellgrauer Grund, ausgenommen den Bildhintergrund, bei dem die graue Farbe fehlt. Schwieriger Aufbau der Retuschen, da die umfangreichen Fehlstellen mit einem gelblich-weißen Kitt, von einer früher durchgeführten Restaurierung stammend, ergänzt waren. Nach Zwischenfirnissen mehrschichtige Öllasuren mit Mussini-Ölfarben. Mastixfirnis als Schlußfirnis.

BESCHREIBUNG UND STILCHARAKTERISTIK

In einem in der malerischen Wiedergabe nicht klar abgegrenzten Raum ist eine Figurengruppe bildfüllend angeordnet: Links, vor einem Altar, steht der hl. Nikolaus von Tolentino im Ornat mit der assistierenden Geistlichkeit, wobei die Gruppe sich nach der Bildmitte bis zum rechten Bildrand fortsetzt. Fällt bei dem hl. Nikolaus und seiner Assistenz die Buntfarbigkeit des Ornates (Pluviale, Dalmatiken) auf, so dominieren die pastos gemalten weißen Rochetts der Kleriker in der Mitte. Die Figurengruppe schließt nach rechts mit der Darstellung von Männern in profaner Tracht ab, wobei die Figur, die nächst dem rechten Bildrand mit dem Kopf über die Schulter gegen den Betrachter blickt, in auffallend höfischem Gewand dargestellt ist. In diesem jungen Edelmann wird ein Selbstbildnis Karel Skrétas vermutet (Manfred Koller, Zwei Gemälde von Karel Skréta und Johannes Kupetzky in Wien, in Umění 1984, S. 353 ff.; J. Neumann, Aktuálnost českého baroku, in Umění XXX, 1982, S. 185–421). Im Hintergrund, von der Bildmitte bis zum rechten Bildrand sich erstreckend, ist eine Szene des junge Kleriker unterrichtenden hl. Nikolaus von Tolentino im dunklen Habit der Augustinereremiten wiedergegeben. Die räumliche Beziehung zum Hauptgeschehen des Bildvordergrundes ist nicht eindeutig wiedergegeben: Speziell diese Tatsache erinnert entfernt an ähnliche Lösungen der spanischen Malerei, etwa bei Velazquez. Die Hauptfigurengruppe im Bildvordergrund zeigt die Austeilung der Not- bzw. Fieberbrote. Da ein Teil der Figuren kniend dargestellt ist, wirkt die gesamte Figurenkomposition gestaffelt. Der in starker Aufsicht wiedergegebene Boden zeigt das prägnante Muster eines Teppichs („Holbeinteppich").

KUNSTHISTORISCHE EINORDNUNG

Das im rechten unteren Eck des Bildes, nächst der linken Fußspitze des Edelmannes, vorhandene Monogramm der Signatur (CSF) kommt in gleicher Form auch bei anderen Frühwerken dieses Malers vor; die genaue Datierung ist jedoch nicht lesbar. Die Annahme, daß dieses Bild ein Hauptwerk Karel Skrétas von seiner italienischen Lehrzeit in den Jahren 1630–1635 sei, wird sowohl und vor allem durch die Schwächen der Komposition in der Bewältigung der Raumdarstellung und den übertrieben gelängten Figurenproportionen als auch durch die nahezu narzißtische Vordergründigkeit bestätigt, mit der Kopf und Blick des angenommenen Selbstporträts Karel Skrétas zum Ausgangspunkt der fächerförmig die Heiligengruppe umfassenden Hauptlinien der Bildkomposition genommen sind (vgl. die perspektivischen Fluchtlinien der Säulenbasen und der Altarstufen). Während kein rational nachvollziehbares Verhältnis zwischen den verkürzten Säulenbasen und dem Mönchsraum im Hintergrund herrscht und die gedrängte Figurengruppe im Vordergrund vor dem Altar sich nicht körperhaft entwickeln kann, entfalten die Personen im Vordergrund sich in „reliefhafter Plastik". Fehlende Raum-Körper-Gestaltung wird durch die farbliche und stoffliche Ausarbeitung ausgeglichen. Ein Vergleich mit der gleichfalls sich in Wien befindlichen „Verspottung Christi" zeigt, daß diese vor dem

Nikolausbild entstanden sein kann (1630), also noch vor Skrétas Italienreise, da trotz der vorhandenen Gemeinsamkeit der beiden Frühwerke (Raumlosigkeit der Komposition, Kopftypen) ein Reifungsprozeß und eine künstlerische Verwandlung der Malweise Skrétas im Nikolausbild ablesbar ist – die Einflüsse am Beginn der dreißiger Jahre in Venedig und Rom müssen in ihrer Verschmelzung der beiden künstlerischen Brennpunkte Rom und Antwerpen (Rubens) auf den jungen Karel Skréta eine einander überlagernde Wirkung ausgeübt haben. Die Art der Wiedergabe der Kleriker in Rochetts wie auch einzelne Physiognomien der Gruppe rechts finden sich wieder im Lünettenbild mit der Darstellung der Aufbahrung des hl. Wenzel im Wenzelzyklus von 1641 in Melnik (s. Jaroslav Neumann, Ausstellungskatalog Karel Skréta, 1610–1674, Národni Galerie, Prag 1974, Kat.-Nr. 8, Abb. 9).

BIOGRAPHISCHES ZU KAREL SKRÉTA ŠOTNOVSKÝ, 1610–1674

Karel Šotnovský wurde 1610 in Prag geboren, wo er auch 1674 starb. Er war der jüngste Sohn des königlichen Kammerbuchhalters Conrad Skréta-Šotnovský, dessen Witwe nach der Schlacht am Weißen Berge 1620 mit anderen böhmischen Familien nach Freiberg in Sachsen auswanderte. 1630/38 hielt sich Karel in Italien auf, wo er die italienisierte Namensform (= Skréta) annahm. Er studierte die Werke der Venezianer, vor allem die Veroneses; in Bologna trat er in die Werkstatt Guido Renis ein. Eine nachhaltige Beeinflussung hatte das Studium der Werke der Carracci und Guercinos zur Folge. In Rom traf er 1634 mit Joachim von Sandraert zusammen und wurde Mitglied der dortigen Lukasakademie. 1635 kehrte er nach Freiberg zurück, 1638 hielt er sich in Prag auf. Im gleichen Jahr trat er zum Katholizismus über und fand Anschluß an die Jesuitenpartei. 1644 wurde er Mitglied der Zunft der Kleinseiter und Altstädter Maler, 1645 heiratete Karel Skréta, 1653 wurde er zum Oberältesten seiner Zunft ernannt. 1661 trat er aus der Zunft aus. Er war ein wohlhabender Mann und Hausbesitzer in Prag.
In seinen Werken spiegelt sich seine intensive oberitalienische Schulung wider; der leichte Vortrag, lockere, flüssige Malweise, die Beherrschung des Hell-Dunkels und ein sicherer Strich charakterisieren seine Werke. Er gilt als führende Künstlerpersönlichkeit des böhmischen Raumes um die Mitte des 17. Jahrhunderts (s. Thieme–Becker, Allgemeines Künstlerlexikon, Bd. 31, Leipzig 1937, S. 125).

Literatur:
Jahrbuch der Kunsthistorischen Sammlungen Wien, N. F. Bd. I, 1926, S. 26, S. 267. – Gustav E. Pazaurek, Carl Screta (1610–1674), Ein Beitrag zur Kunstgeschichte d. XVII. Jh.s, Prag 1889. – Pavel Preiss, Ein Beitrag zu Karel Skrétas Frühwerk, Mitteilungen der Österreichischen Galerie 1965, Jg. 9, Nr. 52, S. 3–10, 3 Abb. – Manfred Koller, Zwei Gemälde von Karel Skréta und Johannes Kupetzky in Wien, in: Umění 1984, S. 353 ff. – Jaroslav Neumann, Aktuálnost českého baroku, in: Umění XXX, 1982, S. 185–421.

Kataloge:
Führer durch das Eb. Dom- und Diözesanmuseum in Wien, 1933, S. 68; 1934, S. 26 f.; 1936, S. 68. – Unbekannte Kunstwerke aus dem Raum der Erzdiözese Wien, Entdecken – Konservieren – Revitalisieren, in Schriftenreihe des Eb. Dom- und Diözesanmuseums Wien, N. F. Nr. 9, Wien 1982, Kat.-Nr. 34.

PALERMITANER TABERNAKEL AUS DEM STEPHANSDOM, frühes 17. Jh. | 125

Prot.-Nr. 249   *Abb. 301*

Marmor, teilweise intarsiert, Stuckmarmor
Kapitelle, Basen und dekorative Appliken aus Messing

Maße: Höhe: 140 cm
　　　 Breite: 79 cm
　　　 Tiefe: 60 cm

Leihgabe der Pfarre Strassen in Osttirol

PROVENIENZ

Einer alten, mündlich überlieferten Tradition zufolge stammt dieser Tabernakel vom heutigen, 1647 vollendeten Hochaltar des Wiener Stephansdomes. Die kontemporäre, zugleich älteste erhaltene Innenansicht des Domes, die gleichfalls 1647 datiert ist (Kat.-Nr. 177), zeigt wohl einen prismatischen überkuppelten Tabernakel, dessen Dimensionen und Proportionen sowie die architektonische Instrumentierung mit dem ausgestellten allerdings nicht übereinstimmen, was bei den sonstigen „proportionalen Gegebenheiten" in diesem Bild in deren Verhältnis zur erhaltenen Realität des Domes jedoch nicht zu überschätzen ist. Ein 1647 in Palermo verfertigter, zu dem Altarauftrag von 1640 gehöriger Tabernakel wird in der Literatur erwähnt (s. Tietze, ÖKT, XXIII, S. 57 ff., 271). Unter Kardinal Nagl (1911–1913) kam der Tabernakel in die Winterkapelle des Erzbischöflichen Palais, von da unter Kardinal Innitzer auf den Dachboden des Domes, ehe er – und dies hat das Objekt vor dem Brand 1945 gerettet – von dem Kardinal an die Pfarre Strassen verschenkt wurde. Seit 1983 ist der Tabernakel im Museum.

ERHALTUNGSZUSTAND UND BESCHREIBUNG

Die Basisstandplatte besteht aus weißem, hellblaugrau geädertem Marmor mit intarsierten quadratischen dunkelblauen, serpentinhältigen Marmorplättchen und querrechteckigen roten Marmorfeldern. Das prismatische Gehäuse enthält weiße Marmorplatten analog denen des Sockels, die an den Kanten lisenenartig vorgelagerten haben keine Binnenmusterung, nur die großen Seitenflächen enthalten hellblau gerahmte, in gelbem jaspishältigem Stuckmarmor ausgefüllte Felder. Die – breitere – Frontseite mit der halbkreisförmig geschlossenen Tabernakeltür (mit Messingrahmen und ebensolchem Keilstein) enthält in den Zwickeln rote Felder. Den Lisenen der Kanten am Gehäuse sind – im Grundriß radial ausgerichtet – vollrunde Säulchen in römisch-korinthischer Ordnung vorgelagert. Entgegen früherer – verbal geäußerter – Vermutungen bestehen die Säulenschäfte nicht aus monolithischem Lapislazuli, sondern es sind in dunkelblauem Stuckmarmor gegossene Stücke. Die Basen und die Kapitelle der Säulen sind in Messing voll gegossen. Das dreiteilige, über die Freisäulen kräftig sich verkröpfende Gesimse zeigt im Architrav kräftige Abstufungen, die im Geison durch einen Eierstab aus Messing mit Palmetten an den Ecken und durch Kyma-Profile zusätzlich in der Dimension wie in der Wirkung gesteigert werden. Im Fries sind in dem – gleichfalls weißen – Marmor rote Marmorplättchen intarsiert, denen an den Stirnseiten gegossene vierblättrige Rosetten vorgelagert sind. Der kuppelige bekrönende Aufsatz springt im Grundriß kräftig ein, dergestalt, daß seine kreisförmige Basis dem Oktogon des Gehäuses eingeschrieben werden könnte. Hohe Sockel mit anschließender profilierter Stufung – gleichfalls in weißem Marmor – mit zentrifugal angeordneten Vorlagen bilden den Übergang zu einem niedrigen, lediglich durch große querrechteckige Felder in dunkelblauem Stuckmarmor gezierten Tambour, der durch ein diesmal schwächer sich verkröpfendes Gesimse abgeschlossen wird. Vegetabilisch gezierte Voluten aus Messing schaffen die Verbindung von den weit auskragenden Vorlagen im Tamboursockel zu dem schmalen Gesimse. Die spitzbogig überhöhte Kuppel aus Stuckmarmor wird durch profilierte, an den äußersten Graten durch Kordeln gezierte „Rippen" in sechs Felder geteilt und enthält im Zenit eine Rosette aus Messing. Die Kuppelsegmente zeigen, als Imitation einer intarsierten Marmorinkrustierung, spitz zulaufende weiß geränderte Felder auf dunkelblauem Grund in Stuckmarmor, wobei zwei Reihen rautenförmig angeordneter vierblättriger Rosetten dekorative Belebung schaffen. Entsprechend der auf die Gliederung des prismatischen Gehäuses abgestimmten Grate enthalten die Kuppelsegmente an der Stirnseite dreibahnige Felder, die beiden seitlichen Segmente je zwei, das rückseitige Segment sieben. Indem die geometrische Grundrißstruktur aus funktionellen wie auch aus ästhetischen Gründen auf die Ausbildung einer triumphbogenartigen Stirnseite im Prisma Rücksicht nehmen mußte, ist deren Grundfiguration kein völlig regelmäßiges Achteck. Durch die auch in den Dimensionen faßbar werdende Betonung der Stirnseite mit der Tabernakeltür sind die übrigen Felder entsprechend schmäler ausgefallen und kommen auch nicht in den Hauptachsen, sondern aus diesen etwas verschoben zur Aufstellung. Die Rückseite läßt – ausgenommen in der Kuppel (diese wäre von den Kaiseroratorien im Dom wenigstens teilweise einsichtig gewesen) – jegliche Gliederung vermissen, da sie an das Retabel direkt anschloß.
Zu einem späteren Zeitpunkt, vermutlich Anfang des 20. Jahrhunderts anläßlich der Wiederverwendung in der neu errichteten Winterkapelle im Erzbischöflichen Palais, wurde ein Drehtabernakel eingebaut.
Angesichts der oftmaligen Transporte dieses auch im Material zweifellos anspruchsvollen Stückes überraschen die nur spärlichen Bestoßschäden.

STIL UND DATIERUNG

Die Art der Verwendung bunter Marmorsorten, die Imitation von Marmorinkrustierung wie auch die anspruchsvolle Mischung der Techniken sprechen für eine unteritalienische, sizilianische Herkunft dieses Tabernakels. In der Tradition der symmetrisch gestalteten, von der Architektur eines Tempietto beeinflußten Tabernakels stehend, zeigt dieser deutlich zutage tretende, spezifisch barocke Tendenzen: die das geometrische Grundprinzip sprengende Betonung der Stirnseite mit der Aufwertung der Tabernakeltür, die starke Rhythmisierung durch die ausladende Verkröpfung der Gesimse, das auffallende optische Einspringen des bekrönenden Aufsatzes. Die Gliederungsmittel – vorgelagerte Säulen, verkröpfende Gesimse, steilere Fassung der Kuppel – sind motivisch aus der Renaissance (die Überhöhung der Kuppel geht bis zu Brunelleschis Florentiner Domkuppel zurück, in der Ausbildung über kreisförmigem Grundriß kündet sich allerdings eine nähere Anlehnung an Michelangelos Projekt für die Petersdom-Kuppel an) übernommen. In der zunehmenden Autonomie der Einzelmotive wie auch in der gesteigerten Rhythmisierung und nischenartiger Tiefenerstreckung in der Artikulierung der Seitenwände ist eine stilistische Weiterentwicklung festzustellen. Das proportionale Verhältnis vom prismatischen Gehäuse zu den kräftig optisch wirksamen Vorlagen einerseits und zu den ausladenden, schwingende Rhythmisierung einleitenden Gesimsen andererseits, ferner durch das beinahe zum Zierat herabsinkende Motiv der Kuppel nähert sich dieser Tabernakel architektonischen Schöpfungen des römischen Hochbarock, weshalb eine Entstehung unmittelbar vor der Zeit der Errichtung des heutigen Hochaltares (1647 vollendet) des Stephansdomes durchaus glaubwürdig erscheint.

CHRISTUS AN DER GEISSELSÄULE, Mitte 17. Jahrhundert	126

Inv.-Nr. 92 *Abb. 302*

Holz, polychromiert (Originalfassung)

Maße: Höhe: 84 cm
Breite: 39 cm
Tiefe: 22 cm

PROVENIENZ

Es gibt keinerlei archivalische Aufzeichnungen über die Herkunft dieser Skulptur.

ERHALTUNGSZUSTAND

Die Skulptur wurde 1986 von Herrn Prof. Michel Pfaffenbichler, Wien, restauriert. Von der rechten Hand Jesu fehlt ein großer Teil der Finger, während vom linken Fuß etwa zwei Drittel fehlen. Sowohl bei der Standplatte als auch bei der – mobilen – Säule mit marmorierter Fassung ist die Polychromierung analog der Skulptur selbst weitgehend komplett erhalten. Um das Ausmaß des Erhaltungsgrades der Originalfassung zu dokumentieren, wurden nur farblich neutrale Retuschen bei der Restaurierung aufgetragen. Christus ist mit einer groben Kordel am – hölzernen – Ring der Säule befestigt.

BESCHREIBUNG

Die an eine balusterartige Säule mit einem naturalistischen Strick gebundene Skulptur zeigt Christus in abgewendeter, leicht schraubenförmig bewegter Haltung. Die Form der Säule erklärt sich aus zahlreichen Reliquien, die auf dasjenige Säulenreliquiar aus Granit in der Basilika Santa Prassede in Rom imitierend zurückgehen. Die Haltung eines traditionellen barocken Schmerzensmannes in Verbindung mit der Geißelsäule ist dem Gnadenbildtypus der Wies-Kirche in Oberbayern verwandt.

KUNSTHISTORISCHE EINORDNUNG

In der Tradition des Andachtsbild-Motivs des an die Geißelsäule gefesselten Christus von Wies steht Christus in schraubenförmiger Haltung von der balusterförmigen Säule abgewendet. Eine angedeutete Schreitbewegung in der Haltung der Beine sowie ein Seitwärts-Neigen des Oberkörpers und weiters eine entscheidende Wendung des Kopfes bei über die gesenkte linke Schulter gewendetem Blick steigern diesen Bewegungsimpetus, der zur Haltung der übereinander gefesselten Hände und der daraus resultierenden Haltung der abgewinkelten Arme gegenläufig ist. Die Draperie des Lendentuches mit den breiten Faltentälern und den scharfgratigen Stegen unterstreicht die vektorielle Komponente der ,,schraubenförmig'' bewegten Körperhaltung. In der Oberflächenbehandlung ist der Akzent auf die athletische Muskulatur und auf die schwellenden Adern gesetzt. Die Intensität der Drehung der einzelnen Körperpartien kommt in der schmalen, langgezogenen Bauchfalte an der linken Hüfte deutlich zur Geltung. Die Struktur der von unterschiedlichen Strähnen aufgelockerten Haarmassen mit ihren mächtigen Skandierungen seitlich des Gesichtes fügen sich in den Charakter der Oberflächenbehandlung ein.

Diese beschriebenen stilprägenden Eigenschaften sind charakteristisch für jene Komponenten, die in der Marienskulptur von der Kirche Sancta Maria de Victoria (1636–1644) auf der Kleinseite in Prag zum Tragen kommen, weshalb eine Datierung um die Mitte des 17. Jahrhunderts naheliegt.

| 127 | AUFERSTANDENER CHRISTUS, um 1680 |

Abb. 303

Inv.-Nr. 296

Holzskulptur, polychromiert
Maße: Höhe: 78,5 cm
      Breite: 38 cm
      Tiefe: 18,5 cm

PROVENIENZ

Die Skulptur wurde von Erzbischof-Koadjutor Exzellenz Dr. Franz Jachym 1984 dem Museum überlassen. 1985/86 wurde die Skulptur vom akademischen Restaurator Herrn Prof. Michel Pfaffenbichler, Wien, restauriert.

ERHALTUNGSZUSTAND

Vor der Restaurierung war die Skulptur entstellend übermalt. Die ersten Untersuchungen an der Oberfläche ließen erkennen, daß von der Originalfassung noch große Bereiche erhalten sind. Durch jahrelange Aufbewahrung in zu trockenen Räumlichkeiten war die Fassung bereits sehr locker, weshalb vor der eigentlichen Freilegung Festigungsarbeiten notwendig waren. Die Freilegung der Originalfassung gestaltete sich als aufwendige Arbeit von minuziöser Genauigkeit, die speziell bei der ölvergoldeten Außenseite des Gewandes schwierig war. Von einer Retuschierung wurde – zumindest vorerst – bewußt Abstand genommen, um den authentischen Originalbestand zu zeigen.

IKONOGRAPHIE

Christus ist als Auferstandener mit erhobenem rechten Arm und mit Kreuzstab mit Fahne wiedergegeben. Skulpturen dieses Typus werden in der Osterliturgie am Ostersonntag und in den anschließenden Wochen verwendet.

STIL UND DATIERUNG

Die in leichtem Schreitmotiv gegebene Statue in aufrechter Pose mit dem erhobenen rechten Arm in abgewinkelter Haltung und dem – gleichfalls abgewinkelt gehaltenen – linken Arm erhält durch die Wendungen des Kopfes und des Blickes eine zusätzliche Dynamik im Ausdruck. Die Wiedergabe der Anatomie – vor allem des schlanken Oberkörpers und der Armmuskeln – wie auch die Formulierung des Gesichtsausdruckes mit dem „lebendigen" Blick und dem „sprechenden" Mund individualisieren die Erscheinung der Gestalt. In den in fülligen Partien wehenden Haarmassen – die in ihrer Oberflächengestaltung von den kleinteilig formulierten Bartlocken differenziert sind und die Silhouette in der rhythmischen Kurvung der Umrißlinie beleben – wie auch in den mächtigen Schwüngen des den Körper partiell umgebenden Gewandes kulminiert die Dynamik in dieser Skulptur. An der Rückseite des Körpers verläuft das Gewand in breiten Bahnen von weiten Faltentälern, wobei die Grate der Faltenstege nicht nur einen Kontrast bilden, sondern den Duktus der Drapierung signalisieren. Die Großzügigkeit der Struktur der Draperie kommt in der – eine mächtige Silhouette bildenden – Frontalansicht zur Geltung, wobei die von gegenläufigen Faltenschüben gekennzeichneten engen Faltentäler mit wulstartigen Faltenstegen einen malerischen, schattenreichen Oberflächencharakter bewirken, der durch die rote Farbe des Gewandfutters als Kontrast zum Gold der Außenseite zusätzlich gesteigert wird.

Die Art der formalen Interpretation der Anatomie, die bizarre Silhouettenwirkung der Gestalt wie auch der Faltenstil lassen eine Entstehung um 1680 vermuten, wobei die Stilcharakteristik auf böhmische Arbeiten dieser Zeit weist.

Inv.-Nr. 27 *Abb. 304*

Holzskulptur, polychromiert, Gewand vergoldet

Maße: Höhe: 126 cm
Breite: 43 cm
Tiefe: 32 cm

PROVENIENZ

Analog der Kreuzabnahme (Kat.-Nr. 77) wurde diese Skulptur aus dem Privatbesitz der Sammlung Gustav Schütz – 1935 – dem Museum geschenkt. Die Bedeutung dieser Skulptur ist auch darin ersichtlich, daß sie 1937 in Paris ausgestellt wurde („Exposition d'art Autrichien"). Nähere Angaben über den ursprünglichen Bestimmungsort existieren nicht.

ERHALTUNGSZUSTAND

Die Skulptur ist an der Rückseite ausgehöhlt, weshalb ihre ursprüngliche Aufstellung zumindest eine Rückenansicht ausschließt. Die ursprüngliche Polychromierung ist im Inkarnat, bei den Augen und den Haaren sowie am Totenkopf-Attribut nahezu komplett erhalten, auch die originale Vergoldung des Gewandes ist zum überwiegenden Teil existent.

IKONOGRAPHIE

Die Figur ist mit leicht vorgeneigtem Haupt seitwärts gewendet. Die Art des Blickes wie auch der leicht geöffnete Mund drücken in der Physiognomie eine meditative Attitüde aus. In der linken Hand hält sie den Totenkopf, der – sowohl in der Anordnung als auch durch die Geste mit der rechten Hand (deren ursprüngliches Attribut nicht erhalten ist), die als „Hinweisen" verstanden werden könnte – antithetisch dem Haupt der Figur gegenübergestellt ist. Dies wie auch das grob gewebte (fast wie regelmäßig geflochten wirkende) Untergewand und der den Gewandumhang gürtende Strick weisen die Dargestellte als Büßerin aus. Die genannten Motive sowie das lange, wallende Haar lassen in ihr Maria Magdalena erkennen.

STIL UND DATIERUNG

Die in leicht raumgreifender, schraubenförmig gedrehter Wendung wiedergegebene Figur drückt in ihrer Haltung Verquältheit aus, was im mimischen Ausdruck des Gesichtes – in dem der vektorielle Moment der Körperwendung gipfelt – Steigerung erfährt. Die zum Stand-Spielbein-Motiv in Gegenbewegung arrangierte Anordnung des Oberkörpers, dessen ausladende Breitenbetonung durch die Armhaltung akzentuiert wird, setzt die in der strukturellen Grundtendenz als Spiralbewegung formulierte Körpertorsion fort, zu der die Haltung des Kopfes einen – neuerlich gegenständigen – Akzent bildet. Im geneigten Haupt wie auch in der Art der Armhaltung wirkt die Skulptur peripher von der spätmittelalterlichen Bildtradition des Christus als Schmerzensmann beeinflußt. Die Haltung der Finger der rechten Hand der Maria Magdalena entspricht jenem – letztlich antiken – im Spätmittelalter oft angewandten Motiv (vgl. das Halten der Erbsenblüte, Kat.-Nr. 61), das auch tief in die Neuzeit ausstrahlt (vgl. Kat.-Nr. 115, die Haltung des Tuches durch Maria).

In der bildhauerischen Auffassung kommt eine distinguierende Differenzierung in der Artikulation der Stofflichkeit zum Tragen, was durch die Polychromierung zusätzlich Steigerung erfährt. Dennoch kommt der grobe Charakter des – an Kettenhemden von Rüstungen erinnernden – Untergewandes in seiner stereometrischen Härte durch seine Unterscheidung von den geschmeidigen Formen des Körpers bereits in der skulpturalen Behandlung der Oberfläche zur Geltung. Die großformig-knittrige Fältelung der Draperie des Gewandumhanges läßt einerseits die Haltung des Körpers verdeutlichen und hebt sich in der formalen Behandlung der Oberfläche von der schachbrettartigen des Untergewandes entschieden ab. Das in langen Strähnen „herabfließende" Haar mit seiner ziseliert wirkenden Struktur liegt geschmeidig an den stereometriefreundlichen Bereichen des Skulpturenblockes an; „hindernisartig" wegstehenden Teilen (dem linken Ohr) weicht es förmlich aus. Inwieweit hierin eine gleichfalls mittelalterliche Tradition (vgl. Kat.-Nr. 61) peripher nachwirkt, muß vorläufig offenbleiben. Tatsächlich wirkt dieses – die

Vorstellung des „Fließens" assoziierende – Wallen der Haare im Verhältnis zu dem spezifischen mimischen Ausdruck als Begleitmotiv zu einem „Tränenfluß".

Die räumliche Torsion, die zugleich – bei Wechseln des Betrachterstandpunktes – unterschiedliche formale Entfaltung nach der Breite hin erbringt, läßt dennoch die schlanken Proportionen der Figur zur Geltung kommen. Die im Gegensatz hiezu stehende Korsettwirkung des Untergewandes wird durch die Drapierung des Gewandumhanges in ihrem bewegten Ausdruck gesteigert.

Angesichts der genannten künstlerischen Eigenschaften dieser Skulptur sollte eine verläßliche kunsthistorische Einordnung – die aufgrund stilkritischer Beobachtungen auch eine präzise Lokalisierung und Datierung ermöglichen müßte – dieses bislang von der einschlägigen Forschung weitgehend ignorierten Exponates gelingen. Bisher wurde diese Skulptur als ein Werk von der Wende des 17. zum 18. Jahrhundert angesehen, Theuerkauff (op. cit., S. 62, Anm. 77) setzt die Figur mit Frühwerken des Mathias Steinl in Verbindung. Das Ausbleiben des für den transalpinen Hochbarock um diese Zeit bereits charakteristischen Wucherns der Einzelformen und das Fehlen des Pathos effektbetonender Gestik lassen eine Datierung ins letzte Drittel des 17. Jahrhunderts, vielleicht gegen 1670, zu.

Literatur:
E. Strohmer, Österreichische kirchliche Kunst in Paris, in Kirchenkunst 1937, S. 23. – Christian Theuerkauff, Una statuetta di Tritone a Londra: opera giovanine di Mathias Steinl?, in „Antichita viva", fasc. 5/1972.

Kataloge:
Führer durch das Eb. Dom- und Diözesanmuseum, Wien 1941, 1946. – Sammlungskatalog des Eb. Dom- und Diözesanmuseums, Wien 1973, Kat.-Nr. 87.

129	NÜRNBERGER SCHATZTRUHE, Bartholomäus Hoppert, 1678

Abb. 305   Inv.-Nr. 54

Eisenguß mit ziseliertem und gegossenem Ornamentdekor, Holzsockel
Vers auf der Innenseite des Deckels:
„Die Kunst hab ich von höchsten Gott
Damit mach ich mein Feind zu Spott.
In Nürnberg Bartholomäus Hoppert 1678."

Maße: Höhe: 88 cm
       Länge: 98 cm
       Breite: 60 cm

PROVENIENZ

Diese Truhe kam als Geschenk an Kaiser Leopold I. nach Wien und ging vielleicht mit dem Inventar des vorübergehend (1762–1777) in kaiserlichem Besitz befindlichen Schlosses Ober-St. Veit an der Wien in den des Erzbistums über. Ihr Wert wird damals mit 1000 Talern angegeben.

ERHALTUNGSZUSTAND

Während der letzten Kriegstage wurde angeblich durch ein mutwilliges Zuschlagen des Deckels das kompliziert strukturierte mechanische Schloß beschädigt. Nach einer Reparatur hat angeblich ein abermaliges Zuschlagen des Deckels den mechanischen Teil des Schlosses erneut derartig beschädigt, daß beim Versuch des Aufsperrens der Schlüssel brach. Durch Herrn Hofrat Dr. Josef Nagler (dem ehemaligen Direktor des Technischen Museums in Wien) wurde in mühevoller Arbeit die Mechanik wieder instand gesetzt. Im Anschluß daran wurden der Sockel wie auch die Truhe selbst durch ihn gereinigt.

KUNSTTECHNIK UND MECHANIK

So wie in ihrer reichen künstlerischen Gestaltung ist diese Truhe auch in kunsttechnologischer Hinsicht wie in der Verwendung des Materials und im Raffinement der Mechanik des Schlosses als hochrangiges Stück zu werten.

Der schwere Holzsockel ist an den Längs- und Schmalseiten intarsienartig verkleidet: Messingplättchen als Ecklisenen, in dem versilberten Grund ist eine Ornamentik mit ziselierter Binnenmusterung eingelassen, die großteils vergoldet ist. Die profilierten Gesimse des Sockels zeigen an den Oberkanten gegossenen Messingdekor. Auf diesem massiv gearbeiteten Holzsockel, der als „liegender Rahmen" gebildet ist, lastet die metallene Truhe auf. Sie ist aus schwerem Gußeisen gearbeitet, auch die dekorativen Appliken sind gegossen, die einzelnen Teile sind miteinander verschraubt. Vier verschiedene Größen an Schrauben sind feststellbar, die weiteren haben pombierte Schraubenköpfe. Auch der Deckel ist in Gußeisen und enthält profilierte Bänder und gegossene plastische dekorative Appliken an der Oberseite, bereichert durch ziselierten bzw. gravierten Dekor. Im Zentrum der Oberseite des Deckels befindet sich der mittels der seitlichen Schieber zu öffnende plastisch gestaltete Verschluß der Sperrvorrichtung. Diesen mittels einer Springfeder-Vorrichtung beweglichen Verschluß ziert nach oben eine verschiebbare gegossene Löwenskulptur, an der Unterseite das Epigramm mit der Signatur und der Datierung. Im Schlüsselloch befindet sich ein mittels Federung beweglicher Schieber in Messingguß mit der Darstellung einer Sonnenmaske. Auf der Unterseite des Deckels ist – einspringend und in den Eckbereichen abgeschrägt – das große Gehäuse des Schlosses montiert. Im Fries an der rahmenden Unterseite des Deckels wie auch an den Außenseiten des Gehäuses rankt sich gravierter Dekor. Die nach acht Richtungen horizontal beweglichen (je vier an den beiden Längs-, je zwei an den beiden Breit- und je einer an den vier Diagonalseiten) und von einer zentralen Rosette gesteuerten Verschlußstäbe befinden sich in diesem Kasten. Diese Sperrvorrichtung rastet unterhalb des Deckrahmens der Truhe ein. Das Gehäuse ist durch ein dekorativ gestaltetes gegossenes zweiflügeliges Gitter geschlossen. Die Deckleiste dieser Gitterflügel enthält gegossenen Groteskdekor, der von der Rosette der Nabe des Schlosses unterbrochen wird. Der Deckel wird durch schwenkbare Innenstützen mit Zargen zum Offenbleiben gehalten.

BESCHREIBUNG

Die Basisleiste des Sockels zieren, zwischen C-Schleifen kartuschenartig eingefaßt, alternierend vegetabilisches Gehänge und fratzenhafte Maskarone; an den Eckpartien sind brunnenmaskenartige Köpfe mit helmzierartigen Palmetten montiert. Das Kranzgesimse des Sockels hingegen zeigt in regelmäßiger Abfolge laschenartiges Beschlagwerk mit vegetabilischem Gehänge, die Ecken sind mit durch Blattwerkdekor löwenmähnenhaft umgebenen Maskarone bereichert. Der Fries des Sockels zeigt an den Längsseiten zwischen rahmenden Blumenvasen symmetrischen Ringelakanthus mit hermenartigen weiblichen Figuren. An den Schmalseiten enthält der Sockelfries aus einer mit Fruchtschale bekrönten weiblichen Herme symmetrisch entspringenden Ringelakanthus, der von zwei Putten belebt ist.

Die eigentliche Truhe ist architektonisch interpretiert: Über einer hohen Sockelzone steigen, die Längsseiten flankierend, Doppelpilaster mit glatten Schäften und korinthischen Kapitellen auf, deren äußerste jeweils auch ums Eck geführt sind und somit eine flankierende Rahmung auch für die Breitseiten bilden. Dementsprechend sind auch die dekorativen Füllungen der geringfügig vorragenden Sockel unter den Pilastern mit Maskenmotiven und der füllenden Flächen mit Wellenband mit muschelartigem Bandwerk und pflanzlichen Stauden differenziert. Desgleichen zeigt der Fries des über den Pilastern sich leicht verkröpfenden Gesimses jeweils ein zu einem Maskaron symmetrisch angeordnetes vegetabilisches Wellenband, nur an den Schmalseiten oberhalb der Pilaster Rosetten. An den Längsseiten sind zwei mächtige Felder mit profilierter Rahmung und mit ohrenartig erweiterten Eckpartien flächenfüllend angeordnet. Sie enthalten, zueinander symmetrisch gegeben, in den vegetabilischen Dekor integrierte Sphingen. Die Schmalseiten zieren Griffe: Im Löwenmaul verankert, wird der Griff aus hülsenartigen Pflanzen gebildet, denen Negerhermen entspringen. Die Löwenmasken sind ihrerseits mit Festons und Draperien in Ringen verankert und durch pflanzlich gezierte Maschen gekrönt. Auch die gespreizten Stützen, die den Deckel offenhalten, enthalten Maskarone, die in Palmetten übergehen. Die Gitterflügel des Gehäuses bestehen aus Blumenvasen, deren Füße aus gebündelten Delphinen bestehen, deren Griffe aus weiblichen Hermen gebildet sind. Ein üppiges Gestrüpp großformiger, ausladender Blumen bildet das eigentliche Gitterwerk. Auch die Schiebeeisen im mechanischen Teil des Schlosses wie auch die Halterungen und die Scharniere der Federn enthalten ziselierten Floraldekor und haben teilweise selbst Pflanzenformen. Symmetrisch angeordneter Blumendekor entwickelt sich an den Längsseiten der Gehäuseeinfassung, um sich an den Breitseiten in Blumengehängen mit eingefügten Kranzmotiven (als optische Einfassung der seitlichen Sperrzargen) fortzusetzen. Im Fries an der Unterseite des Deckels sind großformige Blumenranken, die in den Ecken durch große Putti bereichert sind, in dichter Abfolge enthalten. Die Oberseite des Deckels enthält an den Ecken vier Schalen mit Früchten bzw. mit flammenden Scheiten. Der ziselierte Dekor besteht aus Akanthusranken, wobei in den Eckpartien diagonal angeordnete Medaillons mit Anspielungen auf die vier Jahreszeiten in der gegenständlichen Textur vorzufinden sind.

Detaillierte Studien hinsichtlich des möglichen Symbolgehaltes der pflanzlichen und figuralen Motive stehen noch aus. Die Löwenköpfe als Symbole der Macht und die Sphingen als symbolische Wächter anzusprechen ist sicherlich nicht abwegig, wie die Pflanzen- und Früchtedarstellungen sicher mit dem Themenkreis des Jahresablaufes in Zusammenhang stehen.

KUNSTHISTORISCHE EINORDNUNG

Das aus der Renaissance und dem Manierismus entstammende ornamentale Formenrepertoire zeigt in seiner Tendenz zur großen Form und zum schwellenden Charakter spezifisch barocke Stileigenschaften. Aufgrund der Inschrift auf der Innenseite des Deckels ist diese Truhe eine Nürnberger Arbeit des Nürnberger Kunstschlossers Bartholomäus Hoppert und als sein Meisterstück im Jahre 1678 entstanden. Die Schmuckmotive gehen auf graphische Vorlagen zurück. Bartholomäus Hoppert wurde 1648 in Roth in Bayern geboren und starb 1715 in Nürnberg.

Katalog:
Führer durch das Eb. Dom- und Diözesanmuseum, Wien 1934, S. 48/49.

| 130 | HL. URSULA MIT GEFOLGE, frühes 17. Jahrhundert |

Abb. 306   Inv.-Nr. 57

Ölmalerei auf Leinwand, ohne Rahmen

Maße: Hochformat: 160 × 123 cm

ERHALTUNGSZUSTAND

Das Gemälde wurde 1986/87 von Herrn Prof. Michel Pfaffenbichler, Wien, restauriert. Nach dem Entfernen von gröblich entstellenden Übermalungen konnten besonders im unteren Bereich des Bildes minuziös gemalte Musterungen in den Gewändern freigelegt werden. Diese geben über die wahre Qualität der Malerei Aufschluß. Krepierte Stellen wurden optisch schonend retuschiert.

BESCHREIBUNG, STIL, DATIERUNG

Das Zentrum des Bildes nimmt die in steiler Haltung dargestellte Figur der Titelheiligen ein; ihr zu Füßen liegen gefallene Osmanen, hinter ihr weitet sich eine scheinbar unübersehbare Menge aus. Diese Figuren sind mit der Titelheiligen gleich groß; durch die Art der Hintereinanderstaffelung wird der Eindruck einer großen Menschenmenge erzeugt. Die Titelheilige hält eine Fahne mit den österreichischen Farben Rot-Weiß-Rot. Dies wie auch die Darstellung der gefallenen Osmanen legt die Annahme nahe, daß das Bild bald nach der Beendigung der türkischen Besetzung im letzten Jahrhundertviertel des 17. Jahrhunderts – vermutlich nach der zweiten Türkenbelagerung Wiens 1683 – entstanden sei. Die Art der Wiedergabe erinnert an die von Votivbildern des 17. Jahrhunderts, die schlanke Proportionierung und die Akzentuierung von Parallelfalten und die filigrane Wiedergabe der Gewandmuster und des höfischen Geschmeides weisen jedoch auf das erste Drittel des 17. Jahrhunderts.

Die als unüberschaubare Menge hinter Ursula dargestellte Gruppe ihrer Mitmärtyrerinnen – von denen jede die Märtyrerpalme hochhält – ist in ihrer Isokephalie dergestalt komponiert, daß das gekrönte Haupt, das zum Unterschied von den anderen dargestellten Mädchenheiligen zusätzlich nimbiert ist, über die umstehenden herausragt. Diese ikonographische Tradition der Gruppe der Märtyrerinnen erinnert an die vier Gruppen in der Darstellung der Anbetung des mystischen Lammes in der unteren Mitteltafel auf der Innenseite des Genter Altares von Hubert und Jan van Eyck (1432).

Die sie umstehenden Mitmärtyrerinnen sind zwar in ihrer Körperhaltung, Kostümierung (die in der vordersten Reihe haben durchwegs höfische Kostüme) sowie in der Haartracht und in ihren Kopfwendungen unterschieden; durch die Isokephalie der Komposition einerseits und durch die majestätische Haltung der in hermelinverbrämtem Mantel (den sie mit einer noblen Geste gleichsam in die Bildbreite ausschwingt) stehenden Titelheiligen in Bildmitte andererseits sind sie der hl. Ursula untergeordnet. Die Hervorhebung der Titelfigur erfährt eine wesentliche Akzentuierung im oberen Bilddrittel, wo auf Wolken thronend die Hl. Dreifaltigkeit dargestellt ist, wie sie in barocken Darstellungen der Marienkrönung anzutreffen und später als plastische Gruppe als Bekrönung von Dreifaltigkeitssäulen häufig anzutreffen ist: Gott-Vater und Christus sitzen jeweils auf Wolkenbänken der Titelfigur zugewendet, während die Taube des Hl. Geistes – von der Gloriole umgeben – zwischen beiden wiedergegeben ist. Christus ist nimbiert, Gott-Vater hat den Dreiecks-Nimbus. Durch diese Art der Bildkomposition wird die Figurengruppe der heiligen Märtyrerinnen von einer Dreifaltigkeitsgruppe gekrönt, die – unter Einbeziehung des nimbierten Hauptes der hl. Ursula (die außer der Dreifaltigkeitsgruppe die einzig nimbierte Gestalt in diesem Bild ist) – ein Deltoid als geometrische Figuration hat: Die Titelheilige nimmt innerhalb einer für die Marienkrönung traditionellen Komposition die Rolle Mariens ein; erweitert durch das Beisein ihrer Mitmärtyrerinnen und durch die besiegten Osmanen, ist in diesem Bild ein Programm malerisch verwirklicht, wie es dem von späteren Dreifaltigkeits- bzw. Pestsäulen wesensverwandt ist. Vermutlich ist dieses Bild im frühen 17. Jahrhundert entstanden.

| HL. JOACHIM, um 1720 | 131 |

Inv.-Nr. 91 *Abb. 307*

Holzskulptur, polychromiert, Gewand vergoldet

Maße: Höhe 155 cm
Breite: 85 cm
Tiefe: 60 cm

ERHALTUNGSZUSTAND

Beide Hände und Teile der Unterarme – sofern sie vom Obergewand nicht bedeckt waren – fehlen, wie auch ein – zu vermutendes – weiteres Attribut nicht mehr erhalten ist. Die farbige Inkarnatfassung wie auch die Vergoldung des Gewandes sind jedoch überwiegend original.
Das linke Ende des wehend formulierten Mantelumhanges ist eine spätere Ergänzung, ebenso die rechte Fußspitze. In der Gewandfassung wird zwischen Matt- und Glanzgold differenziert, wobei die Gewandinnenseiten wie auch der „Riemen", an dem die Tasche „hängt", im wesentlichen Mattgold sind. Die – am ursprünglichen Aufstellungsort – weniger gut einsehbaren Teile – Faltentäler am linken Ärmel, Falten an den Flanken der Figur gegen den Rücken zu – sind im Poliment mit gelbem Bolusanstrich belassen geblieben. Alle alten Vergoldungspartien wurden bei der Restaurierung 1986 belassen; es dominiert jedoch weitaus das originale Gold. Größere Fehlstellen (Brustbereich) wurden nicht durch „ausgleichende" Neuvergoldung ergänzt, sondern auf ergänztem Poliment in gelbem Bolus retuschiert. Die Fassung des Kopfes wurde von einer stark verschmutzten Firnisschicht gereinigt und von Übermalungen befreit; die Inkarnatfassung war bis in Details – pastos aufgetragene Glanzlichter in den Augen – so weit erhalten, daß eine Retuschierarbeit unterlassen werden konnte. Die Restaurierung wurde von Herrn Walter Campidell, Feistritz an der Drau, durchgeführt.

IKONOGRAPHIE

Die Umhängetasche ist das einzige erhaltene Attribut an dieser Skulptur, das allein jedoch nicht genügt, diese Skulptur eindeutig als Joachim auszuweisen, da dies auch bei Pilgerheiligen vorkommt. Die Gewandung wie auch der patriarchalische Kopftypus lassen jedoch auf keinen Pilger, sondern eher auf Joachim schließen.

KUNSTHISTORISCHE EINORDNUNG

Die im umgekehrten Stand-Spielbein-Motiv wiedergegebene Skulptur beschreibt im geringen Seitwärts- und Zurückwenden des Oberkörpers und durch eine in die Gegenrich-

tung hiezu erfolgende Wendung und schließlich mittels der Neigung des Hauptes eine räumliche Torsion. Sowohl diese Haltung als auch die ausgebreitete Attitüde der Arme und das gezielte Wenden des Kopfes lassen auf eine ursprüngliche Betonung eines heute fehlenden Motivs schließen. Das am Körper eng anliegende Gewand läßt dessen Anatomie teilweise deutlich zur Geltung kommen (Nabelbereich, Knie). Gratige schmale Röhrenfalten beleben in scheinbar zufällig zustande gekommenen Figurationen die Oberfläche und vermitteln den Eindruck eines „nassen" Gewandes. Der Mantelumhang „umweht" spiralig den Rückenbereich der Skulptur und kaskadiert über den linken Arm. Diese Drapierung schafft eine vektorielle Gegenkomponente im großen wie die zum Riemen der Umhängetasche gegenläufigen schmalen Röhrenfalten am Oberkörper im kleinen. Die betonte Schrittstellung läßt die Figur in ihrem unteren Bereich schlanker wirken und schafft einen weiteren Kontrast in der ausladend formulierten Partie des Oberkörpers. Durch die gegenläufige Wendung desselben entsteht – in allen Ansichten dieser Skulptur – eine aus kontinuierlich ausladenden Linien geprägte Konturierung. – Die ursprüngliche Verwendung der Skulptur wie auch ihre Herkunft sind unbekannt. Sowohl aus den Dimensionen als auch aus der in der Art der Haltung markant erscheinenden Wiedergabe ergibt sich eine ursprüngliche Verwendung als Altarfigur, die seitlich des Altarbildes vorzustellen ist. Die Torsion der Figur wie die Wiedergabe des Gewandes in ihrer spezifischen Oberflächenwirkung und die in den Proportionen und in der Gebärde in Erscheinung tretende Monumentalität der Figur lassen auf italienischen Einfluß schließen. Möglicherweise ist in dieser Skulptur der Einfluß Giovanni Giulianis, wie er auch für die Kunst Georg Raphael Donners festzustellen ist, vorzufinden. Eine Entstehung in Wien zu Ende des ersten Viertels des 18. Jahrhunderts ist in den Bereich der Möglichkeit zu ziehen.
In geringerer Dimension findet sich in formal sonst nahezu kongruenter Übereinstimmung eine Skulptur des hl. Joachim vom ehemaligen Marienaltar der Pfarrkirche von Landeck (Nordtirol) von 1767 von Johann Reindl (Hinweis von Doz. Dr. Gert Ammann, Innsbruck; siehe auch Katalog Barock in Landeck; Kunstwerke aus der Burschlkirche und der Pfarrkirche zu Unserer Lieben Frau, im Schloßmuseum Landeck, Innsbruck 1974). Die minuziöse Übereinstimmung selbst bis in die kleinsten Fältelungen einerseits wie die Abweichung der Haartracht und die mangelnde Detailbehandlung im Gesicht andererseits lassen den Schluß zu, daß Reindl offensichtlich die im Museum ausgestellte Skulptur weitgehend kopierte. Die in der Haltung der ausgestellten Skulptur zur Geltung kommende Monumentalität und die hiemit in Verbindung stehenden Spannungsmomente haben nichts von jenem rokokohaften Schwung, der in die Zeit des Wirkens Reindls weisen würde, so daß die bewußte Anlehnung an ein barockes Vorbild seitens Reindls vermutet werden kann. Dies widerspricht auch nicht im mindesten seiner Biographie; seine Lehrzeit in Wien ist für die Zeit von 1740 und danach bei Georg Raphael Donner und bei Ferdinand Balthasar Moll verbürgt.

132 KREUZIGUNGSGRUPPE MIT GOTT-VATER UND HEILIGEM GEIST, um 1730

Abb. 308–310

Inv.-Nr. 86, 87, 88, 89

Holz, polychromiert

Maße: Kruzifix
Höhe: 160 cm
Breite: 70 cm
Tiefe: 18,5 cm

Corpus
Höhe: 74 cm
Breite: 65 cm
Tiefe: 15 cm

Gott-Vater und Hl. Geist
Höhe: 61 cm
Breite: 39 cm
Tiefe: 18,5 cm

Maria
Höhe: 62,5 cm
Breite: 26 cm
Tiefe: 14 cm

Johannes
Höhe: 62,5 cm
Breite: 34 cm
Tiefe: 15 cm

BESCHREIBUNG, IKONOGRAPHIE, STIL, KUNSTHISTORISCHE EINORDNUNG

In der Art von Bruderschaftskruzifixen ist der Corpus der Kreuzigung unter starker Betonung der Wundmale blutüberströmt gegeben. Christus ist als soeben Gestorbener, mit dem zur Seite geneigten Haupt wiedergegeben. Die leicht schräge Haltung der Arme, der räumlich geringfügig in die Gegenrichtung zur Neigung des Hauptes gedrehte Oberkörper in seinem starken Vorkragen und vor allem in der Kombination mit der Haltung der angehockten, bei den überkreuzt gelagerten genagelten Füßen auslaufenden Beine erfüllen den Organismus des Körpers mit physischer Spannung. In der Oberflächenbehandlung artikuliert sich diese in der Wiedergabe der Muskulatur.

Oberhalb des Corpus Christi befindet sich die Darstellung des Hl. Geistes in Gestalt einer versilberten Taube mit vergoldetem Strahlenkranz. Auf der dahinter befindlichen versilberten Wolkenkonsole ist die halbfigurige Darstellung Gott-Vaters mit Zepter und Dreiecksnimbus im vergoldeten Strahlenkranz angeordnet. Ein letztlich aus der Tradition des Gnadenstuhles stammender ikonographischer Typus für das Darstellungsthema der Heiligsten Dreifaltigkeit wurde in dieser Formulierung in gelockerter Weise zum verbindlichen Vorbild, wobei das Kreuz dominiert.

Die beiden Assistenzfiguren – Maria und Johannes Evangelist – sind in räumlich ausfahrenden Bewegungen dem Kreuz zugewendet, wobei die Seitwärtswendung der Köpfe mit den aufwärts gerichteten Blicken zu den durch die Armhaltungen – bei Maria gefaltete, bei Johannes überkreuzt gehaltene Hände – bestimmten vektoriellen Momenten in einem spannungsreichen Gegensatz stehen. Trotz der aus dieser Haltung resultierenden Körperwendung wirken die Figuren säulenhaft. Die Silhouettenwirkung wird durch die in die Gegenrichtung der Körperwendung wehenden Mantelumhänge ebenso gesteigert wie die malerische Wirkung durch die Lüsterfassung. Sowohl in der Statuarik als auch im Verhältnis des Figurenkörpers zum Gewand wie auch in der rhythmisierten Silhouettenwirkung künden sich formale Eigenschaften an, die eine Datierung um 1730 nahelegen.

HEILIGE SIPPE, Jakob van Schuppen, 1719	133

Prot.-Nr. L–214   *Abb. 311*

Ölmalerei auf Leinwand
originaler barocker Rahmen, kräftig profiliert, geziert mit durch Rollwerk gerahmte Kartuschen in symmetrischer Anordnung
Widmungsinschrift (1719) auf der Rückseite

Maße: Hochformat: 282 × 158 cm (inkl. Rahmen)
254 × 130 cm (ohne Rahmen)

Leihgabe der Propstei St. Stephan

PROVENIENZ

Laut Inschrift auf der Rückseite wurde das Bild von Jakob van Schuppen im Jahre 1719 für die Kapelle der Propstei gewidmet. Die Inschrift lautet: „Praesens hoc a Duo Jakobo Van Shuppen nato parisiensi in Christianissimi Regis Academia artis tam pictoria quam sculptoria ordinario nec non primario pictore serenissimi principis lotharingia propria manu facta est, qui singulari ductus devotione pro pretio huius imaginis centum imperilis donavit ad sicdictu sacellum Vienna 23. August: 1719."

IKONOGRAPHIE

Das Zentrum der Darstellung der Hl. Sippe (hl. Anna, hl. Joachim, hl. Maria mit dem Jesus-Kind, hl. Joseph) bildet eine Figurengruppe, die in die Bildtradition der Anna-selbdritt-Darstellungen (Systematik siehe Kat.-Nr. 102) gehört. Im vorliegenden Fall sind Maria und Anna als Erwachsene gegeben, die hl. Anna ist nicht als Greisin, sondern als altersmäßig in realistischem Verhältnis zu Maria stehende Person dargestellt. In der dominierenden Gestalt der hl. Maria, neben der die hl. Anna sitzt, ist ein von der Brügger Madonnenfigur Michelangelos her stammender Typus verkörpert, im Gegensatz zu dem Typus der Anna-selbdritt-Darstellung Leonardo da Vincis, bei dem Anna die Figuren Mariens und des Jesus-Kindes pyramidenartig überragt. In dem ausgestellten Bild ist die Anna-selbdritt-Gruppe durch die beiden Figuren des hl. Joachim und des hl. Joseph zur Hl. Sippe erweitert worden. Das traditionelle Motiv des Greifens nach dem Schleier bzw. des Gewandes Mariens durch das Jesus-Kind geht letztlich auf Ikonen (siehe Kat.-Nr. 61) zurück, während das scheinbar ungeordnete Dekolleté auf der dem Kind näherliegenden

Seite Mariens vom ikonographischen Typus der Madonna lactans herzuleiten ist, wobei dieses Motiv ins Genrehafte übertragen wurde.

Das in seiner Andeutung kaum bemerkbare Motiv der Wasserlache ganz im Vordergrund des Bildes bedarf einer Untersuchung: In der altniederländischen Malerei existieren Madonnenbilder mit Brunnen wie auch Darstellungen des „Lebensbrunnens" selbst (s. Anbetung des eucharistischen Lammes in der unteren Mitteltafel des Genter Altares). Es ist a priori nicht auszuschließen, daß in der Pfütze des ausgestellten Bildes eine genrehafte Umbildung dieser aus dem Spätmittelalter stammenden Bildtradition vorliegt.

BESCHREIBUNG UND STILCHARAKTERISTIK

Die Figurengruppe befindet sich auf einem durch Stufen erhöhten, bühnenartigen Steinpodium, auf dem Maria gleichsam wie auf einem Thron sitzt. Zu ihren Füßen, ihr zugewendet, sitzt die hl. Anna, wobei das Jesus-Kind, im Schoß der Maria liegend, durch seine Körperwendungen und durch seine Gestik eine körperliche Verbindung zwischen den beiden Frauen herstellt. Links und rechts von dieser Gruppe der Anna selbdritt stehen Joseph und Joachim; diese Figuren haben rahmende Funktion. Joseph lehnt mit dem linken Arm auf einer im rechten Hintergrund angedeuteten Ruinenarchitektur mit Säulen, links ist eine Parklandschaft angedeutet. Aus einer Wolkenformation schweben Cherubsköpfe in annähernd rautenförmiger Anordnung auf die Szene herab. – Das Gemälde ist stark durch Lichtführung und koloristische Werte bestimmt: Die über der Szene schwebende Wolke ist dunkel und hat ein helles Zentrum; scheinbar wird durch diese Lichtquelle die Hauptgruppe beleuchtet, die farblich durch Rosa-, Blau- und Ockertöne charakterisiert und dadurch von den beiden anderen Figuren des hl. Joseph und des hl. Joachim differenziert wird. – Durch die Art der Lichtführung wird auch die räumliche Illusion erzeugt (besonders bei der Haltung des linken Armes des Jesus-Kindes).

Der bildauswärts erfolgten Staffelung der Figurenanordnung – beim Joseph beginnend, über Maria mit dem Jesus-Kind sich fortsetzend und schließlich bei der hl. Anna endend – geht eine „fallende", bildkompositionell wichtige Linie synchron: sie geht vom Kopf des hl. Joseph aus und setzt sich, nach rechts unten zu auslaufend, über dem Haupt Mariens, der Haltung des rechten Armes des Jesus-Kindes und den Köpfen des Kindes und Annas fort, um schließlich im herabgesenkten linken Arm Annas auszulaufen. Der an die über Eck geführten Stufe gelehnte Steinblock markiert nicht nur echoartig den Zielpunkt dieser Linie, er dient auch als optischer Bezugspunkt zur Erschließung räumlicher Tiefenwerte, wie auch seine Neigung als optischer Gegenzug zu dieser fallenden Linie zu werten ist. Dieser gegensätzlichen Komponente entspricht auch die optische Überschneidung der fallenden Konturlinie mit der exzentrisch nach rechts „verschobenen" Hintergrundarchitektur. Im mit dem hl. Joseph isokephalen hl. Joachim im Bild rechts, hinter der hl. Anna, kommen diese vektoriellen Spannungsmomente zur Ruhe, was sich in seinem Raffen des Gewandes gestaltprägend auswirkt. Die Wiedergabe der ausgestreckten linken Hand des Jesus-Kindes tradiert seit Raffaels Fresko der Schule von Athen im Vatikan und dürfte über die mittlere Figurengruppe von Rembrandts Nachtwache vermittelt worden sein.

KUNSTHISTORISCHE EINORDNUNG UND DATIERUNG

In dem ausgestellten Gemälde sind niederländische Elemente mit Vorstellungen des italienischen Barock synthetisiert: niederländisch in der Art der Gewandwiedergabe, fällt als venezianische Eigenheit vor allem die Einhüftigkeit in der Komposition auf (seit Tizians Pesaro-Madonna in der Frari-Kirche in Venedig), die sowohl in der Anordnung der Figuren zu beobachten ist (beispielsweise in der Haltung des Joseph) als auch im Architekturhintergrund und in den Bodenziegeln des Vordergrundes. – Das Gemälde ist vor 1719 entstanden.

BIOGRAPHISCHES ZU JAKOB VAN SCHUPPEN (1670–1751)

Er wurde 1670 als Sohn des Antwerpener Malers Peter Ludwig van Schuppen in Paris geboren. Largillière war übrigens sein Onkel, und Jakob war mit Bernard Picart befreundet. 1704 war Jakob Mitglied der Pariser Akademie, von 1708 bis 1716 Hofmaler Herzog Leopolds I. in Lunéville, 1716 erfolgte die Berufung nach Wien, wo er 1723 zum kaiserlichen Hofmaler ernannt und 1726 zum Direktor der Akademie bestellt wurde. Er starb 1751 in Wien (s. Thieme–Becker, Allgemeines Künstlerlexikon, Bd. 30, Leipzig 1936, S. 342).

Prot.-Nr. L–227 *Abb. 312*

Ölmalerei auf Leinwand, nicht bezeichnet

Maße: Querformat: 179 × 195 cm

Leihgabe der Pfarre St. Joseph ob der Laimgrube, Wien VI

PROVENIENZ

Das Gott-Vater-Bild war das Oberbild zu dem bei Rottmayr 1724 für die Karmelitenkirche St. Joseph ob der Laimgrube in Wien in Auftrag gegebenen Hochaltarbild mit der Glorie des hl. Joseph. Vor 1870 wurde es gemeinsam mit dem Hochaltarbild aus der Kirche entfernt und in der Hauskapelle des Zufluchtshauses in Breitenfurt (Niederösterreich) deponiert. Während das Josephsbild noch heute dort zu sehen ist, befand sich das Aufsatzbild mit Gott-Vater bis Anfang 1986 in den Werkstätten des Bundesdenkmalamtes in Wien.

ERHALTUNGSZUSTAND

Das Gott-Vater-Bild wurde 1972 in die Werkstätten des Bundesdenkmalamtes zur Restaurierung übernommen und bis 1978 dort gereinigt und restauriert.
Nach einer Reinigung und Abdeckung – wobei nach den Ergebnissen der Probefreilegungen vorgegangen wurde – konnte festgestellt werden, daß die gesamte Bildfläche übermalt war. Unter der Übermalung kamen Fehlstellen und Abreibungen in reicher Zahl zum Vorschein. Die originale Malerei war sehr beschädigt und dünn, freskoartig in ihrer Konsistenz. – Die Retuschen der Fehlstellen waren stark überkittet und retuschiert. Nach der Abdeckung zeigten sich originale Pentimente.
Es folgte eine neue Verkittung, die in der Farbe der alten Kittstellen durchgeführt wurde; die zu stark gekitteten Stellen wurden abgeschliffen. In Angleichung der Struktur an die der Altsubstanz wurde der Farbaufbau der Fehlstellen erarbeitet.
Nach dem Zwischenfirnis folgte die Nachretusche, abschließend der Schlußfirnis. – Die technischen Arbeiten wurden von den akademischen Restauratoren Karin Gebhart und Dieter Höfer durchgeführt, die Restaurierung der Malerei vom akademischen Maler Erich Schuschnig. – Der Abschluß der Arbeiten erfolgte im Jahre 1978.

IKONOGRAPHIE

Das Gemälde zeigt Gott-Vater als Schöpfer des Universums (Creator mundi) ganzfigurig, als grauhaarigen, bärtigen alten Mann mit Dreiecksnimbus, schwebend, die Rechte erhoben und von einem Engel begleitet, in der Linken, die er auf den von zwei Engelsputten begleiteten Himmelsglobus stützt, hält er ein Zepter. Vor ihm, als Zentrum der Bildkomposition, schwebt die Taube des Heiligen Geistes. Der nach unten gerichtete Blick Gott-Vaters im Oberbild stellte bei der ursprünglichen Zusammenstellung mit dem Josephsbild den Bezug zum Jesus-Kind in dem dazugehörigen Hochaltarbild her. Der im Dreiecksnimbus formulierte Dreifaltigkeitsgedanke wurde solcherart – im Verein mit dem Hauptbild – auch figural zur Geltung gebracht.

BESCHREIBUNG

Vor einem strahlend gelben, nur links durch dunkle Wolken gerahmten Hintergrund schwebt der in starker perspektivischer Verkürzung gegebene Gott-Vater. Er ist in ein langes, türkisfarbenes Gewand gehüllt, über das ein rosaroter Mantelumhang wallend fällt, dessen Stoff durch unzählige Lichtbrechungen in changierenden Farbabstufungen im gelblichen Licht schimmert. Vor ihm ist die Taube des Heiligen Geistes schwebend, als helles Zentrum der Komposition, gegeben, die goldgelbe Strahlen aussendet. Der Himmelsglobus, farblich dem Untergewand Gott-Vaters gleich, setzt einen Schwerpunkt in der rechten Bildhälfte. Weitere Farbakzente sind durch die Gewänder der Engel gegeben: der Gott-Vater begleitende Putto links ist durch eine rote, gelblich schillernde Drapierung hervorgehoben; der Engel rechts vorne, der mit einem zweiten – nur partiell sichtbaren – Putto den Globus trägt, ist in ein rot schimmerndes gelbes Tuch gehüllt, was wiederum im Gegensatz zum dunklen Hintergrund auf dieser Seite eine schärfere Akzentuierung schafft.

KUNSTHISTORISCHE EINORDNUNG UND DATIERUNG

Aufgrund stilistischer Merkmale ist das Oberbild zeitlich in die Nähe der Fresken in der Melker Stiftskirche anzusetzen, die zu dem Gott-Vater-Bild enge Beziehungen zeigen (s. Erich Hubala, Johann Michael Rottmayr, Wien–München 1981, S. 84); sie sind 1716 bis 1722/23 ausgeführt worden. Sowohl zu dem Gott-Vater-Aufsatzbild als auch zum Hochaltarblatt existiert eine Nachzeichnung bzw. (nach Maser) eine Entwurfszeichnung in italienischem Privatbesitz (Feder in Braun über Vorzeichnung), deren Autorschaft von Maser erkannt wurde; er datierte unzulässigerweise aufgrund einer Aufschrift auf einer der Zeichnungen derselben Sammlung Rottmayrs Zeichnungen in das Jahr 1727. Nach Hubala müßte auch die Komposition des Josephsbildes für die Karmelitenkirche St. Joseph ob der Laimgrube samt dem derzeit im Museum ausgestellten Gott-Vater-Oberbild älter sein, da bereits 1726 eine mit dem Hochaltarbild identische Komposition nach Rottmayrs seit 1715 fälligem Altarblatt im Dom zu Breslau beschrieben wird; als alleiniger Beweis für eine frühe Datierung kann dies jedoch nicht gelten. Zumal das 1945 im Breslauer Dom verbrannte Josephsbild 1715 bestellt wurde, aber erst vor 1726 an Ort und Stelle belegt werden kann, ist eine Verbindung zu dem Wiener Josephsbild überhaupt nicht herzustellen. – Ein anschaulicher Vergleich mag als Datierungshilfe gelten: Ein um 1719 datiertes Seitenaltarbild der Stiftskirche St. Florian (OÖ.), den hl. Augustinus darstellend, zeigt über der Gestalt des Kirchenvaters eine Figuration der Dreifaltigkeit, in der Gott-Vater in vergleichbarer Weise gestaltet ist: Im Gegensatz zum Gemälde des Museums ist Gott-Vater hier – dem Thema und der ikonographischen Tradition entsprechend – sitzend dargestellt und nicht frontal, sondern leicht zur Bildmitte – zu Christus – gewendet und für den Betrachter im Dreiviertelprofil zu sehen. Physiognomie und Haltung der Arme und Hände sind ebenso vergleichbar wie auch die stoffliche Behandlung des Gewandes und die Konsistenz der Haare und des Bartes. – Im Kuppelfresko der Melker Stiftskirche ist eine ähnliche Darstellung Gott-Vaters mit der Weltkugel anzutreffen, die stilistische Parallelen zu dem Bild im Museum zeigt (s. Erich Hubala, op. cit., Abb. 275). Aufgrund der stilistischen Merkmale und auch wegen der historischen Situation ist nicht schlüssig zu begründen, weshalb das Oberbild nicht gleichzeitig mit dem Josephsbild für die Karmelitenkirche in Wien bestellt worden sein sollte; eine Entstehung in dieser Zeit, demnach um 1724, ist durchaus vorstellbar.

BIOGRAPHISCHES ZU JOHANN MICHAEL ROTTMAYR (1654–1730)

Johann Michael Rottmayr wurde 1654 in Laufen (Bayern, damals Salzburg) als Sohn des Laufener Organisten Friedrich R. und der Malerin Margareta Magdalena geboren. 1675 ging er nach Venedig, wo er 13 Jahre lang in der Werkstätte Karl Loths tätig war. 1688 erfolgte die Rückkehr nach Salzburg über Passau. 1695 war er in Frain (Mähren) und Prag und ab 1696 in Wien tätig, von wo zeitweise wegen Freskenaufträgen (Stift Melk) längeres Fernsein notwendig war. 1704 wurde er als Rottmayr von Rosenbrunn geadelt; er starb 1730 in Wien. Die Fresken in der Peterskirche (1714) und in der Karlskirche (1725–1730) gehören zu seinen Hauptwerken (s. Thieme–Becker, Allgemeines Künstlerlexikon, Bd. 29, Leipzig 1935, S. 103 ff.).

Literatur:
Erich Hubala, Johann Michael Rottmayr, Wien–München 1981, S. 226/G 205.

| 135 | GLORIE DES HL. KARL BORROMÄUS, Johann Michael Rottmayr, 1728 |

Abb. 313   Inv.-Nr. 38

Ölmalerei auf Leinwand
bezeichnet rechts unten: „Rottmayr de Rosenbrunn 1728"

Maße: Hochformat: 240 × 122 cm

Leihgabe aus dem Stephansdom

PROVENIENZ

Nach Hubala (Rottmayr, op. cit., S. 223) Hauptbild des Karl-Borromäus-Altares von 1728 im Mittelchor, am südwestlichen Pfeiler des Joches mit dem sechsteiligen Gewölbe im Wiener Stephansdom (ÖKT XXIII, S. 65). Bei Tietze (ÖKT XXIII, S. 273) fälschlich noch als auf dem Altar befindlich bezeichnet. Der 1728 von Jacob Mayer und seiner Gattin Regina, geborene Dietrich, gestiftete Altar erhielt 1783 anstelle des Rottmayr-Bildes ein in Kunstmarmor hergestelltes Bildwerk gleichen Themas von Wolfgang Köpp (s. Marlene Zykan, Der Stephansdom, S. 173, Fußnote 354). Im Jahre 1902 ist das Rottmayr-Bild wiederentdeckt worden. Gleich dem – vermutlich zugehörigen – Aufsatzbild mit der Hl. Dreifaltigkeit (Kat.-Nr. 136) wurde es durch Gerisch restauriert, seit 1933 befindet es sich im Museum. Analog dem Dreifaltigkeitsbild (s. Kat.-Nr. 136) ist die ursprüngliche Rahmenform in dem von Gerisch offensichtlich dublierten Bild zu sehen, diese stimmt tatsächlich mit der im Altar überein.

IKONOGRAPHIE

Das Gemälde zeigt den hl. Karl Borromäus in der Glorie, apotheosenhaft in den Himmel aufsteigend, von Engeln getragen. Christus als Salvator mundi mit der Weltkugel thront auf Wolkenballen über ihm im Himmel. In der Formulierung des thronenden Christus wirkt letztlich der aus der „Disputa" Raffaels in den Stanzen des Vatikans motivisch nach. Am unteren Bildrand sind einzelne Szenen aus dem Leben des Heiligen während der Pest in Mailand dargestellt. Der Hinweis auf die Tafel „Humilitas" (= Demut) bezieht sich auf die fürbittende Haltung des Titelheiligen, welche das Einstecken des Schwertes durch den Engel seitlich Christi als Zeichen für das Ende der als Gottesstrafe aufgefaßten Pest zur Folge hat.

KUNSTHISTORISCHE EINORDNUNG

Hubala (op. cit., S. 83) stellt fest, daß dieses Gemälde als seitenverkehrte, variierte und verkleinerte Wiederholung des gleichthematischen Querhausaltarbildes in der Salzburger Kollegienkirche anzusprechen ist, und hebt die Beziehungen genetischer Art im Jahre 1728 hervor, die zwischen diesem Gemälde aus dem Jahre 1722 und dem Teil des Kuppelfreskos der Wiener Karlskirche bestehen (Hubala, op. cit., Abb. 315).

BIOGRAPHISCHES ZU JOHANN MICHAEL ROTTMAYR (1654–1730)

Hiezu siehe entsprechende Textstelle bei Kat.-Nr. 134.

Literatur:
ÖKT XXIII, Wien 1931, S. 65, S. 419, wo das Bild jedoch in der Reliquienkapelle erwähnt wird. – Erich Hubala, Johann Michael Rottmayr, Wien–München 1981, S. 83, S. 223 (G 189), Abb. 310. – Marlene Zykan, Der Stephansdom, Wien 1981.

| ALLERHEILIGSTE DREIFALTIGKEIT, Johann Michael Rottmayr, 1728 | 136 |

Prot.-Nr. 112   *Abb. 314*

Ölmalerei auf Leinwand, Rahmen nicht original
unbezeichnet

Maße: Hochformat: 194 × 155 cm

Leihgabe aus dem Stephansdom

PROVENIENZ UND ERHALTUNGSZUSTAND

Die Malerei ist gut erhalten. Der leicht profilierte vergoldete Rahmen ist nicht original. Dieses Bild war das Aufsatzbild eines Altares im Stephansdom, vermutlich des Altarbildes mit der Glorie des hl. Karl Borromäus von Johann Michael Rottmayr (Kat.-Nr. 135). 1902 wurde es am Dachboden des Domes gefunden und gleich dem Karl-Borromäus-Bild von Gerisch restauriert. Seit 1933 befindet es sich im Museum.

IKONOGRAPHIE

Gott-Vater und Jesus thronen auf Wolken. Jesus hält das Kreuz als Attribut, zu beider Füßen befindet sich die Weltkugel, zwischen beiden bildet die Taube des Heiligen Geistes das Zentrum der bekrönenden Gloriole.
Das zu dieser Zeit beliebte Thema für Altaraufsatzbilder wurde hier in der Art gefaßt, wie die Dreifaltigkeitsgruppe im Medium der Plastik als bekrönender Abschluß für Pestsäulen gestaltet wurde. Die Trinität wurde hier nicht in der (auch noch im 17. Jahrhundert) traditionellen Form des Gnadenstuhles, sondern in der „glorifizierten" Darstellung wiedergegeben: Gott-Vater und Gott-Sohn sitzen auf Wolkenbänken nebeneinander, die Gloriole für diese Figurengruppe ist zugleich die Taube des Heiligen Geistes, die zwischen die beiden Figuren komponiert ist.

STIL UND DATIERUNG

Im Kontrast der farbigen Behandlung der Figuren zum Grund manifestiert sich der Spätstil des Meisters. Hubala (op. cit.) vertritt die Meinung, daß dieses Auszugsbild und das Gemälde mit dem hl. Karl Borromäus (Kat.-Nr. 135) zusammengehören. Hans Tietze (s. ÖKT XXIII) erwähnt unter der Nr. 5 in der Reliquienkapelle von St. Stephan 1931 mit folgendem Zusatz das in Rede stehende Aufsatzbild: „Art des J. M. Rottmayr um 1700." Hubala verweist bezüglich des Themas auf eine Handzeichnung, die in seinem Buch unter der Nr. Z 84 angeführt ist, jedoch in keinem direkten Zusammenhang mit der Dreifaltigkeitsdarstellung stehen kann (Hubala, op. cit., S. 250/ohne Abbildung).

BIOGRAPHISCHES ZU JOHANN MICHAEL ROTTMAYR (1654–1730)

Hiezu siehe entsprechende Textstelle bei Kat.-Nr. 134.

Literatur:
Hans Tietze, ÖKT XXIII, Wien 1931, S. 65, S. 419. – Fuhrmann-Heinz-Mrazek, J. M. Rottmayr, im Ausstellungskatalog Salzburg 1954. – Edward Maser, Disegni inediti di J. M. Rottmayr, Bergamo 1971. – Erich Hubala, J. M. Rottmayr, Wien–München 1981, S. 83, S. 223 (G 190), ohne Abb.

Kataloge:
Führer durch das Eb. Dom- und Diözesanmuseum, Wien 1934, 1941, 1946. – Sammlungskatalog des Eb. Dom- und Diözesanmuseums, Wien 1973, Kat.-Nr. 76.

| 137 | HL. LEOPOLD ÜBER WIEN, um 1730 |

Abb. 315

Prot.-Nr. L–111

Ölmalerei auf Leinwand

Maße: Hochformat: 212 × 110 cm

Leihgabe aus dem Stephansdom

PROVENIENZ

Vermutlich stammt das Bild von einem heute nicht mehr erhaltenen barocken Seitenaltar aus dem Stephansdom.

ERHALTUNGSZUSTAND

Restauriert 1985 von Prof. Michel Pfaffenbichler, Wien. Entfernung der alten Dublierung, Reinigung der Rückseite von Kleberückständen, Risse und Löcher mit Japanpapier unterfangen und mit Leimkreidekitt gekittet. Auf dünnes Baumwollgewebe als Zwischenträger kaschiert, auf Rohleinen dubliert. Abdecken von vergilbten Firnisschichten, Entfernung einer massiven Übermalung des Hintergrundes. Entfernung von früheren Retuschen, Fehlstellen retuschiert. Schlußfirnis mit Mastix.

BESCHREIBUNG

Dieses hochrechteckige, oben halbkreisförmig geschlossene Bild zeigt den als Schutzpatron über Wien gleichsam schützend schwebenden, den mit Hermelin besetzten Purpurmantel ausbreitenden hl. Leopold. Er ist in scheinbar aufsteigender, apotheosenhafter Haltung kniend als Zentrum des Bildes gegeben. Seine Fahne zeigt das niederösterreichische Wappen auf rotem Grund, ein ihn umschwebender Engel trägt das Kirchenmodell, das an die Westfassade der Schottenkirche in Wien erinnert. Die stark bewegte Gestalt des Titelheiligen kontrastiert in ihrer buntfarbigen Kostümierung gegen den blauen Hintergrund des Firmamentes. Nächst dem unteren Bildrand ist modellhaft die Stadtansicht von Wien von Norden her gegeben, wobei der mittelalterliche Charakter der Stadt betont ist. Den Hintergrund bilden die Hügel rund um Wien, die Donau ist am unteren Bildrand sichtbar.

KUNSTHISTORISCHE EINORDNUNG UND DATIERUNG

Dieses mit Martino Altomonte in Zusammenhang gebrachte Bild wird von Aurenhammer zum Altomonte-Kreis, jedoch nicht zu seinen eigenhändigen Werken gezählt (Aurenhammer, op. cit., S. 111/Anm. 37). Die bildkompositionelle Ähnlichkeit zu den zahlreichen bildlichen Fassungen der Glorie des hl. Johannes Nepomuk von Johann Georg Schmidt, genannt der „Wiener Schmidt", läßt auch in diesem Gemälde Zusammenhänge mit

Werken dieses Malers erkennen. In der Gesamtkomposition ist dieses Bild von dem Altarbild nach dem Entwurf Andrea dal Pozzos in einer Seitenkapelle (der dritten von rechts hinten aus gezählt) in der Wiener Jesuitenkirche (Universitätskirche) abhängig. Auch dort findet sich der Titelheilige in ähnlicher Pose mit ähnlich angeordneten Attributen über Wien (die Wien-Vedute ist derzeit durch das Vorsteckbild mit der Darstellung des hl. Johannes Nepomuk nicht sichtbar) schwebend. Es ist bekannt, daß Anton Hertzog, von Pozzo inspiriert, die Deckenfresken für die Universitätsbibliothek schuf; ob und wieweit eine Beziehung zwischen dem Œuvre dieses Malers und diesem ausgestellten Bild hergestellt werden kann, bedarf noch ausständiger, detaillierter Studien.
Aufgrund stilistischer Merkmale kann das Bild in die Jahre um 1730 datiert werden.

Literatur:
Hans Aurenhammer, Martino Altomonte, Wien–München 1965.

Kataloge:
Führer des Eb. Dom- und Diözesanmuseums, Wien 1946. – Der Heilige Leopold, Landesausstellung Stift Klosterneuburg 1985, NÖ. Landesmuseum, N. F. Nr. 155, Wien 1985, S. 281 f., Kat.-Nr. 276.

AUFFINDUNG DES LEICHNAMS DES HL. JOHANNES NEPOMUK, böhmisch, um 1730	138

Inv.-Nr. 82   *Abb. 316*

Ölmalerei auf Leinwand

Maße: Hochformat: 147 × 127 cm

ERHALTUNGSZUSTAND

Das Bild wurde anläßlich der Neugestaltung des Museums im Jahre 1985/86 durch Herrn Prof. Michel Pfaffenbichler, Wien, restauriert. – Der Erhaltungszustand des Bildes war entstellend, weshalb folgende Arbeiten des Restaurators notwendig waren: Nach Dublierung der Leinwand wurde das Bild gereinigt und von seinen starken, teilweise entstellenden Übermalungen befreit.

IKONOGRAPHIE

Die Darstellung des hl. Johannes Nepomuk, der 1721 selig- und 1729 heiliggesprochen wurde, hängt eng mit der in den zwanziger Jahren des 18. Jahrhunderts durch die Jesuiten („Societas Jesu") betriebenen Verbreitung des durch die Heiligsprechung wiederbelebten Kultes dieses Heiligen zusammen und hatte zur Folge, daß der hl. Johannes Nepomuk häufig als ikonographisches Thema – auch in Serien, die sein Martyrium zeigen – im Kult Verwendung fand. Die Heiligsprechung des Johannes Nepomuk hatte vor allem auch politische Bedeutung: Sie stellte den Versuch der Habsburger dar, den Zusammenhalt der verschiedenen österreichisch-ungarischen Länder, zumindest für die unmittelbar folgende Zeit, zu garantieren.
Die Legende des Heiligen erzählt, daß Johannes Nepomuk Beichtvater der Königin von Böhmen war und dem König Wenzel, der ihn zur Preisgabe des Beichtgeheimnisses zwingen wollte, dies verweigerte. Die Folge war ein furchtbares Martyrium – Johannes Nepomuk wurde grausam gefoltert. Zuletzt warf man ihn – noch lebend – mit einem Stein um den Hals von der Karlsbrücke in Prag in die Moldau. Seine Leiche wurde später am Moldauufer gefunden, um seinen Kopf zeigte sich der fünfsternige Nimbus, der für die Buchstaben des lateinischen Wortes „tacui" („ich habe geschwiegen") symbolisch stehen soll. – Die vorliegende Darstellung zeigt die Auffindung des Leichnams durch Soldaten am Moldauufer, wobei die fünf Sterne des Nimbus durch einen Putto vom Himmel herabgesendet werden.
In der Vita dieses Heiligen wird auch die dargestellte Szene als Nr. 23 der insgesamt 30 Darstellungen zählenden Serie gegeben, die in Kupferstichen von J. A. Pfeffel 1725 herausgegeben wurde (s. Ausst.-Kat. 250 Jahre Hl. Johannes Nepomuk, Salzburg 1979, Nr. 200–229, besonders 222!). In der Südtiroler Gemeinde Watten wird übrigens am 24. Juni jeden Jahres eine Prozession abgehalten, bei der eine liegend gestaltete Skulptur des hl. Johannes Nepomuk von einer Brücke in den Bach gelegt, dort „ruhen" gelassen und schließlich „errettet" und zurück zur Kirche gebracht wird. Hierin begründet sich auch eine der Anrufungen des Heiligen gegen Wassernot (s. Ausst.-Kat., item, S. 32, Tf. II, III, und Kat.-Nr. 70, 71, 130, 192, 272, 352, 431).

BESCHREIBUNG

Der Titelheilige liegt im Bildraum schräg einwärts gelagert nächst dem unteren Bildrand. Im Bildraum herrscht brauntoniges, diffuses Dunkel vor, die hellen Farben sowie die Buntfarben – letztere vor allem im Inkarnat – konzentrieren sich auf die Figur. Der Bildraum ist als Ufer der Moldau charakterisiert, wo der Leichnam – im Wasser liegend – angeschwemmt liegt. Vom rechten Bildrand schräg bildauswärts nach links vorne ist Terrain angegeben, am rechten Bildrand steht ein Laubbaum mit abgebrochenem Wipfel. Der Heilige ist in seine leuchtendweiße Alba und mit dem Chormantel gewandet. Sein bärtiges Gesicht mit geschlossenen Augen, von dem ein seltsames Strahlen ausgeht, ist leicht gegen den Betrachter gewendet. Seine rechte Hand liegt auf der Brust. – Über ihm öffnet sich der Himmel in rotbraunen und gold-ockerfarbenen Tönen, wobei aus den fedrig-locker gemalten Wolkengebilden Putten und Cherubsköpfe herabschweben. Fünf von ihnen sind genauer ausgeführt, sie tragen die Attribute des Heiligen und weisen so auf den Märtyrertod hin – je zwei paarweise angeordnete Puttengruppen sind gegeneinander gesetzt, wobei die eine Gruppe mit Schlüssel und auf den Mund gelegtem Finger auf das Wahren des Beichtgeheimnisses hinweist, die andere mit dem Kreuz dargestellt ist und ein einzelner, herabschwebender mit Märtyrerpalme und Lorbeerkranz gegeben ist, der auch einen der fünf Sterne des Nimbus noch in der Hand hält, wogegen die anderen Sterne bereits auf den Heiligen herabschweben. – Im Hintergrund ist, beinahe im Dunkel verschwindend, schemenhaft die Karlsbrücke angegeben, auf der die – zum Großteil geharnischten – Soldaten und ein Fackelträger in das Wasser der Moldau blicken.

KUNSTHISTORISCHE EINORDNUNG, DATIERUNG

Die Auffassung des ikonographischen Themas zeigt enge Verwandtschaft mit einem böhmischen Gemälde in der Nationalgalerie in Prag, das den hl. Johannes Nepomuk in gleicher Darstellung zeigt. Das – im Gegensatz zu dem Bild des Museums – querformatige Bild ist von dramatischer Wiedergabe gekennzeichnet, was vor allem durch die Lichteffekte – besonders im Gesicht des Heiligen – erzielt wird. Die Putten im Himmel fehlen, während die Darstellung dieser im Bild des Museums durch das Format begünstigt wird. Die Putten sind gegeneinander gesetzt, bilden solcherart einen Kontrast sowie eine – parallel zum Körper des bildeinwärts gelagerten Toten verlaufende – Reihe vom linken Bildrand schräg nach der Mitte hin, wodurch der Versuch einer räumlichen Darstellung geglückt ist.

Die Draperien der Putten sind fedrig, locker und leicht gemalt, es entstehen wehende Gewandzipfel, die die Leichtigkeit des Stoffes noch unterstreichen. Das Gewand des Heiligen, vor allem die Alba, ist von pastoser, leichter Konsistenz, wie auch die gesamte Malweise zum Großteil durch illusionistisch-expressive Züge gekennzeichnet ist.

Durch die Art der Wiedergabe und den Darstellungsgegenstand ist eine enge Verwandtschaft zu den Werken Peter Brandls gegeben, eine nähere Untersuchung und Gegenüberstellung steht jedoch noch aus.

Aufgrund der stilistischen Merkmale ist das Gemälde in das erste Viertel des 18. Jahrhunderts zu datieren; es ist in Böhmen entstanden.

| 139 | **MARIA MIT DEM JESUS-KIND, Martino Altomonte, um 1725** |

Abb. 317

Inv.-Nr. 80

Ölmalerei auf Leinwand, in einfachem Holzrahmen (Holz natur)
Signatur: Martino Altomonte

Maße: Hochformat: 55 × 45 cm

BESCHREIBUNG

Über die Herkunft des Bildes fehlen nähere Informationen. In einem beinahe quadratischen Bild ist eine halbfigurige Muttergottes mit dem Jesus-Kind dargestellt. Das in frischer Farbigkeit wiedergegebene Inkarnat wie auch die buntfarbige Kostümierung kontrastieren zum tiefdunklen neutralen Hintergrund, der solcherart den Charakter mystischen Dunkels bekommt.

Obgleich mit dem Namen „Martino Altomonte" signiert, läßt sich nur schwer der individuelle künstlerische Anteil Martino Altomontes fassen, was nicht an der Einfachheit des Themas liegen kann. Das Bild ist eine Imitation jenes traditionellen Gnadenbildes der Augustinerkirche (Wien I), das auf eine Ikonenimitation zurückgeht. Dieses hat durch die Aufgabenstellung, eine Kopie anzufertigen, den geringen Entfaltungsgrad Martino Altomontes bei diesem Bild bewirkt; außerdem dürfte es stark übermalt sein.

Im Vergleich zu dem Bild gleichen Themas im Historischen Museum der Stadt Wien (s. Hans Aurenhammer, Martino Altomonte, Wien 1965, Abb. 49, Kat.-Nr. 153), wo auch im Kontrast vom schlafenden Kind und der wachenden (zugleich umsorgenden) Mutter ein ikonographischer Unterschied besteht, ist das Bild des Museums spannungsärmer: Im Bild des Historischen Museums ist das schlafende Kind in stärker spiraliger Körperhaltung wiedergegeben und zusätzlich in der Gegenrichtung zum scheinbar sich seitlich hervorwendenden Oberkörper Mariens gelagert. Weiters ist im Bild die Figurengruppe vor einer Draperie komponiert, die durch ein Zurseiteschlagen des schweren Vorhanges nächst dem rechten Bildrand den Blick in eine weite Landschaft mit Wolkenhimmel freigibt. Selbst die farbige Oberflächenbehandlung in den Gesichtern und in den Gewändern differiert zwischen den beiden Bildern: Das Bild des Museums erweckt einen diffusen atmosphärischen Eindruck; im Bild des Historischen Museums kontrastieren die belichteten Stellen von porzellanhafter Glätte lebhaft mit den dunklen Farben und den Schattenpartien. – Möglicherweise besteht ein Zusammenhang mit einem Marienbild Solimenas, worauf die starken Hell-Dunkel-Effekte schließen lassen.

Es wäre durchaus möglich, daß dieses Bild des Museums nicht eigenhändig gemalt, sondern ein Werkstattbild ist.

DATIERUNG

Aufgrund der stilistischen Merkmale könnte das Gemälde um 1725 entstanden sein.

BIOGRAPHISCHES ZU MARTINO ALTOMONTE (1657–1745)

Geboren am 8. Mai 1657 in Neapel, starb Martino Altomonte im Stift Heiligenkreuz (NÖ.). Erst Schüler Giovanni Battista Gaullis, genannt Bacciccio, in Rom, später von Carlo Maratta. Im Jahre 1684 wurde er zu König Sobieski nach Warschau berufen, wo sein Name „Hohenberg" ins Italienische übersetzt wurde. In den folgenden Jahren war er Hofmaler in Polen. 1703 kehrte er nach Wien zurück, wo er an der Akademie an der Seite des Direktors Peter Strudel wirkte. 1720 zog er nach Linz, hernach zog er sich als Laienbruder ins Stift Heiligenkreuz zurück, wo er, nach seinem 1745 erfolgten Tod, in der Stiftskirche beigesetzt wurde.

Martino Altomonte war einer der geschicktesten und fruchtbarsten Kirchenmaler der Barockzeit in Österreich, wo seine Hauptwerke – Deckenfresken, Altarbilder – erhalten sind (Thieme–Becker, Allgemeines Lexikon der bildenden Künstler, Leipzig 1907, Bd. I, S. 356).

HL. MICHAEL MIT LUZIFER, um 1720/1730	140

Inv.-Nr. 70   *Abb. 318*

Holzskulptur, polychromiert

Maße: Höhe: 53 cm
      Breite: 30 cm
      Tiefe: 20 cm

Die Herkunft dieser Skulpturengruppe ist ebenso unbekannt wie ihr ursprünglicher Aufbewahrungsort. Die Skulpturengruppe wurde 1986 von Herrn Prof. Michel Pfaffenbichler, Wien, restauriert. Über einem filigran anmutenden, aus vergoldeten Volutenstegen gebildeten Sockel erhebt sich die figurale, vollplastische Gruppe. Auf einem nach unten gekrümmten, als häßlicher weiblicher Akt gestalteten Luzifer erhebt sich in ausfahrend bewegter Haltung der hl. Michael, mit dem flammenden Schwert kräftig ausholend. Michael trägt einen Brustpanzer, aus dem in wirbelnd-bewegter Fältelung das kurze textile Gewand herausragt. Das Inkarnat der Luziferfigur ist ein intensives Ziegelrot-Braun, das sich vom hellen Inkarnat des Erzengels stark abhebt. Die Fassung des Gewandes wie auch des flammenden Schwertes ist teilweise lüstriert.

Die Ikonographie entspricht der seit Hubert Gerhaerds traditioneller Darstellung an der Fassade der Münchener Michaelskirche geprägten Formulierung. Der virulenten, ausfahrenden Gestik entspricht in der Silhouettenwirkung der zerklüftete Duktus. Die Skulpturengruppe wirkt wie eine Paraphrase der monumentalen Steinfigurengruppe Lorenzo Matiellis am Portikus der St.-Michaels-Kirche in Wien I. Die ausgestellte, vermutlich als Vorsteckbildwerk im Kult verwendete Gruppe ist in die Zeit um 1720/1730 zu datieren.

| 141 | **KRUZIFIX, vermutlich von Jacob Gabriel Müller, genannt Mollinarolo, um 1750/1760** |

Abb. 319

Inv.-Nr. 31

Bleigußskulptur auf ebenholzfarbenem Holzkreuz, Inschriftplatte Messing mit gravierter Schrift

Maße: Höhe: 72 cm
　　　Breite: 22 cm
　　　Tiefe: 12 cm

Widmung auf dem Sockel mit Inschrift auf Messingtafel: „Bleikruzifix – Werk aus der Schule R. Donner. Widmung von Helene Baronin Gautsch."

PROVENIENZ

Das Bleikruzifix wurde aus der Sammlung Gautsch dem Museum 1933 gewidmet.

ERHALTUNGSZUSTAND

Der Corpus ist auf einem Holzkreuz in Ebenholzfassung reappliziert worden. Die Nägel an Händen und Füßen sind neu und von hinten verschraubt. Der Corpus weist Gußfehler auf und zeigt Schürfspuren. – Die INRI-Tafel fehlt.

IKONOGRAPHIE

Der Corpus zeigt den Typus des toten Christus am Kreuz – den Christo-morto-Typus – im Gegensatz zum Christo-vivo-Typus, der beispielsweise bei einem Georg Raphael Donner zugeschriebenen ähnlichen Kruzifix in Heiligenkreuz gestaltprägend wurde. – Am Kreuzesstamm liegen der Totenkopf und ein Knochen, die Adams Grab bezeichnen und – im Zusammenhang mit dem Kruzifix – symbolisch dem Gedanken über Tod und Auferstehung gelten.

BESCHREIBUNG UND KUNSTHISTORISCHE EINORDNUNG

Die Bleiskulptur zeigt eine ausgeprägte Betonung der Anatomie, wodurch eine belebte, schimmernde, fluktuierende Oberflächenwirkung entsteht, die durch die Verwendung des Bleies als Material entsprechend begünstigt wurde. Die einzelnen angedeuteten Muskelpartien gehen in schwingenden Kurvungen ineinander über, wodurch eine geschmeidig wirkende Oberflächenstruktur entsteht. Diese Eigenschaften sind barocke Stilelemente. Die Körperproportionen wie auch die Betonung der Voluminosität des Körpers verhindern das Dominieren der Oberflächenbehandlung und ordnen diese dem blockhaften Figurenkörper unter. Dies wie auch die ausgewogenen Proportionen der Figur sind Merkmale, die den Klassizismus ankündigen und bei Werken des Georg Raphael Donner ebenfalls zu beobachten sind. Merkwürdig hiezu aber kontrastieren die stark abgewinkelte Haltung des Kopfes Christi, der dadurch im Vergleich zum Oberkörper in der Frontalansicht zu klein geraten erscheint, wie auch das in der Art einer rocaillenhaften Kartusche geformte vegetabile Motiv vor dem Kreuzesstamm, auf dem die Gebeine ruhen – wobei die Blattform eine Reminiszenz des Rokoko ist. Die Befolgung der physikalischen Gesetze der Schwerkraft läßt in der skulpturalen Umsetzung den Eindruck des Herabhängens des Körpers in der Art der Wiedergabe der Arme und in der formalen Interpretation des muskulösen Körpers ebenso zur Geltung kommen wie die Gegenbewegung hiezu mittels des Festhaltens durch die angenagelten Füße. Eine die ganze formale Wiedergabe des Körpers umfassende Organik ist zugleich Ausdrucksträger, was speziell im schlaffen Herabhängen wie auch im Seitwärts- und Vorneigen des Hauptes vollends kulminiert.

Ein Vergleich mit dem bereits genannten, Donner zugeschriebenen Kruzifix in Heiligenkreuz (siehe IKONOGRAPHIE), in dem der Typus des noch lebenden Christus – Christo vivo – verkörpert ist, zeigt, daß das im Museum ausgestellte zu diesem spiegelverkehrt erscheint und beide Exemplare miteinander in engstem Zusammenhang stehen. Bei dem Heiligenkreuzer Corpus zeigt sich im Gegensatz zu dem betonten Kontrapost von frontal präsentiertem Körper und Profilhaltung des Kopfes eine Organik, der im Kreuz des Museums eine Tendenz zum sackartig herabhängenden Corpus entspricht, was durch den thematischen Unterschied der beiden Kruzifixe bedingt ist, wobei in beiden Werken die Körperformen organisch ineinander übergehen. Wie beim Heiligenkreuzer Kruzifix ist das Lendentuch um einen Strick geschlungen, wobei es bei diesem – im Gegensatz zu dem im Museum befindlichen – in kurvig verlaufenden Falten schräg vor dem Körper liegt, um hinten beim Lendentuchzipfel starke Silhouettenwirkung zu ergeben. Das Kreuz im Museum weist beim Lendentuch kaskadierende, fein gefältete Formationen auf und bildet am Ende des Zipfels hinten eine ohrmuschelähnliche, unmotiviert scheinende Drapierung. Die Physiognomie des Corpus im Museum gleicht der des Christus der Gurker Pietà Georg Raphael Donners en miniature.

Das ausgestellte Kruzifix zeigt am Corpus keine Nachbearbeitung, die Gußlöcher an Armen und Beinen sind lediglich abgeschliffen.

Aufgrund der hohen Qualität dieses Werkes, das durch seine stilistischen Merkmale zeitlich in die Nähe der 1740 entstandenen Gurker Pietà zu setzen ist und eine enge Verwandtschaft zu dem Kruzifixus in Heiligenkreuz aufweist, steht fest, daß dieses Werk zumindest im Einflußbereich Donners entstanden ist; der Rohzustand, in dem es belassen wurde, läßt die Vermutung zu, daß der Corpus möglicherweise von der Hand Donners selbst stammen könnte und nach seinem Tod 1741 unfertig liegen blieb.

Laut freundlicher Mitteilung von Herrn Luigi A. Ronzoni, Wien, ist dieses ausgestellte Kruzifix aufgrund seiner stilistischen Nähe zu ähnlichen Kruzifixen im Dom von Györ (Raab) und dem Sakristeikreuz in Mariabrunn (Wien XIV) ein Werk des Donnerschülers Jacob Gabriel Müller, genannt Mollinarolo.

BIOGRAPHISCHES ZU JACOB GABRIEL MÜLLER (1721–1780)

Jacob Gabriel Müller (Miller, Molinari, Mollinarolo) wurde um 1721 in Wien geboren, er starb 59jährig ebenda (1. Mai 1780). 1735 als Schüler von Matthäus Donner an der Akademie bezeugt (1745 silberne Preismedaille), war er seit 1757 ebenda als Professor tätig (Nachfolger Donners) und wurde k. k. Hofzeichenmeister. Er war ein bedeutender Vertreter der Donnerschule. Seine bedeutendsten Werke stellen zwei Altartafeln (Bleireliefs) im Dom zu Györ (Raab), Ungarn, dar, die König Ludwig von Ungarn und die Exhumierung der Leiche des hl. Stephan zeigen (bezeichnet J. G. de Molinarolo dite Müller inv. et fec.), sowie der Hochaltar im Dom zu Wiener Neustadt (1776/1779) (Thieme–Becker, Allgemeines Lexikon der bildenden Künstler, Bd. 25, Leipzig 1931, S. 232 f.). Sein Werk, das noch nicht gebührend erforscht ist, fällt zum Großteil unter die als unter „Donnerschule" laufenden Objekte und wäre – aufgrund der Qualität seines Werkes – noch auszugliedern.

Katalog:
Sammlungskatalog des Eb. Dom- und Diözesanmuseums, Wien 1973, Kat.-Nr. 89.

142	**MARIA MIT DEM JESUS-KIND ERSCHEINT DEM HL. ANTONIUS VON PADUA,** Michael Angelo Unterberger, 1744

Abb. 320   Prot.-Nr. L–115

Ölmalerei auf Leinwand, originaler Rahmen
bezeichnet und datiert 1744

Maße: Hochformat: 235 × 192 cm

Leihgabe aus dem Stephansdom

PROVENIENZ

Dieses Bild war bis 1873 am ehemaligen Antoniusaltar im Frauen-(Nord-)Chor des Stephansdomes als Altarbild aufgestellt.

ERHALTUNGSZUSTAND

Die Malerei zeigt engmaschiges Craquelé mit geringfügigen Farbabsplitterungen. Der Rahmen mit seiner marmorierenden ursprünglichen Fassung ist original.

IKONOGRAPHIE

In diesem Gemälde wurde das ikonographische Motiv der „sacra conversazione" in barocker Art allegorisch ausgewertet, was sich in der auf Wolken herabschwebenden, von Engeln begleiteten Marienerscheinung äußert. Die solcherart als überirdische Wesen charakterisierte Gruppe tritt in den irdischen Bereich ein, indem Antonius kniet. Auffallend ist die Haltung der Hände Mariens: Sie hält das Tuch, auf dem das Jesus-Kind sitzt, in der Weise, wie die Haltung der hl. Veronika mit dem Schweißtuch seit der spätgotischen Malerei traditionell ist (s. das Kreuzigungstriptychon Rogier van der Weydens im Kunsthistorischen Museum in Wien, das Unterberger in der Kaiserlichen Gemäldesammlung gesehen haben könnte).

BESCHREIBUNG UND STILCHARAKTERISTIK

In einem Raum, der durch den Marmorboden und die Säule im rechten Hintergrund angedeutet wird, erscheint dem in Andacht versunkenen hl. Antonius Maria mit dem Jesus-Kind in Begleitung von Engeln. Beide Sphären – himmlische und irdische – verschmelzen ineinander: Alle Figuren sind gleichartig wiedergegeben, nur die Beleuchtungssituation – namentlich durch das von oben herabgleitende Lichtstrahlenbündel – wird zur Unterscheidung zwischen irdischen und überirdischen Wesen herangezogen. Die Stellung der Säule hinter der Mariengruppe läßt das Architekturdetail nicht gleich als zum irdischen Bereich gehörig erkennen.
Die Mariengruppe befindet sich im Bildzentrum. Die durch sie und die Säule gebildete Diagonale läuft in ihrer Verlängerung gegen die kniende Figur des Antonius bildauswärts. Die so gebildete versetzte Anordnung in der Komposition der Hauptfiguren, der in der Vertikalen die Staffelung der Motive bildeinwärts entspricht, ist ein Schema, das der venezianischen Malerei des 18. Jahrhunderts entnommen ist (Unterberger wurde bei Alberti und Piazzetta in Venedig geschult) und in der österreichischen Malerei dieses Zeitraumes häufig Anwendung fand. Die Hauptgruppe wird durch verschiedenartig angeordnete Engel und Putti bereichert, ohne daß die Dominanz der Hauptfiguren eingeschränkt würde. Sowohl das Kolorit als auch die Lichtführung tragen hiezu wesentlich bei: Die Buntfarben sind in der Mittelgruppe konzentriert, die Lichtquelle hebt die Mittelgruppe insofern hervor, als die Figuren des Vordergrundes im Dämmer liegen, die des Hintergrundes durch die starke Helligkeit farbig wenig zur Geltung kommen.
Hiedurch wird die in der Figurenkomposition innewohnende Dynamik optisch beruhigt und die für den Barock charakteristische Bewegtheit in diesem Bild in eine den Klassizismus vorbereitende Ausgewogenheit versetzt.

KUNSTHISTORISCHE EINORDNUNG UND DATIERUNG

Das Thema des hl. Antonius, dem Maria mit dem Jesus-Kind erscheint, hat Unterberger wiederholte Male beschäftigt. Verschiedene Varianten sind bekannt: ein Halbfigurenbild des hl. Antonius von Padua für das Kloster St. Nikola bei Passau (heute verschollen), das ausgestellte Gemälde, das Altarbild der Antoniuskapelle der Michaelerkirche in Wien, das Hochaltarbild der Franziskanerkirche in Kaschau sowie ein kleines Tafelbild in Wiener Privatbesitz. Zu dem ausgestellten Bild existieren eine Vorzeichnung im Tiroler Landesmuseum Ferdinandeum (Inv.-Nr. T 672) und vier Ölskizzen, davon zwei im Historischen Museum der Stadt Wien (Inv.-Nr. 117.471 und 117.572), eine in der Sammlung Fájt in Eisenstadt sowie eine in der Gemäldesammlung in Cavalese (Inv.-Nr. 180). Die Zeichnung im Ferdinandeum dürfte eine Ideenskizze zum vorliegenden Altarbild – im Unterschied zu den Vorzeichnungen, die das Bild bereits in seiner endgültigen Fassung zeigen – sein, wobei die Form des Altarrahmens noch nicht festgelegt ist sowie einige Unterschiede in der Komposition festzustellen sind. Eine chronologische Ordnung der Zeichnungen ist nicht möglich, ebenso ist nicht feststellbar, welche davon vorbereitende Skizzen oder Repliken nach den Ölskizzen oder nach dem Altarbild sind.

Zwei von diesen Altarbildskizzen werden Ignaz Unterberger zugeschrieben (Skizzen in Cavalese und Sammlung Fájt, Eisenstadt); Johann Kronbichler schreibt beide Michael Angelo Unterberger zu (Kronbichler, op. cit., S. 61) und stellt zahlreiche Übereinstimmungen mit dem ausgeführten Altarbild fest, weshalb er sie als eigenhändige Repliken oder als Kopien von anderer Hand bezeichnet.

Die Skizzen im Historischen Museum der Stadt Wien unterscheiden sich vom ausgestellten Gemälde sowohl in der Komposition als auch in Gewandstil, Beleuchtung und Farbcharakter, wobei Kronbichler unter anderem eine unsachgemäße Restaurierung als Ursache für den verfälschten Eindruck in Erwägung zieht.

Für die vorliegende Komposition lassen sich keine unmittelbaren Vorbilder finden. Als Inspirationsquelle ist vermutlich das um 1714 entstandene Antonius-Altarbild von Martino Altomonte in der Peterskirche in Wien zu betrachten (s. Hans Aurenhammer, Martino Altomonte, Wien 1965, Abb. 25), wobei Unterbergers Komposition als selbständige Leistung zu werten ist. Auch die Verwandtschaft zu Paul Trogers Werken ist unübersehbar, während jedoch anhand verschiedener Merkmale – Gesichtsausdruck, Bewegungen der Figuren, Faltenstil und gesamte Kompositionsweise – sich die Unterschiede in Expression und Dramatik aufzeigen lassen.

In der malerischen Ausführung zeigt das Bild eine Glätte, die geradezu als klassizistisch zu bezeichnen ist, weshalb dieses Gemälde einige Zeit lang als Werk Daniel Grans angesehen wurde (s. Kronbichler, op. cit., S. 63).

Das Bild in der Antoniuskapelle der Michaelerkirche, das als Werk eines italienischen Künstlers gilt, 1779–1902 als Werk Unterbergers angeführt wird, zeigt die Komposition des ausgestellten Bildes in variierter Form; möglicherweise hat Michael Angelo Unterberger im Zusammenhang mit dem 1750/51 ausgeführten Hochaltarbild für die Michaelerkirche auch das Antoniusbild für St. Stephan in Auftrag bekommen.

BIOGRAPHISCHES ZU MICHAEL ANGELO UNTERBERGER (1695–1758)

Michael Angelo Unterberger, geboren in Cavalese, gestorben in Wien, war ein Sohn des Faßmalers und Vergolders Christoph Unterberger. Er war Schüler des Giuseppe Alberti, dann des Piazzetta in Venedig. Nach längerem Aufenthalt in Passau übersiedelte er nach Wien. 1751–1754 leitete er gemeinsam mit Paul Troger die Wiener Akademie, seit 1757 war er deren Rektor (Literatur: Thieme–Becker, Künstlerlexikon, Bd. 33, S. 582).

Literatur:
Johann Kronbichler, Michael Angelo Unterberger (1695–1758), Diss., Wien 1976

Kataloge:
Führer durch das Eb. Dom- und Diözesanmuseum, Wien 1934, 1941, 1946. – Sammlungskatalog des Eb. Dom- und Diözesanmuseums, Wien 1973, Kat.-Nr. 78.

143 SCHUTZENGEL-VORSTECKBILD, Michael Angelo Unterberger, um 1740

Abb. 321 Prot.-Nr. L–116

Ölmalerei auf Leinwand, ovaler holzgeschnitzter Barockrahmen, vergoldet

Maße: Hochformat: 96 × 70 cm

Leihgabe aus dem Stephansdom

PROVENIENZ

Das Bild diente am Dreifaltigkeitsaltar im rechten (südlichen) Langhaus-Seitenschiff des Stephansdomes als Vorsteckbild. Da das Hauptbild dieses Altares – widmungsgemäß die Allerheiligste Dreifaltigkeit darstellend – ein unbestrittenes Werk Michael Angelo Unterbergers ist, hätte eine Zuschreibung des Vorsteckbildes an diesen Maler längst erkannt werden können.

KUNSTHISTORISCHE EINORDNUNG UND DATIERUNG

Das Ovalbild zeigt einen Schutzengel mit Kind in Halbfiguren, wobei der Engel das Kind vor einem Drachen mittels eines Kreuzes schützt und das Kind sich in die Arme des Engels flüchtet. Das Bild zeigt, wie auch das Antoniusbild, größte inhaltliche Konzentration und plastisch klaren Figuren- und Gewandstil.

Wie Kronbichler (op. cit., S. 54) vermutet, handelt es sich beim Schutzengelbild um ein unerkanntes Werk von Michael Angelo Unterberger. Obwohl das Ovalbild nur einen dreiviertelfigurigen Schutzengel mit Kind zeigt, ist ein Zusammenhang mit der Schutzengeldarstellung auf einem Fahnenblatt im Historischen Museum der Stadt Wien nicht zu übersehen (angeblich handelt es sich um das Fahnenblatt der Dachdeckerinnung). Die das Kind beschützende Handhaltung und der zur Seite geneigte Kopf des Engels sowie das Gewand zeigen deutliche Parallelen, wobei das ausgestellte Bild eine sorgfältigere Ausführung zeigt.

Eine weitere, etwas kleinere, genau mit dem Ovalbild übereinstimmende Schutzengeldarstellung von Michael Angelo Unterberger, die sich als Retabelbild am rechten Seitenaltar (Georgsaltar) in der Pfarrkirche von Stotzing im Burgenland befindet, sowie ein sehr verwandtes Schutzengelbild Unterbergers in Innsbrucker Privatbesitz stellen für Kronbichler Beweise dafür dar, daß die Zuschreibung des Schutzengelbildes im Dom- und Diözesanmuseum an Michael Angelo Unterberger gerechtfertigt sei (op. cit., S. 56, S. 181).

DATIERUNG

Aufgrund stilistischer Vergleiche mit den genannten, für Michael Angelo Unterberger gesicherten Werken ist das Schutzengel-Ovalbild in die Zeit um 1740 datierbar.

Literatur:
Johann Kronbichler, Michael Angelo Unterberger (1695–1758), Diss., Wien 1976.

144 ENGELSSTURZ, Replik nach Michael Angelo Unterberger, 1751

Abb. 322 Inv.-Nr. 25

Ölmalerei auf Leinwand, profilierter Rahmen

Maße: Hochformat: 90 × 46 cm (inkl. Rahmen 101 × 57 cm)

IKONOGRAPHIE

Mittels einer riesigen, rauchwolkenartig formulierten Spirale ist das Bild in drei Zonen geteilt, wobei die symbolische Bedeutung dieser unterschiedlichen Sphären auch in der Farbe des jeweiligen Hintergrundes ausgedrückt wird: So enthält die oberste – himmlische und göttliche – Sphäre einen goldtonigen Grund; die mittlere, dem irdischen Bereich zuzuordnende zeigt das blaue Firmament; die unterste, infernalische Sphäre hat von flammendem Feuerschein erfaßten rötlichen Hintergrund.

Das Geschehen des Engelssturzes umfaßt in diesem Bild die drei traditionellen Sphären, wobei von Gott-Vater der Befehl zum Sturz der gegen ihn sich erhebenden Wesen angeordnet wird. Der geharnischte Erzengel Michael – assistiert von einem kurvig herabschwebenden (die Kurvenformation der Wolkenspirale schwingend steigernden) Engel und von einem das Schwert schwingenden Engel – hat in der erhobenen Rechten ein Bündel von Flammen und in der Linken den Schild. Abweichend von der traditionellen Fassung dieses Themas führt nicht Michael das Schwert; sein feuriges Blitzbündel ist traditionell das Attribut des hl. Donatus. Außerdem steht Michael nicht über einem bereits zum Teufel umgewandelten ehemaligen Engel: Eine Schar teilweise kopfüber stürzender, teils als Giganten formulierter gefallener Engel, deren Flügel bereits die Formen von Drachengefiedern angenommen haben, befindet sich unterhalb der Füße Michaels. Inmitten dieses Gigantensturzes findet sich auch ein feurig züngelnder Pfau: Hierin manifestiert sich eine letztlich aus dem Mittelalter tradierende Interpretation infernalischer Darstellungen durch die Vermengung zoomorpher Wesen mit menschlichen Figuren.

BESCHREIBUNG

Im oberen Bildteil ist Gott-Vater, von Engeln begleitet, mit abweisender Geste dargestellt. Im Zentrum befindet sich der Erzengel Michael mit flammendem Schwert, assistiert von zwei weiteren Engeln, während in der unteren Zone die auf Geheiß Gott-Vaters durch Michael gestürzten Engel in wirrer Lage und zum Teil bereits in tierische Wesen verwandelt in den Feuerschlund fallen.

KUNSTHISTORISCHE EINORDNUNG UND DATIERUNG

Bisher als Entwurf Michael Angelo Unterbergers für das ehemalige Hochaltarbild der Michaelerkirche in Wien I bezeichnet, wird die Ölskizze von Johann Kronbichler (Der Schlern, S. 418 ff.) vor allem der abweichenden Malweise wegen als Akademiekopie nach der Ölskizze Michael Angelo Unterbergers in Nürnberg oder nach dem hypothetisch angenommenen Akademiebild Unterbergers bezeichnet. Die Ölskizze zeige eine „für Ölskizzen Unterbergers unüblich, sehr glatte, den Pinselstrich verwischende Malweise" sowie einen „etwas trockenen, an einigen Stellen fast hölzernen Charakter", namentlich in der unbeholfenen Modellierung des weisenden Armes von Gott-Vater, in der vergleichsweise starren Gestaltung der die Erzengelgruppe umflatternden Gewänder sowie in der Gestaltung der Wolkenformationen. Auch weitere Details, die einen Unterschied zu Unterbergers Altarbild zeigen – wie beispielsweise das fehlende Attribut der Lanze in den Händen des Engels, der sich an der rechten Seite Michaels befindet und solcherart statt einer stark vektoriell ausgreifenden, zielgerichteten, mächtigen Bewegung nach unten hin eine rein tänzerische Pose, allerdings stark bewegt, ausführt –, scheinen für Kronbichler eine Autorschaft Unterbergers auszuschließen. Die Disposition der drei ikonographisch wesentlichen Figurengruppen (Gott-Vater, Erzengel Michael, gestürzte Engel) in vertikaler Reihenfolge paßt sich dem Format an. Die in sich geschlossene, lediglich durch die weisende Hand Gott-Vaters richtungsbezogene Figurengruppe ist im ausgeführten Altarbild in der Michaelerkirche in einen halbkreisförmigen Abschluß gefügt. Die zentrale Figur des Erzengels wirkt wie eine orthogonal ins Bildinnere geneigte malerische Darstellung des fliegenden Merkur Giambolognas (Fassungen dieses Themas im Kunsthistorischen Museum in Wien, Bargello in Florenz, Louvre in Paris). Die beiden assistierenden Engel zeigen eine verwandte Haltung, nur in anderen Ansichten. Dieser manieristische Figurentypus im Ambiente der venezianischen Malerei des 18. Jahrhunderts tritt wiederholt auf (Tiepolo). Unmittelbares Vorbild für die ausgestellte Ölskizze wie auch für viele zeitgenössische Ausbildungen dieses Themas war das gleichthematische Gemälde Luca Giordanos im Kunsthistorischen Museum in Wien, das sich ehemals in der Minoritenkirche in Wien I befand. Während jedoch bei Giordanos Bild der Hauptakzent auf die Gestalt des Erzengels Michael gelegt ist, wirkt er auf dem Bild des Museums nicht dominierend: Die stürzenden und assistierenden Figuren sind nicht nur gleich groß wie Michael gedacht, sondern durch das Arrangement der Figuren in der Figurenspirale ist Michael ein gleichwertig integrierter Faktor. – Die Aktfiguren der gestürzten, Giganten ähnlichen Figuren der untersten Bildzone reflektieren manieristische Figurentypen. Der inhaltlichen Situation entsprechend, nimmt das Kolorit bei der Differenzierung der Figuren vom Hintergrund insofern Rücksicht, als es in der oberen und mittleren Bildzone im Gegensatz zur unteren steht: Vor dem hellen Grund des Feuers heben sich in akzentuierter Silhouettenwirkung die Gestürzten ab, Lichtreflexe tönen auch die Leiber der Gestürzten im auffallenden Licht von oben. In den oberen Zonen dominieren Klarheit und Helligkeit im Kolorit.

Das Hochaltarbild der Michaelerkirche von Michael Angelo Unterberger zeigt geringfügige Abweichungen gegenüber diesem kleinen Bildchen des Museums, was sich einerseits aus der etwas anderen Rahmenform, andererseits aus den veränderten Maßen erklärt.

Literatur:
Rudolf Guby, Der Hochaltar der Michaelerkirche, in Mitteilungen des Vereins für Geschichte der Stadt Wien, Wien 1920. – Emmerich Schaffran, St. Michael in Wien, Wien 1928. – Johann Kronbichler, Michael Angelo Unterberger (1695–1758), Diss., Wien 1976. – Johann Kronbichler, Die Engelsturz-Darstellungen im Werk von Michael Angelo Unterberger, in Der Schlern 59/1985, Heft 7.

Katalog:
Sammlungskatalog des Eb. Dom- und Diözesanmuseums, Wien 1973, Kat.-Nr. 85.

145	MARTYRIUM DES HL. KASSIAN, Paul Troger, 1760

Abb. 323   Inv.-Nr. 24

Ölmalerei auf Leinwand, profilierter Rahmen mit barockisierendem Profil
Hochformat: 81 × 55 cm

IKONOGRAPHIE

Das Bild zeigt die Darstellung des Martyriums des hl. Kassian; Kassian hielt zu Imola Schule und wurde bei einer Christenverfolgung – vermutlich unter Diokletian – von seinen Schülern mit Schreibgriffeln zu Tode gequält. Ähnlich dem hl. Bartholomäus wurde er geschunden, ist daher in einem ähnlichen ikonographischen Typus mit einem Baum im Hintergrund wiedergegeben. Der ikonographische Typus der Marter des hl. Sebastian zeigt ebenfalls Anklänge an diese Form der Darstellung.
Der hl. Kassian ist Lokalheiliger von Brixen und Patron des dortigen Bistums.

STILCHARAKTERISTIK

Die raumgreifende Komposition zeigt den weißbärtigen, bis auf ein weißes Lendentuch nackten Heiligen im Zentrum des Gemäldes sowohl in der Planimetrie als auch im räumlichen Kontext der Komposition des kleinformatigen Bildes. Der Heilige ist in anatomisch nicht völlig erklärbaren Körperverrenkungen mit ausgebreiteten Armen – mit dem rechten Arm an eine Säule in der Art eines Prangers, mit der Linken an einen hochaufragenden Stein oder Baumstumpf – gefesselt, umringt von seinen ihn quälenden Schülern, die hier durch Kinder als ahnungslose Werkzeuge des Bösen wiedergegeben sind. Auch diese Figuren der Kinder gaben dem Maler Gelegenheit und Anlaß zur Darstellung von größeren Figurengruppen in dynamischen Haltungen. – Hinter dem Heiligen, bis zur halben Körperhöhe, sind Reste von antikischen Steinen, beispielsweise auch in Form eines ionischen Kapitells, angehäuft, dahinter steht ein Baum, weshalb die Komposition den Eindruck einer Verbindung zum ikonographischen Typus der Bartholomäusmarter oder Sebastiansmarter vermittelt. Im Vordergrund befindet sich links eine antike Statue auf einem hohen Sockel, auf den sich eine schwarz verhüllte Gestalt stützt; daneben befindet sich ein Opferaltar mit einer Schüssel und einem Opfermesser.
Vor dem Altar liegen ein gefesseltes Lamm und eine weitere Schüssel, auf der eine Blume (Rose?) liegt. Rechts ist – hockend und daher halbfigurig und als Repoussoirfigur gegeben – eine Gestalt mit den Gewändern und dem Attribut des Heiligen (Bischofsstab) dargestellt, daneben und weitgehend durch diese Vordergrundfigur verdeckt ist ein Schüler mit einer Schreibtafel zu sehen: Diese enthält die Datierung (1760) und die Signatur Trogers. Die gleiche Gestalt hält einen in Rückenansicht gegebenen, bildeinwärts bellenden Hund an der Kette; das Halsband des Hundes hat die Initialen WM. Der Hintergrund wird durch eine tempelartige antikische Ruinenarchitektur (rechts) ausgefüllt; dadurch zieht auch der Schwerpunkt der Komposition von links unten nach rechts oben, was durch die Lage und Körperhaltung des hl. Kassian noch verstärkt wird. Links hinten ist ein säulenartiger Turm zu sehen wie auch eine sehr vage Andeutung eines Architekturprospektes. – Eine Wolkenformation verläuft spiralförmig von diesem säulenartigen Turm aus (leicht aus der Mitte nach links verschoben), sich verbreiternd nach rechts oben (leicht aus der Mitte nach rechts verschoben), wobei dem Wolkengebilde durch die Beleuchtungseffekte ein plastischer Eindruck verliehen wird. Die Wolken fungieren

gleichsam als Umrahmung für die beiden schwebenden Putten, von denen einer die Attribute des Märtyrers hält. Die Beleuchtungssituation besteht in stark ausgeprägten Hell-Dunkel-Effekten, die jedoch im Vergleich zu früheren Werken Paul Trogers abgeschwächt gehandhabt werden; die Farben selbst sind zumeist dunkel. Die beleuchteten Objekte, Figuren und Gewänder mit dem hl. Kassian als Zentrum sind auch farblich differenziert, während unbeleuchtete Personen und Gegenstände sich in einer farblich weniger differenzierten Monochromie in rötlich-bräunlichen Farbtönen, nach dem Hintergrund zu dunkler werdend, verlieren. Einen Gegenpol zu dem Verlauf des Baumes bildet, sowohl kompositorisch als auch in der Farbgebung, eine Gruppe mit einem Reiter (links), der eine weiße Fahne trägt. Diese Eigenschaften, die es dem Betrachter erschweren, die Gegenstände im Hintergrund zu identifizieren, sind für Trogers Spätwerke charakteristisch.

KUNSTHISTORISCHE EINORDNUNG UND DATIERUNG

Paul Troger hat dieses Thema in nahezu gleich aussehenden Fassungen mehrmals gemalt; im Jahre 1753 lieferte er für den Dom von Brixen von Wien aus das großformatige Bild gleichen Themas. Es existieren zu diesem Gemälde mehrere Entwürfe: Einer davon befindet sich heute im Museum Ferdinandeum in Innsbruck, einer im Bozener Stadtmuseum und ein weiterer in der Österreichischen Galerie im Barockmuseum im Unteren Belvedere in Wien sowie ein vierter im Brixener Diözesanmuseum. Da das vorliegende Bild 1760 datiert ist, könnte es ein Auftragswerk nach Vorlage des großformatigen Gemäldes im Brixener Dom gewesen sein; es bedarf jedoch einer eigenen Untersuchung festzustellen, in welchem Zusammenhang das ausgestellte Bild zu dem Gemälde in Brixen steht.

BIOGRAPHISCHES ZU PAUL TROGER (1698–1762)

Paul Troger (geboren in Welsberg/Zell im Pustertal, gestorben in Wien) war ein Sohn des Landschneiders und Mesners Andreas Troger und dessen Frau Maria Pacher. 1716 Schulung bei dem Fleimstaler Maler Giuseppe Alberti (Malerschule in Carano und Varena bei Cavalese). Hernach Studien in Venedig (bei Piazzetta, Sebastiano Ricci und vor allem bei G. B. Pittoni), dann in Südtirol, anschließend Aufenthalt in Rom mit Martin von Meytens d. J., dann in Neapel und in Bologna. Eingehendere Studien erfolgten bei Silvano Manaigo, G. B. Piazzetta, Sebastiano Conca, Marco Benefial und Franceso Solimena. 1728 weilte Troger in Salzburg, bald darauf in Wien (sein Förderer war Graf Gundacker-Althan). 1751 wurde er Professor an der Akademie (zuvor Kammermaler), 1754 Rektor an der Akademie. Als 1759 Meytens wirklicher Direktor der Akademie wurde, zog sich Troger von der Akademie zurück (s. Thieme–Becker, Allgemeines Künstlerlexikon, Bd. 33, Leipzig 1939, S. 415 ff.).

Literatur:
Josef Weingartner, Der Umbau des Brixener Domes, Jb. d. Kunsthist. Institutes des Staatsdenkmalamtes, XIV, Wien 1923 (Sonderabdr.). – Romanus Jacobs, Paul Troger (Veröffentlichung der Österr. Gesellschaft für christliche Kunst, Bd. I), Wien 1930. – Rudolfo Palucchini, Die venezianische Malerei d. 18. Jh.s, München 1960. – Rupert Feuchtmüller, Das Irrationale im Spätwerk Paul Trogers, Jb. d. Kunsthist. Instituts d. Universität Graz, 2, 1966/67, S. 101 ff. – Wanda Aschenbrenner, Der Maler Paul Troger, Innsbruck 1962. – Johannes Kronbichler, Paul Troger: Das Martyrium des hl. Kassian, Seminaraufnahmearbeit am Kunsthistorischen Institut der Universität Wien, 1973. – Christine Wolf, Paul Troger, Zeichnungen und Graphiken, Diss., Wien 1971. – Wanda Aschenbrenner - Gregor Schweighofer, Paul Troger, Leben und Werk, Salzburg 1965 (ohne Nennung des Bildes im Wiener Eb. Dom- und Diözesanmuseum).

Kataloge:
Paul Troger, Maler des österr. Barock, Innsbruck 1962. – Paul Troger und die österreichische Barockkunst, Stift Altenburg, NÖ., 1963. – Sammlungskatalog des Eb. Dom- und Diözesanmuseums, Wien 1973, Kat.-Nr. 84.

Abb. 324

Ölmalerei auf Leinwand
signiert links unten: Maulbertsch P.

Maße: Querformat: 91 × 108 cm

Leihgabe aus der Pfarrkirche St. Jakob, Wien XIV, Penzing

PROVENIENZ

Angeblich gelangte das Bild 1773 aus der Burgkapelle (Hofburg, Wien I) in die Pfarrkirche St. Jakob in Penzing (Wien XIV).

ERHALTUNGSZUSTAND

Das Gemälde wurde zweimal durch Prof. Dr. Franz Walliser, Wien, restauriert, dubliert und gefirnißt. Zum Schließen kleiner Fehlstellen mußte geringfügig retuschiert werden.

BESCHREIBUNG UND STILCHARAKTERISTIK

Im ebenen, podestartig gehobenen Mittelgrund des Bildes ist Golgotha, flankiert von landschaftlichen Motiven (links Bäume, rechts Felsen, im Hintergrund Fernlandschaft mit Stadtansicht von Jerusalem) dargestellt, zu Füßen des Kreuzes Christi finden sich Maria, Maria Magdalena, Johannes Evangelist und weitere seiner Anhänger. Im Vordergrund rechts sind die um den Mantel Jesu würfelnden Soldaten, im Mittelgrund links ist Longinus mit der Lanze dargestellt. Christus und der eine (linke) Schächer sind in Frontalansicht, Longinus und der zweite Schächer in Profilansicht wiedergegeben.
Die gesamte Komposition ist in Dämmerlicht getaucht. Die Buntfarben sind, in skizzenhaft flüchtigem Auftrag, bei der Figurenwiedergabe konzentriert; in der weiten Landschaft hingegen dominieren tonige Farbschattierungen. Der dämmerige landschaftliche Freiraum dominiert gegenüber den Figuren in einem Maße, wie er im übrigen Œuvre Maulbertschs nicht vorkommt.

KUNSTHISTORISCHE EINORDNUNG UND DATIERUNG

Sowohl im Kolorit wie auch in der Art der bewegt wiedergegebenen Figuren und auch in deren Anordnungsprinzip lockerer Ballung zeigt sich Maulbertschs persönlicher Stil der frühesten Phase seiner Schaffensperiode. Die für Maulbertsch fremd anmutende Gesamtkomposition läßt vermuten, daß das Bild nach einem Vorbild gemalt wurde. Der Stich einer Kreuzannagelung von Jacques Callot (s. Otto Pächt, Methodisches zur kunsthistorischen Praxis, Wien–München 1977, S. 57, Abb. 29) läßt enge Zusammenhänge mit der Kreuzigung Maulbertschs erkennen: Die Anordnung der Komposition zeigt insofern Verwandtschaft, indem einzelne Figuren und Figurengruppen einander eine Entsprechung bieten, namentlich Longinus mit der Lanze und die Gruppe mit dem Reiter. Ebenso entsprechen einander die Landschaftsformen, jedoch mit dem Unterschied, daß bei Maulbertsch durch die Terrainformation ein bühnenartiger Podest entsteht, der im Hintergrund kulissenhaft durch einen Felsblock abgeschlossen wird; bei Callot ist eine Terrainvertiefung im Bildmittelgrund angegeben, in der sich das Hauptgeschehen abspielt; im linken Vordergrund ist eine Gruppe von Staffagefiguren als Repoussoir auf einer im Vordergrund erhöhten Terrainstufe mit der Longinus entsprechenden Gestalt mit der Lanze angegeben. Im rechten Hintergrund ist – kulissenartig – eine felsblockartige Terrainerhöhung gegeben, die sich von rechts bis in die Mitte des Stiches hinzieht. Der Landschaftsraum im Gemälde Maulbertschs ist im Unterschied zum Stich Callots ausschnitthaft vergrößert, während bei dem Stich weitwinkelartig ein weiterer Landschaftsprospekt gezeigt wird, wobei der Beschauer scheinbar einen erhöhten Standort einnimmt. – Das Gemälde dürfte nicht – wie vermutet wurde – eine Werkstattarbeit sein, sondern von der Hand des Meisters selbst stammen und in der Zeit um 1747–1749 entstanden sein.

BIOGRAPHISCHES ZU FRANZ ANTON MAULBERTSCH (1724–1796)

Franz Anton Maulbertsch wurde 1724 in Langenargen am Bodensee (Württemberg) als Sohn des Malers Anton Maulbertsch geboren und starb 1796 in Wien. 1739 war er Schüler van Roys in Wien, seit 1741 Schüler van Schuppens an der Akademie, wo er 1750 den

Preis erhielt. 1759 wurde er Mitglied der Akademie, 1770 Rat und Professor ebenda. Außerdem war er Mitglied der Preußischen Akademie. In seiner Jugend unternahm er wahrscheinlich eine Italienreise, die sich aber urkundlich nicht belegen läßt. F. A. Maulbertsch erhielt Aufträge in Wien und Niederösterreich, in Mähren, Ungarn, Dresden, Innsbruck (1775) und Prag (1794). Er schuf hauptsächlich Fresken und Altarbilder. Porträts und kleine Staffeleibilder sind in seinem Œuvre selten, hingegen hat sich eine große Anzahl von Zeichnungen und Ölskizzen erhalten (Literatur: Thieme–Becker, Künstlerlexikon, Bd. 25, Leipzig 1931, S. 275 ff.).

Literatur:
Clara Garas, Franz Anton Maulbertsch, 1724–1796, Wien 1960, S. 198, Nr. 15, S. 9.

Katalog:
Sammlungskatalog des Eb. Dom- und Diözesanmuseums, Wien 1973, Kat.-Nr. 83.

HL. LEONHARD, um 1750/1760	147

Inv.-Nr. 128   *Abb. 325*

Ölmalerei auf Leinwand

Maße: Hochformat: 131 × 76,5 cm

PROVENIENZ

Laut Widmungsinschrift auf der Rückseite wurde das Gemälde von dem Wiener Maler Johannes Marsch gewidmet. Nähere Nachrichten sind nicht überliefert.
Widmungsinschrift auf der Rückseite: ,,Johannes Marsch bürgerlicher Mahler von wien hat das bilt als gutheter hie her geschenckt 1761 den 20 November.''

ERHALTUNGSZUSTAND

Das Gemälde ist allseitig beschnitten.
Laut Restaurierbericht anläßlich der Restaurierung des Bildes im Jahre 1981 durch den akademischen Restaurator und Maler Felix Pischinger (NÖ. Landesmuseum, Wien) war das Bild vor der Wiederherstellung in entstellendem Zustand: Durch Einrollen der Leinwand waren diese, die Grundierung sowie die Farbe sehr brüchig; das Leinen wies Risse auf. Grundierung und Farbe waren bahnenweise ausgebrochen, die Farbschicht undurchsichtig, gesprungen und mit alten Schmutz- und Firnisschichten durchsetzt. – Bei der Restaurierung wurden folgende Maßnahmen getroffen:
Nach Pause der Inschrift auf der Rückseite wurden Leinen, Grundierung und Farbe durch Vorpressung und anschließende Dublierung auf Kleisterbasis gefestigt. Das Bild wurde auf einem Keilrahmen aufgezogen, von alten Schmutz- und Firnisschichten befreit; es folgten die Regeneration der Farbschicht und das Kitten der ausgebrochenen Stellen. Die Fehlstellen wurden retuschiert sowie ein Schlußfirnis aufgetragen. Die rückseitige Inschrift wurde auf die Dublierleinwand übertragen.

IKONOGRAPHIE

Leonhard, der Einsiedler, lebte vermutlich im 6. Jahrhundert angeblich in Nobiliacum (heute St-Léonard-de-Noblat bei Limoges). Sichere Nachrichten fehlen. Die erst in der ersten Hälfte des 11. Jahrhunderts verfaßte legendarische Vita läßt Leonhard aus edlem fränkischen Geblüt stammen, macht ihn zum Schüler des Remigius von Reims sowie zum Gründer des Klosters von St-Léonard-de-Noblat. Es werden ihm viele Wunder sowie die besondere Fürsorge für die Gefangenen zugeschrieben. Die Reliquien im Kloster von St-Léonard-de-Noblat wurden erstmals im 11. Jahrhundert erhoben, ferner gibt es vielerorts kleine Partikel davon. Bis zum Ende des 11. Jahrhunderts wurde der hl. Leonhard lokal verehrt, später verbreitete sich der Kult in Frankreich, England, Italien und Deutschland; in Schwaben, Bayern und Österreich wurde Leonhard zu einem der volkstümlichsten Heiligen, dem zahlreiche Kirchen geweiht wurden. Ursprünglich Patron der Gefangenen – besonders im mittelalterlichen Rittertum und bei den Kreuzfahrern –, bald auch der Wöchnerinnen und Kranken, wurde Leonhard schließlich zum Schutzherrn aller Bauernanliegen, wie Vieh, Pferde, Wetter. An sein Fest knüpft sich eine Reihe von Volksbräuchen. Dargestellt wird der Heilige – außer wie im vorliegenden Fall als Beschützer des Viehs – als Mönch, mit Kette oder Gefangenen, mit Abtsstab oder Buch.

BESCHREIBUNG

Auf einer Wolkenformation thront apotheosenhaft der hl. Leonhard als Zentrum des Bildes, begleitet von zwei Putten, die seine Attribute – Pastorale und Infel sowie Handschellen – tragen. Um ihn herum sind mehrere Puttenköpfe gruppiert. Unter ihm, auf terrestrischem Grund, erhält man einen Ausblick auf eine Wiesenlandschaft mit Bäumen im Hintergrund, in der sich im Vordergrund rechts ruhende Rinder, im Mittelgrund, aus dem Zentrum leicht nach links verschoben, Schafe und links im Vordergrund ein Hirte befinden, der mit Hut, blauem Hemd und brauner Hose bekleidet ist. Aufgrund der Beschneidung des Bildes ist nicht erkennbar, was im linken Vordergrund noch zu sehen war – möglicherweise ein mit Säcken beladener Karren (?). Am linken unteren Bildrand könnte das Stück eines Rades zu erkennen sein (?). Das Bild ist derart stark beschnitten, daß von einem Tier nur noch die Hörner zu sehen sind. Das läßt auf eine Beschneidung von mindestens 30–50 cm auf allen Seiten schließen. Am linken Bildrand könnte sich ein Baum befunden haben.

KUNSTHISTORISCHE EINORDNUNG

Das Gemälde war offensichtlich als Altarbild in Verwendung, auf allen Seiten höher und breiter und oben möglicherweise halbrund abgeschlossen. Die Art, wie der Heilige mit ausgebreiteten Armen leicht schräg in den Raum gestellt ist, von Engeln umgeben, die seine Attribute tragen, sowie die Darstellung der ländlichen Szenerie in der unteren Zone des Gemäldes sind verbindlich für die Zeit um die Mitte des 18. Jahrhunderts und gehören zu den traditionellen Bildgestaltungen von Heiligen in der Barockzeit. Die Lichtführung mit starken Effekten von Hell und Dunkel, wobei die Hauptfigur und die Putten am stärksten akzentuiert sind, läßt in der Beleuchtungssituation auf zwei Lichtquellen schließen: Der stärkere Lichteinfall kommt von links oben, der schwächere von rechts unten, wobei die Tiere in der rechten Bildhälfte stärker beleuchtet sind als die anderen. Die Schrägstellung des Heiligen sowie die Staffelung der Tiere in der unteren Zone des Bildes zeigen den Versuch einer räumlichen Bildgestaltung, wobei der Heilige jedoch in der Fläche bleibt. Die Darstellung der Putten und Cherubsköpfe zeigt die charakteristische Gegeneinanderstellung zweier Figuren im Hell-Dunkel-Kontrast, die in der Malerei des 18. Jahrhunderts oft vorkommt. – Vor allem der linke, das Pastorale haltende Putto ist ein Reflex von Typen, wie sie bei Franz Anton Maulbertsch immer wieder vorkommen; man kann diese Puttengruppe gleichsam als Zitat aus Werken von Maulbertsch bezeichnen. Eine Zuschreibung dieses Bildes an einen bestimmten Maler ist bis dato noch nicht gelungen. Sicher ist jedoch, daß es in der zweiten Hälfte des 18. Jahrhunderts (ca. 1750/1760) unter dem Eindruck des Werkes von Franz Anton Maulbertsch steht und im Raum Wien entstanden sein könnte. Das Motiv des im linken unteren Bildrand kauernden Hirten läßt sich traditionell bis auf Tobias Pocks Hochaltarbild (1647) des Stephansdomes und des hievon beeinflußten ehemaligen Hochaltarbildes (1745) der Badener Stephanskirche von Paul Troger zurückverfolgen.

| 148 | MARIA VOM BERGE KARMEL, Franz Anton Kraus, 1751 |

Abb. 326   Prot.-Nr. 250

Ölmalerei auf Leinwand

Maße: Hochformat: 328 × 194 cm
         bezeichnet links unten: „Kraus F. 1751"

Leihgabe des Historischen Museums der Stadt Wien

PROVENIENZ

Laut Dehio (Dehio Wien, 4, 1967, S. 197) stammt der zu diesem Bild gehörige Altar aus der 1907 abgebrochenen ehemaligen Karmeliterkirche auf der Laimgrube (Wien VI). Er war bis zum Abbruch der Expositurkirche in Unter-St. Veit (Wien XIII) im Jahre 1965 als

Hochaltar in Verwendung. Es wird eine Wiederaufstellung der derzeit deponierten Altar-
teile (Aufbauten und Skulpturen) und eine Wiedervereinigung mit diesem Bild in situ
erwogen. Wünschenswert wäre auch eine Rückführung des Hochaltarbildes (dzt. Breiten-
furth) mit dem derzeit an das Museum geliehenen Aufsatzbild (s. Kat.-Nr. 134) in die
Laimgrubenkirche.

ERHALTUNGSZUSTAND

Das offenbar noch nie zuvor restaurierte Bild wurde in den Jahren 1969/70 in den Werkstätten des Bundesdenkmalamtes (Wien/Arsenal) den akademischen Restauratoren Karin Gebhart und Dieter Höfer zur Bearbeitung des Bildträgers übergeben, während die
akademischen Maler Prof. Georg Samwald und anschließend Ludwig Merwart Reini-
gungs- und Retuschierarbeiten übernahmen. – Unmittelbar vor der Übernahme des Gemäldes in das Dom- und Diözesanmuseum wurde es von Frau Mag. Baminger nochmals
übergangen, weil inzwischen einige Ergänzungen und Retuschen notwendig geworden
waren (1986). – Das Bild wies vor der Restaurierung 1969 keinerlei Übermalungen auf,
jedoch war die Farbschichte durch starke Schollenbildung gefährdet und zeigte kleinere
Absplitterungen. Die Brillanz der Farben war durch mehrere alte, verschmutzte und
gegilbte Firnisschichten verändert und gedunkelt. – Nach der Dublierung des Bildes
wurde es auf einen neuen Keilrahmen aufgespannt, die alten Firnisschichten wurden
entfernt, Fehlstellen gekittet, die Malerei wurde regeneriert und retuschiert. Als Abschluß
der Arbeiten erfolgte die Aufbringung des Schlußfirnis.

IKONOGRAPHIE

Die Darstellung zeigt die legendäre Gründung des Karmeliterordens durch die Erscheinung der hl. Jungfrau Maria.

BESCHREIBUNG

Auf einer Wolkenformation, die im Bildraum dominierend in Erscheinung tritt und etwas
mehr als die gesamte obere Bildhälfte einnimmt, thront Maria mit dem Jesus-Kind, mit
der rechten Hand das in ihrem Schoß stehende, in seiner rechten, erhobenen Hand die
Weltkugel haltende Jesus-Kind stützend, mit dem linken Arm herabweisend zu dem vor
ihr knienden Mönch im Karmeliterhabit, der in der rechten vorderen Bildhälfte dargestellt
ist und mit gefalteten Händen zu Maria hinaufblickt. Die Himmelserscheinung ist von
Puttengruppen begleitet, die sich nächst dem linken Arm und den Füßen Mariens an ihrer
rechten Seite befinden. – Der Mönch kniet auf felsigem Terrain, das sich in der linken
Bildhälfte zu einem weiten Ausblick öffnet, wo das Meer zu sehen ist; im Bildmittelgrund
steht auf einem bewaldeten Hügel eine Kirche mit Anbauten, vermutlich die Klostergründung auf dem Berg Karmel, zu der von links her Mönche in Kutten pilgern. Vermutlich ist
in dem im Vordergrund knienden Mönch der Ordens- oder Klostergründer zu sehen.

KUNSTHISTORISCHE EINORDNUNG, DATIERUNG

Man hat das Altarbild der hl. Maria vom Berge Karmel mit Piazzettas Altarbild in S. Maria
della Consolazione (Chiesa della Fava) in Venedig mit der Darstellung des hl. Filippo Neri
in Verbindung gebracht, was insofern seine Berechtigung hat, da Franz Anton Kraus
längere Zeit bei diesem Maler in Venedig verbrachte und zweifellos in seinem Werk
starke Einflüsse von Piazzetta aufgenommen hat, wie es anschaulich bei dem vorliegenden Bild des Museums zu dokumentieren ist (siehe BIOGRAPHISCHES).
Sowohl in der Wahl der hellen, lebhaften Farben als auch in der Setzung der Höhungen,
der flackernden Hell-Dunkel-Effekte, der Beleuchtungssituation und in der flüchtig-locke-
ren Malweise ist venezianische Schulung spürbar, obgleich eine enge Verbindung zu
dem genannten Altarbild Piazzettas nicht feststellbar ist.
Das von Kraus datierte und signierte Bild ist im Jahr 1751 entstanden, wie auch an den
stilistischen Merkmalen – im besonderen an der Behandlung der Gewanddrapierungen,
wobei die locker und leicht wallenden, flüchtig gesetzten, fast transparent wirkenden
Gewandzipfel bei den Putten vor allem als Charakteristika zu nennen sind – erkennbar ist.

BIOGRAPHISCHES ZU FRANZ ANTON KRAUS (1705–1752)

Der aus Söfingen bei Ulm gebürtige Franz Anton Kraus erlernte das Malerhandwerk
zunächst bei einem Söfinger Klostermaler, dann bei einem Meister in Augsburg, wo er
auch die Akademie besuchte. Nach einem Aufenthalt in Regensburg ging er mit Unterstützung eines Gönners für sieben Jahre nach Venedig zu Piazzetta, dessen Stil er angeblich
in seinen Werken zum Verwechseln nahe kam.

Aufträge erhielt Kraus vor allem in Frankreich (Langres, Dijon/Kartause von Champmol, Lyon, Bern). 1745 folgte er einem Ruf nach Kloster Einsiedeln, wo er einen Auftrag für die Umgestaltung des Chores der Stiftskirche erhielt. 1749 erfolgte eine Reise nach Wien, von wo er kurz darauf nach Einsiedeln zurückkehrte, wo er 1752 starb. Er malte vor allem Altarbilder, arbeitete aber auch als Freskant und Stukkateur (s. Thieme–Becker, Allgemeines Künstlerlexikon, Bd. 21, Leipzig 1927, S. 447).

Katalog:
Ausstellungskatalog des Bundesdenkmalamtes, Sezession, Wien 1970.

149	GRABLEGUNG CHRISTI, gegen 1750

Abb. 327   Inv.-Nr. 93

Holzskulpturengruppe, polychromiert

Maße: Höhe: 95 cm
       Breite: 135 cm
       Tiefe: 52 cm

PROVENIENZ

Diese fragmentierte Figurengruppe stammt aus der Pfarrkirche in Brunn am Gebirge in Niederösterreich und befindet sich seit 1933 im Museum.

ERHALTUNGSZUSTAND

Bei der 1986 von Bibi Michaela Pfaffenbichler (Atelier Prof. Michel Pfaffenbichler, Wien) durchgeführten Restaurierung konnte die ursprüngliche Polychromierung freigelegt werden. Diese zeigt in der Art der spanischen „estofado"-Fassungen (vgl. Kat.-Nr. 182) geglättete Oberflächen im Inkarnat und pastose Höhungen im Rocaillen-Muster im Untergewand des Joseph von Arimathia.

KUNSTHISTORISCHE EINORDNUNG

Von den in der Barockzeit populären Festdekorationen in Gestalt eines „teatrum sacrum" stammen diese unterlebensgroßen Skulpturen aus der Pfarrkirche Brunn am Gebirge in Niederösterreich.
Diese Figurengruppe ist zweifellos ein Fragment aus einem größeren Figurenarrangement, das vermutlich ein mobiles kirchliches Ausstattungsensemble zur Osterliturgie bildete. Diese Gruppe besteht aus dem eben in das Grab zu legenden Christus, der nur mit dem Lendentuch bekleidet ist, und einem Helfer, der ein der Entstehungszeit zeitgenössisches Kostüm trägt.
In Niederösterreich sind – weitgehend komplett erhaltene – Festdekorationen mit Figuren nur im ehemaligen Augustiner-Chorherrenstift Dürnstein und im Zisterzienserstift Zwettl erhalten geblieben. Diese wie auch das einzige komplett erhaltene „teatrum sacrum" auf Wiener Boden – dasjenige in der Wies-Kapelle in der Pfarr- und Wallfahrtskirche (ehemals Augustiner-Eremiten-Klosterkirche) von Mariabrunn (Wien XIV) – enthalten allerdings keine vollplastischen Figuren. Vollplastische Figuren wie diese ausgestellten wurden für monumentale Anlagen und nicht für Wechseldekorationen gewählt. Solcherart ist die ursprüngliche Verwendung dieser Figuren in der Art des Dorfmeister zugeschriebenen und alljährlich in der Osterwoche auch tatsächlich aufgestellten Heiligen Grabes der Wiener Dominikanerkirche (Wien I) vorzustellen. Figurengruppen dieser Art gibt es in Wien – neben den genannten der Dominikanerkirche – auch in der Kirche Am Hof (Wien I), in St. Michael (Wien I), in der Lichtentaler Pfarrkirche (Wien IX) und in St. Gertrud in Währing (Wien XVIII). Stilistisch weist die ausgestellte Gruppe den Einfluß der Künstlergeneration, die auf Giovanni Giuliani folgte, auf, weshalb eine Datierung vor der Mitte des 18. Jahrhunderts naheliegt und die Figuren peripher von Werken Georg Raphael Donners beeinflußt sein dürften.

Katalog:
Führer durch das Eb. Dom- und Diözesanmuseum 1941, Nr. 135.

Inv.-Nr. 71   *Abb. 328*

Holzrelief, polychromiert

Maße: Höhe: 53 cm
      Breite: 44 cm
      Tiefe: 12 cm

Über die Herkunft dieses Holzreliefs sind keine näheren Angaben erhalten. Seiner Form wie seiner Dimension nach dürfte es als Vorsteckrelief an kleineren Altären oder an kirchlichem Mobiliar (Beichtstuhl, Sakristeischrank) gedient haben.
Über einem brückenartigen, mit Voluten und Rocaille-Gefieder gerahmten Sockel erhebt sich das leicht konvex vorgebogene Relief in einem beinahe hochrechteckigen Rahmen, dessen reine Stereometrie durch die symmetrisch angeordnete Abfolge von blattwerk-gefiederten Rocaillen aufgelockert ist. In der Mitte der oberen Deckpartie ist eine kleine Kartusche als Bekrönung angebracht. Der Rahmen ist vergoldet, der Sockel weist eine polychrom gemalte Marmorierung auf, die Rocaillen sind auch hier vergoldet.
Das szenische Relief zeigt im Vordergrund den Vorgang des Martyriums des hl. Erzmärty-rers Stephanus durch Steinigung, die hier von zwei Schergen mit bloßem Oberkörper durchgeführt wird. Diese drei Figuren in bewegter Haltung – wobei der dunkel gekleidete Stephanus nicht nur koloristisch zu den Schergen kontrastiert, sondern auch in seiner langsam sinkenden Gestik – sind in stärker plastisch betontem Relief wiedergegeben als die beinahe flachreliefhafte Komposition des Hintergrundes. Letztere zeigt eine Andeu-tung einer Stadtarchitektur, wobei einige Zuschauer des dramatischen Geschehens auf einer Brücke plaziert sind. Dem Bewegungsduktus der Schergen – wobei der rechte, sich um seine eigene Achse drehende, die Bewegung vollführt, die abwärts gerichtet ist – wirkt die in der Arm- und Kopfhaltung aufwärts gerichtete Bewegung des in die Knie sinkenden Heiligen entgegen.
Vermutlich ist bei diesem Relief wie bei etwa gleichzeitigen Stuckreliefs auch hier die bildliche Vorlage graphischer Blätter einflußgebend gewesen. Die auf den Klassizismus vorausweisende Symmetrie der filigranen Rahmung (deren Motive dem Rokoko entstam-men) wie auch die Trennung in flächenfüllender, stark plastischer Figurenkomposition des Vordergrundes und flachem Hintergrundrelief rechtfertigen eine Datierung um die Mitte des 18. Jahrhunderts, spätestens gegen 1760.

Inv.-Nr. 26   *Abb. 329*

Ölmalerei auf Leinwand, Rahmen nicht original

Maße: Hochformat: 68 × 55 cm

ERHALTUNGSZUSTAND

Das Bild wurde Ende der sechziger Jahre dieses Jahrhunderts restauriert.

IKONOGRAPHIE

Die Darstellung der Heiligen Sippe zeigt die Heilige Familie – Maria mit dem Jesus-Kind und Joseph – sowie die Eltern Mariens – Joachim und Anna.

BESCHREIBUNG UND STILCHARAKTERISTIK

Die sitzend dargestellte Maria mit dem Kind bildet das Zentrum. Anna kniet dem Kind zugewandt davor links, Joseph und Joachim sind, büstenartig, seitlich hinter Maria wie-dergegeben. Die Figurenkomposition befindet sich ohne gegenständliche Angabe im dunklen Ambiente. Der Nimbus um Maria in Gestalt einer Gloriole ist sowohl als ideelle wie auch als substantielle Lichtquelle verstanden; um die Vorderansicht der Mittelgruppe nicht im Dunkel zu belassen, wurde eine zweite, außerhalb des Bildraumes gelegene

Lichtquelle angenommen: ein Beispiel für die Interpretation des Gegenstandes mit Rücksicht auf den Betrachter.

KUNSTHISTORISCHE EINORDNUNG UND DATIERUNG

Die sowohl in der Figurenanordnung als auch in der Mimik und Gestik betonte Vergeistigung läßt ebenso wie der ausgeprägte Farbsinn auf eine Datierung in die zweite Hälfte der Schaffensperiode des Malers, also nach 1765, schließen. Der skizzenhaft-flüchtige Auftrag der Farben mit dem Pinsel und die damit verbundene seidige Wirkung des Stoffcharakters sind ein typisches Merkmal dieses Malers.
1773 malte M. J. Schmidt das gleiche Thema für ein Seitenaltarbild der Pfarrkirche in Arnsdorf in der Wachau (NÖ.) und 1775 abermals ein Altarbild mit der Heiligen Familie für die Erzabteikirche St. Peter in Salzburg. Um die gleiche Zeit etwa (um 1775) ist in den Werken des Malers ein stärkeres Hervortreten des „Rembrandtschen Geschmacks" – wie es damals allgemein des Hell-Dunkel-Effektes wegen bezeichnet wurde (s. Josef Zykan, Der Maler Martin Johann Schmidt, Wien 1955, S. 169) – zu bemerken, was auch in dem kleinen Bild des Museums (dessen Provenienz nicht bekannt ist) festzustellen ist. Demnach wurde das Bild in den Zeitraum von 1775 bis 1780 datiert (s. Rupert Feuchtmüller, op. cit., S. 265).

BIOGRAPHISCHES ZU MARTIN JOHANN SCHMIDT (1718–1801)

Er wurde als Sohn des Bildhauers Johann Schmidt 1718 in Grafenwörth (NÖ.) geboren und starb 1801 in Stein a. d. Donau (NÖ.). Er war der Bruder des Künstlers Franz Michael und der Vater des Johann Martin Karl. Seine erste Lehrzeit hatte er bei seinem Vater, dann bei Gottlieb Starmayr in Stein. Er unternahm Studien in den Kupferstichsammlungen von Dürnstein, Göttweig und Wien. Eine urkundlich nicht belegte Studienreise nach Italien darf auch bei ihm angenommen werden. Er schuf Fresken und vorwiegend religiöse Bilder, sowohl Altarbilder als auch Bilder kleineren Formates (Literatur: Thieme–Becker, Künstlerlexikon, Bd. 30, Leipzig 1936, S. 160 ff.).

Literatur:
Fritz Dworschak – Rupert Feuchtmüller – Carl Garzarolli – Josef Zykan, Martin Johann Schmidt – Kremser Schmidt, Wien 1955.

Kataloge:
Josef Zykan, Katalog zur Ausstellung „M. J. Schmidt", Krems-Stein 1951. – Sammlungskatalog des Eb. Dom- und Diözesanmuseums, Wien 1973, Kat.-Nr. 86.

| 152 | HEILIGE SIPPE, Franz Christoph Janneck, um 1750/1760 |

Abb. 330

Inv.-Nr. 79

Ölmalerei auf Leinwand

Maße: Hochformat: 270 × 165 cm

Die genaue Herkunft dieses Bildes ist nicht überliefert. Das hochformatige, nach oben von einem etwas einspringenden Halbkreisbogen abgeschlossene Bild zierte vermutlich einen Altar.
Den Vordergrund des Bildes nimmt die Figurengruppe von Maria und Anna mit dem Jesus-Kind ein, wobei Maria auf einem gemusterten Lehnsessel, Anna auf einem Schemel zur Seite sitzen. Das Jesus-Kind sitzt auf dem Schoß seiner Mutter, mit liebkosender Geste zur hl. Anna und einem Apfel in der linken Hand. Hinter der Lehne von Mariens Sessel steht Joseph, ein geöffnetes Buch haltend und, gleichsam wie während des Lesens plötzlich unterbrochen, in mächtig nach oben blickender Geste verharrend. Von oben schweben zwei Engelputten, die das Kreuz halten, herab. Sie sind von einem Schleierwolkenkranz umgeben, die Richtung ihres Fluges wird durch ein Bündel von Lichtstrahlen begleitet.
Die Hauptfigurengruppe ist seitlich von oben her durch zwei Vorhangteile – gleichsam wie ein barockes Gnadenbild – gerahmt; weiters ist sie links von einer kannelierten Säule hinterfangen, eine Bogenstellung mit kassettierten Soffitten schließt den Raum ab. Durch den linken Bogen, bei dem ein dünnastiger, grünender Baum hereinragt, ist ein Land-

schaftsfragment von Bergen kristallinen Charakters sichtbar. Bei den Figuren ist auf die Charakterisierung der Altersstufen besonders Bedacht genommen worden. Die Figuren der Alten (Anna und Joseph) sind nicht nur im Kolorit toniger, sondern auch die Gesichtszüge wirken durch die Streiflichter stärker durchfurcht. Die Staffelung der Komposition – Joseph steht hinter der Figurengruppe, die dem Motiv der Anna selbdritt verwandt ist; die Arkaden sind gegenüber der Figurengruppe gestaffelt angeordnet, durch die Wolkengloriole überschnitten und durch den Vorhang verdeckt – ist eine Anpassung an die Rahmenform und an die Proportionen des Bildformates.

Das Bild ist in die Jahre um 1750/1760 datierbar.

BIOGRAPHISCHES ZU FRANZ CHRISTOPH JANNECK (1703–1761)

Franz Christoph Janneck wurde als Sohn eines Malers am 3. Oktober 1703 in Graz geboren, er starb am 13. Jänner 1761 in Wien. In Graz war er Schüler von M. Vanguš. In den dreißiger Jahren ist er in Wien nachweisbar, um 1735 bereiste er Österreich und Süddeutschland. In Frankfurt bildete er sich bei Josef Orient weiter aus – zusammen mit Karl Aigen und C. Hilfgott Brand. Vor 1740 nach Wien zurückgekehrt, wird er in der Personalstandsliste der damals aus Akademikern aufgestellten Frey-Compagnie genannt. Vor Erlangung der akademischen Würden stand Janneck einer Spezialschule vor. Im Jahre 1751 wird er unter den ersten „Honorarii" der Akademie genannt. In der Akademie bekleidete er die Stellung eines Assessors, die er 1752/1754 mit Paul Troger und seitdem mit Michael Angelo Unterberger innehatte. Seine Werke verraten erst Schulung nach französischen Vorbildern, später finden sich unter dem Einfluß Jakob van Schuppens und Josef Orients niederländische und französische Elemente (Nachahmungen Watteaus). Seine kleinen Kabinettbilder sind vor allem hervorzuheben, mit denen er J. G. Platzer und Norbert Grund nahekommt. Sein Stoffgebiet erstreckt sich auf Genre, religiöse Darstellungen, Landschaften und Porträts; er war auch als Miniaturmaler tätig. Bei seinem Wienaufenthalt trat er mit C. L. Hagedorn in Beziehung, dem er bei der Abfassung von dessen „Lettre à un amateur" (1755) autobiographische Notizen lieferte (s. Thieme–Becker, Allgemeines Künstlerlexikon, Bd. 18, Leipzig 1925, S. 390/391).

| DREI SKIZZEN ZU DECKENMALEREIEN, Josef Keller, 1796–1799 | 153 |

Inv.-Nr. 28, 29, 30   *Abb. 331–333*

Ölmalereien auf Leinwand, in stark profilierten vergoldeten Rahmen (nicht original)

ENGELSTURZ (Erzengel Michael stürzt Luzifer)   *Abb. 331*

Maße: Hochformat: 111 × 83 cm

BESCHREIBUNG UND STILCHARAKTERISTIK

In das Rechteck des gerahmten Bildes ist eine Ellipse eingeschrieben, in der sich das Geschehen abspielt: Dieses ist exakt in zwei Hälften geteilt, wobei annähernd spiegelbildlich einander der Erzengel Michael und der gestürzte Luzifer entsprechen und einen Gegenakzent bilden. Dazwischen ist das Getümmel der stürzenden, nach rechts unten abgleitenden Teufelsgruppe gegeben; annähernd einer S-förmigen Spirale entsprechend, die von links oben kommt und sich nach rechts unten fortsetzt, sind die stürzenden Engel arrangiert. Im Himmelsraum dominiert Michael mit Schild, Flammenschwert und wallender Draperie des rosafarbenen Gewandes, während im unteren Teil der in den farblich akzentuierten Höllenschlund stürzende Luzifer das Gegengewicht bildet.

KUNSTHISTORISCHE EINORDNUNG

Letztlich auf die auf Giordanos Engelsturz im Kunsthistorischen Museum fußenden gleichthematischen Gruppen zurückgehend, zeigt Keller in diesem Werk eine Fassung, die dem spätesten Barock zugehörig ist und in ihrer Auflösung bereits klassizistische Tendenzen aufweist.

Abb. 332

LETZTES ABENDMAHL

Maße: Querformat: 81 × 100 cm

BESCHREIBUNG UND STILCHARAKTERISTIK

In einer architektonisch gebildeten, scheinbar einen Ausblick bietenden Rahmung befindet sich der in starker Untersicht gegebene Raum mit der Tafel des Letzten Abendmahles. Die bühnenartige, pathetisch wirkende Architekturkulisse zeigt einen Raum mit klassizierenden Elementen; in der Mitte befindet sich ein architektonisch gestaltetes Kuppelchen, aus dem ein Beleuchtungskörper und zwei Putti herunterschweben und so der Mittelachse mit der Hauptfigur Christi – auch durch koloristische Akzente und Lichteffekte in dieser in düsteren Farben gehaltenen Komposition – einen Schwerpunkt verleihen.

KUNSTHISTORISCHE EINORDNUNG

Wie auch der Engelsturz, steht auch diese Darstellung des Letzten Abendmahles in der Tradition der barocken Deckenmalerei, wobei durch das mit klassizierenden Elementen durchsetzte Ambiente der Malerei ein Hinweis auf die fortschreitende Weiterentwicklung des Spätbarock, das in diesen Werken Kellers ein spätestes Denkmal erhielt, gegeben ist.

Abb. 333

JÜNGSTES GERICHT

Maße: Hochformat: 110 × 82 cm

BESCHREIBUNG UND STILCHARAKTERISTIK

Die Komposition des Jüngsten Gerichtes ist annähernd kreisförmig angeordnet; in der oberen, himmlischen Zone thront der auferstandene Christus mit ausgebreiteten Armen, von Licht umstrahlt, auf einer Art Regenbogen, an dessen linkem und rechtem Ende jeweils Maria (links) und ein Apostel (rechts), ebenfalls mit ausgebreiteten Armen und durch koloristische Schwerpunkte akzentuiert, knien. Zur Rechten Christi setzt das Kreuz einen Schwerpunkt. In der terrestrischen Zone, die mit der himmlischen durch in den Himmel schwebende Auferstehende verbunden ist, steigen Menschen aus ihren Gräbern, um in den Himmel aufzusteigen; in der Mitte des Vordergrundes sind zwei nach rechts vorne flüchtende Gestalten – ein Mann und eine Frau – zu sehen, wobei der Mann durch sein flatterndes Gewand und durch die Farbigkeit und Helligkeit hervorgehoben ist.

KUNSTHISTORISCHE EINORDNUNG

Letztendlich auf Michelangelos Jüngstes Gericht zurückgehend, stellt diese Darstellung eines der spätesten, bereits sehr verwässerten Belegstücke für das Nachwirken Michelangelos dar.

DATIERUNG DER DREI DECKENSKIZZEN

Die drei Ölskizzen sind die Entwürfe zu den 1796–1799 entstandenen Deckenfresken der Pfarrkirche von Kalksburg, Wien XXIII, die von den Entwürfen kaum abweichen. Die noch von spätbarocken Akzenten geprägten Entwürfe Kellers, die in den Gestaltungsmotiven die Auseinandersetzung des Knoller-Schülers mit der Tradition der spätbarocken Monumentalmalerei dokumentieren, setzen sich in Komposition, Lichtführung und Kolorit mit der „Neigung zu freier und virtuoser Entfaltung des malerischen Stiles" (Günther Heinz) auseinander. Das für monumentale Zyklen sakraler Thematik relevante Kompositionsprinzip der barocken Tradition erwies sich trotz der Aufnahme klassizistischer Stilprinzipien im Detail als kaum getrübt gültig. Ähnlich formulierte Keller 1804 die Fresken mit den Darstellungen des Letzten Abendmahles und des Jüngsten Gerichtes in der Pfarrkirche St. Nikolaus in Tannheim bei Reutte in Tirol.

BIOGRAPHISCHES ZU JOSEF KELLER (1740–1823)

Josef Keller – geboren 1740 in Pfronten, gestorben 1823 – war ein Sohn des Alois Keller. Er war Schüler bei Balthasar Riepp und Martin Knoller und malte Decken- und Altargemälde für das südliche Schwaben, für die östliche Schweiz und für Nordtirol. – Keller folgt in seinen Fresken in der Verwendung reicher Scheinarchitekturen, in der Komposition und Typenwahl noch dem Rokoko, doch zeigt sich starker Einfluß des Klassizismus in einer Mäßigung der Bewegung sowie in einer Leere der Kompositionsprinzipien, wobei die schwungvolle Flüchtigkeit in seinen Entwürfen für die Deckenbilder gewahrt bleibt (s. Thieme–Becker, Künstlerlexikon, Bd. 20, Leipzig 1927, S. 111).

Literatur:
Gedenkbuch der Pfarre Kalksburg, p. 370–373. – Christine Siebert-Rubesch, Die Kirche in Kalksburg, in Unsere Heimat, herausgegeben vom Verein für Landeskunde von Niederösterreich und Wien, 1946,Bd. XVII, Heft 4–6, S. 125–133. – Ursula Mayerhofer, Die Kirche in Kalksburg, hl. Petrus in Ketten. Seminararbeit im Institut für Kunstgeschichte der Universität Wien.

Katalog:
Sammlungskatalog des Eb. Dom- und Diözesanmuseums, Wien 1973, Kat.-Nr. 88.

GALERIE

Von der einst reichlich mit Bildwerken bestückten Galerie, die teilweise im „Antiquarium" (der heutigen alten Bibliothek im Erzbischöflichen Palais) aufgestellt war, sind, durch Schenkungen erklärbare Abgänge in der ersten Hälfte des 19. Jahrhunderts berücksichtigt, nur mehr wenige Bilder erhalten geblieben. Die bescheidene Auswahl vermag jedoch den Rang dieser einstigen Sammlung zu illustrieren.

KREUZANNAGELUNG CHRISTI, Nicolo Frangipani, 1597	154

Inv.-Nr. 23   *Abb. 334*

Ölmalerei auf Leinwand, Rahmen neu

Maße: Querformat: 53 × 74 cm

PROVENIENZ UND ERHALTUNGSZUSTAND

Über die Herkunft des Bildes fehlen nähere Angaben. Der originale Bildträger wurde gelegentlich einer früheren Restaurierung bereits auf eine zweite Leinwand aufgezogen. In der Malfläche findet sich engmaschiges Craquelé. Der Rahmen wurde anläßlich der Neuaufstellung 1973 angefertigt.

IKONOGRAPHIE

Die beiden Schächer sind bereits gekreuzigt, wobei der eine links – der jüngere – sich dem Geschehen in Bildmitte zuwendet, während der andere – ältere – rechts sich abwendet. In Bildmitte wird Christus soeben ans Kreuz genagelt, der Kreuzbalken liegt in der Fallinie des Hügels. Eine kleine rechteckige Aushebung markiert den Platz, wo das Kreuz Christi im Boden verankert werden wird. Zwei Knechte halten in kräftiger körperlicher Anspannung den rechten Arm Christi fest, um ihn solcherart zur Annagelung vorzubereiten, wie – antithetisch gegenübergestellt – zwei Knechte bereits den linken Arm annageln, ein fünfter – geharnischter – ist im Begriff, auch den zweiten Fuß Christi anzunageln. Zwei – symmetrisch angeordnete – geharnischte Reiter (der linke als Anführer einer Gruppe mit der SPQR bezeichneten Fahne als Römer gekennzeichnet) flankieren das Geschehen, während drei Würfel spielende Männer um den – rotfarbig dargestellten – Leibrock Christi ringen.

KUNSTHISTORISCHE EINORDNUNG

Der seltene Darstellungsgegenstand – die Annagelung Christi an das Kreuz, begleitet von den Schächern, wobei das Kreuz Christi noch am Boden liegt – bringt demnach eine nicht geläufige Bildkomposition mit sich. Im Vordergrund in der Bildfläche eingebundene stehende Knechte und Schergen, in der bildeinwärts ansteigenden landschaftlich angedeuteten Fläche liegt schräg das Kreuz Christi. Die Kreuze der Schächer sind bereits aufgerichtet. Es ist bereits der Moment vor der Kreuzaufrichtung dargestellt. Sowohl die Modellierung als auch das Kolorit betonen die Detailrealismen in den Kostümen, während die Figuren selbst als stereometrische, stark flächenbezogene Gebilde aufgefaßt sind.

BIOGRAPHISCHES ZU NICOLO FRANGIPANI

Unter dem Namen Nicolo Frangipani sind zwei Künstler überliefert, ein Friauler und ein Venezianer (lt. Moschini und Bandolese aus Padua stammend); von ersterem sind keine Bilder erhalten. Letzterer wurde mit einem gleichnamigen Tizian-Schüler identifiziert, der teilweise auch Motive von Giorgione übernahm, in der Durchführung aber schwach blieb. Das ausgestellte Bild verrät nichts, was auch nur annähernd auf eine Beeinflussung der genannten Hauptmeister schließen ließe. Dies legt nahe, in diesem signierten Bild ein Werk des Friauler Malers – von dem sonst kein Bild bekannt ist – zu vermuten (s. Thieme–Becker, Künstlerlexikon, Bd. 12, Leipzig 1916, S. 379).

Katalog:
Sammlungskatalog des Eb. Dom- und Diözesanmuseums, Wien 1973, Kat.-Nr. 82.

| 155 | HL. KATHARINA VON SIENA, Tanzio de Varallo, drittes Jahrzehnt des 17. Jahrhunderts |

Abb. 335

Inv.-Nr. 20

Ölmalerei auf Holztafel

Maße: Hochformat: 64 × 54 cm

PROVENIENZ

Das Bild wurde 1937 dem Museum aus Wiener Privatbesitz gespendet. Der frühere Aufbewahrungsort sowie die ursprüngliche Bestimmung sind unbekannt.

ERHALTUNGSZUSTAND

Die Bildtafel ist vermutlich allseitig beschnitten, wie aus den fragmentierten figuralen Motiven geschlossen werden kann. Spekulationen über das Ausmaß der ursprünglichen Bilddimension müssen ebenso hypothetisch bleiben wie die Vermutung, in diesem Bild eine malerische Paraphrase von der skulpturalen Gruppe ähnlichen Themas – der Verzückung der hl. Theresia von Avila – von Gianlorenzo Bernini in der Capella Cornaro in Santa Maria Vittoria in Rom vorzufinden.

IKONOGRAPHIE

Das Haupt einer Klarissin in schräger Lage, das Licht einer Erscheinung fällt auf ihr Antlitz, die Augen sind vor Verzückung geschlossen. Hände in Orantenhaltung, Lichtflämmchen zeigen das Empfangen der Wundmale Christi in den Handtellern an. Hinter der Figur der Kopf eines Engels. – Auf Grund dessen stellt es wohl die Stigmatisierung der hl. Katharina von Siena dar.

BESCHREIBUNG

Die Beleuchtungssituation im Bild, verstärkt durch den tonigen Farbcharakter der figuralen Darstellung, die die Figuren vom dunklen Grund abhebt, ist geeignet, das spezifisch Mystische des Vorganges bildlich zu formulieren. Bei den Gesichtern und Händen betont die Lichtführung trotz gleitender Licht-Schatten-Übergänge deren Plastizität. Bei der Gewand-Wiedergabe dominieren skizzenhaft flüchtig aufgetragene Partien, die, je nach Stärke des Pinselstriches, den Stoffcharakter ausdrücken (man beachte den unterschiedlichen Pinselauftrag bei Schleier und Kutte). Das Changieren innerhalb der Farbtöne ergibt die Modulation in der malerischen Oberflächenbehandlung. Wie im Kolorit, so kommt auch in der Figurenauffassung – vor allem in der Differenzierung vom Habitus der Hauptfigur in ihrer Schräglage und spontan erregter Gestik sowie der visionären Mimik als Gegensatz zum zuschauenden Engel in aufrechter Haltung – das Absonderliche des mystischen Inhaltes ausdrucksstark zur Geltung. Die durch den Hell-Dunkel-Effekt betonte Figurengruppe zeigt den Einfluß der Kunst Caravaggios. Das Versetzen von dessen skulpturaler klarer Oberflächenauffassung in eine durch tonig-grelles Licht mystisch anmutende Atmosphäre – und somit das Mildern primär plastisch empfundener Figuren im Raum – manifestiert den Einfluß mehrerer künstlerischer Strömungen. Die Formgebung des Gesichtes gemahnt in ihrer vom knappen Motivrepertoire geprägten Schilderung und in der Verhaltenheit des Ausdruckes an die der trauernden Frauen im Kreuzigungsbild des Meisters von Maria am Gestade (siehe Kat.-Nr. 67), ohne daß freilich eine direkte Abhängigkeit denkbar wäre. Vielmehr ist hier an eine gemeinsame Bildtradition unterschiedlicher Auswirkung innerhalb der jeweiligen Epoche zu denken.

KUNSTHISTORISCHE EINORDNUNG

Das Bild wurde vor einigen Jahren von Prof. Bertelli als ein Werk des aus dem Valesianischen Kreis kommenden oberitalienischen Malers Tanzio de Varallo erkannt. Auf Grund der Ähnlichkeit, sowohl bezüglich der ekstatischen Haltung als auch in der Art des Pinselauftrages, mit dem um 1627 anzusetzenden Bild Jakob und Rahel sowie einem hl. Sebastian der Sammlung Chiesa in Mailand des gleichen Malers kann für das Bild des Museums die Entstehungszeit im dritten Jahrzehnt des 17. Jahrhunderts vermutet werden.

BIOGRAPHISCHES ZU TANZIO DE VARALLO (1575–1635)

Tanzio de Varallo (eigentlich Antonio d'Enrico, genannt il Tanzio, geboren 1575 in Alagna, gestorben, laut Galloni, 1635 in Varallo) wuchs in der von der Kunst Gaudenzio Ferraris beherrschten Valesianischen Umwelt auf, aus der er sich entschieden löste. Nach einem Führungsattest bei einem Notar zu schließen, hielt er sich 1600–1616 in Rom auf. Hier erfolgte die Auseinandersetzung mit dem Caravaggismus unter Einfluß Orazio Gentileschis.

1617 war auftragsgemäß die erste Kapelle am Sacromonte in Varallo vollendet, wo er ohne Unterbrechung bis 1628 malte. War bald in Valesia, bald in Mailand, wo er sich den angesehensten Malern, besonders Giovanni Battista, genannt il Cerano, anschloß. Longhi hält ihn für die stärkste Begabung der Mailänder Schule dieser Zeit (s. Thieme–Becker, Allgemeines Künstlerlexikon, Bd. 32, Leipzig 1938, S. 436 f.).

Literatur:
Ojetti - Dami - Tarchiani, La Pittura Italiana del Settecento alla Mostra del Palazzo Pitti, Mailand–Rom 1924, S. 82 und Tf. 277. – Mostra del Barocco Piemontese II, Turin 1963, S. 49, Nr. 16–20.

Kataloge:
Führer durch das Erzbischöfliche Dom- und Diözesanmuseum, Wien 1941, 1946. – Sammlungskatalog des Eb. Dom- und Diözesanmuseums 1973, Kat.-Nr. 79.

MADONNA IM BLUMENKRANZ, Jan van Kessel, 1667	156

Inv.-Nr. 21   *Abb. 336*

Ölmalerei auf Kupferplatte, Rahmen neu

Maße: Hochformat: 98,5 × 78 cm
  81,5 × 61 cm (ohne Rahmen)

PROVENIENZ

Seit der Gründung des Museums (1933) befindet sich das Bild in dessen Besitz. Nähere Angaben über seinen früheren Verbleib oder gar über seine ursprüngliche Bestimmung und über den Auftraggeber fehlen. Es ist nicht auszuschließen, daß dieses Bild aus der ehemaligen Gemäldesammlung in der Galerie des Erzbischöflichen Palais stammt. Hinsichtlich des Sujets wäre auch an ein Mitglied der kaiserlichen Familie als Sammlerpersönlichkeit zu denken: Die Gemäldegalerie des Kunsthistorischen Museums – deren Stammsammlung sich aus habsburgischen Kunstsammlungen rekrutiert – weist eine große Anzahl speziell religiöser Blumenstilleben auf.

ERHALTUNGSZUSTAND

Das auf eine dünne Kupferplatte in Öl gemalte Bild enthält nächst dem unteren Rand in Bildmitte die Signatur und die Datierung. Ebensowenig wie über die Herkunft ist auch über frühere Restaurierungen etwas bekannt. Eine genaue Untersuchung über die Beschaffenheit der Malschicht nach modernen naturwissenschaftlichen Methoden steht zur Zeit noch aus. Der neuere profilierte Holzrahmen ist ölvergoldet, nur der Wulst hat eine Blattvergoldung.

IKONOGRAPHIE

Wie es vielfach Stilleben eigen ist, so kommt auch dem Blumenstilleben nicht selten symbolischer Aussagewert zu. So sind die vielfach in ihrer vollen blühenden Pracht dargestellten Blumen durch die „Belebung" von Insekten – die in dem einen Fall Befruchtung, im anderen zerstörendes Welken ausdrücken – zugleich Bildwerke, in denen der Vanitas-Gedanke mitbestimmend ist. Erst recht das geistliche Blumenbild, das mittels der Durchsetzung mit einem religiösen Motiv deutlicher als solches gekennzeichnet ist, zeigte sich speziell in der Epoche der Gegenreformation geeignet, Vorstellungen und Interpretationen dieser Richtung zu verbreiten. Der gegenreformatorische Theologe Yves de Paris formuliert, ausgehend von einem Thomistischen Grundsatz (s. Thomas von Aquin, Summa Theologica I, p. I qu. I, art. IX: „Es erscheint in vieler Hinsicht einprägsamer, von der Erfassung und Kontemplation des Sichtbaren zur Erkenntnis des Intelligiblen aufzusteigen, als von diesem ausgehend jenes ordnend zu verstehen. Est autem naturale homini ut per sensibilia ad intelligibilia veniat omnis nostra coquitio a sensa initium habet", s. Günther Heinz, Geistliches Blumenbild und dekoratives Stilleben in der Geschichte der kaiserlichen Gemäldesammlungen in Wien, in Wiener Jahrbuch der kunsthistorischen Sammlungen, Bd. 69, Wien 1973, S. 7 ff., besonders S. 13!), Jahrhunderte später das Ziel der Kontemplation der irdischen Dinge (s. Yves de Paris, La théologie naturelle I, pp. 291/93: „c'est pour passer des choses sensibles aux intellectuelles du rapport des sens aux discours de la raison et dans les transports de la pieté"). Zu dem Problem der theologischen Erkenntnis gesellte sich in der Gegenreformation die Forderung nach der Seelenführung: „Der Gegenstand der Erscheinungswelt, der noch durchaus in tradionellem Sinn als Symbol vorgeführt wird, ist durch die gegebene Nutzanwendung zum moralischen Exemplum umgeformt, womit eine Ähnlichkeit zu den poetischen Wandlungen der Predigtliteratur erreicht wird" (G. Heinz, item, S. 7 ff., besonders S. 17!). Die Eignung der Blumen zu moralischer Ermahnung ist in der Antike bereits bekannt gewesen; so sprach Plinius (besonders der Tulpe, s. Plinius, Nat. Hist. XXI/I) ihnen dies zu, da sie ein deutliches Beispiel für die Vergänglichkeit des Irdischen geben. Der geistliche Autor hingegen sieht in der Vergänglichkeit der Blumen den Hinweis auf das Unvergängliche (s. Alard Le Roy S. J., La saincteté de vie tirée de la consideration des fleurs, Lüttich 1641; und Daniello Bartoli, La ricreazione del savio, Rom 1659): Gott hat, als „Künstler", die Blumen geschaffen, um den Menschen die Möglichkeit zu geben, auch hier einen Weg der Erkenntnis des höchsten Wesens zu finden (G. Heinz, item, S. 23, 24). Der Maler Daniel Seghers – selbst Jesuit – und seine Nachfolger lassen in ihren Werken künstlerisches Wollen und geistliche Forderung durchdringen; sein Lehrer Jan Brueghel und dessen Nachfolger (unter ihnen auch Jan van Kessel) haben eine additive Kompositionsweise befolgt und sich auf die nuancenreiche Ausarbeitung der Kleinform spezialisiert. Dies kommt auch in der Reichhaltigkeit des Bildinhaltes zum Ausdruck (G. Heinz, item, S. 28). Die Kombination von Blumenstilleben mit sakralem Gerät – eucharistischer Kelch oder Monstranz (jeweils inklusive der Darstellung der Hostie) – führte in der populären Variante dieser Kunstgattung zu den Vorsteckbildern (wie sie vereinzelt zum Schmuck bei Prozessionen auch heute noch zur Anwendung kommen) und zu gestickten Blumenstilleben, wie sie im Dekor von Paramenten (s. Eleonoren-Ornat aus den Beständen alter Paramente des Stephansdomes, s. Dora Heinz, Meisterwerke barocker Textilkunst, Wien 1972, S. 9 f., 10, 30 ff.) zur praktischen Anwendung kamen. Die Anspielungen auf symbolische Eigenschaften sind speziell im Blumendekor bei Marienbildern vorzufinden, wofür die Schriften des Jesuiten Sandaeus die literarische Vorlage bildeten (Maximilian Sandaei e Societ. Jesu Doct. Theol. Maria Flos Mysticus, sive Orationes ad Sodales in festivitatibus Deiparae habitae desumpta materia a floribus cum figuris eneis, Mainz 1629). Indem das ausgestellte Bild ein Blumenstilleben mit Maria und dem Jesus-Kind enthält, darf mit einer Fülle solcher „Anspielungen" gerechnet werden, die im Detail noch nicht untersucht sind.

KUNSTHISTORISCHE EINORDNUNG

In einer Halbkreisöffnung in Bildmitte ist eine halbfigurige Maria mit dem Jesus-Kind vor weitläufiger Landschaft dargestellt. Die mit Architekturplastik gerahmte Öffnung ist gegen den Betrachterraum mit Blumenstilleben ausgefüllt. Demzufolge erinnert die Gesamtwirkung des Bildes an ein blumengeschmücktes Gnadenbild, das sich verlebendigt hat. Das Bild ist signiert und demnach ein Werk von Jan van Kessel und 1667 datiert.
Das Bild ist den blumenumrankten Gnadenbilddarstellungen, die Peter Paul Rubens nach seinen neapolitanischen Eindrücken malte, wesensverwandt. Wie so oft hat auch bei diesen Jan Brueghel d. Ä. die Blumenstilleben – die zugleich eine allegorische Bereicherung des Bildinhaltes bedeuten – gemalt, dessen Tochter die Mutter Jan van Kessels war.

BIOGRAPHISCHES ZU JAN VAN KESSEL (1626–1679)

Jan van Kessel (geboren 1626 in Antwerpen, gestorben 1679 daselbst) war ein Sohn des Hieronymus van Kessel und der Paschasia Brueghel (Tochter Jan Brueghels d. Ä.) und der Vater des Ferdinand van Kessel. 1634/35 war er ein Lehrling des Simon de Vos, nahm offensichtlich auch Unterricht bei seinem Oheim Jan Brueghel d. J. 1644/45 wurde er Meister der Antwerpener Lukasgilde; 1647 heiratete er Maria, die Tochter des Ferdinand von Apshoven. – Er malte Blumen, Insekten, Vögel, Getier. Laut Weyerman (De Levens-Beschrijving etc., Bd. II, 1729, S. 208) schuf er größere Blumenstücke in der Art Jan Davidsz. de Heems und kleine Tierstücke in der Art Brueghels, ferner fertigte er Kartons für Teppiche (namentlich Blumenstücke) an. (Thieme–Becker, Künstlerlexikon, Bd. 20, Leipzig 1927, S. 201.)

Kataloge:
Führer durch das Eb. Dom- und Diözesanmuseum, Wien 1934, 1941, 1946. – Sammlungskatalog des Eb. Dom- und Diözesanmuseums, Wien 1973, Kat.-Nr. 80.

| WEG NACH GOLGOTHA, „FIST" signiert, Anfang 17. Jahrhundert | 157 |

Inv.-Nr. 22 *Abb. 337*

Ölmalerei auf Holztafel, Rahmen modern

Maße: Querformat: 50 × 73 cm

PROVENIENZ

Über die Herkunft des Bildes fehlen entsprechende archivalische Angaben. Es kann daher auch nicht mit Sicherheit behauptet werden, ob dieses Bild ein Objekt der ehemaligen Gemäldesammlung in der Galerie des Erzbischöflichen Palais war.

IKONOGRAPHIE

Aus dem Stadttor im Bild links dringt eine Menschenmenge hervor, unter der sich – im Vordergrund – die trauernden Anhänger Christi befinden. Die Bildmitte wird von dem zusammensinkenden Christus beherrscht, schräg hinter ihm wird ein riesiges Kreuz von Knechten in unterschiedlicher athletischer Haltung getragen: Es ist nicht die Kreuztragung selbst dargestellt, sondern offensichtlich der Augenblick nach dem Fall Christi unter der Last des Kreuzes, wobei die alte Bildtradition des Motivs des Simon von Cyrene als alleiniger Kreuzträger gestaltprägende Vorlage lieferte (vgl. Kat.-Nr. 66). Im Kontrapost zu Christus, als Repoussoirfigur gegeben, ist Veronika mit dem Schweißtuch dargestellt. Christus voran werden die beiden als Rückenakte gegebenen Schächer bildeinwärts abgeführt. In einer Schneise führt der Weg bildeinwärts weiter zur im Hintergrund dargestellten Richtstätte Golgotha. Das Geschehen spielt sich in einer hügeligen Landschaft ab. Aus dem Stadttor im Vordergrund links entwickelt sich der leutereiche Zug der Kreuztragung, im Hintergrund rechts ist die Richtstätte Golgotha zu sehen. In der Mitte der figurenreichen Gruppe befindet sich der unter der Last des Kreuzes zusammengesunkene Christus, der von einem Schergen gepeinigt wird. Links im Vordergrund ist die Gruppe der nächsten Angehörigen Christi (Maria, Magdalena, Johannes Evangelist), rechts eine Gruppe junger Frauen und Kinder (begleitende erschreckte Zuseher) dargestellt. Die Mittelgruppe mit Christus und den Schächern, die weiters aus Schergen, Knechten und Soldaten besteht, setzt sich durch die zur Richtstätte Vorauseilenden bildeinwärts nach dem Hintergrund fort.

KUNSTHISTORISCHE EINORDNUNG

Durch die nach dem Hintergrund zu sich ziehende figurenreiche Mittelgruppe wird eine Spiralbewegung angedeutet, die die Entwicklung des Handlungsablaufes formal zum Ausdruck bringt. Diese Kompositionsweise findet sich bei einem Frühwerk der altniederländischen Malerei (einer Kreuztragung des Meisters des Turiner Gebetbuches), von wo aus sie sich bis zu Peter Brueghels Bild des gleichen Themas (im Kunsthistorischen Museum in Wien) verfolgen läßt. Die Spiralbewegung entwickelt sich in den genannten

Vergleichsbeispielen aus der Bildtiefe in den Vordergrund, um wieder in den Hintergrund zurückzukehren. Durch die Plazierung des Stadttores im Bild des Museums an den linken Bildrand (in Anknüpfung an eine mittelalterliche Bildtradition) einerseits wie auch durch die Unterbrechung der in den Hintergrund sich ziehenden Figurengruppe durch überschnittene Hügelkulissen (einem weiteren altniederländischen Motiv) andererseits wird der Spiralcharakter reduziert und die Mittelgruppe durch die Abstimmung der Blicke der Dargestellten auf die Mittelfigur und die Eckgruppen des Vordergrundes zu einer in sich geschlossenen Einheit zusammengefaßt. Hiedurch erfolgt eine weitere Loslösung von der Spiralkomposition.

Kompositionsprinzipien der altniederländischen Malerei werden in der Form, wie sie im 16. Jahrhundert weiterleben, verwendet. Das Vorherrschen der spezifischen Raumdarstellung gegenüber den Figuren wie auch die minuziöse Darstellung gegenständlicher Details sind Charakterzüge, die unter anderem die altniederländische Malerei von der italienischen unterscheidet. Die tonige Farbigkeit der Landschaft und die hiezu kontrastierende Buntfarbigkeit in den Kostümen weisen auf die südlichen Niederlande als Entstehungsgebiet des Bildes hin.

Am Halsband des Hundes im Vordergrund befindet sich die Signatur „FIST", die bisher noch nicht interpretiert werden konnte.

In der Gemäldegalerie des Louvre in Paris (Inv.-Nr. 6637) findet sich eine Variante der Fassung dieses Themas, die Mignard zugeschrieben wird. Tatsächlich stimmen die ikonographisch wichtigen Hauptmotive weitgehend überein, nur ist in der Figurenkomposition der Akzent stärker auf die Hauptfiguren gesetzt, die Tendenz zu großformatigen Figurengruppen setzt sich stärker gegen die detailfreudige Textur durch. Auch im Figurenstil dominiert eine Auffassung von dramatischem Pathos in der Formulierung monumentaler Einzelfiguren. Der Reduktion des Figurenensembles geht eine zunehmende Pathetik der einzelnen Figuren parallel. Obgleich dieses Bild Mignards beschnitten ist, läßt sich – der strukturell ähnlich gebildeten Figurenanordnung wegen – vergleichend feststellen, daß nicht nur anekdotisch wirkende Nebenfiguren, sondern auch thematisch wichtige Personen wie die hl. Veronika fehlen. Außerdem ist die in halber Bildhöhe verlaufende Terrainkante, die das Szenarium des Vordergrundes begrenzt, bei Mignards bildlicher Fassung weggelassen, wie auch über dem Landschaftshorizont weniger Bäume gegen den freien Himmel ragen als im ausgestellten Bild des Museums. Sowohl ikonographisch als auch in der Bildkomposition und in der Art der Figurenwiedergabe entspricht die Fassung eines wesentlich größeren Ölbildes auf Leinwand im Chorumgang der Stadtpfarrkirche von Pontoise (Ile-de-France) dem Bild des Museums. Vermutlich gehen alle drei genannten Bilder auf die gleiche Bildrezension zurück, wobei das Tafelbild des Museums als das stilistisch altertümlichste anzusprechen und an den Anfang des 17. Jahrhunderts zu datieren sein wird.

Katalog:
Sammlungskatalog des Eb. Dom- und Diözesanmuseums, Wien 1973, Kat.-Nr. 81.

| 158 | EPIPHANIE, Mitte 17. Jahrhundert |

Abb. 338   Inv.-Nr. 52

Ölmalerei auf Leinwand

Maße: Querformat: 58 × 83 cm

PROVENIENZ

Die genaue Herkunft dieses Bildes ist nicht überliefert. Seit der Gründung des Museums, 1933, befindet sich das Bild in demselben. Möglicherweise ist dieses Bild Bestandteil der einstigen Gemäldegalerie der Wiener Bischöfe gewesen.

ERHALTUNGSZUSTAND

Das Bild wurde 1986 von der akademischen Restauratorin Petra Helm, Wien, restauriert. Die notwendige Dublierung wurde derartig schonend vorgenommen, daß sowohl das Craquelé – und somit auch der Altcharakter des Bildes – als auch die pastosen Höhungen in ihrer Wirkung erhalten bleiben konnten. Verreibungen von früheren Reinigungen des Bildes sowie Farbabsplitterungen wurden nach gewissenhafter Behandlung des Grundes zurückhaltend im Lokalton retuschiert.

IKONOGRAPHIE UND BESCHREIBUNG

Inmitten einer durch breite Täler und gestaffelte bergige, teils felsige Erhöhungen geformten „dramatischen Landschaft", die durch monumentale architektonische Motive wie Obelisken, Säulenfragmente und römische Ruinen zum Typ der „heroischen Landschaft" zu zählen ist, befindet sich die Darstellung des neutestamentlichen Geschehens im Vordergrund rechts, während das große Gefolge der Könige einen langen Zug, der sich aus Dienern und Wächtern sowie exotischen Tieren (Elefanten, Kamelen) zusammenstellt, bildet, der sich in einer bildeinwärts verlaufenden Kurvung im Tal verliert, wobei sein Ende durch eine verdeckende Landschaftskulisse nicht zu sehen ist. Erst der im Mittel- und Hintergrund in Windungen verlaufende „leere" Weg läßt erkennen, daß das Gefolge nicht bis zur Stadtansicht im Hintergrund reicht. Als Pendant zur Hauptfigurengruppe – der Hl. Familie mit den Hl. Drei Königen – im Vordergrund rechts entspricht links eine Gruppe von zwei Rossebändigern. Die Hauptfigurengruppe ist von einer Gruppe schwebender Engelsputten – die um den Stern von Bethlehem gloriolenartig angeordnet sind – zusätzlich betont. Eine monumentale Ruinenarchitektur – die triumphbogenartig Einblick in einen monumentalen, gewölbten Raum gibt – hinterfängt die Gruppe der Hl. Familie. An diese Ruine ist gegen den rechten Bildrand zu der Stall angebaut.

KUNSTHISTORISCHE EINORDNUNG

Die Dramatik der Bildkomposition – vor allem die der Landschaftswiedergabe – wird sowohl durch das Kolorit als auch durch die Lichtführung wesentlich gesteigert: Die Differenzierung der Wolkenpartien des Vordergrundes von der Aufhellung des Firmaments gegen den Horizont, vor dem sich die Berge des Hintergrundes silhouettenartig abheben, findet ein Äquivalent in der Differenzierung der schichtartig bildeinwärts angeordneten Landschaftskulissen, bei denen im Vordergrund braun-grüne Töne vorherrschen, während im Mittelgrund Blau-Grün und im Hintergrund – der Berücksichtigung der Luftperspektive zufolge – Hellblau dominieren. Die schichtenartige Anordnung der Landschaftskulissen bedingt – durch das Kontrastieren von belichteten und beschatteten Zonen in der malerischen Wiedergabe des Landschaftsreliefs – mehrfache Silhouettenwirkungen: Der baumgekrönte Berganstieg im Vordergrund links kann hier ebenso genannt werden wie der hochaufragende Berg im Mittelgrund rechts, dem diagonal bildeinwärts auf der linken Seite ein Höhenzug von turmartiger Wirkung entspricht. Die brückenartige Felspartie, die wie ein Grotteneingang Ausblick auf einen Flußlauf (oder einen See) bietet, ist in diesem Zusammenhang ebenfalls zu nennen. Die Architekturmotive geben dem Landschaftsbild in ihrer vertikalen Erstreckung die Funktion von Koten-Markierungen, die durch aufragende Fahnenstangen innerhalb der Figurengruppen bereichert werden. Dieses Phänomen wie auch der akzentsetzende Obelisk im Mittelgrund findet sich bei Bildern Rembrandts. Wie die heroische Landschaft, so sind auch einzelne Figuren, wie etwa die Aktfiguren der Rossebändiger, von der italienischen Malerei des 16. Jahrhunderts (Rom) abhängig.
Die Aufhellungen an einzelnen Landschafts-, Architektur- und Gewandpartien wie auch die Reflexe benachbarter Lokalfarben sind ein niederländisches Element.
Für die formale Gestaltung des landschaftlichen Mittelgrundes des Bildes ist ein Reflex der Tradition, die in Rembrandts Bild „Landschaft mit dem Obelisk" (1638) feststellbar ist, beteiligt (s. Rosenberg, Rembrandt – Des Meisters Gemälde, Stuttgart–Leipzig 1904, Tf. 106).
Neben der in der malerischen Qualität anspruchsvoll wiedergegebenen Figurengruppen wie die Hl. Familie und die anbetenden Könige, wo sich auch in den Kostümen wie im Schmuck, aber auch in der Charakterisierung der Steinkanten in den Ruinenarchitekturen kapriziöse Detailstudien finden, gibt es auch unbeholfen wirkende Motive: Hiezu sind die Gesichter der Rossebändiger ebenso zu zählen wie der „köstlich verzeichnete" Elefant im Mittelgrund des Bildes; auch die exakte Wiedergabe architektonischer Details steht im Widerspruch zu der „kulissenhaften" Addition von Baukompartimenten. Andererseits zeugt die Formulierung der exotischen Palmen am Bildrand links ebenso von malerischem Können wie die übrige Landschaftswiedergabe und die Formulierung des Stimmungscharakters im Firmament. Diese Widersprüchlichkeiten lassen in diesem Bilde eine – vielleicht zeitgenössische – Kopie eines niederländischen Bildes aus der ersten Hälfte des 17. Jahrhunderts, das von den Romanisten wesentlich beeinflußt war, vermu-

ten. Die ausführliche malerische Schilderung der Details wie auch der Farbcharakter lassen eine Entstehung spätestens um die Mitte des 17. Jahrhunderts annehmen (s. Rosenberg, Rembrandt – Des Meisters Gemälde, Stuttgart–Leipzig 1904, Tf. 106).

| 159 | PORTRÄT KARDINAL MELCHIOR KLESL, 1628 |

Abb. 339

Prot.-Nr. L–65

Ölmalerei auf Leinwand, profilierter Holzrahmen mit Ebenholz-Furnier, hölzerne Binnenrahmenleiste, vergoldet

Maße: Hochformat:
    88,3 × 71,3 cm (mit Rahmen)
    71 × 53 cm (ohne Rahmen)

Auf der Rückseite des Bildes ist auf die Leinwand ein Inschriftzettel geklebt, der trotz der Gilbung die in lateinischen Lettern verfertigte Schrift gut lesen läßt:
„Dieses ganz verwahrlosete zur Ausstreichung aus dem Invatario verurtheilte, in der Gesindstube zu Kiernberg vorgefundene Portrait des ehemaligen Propstes, endlich Cardinals Melchior Klesl liess der Propst Joseph Spendou aus Ehr- und Dankgefühl von dem berühmten, an der KK Bilder Gallerie arbeitenden Gemählde-Restaurator Joseph Salomon wieder herstellen, und mit einer vergoldeten Rahme durch die gefällige Mitwirkung seines Freundes, des Katecheten Ignaz Reinharter zieren, weil auf Klesls Verwendung unter K.(aiser) Mathias und Nicolaus V. Kiernberg mit der Dompropstey canonisch vereinigt worden ist. Das Gemählde wurde von Kennern für ein Meisterwerk des Hannibal Caracci erklärt, und soll künftig als ein kostbares Denkmahl in der Wohnung des Dompropstes aufbewahret werden."
Tatsächlich weilte Kardinal Klesl in Rom, und es wäre daher möglich, von Annibale Caracci porträtiert worden zu sein. Die Büste seines Epitaphiums im Dom zu Wiener Neustadt ist vermutlich ein Frühwerk Gianlorenzo Berninis. Trotz der genannten Restaurierung, die gemäß der Inschrift links vom Kopf des Kardinals unter Nennung des Propstes Joseph Spendou 1827 erfolgte, die gewiß keine im heutigen Sinne sein konnte, sind diesem Bildnis in der Charakterisierung des Gewandes wie vor allem des Gesichtes künstlerische Qualitäten eigen, die eine genauere – bisher noch nicht erfolgte – Untersuchung sowohl in technologischer wie in stilkritischer Sicht erfordern würden.
Das lebensvoll wirkende Gesicht mit dem spontan anmutenden Blick straft die rechts vom Gesicht stehende Inschrift, wonach der Kardinal 1628 im 75. Lebensjahr dargestellt wurde, beinahe Lügen. Da Annibale Caracci (1560–1609) zum angegebenen Zeitpunkt der Entstehung des Bildes – 1628 – längst gestorben war, stimmt entweder die Zuschreibung an den Künstler nicht, oder die Inschrift von 1628 wurde – den Aussagegehalt des Bildes verfälschend – auf das bereits existierende ältere Bild hinzugefügt. Da er im Bild als Kardinal dargestellt ist, zu dem er erst 1616 ernannt wurde, könnten allenfalls Lodovico oder Antonio Caracci das Bild gemalt haben.
Kardinal Melchior Klesl wurde 1552 in Wien als Sohn einer protestantischen Familie geboren und trat als Student zum Katholizismus über. 1579 empfing er die Priesterweihe, wurde Dompropst von St. Stephan und Kanzler der Wiener Universität. Von 1581 bis 1600 war er Generalvikar des niederösterreichischen Teiles der Diözese Passau und seit 1588 Administrator von Wiener Neustadt. 1598 war er auch zum Bischof von Wien ernannt worden und wurde als solcher erst 1614 geweiht. 1616 wurde er zum Kardinal ernannt. Die Durchsetzung der Bestimmungen des Tridentinums (des Konzils von Trient) sowie der Rekatholisierung fielen in seine Amtszeit. Seit 1599 ist er auch als Berater des Erzherzogs Matthias – des späteren Kaisers Matthias I. – tätig. In der Politik innerhalb des Heiligen Römischen Reiches strebte er nach dem Ausgleich der Konfessionsparteien („Kompositionen"), wobei seit 1609 seinerseits eine Annäherung an die Protestanten mit Zugeständnissen an dieselben erfolgte. Beim Ausbruch des Aufstandes in Böhmen trat er für die friedliche Beilegung des Konfliktes ein. Die Erzherzöge Max und Ferdinand – letzterer der spätere Kaiser Ferdinand II. – ließen ihn 1618 gefangennehmen und hielten ihn auf der Festung in Kufstein (Tirol) fest. 1622 wurde er durch päpstliche Vermittlung in die Engelsburg nach Rom überwiesen und 1623 freigelassen. Kardinal Melchior Klesl lebte bis 1627 in Rom, kehrte dann wieder in seine Diözese zurück und starb 1630 in

Wiener Neustadt. Er selbst ist in der Bischofsgruft des Wiener Stephansdomes beigesetzt, sein Herz hingegen liegt vor dem Hochaltar des Wiener Neustädter Domes, nächst seinem monumentalen Epitaphium mit der genannten Porträtbüste.

Literatur:
Lexikon für Theologie und Kirche, Freiburg im Breisgau 1961, Bd. 6, S. 339.

Katalog:
Renaissance in Österreich, NÖ. Landesausstellung Schloß Schallaburg, Katalog des Niederösterreichischen Landesmuseums, Neue Folge Nr. 57, Wien 1974, S. 81/Kat.-Nr. 183.

PORTRÄT KARDINAL SIGISMUND KOLLONITZ, Jakob van Schuppen, um 1723 (?)	160

Prot.-Nr. L–221   *Abb. 340*

Ölmalerei auf Leinwand, profilierter schwarzer Holzrahmen mit geschnitzter, vergoldeter Innenleiste

Maße: Hochformat: 103 × 84,5 cm

Das Bild ist offensichtlich nicht im ursprünglichen Rahmen: Die dunklen Zwickel zwischen dem in einem Hochoval dargestellten, beinahe halbfigurig wiedergegebenen Bildnis und dem Hochrechteck lassen erkennen, daß ein hölzerner, hochoval ausgesparter Rahmenspiegel der Leinwand vorgelagert war.
Sigismund Kardinal Kollonitz war von 1716 bis 1751 Fürsterzbischof von Wien. Nachdem unter seinem Episkopat durch Papst Innozenz XIII. 1722 Wien zum Erzbistum erhoben wurde, ist er der erste Wiener Erzbischof. Er ließ ein neues Alumnat erbauen, führte die Laienexerzitien ein und erreichte die Rückkehr vieler Protestanten.
Das Porträt wurde von Jakob van Schuppen gemalt, der auch für die Hauskapelle des Dompropstes von St. Stephan ein Altarbild der Hl. Sippe (s. Kat.-Nr. 133) malte. Obgleich der Dargestellte in der Dimension beinahe eine Halbfigur ist, wirkt er durch die mächtige Drapierung des Gewandes sowie durch den lebhaften Kontrast des roten Mantels und des in pastoraler Malerei charakterisierten Hermelins als groß dimensionierte Büste. Die Schulterpartie ist leicht diagonal bildeinwärts gewendet und „sinkt" optisch in intensiver beschattete Bereiche ab, was auch für das – die Gewandpyramide bekrönende – Haupt gilt, obgleich es stärker dem Betrachter zugewendet ist. Die Kontur der Figur hebt sich auch im beschatteten Teil von dem geringfügig helleren Grund ab.

PORTRÄT KARDINAL CHRISTOPH ANTON MIGAZZI, vielleicht von Martin van Meytens d. J., nach 1761	161

Prot.-Nr. L–226   *Abb. 341*

Ölmalerei auf Leinwand

Maße: Hochformat: 111 × 90 cm

Leihgabe des Erzbistums

ERHALTUNGSZUSTAND

Das Gemälde wurde 1982 von Frau Cordula Montibeller, Wien, restauriert.

BESCHREIBUNG

Kardinal Christoph Anton Migazzi, am 14. Oktober 1714 in Innsbruck geboren, wurde 1751 Titular-Erzbischof von Karthago, im selben Jahr Erzbischof-Koadjutor von Mecheln. 1756 zum Erzbischof-Koadjutor von Waitzen (Vác) in Ungarn berufen, wurde er am 18. März 1757 zum Erzbischof von Wien ernannt. Von 1761 bis 1784/85 war er zusätzlich Administrator der Diözese Waitzen. Gleichfalls 1761 erhielt er die Kardinalswürde verliehen. In sein Episkopat fällt auch der Besuch von Papst Pius VI. zu Ostern 1782 in Wien. Das ausgestellte Porträt zeigt Migazzi im Kardinalshabit. Daher kann die Darstellung erst nach 1761 entstanden sein. Sowohl der Porträttypus wie auch die stilistischen Eigenschaften in der Art der Charakterisierung des Gesichtes sowie die pastose Wiedergabe dekorativer Details im Gewand – besonders auffällig in der Darstellung der gehäkelten Borten des Chorhemdes und in der des Brustkreuzes – entsprechen Porträts, deren Autorschaft für Martin van Meytens d. J. gesichert ist, weshalb ihm auch das ausgestellte Porträt zugeschrieben werden kann.

BIOGRAPHISCHES ZU MARTIN VAN MEYTENS (1695–1770)

Martin van Meytens d. J., gebürtig aus Stockholm (1695), dessen Vater gleichen Namens auch Maler war, kam als Kind zu Verwandten nach Holland, dann nach England, wo er seine Studien begann, schließlich nach Paris. Vom Herzog von Orléans protegiert, malte er Mitglieder der französischen Aristokratie, und selbst König Ludwig XV. wie auch Zar Peter der Große versuchten vergeblich, Meytens in ihre Dienste zu nehmen. 1721–1723 war er zum erstenmal in Wien, dann in Venedig, 1724–1727 in Rom und kehrte schließlich nach Wien zurück. 1730 besuchte er seine Eltern in Stockholm, doch kehrte er trotz günstiger Angebote des schwedischen Königs nach Wien zurück, wo er der bevorzugte Maler Maria Theresias wurde. 1759 wurde er als Nachfolger Paul Trogers zum Direktor der Wiener Kunstakademie ernannt, er starb 1770 in Wien (s. Thieme–Becker, Allgemeines Lexikon der bildenden Künstler, Leipzig 1931, Bd. 25, S. 318 f.).

Literatur:
Cölestin Wolfsgruber, Christoph Anton Kardinal Migazzi, Fürstbischof von Wien, Ravensburg 1897.

Kataloge:
Joseph Haydn in seiner Zeit, Ausstellung, veranstaltet von der Kulturabteilung des Amtes der Burgenländischen Landesregierung, Eisenstadt 1982, S. 404, Kat.-Nr. 328. – Josephinische Pfarrgründungen in Wien, 92. Sonderausstellung des Historischen Museums der Stadt Wien, Karlsplatz, Wien 1985, S. 20/Kat.-Nr. 2/m. Abb.

WERKE DES 19. JAHRHUNDERTS

| 162 | SCHREIBFEDERN LUDWIG VAN BEETHOVENS, Anfang 19. Jahrhundert |

Abb. 342

Prot.-Nr. L–252

Auf Papier fixiert, in Rahmen aus dunkelrotem Samt, der unter Glas in goldenem Bilderrahmen liegt

Maße: 1 Kielfeder: Länge = 26 cm   Papier, unter Glas gerahmt
       1 Rohrfeder: Länge = 19 cm   Querformat: 23,7 × 36,2 cm

Leihgaben der Bankaktiengesellschaft Schoeller & Co., Wien I

PROVENIENZ

Die Schreibkielfeder und die daneben befindliche Rohrschreibfeder stammen aus dem persönlichen Besitz und Gebrauch von Ludwig van Beethoven, die er dem Librettisten der Oper „Fidelio", Friedrich Treitschke, anläßlich ihrer Zusammenarbeit als Andenken persönlich übergab. Nach dem Tode Friedrich Treitschkes ging dessen Nachlaß an seinen Sohn Karl Treitschke über, der auf das vergilbte Papier, in das er die „Reliquien" schützend eingewickelt hatte, mit eigener Hand vermerkte, daß diese beiden Federn aus dem Besitz von Ludwig van Beethoven stammen.
Diese Expertise wurde von einem gerichtlich beeideten Experten für Autographen am Wiener Dorotheum ausgestellt.

BESCHREIBUNG

Beide Schreibfedern stammen aus dem ersten Viertel des 19. Jahrhunderts. Die hellgelbe Kielfeder als auch die daneben befindliche bräunlich getönte Rohrfeder sind umseitig unter Glas in einem Rahmen auf einem Papier fixiert, das eine größere Anzahl von Tintenresten aufweist. Die Beschriftung „van Beethovens Feder" stammt vom Sohn und Erben des Librettisten Treitschke.
Der Taufschein von Friedrich Ludwig Johann Maria Treitschke dient als Beleg für die Provenienz der beiden Schreibfedern Ludwig van Beethovens. Der Taufschein Treitschkes ist am 28. Jänner 1870 in St. Stephan in Wien ausgestellt worden.

MARIA MIT DEM JESUS-KIND, Ferdinand Georg Waldmüller, 1820	163

Prot.-Nr. L–222   Abb. 343

Ölmalerei auf Eichenholz, in breitem, reich profiliertem, ölvergoldetem Holzrahmen mit appliziertem Dekor

Maße: Hochformat: 20,3 × 13 cm

Leihgabe der Pfarre Mönichkirchen, NÖ.

PROVENIENZ

Das Bild stammt aus der Pfarrkirche von Mönichkirchen, wo es viele Jahre über dem Westeingang der Kirche hing, ehe es – aus Sicherheitsgründen – im Pfarrhof verwahrt und 1983 dem Museum als Leihgabe übergeben wurde. Wie dieses Bild nach Mönichkirchen kam und in wessen Auftrag es entstand, konnte bislang noch nicht geklärt werden.

IKONOGRAPHIE

Maria ist in einer engen Nische vor dem Thron mit Löwen an den Armlehnen (beeinflußt vom ikonographischen Typus des Thrones Salomons) stehend dargestellt. Mit beiden Armen hält sie das trinkende Jesus-Kind, womit sie sich als zum Typus der „Madonna lactans" gehörig ausweist. Der in Grisaille gemalte Rahmen als Imitation einer plastisch gedachten Umrahmung zeigt den Sündenfall Adams und Evas – letztere die Frucht auf Anraten der Schlange ergreifend, ersterer bereits vom Engel aus dem Paradies verwiesen werdend; oben in der Mitte befindet sich die Gott-Vater-Büste.

KUNSTHISTORISCHE EINORDNUNG

Das Bild ist in der graufarbenen unteren Rahmenkante mit Waldmüller signiert und in römischen Lettern 1820 datiert. Das Bild ist eine getreue Kopie des Bildes gleichen Themas von Rogier van der Weyden im Kunsthistorischen Museum in Wien. Die Signatur findet sich gleichartig auf einer Kopie der Beweinung Christi nach Andrea del Sarto. Um seinen Stil zu formen und das maltechnische Können entsprechend zu schulen und zu vervollkommnen, hat Ferdinand Georg Waldmüller in seiner frühen Schaffensperiode offensichtlich auch Kopien von Spitzenwerken früherer Epochen gemalt.

KOPFSTUDIE, Josef Danhauser, vor 1826	164

Inv.-Nr. 38   Abb. 344

Ölmalerei auf Leinwand

Maße: Hochformat: 41 × 38 cm

BESCHREIBUNG

Auf weißtonigem Grund ist der Kopf eines jüngeren Mannes gemalt, der mit kummervollen Gesichtszügen den Blick gen Himmel wendet. Die lockigen, annähernd schulterlangen Haare führen ein lebhaftes Eigenleben und bilden einen Kontrast zu dem trauernden Gesichtsausdruck. Das Gesicht ist in leichter Untersicht gegeben und zeigt eine leichte Wendung zur linken Seite des Dargestellten, wobei die linke Gesichtshälfte beschattet, die rechte in etwas helleren Inkarnattönen mit pastos gesetzten Weißhöhungen gehalten ist. Der Kopf ist ein später Reflex dieses Typus, den Guido Reni mehrmals für die Physiognomie Christi in verschiedenen Zeichnungen verwendete, beispielsweise in ganz ähnlicher Form wie bei Danhauser in einer Studie für das dornengekrönte Haupt Christi (Paris, Louvre, Cabinet des Dessins, Inv.-Nr. 8902), die häufig kopiert wurde. Das Gesicht ist hier spiegelverkehrt zum Bild Danhausers gegeben, der Mund ist im Gegensatz zu diesem leicht geöffnet. Ebenso zu nennen wäre in Zusammenhang mit Danhausers Ölbild Renis Kopfstudie Christi in Windsor Castle (H. M. Queen Elizabeth II., Windsor Castle, Royal Library, Inv. 5283), dessen Augen zwar gesenkt sind, jedoch die Partie des Mundes vergleichbar ist. Möglicherweise ist in dieser Kopfstudie ein Entwurf für das Fresko der armen Seelen im Fegefeuer nächst dem „Zahnwehherrgott" an der äußeren östlichen Stirnseite des Mittelpolygons des Albertinischen Chores von St. Stephan zu erblicken, dem bei der Ausführung jedoch nicht gefolgt wurde. Nachdem das Fresko 1826 datiert ist, kann diese Kopfstudie geringfügig früher entstanden sein.

BIOGRAPHISCHES ZU JOSEF DANHAUSER (1805–1845)

Josef Danhauser (geboren und gestorben in Wien) ist der Hauptvertreter der bürgerlichen Genremalerei im Wiener Vormärz. Sein Vater (gestorben 1830) war Besitzer einer bedeutenden Biedermeiermöbel- und Bildhauerwarenfabrik. Josef Danhauser studierte an der Wiener Akademie bei Peter Krafft. 1826 hielt er sich in Venedig auf. Für den Dichter Ladislaus Pyrker, der damals Patriarch von Venedig war, schuf er für dessen Epos „Rudolphus" Ölgemälde. Als Pyrker später Erzbischof von Erlau (Eger in Ungarn) wurde, kehrte Danhauser nach Wien zurück. In Wien schuf er unter anderem 1826 das Fresko „Maria als Fürbitterin der armen Seelen" an der Ostseite des Stephansdomes. 1830 unfreiwillige Übernahme des väterlichen Betriebes.
Unter dem Einfluß Friedrich Amerlings und vielleicht auch dem der französischen Romantiker bricht sein koloristisches Interesse hervor. 1841 zog er sich wegen der Kritik an seinen satirischen Gemälden zurück. 1843/44 unternahm er eine Reise, die ihn über Köln nach den Niederlanden führte (s. Thieme–Becker, Allgemeines Künstlerlexikon, Bd. 8, Leipzig 1913, S. 354 f.).

Katalog:
Sammlungskatalog des Eb. Dom- und Diözesanmuseums, Wien 1973, Kat.-Nr. 111.

165	HL. CRISPINUS, erstes Viertel 19. Jahrhundert

Abb. 345

Prot.-Nr. L–253

Ölmalerei auf Leinwand

Maße: Hochformat: 71,5 × 59,1 cm

Leihgabe der Pfarre Klausenleopoldsdorf, NÖ.

PROVENIENZ

Das Bild stammt aus der Pfarre Klausenleopoldsdorf im südlichen Wienerwald und war schon seit vielen Jahren nicht mehr in kultischer Verwendung. Nach einer fachgerechten Restaurierung 1983 durch Cordula Montibeller, Wien, gelangte es 1986 in das Museum. Dieses Bild diente – wenn überhaupt als Andachtsbild im Kirchenraum – bestenfalls als Vorsteckbild.

ERHALTUNGSZUSTAND

Da das Bild sehr lange unsachgemäß gelagert und einem viel zu feuchten Klima ausgesetzt war, konnten zum Zeitpunkt des Beginns der Restaurierung eine starke Schimmelbildung und ein Aufwerfen der Grundierung festgestellt werden. Die Leinwand – und somit auch die Malfläche – wies Risse und Löcher, namentlich im Gesicht der Dargestellten, sowie verschiedene Kratzer in der Malschicht auf. Nach der Dublierung des Bildes und dem Aufspannen auf einen neuen Keilrahmen und der Festigung der Malschicht wurde der vergilbte Firnis ebenso entfernt wie die störenden Übermalungen. Die Fehlstellen wurden ausgekittet und in Anpassung an die gereinigte originale Malerei retuschiert.

IKONOGRAPHIE

Obgleich der Name des dargestellten Heiligen in den Wiener Dialekt verändert Eingang fand, ist dieser Heilige der Schuster hierzulande weniger populär. In der Weltliteratur spielt er insofern eine Rolle, als König Heinrich V. in William Shakespeares gleichnamigem Königsdrama vor der Schlacht von Agincourt am St.-Crispins-Tag seine Mannen aufmuntert. Der hl. Crispinus ist wahrscheinlich ein römischer Märtyrer, dessen Gebeine nach Soissons übertragen wurden.
Die legendäre Passio, der allerdings kein historischer Wert zukommt, datiert das Martyrium in die Zeit Diokletians (287) und bezeichnet Crispinus und Crispinianus als Schuster. Der aus Viterbo stammende Schuster Pietro Fioretti (geb. 1668, gest. 1750) war seit 1693 Kapuzinerpater mit dem Ordensnamen Crispinus, als solcher 1702–1748 in Orvieto und zuletzt in Rom. Er wurde 1806 seliggesprochen (Lexikon für Theologie und Kirche, Bd. 3, Freiburg im Breisgau 1959, S. 96). Dieser Umstand könnte Anlaß zur Anfertigung dieses ausgestellten Bildes gewesen sein.
Dieses Bild zeigt den Heiligen als stehende Dreiviertelfigur im Eck eines Kerkers mit Handschellen an seiner linken Hand angekettet. Das Attribut seines Martyriums, das Schwert, lehnt hinter einem Podest, auf dem sich der Schuh und der Schusterhammer befinden.

STILISTISCHE EINORDNUNG

Die mit sparsamen Andeutungen charakterisierte Wiedergabe des Ambientes wie auch die formelhafte Haltung der Figur weisen das Bild als ein an die „Volkskunst" heranreichendes Erzeugnis aus. Die wenigen Indizien einer atmosphärischen Stimmung wie die Licht-Schatten-Werte, vor allem die Art des einfallenden Lichtes bei den Gitterstäben des Kerkerfensters, wie auch die stillebenhafte Akzentuierung der Detailrealismen nehmen die Romantik vorweg. Die Physiognomie wie auch die Gewandbehandlung deuten auf die Malweise des ausgehenden 18. Jahrhunderts hin. In diesem Bild dürfte ein Werk aus der Übergangsphase der ausgehenden josephinischen Epoche zur frühen Romantik aus dem frühen 19. Jahrhundert zu erblicken sein.

| BEFREIUNG PETRI AUS DEM KERKER, Ludwig Schnorr von Carolsfeld, 1836 | 166 |

Prot.-Nr. L–142   *Abb. 346*

Ölmalerei auf Leinwand, vergoldeter dekorierter Holzrahmen

Maße: Querformat: 102 × 113 cm

Leihgabe des Erzbistums

PROVENIENZ

Dieses Bild wurde an das Erzbistum Wien aus Privatbesitz geschenkt. 1933 gelangte es aus dem Erzbischöflichen Schloß in Ober-St. Veit (Wien XIII) ins Museum. Eine Vorzeichnung hiezu befindet sich gleichfalls im Museum. Ein Äquivalent befindet sich in der Österreichischen Galerie im Belvedere in Wien.

IKONOGRAPHIE UND BESCHREIBUNG

Dargestellt ist jener Moment der Legende, als Petrus auf wunderbare Weise durch einen Engel aus dem Kerker befreit wird. Dieses Thema ist seit der bildlichen Fassung im Fresko Raffaels in den Stanzen des Heliodor im Vatikanischen Palast ein willkommener Anlaß, den Illusionsfaktor des Lichtes zum Hauptdarstellungsproblem des Bildwerkes werden zu lassen. Vier Figuren bevölkern im ausgestellten Bild das Szenarium, wobei der bildeinwärts kauernde, schlafende geharnischte römische Wächter ebenso wie die

Flanke einer Liegestatt wirkt wie der zweite, kopfüber gebeugt kauernde zur Linken Petri und somit die Wächter zu Nebenfiguren werden. Der Hauptakzent liegt auf der aufrecht sitzenden, vor der Erscheinung leicht zurückweichenden Gestalt Petri mit erhobener linker Hand – gleichsam als eine auf das „Blenden der Erscheinung" (Johann Wolfgang von Goethe, Faust I) reagierende Bewegung aufzufassen –, wie seine Haltung auch vom traditionellen Redegestus inspiriert ist. Das Gesicht Petri ist der in reiner Profilansicht wiedergegebenen „Lichtgestalt" des Engels, der in tänzerisch-schwebender Haltung mit seiner Linken den Weg ins Freie andeutend weist, zugewendet. Ein mächtiger, lediglich durch ein Gesimsband unterteilter Pfeiler mit Bogenanläufen hebt sich von dem Dunkel des Kerkerhintergrundes ab. Durch den Widerschein des Lichtes der Lampe über dem Haupt Petri sind die Fugen des Quader-Mauerwerkes wie auch die der Steinplatten des in Aufsicht gegebenen Bodens sichtbar. Der am rechten Bildrand auf dem dargestellten Steinboden sichtbare Schatten eines dritten Wächters weist auf die Lichtquelle außerhalb des Bildraumes – nämlich auf die des ins Freie führenden Ganges. Das Licht ist in diesem Bild Ausdrucksmittel für die Interieurstimmung, und die helle Chromatik in der Engelsfigur ist die einzige Andeutung „mystischen" Lichtes, dessen reale Komponente im Schlagschatten Petri auf dem Mauerpfeiler zur Geltung kommt.

KUNSTHISTORISCHE EINORDNUNG

Im Vergleich zur Vorzeichnung ist innerhalb der Figurengruppen im ausgeführten Bild der Akzent auf zwei Figuren gesetzt: auf den hl. Petrus und den Engel. In der Vorzeichnung tritt der Wächter links dominierender in Erscheinung, Petrus ist in dieser als in sich ruhende Gestalt – gleichsam inaktiv – gegeben; auch der Engel ist in der Vorzeichnung als statische, dem ruhenden Petrus zugewandte Figur aufgefaßt. Im ausgeführten Bild ist diese den ästhetischen Gestaltungsprinzipien des Klassizismus näher stehende Auffassung in der Vorzeichnung zugunsten einer Dramatik mit spezifisch „romantischen" Charakteristika einer Stimmungsmalerei gewichen.
Das Bild ist „18 LS 36" bezeichnet und somit von Ludwig Schnorr von Carolsfeld signiert und 1836 datiert.

BIOGRAPHISCHES ZU LUDWIG SCHNORR VON CAROLSFELD (1788–1853)

Der Maler Ludwig Schnorr von Carolsfeld wurde 1788 in Königsberg in Preußen geboren und starb 1853 in Wien. Er war ein Sohn des Malers Hans Veit und ein Bruder der Maler Julius und Eduard. Er war zunächst Schüler seines Vaters, seit 1804 an der Wiener Akademie als Schüler tätig und wurde von Herzog Albrecht von Sachsen-Teschen (dem Gründer der Graphischen Sammlung „Albertina" in Wien) gefördert. Er stand unter dem Einfluß von Friedrich von Schlegel, Zacharias Werner und dem Kreis der katholischen Wiener Romantik. 1817 besuchte er das Leipziger Elternhaus. 1821 erfolgte der Übertritt zum Katholizismus. 1834 unternahm er eine ausgedehnte Reise, die ihn nach München und auf der Rückkehr über Tirol, die Schweiz und über Paris wieder nach Wien führte. 1835 wurde er Mitglied der Wiener Akademie. 1837 war er in Dresden, Weimar und Koburg, 1841 war er zweiter, 1843 – als Nachfolger von Karl Russ – erster Kustos der Kaiserlichen Gemäldegalerie im Belvedere in Wien. Er war zusätzlich der Lehrer Moritz von Schwinds. In den zwanziger Jahren des 19. Jahrhunderts malte er fast ausschließlich religiöse Themen und solche aus Dichtungen (Goethe, Tieck, Brentano, Fouqué) aus der Geschichte und der Sagenwelt, die den jungen Schwind nachhaltig beeinflußten. Unter dem Einfluß von Joseph Anton Koch und Ferdinand Olivier malte er in den dreißiger Jahren des 19. Jahrhunderts vorwiegend Landschaftsbilder (s. Thieme–Becker, Künstlerlexikon, Bd. 30, Leipzig 1936, S. 208 f.).

Katalog:
Sammlungskatalog des Eb. Dom- und Diözesanmuseums, Wien 1973, Kat.-Nr. 109.

Prot.-Nr. L–143 *Abb. 347*

Ölmalerei auf Leinwand, in vergoldetem geziertem Rahmen

Maße: Querformat: 69 × 77 cm

Leihgabe des Erzbistums

PROVENIENZ

Das Bild stammt aus dem Erzbischöflichen Schloß in Ober-St. Veit (Wien XIII) und befindet sich seit 1933 im Museum.
Die breitproportionierte, halbkreisförmig geschlossene Form der Bildfläche erinnert an eine Lünette, weshalb in diesem Bild möglicherweise ein Entwurf für eine Monumental-malerei oder ein Einfluß von einer solchen erblickt werden kann.

IKONOGRAPHIE UND BESCHREIBUNG

An die „Lünettenform" der Rahmung des Bildes angepaßt, befindet sich die Figuren-gruppe im Zentrum des Bildvordergrundes. Die Figuren sind dergestalt seitlich gestaffelt (lamellenartig) angeordnet, daß sie möglichst wenig verdeckt sind. Dem nach links fort-schreitend gedachten vektoriellen Trend, der durch den begleitend schwebenden Engel betont ist, wird durch die Rückwärtswendung Josephs und des Engels sowie in der Frontalansicht Mariens eine Reduktion in der Wirkung der angedeuteten Gehrichtung verliehen, die zugleich der Planimetrie der Bildfläche und ihrer zentrierenden Tendenz in dieser Bildkomposition entspricht. Das Ziel der Flucht ist durch den landschaftlichen Hintergrund links – mittels der Pyramiden als Ägypten gekennzeichnet – angegeben, während die Ruinen im Hintergrund rechts – das von Herodes bedrohte Bethlehem – simulativ die Ursache zur Flucht andeuten. Diese Verknappung und Konzentration der Darstellung wandeln ein genuin narratives Thema zum Zustandsbild um.

KUNSTHISTORISCHE EINORDNUNG

Die intensivere Buntfarbigkeit ist in der Figurengruppe konzentriert, während pastellhaf-tig helle Farben unter Einbeziehung atmosphärischer Werte („sfumato") den Hintergrund charakterisieren. Die Ausbalanciertheit der Bildkomposition erfährt im Kolorit eine bestä-tigende Komponente. Die von den Gestaltungsprinzipien des Klassizismus entlehnten Determinanten des Bildes sind – unter dem Einfluß Overbecks – von der römischen Hochrenaissance und den Künstlern der Folgegeneration prägend inspiriert. Dieses Bild dürfte in den zwanziger Jahren des 19. Jahrhunderts entstanden sein, als die Neigung zur bildlichen Fassung religiöser Themen bei Ludwig Schnorr von Carolsfeld am stärksten war. Das Bild ist nicht datiert, durch die Signatur „LS" jedoch als Arbeit des Ludwig Schnorr von Carolsfeld ausgewiesen.

BIOGRAPHISCHES ÜBER LUDWIG SCHNORR VON CAROLSFELD (1788–1853)

Hiezu siehe die entsprechende Textstelle bei Kat.-Nr. 166.

Literatur:
ÖKT, Bd. II, Wien 1980, S. 228 f. – Rupert Feuchtmüller–Wilhelm Mrazek, Biedermeier in Österreich, Wien 1963, S. 40.

Kataloge:
Führer durch das Eb. Dom- und Diözesanmuseum, Wien 1934, 1941, 1946. – Sammlungskatalog des Eb. Dom- und Diözesanmuseums, Wien 1973, Kat.-Nr. 110.

Abb. 348

Inv.-Nr. 37

Sepia-Zeichnung mit neugotischem Holzrahmen, teilweise vergoldet, mit floralem Rankenwerk auf grünem Grund verziert

Maße: Hochformat: 61 × 49 cm

PROVENIENZ

Diese Zeichnung mit zugehörigem neugotischen Rahmen ist ein Geschenk aus Wiener Privatbesitz.

BESCHREIBUNG UND KUNSTHISTORISCHE EINORDNUNG

Das Zentrum des Bildes nimmt eine Figurengruppe ein, die, den Leichnam Christi tragend, diagonal in den Bildraum komponiert ist. Die Felskulisse mit dem Grab Christi befindet sich in der hiezu gegenläufigen Bilddiagonalen. Gleichzeitig trägt diese Felskulisse zur Tiefenillusion des Bildraumes wesentlich bei, indem sie die Landschaftsdetails des Hintergrundes optisch überschneidet.

Die Zeichnung liegt auf hellem, eierschalenfarbenem Grund. Durch die Kombination mit parallelen und Kreuzschraffuren in brauner Feder und hellen, in verschiedenen gebrochenen Weißtönen gehaltenen Lasuren entsteht die Plastizität der Figuren und des Terrains, wobei unter den Federstrichen hellere und dunklere Brauntöne Licht- und Schattenwirkungen entstehen lassen. Die mit goldenen Nimben versehenen Gestalten sind in ihrer Bedeutung durch ihre Stellung in der Komposition sowie in ihrer Beleuchtung hervorgehoben: Der Leichnam Christi ist gleichsam die Lichtquelle, von der die umstehenden Figuren verschieden differenzierte Helligkeit erhalten.

Die Komposition erinnert an traditionelle Grablegungsgruppen (s. beispielsweise Kat.-Nr. 121), wobei der Typus vermutlich mit französischen Saint-Sépulcre-Gruppen in Zusammenhang stehen könnte. Die Gesichtstypen des Johannes Evangelist sowie der Fackelträger im rechten Hintergrund stehen mit vergleichbaren Typen in einem Bild von Jean Auguste Dominique Ingres (Tu Marcellus eris, 1819; Brüssel, Musées Royaux des Beaux-Arts; s. Rudolf Zeitler, Die Kunst des 19. Jahrhunderts, Propyläen Kunstgeschichte, Bd. 11, Berlin 1966, Abb. 1) in enger Verwandtschaft.

BIOGRAPHISCHES ZU EDUARD STEINLE (1810–1886)

Eduard Jakob von Steinle wurde 1810 in Wien geboren. Er war ein Schüler Leopold Kupelwiesers, auf dessen Rat er 1828 nach Rom ging und dort Anschluß an den Kreis Overbeck, Cornelius, Veit und Führich bekam. 1829 schuf er mit Overbeck ein Fresko an der Portiuncula-Kapelle in der Basilika Santa Maria degli Angeli in Assisi, anschließend zwei Fresken (Verkündigung, Heimsuchung) in S. Trinitá ai Monti in Rom (wegen des 1830 erfolgten Todes seines Vaters von Josef Tunner ausgeführt). 1833 Rückkehr nach Wien, 1837 in München, wo er mit Cornelius zusammenarbeitete. 1839 Auftrag für den „Römer" in Frankfurt/Main. 1843/46 malte er mit L. Moralt und Fr. Hellweger schwebende Engel auf Goldgrund im Chor des Kölner Domes. 1850 wurde er Professor am Städelschen Kunstinstitut in Frankfurt/Main. 1877/79 malte er die Chorapsis des Straßburger Münsters aus und schuf Entwürfe für Glasfenster des Domes und der Katharinenkirche in Frankfurt/Main und für die Votivkirche in Wien. Er starb 1886 in Frankfurt/Main. Er ist der letzte der römischen Nazarener. Seine persönliche Kunst ist am ehesten in den Gedenkblättern (etwa an Brentano) und den Bildern kleinen Formats zum Ausdruck gekommen (s. Thieme–Becker, Allgemeines Künstlerlexikon, Bd. 31, Leipzig 1937, S. 572 f.).

Literatur:
Rupert Feuchtmüller, Kupelwieser, Wien 1970. – Rupert Feuchtmüller–Wilhelm Mrazek, Biedermeier in Österreich, Wien 1963, S. 37/38.

Kataloge:
Führer durch das Erzbischöfliche Dom- und Diözesanmuseum, Wien 1934, 1941, 1946. – Sammlungskatalog des Erzbischöflichen Dom- und Diözesanmuseums, Wien 1973, Kat.-Nr. 106.

Prot.-Nr. L–131 *Abb. 349*

Ölmalerei auf Leinwand, in vergoldetem Rahmen
Signiert und datiert links unten: „Jos. Führich A. D. 1836"

Maße: Querformat: 74 × 88 cm

Leihgabe des Erzbistums

PROVENIENZ

St. Stephan, Wien, sogenannte Große untere Sakristei. Danach im Erzbischöflichen Schloß in Ober-St. Veit (Wien XIII), seit 1933 im Museum.

BESCHREIBUNG

Auf braunem, steinigem Terrain, mit dürftig verteilten grünen Grasbüscheln durchsetzt, kniet Christus mit zum Gebet verschränkten Händen in leicht nach vorne und zu seiner rechten Seite gewendetem Körper, das Haupt leicht nach vorne geneigt.
Er ist in einen Mantel gehüllt. Seitlich von ihm, im Bild links dargestellt, kniet ein Engel in aufrechter Haltung, der ihm einen Kelch darreicht. Im Hintergrund ist eine baumreiche Landschaft mit den drei schlafenden Aposteln zu sehen. Links ist die himmlische Erscheinung des Engels in durch dunkle Wolken gerahmtes überirdisches Licht getaucht. Im rechten Hintergrund ist der aufgehende Vollmond dargestellt. Das Kolorit ist intensiv. Die Buntfarben sind auf die Figuren konzentriert. Die Darstellung des erzählerischen Vorganges wird durch die Beleuchtungssituation dramatisiert, wobei vor allem auf die von Licht umstrahlte Gestalt des Engels Bedacht genommen wurde. Die im Dunkel wiedergegebene Landschaft akzentuiert in ihrem Kontrast zu den Figuren die mystische Situation.
Die malerische Vielfalt kommt in den von Blumen durchsetzten Charakterisierungen der Terrainangaben ebenso zur Geltung wie in den Detailrealismen – etwa dem zartlinigen Goldmuster am Ärmel des Engels.

KUNSTHISTORISCHE EINORDNUNG

Nach Informationen von Dr. Bernhard Rittinger, Wien, existiert zu diesem Bild Führichs ein Bleistiftentwurf über Quadratenraster (Maße: 24,1 × 30,5 cm) in Braunschweig (Herzog-Anton-Ulrich-Museum, I.-Nr. Z V 32). Die differenzierende Wiedergabe unterschiedlicher Lichtcharakteristika zwischen der Lichtgloriole des Engels, dem goldfarbenen Kreuznimbus Christi, dem aufgehenden Vollmond und dem Lichtschein der Fackeln aus der Stadtkulisse ist ein Kabinettstück romantischer Malerei.

BIOGRAPHISCHES ZU JOSEPH FÜHRICH (1800–1876)

Joseph Führich (geboren 1800 in Kratzau in Nordböhmen, gestorben 1876 in Wien) lernte zunächst an der Prager Galerie und wandte sich in seiner frühen Schaffenszeit, durch das Studium der Werke Dürers angeregt, der Romantik zu. 1827–1829 malte er in Rom (unter Overbecks Leitung mit Koch, Schnorr und Veit an den Fresken des Casino Massimo) und schloß sich unter dem Einfluß Overbecks den Nazarenern an. Er erhielt den Auftrag, für die Wiener Akademiegalerie italienische Bilder auszuwählen. 1840 wurde er Professor an der Akademie, 1848 Flucht nach Böhmen (Wagner, S. 405). Er war der bedeutendste Vertreter der religiösen christlichen Kunst des 19. Jahrhunderts in Österreich und verhalf ihr zu einer Neubewertung. Laut H. von Wörndle, München 1911, schuf er Glasfenster für den Stephansdom (Apostelchor) und die Votivkirche und hatte die Leitung bei der Ausmalung der Altlerchenfelder Kirche (Wien VII) – vor allem beim Programm – inne. Ihm kommt eine dominierende Stellung in der sakralen Bildkunst jener Epoche zu (s. Thieme–Bekker, Allgemeines Künstlerlexikon, Bd. 12, Leipzig 1916, S. 558 f.).

Literatur:
M. Dreger, Joseph Führich, Wien 1912.

Kataloge:
Führer durch das Eb. Dom- und Diözesanmuseum, Wien 1934, 1941, 1946. – Sammlungskatalog des Eb. Dom- und Diözesanmuseums, Wien 1973, Kat.-Nr. 107.

Abb. 355–362   Prot.-Nr. L–132, L–133

Ölmalereien auf Leinwand, von hölzernem Rahmen mit Ölvergoldung umgeben
Entwürfe für einen großformatigen Zyklus

Querformat: 49 × 122 cm (beide Tafeln gleich groß)

Leihgabe aus dem Stephansdom

PROVENIENZ

1861 wurde ein Zyklus von Kindheit-Jesu-Szenen für den Stephansdom in Auftrag gegeben. Die – offensichtlich unter Werkstattbeteiligung – ausgeführten großformatigen Bilder
(im Hochformat 152 × 122 cm, im Museum nicht ausgestellt) waren bis zum Dombrand
1945 alljährlich in der Adventzeit in Verwendung. Die beiden ausgestellten Tafeln mit den
Entwürfen zu diesen Bildern sind, wie aus ihrem Stimmungsgehalt zu erschließen ist,
diejenigen Werke, die gegenüber den größeren Tafeln die Intentionen des Künstlers
vermutlich authentisch wiedergeben. Seit dem Ende des Zweiten Weltkrieges befinden
sich die Bilder im Museum.

IKONOGRAPHIE

Auf zwei Holztafeln sind Entwürfe für folgende Begebenheiten aus der Kindheits-
geschichte Jesu folgendermaßen angeordnet:

Abb. 355–356   Tafel a:
Verkündigung an Maria
Heimsuchung
Geburt Christi
Epiphanie

Abb. 359–362   Tafel b:
Darbringung im Tempel
Flucht nach Ägypten
Tischlerwerkstatt
Zwölfjähriger Jesus im Tempel

BESCHREIBUNG

Die beiden Tafeln sind in je vier rundbogige „Arkaden" gegliedert, die sich in einem
dekorierten, vergoldeten Rahmengefüge befinden. In nahezu allen Bildern dieses Zyklus
dominiert ein von Dunkeltonigkeit charakterisiertes Kolorit. Auch die Lichtführung läßt in
den einzelnen Szenen atmosphärische Dunkelheit in der Art von Interieursstimmungs-
werten oder im Schatten sich abspielender Szenen walten. Innerhalb der Szenen herrscht
in der Figurenkomposition statische Ausgewogenheit bei stark zur Symmetrie neigender
Tendenz (vor allem in der Szene der Geburt Christi, wie die optischen Verschneidungen
der Felsformationen in der Grotte konzentrisch zum Rahmen des Bildes sind und Maria
und Joseph das Kind symmetrisch „einklammern"). Die Landschaftsdarstellungen haben
in allen Bildern einen hochliegenden Horizont, bei der Heimsuchung, bei der Epiphanie
sowie bei der Genreszene der Heiligen Familie, wo Jesus als Kind seinem Nährvater
Joseph bei der Arbeit hilft, ist der Ausblick auf eine in die Tiefe sich erstreckende
Landschaft jeweils nur bis zur Hälfte des Bildhintergrundes gegeben und sonst durch eine
Landschaftsvordergrundkulisse (Heimsuchung) oder durch eine Architekturkulisse in
Form einer Arkade (Epiphanie, Tischlerwerkstatt) gegeben. Bei der Darbringung im Tem-
pel ist ein in sich geschlossenes Interieur gegeben, während bei der Verkündigung an
Maria und bei der Szene mit dem zwölfjährigen Jesus im Tempel jeweils ein Blick in den
Freiraum aus dem Interieur mittels eines bildparallel im Bildraum angeordneten arka-
dierten Fensters erfolgt. Lediglich in der Szene der Flucht nach Ägypten ist ein die volle
Bildbreite einnehmender landschaftlicher Hintergrund dargestellt, wobei die dämmerige
Lichtstimmung durch das Kontrastlicht der hellen, erleuchteten Wolkenstreifen am fernen
Horizont den Charakter dieser Szene akzentuierend prägt.

KUNSTHISTORISCHE EINORDNUNG

Die Bildkompositionen orientieren sich im wesentlichen an Strukturprinzipien der italienischen Malerei, wobei in der Darbringung im Tempel der römischen Hochrenaissance, in der Flucht nach Ägypten der heroischen Landschaft (die kontrapunktisch zum Horizont angeordnete Tempelruine!) des gleichen Milieus gefolgt wird. Die meisten übrigen Szenen, namentlich die mit dem halbseitig verdeckten Blick in den landschaftlichen Freiraum, gehorchen Gestaltungsprinzipien der venezianischen Malerei des 16. Jahrhunderts. Der kristallin wirkenden Skandierung der einzelnen Landschaftskulissen steht die minuziöse Durchbildung der Details ebenso entgegen wie die Warmtonigkeit der Farben innerhalb der Figurengruppen, worin ein niederländisch geprägter Einfluß zur Geltung kommt. Im „eigenmächtigen" Vermengen traditionell italienischer und niederländischer bildlicher Gestaltungsformen dürfte das Werk Albrecht Dürers als bewußt angestrebtes Vorbild vermittelnd gewirkt haben, wobei eine dem Klassizismus immanente Klarheit und Ausgewogenheit dominierende Ordnungsfaktoren innerhalb der Bildkompositionen sind.

BIOGRAPHISCHES ZU JOSEPH FÜHRICH (1800–1876)

Hiezu siehe die entsprechende Textstelle bei Kat.-Nr. 169.

Literatur:
Max Dreger, Joseph Führich, Wien 1912. – Rupert Feuchtmüller–Wilhelm Mrazek, Biedermeier in Österreich, Wien 1963, S. 40.

Katalog:
Sammlungskatalog des Eb. Dom- und Diözesanmuseums, Wien 1973, Kat.-Nr. 108.

KRÖNUNG MARIENS, Joseph Führich, 1852	171

Inv.-Nr. 157   *Abb. 350*

Ölmalerei auf Leinwand, reich dekorierter, geschnitzter und vergoldeter Rahmen, signiert: „Joseph Führich 1852" datiert

Maße: Querformat:
    71 × 79 cm (ohne Rahmen)
    96 × 103 cm (mit Rahmen)

PROVENIENZ UND ERHALTUNGSZUSTAND

Über die ursprüngliche Bestimmung des Bildes ist nichts überliefert, das Bild befindet sich seit der Gründung des Museums 1933 in diesem und war – wegen des schadhaften Zustandes von Rahmen und Malerei – bislang kaum beachtet worden. Die Forschungsarbeiten von Herrn Dr. Bernhard Rittinger, Wien, über Führich haben zur gesteigerten Aufmerksamkeit diesem Bild gegenüber geführt. 1986 wurden sowohl die Malerei als auch der Rahmen von Herrn Prof. Michel Pfaffenbichler, Wien, restauriert. Wegen eines größeren Risses in der Leinwand mußte das Bild dubliert werden. Die ausgezeichnet erhaltene Malerei mußte an der Rißstelle nur geringfügig retuschiert werden. Durch die Reinigung sind die Farben wieder in der für diesen Künstler charakteristischen Leuchtkraft zu sehen. Auch die pastosen Höhungen in der Malerei kommen entsprechend zur Wirkung. Im Rahmen waren von den Rosetten in den Eckvertiefungen drei fehlend, diese wurden nach der einzigen original erhaltenen Rosette kopiert. Der Rahmen wurde in seiner ursprünglichen Vergoldung wiederhergestellt, wobei große Teile in der Vergoldung ergänzt werden mußten.

IKONOGRAPHIE UND KUNSTHISTORISCHE EINORDNUNG

Maria, als Mittelpunkt des Bildes in Frontalansicht gegeben, wird von Gott-Vater und von Christus – die ihr jeweils zugewandt sind – gekrönt. Zwischen Gott-Vater und Christus vermittelt der Heilige Geist in Gestalt einer Taube. Die Form der Darstellungstradition der Marienkrönung, wie sie auch im Barock tradiert, wurde als ikonographische Vorlage gewählt.
Die Bildkomposition zielt auf beinahe starr wirkende Symmetrie sowie auf helle Farbigkeit und auf Klarheit in der Lichtwirkung. Nicht zuletzt hiedurch wirken die in der Tendenz

zur großen Form gegebenen Figuren trotz der kleinen Dimensionen monumental. Lediglich – pastos aufgetragene – Glanzlichter sowie luminaristisch interpretierte Farbreflexe von benachbarten, im Kolorit differenzierten Partien schaffen eine Auflockerung. Das Bild ist links mit Joseph Führich signiert und 1852 datiert, worin das Werk als ein in der Reifezeit entstandenes ausgewiesen ist.

BIOGRAPHISCHES ZU JOSEPH FÜHRICH (1800–1876)

Hiezu siehe die entsprechende Textstelle bei Kat.-Nr. 169.

| 172 | HL. ANDREAS, Leopold Kupelwieser, 1834 |

Abb. 351

Inv.-Nr. 36

Ölmalerei auf Holztafel

Maße: Hochformat: 161 × 80,5 cm

PROVENIENZ

Das Bild diente als Altarbild für die den Heiligen Andreas und Achatius geweihte Kapelle im Erzbischöflichen Palais, wofür es – gelegentlich einer Umgestaltung dieser Kapellenausstattung – gemalt wurde. Von dem einstigen Altaraufbau sind keine Bestandteile mehr erhalten. Seit 1933 befindet sich das Bild im Museum.

ERHALTUNGSZUSTAND

Das Bild ist eine Ölmalerei auf einer verhältnismäßig starken Holzplatte. Der Goldgrund weist ein eingeritztes Rankenmuster auf. Nächst dem Bildrand befindet sich ein blaues Band mit weißem aufgemalten geometrisierten Muster, das in seiner Form romantisch-klassizistischer Sprossenteilung von Fenstermotiven entspricht und den Charakter späterer Jugendstil-Muster antizipiert.

IKONOGRAPHIE UND KUNSTHISTORISCHE EINORDNUNG

Die Apostelfigur ist – nach links gewendet – gleichsam schreitend und aufwärts blickend gegeben. Der Heilige ist auf sein Attribut des Andreas-Kreuzes (X-förmiges Kreuz) gestützt.
Die auffallende Monumentalität der Figur wie auch die Charakterisierung der Oberfläche mittels großformiger Partien künden von der Orientierung an einer plastischen Vorlage, etwa der einer Nischenfigur.

BIOGRAPHISCHES ZU LEOPOLD KUPELWIESER (1796–1862)

Leopold Kupelwieser wurde in Piesting, Niederösterreich, 1796 geboren. Sein künstlerisches Talent wurde von dem Bildhauer Zauner entdeckt. Der Wiener Klassizismus und das römische Nazarenertum wurden der Ausgangspunkt für seine Kunst. In seiner Frühzeit war er Porträtist. 1823–1925 unternahm er als Begleiter des russischen Edelmannes Alexander Beresin eine Italienreise, für Beresins geplante Reisebeschreibung zeichnete Kupelwieser Bauwerke, Volkstrachten, Landschaften. 1824 unternahm er eigene Studien in Rom. Seit 1831 war er Korrektor, seit 1836 Professor der Wiener Akademie. 1850–1860 schuf er seine Hauptwerke. Sein bedeutendster Schüler war Eduard Steinle. Von Kupelwieser stammen die Kuppel- und Querhausmalereien in der Altlerchenfelder Kirche, Wien VII (s. Thieme–Becker, Allgemeines Künstlerlexikon, Bd. 22, Leipzig 1928, S. 121 ff.).

Inv.-Nr. 35   *Abb. 352*

Ölmalerei auf Leinwand

Maße: Hochformat: 290 × 252 cm

PROVENIENZ

Das großformatige Gemälde wurde von Leopold Kupelwieser im Jahre 1856 im Auftrag von Kardinal Othmar von Rauscher, Erzbischof von Wien (1853–1875), gemalt. Es wurde zur Erinnerung an die nach dem Konkordat von 1855 nach Ostern einberufene Bischofskonferenz bestellt und war für deren Sitzungssaal im Erzbischöflichen Palais bestimmt. „Da der hiesige Erzbischof das Konkordat unter dem Schutz der makellosen Jungfrau stellte, so ist die Wahl des Gegenstandes für den Sitzungssaal der Schlußkonferenzen über das Konkordat erklärlich." (s. Deutsches Kunstblatt, redigiert von Eggers, Berlin, Jg. 1850 ff.)

IKONOGRAPHIE

Das Ölgemälde zeigt die Heilige Familie mit den Heiligen Leopold und Stephanus in der Art einer Sacra Conversazione in einem neugotisch formulierten Tempietto vor dem Donau-Durchbruch zwischen Leopoldsberg und Bisamberg (sogenannte Wiener Pforte). Die Heiligen tragen ihre Attribute bei sich: Joseph die Lilie, Stephanus die Steine und die Märtyrerpalme, Leopold die niederösterreichische Fahne und den markgräflichen Hut, bekleidet mit Hermelinmantel.

STILCHARAKTERISTIK

Das vor allem für überirdische Beleuchtungseffekte eingesetzte Licht sorgt für die Idealisierung realer Werte und steigert die Plastizität und den Glanz des Stofflichen. Das überirdische Licht – der Heiligenscheine und der Beleuchtung der Madonnengestalt von oben her – fügt sich wie selbstverständlich in das Bildgefüge ein (s. Feuchtmüller, op. cit., S. 141). Es dominieren die Klarheit des Aufbaues und die realitätsbezogene Gestaltung des Überirdischen in diesem Bild. Obgleich die traditionelle Bildgestaltung beibehalten wird, sind bei der Gestaltung der Landschaft beispielsweise lyrische Werte bewußt in die Darstellung miteinbezogen.

BIOGRAPHISCHES ZU LEOPOLD KUPELWIESER (1796–1862)

Hiezu siehe die entsprechende Textstelle bei Kat.-Nr. 172.

Literatur:
Rupert Feuchtmüller–Wilhelm Mrazek, Biedermeier in Österreich, Wien 1963, S. 37/38. – Rupert Feuchtmüller, Kupelwieser, Wien 1970.

Kataloge:
Führer durch das Eb. Dom- und Diözesanmuseum, Wien 1934, 1941, 1946. – Sammlungskatalog des Eb. Dom- und Diözesanmuseums, Wien 1973, Kat.-Nr. 103.

174

MARIA IMMACULATA MIT DEN HEILIGEN ELISABETH, JOSEPH UND FRANZ VON ASSISI, Leopold Kupelwieser, 1856

Abb. 353 Prot.-Nr. L–254

Ölmalerei auf Leinwand

Maße: Hochformat: 367 × 128 cm
Bezeichnet links unten: ,,Kupelwieser Wien 1856"

Leihgabe der Erzdiözese Wien

PROVENIENZ

Das Gemälde stammt aus der Kapelle des Klosters der Schwestern vom armen Kinde Jesu in der Himmelstraße (Wien XIX, ,,Am Himmel"), der sogenannten Elisabethkapelle. Diese Kapelle wurde als Votivkapelle anläßlich der Hochzeit Kaiser Franz Josephs I. mit Elisabeth von Bayern von dem damaligen Besitzer des Schlosses Cobenzl, dem später geadelten bürgerlichen Handelsmann Johann Carl Sothen, gestiftet. Architekt der Kapelle war der Erbauer des Kursalons, Johann A. Garben, der die Kapelle 1854–1856 ausführte. Der Stifter wurde 1881 in der Kapelle beigesetzt, die ein bedeutendes Beispiel des Romantischen Historismus, mit gotisierenden, wuchernd-vegetabilischen Formen, darstellt. Von der ursprünglichen Ausstattung ist an Ort und Stelle nichts mehr erhalten; das im Museum ausgestellte ehemalige Altarbild war bisher in den Werkstätten des Bundesdenkmalamtes im Arsenal in Wien sichergestellt gewesen.

ERHALTUNGSZUSTAND

Nach dem Abmontieren der Sperrholzverkleidung und der Entfernung der Überklebungen mit Leinwand wurde das Bild dubliert. In der Marienfigur sowie bei den Figuren der Heiligen Joseph und Franz von Assisi, im Kleid der hl. Elisabeth und im Bereich der Engelsköpfchen waren Löcher vorhanden, die verkittet und retuschiert werden mußten. Auf die Anbringung eines Zwischenfirnis folgte eine Nachretusche, anschließend der Schlußfirnis. All diese Arbeiten wurden in den Werkstätten des Bundesdenkmalamtes in Wien durchgeführt.

IKONOGRAPHIE

Der Sinn der ikonographischen Darstellung der Heiligen Elisabeth, Franz von Assisi und Joseph ergibt sich bezüglich der Namensgleichheit aus der Stiftung der Kapelle und aus der Widmung anläßlich der Hochzeit Franz Josephs I. mit Elisabeth. Die Wahl der Heiligendarstellungen ergab sich aus der Übereinstimmung mit denjenigen, auf deren Namen das Herrscherpaar getauft war. Das granatapfelartig gemusterte Kleid der hl. Elisabeth enthält in den Kartuschen eine rautenförmige Musterung, die offensichtlich als Anspielung des Wappens Bayerns – und somit auf die Herkunft der Gattin Kaiser Franz Josephs – gemeint ist. Indem die Heiligen Franz von Assisi und Joseph Elisabeth der hl. Jungfrau Maria empfehlen und Maria als Fürsprecherin fungiert, folgt das Bild letztlich der Tradition der Sacra Conversazione.

BESCHREIBUNG UND KUNSTHISTORISCHE EINORDNUNG

Das schmale, hohe, oben spitzbogig geschlossene Bild zeigt Maria als über der Schlange stehende ,,Immaculata" in Gebetshaltung, in der Art einer Sacra Conversazione, in erhöhter Stellung, zu ihren Füßen flankiert von den Heiligen Franz von Assisi mit den Stigmata (links) und Joseph (rechts), der als Attribut die Lilie als Symbol seiner Reinheit hält. Beide wenden sich mit den Häuptern zur Mitte und mittels ihrer Gesten bildauswärts, wobei sie auf die am Boden im Bildvordergrund kniende, bekrönte hl. Elisabeth weisen, die aus einem – im Bildvordergrund neben ihr stehenden – Korb Kleider, Geld und Brote an die im rechten Bildvordergrund am Rand dargestellten Armen verteilt.
Maria erstrahlt in hellem, gelbem Licht, wodurch der gesamte obere Bildteil erhellt ist; im Hintergrund zeigen sich Engelsköpfchen, die dicht aneinandergereiht sind und derart den Hintergrund bilden und die Mariengestalt hinterfangen. Die beiden Heiligen Franz und Joseph wiederum vermitteln zwischen Maria und der im Vordergrund kauernden hl. Elisabeth und sind solcherart arrangiert, daß Elisabeth im Vergleich zu Maria ein beinahe gleichwertiges Zentrum bildet, was der Weihe der Kapelle entspricht. Einen Akzent in besonders auffallender Art und Weise bildet das betende, fast ganz nackte Kleinkind im

rechten Bildvordergrund; möglicherweise soll hier eine symbolische Andeutung an das Jesus-Kind und folgenden Ausspruch Jesu gegeben werden, da Elisabeth die Armen beschenkt: „Was du dem Geringsten meiner Brüder getan hast, das hast du mir getan." Die Anspielung scheint auch dadurch untermauert, daß sich sowohl durch Gesten und Blickrichtung als auch durch die Haltungen und Zuordnungen der Figuren untereinander – auch Mariens – in der rechten unteren Ecke ein Schwerpunkt ergibt, der in der Gestalt des Kleinkindes gipfelt; dieser Eindruck wird zusätzlich durch Lichteffekte verstärkt. Als naheliegender Vergleich bietet sich das ebenfalls im Dom- und Diözesanmuseum ausgestellte großformatige Gemälde Kupelwiesers mit der Hl. Familie, Stephanus und Leopold (Kat.-Nr. 173) an, das, wie das vorliegende Bild, im Jahre 1856 entstanden ist. Die Figurentypen – vor allem Mariens und des hl. Joseph – sind in beiden Bildern gleich, wie auch die Haltung dieser beiden Heiligen eine annähernd vergleichbare ist. Die schwere Stofflichkeit der Draperien der langen, am Boden aufliegenden Gewänder zeigt sich bei den Figuren beider Gemälde. Die Lichtstimmung ist – trotz der Darstellungen in voneinander differenziertem Ambiente – in ähnlicher Weise unrealistisch und ätherisch gestaltet. – Die Engelsköpfchen im Hintergrund des Elisabethbildes lassen eine Beeinflussung von Raffaels Madonna del Foligno und der Sixtinischen Madonna erkennen.
Der Typus der Sacra Conversazione ist in diesem Gemälde in ein überhöhtes, schmales Hochformat gedrängt, das den darstellenden Heiligen nur wenig Bewegungsraum bietet; im Gegensatz zu dem Gemälde mit der Hl. Familie (s. Kat.-Nr. 173), das beinahe – bei annähernd gleicher Höhe – doppelt so breit ist und den Figuren entsprechend viel Raumentfaltung bietet. Das oben spitzbogig zulaufende Immaculata-Bild erinnert solcherart an ein gotisches Glasfenster. Dieser Eindruck war vermutlich durch den Maler ursprünglich beabsichtigt, da die Kapelle, für die dieses Gemälde bestimmt war, im neugotischen Stil erbaut worden war und Fenster in verwandten Proportionen hat.

BIOGRAPHISCHES ZU LEOPOLD KUPELWIESER (1796–1862)

Hiezu siehe entsprechende Textstelle bei Kat.-Nr. 172.

Literatur:
Rupert Feuchtmüller, Kupelwieser, Wien 1970.

DIE HEILIGE FAMILIE WANDERND, Leopold Kupelwieser, 1859	175

Prot.-Nr. L–130   *Abb. 354*

Ölmalerei auf Malkarton

Maße: Hochformat: 41 × 34 cm

Leihgabe des Erzbistums

ERHALTUNGSZUSTAND

Die auffallend dünne Holztafel hat sich im Laufe der Zeit gewölbt. Die Malschichte weist – besonders im unteren Teil, aber auch am oberen Bildrand – mehrere Sprünge auf, die vermutlich durch diese Veränderungen im Holz verursacht wurden. – Die lebendige Farbigkeit ist in ihrer ursprünglichen Wirkung und in der Substanz original erhalten geblieben.

IKONOGRAPHIE

In der Darstellung der wandernden Heiligen Familie ist deren Weg von Bethlehem zum Tempel in Jerusalem gezeigt, wo – laut Bibeltext (Neues Testament, Lukas 2,41–2,51) – bei der Rückkehr aus Jerusalem Jesus im Tempel geblieben war und in der Folge drei Tage von seinen Eltern gesucht wurde, die ihn schließlich inmitten von Gelehrten im Tempel wiederfanden. Auf seiner Mutter Maria Vorwürfe gab er die Antwort: „Wußtet ihr nicht, daß ich im Hause meines Vaters sein muß?" – Dieser Bibelstelle entsprechend, ist Jesus als zwölfjähriger Knabe wiedergegeben. Im Hintergrund ist der Tempel von Jerusalem am linken Bildrand sichtbar.

BESCHREIBUNG, KUNSTHISTORISCHE EINORDNUNG

In einer von sanften Hügeln umsäumten Hochebene sind die Heiligen Maria und Joseph und in der Mitte das Jesus-Kind wandernd dargestellt.

Im Hintergrund sind im Tal Gebäude und Ruinen in der Art einer heroischen Landschaft zu sehen, am linken Bildrand ist der Herodianische Tempel zu Jerusalem dargestellt. Die drei Figuren bewegen sich von rechts hinten nach links vorne, was an der Stellung der Gestalten und der Geste Josephs ersichtlich ist.

Zentrum des Bildes sowohl hinsichtlich der Bildkomposition als auch der Bedeutung nach bildet der Jesus-Knabe, der durch seine Stellung und durch die helle Farbigkeit seines orangefarbenen Gewandes und des umstrahlten Gesichtes hervorgehoben ist. Entsprechend den anderen beiden – großformatigen – Gemälden im Museum (Kat.-Nr. 173 und Kat.-Nr. 174) sind die Farben für die Gewänder Mariens rot (Kleid) und blau (Mantel), die für Josephs lila (Untergewand) und ockerfarben (Mantel). Mit der Akzentuierung der Stimmungswerte geht ein Verdrängen des strengen Linienstiles zugunsten einer spezifisch malerischen, gleitende Übergänge (etwa bei Schattendarstellungen) bevorzugenden Oberflächenbehandlung konform (s. Feuchtmüller, op. cit., S. 290), was auch den Spätstil Kupelwiesers kennzeichnet. Das kleine Bild ist eine Skizze für ein von Erzbischof Kardinal Rauscher für die Kapelle des österreichischen Pilgerhauses in Jerusalem im Jahr 1858 bestelltes Bild (Gang der Hl. Familie zum Tempel), das sich heute noch in Jerusalem im Österreichischen Hospiz befindet.

BIOGRAPHISCHES ZU LEOPOLD KUPELWIESER (1796–1862)

Hiezu siehe entsprechende Textstelle bei Kat.-Nr. 172.

Literatur:
Rupert Feuchtmüller, Leopold Kupelwieser, Wien 1970.

Katalog:
Sammlungskatalog des Eb. Dom- und Diözesanmuseums, Wien 1973, Kat.-Nr. 105.

| 176 | MODELL DES TÜRKENBEFREIUNGSDENKMALES, Edmund von Hellmer, 1883 |

Abb. 363   Prot.-Nr. L–146

Holz, teilweise farbig gefaßt

Maße: Höhe: 138 cm
      Breite: 33 cm
      Tiefe: 85 cm

Leihgabe aus dem Stephansdom

PROVENIENZ

Anfang Februar 1882 beschloß der damalige Unterrichtsminister Conrad von Eybesfeld, eine Konkurrenz für ein Türkenbefreiungsdenkmal auszuschreiben. Elf Künstler, darunter Julius Deininger (1852–1924), zusammen mit Ludwig Gloss (1851–1903) und Emanuel Pendl (1845–1926), sandten Entwürfe ein, über die am 26. April 1883 abgestimmt wurde. Die einstimmige Wahl fiel auf das Projekt Hellmers. Als Aufstellungsort wurde vom Ministerium der Stephansdom bestimmt, wo das Denkmal an der westlichen Innenwand des Erdgeschosses des Stephansturmes errichtet wurde. Der Erhaltungszustand des großen Monumentes ist durch den Dombrand von 1945 fragmentiert. Das Denkmal wurde während des Dombrandes im April 1945 beschädigt und später nicht mehr komplett aufgestellt. Einzelne Skulpturen sind heute noch an ursprünglicher Stelle zu sehen, die architektonischen Bestandteile (Säulen, Gesimse, Kartuschen) sind deponiert.

IKONOGRAPHIE

An der Spitze des Modells steht Kaiser Leopold I. als Bekrönung. Darunter sind in Kartuschen die Reichsinsignien – Adler, Kaiserkrone, Zepter, Goldenes Vlies – gegeben. Links und rechts davon folgen paarweise die Anführer des Entsatzheeres: König Johann

Sobieski von Polen und Max Emanuel von Bayern (links), Herzog Karl von Lothringen und Kurfürst Johann Georg III. von Sachsen (rechts). Auf dem Pferd sitzt Graf Rüdiger von Starhemberg, über dem die geflügelte allegorische Gestalt der Viktoria schwebt. Zu Füßen des Pferdes liegt ein besiegter Türke auf dem Rücken. Zu seinen Seiten befinden sich Wiener Bürger: links ein Fahnenträger der Bürgerinnung, rechts Mitglieder der Wiener Studentenlegion, Dr. Paul Sorbait (der auch während der Pest von 1679 wirkende Arzt, der an der Wiener Universität tätig war) und ein Student. Zu beiden Seiten der Hauptszene stehen Bischof Siegfried Graf Kollonitsch (links) und Bürgermeister Johannes Andreas Liebenberg (rechts).

Den Sockel schmückt ein Relief mit der 1683 erfolgten Entsatzschlacht vor Wien.

BESCHREIBUNG

Die Form des Denkmales ist die eines barocken Altares, die durch die Figur des Kaisers Leopold I. und zwei ihn flankierende Putten bekrönt wird. Der Sockel seiner Skulptur steht auf einem altaraufsatzartigen Aufbau, der in Kartuschen die Darstellung der Reichsinsignien enthält. Die Reiterfigur des Grafen Rüdiger von Starhemberg sowie die ihn begleitenden Gestalten sind locker vor einem Triumphbogen gruppiert. Viktoria mit dem Kreuz als Siegeszeichen schwebt über der Szene, die von beiden Seiten durch eine kannelierte Doppelsäulendarstellung auf hohen Sockeln eingerahmt wird. Der Sockel der Reiterfigur, der sich in gleicher Höhe befindet, ist durch architektonische Bauformen gestaltet und durch Kartuschen geschmückt. Bischof Kollonitsch und Bürgermeister Liebenberg stehen jeweils exponiert. Auf dem Sockel darunter sind unter diesen Skulpturen jeweils eine Kartusche, in der Mitte ein Relief mit der Darstellung der Entsatzschlacht zu sehen.

KUNSTHISTORISCHE EINORDNUNG

Im vorliegenden Fall wird ein triumphbogenartiges Altarretabel Vorwurf für ein triumphales Monument. Unmittelbare Vorbilder gibt es vor allem in der heimischen Kunst des 18. Jahrhunderts: Georg Raphael Donners Reiteraltar mit dem hl. Martin und dem Bettler für den Dom zu Preßburg (1729–1734) ist heute nur mehr fragmentarisch erhalten. Josef Thaddäus Stammel schuf für die Schloßkirche St. Martin bei Graz drei lebensgroße Pferdedarstellungen des hl. Martin mit dem Bettler, dem Sturz des Saulus sowie die Wunderheilung des hl. Eligius (1738–1740).

Die Arbeit am ausgeführten Denkmal dauerte von 1883 bis 1894. Die Ausführung zeigt gegenüber dem Modell einige wesentliche Unterschiede: So wurde beispielsweise auf kirchlichen Einspruch hin die Gruppe an der Spitze abgeändert, wobei die Figur des Kaisers durch eine Maria-Immaculata-Darstellung ersetzt wurde, die von dem knienden Kaiser und dem Papst flankiert wurde. Die Gruppe des Feldherrn darunter, mit leicht abgeänderten Stellungsmotiven, ist vertauscht. Die Hauptgruppe blieb unverändert, während die flankierenden Figuren des Bischofs Kollonitsch und des Bürgermeisters Liebenberg verändert wurden: Der Bischof trug ein Kind auf dem Arm, und der Bürgermeister wurde aus einem jungen Mann zu einem Greis mit einem Stock, was historisch ,,richtiger'' gesehen war.

BIOGRAPHISCHES ZU EDMUND VON HELLMER (1850–1935)

Edmund Hellmer, geboren am 12. (17.?) November 1850 in Wien, besuchte zunächst das Wiener Polytechnikum, um sich in Architektur auszubilden, wandte sich jedoch bald der Bildhauerei zu und kam zu seinem Onkel, dem Bildhauer Josef Schönfeld, in die Lehre. Im Jahre 1866 trat er in die Wiener Akademie ein, wo er Schüler Franz Bauers war. Gleichzeitig arbeitete er im Atelier Franz Gassers. Erstmals trat er 1869 mit einer selbständigen Arbeit (,,Der sterbende Achill'') in der Münchner Internationalen Kunstausstellung vor die Öffentlichkeit. Ein figurenreiches Relief aus der Prometheus-Sage verschaffte ihm ein zweijähriges Staatsstipendium zum Zwecke einer Studienreise nach Italien. In Rom (1869/70) vollendete er eine lebensgroße ,,Gefesselte Andromeda'', die 1871 im Wiener Künstlerhaus ausgestellt wurde. Für die Wiener Weltausstellung 1873 schuf Hellmer die allegorischen Figuren der Austria und der Hungaria am Südportal der Industriehalle. In der Folge erhielt er mehrere Aufträge in Wien. Eine Studienreise führte ihn nach Deutschland und Frankreich, nach der er für Reichenberg, Salzburg und Triest (dekorative Figuren für das Palais Panfili), vor allem aber für Wien arbeitete. 1877 erhielt er die Aufträge für die Ausführung von Figuren am Rathaus, an der Universität und am Reichsratsgebäude (Parlament) in Wien. 1882 erhielt er den ersten Preis in der Konkurrenz für ein Siegesdenkmal zur Erinnerung an die Befreiung Wiens von den Türken (siehe Katalognummer). 1900 veröffentlichte er eine Schrift ,,Lehrjahre in der Plastik'', die sich mit der

Reform des bildhauerischen Unterrichts auf der Basis solider handwerklicher Erziehung beschäftigt. Edmund Hellmer wurde 1912 in den Ritterstand erhoben (s. Thieme–Becker, Allgemeines Künstlerlexikon, Bd. 16, Leipzig 1923, S. 340/341).

Katalog:
Die Türken vor Wien. Europa und die Entscheidung an der Donau 1683, 82. Sonderausstellung des Historischen Museums der Stadt Wien, Karlsplatz, im Künstlerhaus und im Sonderausstellungsraum des Historischen Museums der Stadt Wien, Wien 1983, Kat. S. 396/Nr. 29/101.

VEDUTEN

| 177 | INNENANSICHT DES STEPHANSDOMES, 1647 |

Abb. 364   Inv.-Nr. 286

Ölmalerei auf Leinwand, profilierter Holzrahmen mit vergoldeter Innenleiste

Maße: Querformat:
89,5 × 110,7 cm (inkl. Rahmen)
73,5 × 95,5 cm (ohne Rahmen)

PROVENIENZ

Das Bild wurde 1983/84 aus dem Wiener Kunsthandel durch Ankauf vom Museum erworben. Es stellt die älteste bekannte Innenansicht des Wiener Stephansdomes dar.

ERHALTUNGSZUSTAND

Ehe das Bild aus Wiener Privatbesitz in den Kunsthandel kam, wurde es restauriert. Die alte Leinwand ist mit einer neuen dubliert worden, wobei ein zu intensiver Preßvorgang die pastosen Höhungen vollends in die Oberfläche der übrigen Malschicht drückte. Einzelne Fehlstellen wurden im Lokalton schonend retuschiert.

TOPOGRAPHISCHES

Wenn auch nicht in den Proportionen, so stimmt die Malerei in der Gesamtwirkung des Charakters des Kircheninneren und in den Motiven der Einzelformen der für die Zeit der Entstehung dieses Bildes nachweisbaren Einrichtungs- und Ausstattungsstücke mit der damals ausgeführten Substanz erstaunlich verläßlich überein, was diesem Bild bezüglich der dargestellten, aber heute nicht mehr existierenden Objekte hohen topographischen Wert verleiht. Der Hochaltar ist in der Form dargestellt, wie er bis zum Dombrand 1945 – abzüglich des Tabernakels – existierte: Die Stufenanlage ist, wie der gesamte Presbyteriumsbereich, noch nicht hochgeführt. Der überdimensional wirkende Tabernakel ist weder in seinen Proportionen noch in den Einzelformen mit der Palermitaner Arbeit (s. Kat.-Nr. 125) auch nur annähernd ähnlich und wirkt wie eine süddeutsche Arbeit. Es mag hier ein Irrtum des Malers ebenso berechtigt angenommen werden, wie die Möglichkeit einer wenig später erfolgten Veränderung nicht ausgeschlossen werden kann. Auch wäre es denkbar, daß in dem Bild ein nicht zur Ausführung gekommenes Planungsstadium festgehalten ist. Das 1945 verbrannte gotische Ratsherrngestühl sowie das darüber befindliche Oratorium, das gleichfalls 1647 fertiggestellt wurde, sind angedeutet, während die großen Messingleuchter nicht dargestellt sind. Auch der Schalldeckel der Kanzel befindet sich nicht an dem entsprechenden Pfeiler. Möglicherweise ist auch die Orgel, die nach diesem Bild an der Südseite des westlichen Joches vom Apostelchor auf einer dem existierenden Orgelfuß des Anton Pilgram ähnlich gestalteten Konsoltribüne angeordnet wäre, absichtlich an falscher Stelle dargestellt, da sie vom Standort des Malers für die gewählte Blickrichtung nicht einsehbar war und auf die Darstellung des großen Werkes mit den Flügelbildern nicht verzichtet werden wollte. Da unterhalb dieser Orgelkonsole jedoch ein Treppenturm, wie er auf den Füchsl-Baldachin im Südosteck des Langhauses führt, dargestellt ist, könnte mit dieser Orgel die archivalisch belegte am genannten Baldachin gemeint sein, deren Positiv vielleicht gleichfalls eine dem Pilgramschen Orgelfuß verwandte Erkerkonsole hatte (s. Hans Haselböck, Sechs Jahrhunderte Orgelbau im Wiener Stephansdom, in Singende Kirche, Wien 1960, Heft 4, S. 90 ff.). Eine Empore oberhalb des Gestühls an der Langhaus-Südwand (die später durch das Oratorium für Maria Theresia ersetzt wurde) enthält eine große Uhr, die später an der Westempore montiert wurde. Diese Empore ist Teil einer – später wieder großteils abgetragenen – im Zusammenhang mit der Errichtung dieser Orgel von 1507 erbauten Tribüne (,,Hölzerne Parkirch''), worin sich dieses Gemälde als weitgehend authentisches Bilddokument erweist (s. Egon Krauss, Die Orgeln des Domes, in Österreichische Zeitschrift für Kunst und Denkmalpflege, Wien 1952, S. 42). Ein gotischer Kerzenständer (unterhalb des Kanzelschalldeckels dargestellt) sowie ein dreiteiliger spätgotischer Altar mit der Darstellung der Kreuzigung Christi und mit – nicht eindeutig identifizierbaren – Schreinwächterfiguren und Baldachinskulpturen im Gesprenge, weiters die Funeralhelme von den Beisetzungsfeierlichkeiten Kaiser Friedrichs III. (heute im Historischen Museum der Stadt Wien) und ein Weihwasserbecken (möglicherweise auch der Taufstein, der heute in der Katharinenkapelle des Domes steht?) komplettieren mit den frühbarocken, nicht mehr in St. Stephan existierenden (vielleicht läßt sich ein und der andere an einem anderen heutigen Standort identifizieren?) Seitenaltären und den mittels Türen verschließbaren frühbarocken Kirchenbänken die Ausstattung. Sogar der Ausblick zu den Gewändeskulpturen des Singertores – die von diesem Standort aus auch nicht dergestalt einsehbar wären und in der Wiedergabe daher in die Bildfläche scheinbar geklappt wurden – findet sich in diesem Bild berücksichtigt.

BESCHREIBUNG UND KUNSTHISTORISCHE EINORDNUNG

Das Bild zeigt das Innere des Domes während einer Anbetungsstunde, also eines Wortgottesdienstes. Auf den zum Hochaltar führenden Stufen kniet ein tonsurierter Kleriker mit schwarzem Talar und weißem Chorhemd; an der Kommunionbank sowie im Bereich des Chorgitters wie auch im Langhaus – im Vordergrund des Bildes – sind einzelne kniende Andächtige gegeben, während die übrigen stehend oder – die meisten von ihnen in den Bänken vor den Seitenaltären im rechten (südlichen) Seitenschiff verteilt – sitzend dargestellt sind. Die beinahe eine geschlossene Reihe bildenden Figuren des Vordergrundes bilden gleichsam eine Schwelle zum Innenraum des Domes. Die – aus weniger Figuren bestehende – Gruppe nächst dem Chorgitter und die beiden einzelnen Figuren im Chorraum mit dem knienden Kleriker als Zielpunkt schaffen nicht nur in Parallelfunktion zur perspektivischen Wiedergabe der Architektur ein optisches Bewältigen der Tiefenillusion in der Figurenkomposition: Im Verein mit den in den Kirchenbänken Sitzenden bilden sie eine geschlossene Figurengruppe um eine leere Mitte. Dies wie auch die Art der Kostümierung und das Verhältnis der verschwindend klein formulierten Figuren im Gegensatz zur Betonung der Höhe, Tiefe und Weite des Raumes weisen dieses Bild als ein von den mit Genreszenen bereicherten Kircheninterieurdarstellungen der niederländischen Malerei des 17. Jahrhunderts abhängiges Werk aus. Die topographischen Übereinstimmungen zwischen dieser gemalten Innenansicht mit dem bestehenden Bauwerk und den – aus anderen Quellen überlieferten – späteren Veränderungen setzen zumindest eine topographisch verläßliche andere Innenansicht des Domes voraus. Die erläuterten Abweichungen können aus ästhetischen Überlegungen hinsichtlich der Artikulierung in der Wiedergabe des Mittelschiffes ebenso begründet erklärt werden wie aus einem Mißverständnis aus einer möglichen Vorlage. Wenn auch die Raumdisposition, ferner die Struktur der architektonischen Instrumentierung des gotischen Kircheninterieurs sogar bis in Details wie den Bündelpfeilern, den Baldachinen und der Rippenfiguration sowie dem Statuenprogramm weitgehend getroffen wurden, so zeigt die formale Interpretation das ästhetische Verhaftetsein am Bauformenkanon des 17. Jahrhunderts: vor allem die Proportionen der Kapitele, die Verschneidungen der Gewölbekappen im Chor und das lisenenartige Durchziehen des Langhauspfeilers am Triumphbogen über den Gewölbebereich hinweg. Auch die proportionale Veränderung in der zu niedrigen Wiedergabe der Lünetten im Langhausmittelschiff und die zu tief gezogene, palmenartig wirkende Rippenbündelung oberhalb der Kapitele der Langhauspfeiler sind eine bildkünstlerische Uminterpretation wie die Blendmaßwerke in den am Bauwerk nicht existierenden Lünetten oberhalb der Langhausfenster.

Die Auseinandersetzung mit gotischen Schmuckformen ist zu diesem Zeitpunkt, als die Nachgotik eine nicht unwesentliche Phase im Frühbarock bildete, nicht überraschend. In der Wiedergabe der gotischen Baldachinfiguren an den Pfeilern wie auch der Skulpturen am gotischen Altar stimmen vielfach nur die Ikonographie und andeutungsweise die Haltung überein, die Formulierung der Gewänder, wenngleich in der Disposition zu den Originalen nicht unbedingt im Widerspruch stehend, orientiert sich am frühbarocken Zeitstil. Der weitgehend getreuen Wiedergabe des Stiles der frühbarocken Einrichtung dürfte – nach der nachvollziehbaren Genauigkeit hinsichtlich der Darstellung des Hochaltares – daher auch im Stilistischen hoher Authentizitätsgrad zukommen.

Der Farbauftrag für die Architektur, die Textur und die Figuren erfolgte pastos auf dunklem Grund, weshalb insgesamt der Eindruck einer Hell-Dunkel-Wirkung („claire obscure") in der Art der holländischen Malerei im mittleren Drittel des 17. Jahrhunderts entsteht. Das Bild ist in der Lünette oberhalb des Triumphbogens 1647 – dem Jahr der Vollendung des heutigen (und im Bild auch dargestellten) Hochaltares – auf einer als Inschrift charakterisierten Tafel datiert und mit LP signiert. Es bedarf einer Klärung, ob hiemit ein in Frankfurt am Main zu diesem Zeitpunkt nachweisbarer Monogrammist identifiziert werden kann.

| 178 | AUSSENANSICHT DES STEPHANSDOMES, Rudolf von Alt, 1842 |

Abb. 365   Prot.-Nr. L–224

Ölmalerei auf Leinwand, profilierter Holzrahmen mit Palmettdekor, ölvergoldet

Maße: Hochformat:
    75,3 × 65,1 cm (mit Rahmen)
    60 × 50 cm (ohne Rahmen)

Leihgabe von Ilse Richter de Muñoz, Madrid

ERHALTUNGSZUSTAND

Das Bild ist unvollendet: Vor allem gegen den unteren Bildrand zu wie auch gegen den Bereich des Primtores beim hohen Turm ist die grundierte Leinwand mit gegenstandsloser Untermalung zu sehen. Unterzeichnungen sind beim Eckhaus rechts – vor allem beim Randstein – sichtbar, was bei den Fiakern (vor allem bei dem nur im Fragment ausgeführten Pferd des ersten Fiakers) nicht der Fall ist. Auch das Primtor ist nicht gemalt, desgleichen fehlen die Farbe und die Musterung des abgewalmten Teiles des Daches zwischen den beiden spätromanischen Heidentürmen, wie auch der nördliche Heidenturm, die Fialen der nordseitigen Doppelkapellen und die Dekorationsmotive am bekrönenden Teil des Hochturm-Helmes nicht fertig ausgemalt sind. Dieses Bild gewährt Einblick in den Arbeitsvorgang des Malers.

TOPOGRAPHISCHES

Außer den – nicht mehr bestehenden – Häusern ist die umrahmende Aedikula beim Schmerzensmann nächst dem Singertor sowie die Anbringung der ehemaligen Anschlagtafeln topographisch ebenso bemerkenswert wie die Wiedergabe der Dachmusterung, der Wimperge ohne den Maßwerkdekor mit Ausnahme des Friedrichs-Giebels, den Zifferblättern am Hochturm wie auch der Trachten und der Gewandung der Kirchendiener in Livréen.

KUNSTHISTORISCHE EINORDNUNG

Von den zahlreichen Ansichten des Wiener Stephansdomes, die Rudolf von Alt in seiner langen Schaffensperiode ausführte, ist dieses unvollendete, mit R. Alt signierte und 1842 datierte Bild das älteste, in dem ihm die Darstellung des Hochturmes im richtigen Winkel zur Achse des Domes gelang. Die Ansicht des Domes, aus nächster Nähe von der Einmündung des Stock-im-Eisen-Platzes zum Stephansplatz betrachtet, offenbart die großen Schwierigkeiten, diese Architektur in richtiger Perspektive zu treffen. Unwillkürlich fühlt sich der Betrachter an die – der gleichen Epoche wie Rudolf von Alt angehörende – beschreibende Charakterisierung des Domes durch Adalbert Stifter erinnert. Das – heute nicht mehr in dieser Gestalt existierende – spätbarocke Eckhaus rechts gibt einen schmalen Blick in die Süd- und Ostseite des Stephansplatzes frei, während gegen die linke Flanke der Blick den langgezogenen Verlauf der Rotenturmstraße mit dem Erzbischöflichen Palais und der alten Verbauung gegenüber freigibt. An Hand der Lichtstimmung und aus der Richtung der Schlagschatten ist zu entnehmen, daß eine Ansicht mit Lichtverhältnissen gegen die Mittagszeit zum Thema genommen wurde, was durch den Zeigerstand der – nicht mehr existierenden – Zifferblätter am Stephansturm wie auch an dem der Standuhr, die durch das geöffnete Fenster im Mezzanin des Eckhauses sichtbar ist, bestätigt wird. Nicht nur die topographische Treue gibt diesem Bild hohen Vedutenwert, sondern der Anlaß, die filigrane Feingliedrigkeit der entmaterialisiert wirkenden Struktur des gotischen Bauwerkes im Wechselspiel der Lichtwirkung zu charakterisieren, verleiht ihm als Kunstwerk anspruchsvollen Rang. Die zur monumentalen Wirkung nicht im Widerspruch stehende Feingliedrigkeit der dekorativen Details und ihre Zugehörigkeit zur Struktur des Bauwerkes kommen speziell in der malerischen Artikulierung der im Streiflicht bzw. im schräg einfallenden Licht gegebenen Details an der Südseite des Hochturmes sowie an der westlichen Südseite des Langhauses – im Bereich der doppelgeschossigen südlichen Seitenkapellen und der von Strebepfeilern gerahmten Doppelfenster mit dem Friedrichs-Giebel darüber sowie der Portalvorhalle des Singertores – zur Wirkung. Auch auf die unterschiedliche optische Wirkung der Maserung des Steines in den belichteten und den beschatteten Seiten ist Bedacht genommen, wobei jeweils, bei aller detailfreudigen aufmerksamen Beobachtung, die Gesamterscheinung des Bauwerkes in der spezifischen Lichtstimmung berücksichtigt wurde. Der dynamische Wechsel in der optischen Wirkung der – witterungsbedingten – Veränderung des statischen Bauwerkes kommt im von Wolken teilweise bedeckten Firmament zur Geltung. In der Differenzierung der weißen Haufenwolken mit pastos gehöhten Konturen und den – von Osten her – aufziehenden dunkleren Wolkenmassen fluktuierender Konturierung ist ein zusätzliches Bewegungsmotiv der atmosphärischen Charakterisierung ausgedrückt; der für die beginnende Witterungsveränderung verantwortliche Ostwind zeigt sich im Bild als dynamischer Faktor in seiner Auswirkung auf den Tragbaldachin einer Versehgangsprozession. Wie die Wolken und der in seiner Reflexwirkung zur Geltung kommende Wind Bewegungsmomente in der atmosphärischen Charakterisierung des Bildes bringen, so beleben kleine Figurengruppen – die bereits genannte Versehgangsgruppe, die wegen der Prozession innehaltenden Passanten, das Blumenmädchen im Vordergrund, die Betenden beim Schmerzensmann nächst dem Singertor sowie der bremsende Stellwagen und die beiden (unvollendeten) Fiaker – das Szenarium und artikulieren das hochaufragende statische Gebäude des Domes als ein von menschlichem Treiben belebtes Werk.

BIOGRAPHISCHES ZU RUDOLF VON ALT (1812–1905)

Geboren in Wien 1812, gestorben ebenda 1905. Ausbildung bei seinem Vater Jakob, vor allem in den graphischen Techniken und in der Aquarellkunst, seit 1826 Studium an der Historischen Klasse der Wiener Akademie. 1830 erste Ausstellung seiner Arbeiten (s. Thieme–Becker, Allgemeines Künstlerlexikon, Bd. I., Leipzig 1907, S. 339 ff.). Zahlreiche Reisen durch Österreich, Deutschland, Alpenländer; 1835 nach Italien, 1839 nach Prag, 1863 auf die Krim. Während des ersten Rom-Aufenthaltes Bekanntschaft mit Moritz von Schwind und König Ludwig I. von Bayern. 1892 Erhebung in den Ritterstand, Ehrenpräsident der 1897 gegründeten Wiener Sezession.
Seine Stadtansichten, Landschaften, Interieurs malte er unbeeinflußt von seinen Zeitgenossen, zunächst in der kolorierenden Manier seines Vaters, später in einem selbst entwickelten Stil (Rudolf Zeitler, Die Kunst des 19. Jahrhunderts, Propyläen Kunstgeschichte, Bd. 11, Oldenburg i. O. 1976).

Abb. 366　　　　　　　　　　　　　　　　　　　　　　　　　　Prot.-Nr. L–213

Ölmalerei auf Leinwand, wulstförmiger vergoldeter Holzrahmen

Maße: Hochformat: 105 × 85,5 cm

Leihgabe der Zentralsparkasse und Kommerzialbank, Wien

Das Bild gibt die Stimmung während des „Sanctus" in einem Hochamt im Wiener Stephansdom wieder. Es zeigt den Blick aus dem Langhausmittelschiff in den Albertinischen Chor, wobei die Einzelformen als solche wohl verständlich sind, aber keine präzise Konturierung und Binnenzeichnung haben. Der Lichteffekt des seitlich einfallenden Tageslichtes, gebrochen durch die (damals noch existierenden) farbigen Glasfenster aus der Zeit der Romantik, das Aufglimmen der nicht lichtdurchlässigen (auch heute noch existierenden) gotischen Glasmalereien im Chorpolygon seitlich des Hochaltares, das flackernde Kerzenlicht sowie der in dessen Widerschein sichtbar aufsteigende Weihrauch sind atmosphärische Komponenten, die diesem Bild impressionistischen Charakter geben.

Das Bild ist mit Tomec signiert und 1905 datiert. Es findet sich auch in diesem (vgl. Kat.-Nr. 177) die angedeutete Darstellung der Chor-Oratorien (1945 gemeinsam mit dem gotischen Chorgestühl verbrannt).

BIOGRAPHISCHES ZU HEINRICH TOMEC (1863–1925)

Heinrich Tomec wurde am 13. September 1863 in Prag geboren, lernte 1879–1884 in der Malerwerkstätte des tschechischen Theaters in Prag. 1887–1892 war er Schüler an der Wiener Akademie bei Prof. E. Lichtenfels. Später arbeitete er unter dem stilistischen Einfluß der Wiener Secessionisten (s. Thieme–Becker, Allgemeines Künstlerlexikon, Bd. 33, Leipzig 1939, S. 266).

VOLKSKUNDLICHE EXPONATE

Die zu diesem Genre gehörigen Objekte sind im wesentlichen Krippen bzw. solchen ähnlich gestaltete vitrinenartige Gehäuse mit Votivdarstellungen. Seit der Klostergründung von Creci durch den hl. Franz von Assisi wurde der Brauch, Weihnachtskrippen zu gestalten, üblich. Nicht zuletzt unter dem Einfluß der liturgischen Dramen wurden auch Themen zu den anderen Hochfesten des Kirchenjahres bildlich in Form von Wechseldekorationen gefaßt. Im Barock nahm dies – wie es in Mitteleuropa in Tirol vereinzelt auch noch heute geschieht – mitunter monumentale Formen an. Auf Wiener Boden sind hiefür die – Dorfmeister zugeschriebene – Wechseldekoration des Hl. Grabes in der Dominikanerkirche und das Hl. Grab in der ehemaligen Ursulinen-Klosterkirche auch heute noch benützetes Belegstück hiefür. Stellvertretende kleiner dimensionierte Ableger solcher Wechseldekorationen – und dies meist für den Gebrauch in der profanen Umgebung – sind diese kleinformatigen Kastenkrippen, die in der Wiedergabe der Figuren und der Requisiten wie auch in der Art der Landschaftswiedergabe und der Darstellung der Gebäude eine jeweils lokale Komponente enthalten.

Holzstatuette, polychromiert

Maße: Höhe: 49,3 cm
Breite: 19,5 cm
Tiefe: 14,5 cm

PROVENIENZ

Die Skulptur stammt aus dem ehemaligen Kloster St. Jakob an der Hülben in Wien I, dessen Gründung mit der legendären Auffindung einer Holzstatuette des Apostels Jakobus durch Markgraf Leopold IV. in Zusammenhang gebracht wurde; diese Statuette soll mit dem vorliegenden Exemplar identisch sein.

IKONOGRAPHIE

Der heilige Jakobus, der Ältere, wurde zusammen mit seinem Bruder, dem Evangelisten Johannes, berufen und bildete zusammen mit dem Bruder und dem Apostel Petrus („Donnersöhne") die bevorzugten Apostel Jesu. Er war der erste Apostel Christi, der – bereits zu Ostern des Jahres 44 durch Herodes Agrippa I. – den Märtyrertod erlitt.
Die erst im 7. Jahrhundert auftauchende Behauptung, Jakobus habe in Spanien gepredigt und sei dort begraben, ist unhaltbar und allgemein aufgegeben. Nach alter spanischer Tradition wurde der Leib des Apostels nach Santiago de Compostela gebracht und dort von Bischof Theodomir v. Iria im 9. Jahrhundert wieder aufgefunden. – Jakobus wurde Schutzheiliger im Kampf gegen den Islam (neben Michael), Patron Spaniens und Portugals, der Winzer und besonders der Pilger, als der er auch im vorliegenden Fall dargestellt ist.

KUNSTHISTORISCHE EINORDNUNG

Eine verläßliche kunsthistorische Einordnung nach stilkritischen Gesichtspunkten ist derzeit nicht möglich, da die Figur mehrfach überarbeitet wurde, wie an der Rückseite erkennbar ist; unter der starken Kreideschicht des vergoldeten Mantels wird eine rote Farbspur sichtbar. Wie alt die Statue tatsächlich ist, wird erst nach einer umfassenden Untersuchung festzustellen sein. Es ist jedoch aufgrund der Ornamentierung der Standplatte mit klassizierenden Formen sowie aufgrund der starken nazarenischen Akzente des Gesichtes (Überarbeitung?) zu vermuten, daß diese Figur eine Nachahmung der originalen gotischen Statuette sein könnte. Da diese Skulptur in einem Devotionalienbild des späten 18. Jahrhunderts weitgehend getreu in ihrem heutigen Aussehen entsprechend abgebildet ist, kann in ihr eine ältere „Kopie" nach dem „legendären" Original vermutet werden.

Katalog:
Josephinische Pfarrgründungen in Wien, Wien 1985, Kat.-Nr. 344.

Statuengruppe in Holz, polychromiert, in einem Schrank mit Betpult

Maße: Höhe: 264 cm
Breite: 125 cm
Tiefe: 81 cm

Über einem kastenartigen Betpult erhebt sich ein Schrank, der mit einem geschweiften Gesimse bekrönt ist. In diesem Schrank, der durch eine Glastüre verschlossen ist, befindet sich die Kreuzigungsgruppe. Der Schrank enthält in einem Holzrahmen die originalen Gläser und die originale Verbleiung. Die Herkunft dieses Stückes wie auch dessen ursprünglicher Aufbewahrungsort konnten bisher nicht identifiziert werden. Offenbar wurde dieser für Privatandachten angefertigte Gebetsschrank für ein Pfarrhaus oder ein Kloster geschaffen.

Die Figurenfassungen zeigen den Zustand nach Entfernung einer nachgedunkelten Firnisschichte, was bei einer 1985/86 durchgeführten Restaurierung durch Herrn Walter Campidell, Feistritz an der Drau, erfolgte.

Die Figurengruppe besteht aus dem gekreuzigten Christus mit Maria Magdalena in kniender Profilhaltung zu Füßen des Kreuzes sowie mit Maria (links) und Johannes Evangelist (rechts). Die Figurengruppe ist im Ausdruck sehr expressiv formuliert, was nicht nur in den Trauergesten, sondern auch in der Akzentuierung der Gesichtsmuskeln, in der schmerzverzerrten Anatomie Christi sowie dessen kräftig das Leid und den Schmerz betonendem Gesicht und letztlich in der Wiedergabe der blutenden Wunden hervorgehoben ist. Die buntfarbige Polychromierung trägt hiezu wesentlich bei. In der Gewandbehandlung der stark von Falten durchfurchten Draperien und dem daraus resultierenden Gewirr gratiger Faltenstege erfährt die in Haltung und Geste wie Mimik ausgedrückte Expressivität eine wesentliche Begleitung.

Das extrem bleiche Inkarnat Christi zeigt blau unterlaufene Blutbahnen, die Wundmale sind – in der Art von Bruderschaftskreuzen – extrem realistisch gegeben und intensiv blutrot gefaßt, desgleichen sind die im Kreidegrund plastisch aufgelegten breiten Blutbahnen rot.

Die Figur Mariens zeigt im Inkarnat des Gesichtes lasierend aufgetragene Brauen und Wimpern sowie angedeutete Tränen.

Das silberne Kleid ist mit einem Goldrand versehen, ebenso der blau lüstrierte Mantel, dessen Innenfutter mattgrün lüstriert ist.

Auch bei Johannes sind bei den Stirnfransen Lasuren aufgelegt, in den Augen Glanzlichter sowie opak aufgetragene Tränenbahnen. Das grün lüstrierte Untergewand besitzt einen Goldrand, ebenso der ocker lüstrierte Mantel mit mattsilbernem Innenfutter.

Bei Magdalena sind bei den Stirnfransen Lasuren aufgelegt, auch bei den Haarsträhnen, an den Wimpern und bei den Brauen und am Hals. Die Tränenbahnen sind pastos aufgetragen, in den Augen Glanzlichter.

Das Gewand ist mattgrün lüstriert und hat einen goldenen Rand.

Die Kreuzigungsgruppe ist eine vermutlich oberösterreichische Arbeit aus dem späten 17. Jahrhundert.

182	HL. FRANZ XAVER MIT BETENDEN KINDERN, zweites Viertel 18. Jh.

Abb. 375   Inv.-Nr. 60

Holzfiguren, polychromiert

Maße: Franz Xaver	Kinder
Höhe: 150 cm	Höhe: 86 cm, 80 cm, 74 cm, 66 cm
Breite: 60 cm	Breite: 30 cm, 30 cm, 30 cm, 26 cm
Tiefe: 50 cm	Tiefe: 28 cm, 28 cm, 35 cm, 30 cm

PROVENIENZ

Diese Figuren stammen aus einer Nische des „teatrum sacrum" im Konventgang des ehemaligen Ursulinenklosters in der Johannesgasse in Wien I. Eine große Anzahl ähnlicher Gruppen – namentlich solche christologischen Inhalts – befinden sich noch in situ im gleichen Gang dieses ehemaligen Klosters, das heute das Studentenheim der staatlichen Akademie für Musik und darstellende Kunst birgt.

ERHALTUNGSZUSTAND

Die Skulpturen wurden 1986 von einer optisch störenden Lackschichte befreit und durch Herrn Prof. Michel Pfaffenbichler, Wien, gereinigt.

KULTURHISTORISCHE EINORDNUNG

Die Figuren dieser Gruppe – der Heilige mit vier schutzflehenden Kindern (davon drei Mädchen) – sind in halber Lebensgröße geschnitzt. Die farbige Fassung ist bei allen

Figuren durch ihren strahlenden Glanz auffallend: Vor allem in den Gewändern der Mädchen dominieren die buntfarbigen Lüsterfassungen. Besonderer Wert wurde auf die Spezifizierung des Gesichtsausdruckes gelegt: Die flehend emporgerichteten Augen der Kinder und der ruhige, gesenkte Blick des Heiligen sind die markantesten Beispiele hiefür. Die Gewänder sind bei den Kindern anschauliche Beispiele für die Tracht jener Epoche. Sie liegen eng am Körper an, lediglich einzelne Gewandenden schwingen etwas aus, wodurch eine stilistische Einordnung möglich ist. Der durch Strahlenbündel nimbierte Heilige trägt eine bodenlange schwarze Kutte, am Rücken ist der Pilgerhut befestigt. In seiner rechten Hand hält er den langen Pilgerstab mit zwei Knäufen gegen das obere Ende. Die eng am Körper anliegende Kutte bildet schmale, gratige Faltenstege, die sich nächst dem Brustgürtel gabeln, an seinen Säumen schwingt auch hier das Gewand aus.

Der edukativen Aufgabe des Ursulinenordens entsprechend, ist in dieser Figurengruppe der hl. Franz Xaver dargestellt, wie er die Kinder das Beten lehrt.

Die Tracht wie auch die Art der Formgebung der Draperie erlauben eine Datierung dieser Figurengruppe in den gleichen Zeitraum, die Erbauungszeit des jüngeren, nordwestlich der Kirche gelegenen Konventtraktes des genannten Klosters, der im zweiten Viertel des 18. Jahrhunderts errichtet wurde. Abgesehen vom künstlerischen Interesse gibt diese Figurengruppe Einblick in die damalige Art der Frömmigkeit, was im Hinblick auf die eben erst überstandene Pestepidemie von 1713 von besonderer Bedeutung ist – ist doch der hl. Franz Xaver ein Pestheiliger. Die transparente Lüstrierung ist dem „Estofado" der spanischen Barockplastik verwandt, und in der dekorativen, durch den stofflichen Charakter der Fassung gesteigerten Gestaltung stehen diese Skulpturen mit den im ehemaligen Kloster verbliebenen den Nischenfiguren im Monasterio de Nuestra Señora de Guadalupe in Spanien nahe (s. Erika Doberer, Die Ausstattung des Klosters mit spätbarocker Nischenplastik, ÖZKD, XVI, 1, 2, Wien 1962, S. 50 ff.).

| VORSTECKKASTEN MIT DEM HL. PEREGRINUS, Mitte 18. Jahrhundert | 183 |

Inv.-Nr. 109   *Abb. 368*

Polychrome Wachsbossierung

Maße: Höhe: 48 cm
      Breite: 35 cm
      Tiefe: 23 cm

In einem Holzkasten, dessen Frontansicht oben polygonal gebrochen ist, befindet sich hinter Glas eine Wachsfigurengruppe. Der profilierte Holzrahmen ist schwarz, die mit Blattwerk geschnitzte innere Rahmenleiste ist vergoldet – diese Art der Rahmenbehandlung ist für das 17. Jahrhundert charakteristisch, hält sich aber auch bis ins 18. Jahrhundert. – Die Figurengruppe zeigt die mystische Wundenheilung des hl. Peregrinus: Der Heilige sitzt als Eremit gekleidet auf einem barocken, gepolsterten Sessel in einer Grotte. Sein Blick ist auf das Kreuz mit Christus rechts gerichtet, dem er den linken Arm entgegenstreckt, mit der Rechten weist er andeutungsweise gegen seine Beinwunde. Ein Engel zu seinen Füßen befreit ihn vom Verband. Über dem Heiligen schwebt ein kleiner Engelputto.

Das Kruzifix zeigt Christus mit dem kranken Heiligen. Indem Christus mit dem linken Arm vom Kreuz gelöst ist, gehört er in die Bildtradition der beweglichen Kruzifixe und in die mit den Stiftern im Dialog befindlichen Darstellungen des gekreuzigten Heilandes (siehe Kat.-Nr. 64).

Die Herkunft des Stückes, das entweder als Hausaltärchen oder als Vorsatzstück für einen Altar in Verwendung war, wie auch der ursprüngliche Aufbewahrungsort der Figurengruppe sind unbekannt.

Diese Figurengruppe ist eine Miniaturnachbildung in Wachs der großen Wachsfigurengruppe im Kreuzgang des Servitenklosters in Wien IX bzw. deren Nachahmung in Holz in der Peregrinikapelle in der Servitenkirche ebenda und ist in die Mitte des 18. Jahrhunderts datierbar.

184 | VORSTECKKASTEN MIT DEM HL. FLORIAN, Mitte 18. Jahrhundert

Abb. 369

Inv.-Nr. 118

Polychromierte Wachsbossierung

Maße: Höhe: 48 cm
Breite: 35 cm
Tiefe: 23 cm

In einem Holzkästchen, dessen schwarzer profilierter Frontalrahmen oben polygonal gebrochen ist und von einer vergoldeten, mit Blattwerk geschnitzten Leiste begleitet ist, befindet sich die Heiligenfigur in Wachs ausgeführt hinter Glas. Der hl. Florian ist in aufrechter Haltung wiedergegeben, seine Schulterpartie deutet eine geringe Seitwärtswendung an, während sein Kopf leicht nach vor geneigt ist. Über das Modell eines brennenden Hauses, das sich attributartig zu seinen Füßen befindet, gießt er einen Eimer mit Wasser löschend aus.

KULTURGESCHICHTLICHE ZUORDNUNG

Die beiden Objekte (Kat.-Nr. 183, 184) gehören zum Typus der Devotionalien, die mitunter als Weihegaben oder als Vorsetzdekorationen für den jeweiligen Festtag verwendet wurden. Im Falle einer Weihegabe wäre zumindest die Existenz einer Dedikationsinschrift zu erwarten, die – sollte sie vorhanden gewesen sein – zumindest nicht erhalten ist. Nachdem keine Anzeichen einer fehlenden Inschrifttafel festzustellen sind, darf vermutet werden, daß diese Wachsbossierungen als Vorsetzdekorationen verwendet wurden. – Eindeutige stilistische Faktoren, die eine exakte Datierung zuließen, sind bei einem Objekt dieser Art kaum zu finden, weshalb sich lediglich aus allgemeinen, an den Zeitstil gebundenen formalen Eigenschaften eine Zuordnung versuchen läßt. Die Verwendung farbig gefaßter Figuren wie auch ornamentale Details – auch solche in der Kostümierung – legen eine Entstehung im zweiten Drittel des 18. Jahrhunderts nach der Jahrhundertmitte nahe. Der Vorsteckschrein mit dem hl. Florian ist dank seiner engen formalen Ähnlichkeit zur Peregrini-Wachsbossierung mit dieser offensichtlich gleichzeitig und als „Zwillingsstück" entstanden. Da die Bossierung gleichzeitig mit dem hl. Peregrinus entstanden sein muß, kann sie zeitlich dank ihrer Abhängigkeit von der Darstellung am Altar der Peregrinuskapelle erst nach 1765–1767 (als der Altar nach Melchior Hefeles Entwurf verändert wurde) entstanden sein; es sei denn, es stellte sich heraus, daß im Altar ein – geringfügig älterer (um 1727 wurde die Peregrinikapelle an der Servitenkirche in der Roßau in Wien IX errichtet) – Schrein wiederverwendet wurde.
Beide Vorsteckkästen (Kat.-Nr. 183, 184) wurden 1986 von Herrn Prof. Michel Pfaffenbichler, Wien, restauriert.

185 | HOCHZEITSKRIPPE, um 1768

Abb. 370

Inv.-Nr. 74

Holz, Papiermaché, farbig gefaßt

Maße: Höhe: 51 cm
Breite: 42 cm
Tiefe: 27 cm

PROVENIENZ

An der Rückseite findet sich folgende handschriftliche Notiz: „Der Dompfarre zu St. Stephan in Wien aus dem Nachlaß Dominik Joseph Pertesini geschenkt. – Wien, 12. August 1944."

Die Kastenkrippe gibt einen Einblick in das – vorjosephinisch reichgeschmückte – Presbyterium einer provinziellen Kapelle oder Kirche wieder. Der dreiteilige Aufbau des Altares mit einer Nachahmung des Maria-Pócs-Gnadenbildes im Zentrum zeigt spätbarocke Überfülle an Dekor: In den Seitenteilen des Altares befinden sich Vasen auf Muschelkonsolen, als Bekrönung des Altaraufsatzes sind Vasen und Putten, die reichgeschmückte Blumengirlanden in Händen halten, angebracht. Über dem Gnadenbild befindet sich eine Muschelkonche. Den Altartisch schmücken mehrere Reliquien-Obelisken und Kerzen. – Vor dem Altar findet eine Trauungszeremonie statt: Puppen – Priester, Brautpaar und Brauteltern – sind in zeitgenössischer Tracht kostümiert und derart im Presbyterium arrangiert, daß ein bühnenartiger Gesamteindruck entsteht. Diese Kastenkrippe wirkt wie eine Miniaturausgabe der im Barock geläufigen bühnenartigen Feiertagsdekorationen, die sich als „teatrum sacrum" großer Beliebtheit erfreuten.

Laut Inschrift an der untersten Stufe des Presbyteriums wurde die Hochzeit des dargestellten Brautpaares, dessen Namen mit Lorenz Krenn und Maria Anna Rustlerin angegeben werden, am 27. März 1768 in St. Stephan gefeiert.

Wie aus der Ikonographie und der Form der Krippe hervorgeht, war sie vermutlich als Devotionale dem Maria-Pócs-Gnadenbild gewidmet.

Diese für Kastenkrippen geläufige Form ist vom volkskundlichen und kulturhistorischen Standpunkt von besonderem Interesse, da sie – vom theatralischen Element her beeinflußt – lebhaftes Zeugnis für die Fülle an Dekor sowie für die Verwendung von verschiedenen Details und Gegenständen bei einer Hochzeitsfeier ablegt, wie es in der Zeit vor Kaiser Joseph II. allgemein üblich war.

Katalog:
Josephinische Pfarrgründungen in Wien 1985, S. 130 f./Kat.-Nr. 347.

| VERKÜNDIGUNGSKRIPPE, drittes Viertel 18. Jahrhundert | 186 |

Inv.-Nr. 73   *Abb. 376*

Holzkastenkrippe mit marmorierender Fassung, Figuren aus Wachs mit theatralischer Kostümierung aus Seide und Papier

Maße: Höhe: 37 cm
        Breite: 30 cm
        Länge: 82 cm

In einer Spiegelgrotte mit zwei imitierten Springbrunnen finden sich die thronenden Propheten mit lateinischen Sprüchen in Rokoko-Kartuschen, während der Vorgang der Verkündigung an Maria in traditioneller Ikonographie mit den herkömmlichen Requisiten im Hintergrund dieser Kastenkrippe in der Mitte unter einem Baldachin erfolgt.

Die Krippe wurde 1986 von Prof. Michel Pfaffenbichler, Wien, restauriert.

Die Herkunft dieser Krippe konnte bislang nicht ermittelt werden, dürfte aber eine niederösterreichische Klosterarbeit sein. Im marmoriert gefaßten Kasten befindet sich eine Grottenausstattung aus Papiermaché und Spiegelfolien, die die glatten Wände bedecken. In der Mitte des Hintergrundes befindet sich eine Art Baldachin, der durch den zweiteiligen, symmetrisch zur Seite geschlagenen Vorhang angegeben ist. In diesem befindet sich die zentrale Figurengruppe der Verkündigung an Maria. Ein zweifach abgetreppter Stufenaufbau nimmt die Bodenfläche ein. Auf dem mittleren Stufenpodest, nahe an den Vordergrund postamentiert, befinden sich sechs sitzende Prophetenfiguren, die teilweise kartuschenförmige Schilde mit lateinischen Aussprüchen tragen. Ist die ganze Szenerie von Bühnendekorationen der Barockzeit beeinflußt – ähnlich wie derartige auch für Andachtsnischen (teatrum sacrum des Wiener Ursulinenklosters, Abendmahl im Stift Dürnstein, Abendmahl und Hl. Grab in Mariabrunn und im Stift Zwettl) vorbildlich wurden –, so sind die reichbewegte Gestik und die lebhaft bewegte Haltung der Figuren ebenfalls von theatralischer Wirkung. Zu diesem Eindruck tragen die Kostüme gleichfalls bei. Von Grottenausstattungen sind die schmückenden Details, die den Boden bedecken und die Spiegelfelder (ebenfalls ein in Grotten übliches Requisit) umranken und aus getrockneten Blumen und kleinen Schneckenhäusern bestehen, abzuleiten.

Die Kastenkrippe ist aufgrund der ornamentalen Detailformen und hinsichtlich der Figurenauffassung vermutlich im dritten Viertel des 18. Jahrhunderts entstanden.

187	YBBSTALER FASTENKRIPPE, spätes 18. Jahrhundert

Abb. 377   Inv.-Nr. 76

Holz und Papiermaché

Maße: Höhe: 54 cm
      Breite: 83 cm
      Tiefe: 39 cm

Diese Kastenkrippe ist laut der Notiz im Übergabeprotokoll von 1972 eine Bauernarbeit aus dem Ybbstal in Niederösterreich. Sie wurde 1986 von Herrn Prof. Michel Pfaffenbichler, Wien, restauriert.
Szenen aus der Passion – vom Ölberg bis zur Grablegung – sind in dieser Kastenkrippe simultan in zwei Etagen dargestellt, wobei sich die Etagen längs der Wand erstrecken. Der Zyklus beginnt im Hintergrund rechts und endet im Hintergrund links – die Anordnung der einzelnen Szenen vollführt also im Grundriß eine Anordnung im Uhrzeigersinn. Bemerkenswert ist die Darstellung des Altarsakramentes über der Grabesgrotte in einer von adorierenden Engeln begleiteten Gloriole. Der Schauplatz jeder Szene ist durch entsprechende realistische Ortsangaben bereichert. Es ist hier keine Szene durch eine zentrale Darstellung hervorgehoben – so ist etwa die Kreuzigung Christi an der Seite links dargestellt, das Letzte Abendmahl nur in einer ausgeschnittenen Papierfigurengruppe rechts oben gegeben. Den beiden Figurengruppen im Vordergrund – der Dornenkrönung und der Kreuzigung – sind Tafeln mit Gebetssprüchen beigegeben.
Diese Fastenkrippe ist im späten 18. Jahrhundert entstanden.

188	YBBSTALER WEIHNACHTSKRIPPE, spätes 18. Jahrhundert

Abb. 378   Inv.-Nr. 75

Holz und Papiermaché

Maße: Höhe: 55 cm
      Breite: 86 cm
      Tiefe: 34 cm

Die genaue Herkunft dieser Krippe ist nicht bekannt, sie wird als Ybbstaler Bauernarbeit bezeichnet. Das reiche Szenarium dieser breitformatigen Kastenkrippe ist im Hintergrund wie an den Seitenwänden in zwei Etagen aufgeteilt. Unten in der Mitte befindet sich die Krippe in einer rustikalen, triumphbogenartigen Architektur. Den Vordergrund nehmen links die herbeieilenden Hirten, rechts der Dreikönigszug ein. Oberhalb der Krippe befindet sich ein Modell einer abbreviert wiedergegebenen Stadt, die von alpenländischen Tannen und orientalischen Palmen flankiert wird. An den Seitenwänden der Kastenkrippe befinden sich weitere landschaftlich gestaltete Konsolen mit kleinen Figurengruppen. Zwischen der oberen und der unteren Etage vermitteln längs der Schmalwände schräg angeordnete schmale Stege mit Figurengruppen. – Die Mensch- und Tierfiguren sind zum Teil kleine Puppen, zum Teil nach einem farbigen Vordruck ausgeschnittene Papierfiguren. Das Stadtmodell ist reich an Türmen und Kuppeln sowie an Giebeln vorwiegend in der Art der süddeutschen Renaissance. Bemerkenswert ist das Nebeneinander alpenländischer und orientalischer Flora und Fauna (für letzteres seien Schafe und Lämmer und das Kamel des Dreikönigszuges als signifikantes Beispiel genannt). Namentlich das Nebeneinander der verschiedenen Pflanzen scheint hier in dieser Kastenkrippe ein in das bäuerliche Ambiente übersetzter Einfluß der Tendenzen der spätbarokken Gartenkunst zu sein. Diese Weihnachtskrippe ist in das späte 18. Jahrhundert datierbar.

Prot.-Nr. L–109 *Abb. 380*

Szenerie aus Wachs, originale Vitrinen aus Holz mit vergoldetem Beschlagwerk

Maße: Höhe: 192 cm
      Breite: 103 cm
      Tiefe: 62 cm

Leihgabe der Pfarre Bad Deutsch Altenburg, NÖ.

Die beiden Vitrinen (s. auch Kat.-Nr. 190) mit schlanken, nach unten zu leicht konisch zulaufenden Füßen zeigen prismatische Aufsätze mit Abschrägungen gegen die Ansichtsseiten. Es entstehen somit fünf große, in gedrückten Korbbögen endigende Fenster, die nicht unterteilt sind; die Rückseite jedes Vitrinenaufbaues ist nicht belichtet. Das abschließende Gesimse ziert in der Frieszone ein aus linearen Palmetten gebildetes Blumenmuster, das von einem fortlaufenden geometrischen Band gerahmt ist. Diese Art der Musterung wie auch die Proportion und die Form der Vitrinen überhaupt sind bereits im Empirestil gearbeitet.

WEIHNACHTSKRIPPE MIT EPIPHANIE

Die figurenreiche szenische Füllung ist auf einem Hügel angeordnet, wie dies auch bei der Fastenkrippe (Prot.-Nr. L–110) der Fall ist. Der Hügel ist als dunkle, erdige Masse bemalt. Hievon heben sich die nur wenig polychromierten hellen Wachsfiguren im Kolorit auffällig ab. Die Figuren sind locker über das Szenarium verstreut. Das Zentrum ist der Stall, der als triumphbogenartige Ruinenarchitektur mit eingezogenen morschen Holzbalken wiedergegeben ist. Durch die angegebene Marmorierung liefert er auch eine koloristische Bereicherung innerhalb der Szene. Diese im Motiv seit dem Spätmittelalter tradierende Architektur ist in dieser Formgebung offenbar von künstlichen Ruinen der gleichzeitigen Gartenarchitektur beeinflußt. In ihrer bekrönenden Stellung liefert diese Bogenarchitektur einen barocken Effekt, der durch die Art der Kostümierung der Figuren bereichert wird; das kräftig wuchernde Pflanzenwerk allerdings weist auf die Romantik voraus.

DATIERUNG

Aufgrund der genannten stilistischen Merkmale, die sowohl barocke als auch klassizierende Elemente beinhalten, kann die Weihnachtskrippe zeitlich an das Ende des 18. Jahrhunderts gesetzt werden. Auch das Fehlen einer intensiven Polychromierung zugunsten einer elfenbeinfarbenen Wirkung der Figuren ist ein klassizistisches Element, während die Architekturkulisse sowie die Drapierungen der Gewänder als barocke Elemente anzusehen sind.

Prot.-Nr. L–110 *Abb. 381*

Materialangaben und Maße wie bei Kat.-Nr. 189

Wie bei der Weihnachtskrippe (Kat.-Nr. 189) ist die figurenreiche szenische Füllung auf einem Hügel angeordnet, der jedoch bei dieser Kreuzigungsszene auf Golgotha steiler ist als bei der Epiphanie. Drei nicht streng senkrecht stehende Kreuze bilden die Bekrönung des Hügels. Ihre gestreckten Proportionen wie auch ihre Position zueinander erreichen gleichfalls barocke Wirkung. Wie bei der Epiphanie ist der Hügel als erdige Masse gebildet, sind die Wachsfiguren durch ihre helle Farbigkeit von dem Ambiente stark abgehoben. Auch die Kostüme einzelner Figuren sind aufwendig drapiert und von barock anmutender Dynamik ergriffen.

DATIERUNG

Wie die Weihnachtskrippe ist die Fastenkrippe an das Ende des 18. Jahrhunderts zu datieren, wie die Vermischung von barocken mit klassizierenden und romantischen Ele-

menten – barocke Drapierung der Gewänder, barocke Ikonographie der drei Gekreuzigten; klassizistische Differenzierung der Farbigkeit von elfenbeintonigen Figuren und
dunklem Ambiente – zeigt.

| 191 | BÖHMISCHE EINSIEDLERKRIPPE, Ende 18. Jahrhundert |

Abb. 379   Inv.-Nr. 72

Holz, bemalt

Maße: Höhe: 70 cm
      Breite: 101 cm
      Tiefe: 55 cm

Die genaue Herkunft dieser sogenannten Einsiedlerkrippe ist nicht bekannt; im Übergabeprotokoll wird jedoch ihre Provenienz aus dem nördlichen Niederösterreich angegeben.
Die Häuserformen im Hintergrund lassen jedoch auf eine Entstehung in Böhmen oder
Mähren schließen. Die im Grundriß trapezförmige Kastenkrippe (die Grundform erklärt
sich möglicherweise aus deren ursprünglichem Aufstellungsort im Eck eines Raumes)
hat im zentralen Hintergrund die Darstellung der Geburt Christi in einem verfallenen Stall
aufzuweisen. Links hievon ist eine Stadt zunächst in dreidimensionalen Kulissen dargestellt, von der die Bauten des Hintergrundes an der linken Seitenwand der Kastenkrippe
aufgemalt sind. Rechts von der Krippe ist, in mehreren serpentinenartig verlaufenden
Wegen formuliert, eine Hügellandschaft dargestellt. Aus der Stadt entwickelt sich der
Dreikönigszug, aus der Landschaft strömen die Hirten herbei. Im Mittelgrund kommt es
zur Überfüllung der Bodenfläche mit kleinen Holzfigürchen. Genremotive wie die Träger
in einer der höher gelegenen Gassen der Stadt oder einzelne Motive bei den Hirten –
wobei die häufige Darstellung der Lämmer nicht ohne Anspielung auf das Lamm Gottes
vermutlich zu verstehen ist – ergänzen diese an Figuren reich bevölkerte Krippe. Bei
einzelnen der polychromierten Figuren fallen die barocken Lüsterfassungen bei Kostümpartien auf. Die Entstehungszeit der Krippe ist ins späte 18. Jahrhundert anzusetzen,
wobei spätere Ergänzungen angebracht wurden.

| 192 | KREUZIGUNGSKRIPPE, 1821 |

Abb. 382, 383   Inv.-Nr. 77

Kastenkrippe, Holzskulpturen, polychromiert, Staffagefiguren und Bäume sowie Bauten
aus ausgeschnittenen, kolorierten Kartons

Maße: Höhe: 75,5 cm
      Breite: 69 cm
      Tiefe: 28,6 cm

PROVENIENZ

Die Herkunft dieser kastenförmigen Osterkrippe ist unbekannt. Die formalkünstlerische
Uneinheitlichkeit wie auch die Mischung in der Technik lassen erkennen, daß dieses
kleine „Ensemble" zu einem späteren Zeitpunkt – spätestens 1821 (eine Datierung, die
auf der INRI-Tafel des Kruzifixes festgehalten ist) – unter Verwendung älterer Stücke
verschiedener Epochen vereinigt wurde. Die Statuette der hl. Maria Magdalena ist – kraft
ihrer hohen künstlerischen Qualität – offensichtlich aus einem anderen Ensemble als dem
einer Krippe zweitverwendend übernommen worden, möglicherweise auch der Corpus
des Kruzifixes.

ERHALTUNGSZUSTAND

Offensichtlich in dimensionaler Reduzierung wurden Figuren verschiedener epochaler
und genetischer Herkunft – jedoch alle zum Thema der Kreuzigung bzw. zur Passion

Christi passend – übernommen und in einer Kastenkrippe vereinigt. Das proportionale Mißverhältnis zwischen der Figur des gekreuzigten Christus zu den Assistenzfiguren Mariä und Johannis sind hiefür ebenso beredtes Beispiel wie der viel zu kleine Longinus mit der Lanze. Die deutlich feststellbaren stilistischen Unterschiede beweisen gleichzeitig, daß diese genannten Unterschiede nicht mit einer „Bedeutungsperspektive" zu erklären sind. In dieser Kastenkrippe mit der Darstellung der Kreuzigung Christi wurden mehrere Figuren zum gleichen Thema, jedoch unterschiedlicher Provenienz, kompiliert. Die Skulpturen, und da vor allem die der Maria Magdalena, waren entstellend übermalt, wie auch die einzelnen, aus Kartons angefertigten Motive und auch die Figuren selbst nur mehr locker verankert waren. Diese Kastenkrippe wurde 1986 von dem akademischen Restaurator, Herrn Prof. Michel Pfaffenbichler, Wien, restauriert, wobei die losen Stellen entsprechend fixiert und die übermalt gewesenen Skulpturen freigelegt, die Originalfassungen konserviert und die Fehlstellen retuschiert wurden.

IKONOGRAPHIE

Wie sich aus dem Erhaltungszustand ergibt, sind nicht nur die einzelnen Objekte selbst, sondern auch die ikonographischen Bedeutungsinhalte ein deutlicher Hinweis dafür, daß diese Krippe aus mehreren verschiedenen Osterkrippen zusammengesetzt wurde. Sowohl die beiden – kleinfigurigen – Schächer als auch Passionsrequisiten wie das Schweißtuch der hl. Veronika, der Hahn (in Anspielung an die Verleugnung Petri) wie auch die Schafe, weiters die aus Kartons angefertigten Figurengruppen der römischen Soldaten deuten darauf hin, daß alle die nicht mehr existierenden Krippen, aus denen diese ausgestellte kompiliert wurde, jeweils figuren- und gegenstandsreiche Kompositionen enthielten.

STIL UND DATIERUNG

Nicht nur das proportionale Mißverhältnis der einzelnen Figuren zueinander, sondern auch das dichte Gedränge und die dadurch entstandene Beziehungslosigkeit der einzelnen Figuren zueinander beweisen die bereits erwähnte Kompilation: Völlig unmotiviert wendet sich Maria Magdalena dem Betrachter zu, wobei ihr ursprünglicher Zusammenhang auf den Kontakt mit anderen Personen konzipiert war, der nicht zwangsläufig aus einer Kreuzigungsszene resultieren muß, sondern möglicherweise einer Beweinung oder einer Grablegung Christi galt. Der Corpus Christi ist auch innerhalb des Szenariums viel zu tief situiert, als daß der Zusammenhang als ursprünglicher anerkannt werden könnte. Die beiden Schächer wiederum sind viel zu klein, als daß sie zu dieser Kreuzigungsgruppe genuin gehören könnten. Die Art der anatomischen Wiedergabe im Corpus Christi und die Art der steilen Armhaltung sowie die Oberflächengestaltung des physischen Aktes und schließlich die formale Gestaltung des Lendentuches entsprechen Stilprinzipien des späten 17. Jahrhunderts, von denen auch die im Niederknien begriffene Maria Magdalena in ihren expressiven Gebärden wie in ihrer modischen Kostümierung geprägt ist. Die Qualität der Ausführung dieser beiden letztgenannten Skulpturen läßt ihre Herkunft aus einem Altar vermuten. Von expressiven Eigenschaften ist auch die Wiedergabe der Schächer gekennzeichnet, die gleichfalls älter anmuten, als sie vermutlich – die traditionelle Retardierung im Milieu der Krippenschnitzerei einkalkulierend – entstanden sind. Maria und Johannes sind charakteristische Arbeiten aus dem späten 18. Jahrhundert, wogegen Longinus sich – der gleichen Epoche angehörend – als individueller gestaltet ausweist. Die Architekturmodelle auf den landschaftlichen Konsolen links dürften auch noch dem 18. Jahrhundert entstammen, während die übrigen Details aus der Zeit von 1821 stammen dürften.

NEUESTE ERWERBUNGEN

Abb. 388–404

Prot.-Nr. L–255

Relief mit Hinzufügung vollplastischer Skulpturen, Eichenholz (Relief des Mittelstückes aus Nuß und Eiche)

Maße: Höhe: 350 cm
      Breite: 290 cm
      Tiefe: 58,5 cm

Depositum aus der Votivkirche, Wien IX

PROVENIENZ

Laut Thausing (M. Thausing, Die Votivkirche in Wien, Wien 1879, S. 48) stammt der Altar aus dem in napoleonischer Zeit aufgehobenen Liebfrauenstift Pfalzel bei Trier. Zykan berichtet, daß der Altar 1830 in einer Kirche in Frankfurt von dem Dichter Guido von Görres (Sohn des Josef Görres) gekauft wurde, der ihn der Liebfrauenkirche in München übergab (Josef Zykan, Der Antwerpener Altar in der Wiener Votivkirche und seine Restaurierung, in Österreichische Zeitschrift für Kunst und Denkmalpflege, XX. Jahrgang, Wien 1966, Seite 130). Ohne Wissen des Dichters wurde der Altar in München um 300 Taler veräußert, bevor es zur beabsichtigten Aufstellung in der Liebfrauenkirche gekommen war. In der Folge kam er in verschiedene Hände, zuletzt erstand ihn der Bildhauer Hans Gasser in München um 8000 Gulden. Kaiser Franz Joseph kaufte ihn 1858 von Gasser, um ihn zunächst der Ambraser Sammlung einzuverleiben, machte ihn dann aber aufgrund der Bitten von Kardinal Othmar von Rauscher der Votivkirche zum Geschenk. 1879 berichtet Thausing, daß über die Verwendung eines aus Holz geschnitzten alten Altarschreines aus dem 15. Jahrhundert noch keine Entscheidung getroffen sei, woraus geschlossen werden kann, daß vor der nach 1879 erfolgten Aufstellung in der Votivkirche jene Veränderungen des 19. Jahrhunderts durchgeführt worden sind, die das Kunstwerk unansehnlich machten (s. ERHALTUNGSZUSTAND).

Seit 1986 ist der Antwerpener Altar auf Anraten des Bundesdenkmalamtes (Herrn Hofrat Dr. Peter Pötschner, dem Landeskonservator für Wien, ist hiebei für das Engagement zu danken) aus konservatorischen Überlegungen und aus Sicherheitsgründen im Dom- und Diözesanmuseum als Depositum aufgestellt, bis in der Votivkirche ein konservatorisch einwandfreier sowie sicherer Ort der Aufstellung adaptiert sein wird.

Optisch eingebettet in einem Raum des frühen romantischen Historismus – der ehemaligen Hauskapelle der Wohnung des Dompropstes von St. Stephan – und umgeben von einer größeren Anzahl von ebensolchen Bildwerken präsentiert sich dieser Altar im Museum. Schon allein aus technischen Gründen war – vor allem der Dimensionen wegen – eine Aufstellung inmitten der gotischen Bildwerke im Museum nicht möglich. Eingedenk dessen, daß der Altar auch neugotische Ergänzungen aufweist und daß viele der ihm jetzt beigesellten Kunstwerke hinsichtlich ihrer Entstehung mit den gleichen Persönlichkeiten – Kaiser Franz Joseph, Kardinal Othmar von Rauscher – in Verbindung gebracht werden können, also jener Personen, die für den Erwerb des Altares für Wien und dessen Aufstellung in der Votivkirche verantwortlich sind, läßt sich eine kulturhistorische Querverbindung zu diesen Werken herstellen. Außerdem war der Altar auch in der Votivkirche inmitten eines historistischen Ensembles – wenngleich er dort weniger gut in den für seine künstlerische Wirkung so wichtigen Details eingesehen werden konnte. Im übrigen vertreten die Werke des romantischen Historismus adäquat jene Epoche, in der eine gesteigerte Aufmerksamkeit dem künstlerischen Schaffen des Mittelalters gezollt wurde, obgleich in der figuralen Wiedergabe die Orientierung an den Gestaltungsprinzipien der Hochrenaissance erfolgte und die Struktur der Bildkomposition aus dem Klassizismus tradierte und im Kolorit die Romantik nachwirkte. Insofern bilden die Bildwerke aus der ersten Hälfte des 19. Jahrhunderts einen diametralen Kontrast zum Antwerpener Altar, der als Sammlungsstück – trotz der in der damaligen Zeit gegebenen Aufgeschlossenheit der Gotik gegenüber – ein Rarissimum darstellt. Tatsächlich wurde annähernd gleichzeitig für die Deutschordenskirche in Wien ein Altar aus Mecheln erworben, der mit dem ausgestellten im Museum und den Fragmenten des Hofener Altares (s. Erika Doberer, Die Wiederverwendung älterer Bildwerke an dem Hofener Altar, ÖZKD, XXV, Wien 1971, S. 26 ff.) die einzigen Werke niederländischer Schnitzaltäre in Österreich darstellt.

Bei dem Antwerpener Altarretabel handelt es sich nicht um einen Schreinaltar im eigentlichen Sinn; lediglich die Mittelgruppe mit den Darstellungen von Kreuzannagelung und Kreuzigung Christi ist in ein schreinartiges Gehäuse eingefügt, das vermutlich auch der ursprünglichen Erscheinung des Altares entspricht. Der Unterbau des Retabels ist neuzeitlich, wobei unter dem mittleren Gehäuse predellenartig eine die Schenkung an die Votivkirche dokumentierende Wappenzone (Habsburger, Wittelsbacher und in der Mitte das Wappen des Wiener Erzbischofs Othmar von Rauscher) eingefügt ist. Der Baldachin über dem mittleren Teil des Retabels dürfte einem ursprünglich vorhandenen nachgebildet sein, während die Baldachine über den Seitenteilen original erhalten sind. Die Rückwand aller drei Teile stammt aus dem 19. Jahrhundert. – Das Mittelrelief besteht aus zwei geleimten Teilen: einem schmalen Stück Nuß- und einem breiteren Stück Eichenholz.

Der gesamte Altar wurde in den sechziger Jahren des 20. Jahrhunderts in den Werkstätten des Bundesdenkmalamtes in Wien restauriert (diese Arbeiten wurden von Frau Giovanna Zehetmaier durchgeführt), nachdem 1956 drei der vollplastisch ausgebildeten Skulpturen im Vordergrund der beiden Seitenreliefs (Veronika mit dem Schweißtuch im linken, Joseph von Arimathia und Nikodemus und Maria Salome im rechten Relief) einem Raub zum Opfer gefallen waren, jedoch durch die erfolgreichen Erhebungen der Interpol wieder in situ gebracht werden konnten. Der Diebstahl war Anlaß für das Bundesdenkmalamt, sich mit dem Objekt intensiv zu beschäftigen. – Kurz nach der Restaurierung des Antwerpener Altarretabels wurden außer Nikodemus die gleichen Skulpturen, die 1956 gestohlen worden waren, wiederum entwendet (1970); seither sind sie verschollen.

Bei der Restaurierung durch die Restauratorin Giovanna Zehetmaier konnte die originale Polychromierung freigelegt werden, die sowohl äußerst gut erhalten als auch von sehr hoher Qualität ist. – Frau Zehetmaier legte in ihrem Restaurierbericht ihre Erkenntnisse nach sorgfältigen Untersuchungen des Altares in ausführlicher Darlegung fest (Josef Zykan, Der Antwerpener Altar in der Wiener Votivkirche und seine Restaurierung, in ÖZKD, XX, Wien 1966, S. 138–146). Der Befund der Freilegungsproben an verschiedenen Stellen des Altares ergab, daß dieser bereits zweimal restauriert worden war: Erstmals vermutlich in den Jahren, als er im Besitz des Bildhauers Josef Gasser war, zum zweiten Mal wahrscheinlich vor dem Jahr 1879, also nachdem der Altar für die Votivkirche erworben worden war. Die einzelnen Gruppen des Retabels waren zudem vollkommen verschmutzt. – Bei der ersten Restaurierung wurde eine Temperabronzevergoldung über die beschädigten Faltenhöhen gelegt; zum Teil auf verkittete Stellen. Das originale Blau war an den vorstehenden Teilen mit Tempera übermalt, sonst überall oxydiert. Die Tempera des Inkarnats war an den vorragenden Teilen übermalt und verschmutzt. Vollkommen übermalt waren die Christusfigur in der Beweinungsgruppe und alle Inkarnatstellen der Mittelgruppe. Unter beiden Restaurierungen litten am meisten die Brokatmuster, die zum Teil übermalt und an mehreren Stellen verschliffen worden waren. Das Panorama war zur Hälfte in der gleichen Art wie die Figuren übervergoldet, der Rest verschmutzt. Bei diesen Restaurierungen waren auch verschiedene Teile in Holz (Eiche) ergänzt worden: im rechten Teil die Außenseite des Landschaftshintergrundes und der Zipfel des Schleiers am rechten Arm der Magdalena; im Mittelteil das Kreuz Christi und die senkrechten Balken der Kreuze der beiden Schächer; die Lanze des Soldaten, die Hände der Muttergottes; je ein Flügel eines Engels und einer des Teufels; im linken Teil die Abschlußseite des Landschaftshintergrundes, einige Partien der Landschaft, linker Unterarm und Hand des Soldaten, der die Geißel trägt, und die Lanze des Soldaten, der die Schächer führt. Ergänzt sind auch das Gehäuse in der Mitte mit der doppelgeschossigen, baldachinartigen Bekrönung und die zwei hinteren Wände der Seitenteile.

Dem Nikodemus fehlt die rechte, zum Zeitpunkt der Restaurierung die linke Hand des (heute nicht mehr vorhandenen) Joseph von Arimathia. Ebenso fehlten der (ebenso heute wiederum verschollenen) Skulptur der hl. Veronika beide Hände als auch das Schweißtuch. Außerdem war aus Ansatzstellen in der Landschaft das Fehlen kleiner Figuren zu entnehmen, die nicht ergänzt wurden.

Der Altar ist aus Eichenholz geschnitzt; der Mittelteil besteht aus zwei Holzstücken, die an der Rückseite mit einer Leinwand verleimt sind. Das größere Stück (rechts vom Betrachter) ist aus Eichenholz, das kleinere aus Nußholz; nur letzteres war vor der jüngsten Restaurierung von Anobien angegriffen. – Bei dieser Restaurierung wurden zunächst die unsachgemäßen Vergoldungen abgenommen, die Temperabronzierung und alle Tempera-Übermalungen entfernt. Im Mittelteil mußten einige Ohren der Pferde ergänzt werden, in der rechten Gruppe die Finger beider Hände der Magdalena, die Ränder der Kopfbedeckungen von Nikodemus und Joseph von Arimathia (letzterer derzeit nicht vorhanden) und auch der Saum des Umhangtuches der Maria Salome. Alle Fehlstellen wurden mit Kreidegrund gekittet, bei den vergoldeten Oberflächen wurden gelber Bolus und Blattgold verwendet, die Lüstrierung über Silber und Gold mit Ölfarbe und hellem Schellack ergänzt; die übrigen Fehlstellen wurden mit Tempera geschlossen. – An mehreren Stellen wurden kleine „Tasselli" zurückgelassen, um den Zustand vor der Restaurierung zu dokumentieren. – Die Originalfassung konnte von Frau Zehetmaier komplett freigelegt und retuschiert werden: Im linken Flügel des Altarretabels sind die Häuser der Stadt im Hintergrund mit je zwei grauen und rosa Tönen in Tempera gefaßt. Die Dächer sind blau, die Fenster, Zinnen und Schießscharten, Ziegel und Steineinfassungen weiß gefaßt. Die ein Drittel der Oberfläche einnehmende, felsige Landschaft ist in drei verschiedenen Techniken ausgeführt. Die glatten Felsteile sind mit Blattgold auf gelben bis orangefarbenen Bolus gelegt und poliert, die rauhen Felsteile mit Blattgold auf Öl gelegt. Die restliche Oberfläche ist mit grüner Tempera auf einem gelb untermalten Grund gelegt. Auf dem Gold sind neben der weißgrauen Straße Grasbüschel mit ebenso grüner Farbe gemalt. – Das Gold auf den Gewandteilen ist Blattgold auf gelbem bis rotem Bolus; die Oberfläche ist leicht krakeliert, an den abgewetzten Stellen schimmert der Bolus durch. Die ziselierten Ränder haben teilweise einfache Punktmusterung, teilweise ornamentale Borten und Inschriften. Ölvergoldete Stellen finden sich im rechten Teil bei den mit roter Strichlierung gemusterten Ärmeln der Maria Salome, in den Haaren des Johannes sowie bei den Haaren der beiden anderen Marien; im linken Teil bei den Haaren der Veronika und den Ärmeln ihres Kleides, die wie das Gewand des Simon von Cyrene mit grüner Strichlierung gemustert sind; in der Mittelgruppe bei den Umhängen der Engel und in ihren Flügeln. – Die Schriften an den Draperierändern sind in folgenden Techniken ausgeführt: ziseliert in Gold, Gold auf blauem Band, Blau auf weißpoliertem Grund, Ölvergoldung auf roter Lüstrierung auf dem Mantelsaum der Maria Salome in der Beweinungsgruppe (rechter Teil). – Versilbert waren nur die Perlen der Haube der Maria Magdalena (zum Zeitpunkt der Restaurierung in stark oxydiertem Zustand) und vermutlich die originalen Lanzen der Soldaten im Mittelteil, die jedoch ergänzt werden mußten. Das Inkarnat ist mit größter Sorgfalt in den Einzelheiten in Tempera ausgeführt. Bei den weiblichen Figuren sehr zart und hell, ist es bei den männlichen Figuren vom Rosa ins Bräunliche übergehend; die Augenbrauen sind in hellem Farbton gegeben, die einzelnen Brauenhaare mit dunklerer Farbe aufgetragen, Wimpern und Tränensäcke sind ganz dünn, von zeichnerischer Wirkung gestaltet. Bei den männlichen Figuren sind auch Krähenfüße eingezeichnet, bei den weinenden Marien Tränen, die durch die Wiedergabe des Schattens des pastosen Farbauftrages plastisch wirken. Der Großteil der Figuren hat braune Augen, die Muttergottes, Simon von Cyrene und die Marien hingegen graublaue Augen. Bei dem Christus der Kreuzigung und den beiden Schächern sind auf der Brust, in der Achselhöhle und auf dem Bauch Haare angedeutet, die Finger- und Zehennägel sind sehr deutlich artikuliert. Die verschiedenen Farbtöne im Inkarnat Christi sind beachtenswert: In der Kreuztragung ist der Körper noch rosa, am Kreuz schon blaßgelb mit grünen Schatten im Gesicht, Hände und Füße sind noch rosa; in der Kreuzabnahme und in der Beweinung ist er in ganz fahlem Weiß. – Die weißen Oberflächen sind in zwei verschiedenen Techniken ausgeführt, wobei zwischen denen, die ein Leinentuch darstellen, und den weißen Pferden, dem Hermelinkragen eines Reiters und Josephs von Arimathia (heute nicht mehr vorhanden) unterschieden wird.

Das Blau (Bergblau) ist stark oxydiert und fehlte auf den Faltenstegen ganz. Es tritt an einigen Gewändern, beim Mantelfutter und bei Hauben auf. Das Grün (Malachitgrün) der Oberflächen ist in zwei verschiedenen Malarten ausgeführt: in Tempera an den Ärmeln der Maria Cleophae und an den Ärmelumschlägen der Muttergottes, in Lüstertechnik auf Silber und Gold in der Haube der Veronika und in der Bekleidung eines Soldaten (linker Teil).

Das Rot (Krapplack) ist vorwiegend in durchsichtiger Lüstertechnik auf Silber und in Tempera auf einigen Umschlägen und Kopfbedeckungen ausgeführt (Minium mit Krapplasur).

An einigen Figuren des Altares findet man Verzierungen aus vergoldetem Blei. Auf dem Ärmel der Maria Cleophae sind kleine hohle vergoldete Bleikügelchen mittels Wachs aufgesetzt; Nikodemus (im rechten Teil des Altares) hat eine derartige (beschädigte) Brosche auf der Kappe. Das Gewand Christi hat stilisierte, über das ganze Gewand verteilte Sterne (Kreuztragung), die auf eine Wachsmasse aufgesetzt sind. Der Saum enthält zwischen zwei Punktereihen ein Ornament mit stilisierten Lilien und Punkten. Die Kopfbedeckung der Veronika (heute fehlend) und des adeligen Reiters im linken Teil sowie die Stiefel Simons von Cyrene haben ebenfalls kleine bleierne Verzierungen. Aus vergoldetem Blei sind auch der Gürtel eines Soldaten (linker Teil) und das Zaumzeug der Pferde.

Die Brokate bestehen aus einer auf die Lüstrierung oder das Poliment aufgetragenen Wachsmasse mit feiner Gravierung, über die zuerst eine gelblich gefärbte Mixtion, dann Blattgold gelegt ist. Zum Schluß wurde mit Farbe die Zeichnung der Brokatmuster hervorgehoben. Um die kleinen noch erhaltenen Fragmente der Brokate freizulegen, wurde von Frau Zehetmaier nach Erweichung der Übermalungen zu ihrer Abdeckung nur ein nadelartiges Skalpell verwendet. Bei dieser äußerst diffizilen Freilegung, die zum Teil auch mit Hilfe der Lupe erfolgt ist, bot sich die Möglichkeit einer zeichnerisch festgehaltenen Rekonstruktion der Brokatmuster: die auf Papier abgezogenen Zeichnungen der einzelnen Fragmente wurden wie kleine Mosaiksteine zusammengesetzt und ermöglichten dann mit Hilfe weniger Ergänzungen die genaue Rekonstruktionsskizze der fünf verschiedenen Stempel, die für die Muster verwendet worden waren. Ein sechster Stempel für das Gewand der linken Figur in der Kreuzabnahme war wegen der zu fragmentarischen Erhaltung nicht mehr zu rekonstruieren. Von den fünf rekonstruierten Stempeln sind drei zweimal verwendet worden, und zwar: einer bei Nikodemus und Johannes (rechter Teil des Altares), ein zweiter bei Veronika (linker Teil, heute fehlend) und bei Joseph von Arimathia (rechter Teil, ebenfalls heute fehlend), der dritte für die Soldaten im linken Teil des Altares. Die Brokatmuster sind auf verschiedene Art ausgeführt worden: entweder wurden Einzelornamente auf die Lüstrierung appliziert oder die gesamte Fläche wurde unmittelbar auf dem polimentierten Grund mit dem Relief des Brokats versehen. Ein Zentimeter der Brokatmuster hat vierzehn bis siebzehn Rinnen, die waagrecht und senkrecht graviert sind. Das blattförmige Ornament, welches die Jacken der beiden Soldaten im linken Teil schmückt, hat eine Größe von 4:3,5 cm; einmal ist das Gold auf grüner, das andere Mal auf roter Lüstrierung aufgetragen. Das Motiv der Gewänder von Johannes und Nikodemus (beide im rechten Teil) besteht aus zwei im Abstand von 5 bis 7 cm parallel verlaufenden Bändern, in denen noch kleinere Motive von 3:2,5 und 3:4 cm Platz gefunden haben. Die vergoldeten Ornamente sind beiderseits auf rote Lüstrierung gesetzt. Der Stempel für die Brokatmuster bei Veronika und Joseph von Arimathia (beide fehlen heute) hat eine Größe von 7,5:7 cm. Es wurden aber bei den beiden Figuren verschiedene Farben angewendet: bei Veronika schwarze Zeichnung auf Gold, bei Joseph von Arimathia blaue Zeichnung auf Gold. Um ein fortlaufendes Brokatmuster zu komponieren, wurden die Stempel in zwei aufeinanderfolgenden Reihen, in der zweiten um die Hälfte versetzt, nebeneinandergelegt. Das Brokatmuster des Kleides der Maria Cleophae (rechter Teil) wurde auf diese Weise komponiert. Der Stempel hat eine Größe von 9:8,5 cm. Hier war die Zeichnung des Brokats mit einem Krapplack gefaßt, der jetzt leider nur mehr in kleinen Spuren erkennbar ist. Das prächtigste Brokatmuster befindet sich am Kleid der Maria Salome (heute fehlend), der Mutter des Jakobus. Die zwei einander kreuzenden Bandmotive bilden einen harmonischen Rhythmus, und die Zeichnung, im Inneren rot, sonst grün gehalten, ist von besonderer Schönheit. Die Stempelgröße ist 8:10 cm.

Die Annahme, daß Wachs für die Applikation verwendet worden war, wurde durch den Analysebefund vom 6. Februar 1966 des verstorbenen Beraters des Bundesdenkmalamtes, Dipl.-Ing. Wilfried Kress, Professor an der Akademie der bildenden Künste in Wien, bestätigt. Das Ergebnis der Analyse des Materials lautet auf reines Bienenwachs mit dem Schmelzpunkt bei 61° Celsius.

Es wurde auch versucht, die Technik zu rekonstruieren, in welcher derartige Brokate hergestellt worden sind. Zu diesem Zweck wurden Bleiplatten mit einer Gravierung versehen, die der Zeichnung des Brokats entspricht, sodann wurde die Oberfläche der Bleiplatte mit Leinöl eingelassen und heißes Wachs darübergestrichen. Beim Erkalten löste sich das Wachs mit dem Muster leicht vom Metall ab und war im warmen Zustand so geschmeidig, daß man es auf eine grundierte Oberfläche ohne Schwierigkeit auftragen konnte. Die ursprüngliche Verwendung von Bleiplatten war durch die Tatsache bestätigt, daß sich an verschiedenen Stellen an Figuren des Altares plastische Teile aus Blei fanden (vgl. Bleiverzierungen).

Das Gewand der Maria (im rechten Teil des Altares) hat ein zartes Ornament in Gold auf Blau, das jetzt wegen des schlechten, fragmentierten Zustandes nicht mehr rekonstruierbar ist. Weitere kleine Ornamente finden sich noch an den Gewändern der Engel und einer weinenden Maria in der Mittelgruppe. Das Gewand des Longinus war ebenfalls als Brokat gestaltet, dessen Musterung heute aber fast zur Gänze verschliffen ist. Der schlechte Erhaltungszustand der Gewänder von Christus (Mantel unter dem Kreuz) und Maria in der mittleren Gruppe ist teils auf die früheren Restaurierungen, teils auf einen ursprünglichen Fassungsfehler zurückzuführen.

Das Antwerpener Gildezeichen – die Hand – befindet sich an mehreren Stellen des Altares, und zwar: in der rechten Gruppe in der Wiese unter Christus; in der linken Gruppe in der Wiese unter dem Soldaten, der Christus an den Fesseln zieht, und unter dem Soldaten mit der Geißel. Auch die Mittelgruppe hat eine Hand im Vordergrund der Wiese, auf der Rückseite aber einen Hammer, der das Brüsseler Gildezeichen ist. Der Soldat in der linken Gruppe hat auf der Hose die ineinander verschlungenen Buchstaben „AL" (s. Giovanna Zehetmaier, op. cit.).

BESCHREIBUNG

Das dreiteilige geschnitzte und polychromierte Retabel zeigt in der Mitte die Kreuzigung Christi und die Kreuzannagelung, in den seitlichen Teilen links die Kreuztragung, rechts die Kreuzabnahme und die Beweinung Christi. Die Mittelgruppe ist in ein schreinartiges Gehäuse eingefügt, das allerdings nicht original ist; die beiden Seitenteile sind vor neuzeitlichen, vergoldeten und mit in Kreide geschnittenem Granatmuster verzierten Rückwänden appliziert. Sowohl die Anordnung als auch das Erscheinungsbild entsprechen vermutlich dem ursprünglichen Zustand des Altarretabels. – Im linken Schrein ist folgende Darstellung zu sehen: Im Vordergrund ist die Hauptgruppe der Kreuztragung Christi gegeben; sie bildet einen Teil des Zuges von Menschen, der, aus Jerusalem kommend – die Stadt ist im Hintergrund durch eine Architekturkulisse charakterisiert –, durch eine gebirgige, felsige Landschaft, in der sich der Weg mäandrierend von der Stadt in den Vordergrund bewegt, die Verurteilten – Christus und die beiden Schächer – begleitet. Der Kondukt erscheint zwischen zwei beidseitig des Weges hoch aufragenden Landschaftskulissen annähernd in der Mitte des linken „Schreines", bewegt sich nach dem linken Bildrand zu, wendet sich nach rechts, wobei in der Wendung die Christus-Gruppe im Vordergrund steht. Der Zug wird durch einen geharnischten Soldaten in tänzelnder Haltung angeführt, der sich extrem stark zurückwendet; er ist in Rückenansicht und verlorenem Profil zu sehen. Ihm folgt einer der beiden weißgewandeten Schächer mit gefesselten Händen, dem der zweite, sich zur Christus-Gruppe herabwendende Schächer folgt. Die Christus-Gruppe besteht aus fünf Personen: um Christus geschart sind Simon von Cyrene sowie drei Soldaten; diese vollplastische Gruppe nimmt den gesamten Vordergrund ein und ist gesondert hervorzuheben. Sie besteht aus dem das Kreuz haltenden Christus, der von Simon von Cyrene unterstützt wird. Breitbeinig steht Christus da, gebeugt durch die Last des Kreuzes auf der linken Schulter, das er mit der Hand in eigenartig verdrehter Weise an der Oberseite festhält; das Kreuz liegt auf seiner linken Schulter auf, verläuft quer über den Rücken, wobei Christus es mit dem rechten Arm von oben her, aus dem Schrein heraus gewendet, hält; Simon von Cyrene, der hinter ihm steht, Christus beim Tragen des Kreuzes unterstützend, ist in Rückenansicht zu sehen. Die drei Christus umringenden Soldaten schlagen mit Keule und Peitschen auf ihn ein; der rechte Soldat mit der Peitsche ist in beinahe tänzerisch anmutender Haltung mit einem vor- und einem zurückgesetzten Bein gegeben und bildet solcherart einen Gegenspieler zur Christusfigur, wobei zu bedenken ist, daß durch die fehlende Figur der Veronika der gegenwärtige Eindruck irreführend sein könnte. Ursprünglich war Christus der im Vordergrund rechts vor ihm knienden Veronika mit dem Schweißtuch zugewendet, wodurch die Komposition der Vordergrundgruppe annähernd ein Dreieck beschreibt. – Der Zug setzt sich auf dem felsigen, treppenartigen Terrain nach rechts oben durch die beiden zusammen mit Christus verurteilten Schächer fort. Der Zusammenhang mit der Gruppe wird durch den Zurückblickenden hergestellt; der zweite ist in Rückenansicht gegeben, rechts daneben der geharnischte Soldat mit der Lanze, der den Zug anführt. – Im Hintergrund befindet sich – wie bereits erwähnt – der Stadtprospekt in Form einer Kulisse von Jerusalem – gleichsam das Porträt einer Stadt mit Stadttor, in der ein Zitat der Stadt Villeneuve-les-Avignon gegeben sein könnte – mit kirchenartigem Gebäude im Zentrum, leicht aus der Mitte nach links verschoben, wobei er an den oberen Abschluß des Landschaftsreliefs gestellt ist. Weiters sind verschiedene Häuser und Bäume im Terrain verteilt; die Felsen sind goldfarben, das übrige Terrain ist grün.

Beim Mittelschrein ragen aus den dichtgedrängten Figurenmassen der Kreuzannagelungs- und Kreuzigungsgruppe die drei Kreuze heraus: Christus am Kreuz in der Mitte, links und rechts von je einem Schächer am Kreuz flankiert, wobei der sich von Christus gesehen rechte diesem zu-, der linke sich von ihm abwendet. Auffallend ist die symmetrisch-gegengleiche Anordnung der Körper und Beine der beiden Schächer im Schrein. Die Gruppe ist von Engeln begleitet, wobei sich beim „guten" Schächer ein Engel mit der Seele von diesem in Gestalt eines kleinen Kindes, beim „bösen" sich der Teufel als Drachen mit einem Kleinkind, das er in das Hinterteil beißt – als Seele des Schächers, der sich nicht bekehrte und nicht bereute –, befindet.

Die Kreuzigungsgruppe ist als auf hohem, bizarrem Felsterrain stehend charakterisiert, das – goldgefärbt – am linken und rechten Rand des Mittelschreines sichtbar wird. Das

Figurengetümmel, bestehend aus Longinus mit der Lanze, mit der er eben zusammen mit einem Helfer die Brust Christi durchstoßen hat, aus mehreren Reitern auf Pferden, die zum Teil miteinander disputieren, und mit stehenden geharnischten Soldaten im rechten Hintergrund, ist fast vollständig vollplastisch durchgebildet und wirkt in seiner Überladung gleichsam wie in einem „horror vacui" gleich floralen Motiven ausgefüllt. – Im Vordergrund befindet sich die Szene der Kreuzannagelung – sie ist von der Kreuzigungsdarstellung durch die Schräge des liegenden Kreuzes, bei dem zwei Soldaten eben damit beschäftigt sind, den bereits am Kreuz liegenden und mit der rechten Hand am Kreuz haftenden Christus an das Kreuz zu nageln. Links von dem Kreuz schließt die Gruppe von zwei Frauen das von der oberen Kreuzigung getrennte Dreieck der Kreuzannagelung ab, unter der Johannes die ohnmächtig in die Knie sinkende Maria – als einzige Figur als ganze Gewandfigur gegeben – pietàartig in den Armen hält. Die beiden Schächer ragen in die obere Szene hinein, wobei der eine den Hammer schwingt, um die linke Hand Christi mittels eines Nagels zu durchbohren, der zweite gerade im Begriff ist, das Loch für den Fußnagel zu bohren. Das Gewand Christi liegt parallel neben dem liegenden Kreuz im Bildvordergrund. Das Relief des gesamten Mittelschreines ist derart gestaltet, daß die untere Szene durch eine Terrainschräge in den Vordergrund gerückt wird, wie auch das Relief, das bei den Pferdedarstellungen fast vollplastisch ausgebildet ist, nach vorne zu wieder abnimmt, also mehr in den Reliefgrund zurücktritt.

Beim rechten Seitenteil des Altarretabels sind – ähnlich wie im mittleren Teil – auch zwei getrennte Szenen vor einem gemeinsamen Landschaftshintergrund dargestellt: Im Hintergrund bzw. im oberen Teil des Bildfeldes ist die Kreuzabnahme zu sehen, im Vordergrund ist eine im Bildraum dominierende Beweinungsgruppe gegeben. Diese Gruppe war ursprünglich nach rechts durch zwei weitere Skulpturen erweitert (beide Figuren wurden nach der Restaurierung wiederum entwendet). Christus liegt, mit einem Lendentuch bedeckt, am Kopf im Schoße Mariens durch Johannes festgehalten, diagonal nach vorne von ihrem Schoß herabgleitend, gleichsam auf dem Mantel der hinter Maria stehenden Frau sitzend, dem Betrachter zugewendet, tot am Boden. Maria ringt die Hände; die Gruppe wird von weiteren Skulpturen gerahmt: Zu Christi Füßen ist eine in die Knie sinkende Frau mit einem weit ausladenden Hut, der ihren Namen im Dekor enthält und sie als Magdalena ausweist, hinter Maria und diese stützend eine weitere, kostbar gekleidete Frau, die sich leicht nach vorne bückt, dargestellt. Diese Vordergrundgruppe, die durch Nikodemus am linken Reliefrand vervollständigt wird, ist vollplastisch wiedergegeben. Die Gruppe ist kleiner und flacher gearbeitet als die ihr auf der linken Seite entsprechende Kreuztragung. – Im Hintergrund ist die der Beweinung Christi vorangehende Kreuzabnahme dargestellt; die Figuren sind kleiner und flacher gegeben als die der Gruppe im Vordergrund. Es ist der Typus der Kreuzabnahme mit einer Leiter zu sehen, von der ein Helfer eben im Begriff ist, den in der Art eines Grablegungs-Christus annähernd waagrecht liegenden Leichnam Christi dem Joseph von Arimathia herabzureichen, der ihn mit ausgestreckten Armen entgegennimmt. Der sich auf der Leiter befindliche Helfer ist in eigenartiger Stellung wiedergegeben: Mit der linken Hand sich über seinem Kopf an der Leiter festhaltend, steht er mit beiden angehockten Beinen auf einer Sprosse der Leiter, auf den Oberschenkeln liegt der Leichnam, den er solcherart zu stützen versucht, während der Oberkörper Christi bereits von Joseph von Arimathia gehalten und in Empfang genommen wird. Die Figur des Helfers läßt auf eine genaueste Beobachtung von Figurenhaltungen am lebenden Modell schließen, zumindest beim Vorbild für diese Szene. Die beiden Darstellungen der Kreuzabnahme und der Beweinung sind in einer felsigen, weiten, steilen Landschaft gegeben, die etwa zwei Drittel des Schreines einnimmt und ähnlich formuliert ist wie die im linken Teil des Retabels: Im Hintergrund oben befinden sich ein Stadtprospekt und Häuser, die vereinzelt in der Landschaft liegen; diese sind nur am oberen Abschluß des Reliefs, das in der räumlich versuchten Darstellung gleich einem gemalten Bild nach vorne herabgezogen wird und dort ausschließlich Fels und Vegetation aufweist, ausgenommen das goldene Grab Christi, das am rechten Schreinrand in starker Verkürzung sichtbar wird (Sarkophag) sowie drei sich voneinander entfernende Figuren zwischen den Felskulissen, die sich zentripetal von der Kreuzabnahme entfernen.

Die zwei seitlichen Baldachine, die original erhalten sind, sind in der Ausarbeitung ident. Sie sind doppelgeschossig ausgeführt und bestehen aus zwei gleichen nebeneinander liegenden, an der Frontseite erkerartig vorspringenden Teilen, so daß über den Seitenteilen des Antwerpener Altares jeweils ein Doppelbaldachin, im Mittelteil ein großformigerer Einzelbaldachin montiert ist. Das Untergeschoß der Seitenbaldachine ist reicher an Details als das obere, in dem sich die Formen vereinfachen und diese eine Verjüngung nach oben anzeigen. Der obere Abschluß wiederholt auf einer Leiste den Dekor des untersten Baldachinteiles, der in den nach unten zu offenen Wimpergen angeordnet ist. Die geschweiften, krabbenbesetzten Wimperge bilden den unteren Abschluß der Baldachine, die in ihrer Tiefe das Retabel überdachen, indem sie ein Gewölbe bilden, das in der Frontalansicht jedoch nicht zur Geltung kommt. Ausschließlich die in Blei aufgesetzten Schlußstein-Imitationen sind in der En-face-Ansicht sichtbar. Die mit Kreuzblumen bekrönten Wimperge durchstoßen das zweite Geschoß, wodurch beide Geschosse miteinander verbunden sind. Seitlich der einzelnen Elemente sind zahlreiche krabbenbesetzte Fialen angebracht, die gleichzeitig die beiden Miniaturmaßwerkfenster des unteren Geschosses rahmen; der obere Abschluß durch Wimperge und Kreuzblumen zeigt den Abschluß des Untergeschosses an, das dem zweiten Geschoß, das bis hinter das erste herabgeführt wird, vorgelagert ist, so daß der Eindruck einer diaphanen Struktur entsteht; das Obergeschoß ist geringfügig nach hinten versetzt und nicht derart detailreich ausgeführt wie das untere, doch sind Maßwerkfenster zweigeschossig in regelmäßiger Abfolge nebeneinander gesetzt, wobei die obere fensterartige Nische an der Frontseite des erkerartigen Vorsprunges an der Rückwand ein Maßwerkfenster hat und solcherart wie eine für die Einstellung einer Kleinskulptur bestimmte Nische wirkt. – Formal entspricht der Mittelbaldachin, der eine Ergänzung aus dem 19. Jahrhundert ist, den seitlichen Teilen, ist jedoch auf ein vergrößertes erkerartiges Element reduziert und beinahe um das Untergeschoß der seitlichen Teile höher montiert, um der Kreuzigungsgruppe Platz zu bieten.

IKONOGRAPHIE

Das Geschehen läuft ikonographisch gesehen von links nach rechts ab: links beginnt die Abfolge mit der Darstellung der Kreuztragung Christi; im Mittelschrein folgt die Kreuzannagelung im Bildvordergrund, während im Hintergrund die zeitlich darauffolgende Szene der Kreuzigung steht, die in ihrer Wiedergabe dominierend wirkt; im rechten Seitenteil des Retabels ist die Darstellung der Abnahme Christi vom Kreuz mit der Beweinungsgruppe kombiniert.

Die Kreuztragung ist als Einzelszene gegeben und stellt innerhalb der Szenen dieses Retabels die Gruppe mit den hinsichtlich der Dimensionen größten Figuren dar, was auch darauf schließen läßt, daß diese Darstellung im Unterschied zu den beiden anderen Teilen dieses Altares auf einen Archetypus ohne Simultandarstellungen zurückgehen dürfte. In den beiden anderen Fällen sind jeweils zwei Szenen miteinander kombiniert gegeben. – Der Zug der Kreuztragung entwickelt sich aus der Ferne heraus nach vorne, wobei sowohl die angedeutete Perspektive als auch die verschiedenen Größenverhältnisse der Figuren zueinander (in der Vergrößerung nach vorne zu, wobei sie, indem sich der Zug wendet und wieder in den Hintergrund verschwindet, wiederum kleiner werden) dazu beitragen, daß Christus als die größte Figur im Vordergrund wirkt.

Beim Heranziehen von Vorlagen für diese Kreuztragungsdarstellung ist vor allem das Medium der Malerei dominierend: Letztlich geht die Komposition der Kreuztragung im Antwerpener Altar auf eine Eyckische Vorlage zurück, von der sich eine Kopie nach Jan van Eyck (?) in der Graphischen Sammlung Albertina in Wien befindet (s. Erwin Panofsky, Early Netherlandish painting, vol. 2, Harvard 1953, Pl. 169, Fig. 304). Mit Rücksichtnahme auf den Charakter des bildlichen Mediums der Relief- bzw. Skulpturendarstellung wurde in der Kreuztragung des Antwerpener Altares die Anzahl der Figuren gegenüber dem Vorbild stark reduziert – was gleich prima vista auffällt – bei vollständiger Wahrung des ursprünglichen Charakters der malerischen Vorlage: ebenso geht eine Kreuztragung Christi im Budapester Museum der Schönen Künste (E. Panofsky, op. cit., Pl. 169, Fig. 305) auf die gleiche Vorlage zurück, bei der dieser „Weg nach Golgotha" zu den Darstellungen im Antwerpener Altar als auch zur obgenannten Zeichnung in der Albertina in Wien seitenverkehrt gegeben ist und die Figurenmassen mit Reitern aus einer hohen Felskulisse auftauchen, im Bildvordergrund, in dem sich die Gruppe mit dem kreuztragenden Christus befindet, wendet und zwischen weiteren Felskulissen nach Golgotha hinaufführt. Im Hintergrund ist eine weite Landschaft mit hohem Horizont zu sehen, im rechten Hintergrund befindet sich die Stadtkulisse von Jerusalem mit dem großen Stadttor – beim Antwerpener Altar ist dieser Stadthintergrund abbreviert vorzufinden. Die Albertina-Zeichnung wie auch das Budapester Tafelbild zeigen neben Christus Simon von Cyrene, der Christus das Kreuz tragen hilft; die Zeichnung der Albertina beweist außerdem ihre Nähe zum Antwerpener Altar, indem das Motiv der Veronika mit dem Schweißtuch in die Kreuztragung integriert ist, während – präzise betrachtet – in beiden Darstellungen genau auf diese Szene Bezug genommen wird, indem Christus Veronika anblickt; ein Gegensatz besteht nur darin, daß im Antwerpener Retabel Veronika eben vor Christus kniet und ihn ebenfalls anblickt, während in der Zeichnung Veronika das Tuch mit dem Abbild des

Antlitzes Christi bereits kniend in den Händen hält (im Antwerpener Altar fehlt derzeit die Skulptur der Veronika).

Zur Haltung des kreuztragenden Christus sei auf zwei Passionstafeln aus dem Franziskanerkloster (Kat.-Nr. 66), um 1450 entstanden, verwiesen (Ute Ulbert-Schede, Das Andachtsbild des kreuztragenden Christus in der deutschen Kunst, München 1968). Während die Stellung der Beine und des Oberkörpers Christi im Antwerpener Altar auch auf den vergleichbaren Kreuztragungs-Darstellungen des 15. Jahrhunderts wiederholt vorkommt, ist die raumgreifende und zugleich in der En-face-Ansicht in die Fläche gebreitete Haltung der Arme Christi, wie sie die Kreuztragungs-Szene im Antwerpener Altar zeigt, in keinem der Beispiele in ähnlicher Art und Weise wiederzufinden. Aus diesem Grund liegt die Vermutung nahe, daß das unmittelbar auf die Darstellung im linken Seitenteil des Retabels einwirkende Vorbild heute nicht mehr existent ist und nur in diesem Werk fortwirkt; eine andere Möglichkeit ergibt sich aus statischen Gründen, um der Skulptur mehr Halt zu bieten.

Die Kreuzigung im Mittelteil des Retabels zeigt den letztlich auf trecenteske – sienesische – Vorbilder zurückgehenden Typus der hochaufragenden Kreuze, die hoch über die Figurenmassen ragen; das Figurengedränge reicht bis zu einem hohen Horizont, während die drei Kreuze – gleichsam isoliert – darüber stehen, wobei der Vordergrund dieser Darstellung zugunsten einer Kombination von trauernden Anhängern Christi mit der Kreuzannagelung – und deren Anordnung im untersten Bereich des Reliefs – ausgenützt wurde. – Im Gegensatz zu dem Nachwirken der Tradition der großfigurigen Kreuzigungen nach Jan van Eycks Vorbild, die im Vordergrund das Kreuz bzw. die drei Kreuze zeigen und von wenigen Assistenzfiguren – wie bei zwei Kreuzigungsbildern in Venedig (Flämischer Meister nach Jan van Eyck, Cà d'Oro; Nicola di Maestro Antonio, Accademia, beide Venedig, s. E. Panofsky, op. cit., Pl. 157, Fig. 291, 292; ebenso Nachfolger Jan van Eycks, Berlin, Kaiser-Friedrich-Museum, s. E. Panofsky, op. cit., Pl. 158, Fig. 293) –, doch von reicher Hintergrundgestaltung begleitet sind, auf dem einen mit einer reichen Stadtkulisse, auf dem anderen mit einer weiten Landschaft, auf dem dritten mit einer Kombination von Stadtprospekt und Landschaft, ist im Antwerpener Altar eine starke Anlehnung an die Kreuzigung im Eyckischen New Yorker Diptychon im Metropolitan Museum erkennbar (s. E. Panofsky, op. cit., Pl. 166, Fig. 301), wobei unter Wahrung und Beibehaltung des Reiter- und Figurengetümmels eine Kombination mit einer Kreuzannagelung im New Yorker Diptychon fehlt, der Vordergrund jedoch durch die ohnmächtige Muttergottes mit Assistenzfiguren eine Flächenfüllung erfährt. – Parallel hiezu ist im Antwerpener Altar an korrespondierender Stelle die schwanger anmutende Maria – jedoch vermutlich nicht als Anspielung auf die „humilitas'' gemeint – durch Johannes in der Art einer Pietà gehalten. Letztlich sind hier sowohl Anklänge an die traditionellen Darstellungen einer „Engelspietà'' – bei der Christus als Leichnam durch Engel gestützt wird – als auch an die Darstellung von Gott-Vater, der den toten Christus vor sich hält, offensichtlich. Weiters erinnert diese Darstellung von Johannes, der die ohnmächtige Gottesmutter stützt, entfernt an die traditionelle Darstellung des Marientodes (als prominentestes Beispiel wäre hier der „Marientod'' des Schreines des Krakauer Marienaltares von Veit Stoß zu nennen). Der Augenblick, da die Gottesmutter, umgeben von den frommen Frauen, ohnmächtig in die Arme des Jüngers Johannes sinkt, stellt ein Motiv dar, das in den brabantischen Passionsretabeln – als ein Niederschlag der Visionen der hl. Brigitta – oftmals vorkommt und der italienischen Vorstellung des „Stabat Mater'' widerspricht („Svanimento''). Das ikonographische Motiv der von Johannes aufgefangenen, rücklings ohnmächtig zusammensinkenden Maria, das im Tafelbild der Kreuzabnahme Rogier van der Weydens im Prado in Madrid (s. E. Panofsky, op. cit., Pl. 176, Fig. 314) einen nachfolgereichen Höhepunkt erfährt, ist im trecentesken Fresko in einer Seitenkapelle der Kirche St-Didier in Avignon einflußgebend präfiguriert (Hinweis von Univ.-Prof. Dr. Otto Pächt).

Ebenso wäre ein Verweis auf das – noch zu erwähnende – Passionsretabel der Stifter Claudio Villa und Gentine Solaro (Flämische Kunst, Antwerpen 1985, Abb. Seite 89) an dieser Stelle sinnvoll, bei dem die gleiche Art der Darstellung des Motivs der Ohnmacht Mariens bei der Kreuzigung, wie beim Antwerpener Altar auch im mittleren Schrein dargestellt, prima vista auffallend wirkt. – Die Schriftgelehrten, die mit zum Teil spottenden Gebärden von rechts nach links durch eine Felslandschaft gegen Kalvaria reiten, weisen diesen Darstellungstypus als Vorbild für eine Kreuzigung, die als „Kalvarienberg'' gestaltet ist (vgl. Albrecht Dürer, Zeichnung in den Uffizien in Florenz, siehe Kat.-Nr. 69, Ober-St. Veiter Altar), aus. Am Fuß des Kreuzes umstehen einerseits römische Soldaten und Juden das Kreuz Christi, andererseits ist die Legende vom blinden Longinus zur Darstellung gebracht: Ihm sei von einem anderen Soldaten die Lanze zum Stoß in die Seite Christi gelenkt worden und ein Blutstropfen habe sein Auge getroffen, das nun wieder sehend wurde (linker Reiter). Sowohl für die Ikonographie des Mittelteiles des Antwerpener Altares als auch für die kunsthistorische Einordnung wesentlich ist das Passionsretabel des Claudio Villa und Gentine Solaro im Koninklijke Musea voor Kunst en Geschiedenis in Brüssel (Flämische Kunst von den Ursprüngen bis zur Gegenwart, Antwerpen 1985, Abb. Seite 89) zu nennen: Der Mittelteil dieses Retabels stimmt weitgehend mit dem des Antwerpener Altares überein, mit dem Unterschied, daß dem Antwerpener Altar die Stifterfiguren und die zugehörigen Wappen fehlen, die im Brüsseler Retabel den Vordergrund ausfüllen – im Gegensatz hiezu ist im Antwerpener Altar die Kreuzannagelung dargestellt. Die Figuren der drei Gekreuzigten über dem Relief sind – hier wie dort – vollplastisch und für sich gearbeitet, die adorierenden Engel hingegen, die die Symmetrie im Antwerpener Altar betonen, fehlen im Brüsseler Altar gänzlich. Die anderen ikonographischen Elemente stimmen überein; wie namentlich die – bereits erwähnte – Darstellung des „Svanimento", das Figurengetümmel bis zu einem hohen Horizont und die Reiter mit der Darstellung der Longinus-Episode. Das Motiv der Kreuzannagelung mit dem liegenden Kreuz kommt nördlich der Alpen als mehrfiguriges Bild vor, nachdem der Typus des Kreuzigungsbildes geschaffen worden war. Auf deutschen und niederländischen Passionsaltären ist es als letzte Szene vor der Kreuzigung angeordnet und kann – wie auch im Antwerpener Altar – als Nebenmotiv dem Kreuzigungsbild eingefügt sein, wie es beispielsweise bei einem Kölner Altarbild des Meisters der hl. Veronika, um 1430 bis 1440 entstanden (Kreuzigungs-Kalvarienberg), der Fall ist (Gertrud Schiller, Ikonographie der christlichen Kunst, Bd. 2, Gütersloh 1968, Seite 96, Abb. 521). Letztlich fußt dieses Motiv auf der literarischen Vorlage des Anselm von Canterbury (s. Kat.-Nr. 77).

Eine Kreuzannagelung mit dem vor dem Kreuz liegenden Gewand Christi zeigt eine Altartafel von Gérard David (London, National Gallery, Inv.-Nr. 3067), die vermutlich als Mitteltafel eines kleineren Altares fungierte, dessen Flügel sich in Antwerpen befinden (s. Gertrud Schiller, op. cit., Seite 96, Abb. 316). Diese Tafel ist um 1480 bis 1490 entstanden und stellt aller Wahrscheinlichkeit nach den Nachhall eines – nicht erhaltenen – gemeinsamen – Rogierschen (?) – Vorbildes zu der Darstellung im Antwerpener Altar dar. In dem rechten Seitenteil des Retabels sind die Abnahme des Leichnams Christi vom Kreuz und die Gruppe der Beweinung Christi miteinander kombiniert, wobei die im Vordergrund befindliche Beweinung sowohl in ihrer Postamentierung im unteren Teil des Reliefs als auch in der Größe der Figuren – als Hauptgruppe zu verstehen ist; die Beweinung kommt als Hauptgruppe im Verband mit mehreren Szenen sonst nicht vor. – Ausschließlich die Buchmalerei kennt eine ähnliche Kombination von diesen thematisch in zeitlich direkter Abfolge zusammenhängenden Szenen, allerdings nicht in simultaner Darstellung, sondern in losem Kontext: In der Handschrift „Les Très-Belles Heures de Notre Dame" (Fol. 216) ist eine beinahe ganzseitige Darstellung der Kreuzabnahme mit einer kleinen Beweinungsgruppe – am unteren Blattrand gegeben – kombiniert (s. E. Panofsky, op. cit., Pl. 16, Fig. 39; das Blatt befindet sich in Paris, Sammlung Rothschild); eine ähnliche Kombination – dort ist allerdings die Kreuzabnahme in der traditionellen Weise mit der Grablegung Christi verbunden – findet sich im Evangelistar aus dem Kollegiatstift St. Stephan in Bamberg auf fol. 68, von 1007 präfiguriert (s. Lexikon der christlichen Ikonographie, Bd. 2, Herder, Rom–Freiburg/Breisgau–Basel–Wien 1970, Seite 193, Abb. 1). Im Antwerpener Altarretabel findet in der Bedeutung gegenüber dieser genannten Buchmalerei geradezu eine Umkehr statt: Die Kreuzabnahme – als bereits entfernteres, zeitlich mehr zurückliegendes Geschehen – ist kleiner im Hintergrund, die Beweinungsgruppe mit größeren Figuren im Vordergrund dargestellt – und dies als simultane Darstellung im gleichen landschaftlichen Szenarium.

Die Kreuzabnahme ist auf wenige Figuren reduziert, wobei auf die Symmetrie der Darstellung Bedacht genommen wurde. Die ikonographische Herkunft dieser Kreuzabnahme-Gruppe könnte auf eine Grablegung Christi zurückzuführen sein, wie es in ähnlicher Art und Weise beim Meister von Flémalle im Londoner Triptychon vergleichbar ist (s. E. Panofsky, op. cit., Pl. 84, Fig. 196). – Die Beweinungsgruppe zeigt den ikonographischen Typus der Johannes-Marien-Gruppe, wie sie im Mittelteil des Antwerpener Retabels ähnlich zu finden ist: eine der Marien – Maria Cleophae – hält die Muttergottes dergestalt, wie sonst Johannes Evangelist sie stützt, während dieser den Kopf Christi hält; die Symmetrie der Gruppe betonend, stehen Joseph von Arimathia und Nikodemus wie Kommentatoren, die beiden anderen Marien – Maria Magdalena und Maria Salome (derzeit nicht vorhanden) – vervollständigen die Gruppe; gewissermaßen ein Konglomerat dieser beiden Gruppen der Kreuzabnahme mit der Beweinung Christi findet sich in Rogier van der Weydens Madrider Kreuzabnahme (Prado), in der die ohnmächtige Maria von Johannes gestützt wird; in ikonographischer Sicht ist diese Darstellung mit Maria in der Beweinungsgruppe des Antwerpener Altares vergleichbar, woraus geschlossen werden kann, daß sowohl Rogiers Pradeser Kreuzabnahme als auch die Darstellungen im Antwerpener Altar auf einem gemeinsamen – möglicherweise nicht erhaltenen – Vorbild fußen, das zu beiden Werken zeitlich näherliegt als der erwähnte Freskenzyklus von St-Didier in Avignon.

Einen weiteren Aspekt für Untersuchungen stellt die Tatsache dar, daß der rechte Seitenteil des Antwerpener Retabels zum linken mit der Kreuztragung insofern einen Gegensatz bietet, als in den Bewegungstendenzen der Kreuztragung ein Aktivität demonstrierendes Gegengewicht zur kontemplativen, stille Trauer suggerierenden Beweinungsgruppe und Kreuzabnahme gegeben ist.

Analog der früheyckischen genannten Kreuztragungsszene, auf die das entsprechende Relief im Antwerpener Altar zurückgeht, haben beide – aufgrund der ikonographischen Ähnlichkeit zur Kreuztragungsszene im Sobieski-Stundenbuch (Windsor Castle, Royal Library, fol. 186 v.; s. Hans Belting – Dagmar Eichberger, Jan van Eyck als Erzähler, Worms 1984, Seite 121, Abb. 38), das um 1420–1430 entstand und stilistisch auf dem Bedford-Meister fußt – vielfigurige Passionsszenen zur Voraussetzung, wobei sowohl in der früheyckischen Bildrezension als auch in den hievon abhängigen Reliefs des Antwerpener Altares einzelne Szenen aus einer ausführlichen, kontinuierlichen bildlichen Szenenfolge narrativen Charakters selektiv zur Vorlage gedient haben mögen, deren bildliche Formulierungen nunmehr in einer individuellen Darstellungsweise zu spezifizierenden Zustandsbildwerken weiterentwickelt wurden.

ALTARTYPUS

Der Antwerpener Altar besteht aus drei getrennten, durch die ikonographischen Darstellungen miteinander sinnvoll verbundenen Teilen. Man kann sie weder als Flügel noch als Schreine bezeichnen, da die Seitengruppen weder beweglich noch in sich vollkommen geschlossen sind. Vermutlich hatten alle drei Teile ursprünglich eine Art Gehäuse in ähnlicher Form, wie sie heute – in einer Zusammenstellung des 19. Jahrhunderts – zusammengefügt sind (s. ERHALTUNGSZUSTAND), unter Verwendung originaler Teile (die beiden seitlichen Baldachine). Ob der Altar – gleich einem mittelalterlichen Wandelaltar – gemalte Flügelbilder hatte oder nicht, kann man nach dem heutigen Erhaltungszustand nicht beurteilen; nach der Gestaltung der originalen seitlichen Baldachine zu schließen, ist dies unwahrscheinlich.

Der Typus der Schnitzaltäre, wie er im Antwerpener Altar vorgeführt wird, mit – auch horizontaler – Teilung in einzelne Fächer, ist seit dem 14. Jahrhundert gebräuchlich. Von ca. 1450 an bis etwa um 1530 ist er vor allem in Brabant, aber auch in Flandern üblich. Meist waren diese Exemplare mit Passionsszenen bestückt, aber auch mit Szenen aus dem Marienleben oder dem Leben der hl. Anna.

Ein ähnliches, dem Antwerpener Altar vergleichbares Exemplar stellt das Passionsretabel von Claudio Villa und Gentine Solaro dar (Brüssel, Koninklijke Musea voor Kunst en Geschiedenis), das in Brüssel um ca. 1460–1470 entstanden ist (Flämische Kunst von den Ursprüngen bis zur Gegenwart, unter Leitung von Hermann Liebaers, Valentin Vermeersch, Leon Voet, Frans Baudoin, Robert Hoozee, Mercatorfonds Antwerpen, 1985, Abb. Seite 89).

All diese genannten Charakteristika weisen einen erheblichen Unterschied zum Wandelaltar auf, wie er im Mittelalter in den österreichischen und deutschen Ländern und deren Nachbargebieten üblich ist: Es fehlen im Antwerpener Retabel die Predella sowie das Gesprenge ebenso wie bei allen anderen flämischen Schnitzaltären.

STILCHARAKTERISTIK

Der linke Seitenteil des Retabels zeigt – bei Herausarbeitung der Figuren aus zunächst im Hintergrund annähernd flachem, doch bildschnitzerisch gestaltetem Relief bei zunehmender Plastizität nach dem Vordergrund zu, bis es zur Ausbildung von vollplastischen, vollrunden und einzeln gearbeiteten Skulpturen kommt – ein Ausnützen der tatsächlich vorhandenen Tiefendimension, wobei eine Staffelung der Figurengrößen, die nach dem Hintergrund zu abnimmt, merkbar ist.

Beim rechten Seitenteil wird die Gestaltung der Figurenkomposition durch das gleiche Prinzip wie im linken Teil charakterisiert: in der En-face-Ansicht zeigt sie eine Symmetrisierung, die vor allem auch durch die gestaffelte Anordnung der Landschaftskulissen nach diagonal verlaufenden Figurationen unterstrichen wird. Im rechten Seitenteil ist die Betonung der Symmetrie in noch stärkerem Ausmaß vorhanden als im linken.

Im linken Seitenteil (Kreuztragung) sind drei Figurengruppen zu unterscheiden, wobei die Christus-Gruppe übergangslos in die rechte Gruppe mit den beiden Schächern und dem den Zug anführenden Schergen übergeht; die Trennung entsteht durch den Kreuzbalken und durch das Abwenden der beiden rechten Figuren, die die Gehrichtung angeben; der zweite Schächer stellt durch sein Zurückwenden zur Christusgruppe den Zusammenhang zwischen den beiden Gruppen her, während zwischen der linken mit den beiden Reitern und der Christusgruppe eine größere Skandierung besteht. Das räumlich gedachte Arrangement aller Figuren, vor allem in der Christusgruppe, wurde im Medium der Skulptur und des Reliefs in eine geschichtete Staffelung in der Anordnung umgesetzt, wobei jedoch in den Wendungen der Körper und in den räumlich ausgreifenden Bewegungen der Skulpturen der Vordergrundgruppe die räumlichen Aspekte gewahrt sind. Gleichzeitig ist durch die räumlich ausgreifende Bewegung des kreuztragenden Christus ein Ausbreiten dieser Skulptur in die Fläche die Folge. – Zwischen den beiden Reitern am linken Rand des linken Seitenteils und dem Schächer rechts ist eine Äquivalenz gegeben, indem an beiden Seiten die gleiche Tiefendimension, die gleiche Höhenkotierung wie auch in den Größenverhältnissen der Figuren die gleichen Dimensionen gegeben sind. Obgleich in der Unterschiedlichkeit der Gehrichtungen der Figuren an beiden Flanken des Reliefs Differenzierungen naturgemäß unvermeidlich sind, ist die Tendenz zur Symmetrisierung der Darstellung der Kreuztragung durch die Artikulierung mittels der Figurenanordnung in der Landschaftsformation, die den Weg des Zuges bestimmt, unterstrichen. Nach dem Vordergrund zu tritt das – bereits erwähnte – Skandieren zunächst der einzelnen Figurengruppen ein, das in der Tendenz zur Autonomie der Einzelfigur eine gesteigerte Wirkung derselben wie auch das Herauslösen derselben aus den Gruppen zur Folge hat. Die gesamte Komposition beschreibt eine annähernd elliptische Kurve haarnadelartiger Figuration.

Der rechte Seitenteil des Altares entspricht der Struktur nach dem linken Teil. Im Gegensatz hiezu sind jedoch zwei verschiedene Szenen simultan vereinigt dargestellt, wodurch eine geringfügige Verkleinerung der Figuren im allgemeinen notwendig und auch eine weitere Abstufung der Figurengrößen in der Szene der Kreuzabnahme im Hintergrund im besonderen die Folge war. Die gestaffelte Anordnung der Figuren läßt sich auch hier gut verfolgen: Im Zentrum sitzt die trauernde Maria mit dem Leichnam Christi, sie ist von Johannes und von den weiteren vier symmetrisch zu dieser Gruppe angeordneten – auf verschiedenen Terrainstufen sich befindlichen – Skulpturen, die einander dem Wesen nach entsprechen (im Vordergrund zwei kniende weibliche Gestalten, im Hintergrund zwei stehende männliche Figuren), umgeben. Die Maria stützende weibliche Figur verbindet die beiden dargestellten Szenen durch ihre Stellung im Zentrum, auf einer höher gestellten Terrainstufe; ihre Gestalt bildet mittels des geneigten Verlaufes ihres Rückenkonturs die Fortsetzung der steilen Neigung der am Kreuz lehnenden Leiter der Kreuzabnahme. Gleichzeitig stellt sie – als Spitze des Dreiecks der Hauptgruppe der Beweinung – die Verbindung zwischen den beiden Gruppen her. Der Corpus Christi in der Kreuzabnahme bildet ein Gegengewicht zum – annähernd entgegengesetzt zu diesem liegenden – Leichnam der Beweinung und geht gleichzeitig mit jener Neigung synchron, die sich in der Landschaftsformation als die eine Gerade der X-förmigen Grundfiguration der Figurenkomposition ausweist. In den beiden sich voneinander entfernenden Gestalten zwischen den Felskulissen, nach den Flanken hin, setzt sich diese Figuration im Hintergrund fort. Die beiden, Christi Leichnam in Empfang nehmenden, ebenso vollplastisch gearbeiteten Skulpturen des Joseph von Arimathia und des Nikodemus bilden dazu wiederum ein vertikales Gegengewicht. Ebenso wie im linken Seitenteil ist die Tendenz zum Herauslösen der Figuren aus den Gruppen und die Autonomie der Einzelfiguren zu beobachten, die bei der Beweinung vor allem in Erscheinung tritt. Die Figurenkomposition beschreibt – begonnen von dem annähernd rechten Winkel der Armhaltung des Christus vom Kreuz abnehmenden, auf der Leiter stehenden Helfers – beidseitig über Joseph von Arimathia, die entsprechende flankierende männliche Skulptur der Beweinungsszene (Nikodemus), Maria Magdalena links sowie rechts über Nikodemus, ebenso die entsprechende Figur (Joseph von Arimathia) darunter (heute fehlend) sowie die – ebenfalls heute fehlende – Maria Salome. Durch das Fehlen der beiden letztgenannten Skulpturen wird der kompositionelle Eindruck fragmentiert. Gleichzeitig wirkt die gesamte Komposition durch ihr Figurenarrangement, die Gestik und Haltungen der Skulpturen – namentlich unter anderem Bein- und Armhaltungen der beiden, Christi Leichnam haltenden, männlichen Figuren der Kreuzabnahme; bei der Beweinungsgruppe die Armhaltungen der beiden äußeren männlichen Figuren sowie die Fältelung des Gewandes durch das Raffen bei der linken Skulptur des Nikodemus; Arm- und Beinhaltungen der beiden weiblichen, im Vordergrund knienden Figuren – nach innen und konzentriert sich – sowohl was die Gesichtswendungen betrifft als auch die modischen Details wie die Kopfbedeckungen, vor allem der weiblichen Gestalten im Vordergrund, als auch das Fallen und Aufliegen des Gewandes dieser Figuren jeweils hinter bzw. neben ihnen gegen den Reliefrand zu – im Leichnam Christi.

Beim Mittelteil des Antwerpener Altares wurde, unter Berücksichtigung der Perspektive – auch hinsichtlich der Staffelung der Figurengrößen – wie bei den größeren seitlichen Teilen, ein verwandtes Prinzip befolgt. Ein Unterschied besteht in der Figurenkomposition hinsichtlich des Gedränges von Figurenmassen im Mittelteil des Altares, das einem „horror vacui" gleichkommt und in der Tradition gleichartiger vergleichbarer Altarschöpfungen niederländischer Herkunft begründet ist (s. KUNSTHISTORISCHE EINORDNUNG UND DATIERUNG, Passionsretabel von Claudio Villa und Gentine Solaro, abgebildet in: Flämische Kunst, Antwerpen 1985, Abb. Seite 89).

Ähnlich wie in dem – bereits genannten – Brüsseler Retabel zeigt das Relief des Antwerpener Altares im mittleren Teil die größte Tiefe, während es nach oben hin geringfügig, nach unten zu jedoch dergestalt seichter wird, daß das Terrain gleich einer steilen Bühne nach vorne abfällt und das Kreuz der Kreuzannagelung sich infolgedessen in einer stark verkürzten Perspektive präsentiert. Die Figuren liegen scheinbar auf der schrägen Terrainfläche auf – selbst dann, wenn sie als stehend gedacht sind.

Das genannte Passionsretabel in Brüssel zeigt das entsprechende Phänomen, wobei im Vordergrund anstatt einer Kreuzannagelung die beiden Stifter mit ihren Wappen dargestellt sind, deren Köpfe beinahe vollplastisch ausgearbeitet sind, während der untere Teil der Figuren kaum eine Relieftiefe zeigt. Unterschiedlich ist die Bearbeitung des Hintergrundes: Während sich beim genannten Brüsseler Retabel durch das Figurengedränge bei der Kreuzigung keine Gelegenheit zur Darstellung eines Terraingrundes ergibt, außer in Form von angedeuteten Felsklippen an den Flanken zu Füßen der beiden seitlichen Kreuze wie auch zu Füßen der Stifterfiguren, sind beim Antwerpener Altar – trotz annähernd übereinstimmender Felsformationen – vom landschaftlichen Grund auch bei noch so dichtem Figurengedränge Passagen sichtbar. Die Figurengruppe mit der in Ohnmacht sinkenden Muttergottes, des sie stützenden Johannes als auch die beiden – räumlich gesehen dahinter, in der Planimetrie gesehen darüber – stehenden weiblichen Gestalten gehören – ikonographisch gesehen – unmittelbar in den Bereich der Kreuzigungsdarstellung (als Vergleich s. E. Panofsky, op. cit., Pl. 105, Fig. 229: Kreuzigung von Gérard David, nach dem Vorbild des Meisters von Flémalle, Lugano, Sammlung Thyssen; Pl. 166, Fig. 301: Eyckisches New Yorker Diptychon). Im Falle des Antwerpener Altares sind diese Figuren zugunsten ihrer Bedeutung nächst der Kreuzannagelung gestellt und bilden somit auch einen wesentlichen Kompositionsfaktor: Indem diese in sich geschlossene Gruppe an der linken Flanke des Reliefs massiert auftritt, steht ihr rechts der – fast vollkommen vollplastisch ausgearbeitete – Scherge zu Füßen des Kreuzes und der ebenso im vollen Relief ausgebildete Reiter dahinter (darüber) als Gegengewicht gegenüber und unterstreicht mit Hilfe der angedeuteten Perspektive des verkürzten Kreuzbalkens den Anstieg des Terrains ebenso wie die Tiefenwirkung des Szenariums.

Die Vermutung, daß durch die Verkleinerung der Figuren im mittleren Relief des Altares wie auch durch die Höherstellung dieses Teiles, die ausschließlich bei Altarretabeln dieser Art vorkommt, eine zeitliche Distanz – Rückblick in die Vergangenheit (die Kreuztragung im linken Teil des Retabels) oder Blick in die Zukunft (die Kreuzabnahme und die Beweinung im rechten Teil des Retabels) – ausgedrückt werden soll, wäre noch genauer zu untersuchen; im Gegensatz hiezu sind die beiden Seitenteile mit größeren Figuren ausgestattet, während im rechten Relief die – distanziertere – Kreuzabnahme kleinfigurig, die Beweinungsgruppe im Vordergrund jedoch mit größeren Figuren bestückt ist. Die Möglichkeit, daß das am entferntesten dargestellte auch das bedeutungsvollste Geschehen sei (Kreuzigung), könnte einen weiteren Aspekt für Untersuchungen bilden (freundlicher Hinweis von Herrn Univ.-Prof. Dr. Otto Pächt).

Stilistisch besteht ein Unterschied zwischen den beiden seitlichen Teilen und dem Mittelteil, was sowohl in der Herkunft der Kompositionen (s. KUNSTHISTORISCHE EINORDNUNG und DATIERUNG) als auch in der Ausbildung der Details in der Schnitzerei und im Reichtum der Fassungen seinen Niederschlag findet.

Nachdem die originale Bemalung in einer seltenen Art und Weise einen hervorragenden Erhaltungszustand aufweist, kann aus den im folgenden aufgelisteten Kriterien geschlossen werden, daß – zumindest bei den Seitenteilen – eine enge Zusammenarbeit zwischen dem Schnitzer und dem Faßmaler bestanden haben muß; die Möglichkeit, daß ein und dieselbe Persönlichkeit sowohl die Schnitzarbeit als auch die Bemalung besorgte, ist nicht ganz auszuschließen. Sowohl die schnitzerische Bearbeitung als auch die detailreiche minuziöse Bemalung lassen auf höchstes künstlerisches Niveau schließen. – In allen drei Teilen des Retabels, vor allem aber in den beiden Seitenteilen, ist die Genauigkeit in der Wiedergabe von Einzelheiten, wie bei den Gesichtsbildungen, bei der Zusammenstellung der modischen Details, bei der Gewandung aller dargestellten Figuren, bei der Verschiedenheit der Behandlung der Brokatstoffe, auffallend: Für die beiden seitlichen Teile des Antwerpener Altares sind die Illusionsmittel der zeitgenössischen Malerei in die Skulptur bzw. in das Relief „übersetzt", „umgesetzt" worden.

Schon bei der Gestaltung der Landschaft im Hintergrund ist folgendes, aus der Tafelmalerei stammendes Kriterium auffallend: Die Felsen, die in der Tafelmalerei durch illusionistische Mittel – beispielsweise Weißhöhungen und dergleichen – als die Sonne reflektierend gestaltet sind, erfüllen im Antwerpener Altar durch ihre Vergoldungen den gleichen Effekt.

Ebenso ist durch die Polychromierung die Schnitzerei partiell uminterpretiert; so sind teilweise die Wege im landschaftlichen Hintergrund in der Schnitzerei nicht berücksichtigt, wohl aber in der farbigen Fassung mittels silber gefaßter Pfade. In gleicher Weise sind die bei den vergoldeten Felsstufen aufgemalten Gras- und Pflanzenbüschel – anders als etwa im Relief der Hutstockerschen Kreuztragung (s. Kat.-Nr. 118) – in der Schnitzerei nicht vorbereitet. Ähnlich wie sonst nur in der Buchmalerei unverfälscht nachvollziehbar ist in diesem Altar – trotz Reduktionen in Details – der farbige Charakter im spätmittelalterlichen bildkünstlerischen Schaffen weitgehend authentisch zu erkennen. Die malerischen Illusionen mittels der Polychromierung wurden unter Verwendung von nicht authentischem Material ins Bildhauerische umgesetzt.

Die in der Malerei durch die Mittel der Illusion dargestellten Brokatstoffmuster, Inschriftbänder an den Stoffrändern, genaue Wiedergabe modischer Einzelheiten sind hier durch Zusammenwirken von Schnitzerei und Polychromierung in ähnlicher Weise, unter verschwenderischer Verwendung aufwendiger Materialien und künstlerischer Fassungstechniken (s. ERHALTUNGSZUSTAND) erreicht worden, weshalb die genannten Kriterien auch für die KUNSTHISTORISCHE EINORDNUNG (s. folgendes Kapitel) von größter Bedeutung sind.

Die Genauigkeit der Polychromierung ist in den Seitenteilen noch weiter getrieben als im Mittelteil: Auf besonders kompliziert geformte Kopfbedeckungen ist vor allem Bedacht genommen, wobei sich keine einzige Hutform wiederholt; die gleiche Beobachtung kann bei den Gewändern gemacht werden; die Gesichter verdienen gesondert Beachtung, bei denen das Inkarnat der weiblichen Gestalten sehr hell, das der männlichen dunkler ist – mit Ausnahme des Inkarnates Christi, das heller ist als das der übrigen männlichen Gestalten, wobei eine Abstufung von links nach rechts zu erkennen ist: bei der Kreuzannagelung ist ihm noch immer die Hautfarbe eines Lebenden eigen. Man kann sowohl bei der Kreuzannagelung bei Christus als auch bei der Kreuzigung bei Christus und den beiden Schächern eine Differenzierung zwischen der Hautfarbe der Füße, der Hände, des Gesichtes und der des übrigen Körpers unterscheiden (letztlich geht diese Art der Inkarnatauffassung auf die Darstellung des Adam im Genter Altar des Jan van Eyck zurück). Die Kreuzigung zeigt einen helleren Leib Christi, wobei der nahe Tod angekündigt wird – Christus ist mit halb geschlossenen Augen sterbend dargestellt –, die Schächer sind mit etwas dunklerer Hautfarbe, noch lebend, gegeben. In der Kreuzabnahme und Beweinung ist Christi Leichnam charakterisierenderweise fast weiß gegeben. Die Gesichter der Soldaten im linken Teil des Antwerpener Altares sind – jedes unterschiedlich – besonders häßlich dargestellt; der schielende Soldat erinnert an das ihm entsprechende Gesicht auf der Kreuzigungstafel des Meisters von Maria am Gestade (s. Kat.-Nr. 67). Jedes Gesicht ist – trotz Erkennbarkeit der gleichen Hand – im linken wie im rechten Seitenteil des Retabels gesondert behandelt und unterschiedlich, doch minuziös bearbeitet; so sind in der Beweinungsgruppe bei fast allen weiblichen Figuren Weißhöhungen als Tränen aufgesetzt; auf den Gesichtern sind die Augenbrauen teils einzeln strichliert (Schielender im linken Seitenteil des Retabels). Bei den Frauen sind die Wangen teils rosafarben geschminkt, die Augen malerisch betont, während bei den männlichen Gesichtern fallweise das Inkarnat innerhalb eines Gesichtes verlaufend getönt ist, indem auf die geschnitzten Falten Rücksicht genommen wird und diese betont werden (schielender Soldat im linken Seitenteil, wie die meisten anderen Soldaten).

Die beiden original erhaltenen Baldachine über den Seitenteilen stellen ein Paradebeispiel von Modelltischlerei dar; sie geben eine Vorstellung davon, wie Modelle von mittelalterlichen Kathedralen ausgesehen haben mögen, von denen keine Beispiele erhalten sind. Der Baldachin über dem Mittelteil, der aus dem 19. Jahrhundert stammt (s. ERHALTUNGSZUSTAND), ist diesen beiden Originalteilen sehr genau nachempfunden. Formal entsprechen die Baldachine den gotischen Formen um die Mitte des 15. Jahrhunderts, wie sie beispielsweise am Sakramentsturm in der Sint-Pieters-Kirche in Leuven auftreten, der 1450 nach einem Entwurf von Mathijs de Layens errichtet wurde. Sowohl die geschweiften, mit Krabben besetzten, kreuzblumenbekrönten Wimperg-Formen mit dem filigranen Maßwerk-Dekor in den Öffnungen, die durch Eckfialen begleiteten Eck-Elemente, die die Wimperge beidseitig rahmen, als auch die zweischalige diaphane Struktur im unteren Geschoß ähneln den Einzelformen in den Baldachinen des Antwerpener Altares stark. Auch das Leuvener Rathaus zeigt vergleichbare Formen brabantischer Gotik in seinen filigranen Einzelformen. Es wurde in der Zeit von 1447 bis 1468 erbaut. Die Kleinteiligkeit und Regelmäßigkeit der Einzelheiten des gleich einem Reliquienschrein geschmückten Gebäudes mit einem zinnenartig bekrönenden oberen Abschluß am unteren Dachrand, gleich dem entsprechenden Teil des Antwerpener Passionsaltares, als auch die Fensterformen mit geschweiften, krabbenbesetzten Wimpergen wiederholen sich hier in ähnlicher Form wie im Antwerpener Altar.

KUNSTHISTORISCHE EINORDNUNG

Die Herkunft aller drei Teile des Altarretabels aus Antwerpen ist durch das Vorhandensein der Antwerpener Marke – eine eingeschnitzte oder eingebrannte Hand – auf allen Teilen des Altares belegt. Die Gildenordnung vom 9. November 1470 schrieb vor, daß eine Hand als Kontrollzeichen der Gilde auf das Werk gesetzt werden sollte. Die Verordnung vom 20. März 1493 wiederholte diese Vorschrift und verlangte, daß der Meister nach Vollendung des Werkes Buchstaben des Alphabets – A, B, C, D usw. – anbringen sollte, wobei A 1494, B 1495 usf. zu bedeuten hatte (Jean de Bosschère, La sculpture Anversoise aux XVe et XVIe Siècles, Bruxelles 1909, Seite 54 ff.; Josef Zykan, Der Antwerpener Altar in der Wiener Votivkirche und seine Restaurierung, in: Österreichische Zeitschrift für Kunst und Denkmalpflege XX, Wien 1966, Seite 129–146). Der Mittelteil trägt auf der Rückseite als geschnitztes Zeichen auch den Hammer, eine Marke, die allgemein als das Zeichen Brüssels oder einer bestimmten Werkstatt (Jan Bormann) in Brüssel gilt. – Jan Bormann, in Brüssel um 1479 bis 1520 tätig, vollendete mit dem Passionsaltar der Pfarrkirche zu Güstrow in Mecklenburg, um 1522, sein Hauptwerk; ein Vergleich dieses Retabels mit dem Mittelteil im Antwerpener Altar läßt jedoch keine Übereinstimmung erkennen. Vielmehr läßt das von Claudio Villa und Gentine Solare gestiftete Passionsretabel, entstanden um ca. 1460 bis 1470 in Brüssel, die – bereits erwähnten – Vergleiche (s. IKONOGRAPHIE und STILCHARAKTERISTIK) zu, aufgrund derer die Vermutung naheliegt, daß der Mittelteil des Antwerpener Altares zu der Werkstatt, in der das Brüsseler Retabel entstanden ist, in engstem Zusammenhang steht, der Mittelteil des Antwerpener Altares aufgrund der Übereinstimmungen möglicherweise sogar in der gleichen Werkstatt entstanden sein könnte. – Die beiden durch einen „Liebesknoten" verbundenen Buchstaben A und L, die sich am Beinkleid des Häschers bei der Kreuztragung befinden, dürften lediglich einen Hinweis auf die Stifter, nicht aber eine Signatur bedeuten.
Der Typus der Kreuzigungsdarstellung entspricht dem des Eyckischen New Yorker Diptychons im Metropolitan Museum (s. E. Panofsky, op. cit., Pl. 166, Fig. 301), auf den wiederholt die traditionellen Darstellungen der Kreuzigungen in den flämischen Schnitzaltären, die sich immer als Hauptszene im mittleren Teil der Retabel befinden, zurückgehen; die Kreuzigung des Antwerpener Altares ist in besonderem Ausmaß mit der Kreuzigung im New Yorker Diptychon in Zusammenhang zu bringen: Die Kompositionen entsprechen einander formal annähernd, indem um die drei Kreuze ein dichtes Figurengedränge besteht – im Medium der Malerei konnte dies im genannten Eyckischen Diptychon entsprechend figurenreicher und in der Kostümierung aufwendiger gestaltet werden. Wie im New Yorker Diptychon ist im Antwerpener Altar die Darstellung zweigeteilt, wobei im Gegensatz zum Diptychon im Antwerpener Altar eine zweite Szene im Vordergrund Platz findet, im Diptychon hingegen ist im Vordergrund nur das Motiv des Zusammenbrechens Mariens unter dem Kreuz, umgeben von den sich um sie sorgenden Gestalten, gegeben. In beiden Werken verläuft zwischen dem unteren Bereich und der eigentlichen Kreuzigung eine Diagonale aufwärts, die als Trennungslinie fungiert – im Diptychon zwischen der Marienszene mit weiteren Beobachtern und den das Kreuz umstehenden Reiterfiguren, im Antwerpener Altar zwischen den beiden nacheinander stattfindenden Ereignissen der Kreuzannagelung und der Kreuzigung.
Das Eyckische Prinzip, das den hohen Horizont zeigt, ist im Mittelteil des Antwerpener Altares ebenso enthalten wie die Dominanz der Vordergrundfiguren mit der monumentalen, ganzfigurigen Gestalt der Muttergottes mit ihren Assistenzfiguren, wobei auch der ikonographische Typus einem Vergleich mit den entsprechenden Figuren im New Yorker Diptychon standhält. Der hochgezogene Horizont mit dem nach vorne geklappten Terrain gibt die Gelegenheit zur monumentalen Gestaltung der Vordergrundfiguren, die gleichzeitig als Kompositionsmittel zur Illusion einer räumlichen Darstellung gelten, da die Figuren gegen den Hintergrund zu an Größe abnehmen und gleichzeitig in großer Fülle

sich dichter zusammendrängen, wie sie auch als für das dargestellte Geschehen bedeutsame Assistenzfiguren zur Geltung kommen. Im Antwerpener Altar ist dieses Eyckische Prinzip soweit übernommen, als eine geringfügig wahrnehmbare Differenzierung in den Dimensionen der Figuren des Vordergrundes und der Reiter unterhalb des Kreuzes feststellbar ist. Auch das dichtere Gedränge innerhalb dieser Reitergruppe im Vergleich zu den Figuren des Vordergrundes ist eine – jedoch bereits sehr entfernte – Übernahme des räumliche Tiefenwerte illusionierenden Figurengedränges im New Yorker Diptychon. Somit ist freilich im New Yorker Diptychon in der nach dem Horizont zu dichteren und im Vertikalabstand der Planimetrie sukzessive geringer werdenden Abstand zwischen den Köpfen die räumliche Illusion innerhalb der Figurengruppe bei synchroner Anpassung an das Terrain überzeugender realisiert; im Mittelrelief des Antwerpener Altares hingegen ist trotz der geringfügigen Anlehnung an dieses Eyckische Kompositionsprinzip der vorherrschende Eindruck der eines „horror vacui", der speziell im dichten Gedränge der Reiterfiguren zur Geltung kommt und dort kaum mehr den Untergrund des Terrains sichtbar läßt. Auch ist durch die Differenzierung von der Wirkung der freien Fläche des Grundes zwischen der Figurengruppe des Vordergrundes und der um die Kreuze Gescharten ein ähnliches Verhältnis zwischen dem New Yorker Diptychon und dem Antwerpener Altar gegeben, wobei auch hierin der räumliche Aussagewert in der Eyckischen Malerei des Diptychons ungleich überzeugender zur Geltung kommt und im Relief des Altares andeutungsweise angestrebt ist (im Stundenbuch der Maria von Burgund, ÖNB, Cod. 1857, findet sich eine verwandte Darstellung auf fol. 43 v.; s. Dagmar Thoss, Ausst.-Kat. Flämische Buchmalerei – Handschriftenschätze aus dem Burgunderreich, Wien 1987, Kat.-Nr. 16, Abb. 7). – Eyckische Vorlagen finden sich allenthalben, wie die folgenden Beispiele veranschaulichen mögen:

Eine Eyckische Miniatur aus den Très-Belles-Heures in Turin zeigt in der Szene einer Kreuzauffindung durch die hl. Helena die Darstellung eines auf dem Boden liegenden Kreuzes, dessen Balken in gleicher Weise wie beim Antwerpener Altar als Kompositionsmittel bezüglich Tiefenwerte illusionierender als auch perspektivischer Verkürzung suggerierender Tendenzen Anwendung findet; am unteren Blattrand ist eine weitere Szene aus der Kreuzauffindung (Legende der Wunderheilung) zu sehen, in der die am Boden liegenden Kreuze ähnliche perspektivische Verzerrungen aufweisen, wie sie im Mittelteil des Antwerpener Altares in der Kreuzannagelung vorkommen (s. E. Panofsky, op. cit., Pl. 160, Fig. 295).

Eine weitere Parallele – die sich als vielseitig feststellbar erweist – findet sich, wie das im vorigen genannte Beispiel, im nicht erhaltenen Teil des Turiner Gebetbuches und zeigt eine Massenszene am Strand, unter besonderer Hervorhebung eines monumentalen Reiters, der eben ein Gebet spricht, auf einem Schimmel. Dieses Motiv des Reiters auf dem Pferd ist vielfach in gleicher Weise zitiert worden: beispielsweise auch auf der Eyckischen Zeichnung in der Graphischen Sammlung Albertina in Wien, wie auch – seitenverkehrt – auf dem genannten Budapester Tafelbild; im Longinus des Mittelteiles des Antwerpener Altares ist die gleiche Figur zitiert, während alle dargestellten Pferde annähernd die gleiche Beinstellung aufweisen (s. E. Panofsky, op. cit., Pl. 162, Fig. 297; Pl. 169, Fig. 304, 305).

Aus diesen genannten Beobachtungen kann geschlossen werden, daß die traditionelle Kreuzigungsdarstellung im Antwerpener Altar letztlich auf Eyckische Vorlagen zurückgeht, die zugunsten des unterschiedlichen Mediums des Reliefs in der Figurenanzahl reduziert und in der Komposition vereinfacht wurden.

Wie die Stilcharakteristik (s. STILCHARAKTERISTIK und IKONOGRAPHIE) zeigt, sind die beiden Seitenteile des Antwerpener Retabels durch Prinzipien geprägt, die der zeitgenössischen Malerei eng verwandt bzw. entnommen sind. In der zeitgenössischen Bildhauerei sind ausschließlich Beispiele zu finden, die einen unmittelbaren Zusammenhang nicht vermuten lassen – vor allem ist kein vergleichbares geschnitztes Altarwerk zu finden, in dem ein landschaftlicher Hintergrund in größerem Ausmaß vorhanden ist als lediglich in Felsklippen und Terrainangaben, um den Figuren Stand und Halt zu bieten.

Für die Kreuztragung kann auf die schon genannte Eyckische Zeichnung in der Graphischen Sammlung Albertina in Wien verwiesen werden sowie auf das diesem Werk eng verwandte Tafelbild in Budapest (s. IKONOGRAPHIE; E. Panofsky, op. cit., Pl. 169, Fig. 304, 305), denen ein Eyckischer Entwurf zugrunde liegt. Beide Werke können als Beweis für einen unmittelbar auf die Kreuztragung im linken Seitenteil des Antwerpener Altares einwirkenden Einfluß gelten; beim Tafelbild ist durch die Wiedergabe der Stadtkulisse im Hintergrund eine weitere Parallele zum Antwerpener Altar zu ziehen (vgl. das Stadttor).

Der Zug der Menschen kommt – ähnlich wie im Altar – aus der Richtung des Stadttores von Jerusalem und taucht hinter einer steilen Felskulisse auf, um im Vordergrund die

Gehrichtung zu ändern, wobei der kreuztragende Christus mit Simon von Cyrene im Vordergrund steht. Naturgemäß ist im Relief die Tendenz zur Autonomie der Einzelfigur erheblich größer als in der Zeichnung und im Tafelbild, obwohl auch in der Zeichnung die Szene mit Veronika in den Vordergrund tritt. Einzelne Figuren sind sowohl in ihrer Charakteristik als auch in ihrem Bewegungsduktus in der Kreuztragung des Antwerpener Altares zitiert, wie beispielsweise der rechte, gefesselte Schächer; der sich Zurückwendende ist im Antwerpener Altar als der zweite Schächer gegeben. In dem rechts neben (vor) dem unteren Ende des Kreuzbalkens bergauf Schreitenden in der Zeichnung erkennt man unschwer den sich im Hinaufsteigen stark zurückwendenden Soldaten, der den Kreuztragungszug im Relief des Antwerpener Altares anführt, der hier, kaum von dem in der Zeichnung unterschieden, zitiert wird. Der Reiter auf dem Pferd ist in der Zeichnung fragmentiert angegeben; er ist im Antwerpener Altar seitenverkehrt vorhanden und trägt sowohl das gleiche lange Gewand als auch die gleiche Kopfbedeckung wie in der Zeichnung. Trotz der Figurenreduktion im Antwerpener Altar zeigt sich in diesem besonders deutlich, was auch in der Zeichnung zum Ausdruck kommt: das niederländische Element der Parallelstellung von Gliedmaßen, wie sie in der Stellung der Pferdebeine beginnt, sich im abgeknickten Bein Simon von Cyrenes über Christus, den Soldaten, den Schächer bis zu dem den Zug anführenden Soldaten auf verschiedenen Terrainstufen fortsetzt, um solcherart eine Steigerung der Tiefenillusion zu erreichen. Lediglich in der Armhaltung des kreuztragenden Christus konnte bisher keine Parallele ausfindig gemacht werden: Obwohl die gesamte Stellung Christi mit dem Kreuz auf der Schulter oftmals zitiert wird, auch in den genannten Beispielen, besteht in der Armhaltung Christi keine genaue Übereinstimmung. – Im Relief wurde die weiträumig ausladende, kurvige Anordnung der in einer Zeichnung (Graphische Sammlung Albertina in Wien) und in einer späteren malerischen Replik in Budapest (Galerie der Schönen Künste) überlieferten malerischen früheyckischen Vorlage den Gegebenheiten an das Relief angepaßt: In einer haarnadelartig verlaufenden, oben flachreliefhaft ansetzenden Kurve sind die nach dem Vordergrund unten zu vollplastischer Eigenwertigkeit entwickelten Figuren angeordnet, wobei in der tänzerisch bewegten Haltung des Schergen rechts oben die vektoriellen Momente dieser Figurenkomposition konzentriert gefaßt sind und solcherart in formal bewältigter Weise den Abschluß der Gruppe selbst bildet und zugleich die rechte Flanke des Reliefs akzentsetzend artikuliert.

Das rechte Seitenrelief bildet ein Konglomerat aus verschiedenen Einflüssen, die zu einem Gesamtbild verschmolzen wurden. – Stilistisch und kompositionell auf einem auf einen Entwurf des Meisters von Flémalle zurückgehenden gemalten Tuch im Musée de Reims (M. Sartor, Musée de Reims, Paris 1909, Seite 316, Fig. 2; Les Tapisseries Toiles Paintes Broderie de Reims, Reims 1912) fußend, in der die Kreuzabnahme in ganz ähnlich symmetrischer Form gegeben ist wie im rechten Seitenteil des Antwerpener Altares, ist diese Darstellung wie im genannten Fall mit einer zweiten Szene kombiniert, wobei die Kreuzabnahme gleichfalls im Hintergrund zu sehen ist. Die Kreuzabnahme im Antwerpener Altar wirkt vergleichsweise wie aus dem figuralen Zusammenhang herausgegriffen und somit auf die drei Helfer und Jesu Leichnam reduziert. Der Leichnam Christi liegt annähernd waagrecht in den Armen des Joseph von Arimathia und des Nikodemus gleich einem Grablegungs-Christus, wie beispielsweise im Londoner Triptychon des Meisters von Flémalle (s. E. Panofsky, op. cit., Pl. 84, Fig. 196) oder in Rogier van der Weydens dazu unterschiedlich formulierter Kreuzabnahme im Prado in Madrid (s. E. Panofsky, op. cit., Pl. 176, Fig. 314); der Helfer, der den Leichnam Christi, sich auf der Leiter festhaltend, zu Joseph und Nikodemus herabgleiten läßt, könnte in seiner Armhaltung der entsprechenden Figur auf dem Triptychon des Meisters von Flémalle in Liverpool (s. E. Panofsky, op. cit., Pl. 106, Fig. 230; Kopie: Liverpool, Walter Art Gallery) entlehnt sein, wobei er im Antwerpener Altar zu dieser seitenverkehrt angeordnet ist; ikonographisch und formal ist diese Szene der Kreuzabnahme der gleichen Darstellung im Antwerpener Altar verwandt. – Auch ikonographische Gegebenheiten fördern mitunter eine kunsthistorische Einordnung: So ist im rechten Relief des Antwerpener Altares in der Kreuzabnahme auch jener Typus einbezogen, wo der Leichnam von einem auf der Leiter stehenden Helfer gleitend herabgelassen wird. Der Helfer nimmt den Platz des seit dem 11. Jahrhundert gängigen Typus (s. Kat.-Nr. 77) Joseph von Arimathia ein; auch der Übergang zur Beweinung – in diesem älteren Typus durch den Wundenkuß Mariens und Johannes' angedeutet – ist im Relief durch die simultane Zuordnung zur Beweinungsgruppe gewährleistet. – Die Beweinung im Vordergrund des rechten Seitenteiles des Antwerpener Altares ist in ihrer Anordnung der Figuren, in ihrer Breitlagerung und auch in der Symmetrie fast wörtlich – nur seitenverkehrt – einer Beweinungsgruppe unter dem Kreuz entnommen, die einem Nachfolger des Rogier van der Weyden zugeschrieben wird (s. E. Panofsky, op.

cit., Pl. 219, Fig. 359; Den Haag, Mauritshuis). Es entsprechen hier einander die vier Gestalten der Hauptgruppe im Antwerpener Altar – der Leichnam Christi, die Muttergottes, die diese stützende Frau sowie Johannes – der entsprechenden Figurengruppe in der genannten Beweinung – der Leichnam Christi mit dem diesen Stützenden, die Muttergottes mit dem sie stützenden Johannes. Auch die anderen Figuren entsprechen einander, wobei sie im Antwerpener Altar in der Anzahl reduziert sind und die Komposition der Beweinung im Mauritshuis noch durch weitere Figuren (Stifter und Heilige an der rechten Flanke) bereichert wird. In diesem Zusammenhang fällt die Entsprechung des Hintergrundes zusätzlich auf, wobei im Antwerpener Altar die genannte Beweinungsgruppe geradezu nach oben durch die Kombination mit der Kreuzabnahme fortgesetzt und dadurch der Horizont viel stärker nach oben gezogen wird – ist doch in annähernd ähnlicher Anordnung der Kreuzesstamm mit der Leiter, die der Kreuzabnahme-Darstellung ikonographisch entnommen ist, im Den Haager Bild zu sehen. Gleichfalls ist im Hintergrund in der Gestaltung der Landschaft eine Entsprechung spürbar, die im Antwerpener Altar durch den höher gezogenen Horizont, bedingt durch die Darstellung der Szene im Hintergrund, erst am oberen Abschluß einen Vergleich zuläßt, doch in den Details (Festung, Häuser) Zusammenhänge erkennen läßt, was einen Beweis dafür liefert, daß diese Komposition auf eine früheyckische Präfiguration zurückgeht, die nicht erhalten ist bzw. nur in Sekundärwerken überliefert wurde. Die Diagonalkomposition der Kreuzabnahme und der Beweinungsgruppe entspricht der der „Gefangennahme Christi" im Turiner Gebetbuch, die Jan van Eyck zugeschrieben wird (s. E. Panofsky, op. cit., Pl. 163, Fig. 298); die unterschiedliche ikonographische Szene zeigt den gleichen Verlauf der – gedachten – Diagonalen mit den beiden Hauptfiguren im Kreuzungspunkt. Der hohe Horizont zeigt einen Stadthintergrund (Jerusalem), der im Antwerpener Retabel durch die Kreuzabnahme-Gruppe ausgefüllt ist. Auf der einen Seite entspricht die Stadtmauer Jerusalems, auf der anderen der Zug der Soldaten dem Verlauf der diagonalen Komposition der Gefangennahme Christi, beim Antwerpener Altar sind die Wege hinter den Felskulissen und Staffagefiguren solcherart angeordnet. Mit diesen früheyckischen Miniaturen im Turiner Stundenbuch stimmen auch die proportionalen Gegebenheiten hinsichtlich des Formates wie auch im Verhältnis der Figuren zum Ambiente mit den seitlichen Reliefs im Antwerpener Altar überein.

Im Simultanrelief von der Kreuzabnahme und der Beweinung Christi ist die narrative Schilderung eines aktiven Geschehens in der Übergangsphase zum folgenden kontemplativen Zustand gegeben: Die heimkehrenden Helfer signalisieren, daß eine entscheidende Phase des Geschehens – das Ablösen des Körpers Christi vom Kreuz mittels Entfernen der Nägel (diese Beobachtung gewinnt entscheidenden Wert durch die Tatsache, daß im Mittelrelief die Kreuzannagelung als dramatisches Geschehen dargestellt ist!) – abgeschlossen ist. Joseph von Arimathia, Nikodemus und ein Helfer lassen den Leichnam Christi herabgleiten, wobei die Haltung Christi bereits an eine solche innerhalb einer Beweinungsgruppe gemahnt. In der Beweinungsgruppe im Vordergrund sind aktive Momente ausschließlich in den Trauergebärden mittels erregter Gestik und im mimischen Ausdruck enthalten. Synchron zur maßstäblichen Abstufung in den Figurengrößen nach perspektivisch empfundenen Aspekten sind die narrativen Momente episodenhaft im Hintergrund angedeutet, während im Mittel- und insbesondere im Vordergrund der Akzent auf die kontemplative Trauer gesetzt ist. – Die unikale, simultane Kombination von der Kreuzabnahme und der Beweinung, verbunden mit episodenhaften Genremotiven, wie auch die mannigfalt feststellbaren Analogien zur altniederländischen Malerei legen die Vermutung nahe, daß dieses Relief seine Entsprechung in einem gemalten Bildwerk hatte. Die nicht nur in einzelnen Details, sondern vor allem die innerhalb der Figurenkomposition feststellbare Abstufung nach perspektivisch empfundenen Kriterien und die Integration derselben ins landschaftliche Ambiente gemahnt an früheyckische Werke, weshalb in der malerischen Vorlage ein früheyckisches, nicht mehr erhaltenes (oder noch nicht entdecktes) Werk vermutet werden kann. – Das Gestaltungsprinzip der niederländischen Malerei, das in der genannten Beweinung im Mauritshuis in Den Haag gleich prima vista auffällt, ist – vor allem – in beiden Seitenteilen des Antwerpener Altares unschwer nachvollziehbar: Wie die Formteile in der Beweinung ein Muster ergeben, so fügen sich gleichartig alle Figuren der Seitenteile des Antwerpener Altares in ein Formsystem ein, indem – ausschließlich in der Frontalansicht – der Eindruck des Aneinanderfügens der verschiedenen Formen gegeben ist. Sichtbar bleibende Teile von einander überschneidenden Figuren oder Dingen werden zu einem Formganzen abgerundet, wie namentlich im rechten Seitenteil des Altares das Kleid der Maria stützenden Frau und das Gewand des Johannes, die die durch die Überschneidung mit Maria fragmentierten Teile der Gestaltsilhouetten begrenzen (s. Otto Pächt, Gestaltungsprinzipien, in: Methodisches zur kunsthistorischen Praxis, Wien–München 1977, Seite 35). So ließen sich zahlreiche Beispiele aufzeigen, die dem gleichen Prinzip folgen, das ausschließlich in der niederländischen Kunst im Medium der Malerei des 15. Jahrhunderts zu verfolgen ist: Begonnen von der Kreuzabnahme des rechten Seitenteiles des Antwerpener Retabels im Hintergrund ist in der Zusammenstellung beinahe aller Skulpturen dieses Phänomen deutlich zu demonstrieren. Das am Boden liegende, schleifende Gewand des die Beine Christi haltenden Nikodemus ist derart abgeschrägt, daß es in der Aneinanderfügung an die Beweinungsgruppe genau in den Zwickel paßt, der zwischen der die Muttergottes Stützenden und Johannes entsteht und entlang des Schleiers Mariens verläuft. Zwischen Joseph von Arimathia und Nikodemus der Kreuzabnahme füllt der Kopf der die Gottesmutter stützenden Maria Cleophae mit dem hochaufragenden Kopfputz den Bereich zwischen den Gewändern der beiden männlichen Skulpturen aus; die männliche Figur an der linken Flanke der Beweinungsgruppe (Nikodemus) rafft ihr Gewand derart, daß ihr Arm parallel zum Rückenkontur der die Muttergottes stützenden Maria Cleophae verläuft und gleichzeitig das Gewand eine Formation beschreibt, die parallel mit der Kopfbedeckung der Magdalena im Vordergrund zusammengeht. – So lassen sich alle Figuren in ein Formsystem einfügen, wie es gleichfalls im linken Teil des Retabels mit der Kreuzschleppung in ähnlicher Weise nachvollziehbar ist und im Mittelteil des Retabels ebenso zur Wirkung kommt, wie es vor allem bei dem stillebenartig wiedergegebenen – parallel zum Kreuzbalken liegenden – Gewand Christi auffällt, als es genau in den Winkel der Kreuzbalken eingepaßt ist, parallel zum Körper Christi liegt und die Länge des Gewandes dem längeren Kreuzesbalken, der Ärmel dem kürzeren Balken entspricht (ein späterer Reflex hievon ist – in der gleichen Tradition stehend – im 1501 datierten Fresko der Kreuzbereitung in der Lucia-Kapelle in Seckau vorzufinden, s. ÖZKD, XXIII, Wien 1969, S. 181, Abb. 211).

Die Zuordnung inhaltlich divergierender und im Sinne einer organischen Kausalität unzusammenhängender Formgelegenheiten läßt sich in der Reihung der Köpfe Mariens und Johannes' längs der abschüssig verlaufenden Kante der Felskulisse in der Kreuztragung beobachten.

Durch alle Reliefs – und zumindest in den seitlichen (Kreuztragung, Kreuzabnahme und Beweinung) bereits ursprünglich intendiert – ist der Landschaftshorizont gleich hoch (vgl. Genter Altar, Innenseiten, unteres Bildergeschoß).

Die Landschaft besteht aus einem in Aufsicht gegebenen ansteigenden, abgestuften Terrain; tief eingeschnittene, furchenartige Täler gliedern diesen „Landschaftsblock" auf und ergeben die Möglichkeit der formalen Interpretation der Figurenkomposition in die Landschaft bei gleichzeitiger inhaltlicher Interpretation des Geschehens in räumlich-zeitlicher Sicht: In der Kreuztragung folgen Maria und Johannes, durch die Felskulisse nur halbfigurig gegeben, den beiden Reitern, der in tänzerischer Pose dargestellte Scherge des gleichen Reliefs rechts hinten gibt die Gehrichtung, die durch die Hauptfiguren im Vordergrund (Christus mit Simon) gegeben ist, fortsetzend an und bildet zugleich die rahmende rechte Flanke, die dem en face gegebenen Reiter links austarierend entspricht (s. STILCHARAKTERISTIK); bei der Kreuzabnahme sind die beiden schräg auseinandergehenden Helfer, die nach vollbrachter Arbeit (das Lösen des Körpers Christi vom Kreuz) heimwärts schreiten, als in den Felskulissen allmählich verschwindende Interpreten der belebten Landschaft gegeben, die zugleich auch – genreartig – das Vergangene des Geschehens illustrieren. Die durch belebte Furchentäler in Aufsicht gegebene blockartige Landschaft findet sich in der altniederländischen Malerei im 15. Jahrhundert von Jan van Eyck (Genter Altar, Innenseite, unteres Bildergeschoß) bis zu Hans Memling.

Die Feststellung, daß der Landschaftshintergrund in den beiden seitlichen Teilen des Antwerpener Altares in annähernd vergleichbaren flämischen Retabeln niemals in ähnlicher Form vorkommt, sondern ausschließlich im Medium der Malerei, stellt ein weiteres bedeutsames Kriterium zur kunsthistorischen Einordnung des Retabels dar, wobei sich gleichzeitig Anhaltspunkte für die Datierung ergeben.

Die formale und kompositionelle Übernahme aus malerischen Vorlagen erfuhr eine Übersetzung nach spezifisch bildhauerischen Prinzipien: die Abstufung im Plastizitätscharakter vom flachreliefhaften Hintergrund in gradueller Zunahme an freiplastischen Eigenschaften nach dem Vordergrund zu. Analog, wie sich in der zu postulierenden malerischen Vorlage, der Frühphase der altniederländischen Malerei gemäß, die von hinten nach vorne gedachten Räumlichkeitswerte im Bildgefüge von oben nach unten organisieren, wirkt diese bildliche Auffassung in den Reliefs unter Einbeziehung der Intervalle zwischen den plastischen Ereignissen ins Dreidimensionale umgesetzt.

Die Illusionswerte von Glanzlichtern zur Charakterisierung wertvoller Materialien in der Eyckischen Malerei (glänzendes Metall, Gold, Brokatstoffe, Edelsteine) sind in den Reliefs mittels der Fassung unter der Einbeziehung des natürlichen und des künstlichen Lichtes zur Erzielung eines verwandten Effektes realisiert.

DATIERUNG

Aus den in der STILCHARAKTERISTIK und in der KUNSTHISTORISCHEN EINORDNUNG genannten Kriterien und Beispielen geht deutlich hervor, daß auf die Darstellungen in allen drei Teilen des Antwerpener Retabels vor allem ein früheyckischer Einfluß eingewirkt haben muß, der in unverfälschter und reiner Übersetzung in die Bildhauerei umgesetzt wurde. Durch die Vermittlung einer früheyckischen Vorlage, die sowohl im Gewandstil als auch in der Farbigkeit ihren Niederschlag gefunden hat, ist die Stilbildung des Antwerpener Altares ausschließlich erklärbar; obgleich ein unmittelbarer Einfluß der Malerei der Brüder van Eyck, des Meisters von Flémalle und Rogier van der Weydens vor allem in den seitlichen Teilen des Retabels spürbar ist, darf zumindest angenommen werden, daß in den frühen Schnitzaltären, von denen kein dem Antwerpener Retabel ähnliches Beispiel erhalten sein dürfte, ein derartiges Einwirken Eyckischer Vorlagen tradiert, wobei der Antwerpener Altar als äußerst qualitätsvolles Beispiel mit komplett erhaltener Fassung als „missing link" in der kunsthistorischen Entwicklung dieses Genres anzusehen ist. Zwischen dem frühen Beispiel des geschnitzten Triptychons des Jacques de Baerze (gegen Ende des 14. Jahrhunderts) aus Champmol (dessen Außenflügel von Jean Malouël gemalt wurden) und der ab 1460/70 anzusetzenden und Anfang des 16. Jahrhunderts die Blütezeit erlebenden intensiven Produktion flämischer Schnitzaltäre ist tatsächlich kaum ein nennenswertes Werk erhalten, was sich zweifellos aus dem Bildersturm des 16. Jahrhunderts in Flandern erklärt. Indem im ausgestellten Antwerpener Altar die direkte Abhängigkeit von der Malerei, die in ihren stilistischen Eigenschaften spezifizierend faßbar ist, nachgewiesen werden konnte, ergibt sich durch das Tradieren früheyckischer Bilderfindungen und im Zitieren einiger Details der altniederländischen Malerei aus der Mitte des 15. Jahrhunderts eine Datierung in den Zeitraum um 1460, wofür die Datierung des Brüsseler, von Claudio Villa und Gentine Solaro gestifteten Altares einen brauchbaren Anhaltspunkt liefert. Dieser Datierungsvorschlag wird auch dann nicht erschüttert, wenn die Kombination der seitlichen Reliefs mit dem – sichtlich von anderer Hand angefertigten – Mittelrelief erst im vorigen Jahrhundert erfolgt sein sollte, da alle Reliefs früheyckische Bilderfindungen zur Voraussetzung haben.

WÜRDIGUNG

Jedes Kapitel, das – wie auch die vorangehenden innerhalb des Textes dieser Katalognummer – sich mit dem Antwerpener Altar aus der Votivkirche befaßt, wird den unikalen Rang dieses Kunstwerkes behandeln und erkennen lassen müssen: Dies erstreckt sich vom Erhaltungszustand und da insbesondere wegen der aufwendigen, von verschwenderischer Fülle anmutenden polychromen Fassung, die unter der Einbeziehung des Illusionsfaktors des Lichtes Effekte wie in der Eyckischen Tafelmalerei erzielt, bis hin zur Landschaftsdarstellung, die in diesem Ausmaß in den anderen erhaltenen flämischen Schnitzaltären fehlt, und schließlich im kunsthistorisch faßbaren Rang einer bildhauerisch zur malerischen Vorlage adäquat umgesetzten Fassung im bildkünstlerischen Bewältigen des dargestellten Themas. Unter Anleitung der für die wissenschaftliche Betrachtung der altniederländischen Malerei epochalen Studie von Otto Pächt (Gestaltungsprinzipien der westlichen Malerei des 15. Jahrhunderts, in: Methodisches zur kunsthistorischen Praxis, Wien–München 1977, Seite 17 ff.) offenbaren sich die Reliefs dieses Altares in kunsthistorischer Sicht durch den Einfluß früheyckischer und flémallischer Stileigenschaften als brauchbare Indikatoren für die Erforschung der altniederländischen bildkünstlerischen Entwicklung.

| 194 | HAUSALTÄRCHEN, um 1880, mit Elfenbeinreliefs um 1600 bzw. 17. Jh. |

Holz; Ebenholzfurniere und Schildpattverkleidung; Elfenbeinreliefs
Basen, Kapitelle, Baluster, Statuetten und Putti aus Messing

Maße: Altärchen
      Höhe: 104 cm
      Breite: 46 cm
      Tiefe: 12,5 cm

Elfenbeinreliefs
Hl. Familie, Hochformat: 22,7 × 13,5 cm
Taufe Christi, Hochformat: 9,6 × 6,2 cm
Auferstehender Christus, Hochformat: 4,7 × 3 cm
Gott-Vater, Querformat, 1,3 × 4,5 cm

PROVENIENZ

Dieser in der Art von gestaffelter Ädikulenanordnung in Gestaltung eines Hausaltärchens gebildete Wanddekor stammt aus der Kunstsammlung des Baron Rothschild, der das Altärchen seinem Wiener Leibarzt, Dr. Ferdinand von Kliegel, schenkte. Aus dessen Besitz gelangte es in den seines Neffen, Nándor Bócsis, einem Bruder der Mutter von Frau Olga Kauffmann, die den Haushalt des 1986 verstorbenen Wiener Weihbischofs Dr. Jakob Weinbacher betreute. 1986 wurde das Altärchen vom Museum durch Ankauf erworben.

ERHALTUNGSZUSTAND

Das offensichtlich zur Aufnahme der älteren, aus ihrem ursprünglichen Zusammenhang gerissenen Elfenbeinreliefs angefertigte rahmende Gehäuse in Form eines Wandbehanges und aus einem System von gestaffelt angeordneten flachen Ädikulen bestehend, weist den komplett erhaltenen Dekor auf. Die Furniere aus Ebenholz sind ebenso weitgehend ohne Schäden erhalten wie die von dünnen Messingleisten eingefaßten Schildpattmusterungen in den Friesen der Gesimse sowie in den Zwickeln nächst der halbkreisförmig geschlossenen Elfenbeinreliefs. Die gleichfalls mit Schildpatt dekorierten Wülste und schrägen Wandungen als Rahmenmotive der vertieft angeordneten Rahmenfelder für die Elfenbeinreliefs sind unbeschädigt, während die Schildpattauflagen an den großen Säulen der untersten Ädikula geringe Sprünge aufweisen.
Die Elfenbeinreliefs sind, durch die natürliche Patina bedingt, intensiv gegilbt; das größte dieser vier Elfenbeinreliefs – das mit der Darstellung der Hl. Familie im untersten Geschoß – weist zwei vertikal verlaufende Sprünge als „Trennungslinie" des rechten Reliefdrittels als einzigen nennenswerten Schaden auf.

IKONOGRAPHIE

Die großen Unterschiede in den Formaten dieser vier Elfenbeinreliefs lassen sie nicht a priori als zu ein und demselben Zyklus gehörige Arbeiten vermuten, obgleich hinsichtlich der Thematik mit markanten Geschehnissen aus dem Leben Christi eine derartige Zusammengehörigkeit nicht auszuschließen wäre. Vermutlich stammen diese Reliefs auch nicht von einem kleinen Tischaltärchen oder einem retabelartigen kleinen Reliquiar, sondern von einem tabernakelartigen Schrank. Das unterste – größte – Relief ist dem Weihnachtsevangelium entnommen und zeigt – in Abwandlung des gängigen Themas der Geburt und Anbetung Jesu – die Hl. Familie, von Engeln in anbetenden und huldigenden Aktionen umgeben, wobei zu den bereits auf der Erde befindlichen eine größere Anzahl aus den Wolken herbeischwebender, Girlanden haltender sich hinzugesellt. Die abgebrochene Säule – ein bei Grabmonumenten auch im 20. Jahrhundert noch vielfach übliches Symbol für das irdische Leben – deutet nicht nur in ihrem Ruinencharakter auf die Herbergslosigkeit der Hl. Familie hin, sondern steht offensichtlich in jener ikonographischen Tradition, die Maria an einer Säule lehnend gebärend interpretiert und im Sinne der Tradition in mittelalterlichen Meditationstexten auf die Passion Christi – Geißelsäule (!) – vorausweist (s. auch Kat.-Nr. 65). Mehrere gängige Varianten der bildlichen Fassungen zum Thema der Hl. Familie sind in diesem Relief unter partiellem Zitieren aus Motiven dieser anderen Varianten vereinigt. So ist die anbetende Haltung des hl. Joseph – die spiegelverkehrt der eines der adorierenden Engel entspricht – dem Motiv der Anbetung des Jesus-Kindes durch Maria nach der Geburt Christi entnommen, die als Bethaltung auch in der Verkündigung an Maria gebräuchlich ist. Indem von den im Stall zu Bethlehem bei Hl.-Familien-Darstellungen unter Bezugnahme auf das Weihnachtsevangelium auch Ochs und Esel als den Stall bevölkernde Tiere traditionellerweise dargestellt sind, in diesem Relief aber nur der grasende Esel vorzufinden ist, wird auf das Motiv der Ruhe auf der Flucht nach Ägypten angespielt. Da die durch Engel dem Jesus-Kind dargereichten Blumensträuße, wie auch die Girlanden der herabschwebenden Engel vorwiegend Rosen sind, ist auf den Rosenkranz Bezug genommen, wie mittels der Darstellung der Trauben auf den Wandlungsvorgang im Altarsakrament hingewiesen wird.
Das – wesentlich kleinere – Relief mit der Darstellung der Taufe Christi im nächsten, kräftig einspringenden Ädikulengeschoß zeigt den Vorgang in jener konzentrierten Form, wie sie spätestens seit Guido Renis entsprechender bildlicher Fassung (Wien, Kunsthistorisches Museum, Gemäldegalerie) traditionell ist: Christus, im Jordan stehend, wird von Johannes dem Täufer – mit Fell und Kreuzstab mit Fahne gekennzeichnet – getauft; aus den Wolken, flankiert von zwei Engelsputti – schwebt die Taube herab, die ein Strahlenbündel begleitet.

Das nächste Relief zeigt den auferstehend schwebenden Christus in einer oval von Wolkenformationen gerahmten Gloriole, während das bekrönende im Giebel Gott-Vater mit ausgebreiteten Armen zeigt.

Durch aus der Zeit der Anfertigung des Ädikulengehäuses stammende Messingfigürchen von vier Aposteln – Petrus und Paulus ganz oben, Philippus und Andreas im mittleren Geschoß – werden die älteren Reliefs um ein apostolisches, durch die beiden Putti mit Mondsichel und Sonne auf den halben Segmentgiebeln oberhalb des Hauptgeschosses um ein kosmisches Programm andeutungsweise erweitert.

BESCHREIBUNG UND STILCHARAKTERISTIK

Der von kräftigen Rücksprüngen gekennzeichnete Ädikulenaufbau orientiert sich an Altarbauten, wie sie in dieser Art der Staffelung von jeweils nach oben zu dimensional kleiner werdenden Ädikulen für das frühe 17. Jahrhundert charakteristisch sind. An der Art der Ausführung wie auch im Zitieren und Kombinieren der Detailformen, die an „altdeutsche" Möbel des späten 19. Jahrhunderts erinnert, manifestiert sich der architektonische Aufbau als Werk des „strengen Historismus" aus der Zeit um 1880. Über einer flachen Wandkonsole, die schabrackenartig formuliert ist und ein figurales Groteskenmotiv enthält, kragt ein kräftiger Wulst aus, dessen Riffelung sich an Kanneluren orientiert. Über diesem erhebt sich, nach einem kräftigen Gesimse, die erste Ädikula mit korinthischen Säulen, über deren Gebälk ein schuppig gemusterter Wulst dachförmig kräftig einspringt, dessen Attika die Basis für die nächste kräftig einspringende Ädikula bildet, die seitlich von Balustraden begleitet und durch gesprengte Segmentgiebel hinterfangen ist. Die Säulen dieser zweiten Ädikula enthalten durchbrochene Kapitelle, deren Formenrepertoire sich an korinthisierenden der justinianischen Zeit orientiert. Begleitet die Rücklage der unteren Ädikula ein System von Voluten mit vegetabilem Dekor, so wird die obere Ädikula von Karyatidhermen an den Schmalseiten begleitet. Analog der unteren Ädikula ist auch bei der oberen das Abschlußgesimse gegenüber der Rücklage verkröpft und flankiert von einem gesprengten Dreiecksgiebel, darüber erhebt sich die dritte Ädikula, die von einem Dreiecksgiebel bekrönt wird. Dieser auch im Materialaufwand wie im Formenrepertoire reichhaltige Aufbau wurde offensichtlich als Rahmung für diese vier Elfenbeinarbeiten als ästhetisch adäquates Ambiente empfunden.

Wie schon der ikonographische Befund erwies, so ergibt die stilistische Analyse bestätigend, daß diese Elfenbeinreliefs nicht zwangsläufig auch ursprünglich vereint gewesen sein müssen. Im größten Relief – in dem mit der Darstellung der Hl. Familie – ist eine Differenzierung im plastischen Charakter zwischen den Figuren und der folienhaften, flachreliefartigen Wiedergabe des Ambientes festzustellen, wobei der Übergang vom Vorder- zum Hintergrund in skandierender Abstufung erfolgt. Der Oberflächencharakter wird hiebei nicht nur entsprechend rhythmisiert, sondern vermittelt auch eine klare Vorstellung über die räumlichen Gegebenheiten in der intendierten Darstellung. Einer kompakte plastische Formen begünstigenden Komposition wirkt eine in der Textur die Feingliedrigkeit und die minuziöse Ausarbeitung der Details zur Wirkung bringende und flimmerige Effekte schaffende Charakteristik entgegen. Trotz artikulierter Körperhaftigkeit und minuziöser Wiedergabe der Details läßt sich diese graduell mannigfaltig konstatierbare Differenzierung im Relief mit der Darstellung der Taufe Christi nicht erkennen, was nicht in der unterschiedlichen Dimension seine Ursache hat, wie ein Vergleich der Gruppe der schwebenden Putti bei der Hl. Familie mit den Hauptfiguren der Taufe Christi unschwer beweist. In den beiden oberen, noch kleineren Elfenbeinreliefs mit den Darstellungen des auferstehenden Christus und Gott-Vaters ist die Figurenauffassung hinsichtlich der Körperhaftigkeit wesentlich filigraner und der Akzent auf eine bewegte Haltung sowie auf eine lebhafte Silhouettenwirkung gesetzt. Somit ergibt sich bereits prima vista, daß die beiden letztgenannten sicher jüngeren Entstehungsdatums sind als die beiden anderen, das Relief mit der Hl. Familie zugleich das anspruchsvollste Werk dieser vier Reliefs ist. Analog wie in diesem eine nach links abfallende Konturierung der Hauptfigurengruppe – beginnend von der Säule, über das Haupt Mariens und auslaufend beim in Profilansicht gegebenen knienden, dem Jesus-Kind den Blumenstrauß darreichenden Engel links – die Figurenkomposition der Breite nach organisiert, erfolgt die räumliche Bewältigung derselben durch die diagonal von rechts nach links verlaufende Schichtung von der Säule, über die „davor" angeordnete Maria zum knienden Engel links vorne. Die Stirnseite des Sockels der Säule wiederum kontrastiert in ihrer stereometrischen Klarheit zu dem durch Gräser und Blumen belebt wirkenden Vordergrund, in dem zwei Engelsputti – jeweils in spiegelverkehrter Stellung – Blumen pflücken. Das Terrain wird im Vordergrund durch Felsformationen kurvig abgeschlossen, wobei im linken Drittel wie auch in der Mitte geschichtete Felsblöcke angeordnet sind, im rechten Drittel – als markanter Kontrast in der Oberflächenwirkung zum Säulensockel – ein glatter Felsblock von engmaschig geästelten Weinranken dekorativ (beinahe an frühchristliche Sarkophagdekorationen gemahnend) umrankt wird. Diesem in zwei Spielarten beschriebenen Duktus von rechts nach links in dieser Figurengruppe wirken vektorielle Momente von links hinten nach rechts vorne entgegen: der aus dem Hintergrund herannahende Engel, der einen Kranz von Rosen über das Haupt des Jesus-Kindes hält, der kniende Engel davor, die Wendung Mariens nach dem rechten Drittel des Reliefs zu und die Blumen pflückenden Putti. Die achsiale Mitte bildet die Figur des hl. Joseph, der hinter Mariens rechter Schulter herausragt. Spannungslose Leerstellen werden auch durch das Austarieren divergierender vektorieller Momente innerhalb der Figurenkomposition vermieden. Die Wendung Mariens gegen den nach rechts zu davonschwebenden Engelsputto mit der rauchenden Vase gibt dem sonst figurenarmen rechten Drittel entsprechende Akzente, wobei die spiralige Rauchwolkensäule der Relief-einwärts-Bewegung des Putto entgegengesetzt ist und an die, die Säule spiralig umrankende Efeugirlande optisch angegittert wird: Solcherart ist die Figurenkomposition optisch an die Säule fixiert. Wie sehr sich derartige Beobachtungen nicht nur hinsichtlich der Figurenkomposition in den dominierenden Determinanten durchführen lassen, sondern bis in Details verfolgbar sind, beweist der Engel links hinten: seine ausgebreiteten Flügel wie auch die senkrechte Haltung seines rechten Fußes, der hinter dem Flügel des knienden Engels links vorne sichtbar wird, charakterisieren ihn gleichfalls als soeben aus dem Flug gelandet wie die teilweise ihm noch nachwehenden schulterlangen Haare.

Entgegengesetzt zum halbkreisförmigen oberen Abschluß des Reliefs ist nicht nur der Kontur der Felsformation des Vordergrundes, sondern auch der Kontur der Hauptfigurengruppe, vor allem aber der Baumgruppen des Hintergrundes und der schwebenden, girlandenhaltenden Engelsputti. Diese sind teils in karyatidartiger Haltung in unterschiedlichen Positionen, teils in Profilhaltung, teils herabschwebend, teils kapriolenartig gegeben, jedoch immer dergestalt, daß sie sich dem bogigen Abschluß unterordnen und der Gegenkurve nach unten zu sich einordnen. Indem – außer einem Engelsputto, der Trauben hält – alle beschäftigt sind, die Girlande zu halten, ergibt sich ihr Verlauf in Form von Kettenlinien. Trotz der filigranen, fast durchbohrt wirkenden Oberflächenmodellierung mittels der Formulierung von Blumen ordnen sie sich strukturell einer wulstförmigen stereometrischen Form unter. Solcherart vermittelt die Girlande bei filigranem Habitus der Details dennoch den Eindruck von gewichtiger Schwere, wo das Fallen in Form einer Kettenlinie den sich überstürzenden Engelsputti sichtlich einige Mühe bereitet. Die beiden Enden der Girlande „weisen" förmlich auf die Hauptfigurengruppe sinnig hin und gittern diese das Relief bekrönende Puttengruppe optisch an die Hauptfigurengruppe an. So gesehen haben auch die in unruhiger Modulation gegebenen Wolkenballungen in ihrem ondulierenden Charakter nicht nur die Aufgabe, das atmosphärische Element gestaltend zu bilden, sondern es wird hiedurch – in gemilderter Plastizität, verglichen mit den Körpern der Putti und im Kontrast zur filigranen Durchgestaltung der durch den Wind bewegten Baumkronen – auch im Ambiente die optische Angitterung der bekrönenden Gruppe mit der Hauptgruppe vollzogen.

DATIERUNG

Für das Relief mit der Darstellung der Heiligen Familie legen sowohl die Figurenkomposition als auch die reiche Textur eine Entstehung in den südlichen Niederlanden gegen 1600 nahe, während die übrigen Reliefs nach Stichvorlagen des 17. Jahrhunderts in diesem entstanden sein dürften. Eine genauere kunsthistorische Einordnung steht noch aus.

BILDTEIL

Abb. 1
Typar des Siegels für das Wiener Domkapitel, Mitte 3. Jh. n. Chr. bzw. um 1365 (Kat.-Nr. 1)

Abb. 2
Porträt Herzog Rudolfs IV., frühestens gegen 1360, spätestens 1365 (Kat.-Nr. 2)

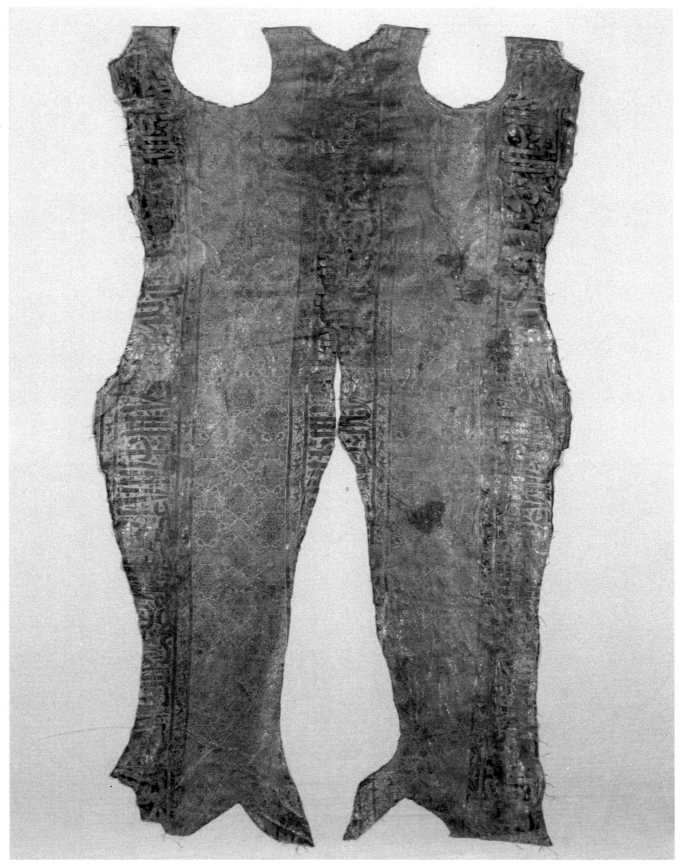

Abb. 3
Grabtuch für Herzog Rudolf IV., persisch, erstes Drittel 14. Jh. – Gesamtansicht ohne Ärmel (Kat.-Nr. 3)

Abb. 4
Arabischer Schriftfries

Abb. 5
Fries-Abfolge: Schrift, „indischer Antilopenfries",
Arabeskenfries mit „chinesischen Pfauen"

Abb. 6
Arabeskenfries mit „chinesischen Pfauen"

Abb. 7
Arabesken mit „chinesischen Pfauen"

Grabtuch für Herzog Rudolf IV., persisch, erstes Drittel 14. Jh. (Kat.-Nr. 3)

Abb. 8
Abraham opfert Isaak,
darunter ,,Justicia''

Abb. 9
,,Aquilo''

Abb. 10
Kundschafter, darunter
,,Temperancia''

Abb. 11
Jakobs Segen, darunter
,,Prudentia''

Abb. 12
,,Auster''

Abb. 13
T-Schreiber, darunter ,,Pietas''

Maastalische Emailtafeln, um 1160/70 (Kat.-Nr. 5)

Abb. 14
Gesamtansicht

Abb. 15
Ornament-Detail

Syrische Flaschen, amphorenartiges Glasgefäß, um 1280 (Kat.-Nr. 6)

Abb. 16
Gesamtansicht

Abb. 17
Flaschenhals mit Figurenfries

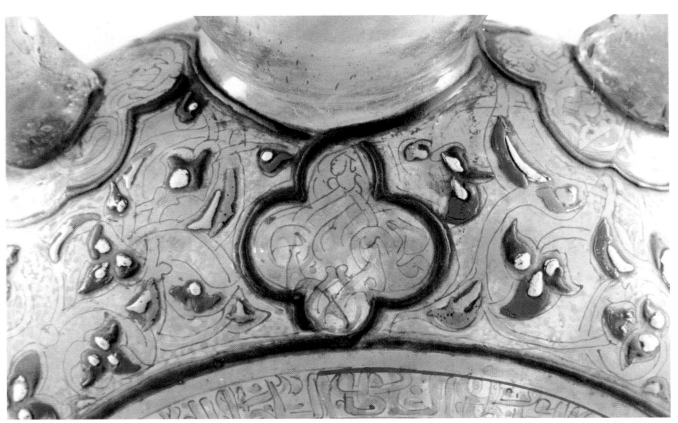

Abb. 18
Ornament-Detail

Syrische Flaschen, pilgerflaschenförmiges Glasgefäß, um 1280 (Kat.-Nr. 6)

Abb. 19
Schmalseite mit weißem Reiter

Abb. 20
Schmalseite mit rotem Reiter

Abb. 21
Musizierende und Tafelnde

Abb. 22
Musizierende Gruppe

Syrische Flaschen, pilgerflaschenförmiges Glasgefäß, um 1280 (Kat.-Nr. 6)

Abb. 23
Musizierende und Tafelnde – linker Teil

Abb. 24
Musizierende und Tafelnde – rechter Teil

Abb. 25
Musizierende Gruppe – linker Teil

Abb. 26
Musizierende Gruppe – rechter Teil

Syrische Flaschen, pilgerflaschenförmiges Glasgefäß, um 1280 (Kat.-Nr. 6)

Abb. 27
Elfenbeinkästchen, sizilianisch oder unteritalienisch, erste Hälfte 14. Jh. (Kat.-Nr. 7)

Abb. 28
Andreaskreuz-Reliquiar, um 1440 (Kat.-Nr. 8)

Abb. 29
Andreaskreuz-Reliquiar, um 1440 – Detail (Kat.-Nr. 8)

Abb. 31
Pazifikale – Detail (Kat.-Nr. 9)

Abb. 30
Pazifikale, Fassung Mitte 14. Jh., Schaubehälter von 1514,
Auge Gottes, 18. Jh. (Kat.-Nr. 9)

Abb. 32
Kreuzreliquiar, 1520 (Kat.-Nr. 10)

Abb. 33
Heilig-Blut-Monstranz, Ostensorien gegen 1600, Schaubehälter
von Ignaz Sebastian Würth, 1784 (Kat.-Nr. 11)

Abb. 34
Cranium des heiligen Stephanus, 1741 (Kat.-Nr. 12)

Abb. 35
Evangelist Matthäus (fol. 21 v.)

Abb. 36
Prachtinitiale des Matthäus-Evangeliums (fol. 22 r.)

Abb. 37
Evangelist Lukas (fol. 100 v.)

Abb. 38
Prachtinitiale des Lukas-Evangeliums (fol. 101 r.)

Karolingisches Evangeliar, spätes 9. Jh. (Kat.-Nr. 13)

Abb. 39
Evangelist Johannes (fol. 149 v.)

Abb. 40
Prachtinitiale des Johannes-Evangeliums (fol. 150 r.)

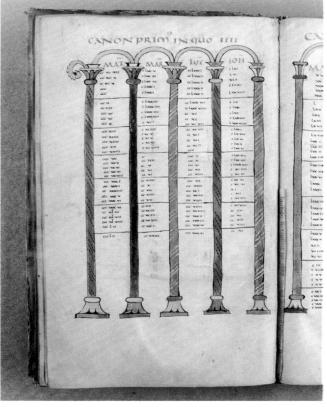

Abb. 41
Prachtinitiale des Markus-Evangeliums (fol. 70 r.)

Abb. 42
Kanontafel

Karolingisches Evangeliar, spätes 9. Jh. (Kat.-Nr. 13)

Abb. 43
Kanonblatt: Kreuzigung Christi mit Maria und Johannes Evangelist, mit Propst Wilhelm Tuers (fol. 34 v.)

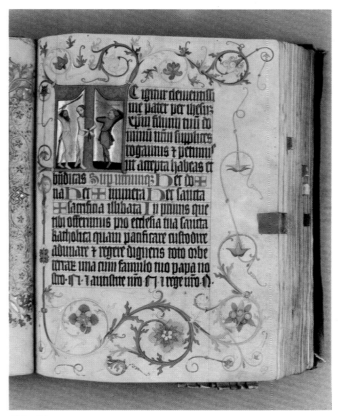

Abb. 44
Beginn des Hochgebetes „Te igitur . . ." (fol. 35 r.)

Abb. 45
„Te igitur"-Initiale (fol. 35 r.)

Abb. 46
Aufgeklebte Kreuzigungsdarstellung (fol. 42 v.)

Tuers-Missale, um 1430 (Kat.-Nr. 14)

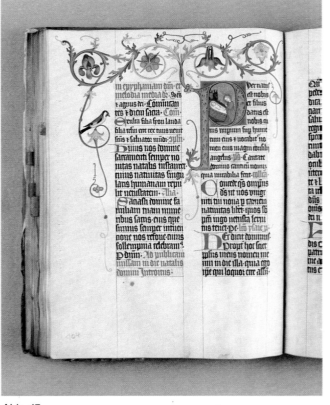

Abb. 47
Prachtinitiale (fol. 52 v.)

Abb. 48
Geburt Christi (fol. 52 v.)

Abb. 49
Stieglitz, Detail einer Prachtinitiale (fol. 52 v.)

Abb. 50
Detail einer Prachtinitiale

Tuers-Missale, um 1430 (Kat.-Nr. 14)

Abb. 51
Detail vom Buchdeckel

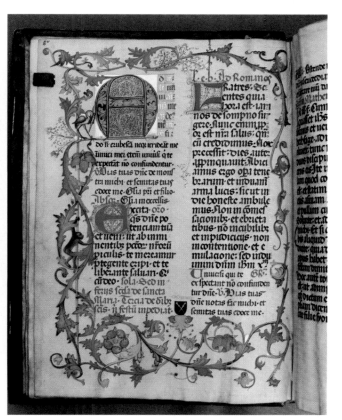

Abb. 52
Prachtinitiale (fol. 8 v.)

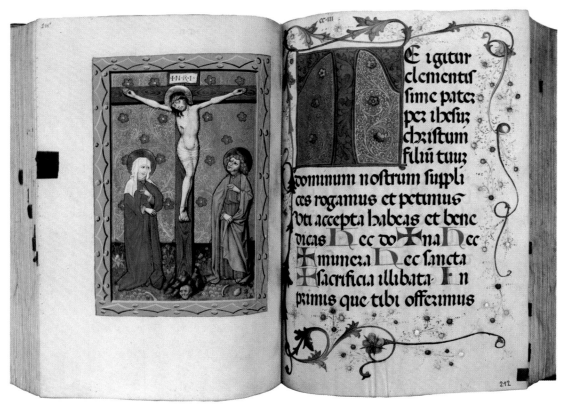

Abb. 53
Kanonblatt (fol. 211 v.)

Abb. 54
Beginn des Hochgebetes ,,Te igitur . . .'' (fol. 212 r.)

Vorchtenauer-Missale, um 1465 bzw. 1482 (Kat.-Nr. 15)

Abb. 55
Engelsbüste mit Devise des Stifters (fol. 211 r.)

Abb. 56
Christus als Schmerzensmann im Grab stehend (fol. 221 v.)

Abb. 57
Detail einer Prachtinitiale

Abb. 58
Maskarone

Vorchtenauer-Missale, um 1465 bzw. 1482 (Kat.-Nr. 15)

Abb. 59
Staurothek, um 1430 (Kat.-Nr. 16)

Abb. 60
Monstranz aus dem Stephansdom, 1482 (Kat.-Nr. 17)

Abb. 61
Matzener Monstranz, 1508 (Kat.-Nr. 18)

Abb. 62
Matzener Monstranz, Detail, 1508 (Kat.-Nr. 18)

Abb. 63
Gesamtansicht

Abb. 64
Hl. Christophorus

Abb. 65
Pfarrer Hieronymus Neunberger als Stifter

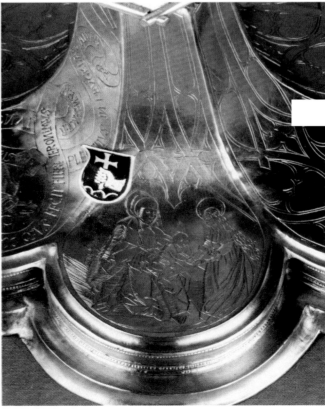

Abb. 66
Hl. Anna selbdritt

Prigglitzer Monstranz, 1515 (Kat.-Nr. 19)

Abb. 67
Pastorale, Krümme, um 1515 (Kat.-Nr. 20)

Abb. 68
Pastorale, Nodus, um 1515 (Kat.-Nr. 20)

Abb. 69
Kuppelziborium, spätes 15. Jh. (Kat.-Nr. 21)

Abb. 70
Turmziborium, 1499 (Kat.-Nr. 22)

Abb. 71
Hostienbüchse, frühes 16. Jh. (Kat.-Nr. 23)

Abb. 72
Kasel, Stoff um 1400, Stickerei Anfang 16. Jh. (Kat.-Nr. 24)

Abb. 73
Rückenschild („Cappa") eines Pluviale, 1518 (Kat.-Nr. 25)

Abb. 74
Spanischer Kelch, Anfang 16. Jh. (Kat.-Nr. 26)

Abb. 75
Kelch, Mitte 16. Jh. (Kat.-Nr. 27)

Abb. 76
Neuböck-Kelch, 1587 (Kat.-Nr. 28)

Abb. 77
Ober-St. Veiter Monstranz, erstes Drittel 17. Jh. (Kat.-Nr. 30)

Abb. 78
Ober-St. Veiter Monstranz, hl. Anna selbdritt (Kat.-Nr. 30)

Abb. 79
Gesamtansicht von vorne im geschlossenen Zustand

Abb. 80
Gesamtansicht der Rückseite

Abb. 81
Gesamtansicht von vorne im geöffneten Zustand

Abb. 82
Schleierlegende, Relief der Rückseite

Reliquiar des hl. Leopold, 1588 (Kat.-Nr. 29)

Abb. 83
Standplatte und Stiel

Abb. 84
Flügel mit Wunderszenen

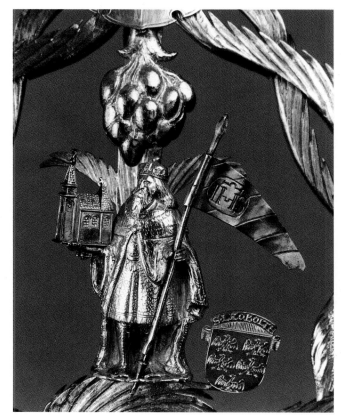

Abb. 85
Figürchen des hl. Leopold

Abb. 86
König Karl IX. von Frankreich und Elisabeth von Österreich

Reliquiar des hl. Leopold, 1588 (Kat.-Nr. 29)

Abb. 87
Antependium, drittes Viertel 17. Jh. (Kat.-Nr. 31)

Abb. 88
Antependium, drittes Viertel 17. Jh. – Detail (Kat.-Nr. 31)

Abb. 89
Meßkännchen-Garnitur, Kännchen, 1602 (Kat.-Nr. 32)

Abb. 90
Meßkännchen-Garnitur, Tasse, 1602 (Kat.-Nr. 32)

Abb. 91
Buckelpokal, erstes Viertel 17. Jh. (Kat.-Nr. 33)

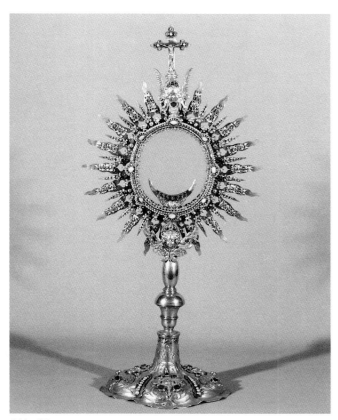

Abb. 92
Monstranz aus dem Stephansdom, 1658, Gesamtansicht (Kat.-Nr. 37)

Abb. 93
Monstranz aus dem Stephansdom, 1658, Detail (Kat.-Nr. 37)

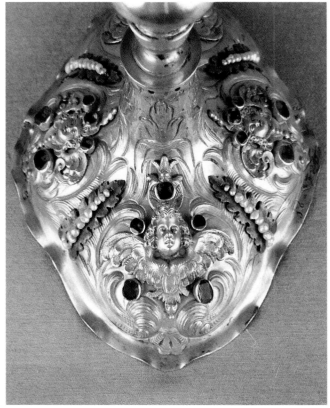

Abb. 94
Monstranz aus dem Stephansdom, 1658, Fuß (Kat.-Nr. 37)

Abb. 95
Sechspässiger Kelch, frühes 17. Jh. (Kat.-Nr. 34)

Abb. 96
Sechspässiger Kelch, frühes 17. Jh., Detail (Kat.-Nr. 34)

Abb. 97
Wurzel-Jesse-Monstranz, zweites Viertel 17. Jh. (Kat.-Nr. 35)

Abb. 98
Wurzel-Jesse-Monstranz, zweites Viertel 17. Jh., Detail
(Kat.-Nr. 35)

Abb. 99
Wurzel-Jesse-Monstranz, zweites Viertel 17. Jh., Fuß
(Kat.-Nr. 35)

Abb. 100
Monstranz aus Laa an der Thaya, 1654 (Kat.-Nr. 36)

Abb. 101
Monstranz aus Laa an der Thaya, 1654, Schaubehälter
(Kat.-Nr. 63)

Abb. 102
Monstranz aus Laa an der Thaya, 1654, Fuß, Evangelist Matthäus
(Kat.-Nr. 36)

Abb. 103
Gesamtansicht mit Kreuzigung Christi

Abb. 104
Gesamtansicht mit Taufe Christi

Abb. 105
Detail: Taufe Christi

Abb. 106
Detail: Kreuzigung Christi

Segenskreuz, Berg Athos (?), 17. Jh. (?), (Kat.-Nr. 38)

Abb. 107
Prunkkelch, 1693 (Kat.-Nr. 39)

Abb. 108
Prunkkelch, 1693, Letztes Abendmahl (Kat.-Nr. 39)

Abb. 109
Prunkkelch, 1720 (Kat.-Nr. 40)

Abb. 110
Prunkkelch, 1720, Taufe Christi (Kat.-Nr. 40)

Abb. 111
Prunkkelch, 1720, Brotvermehrung (Kat.-Nr. 40)

Abb. 112
Prunkkelch, 1720, Fußwaschung (Kat.-Nr. 40)

Abb. 113
Kelch, um 1730 (Kat.-Nr. 41)

Abb. 114
Kelch, um 1730, Putto mit Vera Ikon (Kat.-Nr. 41)

Abb. 115
Prunkkelch aus Maissau, um 1760 (Kat.-Nr. 42)

Abb. 116
Prunkkelch aus Maissau, um 1760, Manna-Lese (Kat.-Nr. 42)

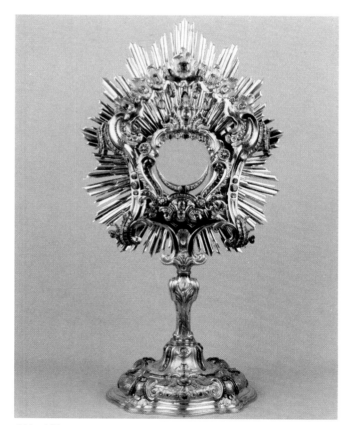

Abb. 117
Prunkmonstranz, 1754 (Kat.-Nr. 43)

Abb. 118
Prunkmonstranz, 1754, Schaubehälter (Kat.-Nr. 43)

Abb. 119
Gesamtansicht

Abb. 120
Detail: Email mit Kopie des Gnadenbildes

Abb. 121
Detail: Email mit Gefangennahme Christi

Abb. 122
Detail: Email mit Geißelung Christi

Maria-Pötsch-Monstranz, Fuß und Nodus um 1680, Schaubehälter um 1750 bis 1760 (Kat.-Nr. 44)

Abb. 123
Gesamtansicht

Abb. 124
Detail: Email mit Geburt Christi

Abb. 125
Detail: Email mit Letztem Abendmahl

Abb. 126
Lamm Gottes auf der Patene

Hackelberg-Kelch, 1747 (Kat.-Nr. 45)

Abb. 127
Gesamtansicht

Abb. 128
Detail: Email mit Manna-Lese

Abb. 129
Detail: Email mit Jakob mit dem Engel ringend

Abb. 130
Detail: Cherubskopf vom Fuß

Prunkkelch, 1757 (Kat.-Nr. 46)

Abb. 131
Aloisius-Reliquiar von Joseph Moser, 1751 (Kat.-Nr. 47)

Abb. 132
Annen-Reliquiar, um 1751 (Kat.-Nr. 48)

Abb. 133
Kreuzpartikel-Reliquiar, 1769 (Kat.-Nr. 50)

Abb. 134
Heilig-Kreuz-Reliquienmonstranz, um 1770 (Kat.-Nr. 51)

Abb. 135
Gesamtansicht

Abb. 136
Detail: hl. Paulus

Abb. 137
Rückseite

Abb. 138
Josephinisches Ziborium, 1776 (Kat.-Nr. 52)

Paulus-Reliquiar, um 1750/1760 (Kat.-Nr. 49)

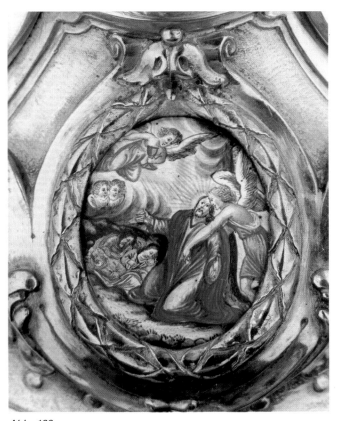

Abb. 139
Detail: Email mit Christus am Ölberg

Abb. 140
Detail: Email mit Christus vor Kaiphas

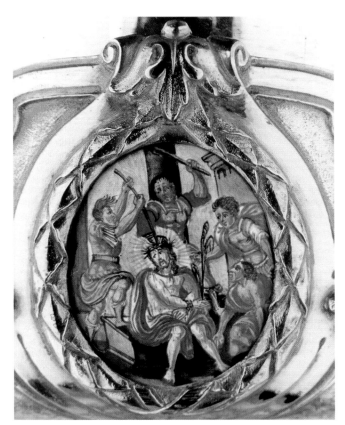

Abb. 141
Detail: Email mit Dornenkrönung Christi

Abb. 142
Detail: Email mit Kreuztragung Christi

Josephinisches Ziborium, 1776 (Kat.-Nr. 52)

Abb. 143
Neun-Engelschöre-Monstranz, spätes 18. Jh. (Kat.-Nr. 53)

Abb. 144
Meßkännchen-Garnitur, 1827 (Kat.-Nr. 54)

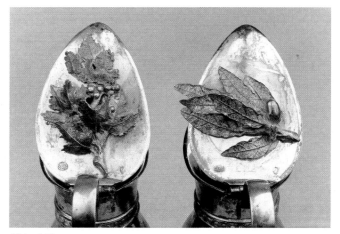

Abb. 145
Meßkännchen-Garnitur, Detail: Deckeldekor (Kat.-Nr. 54)

Abb. 146
Meßkännchen-Garnitur, zweites Viertel 19. Jh. (Kat.-Nr. 55)

Abb. 147
Meßkännchen-Garnitur, zweites Viertel 19. Jh., Tasse
(Kat.-Nr. 55)

Abb. 148
Kleine Monstranz, spätes 19. Jh. (Kat.-Nr. 56)

Abb. 149
Kelch, 1862 (Kat.-Nr. 57)

Abb. 150
Kelch, 1862, Detail: Email mit hl. Franz von Assisi (Kat.-Nr. 57)

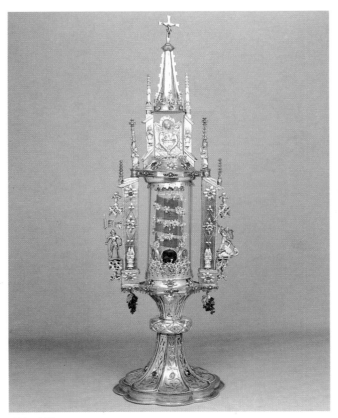

Abb. 151
Gesamtansicht, Figürchen seitlich des Schaubehälters,
spätes 15. Jh.

Abb. 152
Detail: Email mit hl. Nikolaus, byzantinisch, 10. Jh.

Abb. 153
Detail: Medaillon Maria mit Kind, veneto-byzantinisch, 13. Jh.

Abb. 154
Detail: Email mit hl. Raphael, byzantinisch, 11. Jh.

Gürtelreliquiar Mariens, Giovanni di Cristofori, 1871 (Kat.-Nr. 58)

Abb. 155
Oberitalienisches Triptychon, erstes Viertel 15. Jh. (Kat.-Nr. 65)

Abb. 156
Oberitalienisches Triptychon, erstes Viertel 15. Jh. (Kat.-Nr. 65);
Detail: Maiestà

Abb. 157
Dornenkrönung Christi, Mitte 15. Jh. (Kat.-Nr. 66)

Abb. 158
Kreuztragung Christi, Mitte 15. Jh. (Kat.-Nr. 66)

Abb. 159
Weihrauchfaßschwingender Engel, gegen 1340 (Kat.-Nr. 59)

Abb. 160
Martyrium der hl. Ursula

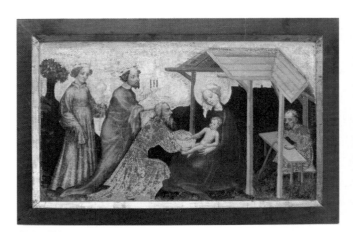

Abb. 161
Epiphanie

Abb. 162
Die drei Mädchenheiligen: Katharina, Barbara, Margaretha

Sieben Tafelbilder, Ende 14. Jh. (Kat.-Nr. 60)

Abb. 163
Verkündigung an Maria

Abb. 164
Geburt Christi

Abb. 165
Hl. Christophorus, hl. Johannes Evangelist

Abb. 166
Hl. Dorothea, hl. Georg

Sieben Tafelbilder, Ende 14. Jh. (Kat.-Nr. 60)

Abb. 167
Madonna mit der Erbsenblüte, Ende 14. Jh. (Kat.-Nr. 61)

Abb. 168
Gnadenstuhl

Abb. 169
Marientod

Abb. 170
Hl. Katharina und hl. Barbara

Sieben Tafelbilder, um 1420 (Kat.-Nr. 62)

Abb. 171
Hl. Erasmus und hl. Thomas Apostel

Abb. 172
Hl. Agnes und hl. Margaretha

Abb. 173
Hl. Dorothea und hl. Ursula

Abb. 174
Hl. Andreas Apostel und hl. Wolfgang

Sieben Tafelbilder, um 1420 (Kat.-Nr. 62)

Abb. 175
Christus am Ölberg

Abb. 176
Hl. Barbara

Abb. 177
Hl. Matthäus

Abb. 178
Christus als Schmerzensmann

Andreas-Altar, gegen 1430, geschlossener Zustand, obere Reihe (Kat.-Nr. 63)

Abb. 179
Hl. Bartholomäus

Abb. 180
Hl. Helena

Abb. 181
Hl. Sebastian

Abb. 182
Hl. Petrus

Andreas-Altar, gegen 1430, geschlossener Zustand, untere Reihe (Kat.-Nr. 63)

Abb. 185
Hl. Georg

Abb. 184
Hl. Florian

Abb. 183
Hl. Leonhard

Abb. 186
Hl. Christophorus

Andreas-Altar, gegen 1430, geöffneter Zustand (Kat.-Nr. 63)

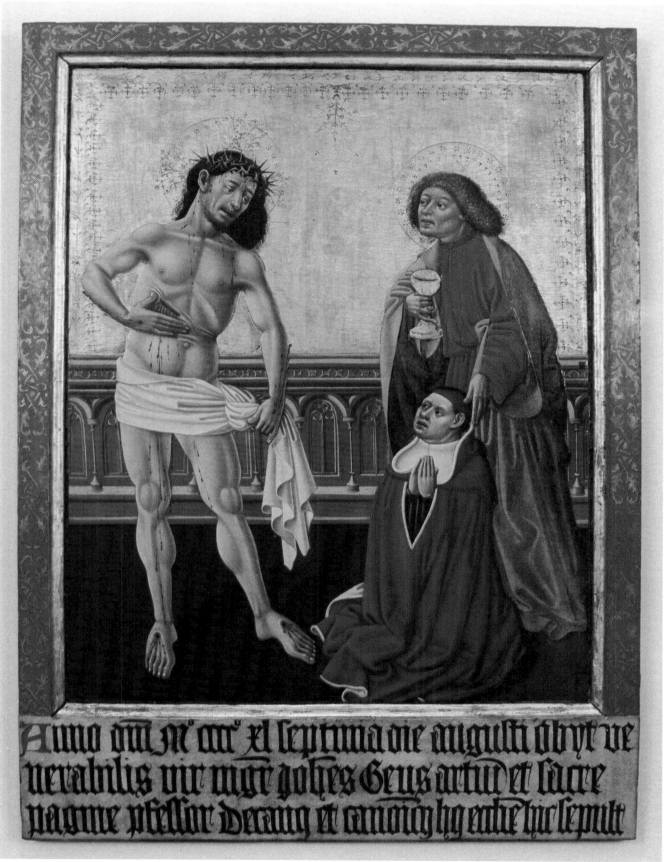

Abb. 187
Geus-Epitaphium, 1440 (Kat.-Nr. 64)

Abb. 188
Kreuzigungstafel, Detail: die trauernden Anhänger Christi

Abb. 189
Kreuzigungstafel, Detail: Maria Magdalena und die Verfolger
Christi

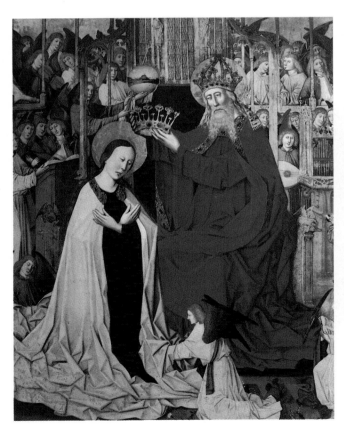

Abb. 190
Krönung Mariens

Meister von Maria am Gestade, gegen 1460 (Kat.-Nr. 67)

Abb. 191
Krönung Mariens, Detail: musizierende und attributehaltende
Engel

Abb. 192
Krönung Mariens, Detail: musizierende Engel

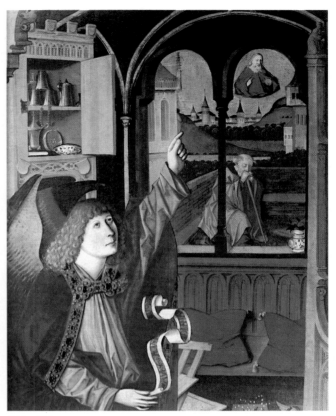

Abb. 193
Verkündigung an Maria, Detail: Erzengel Gabriel und Josephs Traum

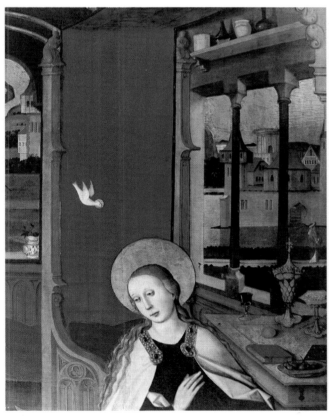

Abb. 194
Verkündigung an Maria, Detail: Maria

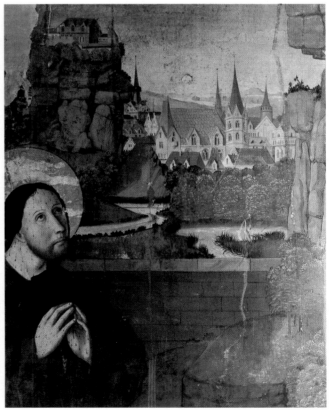

Abb. 195
Ölbergtafel, Detail: Christus und Landschaftsfragment

Meister von Maria am Gestade, gegen 1460 (Kat.-Nr. 67)

Abb. 196
Hornperger-Votivtafel, 1462 (Kat.-Nr. 68)

Abb. 197
Verspottung Christi, um 1505 (Kat.-Nr. 70)

Abb. 199
Maria lactans, Werkstatt des Lucas Cranach d. Ä., nach 1537
(Kat.-Nr. 73)

Abb. 198
Schmerzensmann, Lucas Cranach d. Ä., 1537 (Kat.-Nr. 72)

Abb. 200
Linker Innenflügel, Kreuztragung Christi (Detail)

Abb. 201
Mitteltafel, Kalvarienberg, trauernde Anhänger Christi und
Gruppe um Longinus (Detail)

Abb. 203
Mitteltafel, Kalvarienberg, Mittelgruppe (Detail)

Abb. 202
Mitteltafel, Kalvarienberg, Verfolger Christi (Detail)

Ober-St. Veiter Altar, zwischen 1505 und 1507 (Kat.-Nr. 69)

Abb. 204
Mitteltafel, Kalvarienberg, linke untere Reitergruppe (Detail)

Abb. 205
Mitteltafel, Kalvarienberg, Würfler und rechte untere Reitergruppe (Detail)

Abb. 206
Rechter Innenflügel, auferstandener Christus — Noli me tangere
(Detail)

Abb. 207
Rechter Innenflügel, das leere Grab Christi (Detail)

Ober-St. Veiter Altar, zwischen 1505 und 1507 (Kat.-Nr. 69)

Abb. 209
Rechter Außenflügel: hl. Rochus

Abb. 208
Linker Außenflügel: hl. Sebastian

Ober-St. Veiter Altar, zwischen 1505 und 1507 (Kat.-Nr. 69)

Abb. 210
Der hl. Stephanus vor dem Richter

Abb. 211
Steinigung des hl. Stephanus

Abb. 212
Almosenspende des hl. Laurentius

Abb. 213
Der hl. Laurentius auf dem Rost

Vier Tafelbilder mit Heiligenmartyrien, erstes Viertel 16. Jh. (Kat.-Nr. 71)

Abb. 214
Weibliche Heilige, Rückseite der Tafel mit dem Martyrium des
hl. Laurentius (Kat.-Nr. 71)

Abb. 215
Portallöwe, 13. Jh. (Kat.-Nr. 74)

Abb. 217
Engel aus einem Jüngsten Gericht, erstes Viertel 16. Jh.
(Kat.-Nr. 117)

Abb. 216
Hl. Paulus von der Singertor-Vorhalle, um 1440/1450 (Kat.-Nr. 93)

Abb. 218
Gesamtansicht

Abb. 219
Profilansicht, Detail

Erlacher Madonna, um 1320/1330 (Kat.-Nr. 75)

Abb. 220
Gesamtansicht

Abb. 221
Draperie des Jesus-Kindes, Detail

Thernberger Madonna, um 1320 (Kat.-Nr. 76)

Abb. 222
Gesamtansicht

Abb. 223
Detail: Christus und Joseph von Arimathia

Abb. 224
Detail: trauernde Maria

Abb. 225
Detail: Kopf des Joseph von Arimathia

Kreuzabnahme, um 1330/1340 (Kat.-Nr. 77)

Abb. 226
Gesamtansicht

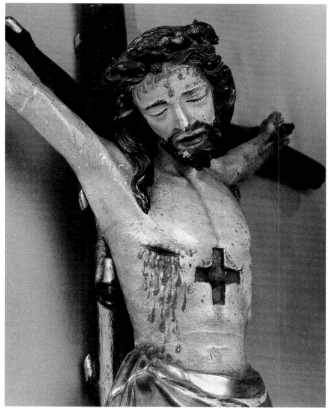

Abb. 227
Corpus Christi (Detail)

Baumkreuz, um 1330/1340 (Kat.-Nr. 78)

Abb. 228
Hl. Petrus, um 1340 (Kat.-Nr. 79)

Abb. 229
Hl. Paulus, um 1340 (Kat.-Nr. 80)

Abb. 230
Hl. Nikolaus, um 1340 (Kat.-Nr. 81)

Abb. 231
Kloiphofer Madonna, nach 1370 (Kat.-Nr. 82)

Abb. 232
Mönchsheiliger, nach 1370 (Kat.-Nr. 83)

Abb. 233
Maria mit dem Jesus-Kind, letztes Viertel 14. Jh. (Kat.-Nr. 84)

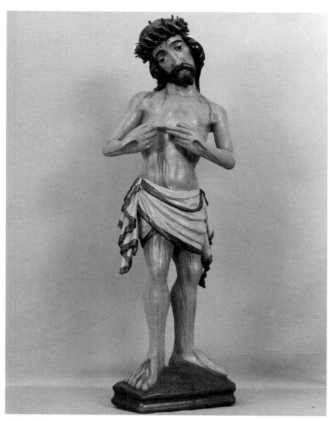

Abb. 234
Schmerzensmann, gegen Ende d. 14. Jh.s (Kat.-Nr. 85)

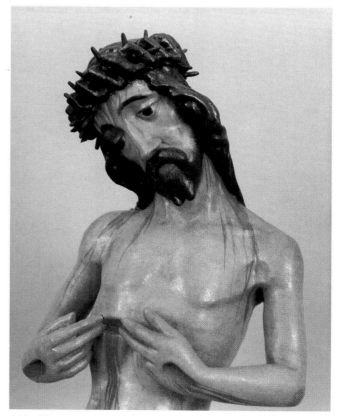

Abb. 235
Schmerzensmann, gegen Ende d. 14. Jh.s, Detail (Kat.-Nr. 85)

Abb. 236
Gesamtansicht von vorne

Abb. 237
Gesamtansicht von hinten

Abb. 238
Profilansicht von links

Abb. 239
Profilansicht von rechts

Hl. Barbara, um 1400 (Kat.-Nr. 86)

Abb. 240
Wopfinger Pietà, um 1420/1430 (Kat.-Nr. 90)

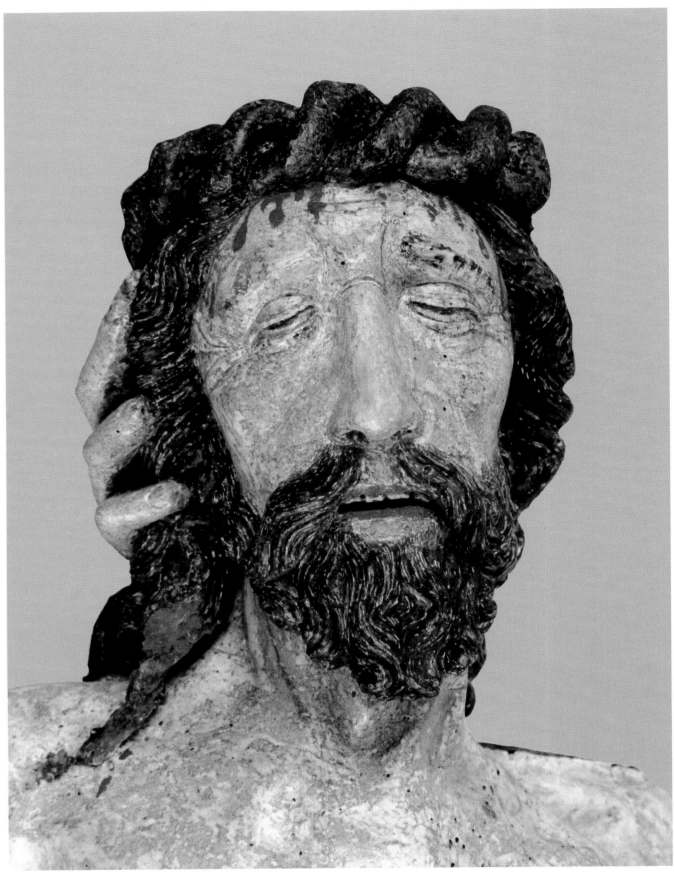

Abb. 241
Wopfinger Pietà, um 1420/1430, Detail: Christus-Kopf (Kat.-Nr. 90)

Abb. 242
Wopfinger Pietà, um 1420/1430, Detail: Marien-Kopf (Kat.-Nr. 90)

Abb. 243
Kirchberger Madonna, Anfang 15. Jh. (Kat.-Nr. 87)

Abb. 244
Hauskirchner Madonna, um 1410 (Kat.-Nr. 88)

Abb. 245
Schreinmadonna, frühes 15. Jh., geschlossener Zustand
(Kat.-Nr. 89)

Abb. 246
Schreinmadonna, frühes 15. Jh., geöffneter Zustand (Kat.-Nr. 89)

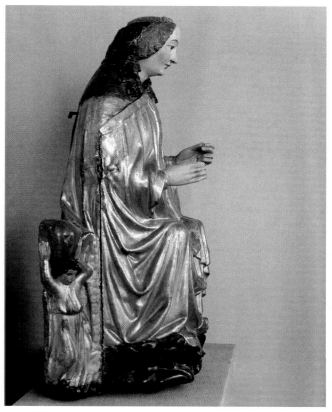

Abb. 247
Profilansicht in geschlossenem Zustand von links

Abb. 248
Profilansicht in geschlossenem Zustand von rechts

Abb. 249
Linker Innenflügel

Abb. 250
Rechter Innenflügel

Schreinmadonna, frühes 15. Jh. (Kat.-Nr. 89)

Abb. 251
Maria aus einer Kreuzigungsgruppe (Kat.-Nr. 91)

Abb. 252
Johannes Evangelist aus einer Kreuzigungsgruppe (Kat.-Nr. 91)

Abb. 253
Wischataler Madonna, frühes 15. Jh. (Kat.-Nr. 92)

Abb. 254
Madonna lactans, um 1440 (Kat.-Nr. 94)

Abb. 255
Madonna lactans, um 1440, Ansicht von links (Kat.-Nr. 94)

Abb. 256
Madonna lactans, um 1440, Ansicht von rechts (Kat.-Nr. 94)

Abb. 257
Hl. Sebald, gegen 1486 (Kat.-Nr. 95)

Abb. 258
Relief-Fragment, gegen 1486 (Kat.-Nr. 96)

Abb. 259
Gesamtansicht

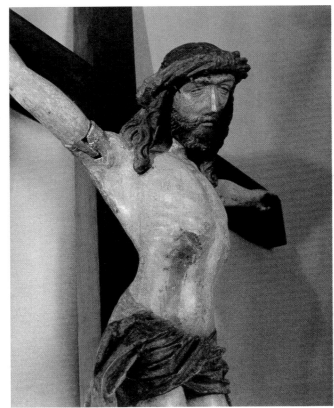

Abb. 260
Corpus Christi, Detail

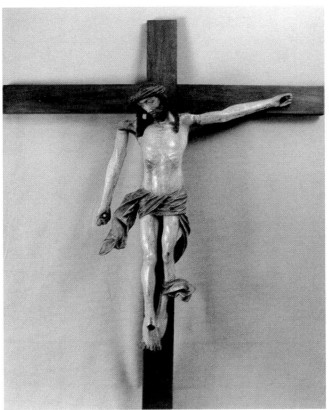

Abb. 261
Position mit einem vom Kreuzbalken gelösten Arm
(Kreuzabnahme)

Kruzifix mit beweglichen Armen, um 1470 (Kat.-Nr. 97)

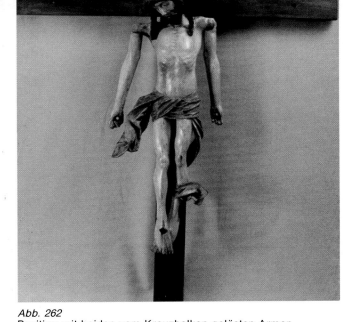

Abb. 262
Position mit beiden vom Kreuzbalken gelösten Armen
(Grablegung)

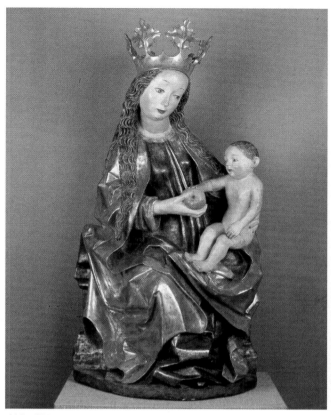

Abb. 263
Thronende Maria mit dem Jesus-Kind, um 1480 (Kat.-Nr. 98)

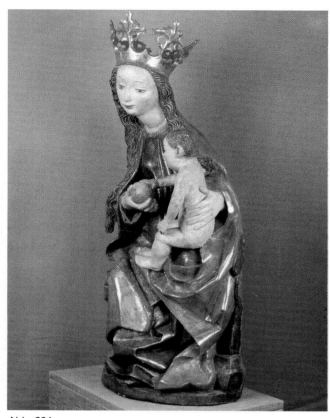

Abb. 264
Thronende Maria mit dem Jesus-Kind, um 1480, Ansicht von rechts (Kat.-Nr. 98)

Abb. 265
Hl. Christophorus, um 1490 (Kat.-Nr. 99)

Abb. 266
Geburt Christi, um 1500 (Kat.-Nr. 100)

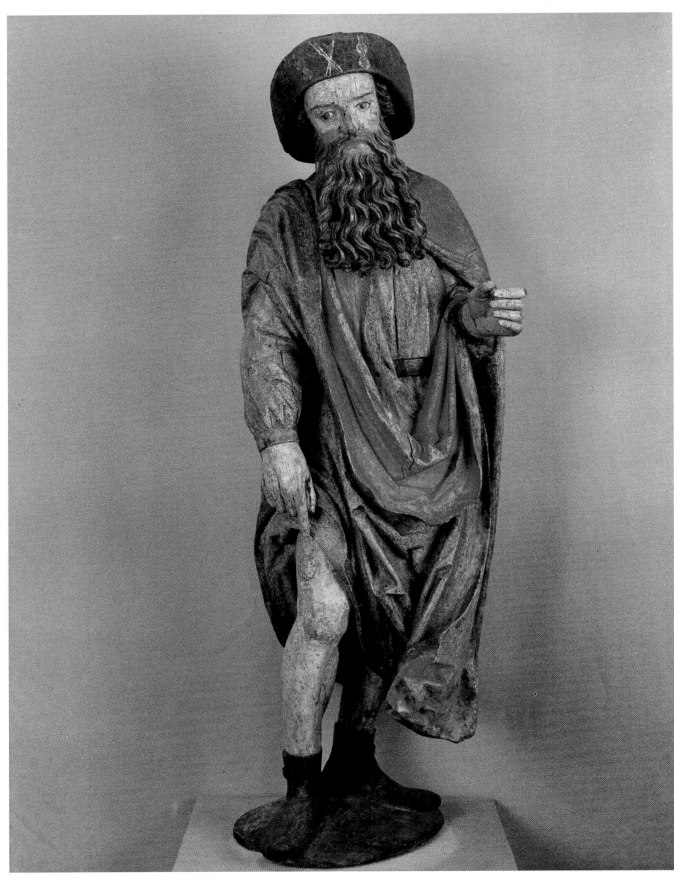

Abb. 267
Hl. Rochus, um 1500 (Kat.-Nr. 101)

Abb. 268
Hl. Anna selbdritt, Veit Stoß, um 1505 (Kat.-Nr. 102)

Abb. 269
Gesamtansicht

Abb. 270
Haupt Christi

Abb. 271
Maria Magdalena

Abb. 272
Klagende junge Frau

Beweinung Christi, Anfang 16. Jh. (Kat.-Nr. 103)

Abb. 274
Pietà, frühes 16. Jh. (Kat.-Nr. 111)

Abb. 273
Hörersdorfer Beweinungsgruppe, Anfang 16. Jh. (Kat.-Nr. 104)

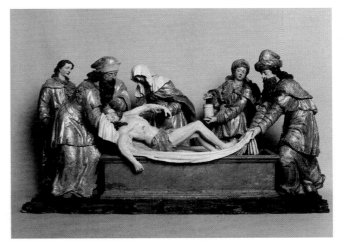

Abb. 275
Grablegung Christi, erstes Viertel 17. Jh. (Kat.-Nr. 121)

Abb. 276
Grablegung Christi, erstes Viertel 17. Jh., Detailansicht von
rechts (Kat.-Nr. 121)

Abb. 277
Gnadendorfer Madonna, um 1500 (Kat.-Nr. 105)

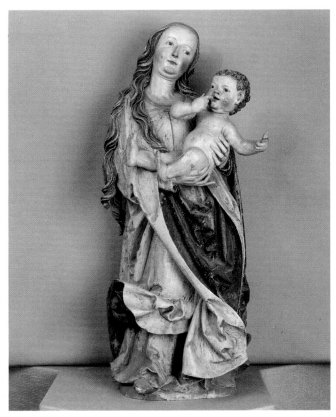

Abb. 278
Aspersdorfer Madonna, um 1510/1520 (Kat.-Nr. 106)

Abb. 279
Hl. Dionysius, frühes 16. Jh. (Kat.-Nr. 107)

Abb. 280
Hl. Sebastian, frühes 16. Jh. (Kat.-Nr. 108)

Abb. 281
Krönung Mariens, frühes 16. Jh. (Kat.-Nr. 109)

Abb. 282
Kleine Madonna, um 1520 (Kat.-Nr. 110)

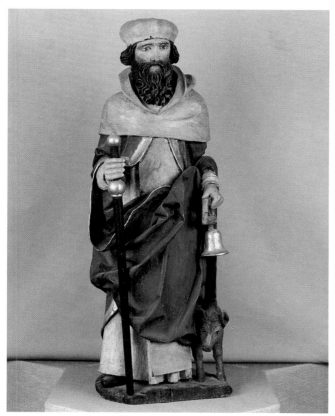

Abb. 283
Hl. Antonius Eremit, um 1510/1520 (Kat.-Nr. 112)

Abb. 284
Hl. Leopold über dem Schloß Oberdürnbach, frühes 16. Jh.,
Schloßmodell 17. Jh. (Kat.-Nr. 113)

Abb. 285
Kleine Anna selbdritt, gegen 1520 (Kat.-Nr. 114)

Abb. 286
Hl. Ägidius, frühes 16. Jh. (Kat.-Nr. 115)

Abb. 287
Maria aus einer Kreuzigungsgruppe, erstes Viertel 16. Jh. (Kat.-Nr. 116)

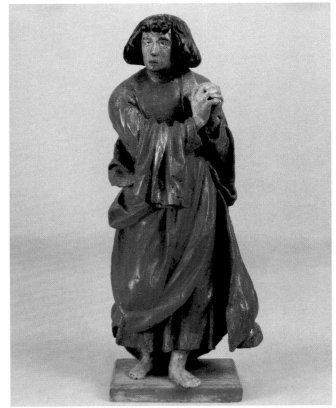

Abb. 288
Johannes Evangelist aus einer Kreuzigungsgruppe, erstes Viertel 16. Jh. (Kat.-Nr. 116)

Abb. 289
Christus am Ölberg

Abb. 290
Judas führt die Soldaten an

Abb. 291
Petrus schlägt Malchus das Ohr ab

Abb. 292
Zwei schlafende Jünger im Garten Gethsemane

Fragmente der „Hutstocker'schen Kreuztragung", 1523 (Kat.-Nr. 118)

Abb. 293
Kreuztragung Christi, Jan van Hemessen, um die Mitte d. 16. Jh.s
(Kat.-Nr. 119)

Abb. 294
Kreuztragung Christi, „EH" signiert, 1558 datiert (Kat.-Nr. 120)

Abb. 295
Hl. Jacobus von Compostela, El Greco zugeschrieben, spanisch,
Anfang 17. Jh. (Kat.-Nr. 122)

Abb. 296
Apostel-Büste, El Greco zugeschrieben, spanisch, Anfang 17. Jh.,
Detail (Kat.-Nr. 122)

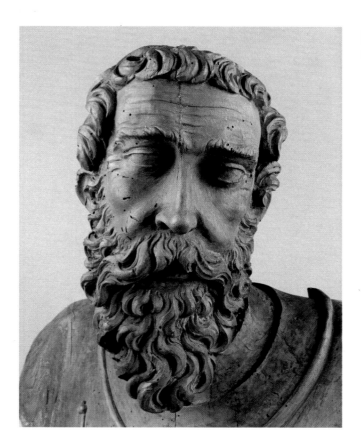

Abb. 297
Hl. Jacobus von Compostela, El Greco zugeschrieben, spanisch,
Anfang 17. Jh., Detail (Kat.-Nr. 122)

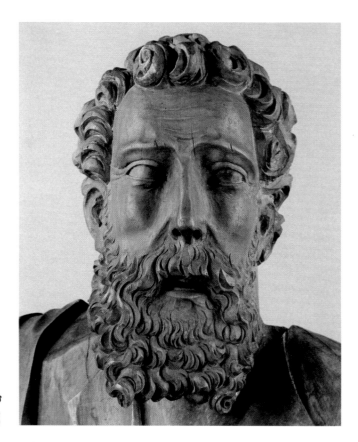

Abb. 298
Apostel-Büste, El Greco zugeschrieben, spanisch, Anfang 17. Jh.,
Detail (Kat.-Nr. 122)

Abb. 299
Hl. Ursula und hl. Barbara, frühes 17. Jh. (Kat.-Nr. 123)

Abb. 300
Hl. Nikolaus von Tolentino, Karel Skréta, 1631 (?) (Kat.-Nr. 124)

Abb. 301
Palermitaner Tabernakel aus dem Stephansdom, frühes 17. Jh.
(Kat.-Nr. 125)

Abb. 302
Christus an der Geißelsäule, Mitte 17. Jh. (Kat.-Nr. 126)

Abb. 303
Auferstandener Christus, um 1680 (Kat.-Nr. 127)

Abb. 304
Hl. Maria Magdalena, gegen 1670 (Kat.-Nr. 128)

Abb. 305
Nürnberger Schatztruhe, Bartholomäus Hoppert, 1678
(Kat.-Nr. 129)

Abb. 306
Hl. Ursula mit Gefolge, frühes 17. Jh. (Kat.-Nr. 130)

Abb. 307
Hl. Joachim, um 1720 (Kat.-Nr. 131)

Abb. 309
Kruzifix mit Gott-Vater und Hl.-Geist-Taube, um 1730
(Kat.-Nr. 132)

Abb. 308
Maria aus einer Kreuzigungsgruppe, um 1730 (Kat.-Nr. 132)

Abb. 310
Johannes Evangelist aus einer Kreuzigungsgruppe, um 1730
(Kat.-Nr. 132)

Abb. 311
Heilige Sippe, Jakob van Schuppen, 1719 (Kat.-Nr. 133)

Abb. 312
Gott-Vater und Heiliger Geist, Johann Michael Rottmayr, 1724
(Kat.-Nr. 134)

Abb. 313
Glorie des hl. Karl Borromäus, Johann Michael Rottmayr, 1728
(Kat.-Nr. 135)

Abb. 314
Allerheiligste Dreifaltigkeit, Johann Michael Rottmayr, 1728
(Kat.-Nr. 136)

Abb. 315
Hl. Leopold über Wien, um 1730 (Kat.-Nr. 137)

Abb. 316
Auffindung des Leichnams des hl. Johannes Nepomuk, böhmisch, um 1730 (Kat.- Nr. 138)

Abb. 317
Maria mit dem Jesus-Kind, Martino Altomonte, um 1725 (Kat.-Nr. 139)

Abb. 318
Hl. Michael mit Luzifer, um 1720/1730 (Kat.-Nr. 140)

Abb. 319
Kruzifix, Jacob Gabriel Müller, um 1750/1760 (?) (Kat.-Nr. 141)

Abb. 320
Maria mit dem Jesus-Kind erscheint dem hl. Antonius von Padua,
Michael Angelo Unterberger, 1744 (Kat.-Nr. 142)

Abb. 321
Schutzengel-Vorsteckbild, Michael Angelo Unterberger, um 1740
(Kat.-Nr. 143)

Abb. 322
Engelsturz, Replik nach Michael Angelo Unterberger, 1751
(Kat.-Nr. 144)

Abb. 324
Kreuzigung Christi, Franz Anton Maulbertsch, um 1747 bis 1749
(Kat.-Nr. 146)

Abb. 323
Martyrium des hl. Kassian, Paul Troger, 1760 (Kat.-Nr. 145)

Abb. 325
Hl. Leonhard, um 1750/1760 (Kat.-Nr. 147)

Abb. 326
Maria vom Berge Karmel, Franz Anton Kraus, 1751 (Kat.-Nr. 148)

Abb. 327
Grablegung Christi, gegen 1750 (Kat.-Nr. 149)

Abb. 328
Martyrium des hl. Stephanus, gegen 1760 (Kat.-Nr. 150)

Abb. 329
Heilige Sippe, Johann Martin (,,Kremser'') Schmidt,
um 1775 bis 1780 (Kat.-Nr. 151)

Abb. 330
Heilige Sippe, Franz Christoph Janneck, um 1750/1760
(Kat.-Nr. 152)

Abb. 331
Engelsturz

Abb. 332
Letztes Abendmahl

Abb. 333
Jüngstes Gericht

Abb. 334
Kreuzannagelung Christi, Nicolo Frangipani, 1597 (Kat. Nr. 154)

Drei Skizzen zu Deckenmalereien, Josef Keller, 1796–1799 (Kat. Nr. 153)

Abb. 335
Hl. Katharina von Siena, Tanzio de Varallo, drittes Jahrzehnt
d. 17. Jh.s (Kat.-Nr. 155)

Abb. 336
Madonna im Blumenkranz, Jan van Kessel, 1667 (Kat.-Nr. 156)

Abb. 337
Weg nach Golgotha, ,,FIST'' signiert, Anfang 17. Jh. (Kat.-Nr. 157)

Abb. 338
Epiphanie, Mitte 17. Jh. (Kat.-Nr. 158)

Abb. 339
Porträt Kardinal Melchior Klesl, 1628 (Kat.-Nr. 159)

Abb. 340
Porträt Kardinal Sigismund Kollonitz, Jakob van Schuppen, um 1723 (?) (Kat.-Nr. 160)

Abb. 341
Porträt Kardinal Christoph Anton Migazzi, vielleicht von Martin van Meytens d. J., nach 1761 (Kat.-Nr. 161)

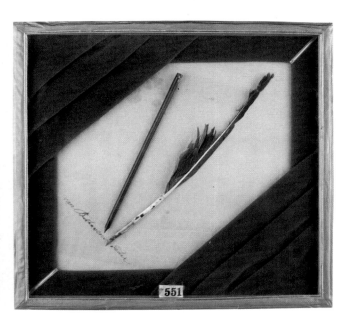

Abb. 342
Schreibfedern Ludwig van Beethovens, Anfang 19. Jh. (Kat.-Nr. 162)

Abb. 343
Maria mit dem Jesus-Kind, Ferdinand Georg Waldmüller, 1820,
Kopie nach Rogier van der Weyden (Kat.-Nr. 163)

Abb. 344
Kopfstudie, Josef Danhauser, vor 1826 (Kat.-Nr. 164)

Abb. 345
Hl. Crispinus, erstes Viertel 19. Jh. (Kat.-Nr. 165)

Abb. 346
Befreiung Petri aus dem Kerker, Ludwig Schnorr von Carolsfeld,
1836 (Kat.-Nr. 166)

Abb. 347
Flucht nach Ägypten, Ludwig Schnorr von Carolsfeld, um 1830
(Kat.-Nr. 167)

Abb. 348
Grablegung Christi, Eduard Steinle, 1837 (Kat.-Nr. 168)

Abb. 349
Christus am Ölberg, Joseph Führich, 1836 (Kat.-Nr. 169)

Abb. 350
Krönung Mariens, Joseph Führich, 1852 (Kat.-Nr. 171)

Abb. 351
Hl. Andreas, Leopold Kupelwieser, 1834 (Kat.-Nr. 172)

Abb. 352
Hl. Familie mit den Heiligen Stephanus und Leopold, Leopold Kupelwieser, 1856 (Kat.-Nr. 173)

Abb. 353
Maria Immaculata mit den Heiligen Elisabeth, Joseph und Franz von Assisi, Leopold Kupelwieser, 1856 (Kat.-Nr. 174)

Abb. 354
Die Heilige Familie wandernd, Leopold Kupelwieser, 1859 (Kat.-Nr. 175)

Abb. 355
Verkündigung an Maria

Abb. 356
Heimsuchung

Abb. 357
Geburt Christi

Abb. 358
Epiphanie

Kindheit Jesu, Joseph Führich, 1861 (Kat.-Nr. 170)

Abb. 359
Darbringung Jesu im Tempel

Abb. 360
Flucht nach Ägypten

Abb. 361
Tischlerwerkstatt (Die Heilige Familie in Nazareth)

Abb. 362
Der zwölfjährige Jesus im Tempel

Kindheit Jesu, Joseph Führich, 1861 (Kat.-Nr. 170)

Abb. 363
Modell des Türkenbefreiungsdenkmals, Edmund von Hellmer, 1883 (Kat.-Nr. 176)

Abb. 364
Innenansicht des Stephansdomes, 1647 (Kat.-Nr. 177)

Abb. 365
Außenansicht des Stephansdomes, Rudolf von Alt, 1842 (Kat.-Nr. 178)

Abb. 366
Innenansicht des Stephansdomes, Heinrich Tomec, 1905 (Kat.-Nr. 179)

Abb. 368
Vorsteckkasten mit dem hl. Peregrinus, Mitte 18. Jh.
(Kat.-Nr. 183)

Abb. 369
Vorsteckkasten mit dem hl. Florian, Mitte 18. Jh. (Kat.-Nr. 184)

Abb. 367
Hl. Jakobus, 16. Jh. (?), im 18. Jh. überarbeitet (Kat.-Nr. 180)

Abb. 370
Hochzeitskrippe, um 1768 (Kat.-Nr. 185)

Abb. 371
Maria

Abb. 372
Kruzifix

Abb. 373
Johannes Evangelist

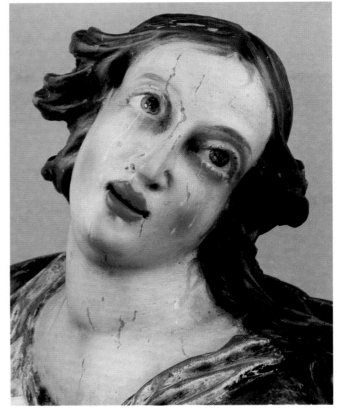

Abb. 374
Maria Magdalena

Betschrank mit Kreuzigungsgruppe, spätes 17. Jh. (Kat.-Nr. 181)

Abb. 375
Hl. Franz Xaver mit betenden Kindern, zweites Viertel 18. Jh. (Kat.-Nr. 182)

Abb. 376
Verkündigungskrippe, drittes Viertel 18. Jh. (Kat.-Nr. 186)

Abb. 377
Ybbstaler Fastenkrippe, spätes 18. Jh. (Kat.-Nr. 187)

Abb. 378
Ybbstaler Weihnachtskrippe, spätes 18. Jh. (Kat.-Nr. 188)

Abb. 379
Böhmische Einsiedler-Krippe, Ende 18. Jh. (Kat.-Nr. 191)

Abb. 380
Weihnachtskrippe, Ende 18. Jh. (Kat.-Nr. 189)

Abb. 381
Fastenkrippe, Ende 18. Jh. (Kat.-Nr. 190)

Abb. 382
Kreuzigungskrippe, 1821 (Kat.-Nr. 192)

Abb. 383
Kreuzigungskrippe, Detail: Maria Magdalena, spätes 17. Jh.
(Kat.-Nr. 192)

Abb. 384
Gesamtansicht

Abb. 385
Himmelfahrender Christus, Gott-Vater-Büste

Abb. 386
Taufe Christi

Abb. 387
Heilige Familie

Hausaltärchen, um 1880, mit Elfenbeinreliefs, um 1600 (Kat.-Nr. 194)

Abb. 388
Gesamtansicht

Antwerpener Passionsaltar, um 1460 (Kat.-Nr. 193)

Abb. 389
Mittleres Relief, Kreuzigung, untere Figurengruppe

Abb. 390
Mittleres Relief, Kreuzigung, Longinus-Gruppe

Abb. 391
Linkes Relief, Kreuztragung, Kostüm-Detail des Simon von Cyrene

Antwerpener Passionsaltar, um 1460 (Kat.-Nr. 193)

Abb. 392
Linkes Relief, Kreuztragung, Haupt des Simon von Cyrene

Abb. 393
Linkes Relief, Kreuztragung, linker Teil

Abb. 394
Linkes Relief, Kreuztragung, rechter Teil

Abb. 395
Linkes Relief, Kreuztragung, Haupt Christi

Abb. 396
Linkes Relief, Kreuztragung, Kostüm-Detail des Soldaten ganz rechts

Antwerpener Passionsaltar, um 1460 (Kat.-Nr. 193)

Abb. 397
Rechtes Relief, Kreuzabnahme

Abb. 398
Rechtes Relief, Beweinung Christi

Abb. 399
Rechtes Relief, Maria Magdalena

Abb. 400
Rechtes Relief, Haupt der Maria Magdalena

Antwerpener Passionsaltar, um 1460 (Kat.-Nr. 193)

Abb. 401
Rechtes Relief, Kreuzabnahme und Beweinung Christi, Landschaftshintergrund links

Abb. 402
Rechtes Relief, Kreuzabnahme und Beweinung Christi, Landschaftshintergrund rechts

Abb. 403
Rechtes Relief, Beweinung Christi, Haupt des Nikodemus

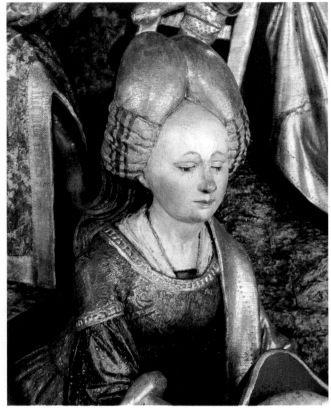

Abb. 404
Beweinung Christi, Maria Cleophae

Antwerpener Passionsaltar, um 1460 (Kat.-Nr. 193)

Abb. 405
Seitlicher Baldachin, Maßwerkdetail

Abb. 406
Mittleres Relief, Christus am Kreuz

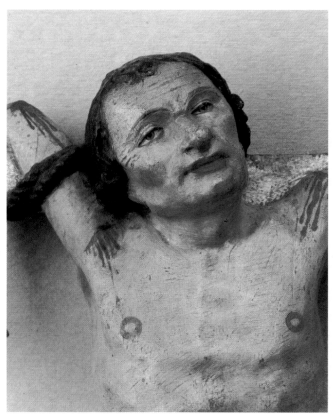

Abb. 407
Mittleres Relief, der „gute" Schächer

Abb. 408
Mittleres Relief, der „böse" Schächer

Antwerpener Passionsaltar, um 1460 (Kat.-Nr. 193)

Abb. 409
Linkes Relief, Kreuztragung, Landschaftshintergrund

Abb. 410
Linkes Relief, Kreuztragung, Figurengruppe mit Maria und Johannes

Antwerpener Passionsaltar, um 1460 (Kat.-Nr. 193)

 Ain Silbrein pild sand Anna darinn ir heylig tumb. auch von ainer ripp sand Regina. darzw S. Fortunat vn verone der iunk frawn heiltüb.

 Ain Silberein vergulte Monstrantz mit ainer parillen darinn vö dem mätel vnnser liebn frawen.

 Ain silbreinvergulte monsträtz darin der gurtll vnd ander heiltumb von vnnserr lieben frawen. auch sand Margarethen heyltumb.

 Ain Silbrein vergulte monstrantz darinn vö dem schlair vnd gurtl vnnserr lieben frawen.

 Ain Silbrein Wild Marie mit irem heyltumb.

 Aber ain Silbrein pild marie mit vil heiltumb.

 Ain klaine mönstrantz. In der mitt ain scheybligs glas. darin heiltüb von vnser lieben frawn vnd sand Katherein.

 In ainer Silbrein monsträtz von der Gurtl Marie. Auch heyltumb von dem plut sannd Steffan vnnd sand Georgen.

 Ain Silbrein vergulte monstrantz: gehört zu dem Sacrament. Darinn vnnser frawen heiltumb

 In ainer parillcin monstrantz der fadn die maria gespunnen hat vnd von dem haubt sannd peter ö das Salue gemacht hat

 In ainem halben strawssen sy etwas vergult das heiltumb vnnserr lieben frawen vnd sand Welene.

 In ainer vgulten monstrantz vorn mit ainer scheibling parilln von dem grab Marie. auch heiltumb sand Anna vnd sand Barbara